Impérios e trocas na Antiguidade Tardia Eurasiática

Nicola di Cosmo
Michael Maas
(org.)

IMPÉRIOS E TROCAS NA ANTIGUIDADE TARDIA EURASIÁTICA

ROMA, CHINA, IRÃ E A ESTEPE POR VOLTA DE 250-750

TRADUÇÃO
Felipe Vale da Silva

EDITORA UNICAMP

FICHA CATALOGRÁFICA ELABORADA PELO
SISTEMA DE BIBLIOTECAS DA UNICAMP
DIVISÃO DE TRATAMENTO DA INFORMAÇÃO
Bibliotecária: Maria Lúcia Nery Dutra de Castro – CRB-8ª / 1724

Im7 Impérios e trocas na Antiguidade Tardia Eurasiática : Roma, China, Irã e a estepe por volta de 250-750 / organização : Nicola di Cosmo e Michael Maas ; tradução : Felipe Vale da Silva. – Campinas, SP: Editora da Unicamp, 2023.

Tradução de: *Empires and Exchanges in Eurasian Late Antiquity: Rome, China, Iran, and the Steppe, ca. 250-750.*

1. Idade Média. 2. Antiguidade Tardia. 3. Impérios. 4. Eurásia. I. Cosmo, Nicola di. II. Maas, Michael. III. Silva, Felipe Vale da.

CDD – 909.07
– 930.1
– 321.03
– 947

ISBN 978-85-268-1620-6

Editora da Unicamp
Rua Sérgio Buarque de Holanda, 421 – 3º andar
Campus Unicamp
Cep 13083-859 – Campinas – SP – Brasil
Tel.: (19) 3521-7718 / 7728
www.editoraunicamp.com.br – vendas@editora.unicamp.br

In memoriam

MARK WHITTOW

(1957-2017)

SUMÁRIO

PREFÁCIO À EDIÇÃO BRASILEIRA

ADVERTÊNCIA DO PASSADO

Néri de Barros Almeida

Enquanto escrevo, existem grandes dúvidas sobre o futuro da humanidade, que se dirá de um livro! Para que pesquisar, escrever ou ler sobre o passado remoto quando o mundo que conhecemos definha? Afinal, até o momento, muito pouco do que deveria ser feito para deter o colapso ambiental aconteceu, pois, em todos os níveis – países, regiões, cidades, empresas –, os interesses de poucos têm ferrenhamente se sobreposto aos direitos de muitos, e as ações políticas essenciais à mudança não avançam. Então, por que começar a ler um livro como este quando nossa imaginação é hoje mais justamente capturada pela obsolescência do futuro do que pela perenidade do passado? O sábio – que habita em cada um de nós –, no entanto, conhece que momentos extremos pedem recurso à experiência, e que esta, por princípio, está contida em tempos passados. Convido o leitor a buscar essa experiência como fonte não de resposta, mas de conhecimento a respeito do potencial das comunidades humanas, daquilo que atravessou sua experiência, deu-lhes sentido e garantiu que seguissem em frente. Desejo, sinceramente, que haja um futuro em que este livro seja buscado por algum leitor interessado em compreender o tipo de passado que nos ocupava neste momento crítico e que este sorria compassivo diante dos temores de hoje sussurrando no ouvido do passado: conseguimos!

Este livro é muito importante pelos temas, dossiês documentais e abordagens que torna, pela primeira vez, acessíveis ao leitor brasileiro, mas ele é ainda mais importante por aquilo que representa. Se o leitor recorda, a Idade Média costumava ser o que aconteceu em uma pequena porção do continente europeu, em um canto do planeta durante uma "longa e tenebrosa noite" iniciada após o apagar das luzes da Antiguidade greco-romana incorporada a uma perspectiva ocidental da história humana. Deveria surpreendê-lo, portanto, encontrar, nesta coleção, tal período misturado a uma paisagem muito mais vasta no tempo e no espaço, configurada por sutilezas que até bem pouco tempo escapavam à história ou eram por ela descartadas por não encontrarem sentido dentro de grandes mudanças e estruturas explicativas.

Neste livro, grandes acontecimentos dividem espaço com teias complexas de contatos, trocas, deslocamentos e relações de múltiplas naturezas – política, linguística, religiosa –, num esforço de compreensão de outros níveis da existência e das relações entre povos. Pela paisagem aqui reconstituída, que vai de Constantinopla à China, passando pelo Irã e pelas estepes, transitam diferentes modos de vida, expressões estéticas, formas de composição política e de dominação, prioridades e maneiras de pensar a vida, a morte e os conflitos. O "mundo" romano aqui não é um modelo votado a uma influência milenar isolada, mas um império entre outros, integrado por meio de redes de densidade e duração diversas a um circuito de relações que este livro resgata e ao qual confere densidade. Uma totalidade nova constituída, nos dizeres de Averil Cameron – que assina o Posfácio –, por "modelos múltiplos de conectividade".

Este volume da Coleção Estudos Medievais, ao insistir no diálogo entre Idade Média e Antiguidade Tardia – movimento já esboçado em seu volume anterior, *O legado de Roma*, escrito por Chris Wickham –, aposta na importância das interações cuja temporalidade nem sempre pode ser de imediato responsiva aos sobressaltos de políticas centralizadas e que por vezes se manifestam por meio de estruturas persistentes, mas que são também responsivas, mutantes e instrumentais, como as línguas e as religiões.

O conceito original de "Antiguidade Tardia Eurasiática", além de revolucionar a forma como imaginamos a vasta região entre a romanidade de língua grega e a China entre os séculos III e VIII, tem igualmente o potencial de propor uma configuração diferente à maneira como compreendemos tanto a Antiguidade quanto a Idade Média. As múltiplas localidades e populações abordadas convidam o leitor à perspectiva global do passado. Esse exercício que os fatos de outrora permitem e justificam ajuda nossa memória a notar que a dimensão elementar de nossa habitação é planetária e que ela se expressa não na globalização, mas em nosso deslocamento pelos *habitats* que este livro mostra bem mais significativos na história do que nos acostumamos a crer. Pois, na memória histórica, cujas referências e ferramentas conceituais e analíticas são tão cruciais para nossas decisões políticas, esse planeta bonito, a que sabiamente chamamos Terra, não é considerado. Essa aversão à dimensão planetária de nossa existência manipula nosso natural egocentrismo em favor dos mitos nacionais e mesmo de separatismos locais baseados em experiências supostamente originais e fechadas, obscurecendo o fato de que somos uma mesma espécie que compartilha uma herança, que vive o mesmo processo evolutivo orientado por uma biosfera que aos poucos desaparece sob as ações a que nos submetemos dia a dia. A despeito disso, somos o mesmo vivendo diferentes *escolhas* civilizacionais. A desconsideração desses fatos tem ajudado a nos transformar em instrumentos de intolerância, discriminação e submissão.

Podemos pensar este livro como uma mensagem na garrafa lançada no mar da história. Lembrando que essas garrafas, difíceis de achar, arrastadas por correntes poderosas que evitam os caminhos que nossa imaginação reconhece, quando cumprem seu destino e são resgatadas, podem, se o tempo lhes for favorável, salvar vidas. E, se de dentro dessa garrafa sair não um pedaço de papel, papiro ou pergaminho, mas, como usual em outros sonhos, um gênio benfazejo, pode ser que sua "mensagem" resgate muitas outras vidas, num salto na afirmação da diversidade e da cooperação que, na natureza e na história, também fizeram parte das condições que asseguraram o prosseguimento da jornada humana.

ÍNDICE DE MAPAS E FIGURAS

MAPAS

EURÁSIA

FIGURAS

COLABORADORES E COLABORADORAS

Andrew Eisenberg é professor de História do Leste Asiático na Northeastern Illinois University.

Averil Cameron foi supervisor do Keble College e professor de Antiguidade Tardia e Estudos Bizantinos na Universidade de Oxford.

Daniel T. Potts é professor de Arqueologia e História do Oriente Próximo Antigo no Instituto de Estudos do Mundo Antigo, na Universidade de Nova York.

Ekaterina Nechaeva é pós-doutoranda no Centro de Estudos Avançados da Universidade de Tübingen.

Frantz Grenet é professor de História e Culturas da Ásia Central Pré-Islâmica no Collège de France, em Paris.

Giusto Traina é professor de História Romana na Université Paris-Sorbonne.

Joel Walker é professor associado pela cátedra Lawrence J. Roseman de História na Universidade de Washington.

Jonathan Karam Skaff é professor de História na Universidade Shippensburg da Pensilvânia.

Luo Xin é professor de História na Universidade de Pequim.

Mark Whittow foi docente de Estudos Bizantinos na Universidade de Oxford.

Matthew P. Canepa é professor de História da Arte e Estudos Clássicos e do Oriente Próximo na Universidade de Minnesota em Twin Cities.

Max Deeg é professor de Estudos Budistas, Departamento de Estudos Religiosos e Teológicos da Universidade de Cardiff.

Michael Kulikowski é professor de História e Clássicos pela cátedra Edwin Erle Sparks, além de chefe do Departamento de História na Pennsylvania State University.

Michael Maas é professor de História pela cátedra William Gaines Twyman na Rice University.

Michael R. Drompp é professor de História no Rhodes College, em Memphis.

Naomi Standen é professora de História Medieval na Universidade de Birmingham.

Nicola Di Cosmo é professor da Henry Luce Foundation em Estudos do Leste Asiático, Instituto de Estudos Avançados na Princeton.

Patrick J. Geary é professor de História Medieval no Instituto de Estudos Avançados na Princeton.

Peter B. Golden é professor emérito de História em Estudos Turcos e do Médio-Oriente na Universidade Rutgers.

Peter Brown é professor emérito da cátedra Philip and Beulah Rollins em História na Universidade de Princeton.

Richard Lim é professor de História no Smith College.

Rong Xinjiang é professor de História na Universidade de Pequim.

Scott Fitzgerald Johnson é professor associado em Clássicos e Letras na Universidade de Oklahoma.

Sören Stark é professor associado de Arte e Arqueologia da Ásia Central no Instituto de Estudos do Mundo Antigo da Universidade de Nova York.

Ursula B. Brosseder é pesquisadora do Departamento de Arqueologia Pré-histórica e Antiga da Universidade de Bonn.

Valerie Hansen é professora de História em Yale.

Walter Pohl é professor de História Medieval na Universidade de Viena e diretor do Instituto de Pesquisa Medieval da Academia Austríaca de Ciências em Viena.

PREFÁCIO E AGRADECIMENTOS

Este volume apresenta, de modo integrado, o âmbito eurasiático de Roma à China pelo meio milênio que se estende de 250 a 750 EC, de forma que os intercâmbios entre suas diferentes culturas e domínios políticos, assim como as consequências internas de tais contatos, possam ser vistos como parte de uma conjuntura unificada. Concomitantemente, nossos colaboradores foram além das divisas habituais a fim de revelar um panorama excepcional da história eurasiática em uma era de profundas transformações políticas e culturais. Nossos agradecimentos vão antes de tudo aos colaboradores deste volume na medida em que, por meio de suas pesquisas inovadoras, ajudam a iluminar um caminho já trilhado, há mais de um século, por gigantes como Aurel Stein, Paul Pelliot, Sven Hedin, Albert von Le Coq e Ōtani Kōzui. Esses pioneiros se focaram na historiografia em larga escala, detectando conexões entre regiões remotas em uma abordagem ainda influente na história mundial e nos estudos contemporâneos sobre a Rota da Seda. Diversos pesquisadores seguiram seus passos, e alguns deles contribuíram para o presente volume.

Em raras ocasiões, se é que houve, essa perspectiva foi recuperada para tratar da época que chamamos de Antiguidade Tardia Eurasiática, que se manifesta tal qual um período histórico distinto, abarcando o Império Romano, o Irã, a China e a região das estepes da Ásia Interior. Ao aproximar relatos históricos e historiografias regionais a questões e tópicos inter-regionais, este volume explicita a mudança histórica como uma função de contatos materiais, religiosos, econômicos e políticos desencadeados por um incremento na conectividade. O caráter internacional do volume, que inclui autores e autoras da Áustria, da China, da França, da Grã-Bretanha, da Alemanha, da Itália, da Rússia e dos Estados Unidos, testemunha o esforço de trazermos sob o mesmo teto tradições acadêmicas diversas. Ao mesmo tempo, cada capítulo é autossuficiente, e as diferenças de abordagem e estilo não constituem a exceção, mas a norma. Tentamos articular essas diferenças em vez de impor um modelo rígido ao qual cada capítulo deveria aderir. Para facilitar a compreensão entre disciplinas distintas, limitamos as notas de rodapé a informações elementares que objetivam ser introdutórias, apontando um caminho para leituras posteriores. Na mesma tônica, termos estrangeiros foram vertidos para o inglês. Buscamos atingir um grau de uniformidade na representação desses termos em diferentes sistemas de transliteração, e um glossário de termos chineses foi integrado ao final do volume.

De bom grado agradecemos às instituições e aos indivíduos que ajudaram a fazer este livro vir à luz. Primeiramente, agradecemos ao Escritório do Preboste da Rice University (em Houston, Texas) e à diretoria, assim como à Escola de Estudos Históricos do Instituto de Estudos Avançados (Princeton, Nova Jersey), pelo apoio financeiro e material, que contribuiu para o custeamento da conferência "Worlds in Motion: Rome, China, and the Eurasian Steppe in Late Antiquity" [Mundos em trânsito: Roma, China e a estepe eurasiática da Antiguidade Tardia] de 2013, da qual o presente volume deriva em grande medida. Em particular, gostaríamos de agradecer aos estudiosos que, não obstante terem suas pesquisas publicadas no presente volume, participaram da conferência, compartilhando ideias e comentários. Entre eles se encontram Michael Alram, Glen Bowersock, John Haldon, Guy Halsall, Amy Hessl, Tia Kolbaba, Noel Lenski, Richard Payne, Helmut Reimitz, Derek Ruths e Bryan Ward-Parkins. Além disso, agradecemos a Kathy Collins, vice-presidenta do Setor de Finanças da Rice University, além de Robbert Dijkgraaf, diretor do Instituto de Estudos Avançados, por seu envolvimento pessoal e seu interesse. A equipe da Escola de Estudos Históricos – Marian Zelazny, Maria Tuya, Sharon Tozzi-Goff e Sarah Rich – forneceu um suporte que garantiu o bom andamento da conferência em todos os seus aspectos. Parte do trabalho de preparação do manuscrito foi concluída no Centro de Pesquisa e Biblioteca Dumbarton Oaks em Washington, D.C., quando Michael Maas atuou como pesquisador pós-doutorando em Estudos Bizantinos, de 2014 a 2015, e, em seguida, como diretor do Departamento de Estudos Bizantinos entre 2015 e 2016. Ele estende sua gratidão ao diretor Jan Ziolkowski, aos bibliotecários Deborah Stewart, Daniel Boomhower e a toda sua equipe por criarem um ambiente de trabalho tão aprazível.

As editoras da Cambridge University Press, Beatrice Rehl e Asya Graf, foram extremamente prestativas na orientação das fases iniciais deste livro, e somos gratos por seu conselho e seu apoio. Maura High, da High Editorial LLC, editou todo o manuscrito antes de enviá-lo ao prelo. Sua experiência e sua sabedoria inestimáveis colocaram ordem em uma amálgama confusa de capítulos. Suzette Andre Costello editou o exemplar definitivo e as provas de impressão com bastante cuidado. Daniel Paradis, aluno da Universidade de Georgetown, atuou como um assistente incansável e cuidadoso em questões editoriais. Kate Mertes, da Kate Mertes Editorial Services, preparou o índice remissivo com sua destreza e sua precisão habituais. Gostaríamos de agradecer, igualmente, a Brett Savage, do Instituto de Estudos Avançados, por sua assistência em questões logísticas. Agradecemos a Carissa Fletcher pela tradução do capítulo 5 do chinês. Tsering Wangyal Shawa, o bibliotecário de mapas e sistemas de informações geográficas da Universidade de Princeton, criou os mapas numerados para nós, e somos muito gratos por seu elegante trabalho. Agradecemos ao Dr. Nikolaus Boroffka, ao professor Murtazali Gurdjiev e à Dra. Betsy Hensellek pelas orientações no tocante a mapas e ilustrações. O Departamento de História e o Gabinete do Reitor de Humanidades da Rice University forneceram fundos para os mapas, pelos quais somos extremamente gratos. Por fim, agradecemos a Katherine Tengco-Barbaro, da Cambridge University Press, e à equipe da Integra-PDY, pelo cuidado na produção deste volume. Nosso amigo e colega Mark Whittow faleceu enquanto este livro estava em processo de editoração. Este volume é dedicado à sua memória.

MAPAS

1. O Império Romano, meados de 400 a meados de 620.

Don River
Volga River
Dnieper River
Carpathian Mountains
Hungarian Plain
Black Sea
mium
Balkan Mountains
Adrianople
Constantinople
Antioch
Athens
Jerusalem
editerranean Sea
Cyrene
Alexandria
Nile River

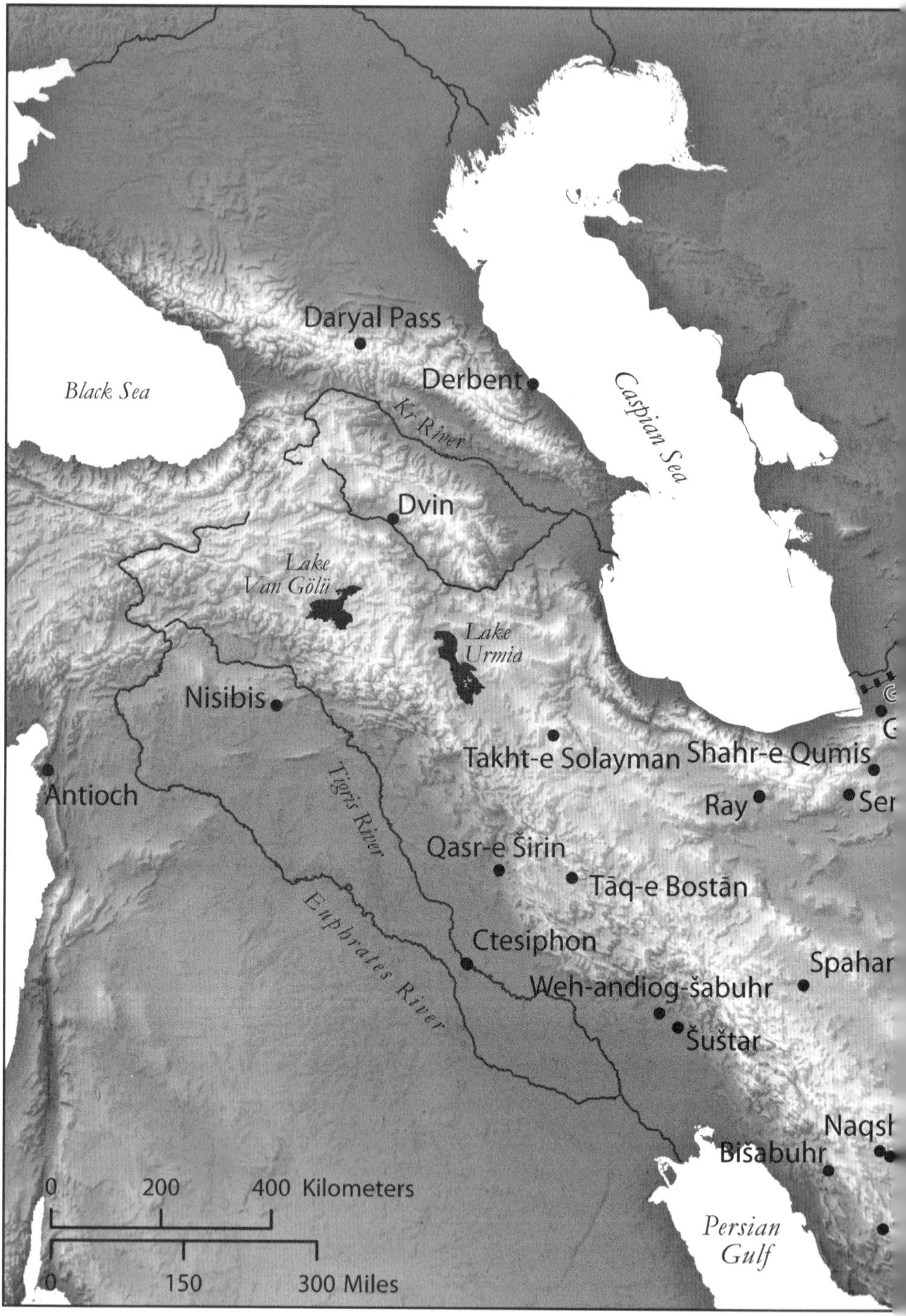

2. O Irã e regiões circunvizinhas durante o Império Sassânida.

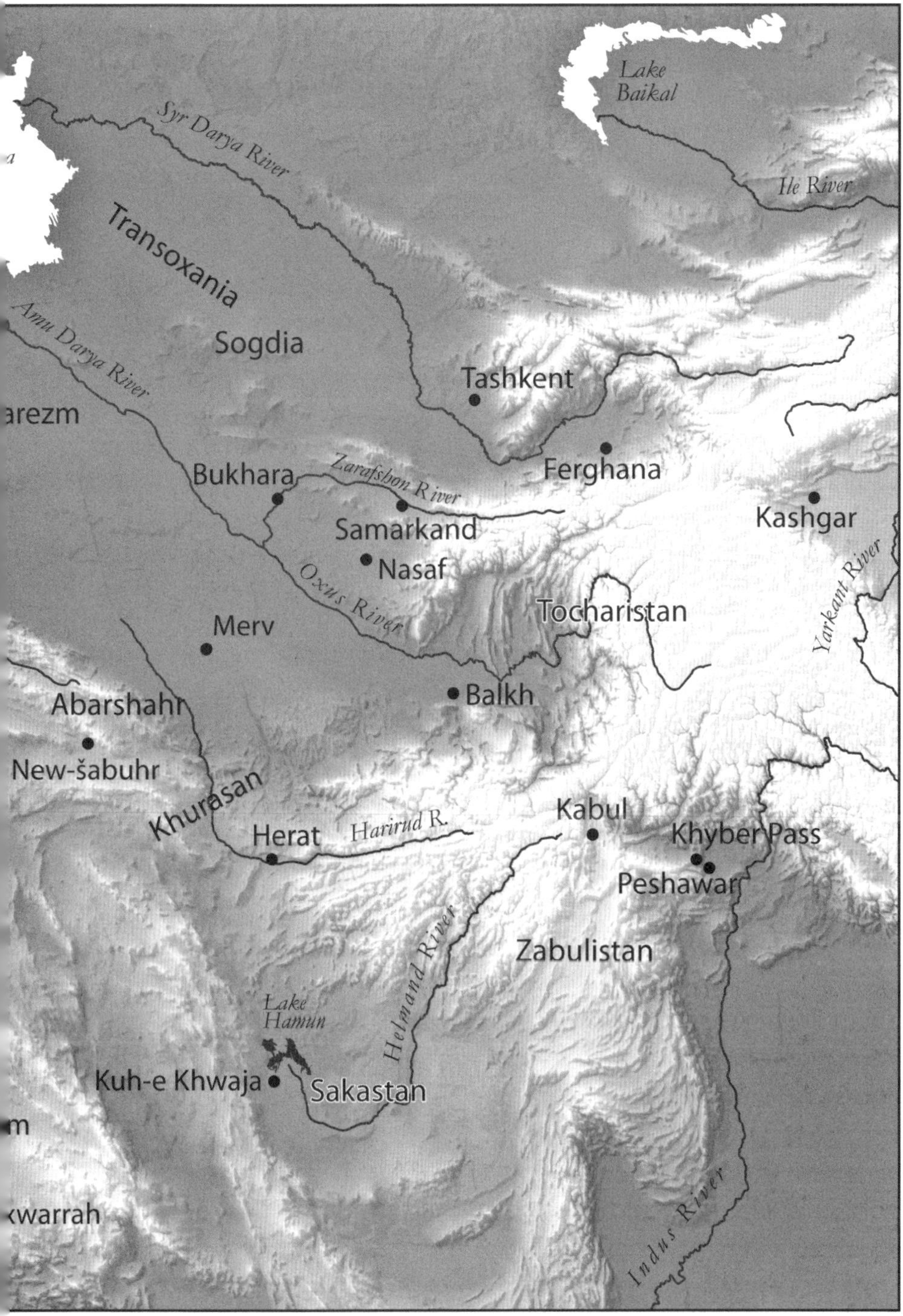
Lake Baikal
Syr Darya River
Ile River
Transoxania
Amu Darya River
Sogdia
Tashkent
arezm
Ferghana
Bukhara
Zarafshon River
Kashgar
Samarkand
Nasaf
Yarkant River
Oxus River
Tocharistan
Merv
Balkh
Abarshahr
New-šabuhr
Khurasan
Kabul
Herat
Harirud R.
Khyber Pass
Peshawar
Helmand River
Zabulistan
Lake Hamun
Kuh-e Khwaja
Sakastan
m
Indus River
warrah

3. O Oriente Médio.

4. Centros comerciais eurasiáticos, séculos VI e VII.

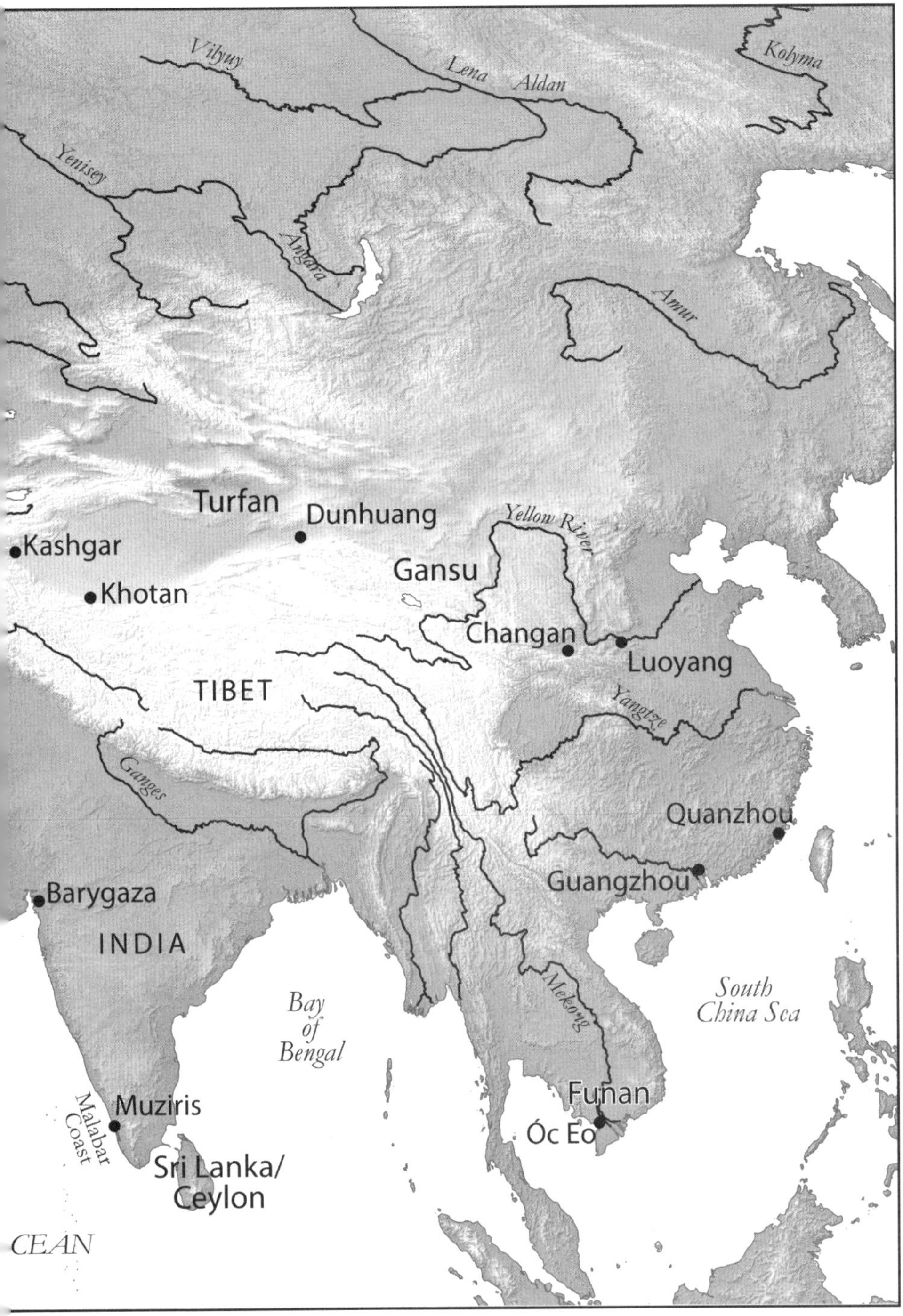
Vilyuy
Lena
Aldan
Kolyma
Yenisey
Angara
Amur
Turfan
Dunhuang
Kashgar
Khotan
Gansu
Yellow River
Changan
Luoyang
TIBET
Yangtze
Ganges
Quanzhou
Guangzhou
Barygaza
INDIA
Mekong
South
China Sea
Bay
of
Bengal
Funan
Óc Eo
Muziris
Malabar
Coast
Sri Lanka/
Ceylon
CEAN

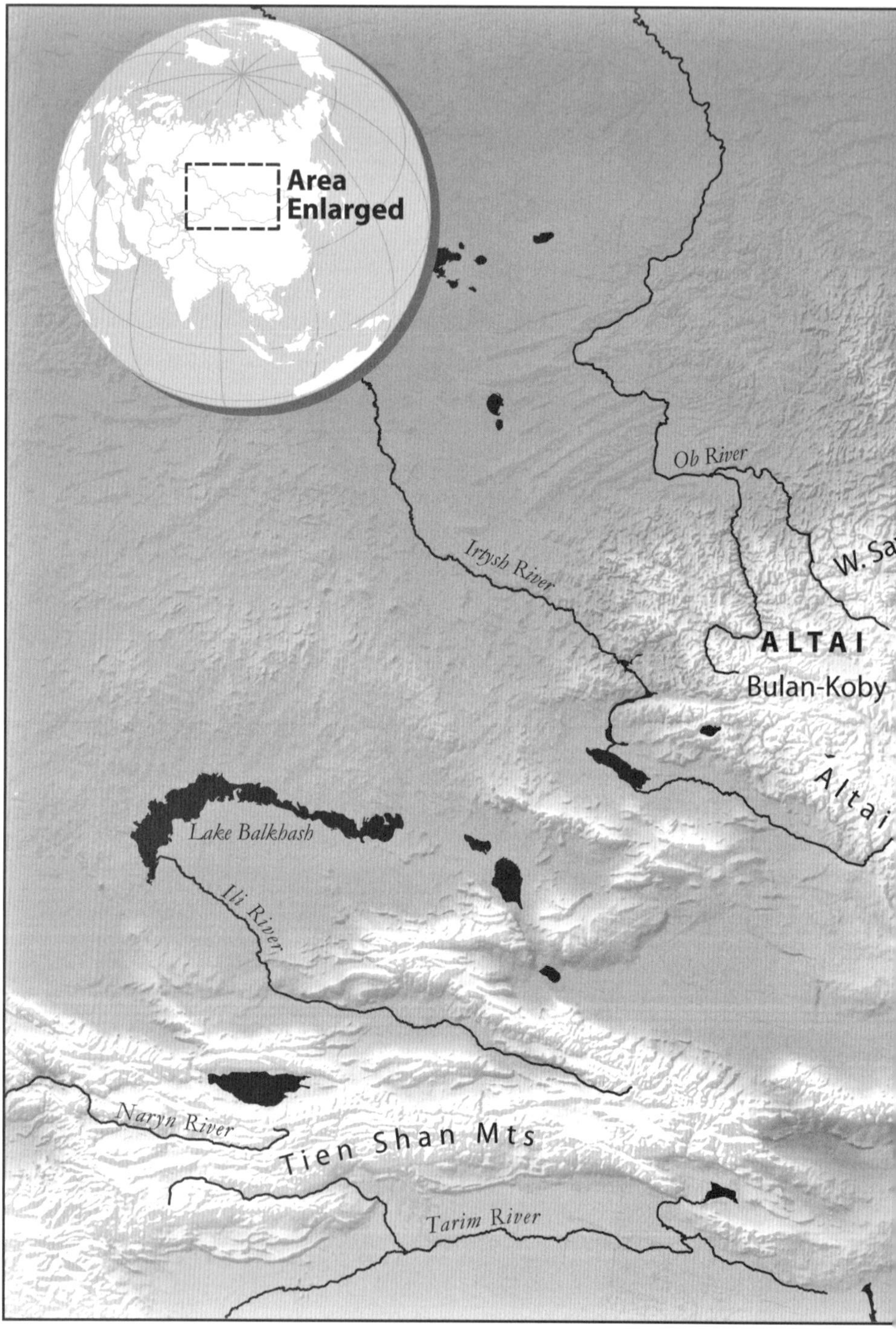

5. Ásia Interior.

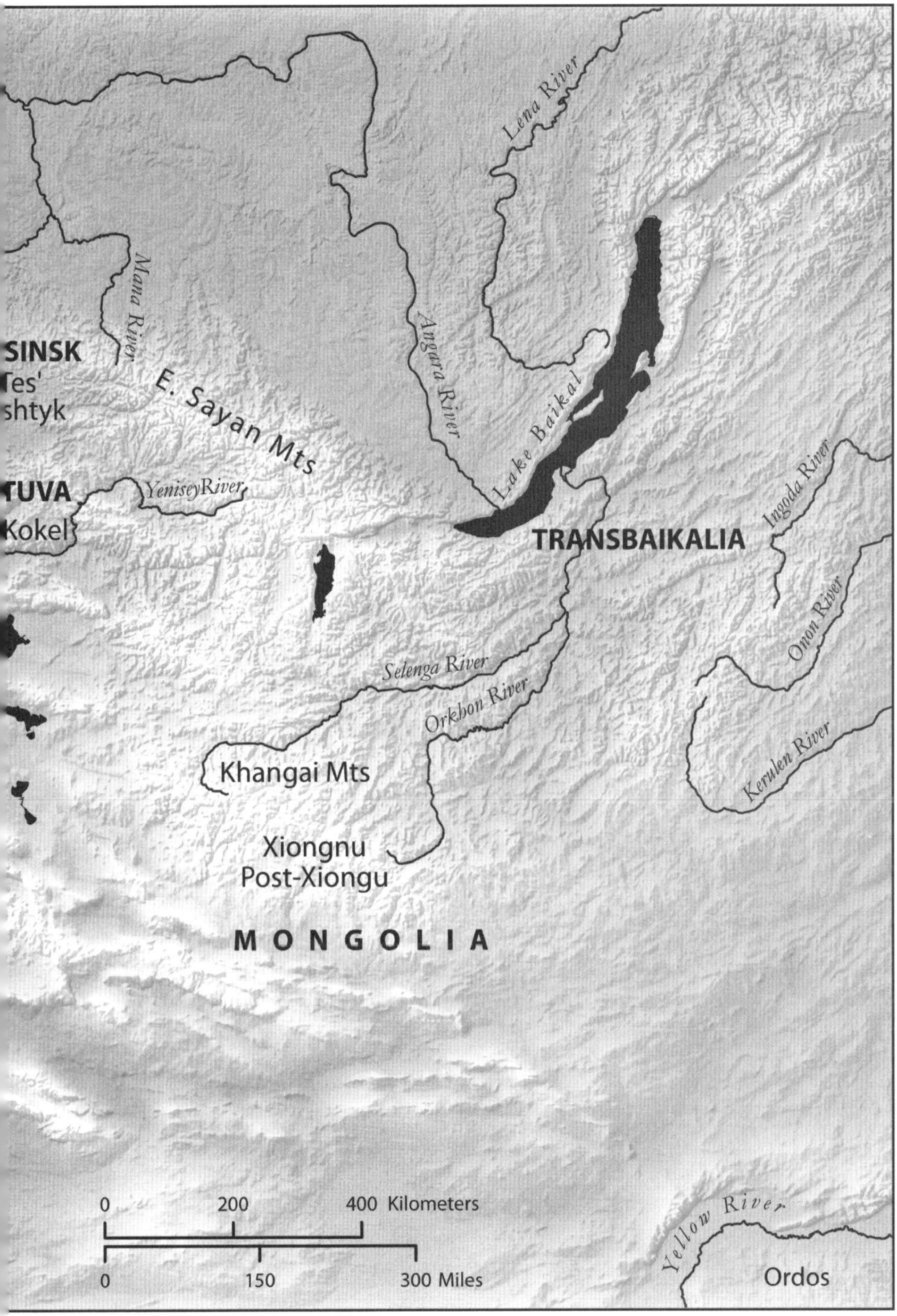

Lena River
Mana River
SINSK
Tes'
shtyk
E. Sayan Mts
Angara River
Lake Baikal
TUVA
Kokel
Yenisey River
TRANSBAIKALIA
Ingoda River
Onon River
Selenga River
Orkhon River
Kerulen River
Khangai Mts
Xiongnu
Post-Xiongu
MONGOLIA
0
200
400 Kilometers
0
150
300 Miles
Yellow River
Ordos

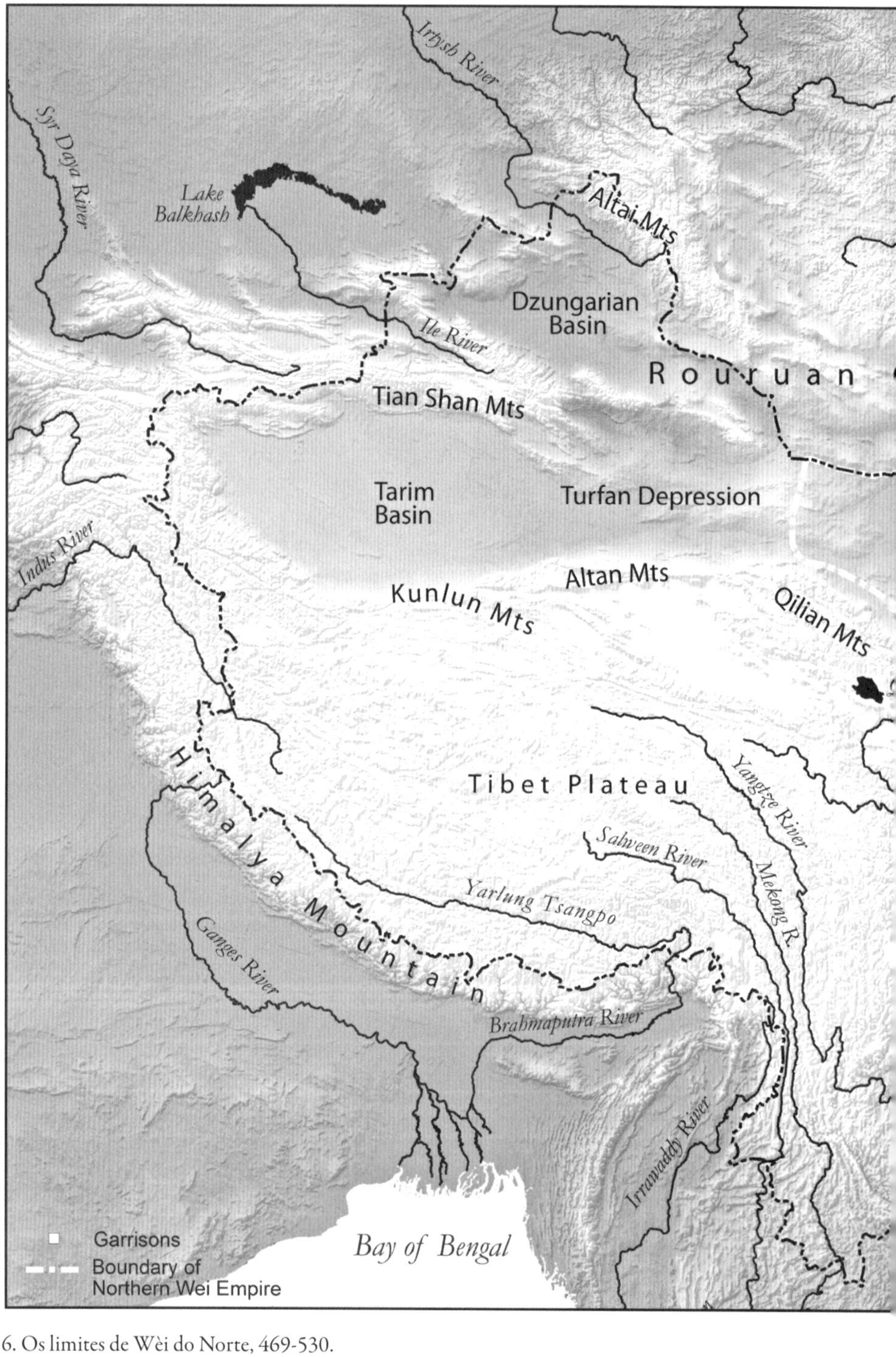

6. Os limites de Wèi do Norte, 469-530.

Angara R.
Lake Baikal
Shilka River
Amur River
Lesser Xingan Mts
Greater Xingan Mts
Sungari River
ederacy
Desert
Liao River
Changbai Mts
Sea of Japan
Yin Mts
Ordos Plateau
Yellow R.
North China Plain
Taihang Mts
Yellow River
Yellow Sea
Qinling Mts
Huai River
Yangtze R.
Lake Tai
gdu
in
Lake Dongting
Lake Poyang
East China Sea
Nanling Mts
Dongnang Plateau
South China Sea
0
250
500 Kilometers
0
200
400 Miles

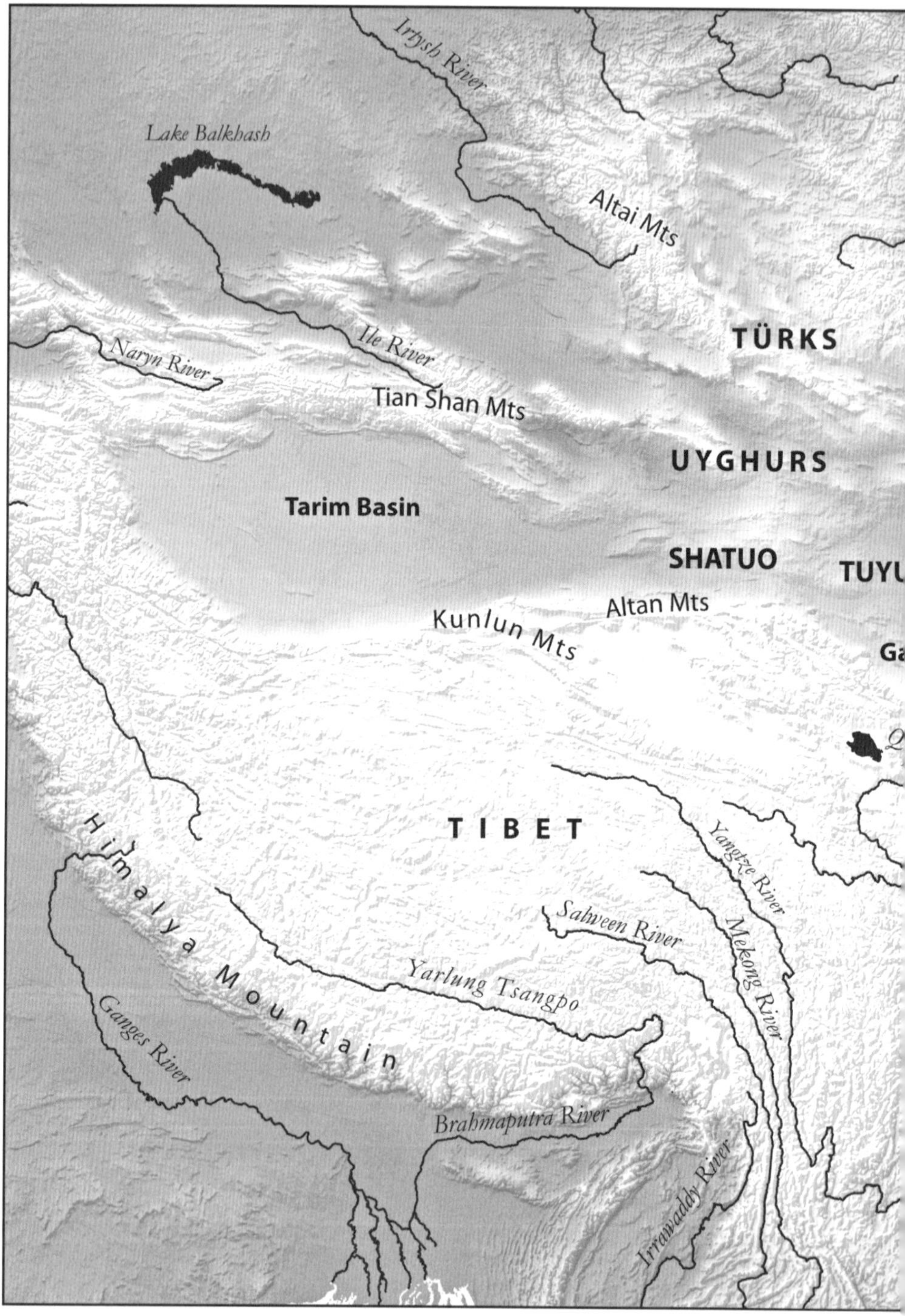

7. Nordeste eurasiático, séculos VII e VIII.

Angara R.
Lake Baikal
Shilka River
hon
ley
Amur River
Sungari River
Manchuria
Liao River
BALHAE
Yalu River
Sea of Japan
Liaoning
Beijing
GOGURYEO
Yellow River
Shanxi
SILLA
Central Plains
Yellow River
Yellow Sea
TANG
Huai River
Yangtze River
East China Sea
0 250 500 Kilometers
0 200 400 Miles

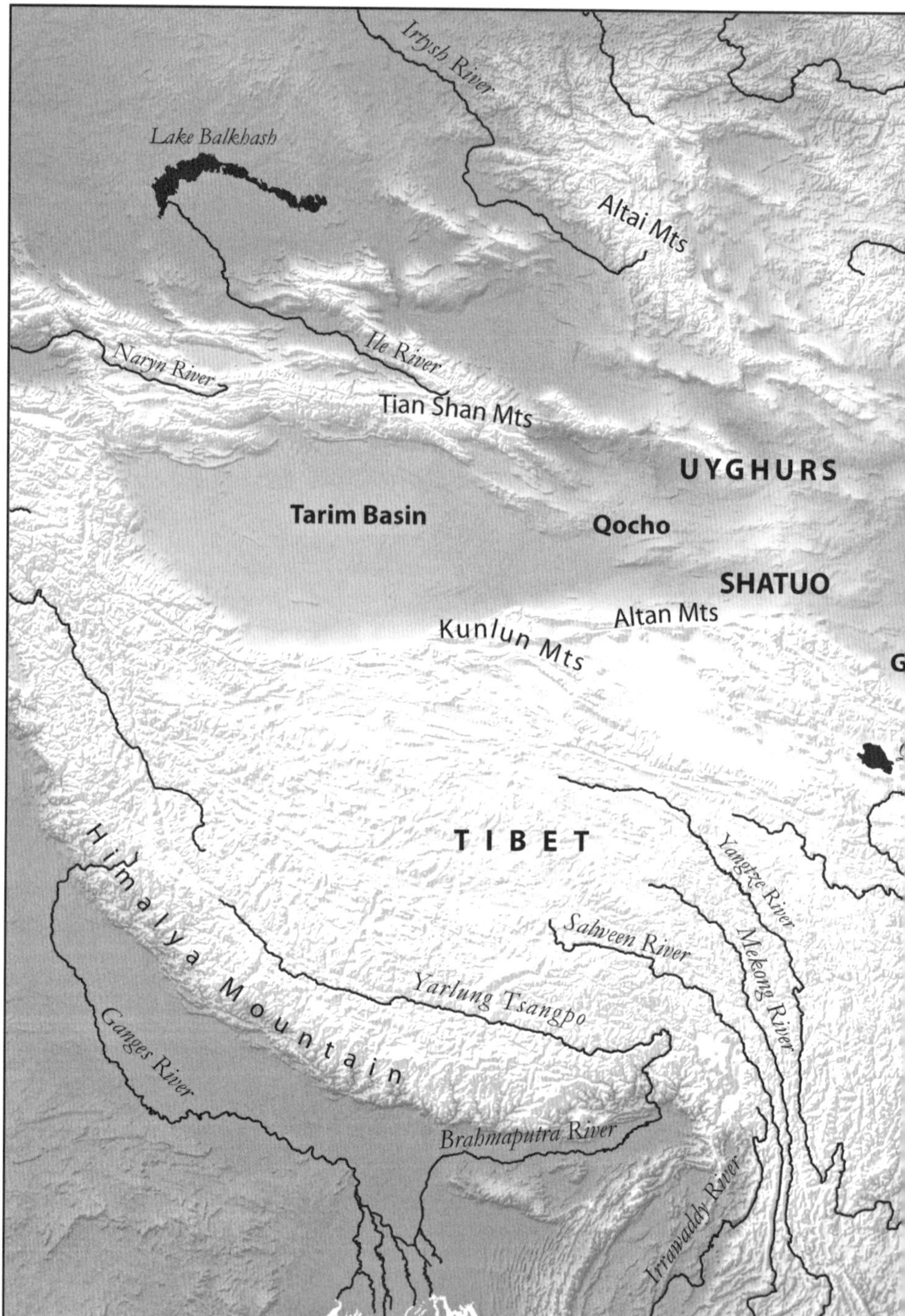

8. Nordeste eurasiático, séculos IX e X.

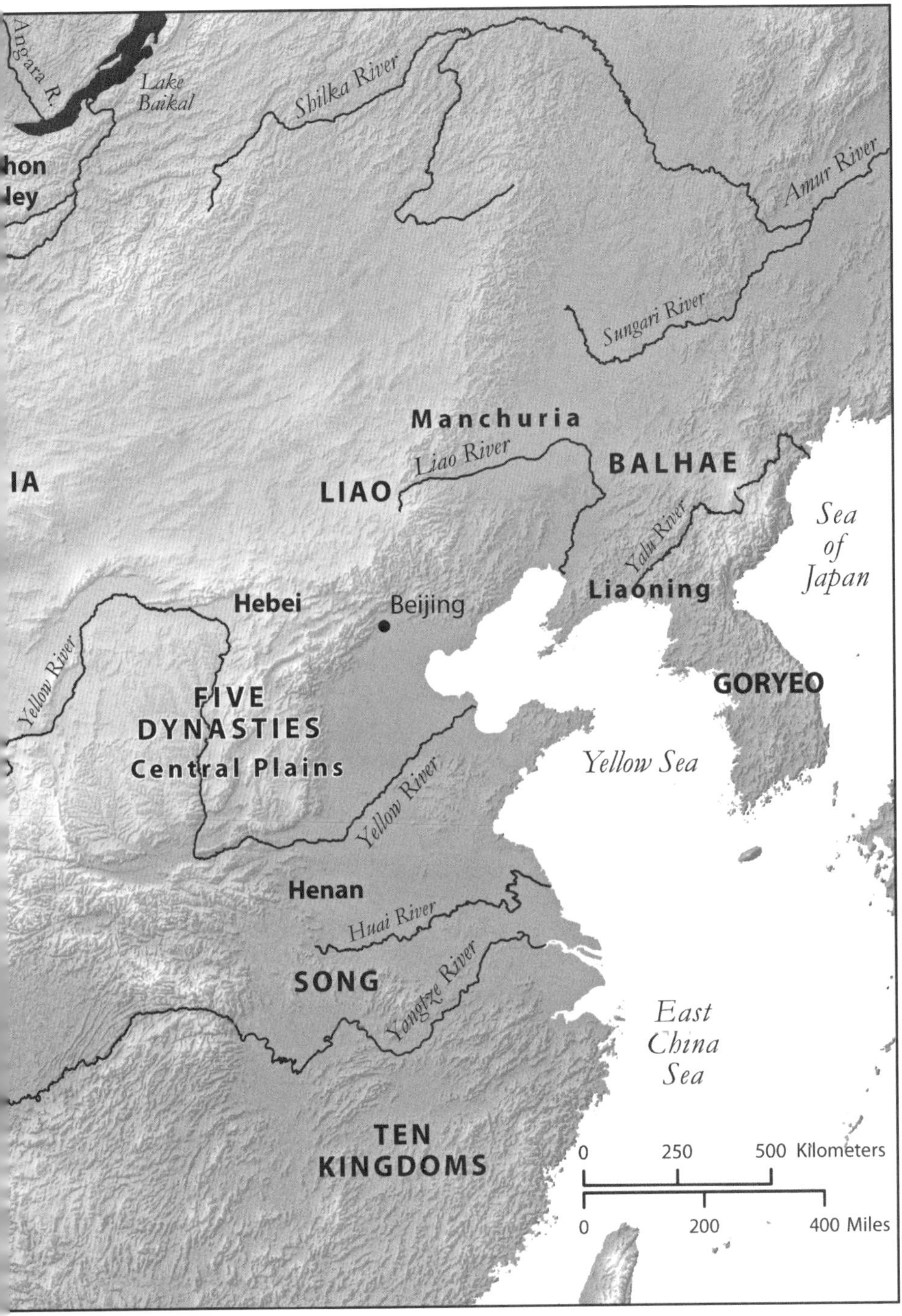

Angara R.
Lake Baikal
Shilka River
hon
ley
Amur River
Sungari River
Manchuria
Liao River
BALHAE
IA
LIAO
Yalu River
Sea of Japan
Liaoning
Hebei
Beijing
Yellow River
FIVE DYNASTIES
Central Plains
GORYEO
Yellow Sea
Yellow River
Henan
Huai River
SONG
Yangtze River
East China Sea
TEN KINGDOMS
0
250
500 Kilometers
0
200
400 Miles

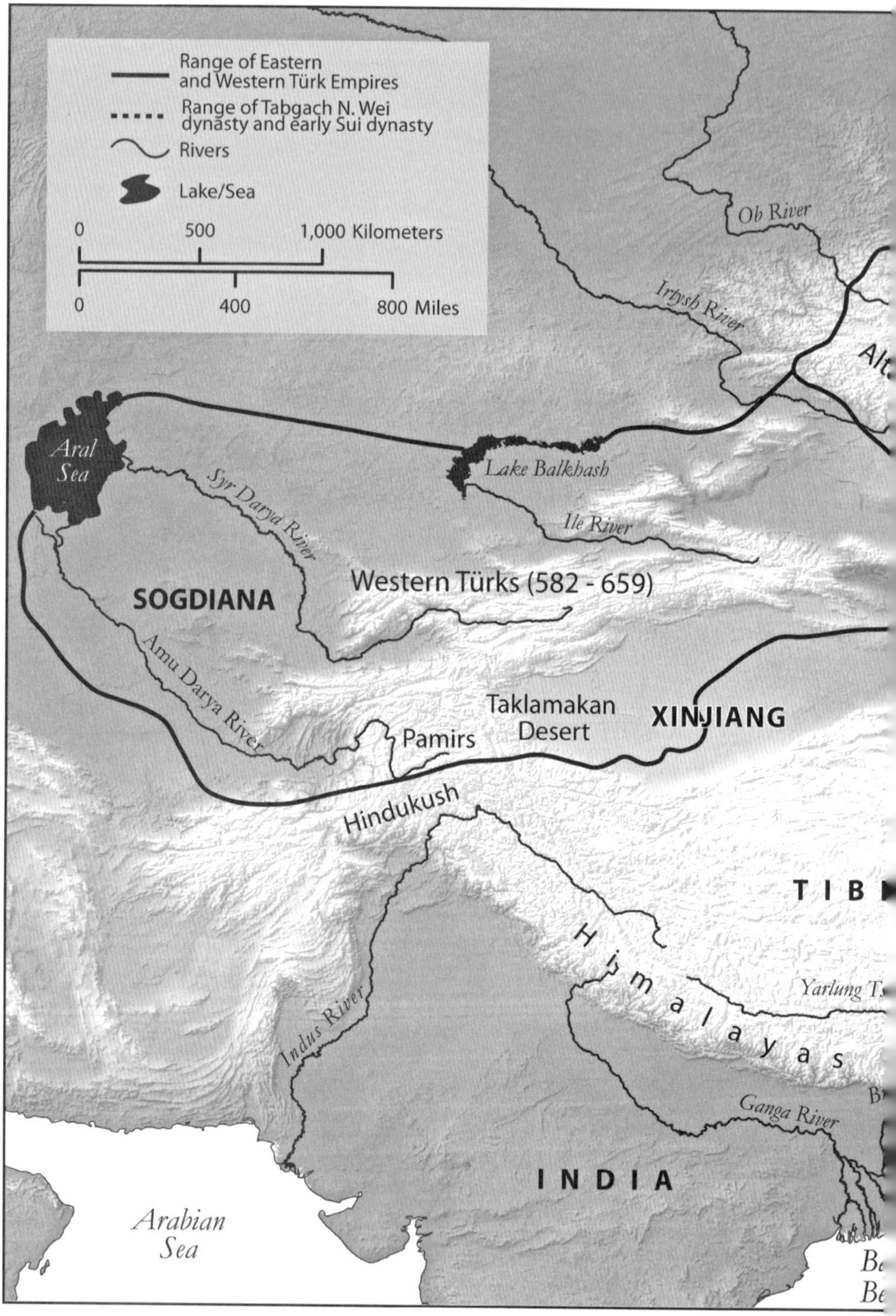

9. Leste eurasiático, meados de 582.

Angara River
Lake Baikal
Shika River
Selenga River
MANCHURIA
MONGOLIA
Türks (552-630, 682-742)
Uighurs (744-840)
Liao River
INNER MONGOLIA
Ordos Desert
Yellow River
SHAANXI
Chang'an
Luoyang
Yellow Sea
Yangtze River
Yangtze River
East China Sea
CHINA
Irrawaddy River
Mekong River
South China Sea

APRESENTAÇÃO

Nicola Di Cosmo e *Michael Maas*

I

O propósito deste livro é introduzir o público leitor à Antiguidade Tardia Eurasiática, uma era que, embora formativa para a história mundial e munida de um perfil distinto, de vasto contato e transformação cultural, não tem sido estudada de modo sintético e unitário e, até então, não é amplamente divulgada. O período em questão se estende de aproximadamente 250 a 750 EC, atravessando um horizonte bastante amplo que liga o Mediterrâneo Oriental à China. Seu aspecto humano abrange as comunidades nômades das regiões centrais das estepes e os habitantes dos impérios limítrofes de Roma, Irã e China. Durante os cerca de cinco séculos aqui tratados, esses amplos territórios e suas multíplices populações testemunharam o surgimento de uma nova ordem mundial, com sistemas culturais, religiosos e políticos manifestamente distintos daqueles da chamada Antiguidade Clássica – em âmbitos romano, chinês e persa – que os precederam. Os nômades das estepes, em geral associados a formas atemporais e imutáveis de organização social, experimentaram transformações igualmente profundas.

A Eurásia da Antiguidade Tardia consistia em um espaço repleto de novos atores, novas crenças e novas estruturas políticas, com suas próprias histórias distintas e tradições culturais que, no início do período aqui tratado, estreitaram suas relações, formando redes nunca antes imaginadas. O conceito de Antiguidade Tardia Eurasiática que nós, na condição de editores, propomos neste volume é aquele que tanto delineia esse período de transformação quanto atravessa a fronteira historiográfica entre a Antiguidade Clássica e a Idade Média (segundo a periodização da Ásia Oriental, "Período Médio") em escala continental. Nosso objetivo é prover um quadro coerente de desenvolvimentos que, muitas vezes, foram estudados de forma isolada, mas raramente tratados em conjunto, como parte de um panorama integrado. A Antiguidade Tardia Eurasiática foi uma época em que as áreas continentais que abarcam a Eurásia estavam sujeitas a forças que buscaram coligir tais desenvolvimentos. Conforme a rede oculta de vínculos e as consequências numerosas dos contatos entre essas regiões forem trazidas à tona, será possível apresentar uma história de interconectividade com clareza renovada e maior envergadura intelectual.[1] Não enxergamos esse como um período que deva ser abordado em termos de uma narrativa unificada, grandiosa e total, mas sim em um nível mais granular, circunscrito a suas múltiplas regiões, culturas, sociedades e impérios, cuja interação fragmentada levou a transformações permanentes e em ampla escala. Não muito distinto do que ocorreu no século XIII – quando, devido à conquista mongol e ao aumento da circulação de pessoas e conhecimentos, a Ásia de repente assumiu características geográficas e políticas concretas aos olhos dos europeus –, o período que vai do século III ao VIII foi aquele em que eventos transformadores em regiões diversas adquiriram um escopo maior, tornando partes distintas da Eurásia mais acessíveis e mutuamente visíveis. O conceito de Antiguidade Tardia Eurasiática permite direcionarmos um farol para uma vasta extensão, por ora escura e inóspita, de forma a buscarmos objetos familiares em locais desconhecidos. É isso que designamos como a "granularidade do período"; a ocasião em que os eventos se encontram separados, mas conexos; em que sociedades, cortes e governantes passam a se reconhecer mais prontamente; em que textos são difundidos mais amplamente; em que línguas circulam com maior desenvoltura, e, por fim, diferentes sacerdotes levam a mensagem de seu credo a uma variedade maior de povos. A fim de apreciar as aplicações históricas, assim como as limitações do conceito de Antiguidade Tardia Eurasiática a ser apresentado neste volume, é necessário esclarecermos seus enquadramentos geográficos e cronológicos.

Enquadramento geográfico

Nosso tratamento da Eurásia se limita a seu território central, estendendo-se do Mediterrâneo Oriental à China e aos territórios imperiais que se expandiam a partir deles. Não discutimos a Europa Ocidental e o Norte europeu, ou ainda grande parte do Oriente Médio; além disso, embora reconheçamos a relevância inquestionável das transações entre os territórios marítimos e continentais da Eurásia, este volume não trata do subcontinente indiano e do Sudeste Asiático.

Esse foi um limite que impusemos a nós mesmos, que se deixa corroborar por duas considerações centrais. A primeira é que as conexões terrestres na Eurásia foram mais significativas de um ponto de vista político e comercial; ademais, foram as rotas continentais aquelas atravessadas por exércitos de conquista ou populações migrantes. Somos igualmente influenciados pela caracterização de Victor Lieberman segundo a qual a Eurásia é uma região que consiste de duas zonas separadas: sua zona continental mais exposta ao impacto da Ásia Central e dos povos das estepes, contrastada com uma periferia "protegida" em ambas as extremidades eurasiáticas.[2] Ao considerarmos essas duas zonas como conceitual e historicamente distintas, contudo, não pretendemos negar conexões e contatos mútuos, mas antes sugerir que tais vínculos devam ser estudados de forma separada.

A segunda razão para tal é que muito mais atenção tem sido dada às rotas continentais, muitas vezes sob o termo convencional "Estudos da Rota da Seda"; trataremos esse campo de pesquisa como particularmente significativo à medida que tentarmos aprofundar nossa compreensão sobre as redes de conectividade identificadas por pesquisadores. Assim, é apropriado dedicarmos algumas palavras à questão da(s) "Rota(s) da Seda" e à forma como a Antiguidade Tardia Eurasiática intersecta e, a nosso ver, transforma radicalmente a noção de Rota da Seda como uma unidade útil para a análise histórica.

O conceito de "Rota" ou "Rotas da Seda" é frequentemente evocado como um paliativo para se referir a interações e trânsitos ao longo da Eurásia, embora não seja um conceito estritamente geográfico, tampouco histórico. Apesar de incluirmos capítulos sobre a Rota da Seda no presente volume, não consideramos o conceito em si intercambiável com o de Antiguidade

Tardia Eurasiática. Em seu texto, Peter Brown, ao extrapolar o universo da Antiguidade Tardia para além de suas fronteiras prévias e adentro do universo da "Rota da Seda", nos adverte de que não devemos simplesmente enxergá-lo como um conservatório de mutações culturais ou um corredor de comércio. Antes, devemos exercer um julgamento histórico cuidadoso e criterioso ao identificarmos os ambientes em que o contato cultural desencadeou mudanças.[3]

O comércio a distância se tornou cada vez mais importante na medida em que deixou de ser um meio majoritariamente diplomático, de troca de produtos de luxo e "bens carismáticos", para se verter em uma fonte de renda pela qual valia a pena lutar, com que seria possível sustentar um império. A integração do comércio continental eurasiático na economia política dos impérios é concomitante à época em que redes mercantis começaram a se expandir. As célebres *Cartas Antigas* sogdianas atestam a existência de redes comerciais que se estendem da Ásia Central ao coração da China.[4] Observando o espaço da Eurásia pelos olhos dos regentes nômades, e em particular dos grão-cãs goturcos, essas redes se tornaram tanto veículos de poder quanto de riqueza, e a prosperidade das elites mercantis começou a se tornar indissociável das fortunas de líderes políticos.

Um tal nível de análise é ainda atípico à maioria dos estudos da história pré-moderna eurasiática. Somente ao ampliarmos nossa perspectiva histórica para uma área em que as mesmas rotas serviam a interesses políticos e comerciais poderemos nos aproximar de uma síntese adequada que explique como as transações, a comunicação, o poder, a fé e os valores foram articulados em diferentes regiões e culturas.

Há uma diferença fundamental entre a Antiguidade Tardia Eurasiática e o conceito de Rota da Seda. A ideia subjacente que inspira obras tão diferentes quanto *The Silk Roads: A New History of the World*, de Frankopan, *Reconfiguring the Silk Road*, coleção editada por Mair e Hickman, ou *Empires of the Silk Road: A History of Central Eurasia from the Bronze Age to the Present*, de Beckwith, é aquela segundo a qual a "Rota da Seda" se reverte em uma metáfora, para então interpretarmos o movimento e a conectividade como reivindicadores de sua validade em cada um dos períodos históricos. Na Antiguidade Tardia Eurasiática, por sua vez, os contatos culturais e os eventos históricos são contingentes e específicos do seu tempo e do seu contexto e, assim, não se ligam a uma matriz explicativa abrangente.

Grande parte das concepções da Rota da Seda é, de fato, dominada pelo desenvolvimento de redes de transações entre Leste-Oeste, com uma concentração especial em cidades, oásis e postos comerciais ao longo das supostas rotas pelas quais mercadorias e pessoas viajavam. Dá-se menos atenção aos mecanismos que não intervêm diretamente nas transações comerciais (por exemplo, os de natureza política) ou nas mudanças a longo prazo naquelas sociedades. Ao passo que os especialistas em Rota da Seda reconceitualizam ou reconfiguram a Rota da Seda ao salientar contatos, trocas e redes de comunicação por percursos teóricos – muitas vezes, já traçados por historiadores universais –, temos consciência de que o ato de combinar espaços regionais diversos sob uma única unidade de análise requer ferramentas interpretativas que, igualmente, podem elucidar transformações locais, conectando-as a mudanças em nível macroscópico e inter-regional. Muitos dos capítulos que integram este volume exploram tais conexões.

Portanto, ao subsumirmos não apenas encontros sociais e políticos de alto nível, o conceito de Antiguidade Tardia Eurasiática é também útil na medida em que fornece uma lente distinta através da qual podemos vislumbrar mudanças internas às sociedades. De fato, a circulação de novas religiões ou ideias, a presença de certas mercadorias ou a chegada de diferentes povos produziram transformações em nível local que são potencialmente dificultosas ou impossíveis de apreciar plenamente sem que antes compreendamos as dinâmicas que transcendem o nível local. No Norte da China, por exemplo, a relação entre um camponês ordinário e a terra que cultivou foi profundamente modificada por força de medidas fiscais introduzidas por Wèi do Norte, uma dinastia bárbara com laços profundos com o universo da Ásia Interior, vinda do Nordeste.

Embora Rota da Seda seja um conceito útil para trazer à baila ideias de interações interculturais, relações de longo prazo e expansão de redes comerciais, ele raramente atinge o grau de granularidade necessário para explicarmos a mudança nas sociedades que constituíram o espaço eurasiático. Nossa Eurásia consiste em uma localidade já profundamente enraizada durante o período que tratamos como transformador, tanto em termos de interconectividade quanto em termos de inovação da forma como várias regiões e povos passaram a se encarar mutuamente. Tal granularidade, seja grosseira ou refinada de acordo com sua evidência, requer uma estrutura conceitual distinta, capaz de reconhecer semelhanças – em diferentes espaços culturais – na natureza da transformação e seus atributos. A interação entre impérios, reinos e governos eurasiáticos, muitos dos quais emergiram ou foram reconstituídos sob diferentes premissas no período em questão, afetou as sociedades que participaram de tais trocas em diferentes níveis – embora certamente não tenham sido todas, e não em todos os níveis. Seria proveitoso, nesse tocante, evocar a advertência de Natalie Davis, segundo a qual o historiador pode reter uma consciência global ao escrever histórias "descentradas", e que estabelecer pontos de comparação, investigar cruzamentos culturais ou seguir caminhos intelectuais transculturais pode levar a novas experiências inesperadas e perspectivas esclarecedoras.[5]

Horizonte cronológico

O período aqui tratado se estende por meio milênio, do início do século III a meados do século VIII. Isso nos permite incluir a ascensão da Dinastia Sassânida no Irã (224 EC) e o colapso da Dinastia Hàn na China (220 EC). Na mesma época, o Império Romano vinha experimentando uma série de choques políticos, militares e econômicos profundos que levaram à reorganização de seu sistema imperial. Tais eventos foram críticos para a reconfiguração dos espaços imperiais (e das regiões a eles intermediárias), assim como para as interações e trocas que passaram a vigorar com maior plenitude no século IV. O Império Romano voltou seu olhar para o Oriente e mudou sua capital para Constantinopla (324), iniciando uma fase cristã e "bizantina" na história romana.

A perda de Roma entre suas províncias da Europa Ocidental, no século V, teve uma contrapartida no Leste Asiático com a conquista do Norte da China pelos chamados Cinco Bárbaros (*Wŭ Hú*) no século IV, que controlaram a região por mais de dois séculos. A Ásia Central abriu-se a movimentos migratórios os quais ainda estamos longe de compreender por completo, mas que certamente contribuíram para a transformação das sociedades locais e para a criação de novas identidades políticas.

No decorrer do século V, o Irã Sassânida perdeu seus territórios da Ásia Central para os reinos dos hunos e, consequentemente, "reinventou" sua ordem política.[6] Demais grupos hunos avançando para o Oeste apareceram na Europa no século V, perturbando o equilíbrio político e inaugurando todo um milênio em que as estepes se reverteram em um elemento perene nas discussões ocidentais.

O Império Túrquico foi o primeiro a unificar as estepes e, dada sua extensão, aumentar o leque de relações humanas, afetando profundamente a amplitude da Eurásia e de regiões limítrofes romanas e chinesas. O recorte de nossa discussão coincide em grande parte com a expansão islâmica, que, por sua dominação do Irã e da Ásia Central, introduziu novos padrões de expansão religiosa e militar, desencadeando uma nova época de comércio a longa distância. Assim, o ano 750, com a ascensão dos abássidas, coincidindo aproximadamente com a queda do Império Túrquico (744); com a recuperação de Bizâncio da guerra civil, da peste e da perda de sua base na Itália (meados de 741-751); com a derrota dos exércitos táng pelos abássidas no rio Talas (751) e o início da devastadora rebelião Ān Lùshān (755) na China, emerge como um limiar adequado, que, contudo, deve ser tratado como uma questão em aberto, relativamente maleável em suas dimensões espacial e temporal.

O conceito de Antiguidade Tardia e suas relações eurasiáticas

Embora nosso conceito de Eurásia, mesmo em sua formulação relativamente truncada, seja compatível com uma compreensão geral da região, a noção de "Antiguidade Tardia" requer explicação. Como aponta Peter Brown em sua contribuição para o volume, a ideia de Antiguidade Tardia aplicada ao espaço continental entre Roma e China já fora proposta na primeira metade do século XX. Ela foi nomeada como tal no trabalho colossal, impresso em vários volumes, de Albert von le Coq (e, parcialmente, Ernst Waldschmidt), *Die buddhistische Spätantike in Mittelasien* [*A Antiguidade Tardia Budista na Ásia Central*], publicado entre 1922 e 1933; nele, "Ásia Média" não difere tanto conceitualmente do que chamamos de Eurásia – embora geograficamente se trate de um conceito mais específico e menos amplo.[7] Antes desse feito monumental, o mesmo termo havia sido empregado em um estudo acerca de ornamentos seríceos "tardo-antigos" por Josef Strzygowski, em 1903 – com mais ou menos o mesmo significado e quadros de referência (*i.e.*, interações entre diversas civilizações e impérios). As interações (*Wechselwirkungen*) exploradas nesse ensaio premonitório se estendem às mesmas áreas aqui tratadas (o Império Romano do Oriente, a China e a Pérsia), em referência a aproximadamente o mesmo período. O estudo identifica ligações entre um aspecto específico da cultura material que logo se comprovariam pelos manuscritos recuperados por Aurel Stein em suas expedições, além de trabalhos arqueológicos ao longo de quatro décadas. O conceito de *Spätantike* (Antiguidade Tardia), comum ao âmbito de língua alemã, não migrou para o mundo de língua inglesa em sua relação à Ásia Central; no entanto, outro termo alemão, *Seidenstraßen* (Rotas da Seda), recebeu amplo reconhecimento.

A Antiguidade Tardia Eurasiática em relação à história da Europa e do Oriente Próximo

Foi o trabalho seminal de Peter Brown, *The World of Late Antiquity* (1971), aquele que provou servir de trampolim para o que hoje é uma área florescente de pesquisa interdisciplinar, servindo de principal ponto de partida para este volume. Uma das virtudes da obra foi estender (no espírito dos predecessores continentais do autor) o alcance geográfico daquilo que costumava ser tratado como "o Império Romano Tardio". Ao expandir sua investigação e incluir terras nunca controladas por Roma – não apenas na condição de vizinhos imperiais, mas também como parceiros e plenos participantes de um enquadramento histórico compartilhado em que não eram meramente julgados e descartados como "bárbaros" –, Brown inaugurou uma nova fase no estudo dessa era decisiva. O Irã Sassânida, as terras islâmicas do período inicial do Califado, os reinos do Mar Vermelho, as regiões florestais ao Norte da Europa – tudo se tornou parte de um relato histórico renovado e integrado.

Reagindo a Brown, acadêmicos passaram a debater acerca da extensão temporal desse período, defendendo uma Antiguidade Tardia "longa" ou "curta";[8] iniciaram-se também discussões acerca de sua devida extensão geográfica. Um apelo implícito em prol da extensão do conceito de Antiguidade Tardia que incluísse a Eurásia foi feito pelo recém-falecido Jerry Bentley, em uma nota de rodapé na qual aludiu à possibilidade de uma Antiguidade Tardia Eurasiática, ou então de uma Antiguidade que abarcasse todo o hemisfério, e, com isso, do estudo da interação intracultural para além dos limites do conceito browniano (o qual, reconhecidamente, era por si só bastante amplo).[9]

De uma perspectiva histórica global como a de Bentley, falar de uma Antiguidade Tardia Eurasiática naturalmente expande o alcance de um conceito já farto, fazendo-o abranger interações e conexões que podem ser seguidas por toda a extensão continental da Eurásia. Fronteiras culturais e políticas aparecem aqui, em grande medida, como pedras de tropeço, cuja existência precisa ser estudada em conjunto com aquilo que as atravessa e como as atravessa. Ao passo que Brown e demais pesquisadores[10] desenvolveram uma compreensão muito mais ampla do mundo tardo-antigo, na qual o destino do Império Romano não serve de ponto de partida tácito para discussão, a Antiguidade Tardia, na condição de conceito histórico, permanece enraizada no Mediterrâneo: sua "Antiguidade" – por mais amplamente concebida que seja – era greco-romana, assim como seu caráter tardio era o mesmo que o do Império Romano, particularmente em termos de sua "queda" e de sua repercussão.

O presente volume propõe um conceito de Antiguidade Tardia Eurasiática com base em premissas distintas. Ao abranger numerosas histórias regionais, essa abordagem desempenha a função crítica de apresentar a Eurásia como um objeto de análise unificado. Falar de Antiguidade Tardia Eurasiática não implica eliminar ou marginalizar a Europa – ou qualquer outro espaço cultural –, mas, antes, conectá-la com as transformações vitais que ocorriam em demais partes da Eurásia. Assim, somos capazes de compreender o surgimento do cristianismo na China, além das redes mercantis na Ásia Central e da diplomacia bizantina com os povos nômades, do ponto de vista de histórias interconexas. Nesse sentido, os desenvolvimentos históricos aqui discutidos não se limitam a qualquer império (ou a seu legado); antes, abrangem processos mais amplos de intercâmbio cultural e econômico. Isso significa dizer que a relevância central da presente abordagem não se encerra em sua ampliação de um conceito historiográfico consagrado – o de Antiguidade Tardia –

para o restante da Ásia, mas em sua consciência de que a compreensão de eventos diversos, ocorridos entre meados de 250-750, requer a adoção de uma perspectiva integrada e um novo descritor: o de Antiguidade Tardia Eurasiática.

Antiguidade Tardia Eurasiática em relação à história da China e da Ásia Central

De uma perspectiva chinesa, o caso é consideravelmente distinto. Este livro não sugere enfaticamente que, na história chinesa, os períodos pós-Hàn e o início da Dinastia Táng devam ser conhecidos como "Antiguidade Tardia chinesa", mas sim que grande parte do que hoje chamamos de China e, em particular, suas regiões Norte e Noroeste estiveram fortemente conectadas com o espaço mais amplo da Eurásia, participando, portanto, da Antiguidade Tardia Eurasiática. O mundo da China pós-clássica foi, por muito tempo, definido exclusivamente em termos negativos. O intervalo entre o final do Hàn (220 EC) e o Período Suí-Táng (meados de 581-907) tem sido identificado mais comumente como o período da desunião, que abarcou os Três Reinos (220-280) e as chamadas Dinastias do Norte e do Sul (meados de 386-580). Mais recentemente, esse período foi reformulado como o primeiro período medieval, o que responde à necessidade de enquadrá-lo em termos que não sejam simplesmente vinculados a um modelo dinástico. Na historiografia chinesa, todo o período medieval (aproximadamente de 220 a 1300) é referido como "Período Médio" ou *zhōnggŭ* – isto é, Antiguidade Média. O termo "médio" sugere, evidentemente, uma analogia com a Idade Média europeia, embora também reflita a noção chinesa de uma Antiguidade que se estende ao Período Moderno. O conceito de China medieval já foi aceito na comunidade acadêmica, e há um *Journal of Early Medieval China* que visa abordar, explicitamente, o período do século III ao século VI. Esse período é seguido pela periodização dinástica tradicional (Suí, Táng, Cinco Dinastias e Sòng), que não se deixa suplantar por uma definição distinta de Idade Média Central ou Tardia. O conceito de Antiguidade Tardia Eurasiática, ao romper com a reunificação dinástica Suí-Táng da China no final do século VI, permite-nos reconhecer que as relações com os povos da Ásia Central e turcomano-mongóis continuaram a desempenhar um papel preeminente nas relações chinesas com o continente eurasiático ao longo dos séculos VII e VIII. O divisor de águas temporal firmado pela rebelião de Ān Lùshān (755-763), por outro lado, delimita uma nova era na história chinesa. Embora tais limites temporais permaneçam abertos à discussão, eles têm valor heurístico suficiente para ser adotados para os propósitos do presente trabalho, podendo contribuir para uma discussão mais ampla da periodização da "Antiguidade Média" ou do "Período Médio" na história chinesa.

O que sugerimos, assim, é que tendências e transformações a longo prazo que forem relevantes para a história chinesa a partir do final da Dinastia Hàn deverão ser analisadas no contexto de uma Antiguidade Tardia Eurasiática, e não no contexto da noção (deveras artificial) de uma "China" fechada em si ou plenamente coerente – isso tudo com o entendimento implícito de que nenhuma definição deveria anular outra, e nenhuma periodização seria capaz de atender a todos os propósitos.

No âmbito da Ásia Central e da Ásia Interior, as datas de 250 a 750 também fazem sentido de um ponto de vista didático. Essas datas já foram aceitas de forma unitária na publicação da Unesco intitulada *History of Civilizations of Central Asia* (ver volume 3), o que indica como o campo de estudos reconheceu as características específicas desse período em um nível macro-histórico. Como Litvinsky e Zhang mencionam em sua introdução, o período de meados de 250-750 EC

> [...] testemunhou a ascensão de novos impérios pujantes (o Sassânida, o Gupta, o Suí e Táng, além do Califado árabe) nas margens da Ásia Central. Ele assistiu também aos movimentos sucessivos de povos nômades [...] que desempenharam um papel importante e, por vezes, decisivo na história étnica e política posterior daquela região.[11]

Embora esse período não seja ali nomeado, estamos de acordo com essa definição geral e com seus limites cronológicos.

Assim, reunimos as temporalidades cindidas de uma "Antiguidade Tardia" mediterrânea e do Oriente Próximo, de uma "Antiguidade Média" chinesa e, por fim, de uma centro-asiática de meados de 250-750 em uma só Antiguidade Tardia da Eurásia, num esforço de expandir e combinar suas preocupações relativas e aplicações regionais em um conceito completamente novo.

Organização e conteúdo do livro

Os capítulos deste volume estão agrupados em três seções que refletem temas e interesses semelhantes. Juntos, eles ajudam a imaginar a Antiguidade Tardia Eurasiática como uma era distinta no longo contínuo histórico da Eurásia durante o qual seu mapa político, étnico e cultural foi reconfigurado. Os ensaios mostram, cada qual a sua maneira, como essas mudanças ocorreram nos níveis local e regional, assim como em uma escala geográfica mais ampla.

Parte I: Limiares históricos

A primeira seção inclui oito capítulos que oferecem um panorama histórico da Eurásia Continental, entre Roma e China. Esses capítulos ilustram os principais blocos geográfico-culturais em jogo (Roma, China, Irã e as estepes) e algumas trajetórias de sua interconexão.

Primeiro, Michael Maas analisa as relações entre os romanos e as estepes, sugerindo como o envolvimento de Roma para além de suas fronteiras ao Norte resultou em uma reconfiguração das terras das estepes e suas populações a partir de uma nova visão de mundo bizantina, a qual reformulou os padrões mais antigos de diplomacia, conhecimento geográfico e profecia religiosa. Em seguida, Nicola Di Cosmo esboça a longa história da fronteira nômade com a China, chegando à conclusão de que, na época da ascensão da hegemonia turcomana no século VI, as estepes – e não a China – tornaram-se o agente de mudanças mais intenso: "A novidade na relação entre China e estepe foi que a política nômade se tornou um elemento decisivo para a facilitação da evolução de rotas comerciais e, mais especificamente, para as relações econômicas entre a China e o Ocidente". Matthew Canepa destaca o papel central do Irã em questões eurasiáticas. Ele enfatiza em que medida o reino persa sassânida contribuiu para uma cosmologia régia compartilhada, além das estepes, com governantes romanos e chineses, já que os monarcas eram participantes de uma cultura internacional de exibição e competição política.

Esses primeiros capítulos sugerem não apenas a profundidade e a amplitude da conectividade entre essas regiões, como também uma ampliação simultânea de horizontes culturais. Associada à crescente conscientização e ao maior contato entre grandes distâncias está a noção de "Rotas da Seda" – as quais atravessavam esses universos apartados, trazendo-lhes uma maior medida de integração. Richard Lim descreve diversas rotas de comunicação e comércio que iam de Roma à China, principalmente rotas econômicas. Rong Xinjiang, tendo como base de sua discussão descobertas arqueológicas recentes, ilustra a presença de colônias comerciais sogdianas que funcionavam como um "colar multifacetado" de centros comerciais da Ásia Central até a China. Os comerciantes sogdianos que habitavam zonas urbanas constituíam um elo vital não apenas para fornecedores chineses de mercadorias valiosas, além de seus compradores romanos e persas, mas também para as comunidades nômades da Ásia Central.

Ao advertir que "a seda [...] era mais do que uma mercadoria", sendo "tão central para o fluxo de poder e prestígio na Eurásia Oriental quanto é a movimentação de urânio enriquecido entre Estados modernos", Peter Brown alerta tanto para o peso simbólico e imaginativo quanto para o valor financeiro dessa mercadoria tão cobiçada em um mundo de diplomacia e guerras constantes.

Por meio da avaliação dos contatos eurasiáticos da China, Valerie Hansen abre as portas para a compreensão das muitas e profundas influências estrangeiras que chegaram às regiões chinesas durante o período em questão:

> [...] pessoas que viviam em diferentes regiões da atual China deparavam com povos vizinhos na condição de inimigos no campo de batalha, como missionários propagando novas religiões, como mercadores vendendo seus bens, como refugiados de regiões devastadas pela guerra e até mesmo como imperadores governando suas dinastias sob nomes chineses.

As rotas terrestres do comércio da seda serviram de canal significativo para o trânsito dessas pessoas e ideias.

Enquanto Brown observa que a perspectiva de Ocidente dos geógrafos chineses chegava até Constantinopla, Giusto Traina explora os limites do olhar romano acerca do Oriente mediante um exame de fontes clássicas e pós-clássicas, descobrindo que a extensão da expedição de Alexandre, o Grande, à Ásia Central, além do legado científico da Era Helenística, competiu para a criação de fronteiras conceituais. Embora muito da Eurásia tenha permanecido uma terra incógnita cheia de perigos para missionários, comerciantes e soldados que viajavam de todos os pontos cardinais, a Eurásia tornou-se progressivamente um local repleto de destinos conhecidos e palpáveis.

Parte II: Movimentos, contatos e transações

A segunda seção de nosso volume trata da mobilidade em um sentido amplo, assim como de modalidades diversas de interação e trocas. Todas as mercadorias e ideias mencionadas ao longo do volume foram transportadas por indivíduos ou pequenos grupos de comerciantes – por exemplo, cristãos ou budistas, que, somente com o passar do tempo, puderam ser entendidos em conjunto. Em contraste, havia o fenômeno da migração em larga escala, na qual comunidades volumosas eventualmente atravessaram grandes distâncias para encontrar novos lares. Esses movimentos populacionais extensivos, independentemente das suas causas, muitas vezes foram acompanhados por transformações violentas das sociedades locais, embora até hoje tenhamos muito pouca ideia do que sucedeu a muitos daqueles povos que deixaram apenas vestígios tênues da sua passagem em fontes escritas e arqueológicas.

Vários autores consideram o fenômeno da migração a partir de ângulos críticos pontuais. Patrick Geary introduz desafios históricos associados à investigação genética. Observa-se que, embora o estudo adequadamente estruturado do DNA antigo possa aperfeiçoar nossa compreensão das migrações antigas, ele deveria ser combinado a uma análise igualmente minuciosa do contexto cultural. Michael Kulikowski debate a ideia de migração e invasão vinda do Norte como um tropo na historiografia ocidental moderna, além das oportunidades e armadilhas que espreitam os pesquisadores que a empregam de maneira inconteste, sobretudo em contextos asiáticos. Luo Xin, igualmente, traz um estudo historiográfico em que examina duas abordagens conflitantes das Dinastias do Norte, uma chinesa e outra da Ásia Interior, pedindo cautela ao aceitarmos acriticamente as perspectivas chinesas mais familiares sobre migração e domínio estrangeiro, e sugerindo que há muito a ser feito para articularmos e analisarmos a perspectiva das estepes. Ursula Brosseder oferece a perspectiva crítica, própria de uma arqueóloga, acerca das migrações. Em seu capítulo, discutem-se os célebres caldeirões "hunos", levando à conclusão de que se trata de um caminho em falso caso sejam invocados como prova da identidade huna em toda a Eurásia, das montanhas de Altai à Hungria.

A atribuição étnica – tão intimamente ligada à mobilização, aos povos e aos contatos culturais – é um assunto que tem estimulado numerosos debates, tanto na arqueologia quanto na historiografia antiga e medieval. Walter Pohl discute diferenças entre identidade política e identidade étnica, observando que um nome de prestígio de um império passado, como Xiōngnú ou Rourano, eventualmente era reivindicado por grupos mistos a fim de lhes conferir coerência e identidade, servindo de base para a ação política. O autor contrasta o destino diferente dos avares e hunos:

> A identidade política avar sobrepujou a identidade étnica. Sempre que os avares deixavam o grão-canato para se estabelecer em outro lugar, abandonavam seu etnônimo e passavam a se denominar hunos, protobúlgaros ou eslavos. Após o fim do domínio avar, esse nome desapareceu. Os hunos, por outro lado, mantiveram sua identidade étnica, seja no serviço romano ou após a queda do império de Átila.

Em todo caso, aprendemos que tanto as identidades étnicas quanto as políticas consistiam em construtos flexíveis e que não há lugar para identidades essencializadas e permanentes – exceto, talvez, nos mitos de uma dada elite que ocupasse o poder.

Nessas rotas, ideias religiosas percorreram longas distâncias, perfazendo migrações mais lentas de ideias, textos e formas de culto. Scott Johnson traça o progresso do cristianismo (uma religião mediterrânea em seus estágios formativos) do Oriente Médio à China, quando seus praticantes transitavam por diferentes âmbitos linguísticos, onde correligionários da mesma fé falavam idiomas diferentes e o ato de tradução provou ser mais um tipo de transação lucrativa. O uso de uma língua franca em contextos de comércio e expressão cristã – nesse caso, o siríaco – indica a participação de falantes de diferentes línguas em busca de uma expressão comum. De forma similar, como mostra Max Deeg, budistas encontraram em comunidades da Ásia Central um lar hospitaleiro e um lugar de onde muitos levaram crenças e tomos para territórios chineses. Os desafios de traduzir não apenas palavras, mas também ideias budistas em idiomas estrangeiros reverteram-se em um esforço concentrado que envolveu um grande número de indivíduos. Frantz Grenet localiza outro conjunto de conhecimentos a circular por fronteiras religiosas e políticas. Os saberes astrológicos, a ciência dos movimentos estelares, foram aceitos imediatamente – e instrumentalizados politicamente – nas culturas consideradas em seu estudo.

Mercadores comercializavam bens além da seda conforme passavam, de cidade em cidade, por toda a extensão da Eurásia. Traziam em seus alforjes outros bens de luxo e alto perfil, como pérolas. Joel Walker descreve a ampla influência, por toda a Eurásia, do uso sassânida de pérolas como marcadores da autoridade real. Tais pérolas, antes de serem meros objetos de uso prático, consistiam itens de prestígio altamente apreciados. Escravos e cavalos vindos das estepes às regiões circundantes eram trocados por grãos e outras mercadorias de consumo doméstico, e não comercializados alhures, como observa Michael Drompp em seu texto. Guerreiros a cavalo tinham um extenso histórico de serviço como mercenários além das estepes e traziam consigo novas táticas e tecnologias militares (inclusive o uso de estribos), que entraram no domínio europeu no século VI, em meio aos cavaleiros de elite.

Parte III: Impérios, diplomacia e fronteiras

Durante o período da Antiguidade Tardia Eurasiática, todos os grandes âmbitos culturais – Roma, China, Irã e as próprias estepes – experimentaram reestruturações internas, políticas e sociais bastante significativas, algumas das quais eram decorrentes de causas exteriores. Roma perdeu suas províncias natais da Europa Ocidental, revitalizando-se como um Estado cristão com capital em Constantinopla. Os imperadores romanos passaram a se preocupar com as intimidações do Irã Sassânida a Leste e dos nômades das estepes a Norte do Danúbio, notadamente os recém-chegados hunos em meados do século V e os avares do século VI. Mark Whittow analisa o desenvolvimento de uma "política eurasiática" romano-bizantina na qual o Império Túrquico desempenhou um papel importante. Ele argumenta que os formuladores de políticas de Constantinopla possuíam uma compreensão perspicaz das culturas e da política das estepes, fruto de uma longa experiência, assim como dos eventos conturbados do início do século VII.

O impacto das estepes não foi menos enérgico na Pérsia Sassânida. Daniel Potts discute o custo político e financeiro descomunal a que o Estado Sassânida incorreu para a manutenção de sua fronteira cada vez mais estreita com os reinos das estepes ao Norte. A interação com as estepes desempenhou um papel formativo na configuração do Estado Sassânida.

Novos modelos de poder imperial desenvolveram-se em meio às populações em constante deslocamento das estepes. Michael Drompp explora como o início do Império Túrquico criou um sistema de governo altamente eficiente, diferente do de Estados ali estabelecidos. Ele trata das relações do Império Túrquico com China e Bizâncio. Em sua formulação,

> [...] a ausência de grandes estruturas, cidades grandiosas e grandes realizações literárias não deve nos levar a imaginar que os impérios túrquicos tenham sido "insubstanciais" ou "vazios". Eles eram eminentemente adequados ao ambiente em que existiram e às tecnologias a si disponíveis.

Peter Golden, em contrapartida, mostra alguns casos em que, sobretudo nas estepes ocidentais, grupos nômades não desenvolveram estruturas imperiais e permaneceram apátridas. A existência desses nômades não imperiais, apesar de fugidia, ao mesmo tempo não pode ser ignorada. Sua integração em organizações políticas mais amplas é a chave para entendermos por que ou como os nômades das estepes desenvolveram sua cultura política.

Sören Stark dá mostras de como os turcomanos se apropriaram, de forma deliberada, de "uma variedade impressionante de elementos chineses, iranianos e até mesmo bizantinos para a representação de sua elite, criando assim seus próprios símbolos de poder de forma a expressar governo legítimo e *status* principesco". O mesmo tipo de fenômeno se deixa observar nos capítulos de Canepa e Walker. Ademais, Ekaterina Nechaeva nos revela que, ao menos por parte de muitos líderes das estepes, subsistiu o desejo de participar de hierarquias compartilhadas de poder e atuar na mesma távola ao lado de Roma, Irã e China. Essas relações se explicitam em intercâmbios e protocolos diplomáticos.

Durante a Antiguidade Tardia Eurasiática, a China testemunhou uma hibridização de sistemas políticos em função da interação e da conquista de governos não chineses, além de um aumento de influências religiosas externas – como evidenciado pelo influxo do budismo – e, de maneira mais geral, uma maior abertura cultural resultante do contato com povos das estepes. Os capítulos sobre o Leste Asiático mostram, de forma particularmente enfática, a relevância das conexões entre as estepes e a China no plano político.

Andrew Eisenberg discute como a elite governante de Wèi do Norte introduziu novas formas de soberania e novas ideias políticas. As concepções patrimonialistas do Estado tão características dessa dinastia estrangeira "forneciam um mundo demarcado para o trabalho, a competição política e a socialização dos membros das famílias politicamente elitizadas e seus associados". Além disso, Eisenberg discute o papel que a etnia desempenhou na autodefinição de elites estrangeiras e seus governos, encontrando nela uma diferenciação significativa diante das cortes chinesas por força da necessidade de manter as fronteiras étnicas e a noção de separação entre a minoria governante e seus súditos.

Jonathan Karam Skaff descreve o emaranhado de sistemas ideológicos compartilhados e contestados pelos governantes das estepes chinesas e da Ásia Interior. De 580 à eclosão da rebelião de Ān Lùshān (755), as cortes túrquico-mongóis e chinesas se envolveram não apenas em conflitos políticos, mas também em uma batalha ideológica acerca de símbolos culturais. O capítulo demonstra o papel crítico que desempenharam elites locais biculturais e líderes que, familiarizados com os símbolos de poder da Ásia Interior e dos chineses, podiam, assim, manipulá-los. As cortes Suí e Táng, igualmente, adotaram uma combinação de meios ideológicos emprestados de diferentes tradições a fim de apelar aos povos multiculturais sob seu domínio.

Naomi Standen aborda a questão da identidade e da formação de grupos ao discutir o papel da "vassalagem" na organização política das estepes. A autora localiza uma fonte de poder determinante não primariamente na ambição pessoal de um líder, mas nos indivíduos que lhe permitiram governar. Ecoando, sobretudo, a compreensão de Skaff acerca da política da Ásia Interior (ou túrquico-mongol), a análise de Standen aprofunda nossa compreensão de aspectos políticos subjacentes às disputas de poder no Nordeste da Eurásia medieval.

Conclusão: um novo campo de perspectivas

Quando, há muitos anos, nós, Di Cosmo e Maas, travamos nossa primeira conversa acerca de uma conferência que reuniria pesquisadores interessados em Roma, na China e nas estepes a elas intermediárias, prevemos que tal discussão haveria de cruzar fronteiras tanto disciplinares quanto geográficas. A conferência "Worlds in Motion: Rome, China and the Eurasian Steppe in Late Antiquity" [Mundos em trânsito: Roma, China a estepe eurasiática durante a Antiguidade Tardia], realizada no Instituto de Estudos Avançados de 30 de maio a 1º de junho de 2013 e financiada conjuntamente pela Rice University e o IAS, superou nossas expectativas. Grande parte das apresentações feitas ali foi adaptada para este volume, embora outras contribuições também tenham sido adicionadas. Os capítulos do presente volume comprovam como os resultados da discussão amadureceram desde então. O que emergiu foi a existência de um período histórico a que chamamos de Antiguidade Tardia Eurasiática. Ele estava, por assim dizer, oculto a olhares despreparados: os vetores de mudança e os efeitos cascata dos eventos nas estepes eurasiáticas e nos territórios no entorno dos impérios ali estabelecidos foram, ao longo dos anos, estudados a partir de diferentes perspectivas e com diferentes propósitos. Este volume, por sua vez, oferece unicidade naquilo que outrora era visto como fragmentário e dissociado. De modo algum isso é o mesmo que dizer que a Antiguidade Tardia Eurasiática tenha possuído uma cultura comum e homogênea, ou que sua história possa ser contada como o desenrolar suave de um novelo de causas e efeitos. A diversidade de comunidades políticas – das aldeias aos impérios –, a variedade de economias e visões de mundo, além do peso em si dos imperativos locais nos impedem de incorrer em tal simplificação. A ampla variedade de interconexões e suas reverberações, tal qual elucidadas pelos capítulos deste volume, deixam bem claro que a Antiguidade Tardia Eurasiática existe como uma época histórica coerente e independente. Esse período na história da Eurásia testemunhou inúmeras mudanças e contatos remotos; a dissolução e o surgimento de impérios; a movimentação por vastas distâncias de ideias, religiões, povos, línguas e bens; além do aparecimento de novos povos no cenário mundial. Da mesma feita, devemos pontuar que descontinuidades históricas, becos sem saída e desastres isolados também abundaram. Para entender essa profusão de experiências, os ensaios aqui reunidos nos encorajam a situar romanos, chineses, iranianos, hunos e muitos outros no mesmo enquadramento. A Antiguidade Tardia Eurasiática amplia nossa visão periférica, assim como nossa imaginatividade histórica. Ela nos convida a novos questionamentos e novas respostas.

Notas

1 Outro livro da Cambridge University Press, *Eurasian Empires in Antiquity and the Early Middle Ages*, foi lançado enquanto o presente volume estava em processo de edição. Não tivemos a oportunidade de consultá-lo.

2 Lieberman, 2009, pp. 92-116, sobretudo. Naturalmente, considerando que o relato de Lieberman começa em 800, referimo-nos à sua definição geográfica sem as cronologias a ela associadas.

3 Ver, por exemplo, V. H. Mair, 2006.

4 Vaissière, 2002, pp. 50-75.

5 Davis, 2011, pp. 188-202.

6 Payne, 2016, pp. 4-41.

7 Le Coq, 1922-1933.

8 Cameron, 2002, pp. 165-191; Marcone, 2008, pp. 4-19; Wood, 2013a.

9 Bentley, 1996, pp. 749-770; aqui, p. 751.

10 Humphries, 2009, pp. 97-109; Johnson, 2012, pp. xi-xxx.

11 Litvinsky & Zhang, 1996, p. 19.

Parte 1

LIMIARES HISTÓRICOS

1

COMO AS ESTEPES SE TORNARAM BIZANTINAS: ROMA E OS NÔMADES EURASIÁTICOS EM UMA PERSPECTIVA HISTÓRICA

Michael Maas[1]

Durante a Antiguidade Tardia, os nômades das estepes eurasiáticas, do Danúbio ao Volga, mais do que nunca emergiram como um fator preponderante nos cálculos geopolíticos de Roma, criando desafios práticos e conceituais. Um divisor de águas para tal foi o século V. Quando, na metade desse século, Átila e seus hunos invadiram a Europa, o Império Romano havia perdido suas províncias ocidentais (Itália, Gália, Grã-Bretanha, Espanha e Norte da África), apesar de persistir firme no Mediterrâneo Oriental como uma potência formidável – mas, ainda assim, uma potência regional. Os governantes de Roma, então sediados em Constantinopla, necessariamente tinham de prestar atenção dobrada em uma sucessão de povos das estepes – hunos, avares, protobúlgaros e outros – que, vindos de bases ao Norte do Danúbio, ameaçavam e às vezes pilhavam territórios imperiais nos Bálcãs. A Leste, o Irã Sassânida – rival romano de longa data e concorrente dos recursos do Cáucaso, da Mesopotâmia e do mar Vermelho – também tinha interesses nas estepes, os quais passaram a prover uma nova lógica nas relações entre as duas potências majoritárias. No desenrolar dessas reorientações estratégicas, o cristianismo assumiu a ascendência no Estado romano, forjando uma nova sociedade simultaneamente imperial e cristã. Seguindo um hábito infundido no século XVI, passou-se a chamar essa sociedade romana oriental de "bizantina", e seu povo, de "bizantinos", embora por mais de um milênio eles se referissem a si mesmos como "romanos", como faremos neste capítulo. Diante desse quadro de desenvolvimentos cristãos e romanos, podemos dizer que também as estepes se tornaram "bizantinas" – isto é, adquiriram um posto ligeiramente alterado no mapa mental romano, por força de uma projeção da mudança de crenças e experiências imperiais. Fica subentendido que os povos das estepes, trazendo suas próprias demandas à interação com o Estado romano, não compartilhavam de seus objetivos imperiais, ainda que participassem de sua rede de poder em vários níveis, seja como agentes ou vítimas dos desígnios imperiais.

A fim de analisar como se deu a "bizantinização" da estepe, este capítulo esboça (1) as relações romanas com as estepes ao longo dos séculos da Antiguidade Tardia; (2) o aperfeiçoamento de métodos diplomáticos e militares dos romanos testados e aprovados para lidar com os povos das estepes; (3) algumas tradições de conhecimento sobre as estepes, adotadas pelos romanos por meio da ciência grega; e, por fim, (4) o surgimento de uma literatura apocalíptica cristã que concedeu um posto especial aos nômades em sua trama escatológica. Uma vez combinados, esses elementos conferiram aos nômades eurasiáticos uma nova postura e relevância nas questões imperiais.

Um ponto de viragem na Antiguidade Tardia

Dois escritores do final do século IV, um soldado pagão e um bispo cristão, propõem um marco nesses desenvolvimentos. Por volta de 390 EC, Amiano Marcelino, um oficial do exército aposentado de Antioquia, na Síria, finalizou uma história de Roma escrita em latim, da qual sobreviveu somente seu tratamento do período que vai de 353 a 378 EC. Na condição de pagão – quando ainda era possível manter laços diretos com as tradições intelectuais clássicas sem a mediação do cristianismo, e quando o Império

Romano ainda se estendia da Grã-Bretanha ao mar Vermelho –, Amiano nos representa um mundo à beira da extinção.[2] Sua história chega ao fim em 378, com a Batalha de Adrianópolis, a cerca de 250 quilômetros a Noroeste de Constantinopla, onde um enorme destacamento de visigodos vindos do outro lado do Danúbio aniquilou o imperador Valente e três quartos das tropas orientais naquela que foi a maior derrota militar de Roma em meio milênio.[3] Amiano explica que a chegada repentina de hunos primitivos à estepe pôntica, em meados da década de 370, forçou muitos dos godos ali residentes a buscar asilo em território romano. O imperador Flávio Júlio Valente acedeu a seu pedido, mas oficiais corruptos inviabilizaram sua implementação de tal maneira que dela resultaram revolta e desastre. Para Amiano, a investida dos hunos deu início a uma sequência de eventos que culminaram na catástrofe de Roma. Ele sabia que os romanos já haviam se recuperado de reveses militares anteriormente; contudo, ao alertar para a mudança dos ventos geopolíticos, ele apresenta os hunos e os godos que enfrentavam como forças motrizes, praticamente apocalípticas, por meio de uma grande narrativa. Seu tratamento dos hunos antecipou não apenas a ascensão das estepes nas pautas romanas, mas também uma perspectiva cristã dos nômades das estepes como agentes de um plano histórico cristianizado.

Ambrósio, o bispo milanês politicamente influente de 374 a 397 e contemporâneo de Amiano, forneceu uma justificativa apocalíptica similar, exclusivamente cristã, para a derrota em Adrianópolis. Em uma carta ao imperador ocidental, ele afirmou que a profecia bíblica de Ezequiel predissera a devastação gótica.[4] Ambrósio ignorou os hunos e culpou os godos, associando-os à figura apocalíptica de Gogue, a qual figura na Bíblia e em textos posteriores.[5] Embora Amiano e Ambrósio ocupem molduras narrativas bastante distintas, os dois concordam em sua insinuação do poder crescente dos povos das estepes. No final do século IV, as estepes haviam se tornado uma região de importância crucial para o Império Romano.

Os romanos e as estepes: três fases de uma história contínua

A principal fronteira romana para as estepes da Eurásia estava situada na região Norte dos Bálcãs-Danúbio, adjacente à planície húngara;

tratava-se de uma zona de contato mais distante que se estendia ao longo do litoral do mar Negro até a Crimeia, onde Constantinopla manteve postos avançados no final da Idade Média (Mapa 1). A interação romana com os povos das estepes nessa área pode ser dividida em três fases mais amplas. A fase inicial tem início no século II AEC, quando os romanos estabeleceram seu domínio nos Bálcãs e encontraram invasores nômades para além do Danúbio, e dura até o final do século IV, quando grupos hunos surgem na estepe pôntica.[6] Durante esses séculos, Roma passou de República a Império, iniciando o domínio de toda a região do Mediterrâneo e seu interior, da Grã-Bretanha ao mar Vermelho. A fronteira do Danúbio, ao se tornar a linha divisória entre Roma e as estepes, constituía apenas uma fração de um enorme perímetro imperial. Durante esse extenso período, surgiram aos poucos várias abordagens padronizadas para as estepes. O que é ainda mais relevante, não houve qualquer tentativa de subjugar as regiões das estepes.[7] Embora os generais romanos partissem em campanhas para além do rio quando necessário, a atividade militar permaneceu sendo, sobretudo, defensiva. Em vez dela, a diplomacia tornou-se o modo preferido de interação, com o pagamento de subsídios finamente calibrados aos líderes da estepe como um elemento integral nas negociações.

Augusto, o primeiro imperador romano (r. 27 AEC-14 EC), vangloriou-se de receber emissários dos reis citas e sármatas de "ambos os lados do rio Don"; autores posteriores mencionam povos ainda mais distantes, incluindo o povo Seres, indo prestar suas homenagens.[8] Augusto e seus sucessores responderam com presentes, esforçando-se para exercer influência em seus negócios. Nas palavras de Roger Batty, "Roma havia se tornado, já em meados do primeiro século, um árbitro nos negócios das tribos das estepes. Não é o árbitro definitivo, embora seja importante".[9] Esse papel persistiria durante a era bizantina. Também durante o reinado de Augusto, cristalizou-se uma presunção imperial do "império sem fim", com a implicação de que o mundo inteiro pertencia à hegemonia romana.[10] Esperava-se que todos os povos ainda não subjugados reconhecessem a primazia de Roma; ao manter, dessa forma, conexões com as estepes, o ato de receber presentes e homenagens de seus chefes tribais trazia implicações práticas e ideológicas.

Na região do Danúbio, os séculos I e II EC ocasionalmente testemunharam guerras terríveis, financeiramente desgastantes, contra povos originários das estepes.[11] Novos antagonistas emergiram no século III, tornando a fronteira virtualmente indefensável; essa era parte de uma crise de dimensões imperiais na política, na economia e na eficácia militar. A estabilidade foi retomada aos poucos por meio de um esforço sistêmico de reconstruir a infraestrutura fiscal e administrativa do Império, além de reorganizar o exército romano. Destacamentos romanos voltaram a assegurar a fronteira do Danúbio durante as últimas décadas do século,[12] possibilitando cerca de um século de paz antes de os godos, e depois os hunos, começarem a causar sérios problemas.

A segunda fase das relações entre romanos e estepes começou durante a última quadra do século IV, quando os grupos hunos adentraram as estepes ocidentais, permanecendo ali até o início do século VI. Essa que foi aclamada como "Era de Átila" testemunhou grandes mudanças em toda a Eurásia Ocidental.[13] Muitas décadas após a batalha de Adrianópolis, os hunos se instalaram na Europa, unificando-se e, no início do século V, estabelecendo um centro de poder na planície húngara. Sob a liderança de Átila (r. 434-453), os hunos, com seus aliados e súditos, aterrorizaram o Império Romano no Leste, devastaram os Bálcãs e, até invadirem a Gália e a Itália, obrigaram o imperador a pagar tributos cada vez maiores.[14]

O desejo de Átila de ser tratado pelos governantes romanos como igual iniciou uma tendência que assinala a crescente importância dos impérios sediados nas estepes em negócios romanos (e persas).[15] Aos olhos bizantinos, depois de Átila, o Norte nunca mais foi o mesmo. Sua confederação se desintegrou logo após sua morte em 453, e o poder huno recuou para as terras ao Norte do mar Negro. Até a chegada dos avares na década de 560, alguns dos antigos súditos de Átila formaram reinos e assinaram tratados independentes com os imperadores em Constantinopla.[16]

A ampla estrutura geopolítica na Eurásia Ocidental voltou a se transformar no decorrer do século VI, marcando uma terceira fase das relações entre os romanos e a estepe. Sob o imperador Justiniano (r. 527-565), as forças romanas reconquistaram grande parte do litoral mediterrâneo, fortificaram os Bálcãs e travaram guerras grandiosas e intermitentes contra o Irã Sassânida.[17] Mais importante para a presente discussão, no entanto, foi o surgimento dos primeiros reinos estáveis originários da estepe, os quais se estabeleceram na esfera romana e, em certas ocasiões, em solo romano. Para entendermos esses desdobramentos, é necessário olharmos para a Ásia

Central e as consequências da formação do Primeiro Império Túrquico por volta de 550, que suplantou uma ampla confederação tribal controlada pelos avares.[18] Destituídos de sua posição proeminente, os avares (ou talvez apenas suas elites dominantes), além de vários povos subjugados, moveram-se para o Oeste, chegando às estepes ocidentais por volta de 570. Juntamente com agrupamentos eslavos nascentes, eles estabeleceram um poderoso grão-canato na planície húngara.[19] Inicialmente, os avares se aliaram a Justiniano e, mediante pagamentos anuais, perseguiram seus inimigos na estepe. Uma vez que um novo imperador interrompeu essa política no ano 565, porém, a inimizade avar tornou-se uma constante nas pautas romanas. Guerras diversas nas décadas de 570 e 580 devastaram os Bálcãs, voltando a destruir as defesas do Danúbio e desencadeando uma extensa instalação de eslavos e um aumento da influência militar avar. Um malsucedido cerco de Constantinopla ao lado de eslavos em 626, em concerto com as forças persas a lutar na fronteira oriental, marcou o auge da ameaça avar.[20]

A distância, também os turcomanos continuaram a desempenhar seu papel nesses eventos. Uma vez que os avares migraram para o Oeste, os governantes túrquicos iniciaram uma comunicação diplomática com o imperador em Constantinopla, mesmo quando também eles estenderam seu poderio para o Oeste. Em 576, eles capturaram posses romanas na Crimeia e se expandiram rumo ao Norte do Cáucaso.[21] Próximo ao desfecho do século VI, uma guerra civil eclodiu no reino túrquico, abalando as concordatas políticas das estepes ocidentais. De uma forma que ainda não foi compreendida com clareza, surgiram duas grandes e novas comunidades: a dos protobúlgaros e a dos cazares. Um grupo protobúlgaro (cujo etnônimo original, *Bulğar*, significa "os miscigenados") assumiu o controle da região Nordeste dos Bálcãs por volta de 679, estabelecendo a fundação do reino protobúlgaro que eventualmente se verteria em uma séria ameaça ao Estado romano.[22] Os cazares, que provavelmente também se originaram de um grupo misto, passaram a predominar nas estepes do Sul da Rússia por volta de 630[23] e, em aliança militar com Constantinopla, permaneceram como um bloqueio contra os exércitos islâmicos em plena expansão pela Ásia Central. Seus governantes mantiveram alianças mutuamente vantajosas com Constantinopla, e, em 732, uma princesa cazar se casou com o filho do imperador. O filho deles se tornou o imperador Leão IV, "o cazar" (r. 750-780). É digno de nota que as forças abássidas, ao derrotarem um exército táng na batalha de Talas na Ásia Central em 751, bloquearam a expansão ocidental chinesa e permitiram a propagação do islã nas estepes, um processo que se estenderia por séculos a fio. Inaugurou-se aí uma nova época na história da Eurásia, mais uma vez reformulando as circunstâncias de grande escala às quais Bizâncio deveria se contrapor. No período entre Adrianópolis e Talas (isto é, na Antiguidade Tardia), as estepes eurasiáticas passaram de uma área de tensão entre muitas para uma das principais preocupações dos imperadores romanos – tão importantes quanto o Califado que tomara o poder no flanco Sudeste em meados do século VIII.

Conhecimento prático e técnicas de interação: sobre diplomacia e estratégia militar

As práticas diplomáticas romanas, formuladas durante séculos de expansão e gestão de fronteiras, continuaram a se desenvolver na Antiguidade Tardia, sobretudo por ocasião do confronto contra o Irã Sassânida. Primeiramente por meio de sua rivalidade, entrou em vigência uma hierarquia de potências internacionais com foco no Oriente, além da elaboração de protocolos para embaixadas condizentes com grandes impérios.[24] O antigo hábito de conceder títulos romanos a chefes estrangeiros continuou a desempenhar um papel preeminente, e as justificativas para conferir presentes a líderes estrangeiros de todos os matizes assumiram uma nova prioridade.[25] Tais elementos da vida diplomática romana se adaptaram de forma bem-sucedida às realidades geopolíticas da Antiguidade Tardia. Concomitantemente, os povos das estepes foram capturados na trama da diplomacia internacional arquitetada por romanos e persas, e muitos de seus líderes desejavam tal envolvimento. Chefes tribais necessitavam da riqueza obtida por grandes potências para executar seus desígnios internos, e igualmente encontravam capital político no prestígio advindo de sinais de favor romano ou persa.

A oferta de presentes a líderes estrangeiros, ferramenta fundamental nas interações romanas com os povos das estepes, possuía vertentes numerosas. Tratava-se de uma via de mão dupla na qual obrigações mútuas se estabeleciam, e mediante a qual uma hierarquia de relações de poder se desenvolvia. Esses presentes, por vezes indicados na forma de bens dispostos nas sepulturas de elite nas estepes e frequentemente mencionados por escritores romanos, representam a parte tangível dessas complexas redes de cálculo e transações (invisíveis para nós atualmente) da cuidadosa administração de uma "pilhagem progressiva".[26] Os romanos tiveram a compreensão de que, nas comunidades das estepes, presentes auxiliavam os chefes tribais a estabelecer seu poderio e incentivar sua autoridade. Na maioria dos casos, os romanos se valiam da prática para benefício próprio, colocando grupos nômades uns contra os outros, criando alianças benéficas, demovendo invasões ou alcançando alguma outra finalidade útil. Por vezes, embora isso fosse raro, os romanos não tinham escolha senão concordar com exigências extorsivas, a mais famosa delas sendo a de Átila durante sua ascensão.[27] Em outras ocasiões, eles simplesmente se recusavam a pagá-las e arcavam com as consequências. Pagamentos a líderes das estepes sempre despertaram sentimentos fortes no âmbito romano. Sejam eles interpretados como prova de política astuta ou subserviência covarde a uma potência estrangeira, no cálculo político romano esses pagamentos carregavam um peso simbólico considerável e com frequência excediam seu valor monetário significativamente.[28]

A atividade diplomática exigia um conhecimento preciso dos habitantes das estepes, além de suas circunstâncias políticas e militares imediatas. Tais informações, derivadas de relatórios das embaixadas, soldados e outras fontes menos formais (como comerciantes, viajantes, refugiados), ajudaram a orientar o planejamento romano a curto e longo prazos.[29] Inteligência e flexibilidade renovadas foram essenciais, já que a política e a formação de entidades políticas em si nas estepes eram, na melhor das hipóteses, incertas. Apesar disso, instabilidade era, em certas ocasiões, uma condição explorada, e até mesmo encorajada, pelas autoridades romanas.

De forma similar, a manutenção de superioridade em pautas militares exigia um conhecimento atualizado de armamentos e hábitos de combate do inimigo. Esse conhecimento então seria usado para o ajuste dos próprios arsenais, estratégias e táticas romanas. Numerosos manuais militares escritos por soldados, e presumivelmente destinados a outros soldados, se conservaram.[30] O melhor exemplo é o *Strategikon* de Maurice, composto na década de 630, antes das conquistas islâmicas. Algumas passagens fornecem um quadro útil dos povos das estepes, combinando estereótipos de longa data com experiência genuína. O tratado reflete a capacidade de o exército romano se adaptar a uma vasta gama de inimigos, tratados separadamente, de modo bem informado. Uma seção, por exemplo, de título "Lidando com os citas; ou seja, avares, turcomanos e outros cujos modos de vida se assemelham aos do povo huno" fornece informações úteis acerca das diferenças em formas de governo, organização militar, métodos de combate e preparação para a guerra. Ela também traz comentários acerca dos hábitos e do caráter de diferentes grupos tribais – e da melhor forma de combatê-los.[31] Ao longo do tratado, dá-se bastante atenção para situações imediatas e perigosas que possam surgir. Embora termos generalizantes, como "cítico" (empregado para rotular os nômades das estepes), apareçam nesse e em outros textos, não há dúvida de que os escritores imperiais eram capazes de distinguir entre grupos diversos.[32]

O legado grego

A ciência grega forneceu conceitos básicos para a compreensão romana das estepes. Desde cedo, geógrafos gregos incluíram as estepes no *oikouménē* (o mundo habitado) tal como o concebiam.[33] Pouco sabiam eles sobre as estepes da Eurásia; sabiam que eram vastas, em sua maioria planas, e que continham rios importantes, especialmente o rio Tanais (rio Don), que imaginavam separar a Europa da Ásia.[34] Eles eram capazes de distinguir os silvicultores e as comunidades dos assentamentos de pastores nômades. Para além da área do Danúbio-Cáucaso, as informações tornavam-se cada vez mais escassas. Sabia-se da existência da China, embora não de sua localização precisa, ao menos após as conquistas de Alexandre, o Grande, no século IV AEC.[35] O conhecimento geográfico das estepes e das terras mais longínquas expandiu progressivamente durante a Antiguidade Tardia, e a estrutura trilhada após Alexandre continuou sendo influente.[36]

Cientistas gregos desenvolveram teorias elaboradas sobre o efeito de climas e territórios sobre cada povo do mundo, incluindo os habitantes das estepes. Uma noção amplamente difundida, articulada pela primeira vez no século V AEC, sustentava que o *habitat* determinaria o caráter humano, sua fisiologia e sua qualidade de vida. Os povos da estepe, por exemplo, eram considerados selvagens, seres de crescimento atrofiado, em função do frio e da umidade de seus lares.[37] Intimamente relacionada a esse tipo de determinismo ambiental estava a teoria que postulava que a Terra habitada estaria dividida em uma série de sete zonas latitudinais chamadas de *klimata*, cada qual possuindo características de temperatura que afetavam os costumes e a aparência de seus habitantes.[38]

Igualmente, os romanos integraram as ideias etnográficas gregas a respeito dos povos das estepes à sua própria visão imperial acerca da relação de estrangeiros com o Império. A primeira delas se expressou como um repertório de percepções quase inteiramente negativas dos nômades das estepes, os quais eram vistos como a forma de sociedade humana mais inferior. Ao serem considerados carentes de legislação, justiça e instituições estáveis, os nômades das estepes representavam o oposto da civilização urbana celebrada por gregos e romanos.[39] Atitudes do tipo tiveram longevidade notável por todo o Império Romano. Amiano Marcelino ainda se pautava nelas em sua descrição dos hunos, como mencionado anteriormente. Os novos horizontes da Antiguidade Tardia, porém, levaram a perspectivas um tanto diferentes. Prisco de Pânio, por exemplo, visitou a Corte de Átila em 448/449 como parte de uma embaixada e, apesar de tê-lo retratado como um oponente formidável e a personificação de uma cultura estranha, representou o rei huno como plenamente humano, de modo algum um bárbaro grosseiro do tipo descrito por Amiano um século antes. Prisco optou por apresentar os hunos de maneira distinta.[40] Embora seu retrato mais realista de Átila pareça propício a um relatório diplomático do qual provavelmente derivou, ele também indica uma mudança significativa na voz etnográfica, motivada pelas interações prementes de Roma e dos povos da estepe. Isso não implica, contudo, que as antigas perspectivas tivessem desaparecido.

Quase um século mais tarde, Procópio de Cesareia (cerca de 500-cerca de 565), o historiador das guerras de Justiniano, descreve o reino dos hunos heftalitas na fronteira Norte do Irã Sassânida.[41] De forma bastante notável, ele apresenta os heftalitas como semicivilizados: eles viveriam em cidades e teriam agricultura e leis, negociariam de igual para igual com os regimes sassânida e romano, e poderiam até mesmo contemplar a possibilidade de casamentos mistos e adoção entre dinastias reais. Procópio observa incisivamente que os heftalitas não seriam nada parecidos com demais povos das estepes; esse é um poderoso lembrete de que os estereótipos negativos ainda dominavam outros grupos das estepes.[42] É mais importante notar o fato de que ele está preparado para incluir o reino da estepe heftalita entre as grandes potências, tratando-o com o respeito que seu chauvinismo permitia. Esse retrato de uma nova visão geopolítica a virar as costas para o Mediterrâneo era inédito nas páginas de um escritor de Constantinopla.

O movimento dos povos nas estepes há muito vinha chamando atenção de autores romanos. No início do Império, muitos entendiam que as populações mundiais estavam em constante movimento e raramente permaneciam em seu local de origem.[43] Escrevendo no primeiro século EC, o polímata Plínio, o Velho, registrou que os indianos eram praticamente o único povo que nunca migrara, ao passo que o maior historiador romano, Tácito, um especialista na fronteira Norte do Império no primeiro e no início do segundo século EC, mencionou que alguns dos habitantes da Germânia eram autóctones.[44] Na experiência romana, a migração, no sentido do deslocamento em larga escala de um povo para um novo lar, muitas vezes decorria de uma derrota militar, sendo, portanto, vergonhosa.[45] Além disso, uma vez que, na mente romana, estabilidade e ordem eram mostras de civilização, sempre que o movimento ocorria além dos limites de domínios romanos, ele constava como indício de barbarismo.[46] Com raras exceções, os romanos mostraram pouco interesse no fenômeno da migração em si, embora Júlio César, em meados do século I AEC, tenha descrito a migração bem planejada dos helvécios – e como ele a impediu – com considerável discernimento.[47] As "migrações de povos" que tanto capturaram a imaginação dos nacionalistas e historiadores do século XIX não ocuparam um lugar de destaque na elucidação histórica dos romanos.[48] Tampouco os romanos tinham uma explicação elaborada para o movimento dos povos nas estepes. Na Antiguidade Tardia, entretanto, à medida que grupo após grupo de novos povos nômades se assomava ao campo de visão romano, encontravam-se vislumbres de três abordagens diferentes, embora não de todo incompatíveis. A mais importante e provavelmente mais difundida foi a teoria do dominó que sugeria que um grupo estaria fugindo do outro – uma explicação invocada até hoje. Prisco, por exemplo, menciona que "os saraguri, os uroguri e os onoguri [...] deixaram suas terras assim que os sabires os atacaram. Estes últimos foram expulsos pelos avares, que, por sua vez, se deslocaram em função das tribos que viviam nas margens do oceano".[49] Esse modelo de deslocamento descreve movimentos observáveis, embora não explique vetores internos de mudança de alianças ou impulsos econômicos, climáticos ou de outra natureza que puseram esses grupos em movimento antes de tudo.

Jordanes, um historiador de origem gótica que viveu em Constantinopla em meados do século VI, ilustra uma segunda abordagem romana, um modelo de migração de longo prazo. Ele afirma, com uma riqueza de detalhes completamente falsos, que em algum momento prévio à Guerra de Troia (isto é, o reino da lenda de heróis), os godos haviam migrado para a estepe pôntica na condição de um povo da Escandinávia. Sua discussão pressupõe que, ao longo dessa jornada de séculos, eles teriam mantido sua identidade cultural.[50] Jordanes não tentou explicar as causas da longa migração dos godos. Foram as exigências de um gênero textual que moldaram sua narrativa. Ele pretendia criar um passado para os godos a partir de um modelo familiar e positivo, utilizado pelos romanos para explicar o seu próprio passado. De acordo com as lendas populares da fundação, eles teriam ido de Troia para a Itália sob a liderança de Eneias.

Agátias, um historiador de Constantinopla de um período posterior, no século VI oferece uma terceira perspectiva sobre a mudança nas estepes. Em seu modelo assimilatório, grupos são passíveis de perder seus nomes quando absorvidos por um agrupamento nômade novo e maior.[51] O historiador não lhes impõe identidades imutáveis e não possui um vocabulário conceitual que lhe permita abordar os vagos processos de formação política nas estepes. Igualmente, ele não sugere que um grupo possa eventualmente romper com o controle externo e perseguir seus próprios objetivos. Embora não as desenvolva, as observações de Agátias sugerem uma visão bastante sofisticada das transformações nas estepes. Tal qual as observações de Prisco e Jordanes, elas sugerem uma clareza de pensamento sobre os nômades das estepes que escapa às fundamentações tradicionais.

Perspectivas cristãs acerca das estepes: Gogue e Magogue

Perspectivas cristãs derivadas da tradição bíblica hebraica desempenharam um papel importante no processo de formação das estepes bizantinas. Povos da estepe eurasiática aparecem na Bíblia tanto no livro de Gênesis (capítulo 10) quanto em Ezequiel (38:1-3). Gênesis fornece uma genealogia, conhecida como Tabela das Nações, para todos os povos da Terra após o Dilúvio. Seu autor cita Magogue (sem menção a Gogue) como um dos três filhos de Jafé, que por sua vez foi um dos filhos de Noé, cuja descendência teria repovoado o Norte e o Leste – as regiões precisas, porém, não são indicadas. A tradição da Tabela das Nações tornou-se extremamente influente na Antiguidade Tardia e em período posterior como a base que forneceu genealogias bíblicas às populações do mundo, algo imperativo para historiadores cristãos diversos.[52]

A ideia de castigo divino entrou, mais tarde, no repertório do livro de Ezequiel, um sacerdote judeu escrevendo para a comunidade judaica exilada na Babilônia por volta de 593 a 571 AEC. Ele explica a destruição do Templo do Rei Salomão em Jerusalém, em 586 AEC, como o castigo de Deus pela iniquidade e pela impureza dos meios de adoração de seus seguidores. Deus instrui Ezequiel sobre a profecia segundo a qual Gogue, um príncipe na região a Norte de Magogue, algum dia lideraria um exército numeroso composto por diversas populações de cavaleiros para atacar o povo de Deus, Israel (Ezequiel: 38-39). O Livro dos Jubileus (8: 25-30), escrito por volta de 150-120 AEC durante o Período Helenístico, situa a terra de Gogue ao Norte do rio Don, indicando a convergência das tradições geográficas judaica e grega.

Josefo, historiador judeu do século I EC, é o primeiro autor conhecido a identificar Magogue, de forma particular, com os citas, não lhes atribuindo, contudo, um papel escatológico a desempenhar na história humana.[53] Após a destruição do Templo de Jerusalém em 69/70 e o fracasso de demais revoltas contra Roma, escritos judaicos frequentemente mencionavam Gogue e Magogue como agentes apocalípticos, um tema que persistiu por toda a Antiguidade Tardia.[54] O Messias era então entendido como o eventual destruidor de Gogue e Magogue.[55]

A discussão cristã tomou um rumo diferente. O Livro do Apocalipse do Novo Testamento adapta ideias de Ezequiel a um "plano de salvação" cristão da história, conferindo a Gogue e Magogue um papel a ser desempenhado nos Últimos Dias, sem identificá-los, porém, com os povos contemporâneos.[56] Outros escritores cristãos entre os séculos II e IV, no entanto, deixaram de mencioná-los com frequência.[57]

Pesquisadores observaram um acréscimo de escritos sobre escatologia a partir de meados de 500 no Mediterrâneo Oriental, além do fato de que Gogue e Magogue assumiram uma importância renovada na literatura cristã como representantes das estepes.[58] A profecia bíblica parecia explicar muito bem os eventos da época. Os godos foram identificados com maior frequência com Gogue em função da semelhança entre os dois nomes, possivelmente já em meados do século III.[59] Ambrósio de Milão, como observado anteriormente, não hesitou em identificar os godos com Gogue, embora nem todos concordassem com isso. Em sua discussão sobre o Juízo Final, o bispo Agostinho de Hipona, o mais influente dos escritores da Igreja Latina da Antiguidade Tardia, tomou um posicionamento severo contra qualquer identificação do tipo. Ele argumentou que Satanás apareceria com suas forças por todo o mundo, no Fim dos Dias, a fim de confrontar a Igreja universal. Gogue e Magogue, a seu ver, seriam referências à totalidade das forças de Satanás em toda a parte, não devendo ser identificados como povos singulares.[60]

Apesar das reservas de Agostinho, Gogue e Magogue continuaram ligados aos godos, hunos e outros povos. A exemplo da *Crônica da Páscoa* do século VI, escrita em Constantinopla, os godos, os sármatas e os citas são chamados de descendentes de Magogue.[61] Isidoro de Sevilha, um bispo espanhol do final do século VI, cujas *Etimologias* encontraram amplo público leitor no Ocidente latino durante a Idade Média, igualmente identificou os godos como Magogue.[62] Para autores da tradição siríaca, eles seriam hunos.[63] Quando os avares sitiaram Constantinopla em 626, eles foram aclamados como Gogue por um habitante da cidade.[64] Em períodos posteriores, Gogue e Magogue seriam árabes, turcomanos, eslavos, cazares, magiares e mongóis, e muitos outros povos até os dias atuais.[65] Em outra inovação da Antiguidade Tardia, iniciada no século IV, Gogue foi identificado como o Anticristo, e Gogue e Magogue são mencionados com frequência crescente.[66]

Alexandre, o Grande, adentra o cenário tardo-antigo

Em algum momento do século III EC, um autor grego anônimo conhecido como Pseudo-Calístenes escreveu um romance altamente derivativo e bastante copiado, repleto de histórias fantásticas sobre Alexandre, o Grande.[67] Uma passagem descreve um portão de ferro que Alexandre construiu em determinado trecho nas cordilheiras do Cáucaso a fim de deter a invasão de bárbaros das estepes do Norte. As chamadas Portas de Alexandre tornaram-se um elemento fixo no imaginário popular; logo as lendas foram traduzidas para o latim, o siríaco, o armênio, o copta, o etíope e o árabe. Uma vez que a tradução siríaca foi lançada em 629-630, após a vitória de Heráclio sobre os sassânidas, Gogue e Magogue entraram na história como bárbaros e demônios montados em cavalos, retidos pelas Portas de Alexandre.[68] Dizem que Alexandre esculpiu uma profecia do lado de dentro das Portas, indicando que

> [...] os hunos romperão uma passagem estreita em 826 anos, e Gogue e Magogue, chefes de 24 reinos, subjugarão os Impérios Persa e Romano e escravizarão as nações do mundo. Gogue e Magogue obstruirão as estradas, e a terra ressoará com o ruído de sua marcha. Após 940 anos, o último imperador cristão aparecerá e, por fim, o mundo chegará ao fim pela vontade de Deus.[69]

Demonstrando a rápida disseminação da história, por volta de 660 um cronista franco sugeriu que Heráclio havia aberto as Portas de Alexandre para que mercenários das estepes o ajudassem na luta contra os árabes.[70] Em outro conjunto de histórias apocalípticas, a figura do Último Imperador passou a desempenhar um papel significativo como o destruidor de Gogue e Magogue antes do Juízo Final.[71] A mais significativa delas é o tratado siríaco de Pseudo-Metódio, escrito no século VII e prontamente traduzido para o grego. Em função de seu foco na ascensão dos árabes que precederiam Gogue e Magogue, a obra obteve ampla circulação na Idade Média.[72] Essa visão apocalíptica que reunia lendas de Alexandre, Gogue e Magogue, além de hordas de nômades e demônios, deixou mais uma marca na interpretação das estepes da Antiguidade Tardia.

Conclusão

Após a perda das províncias ocidentais no curso do século V, o Império Romano se reconstruiu como um Estado cristão no âmbito mediterrâneo oriental. De sua capital Constantinopla, a Nova Roma, desenvolveram-se novas perspectivas acerca do mundo as quais adaptaram às urgências nefastas da época algumas das antigas tradições romanas de conhecimento, governo e guerra. A principal dessas urgências nos séculos anteriores ao surgimento do islã foi a pressão sem precedentes de guerreiros nômades oriundos das estepes da Eurásia. Os romanos haviam tido um longo histórico de atritos e combates contra os povos das estepes nos séculos anteriores. Nunca antes, porém, os riscos foram tão altos ou as consequências tão abrangentes, seja para eles ou para as comunidades dos povos das estepes com quem interagiram. Assim, não é de surpreender que uma mudança considerável nas percepções romanas sobre os povos das estepes e seus impérios tenha ocorrido. Dois fatores concorreram para tal. O primeiro foi a ameaça em si dos próprios povos das estepes. Eles representaram um ponto de virada em Roma e, em seguida, nos negócios europeus de forma mais ampla. Em segundo lugar, os hunos e outros que vieram em seguida deixaram marcas profundas no imaginário romano. O terror romano encontrou expressão na convergência de duas tradições etnográficas. Julgamentos clássicos e pré-cristãos excessivamente hostis dos povos das estepes continuaram sendo fundacionais durante a Antiguidade Tardia e além dela. Além disso, a visão cristã do Apocalipse forneceu a Bizâncio, assim como a todo o mundo cristão medieval, uma narrativa convincente do perigo dos nômades das estepes e seu lugar no plano divino para a história universal. Nesse quesito, a afirmação de que "como forma as estepes se tornaram bizantinas" é um elemento constitutivo de uma visão de mundo medieval por toda a Europa. Simultaneamente, o Estado romano medieval de Bizâncio, munido dessas novas perspectivas, inscreveu-se no campo ainda mais amplo de ação do qual este livro trata ao lado do Irã, da China e das estepes.

Notas

1. Agradeço a Anne Truetzel e Joe Ricci pelo auxílio na coleta de material para o presente capítulo.
2. Amiano Marcelino, *apud* Sabbah, 2003, pp. 43-84.
3. Aníbal destruiu um exército romano na batalha de Canas em 216 AEC. Amiano estabelece essa comparação no trecho 31.13.19.

4 Na época, dois governantes regiam o Império conjuntamente: um nas províncias ocidentais e outro nas províncias orientais, as quais governava a partir de Constantinopla; ver Ezequiel: 38-39; Ambrósio revisou a carta escrita ao imperador ocidental Graciano antes da batalha, em 379; *vide* Ambrose, 2.16.137, *apud* Faller, 1962.

5 Anderson, 1932; Donzel & Schmidt, 2010, pp. 12-13.

6 Batty, 2007, pp. 423-456; Poulter, 2007, pp. 4-5, 28-29.

7 A Dácia, conquistada em 107 e abandonada em 270, não é uma região de estepe.

8 Augustus, *Res Gestae*, 31, *apud* Cooley, 2009; Batty, 2007, pp. 428-430.

9 Batty, 2007, p. 429; Wilkes, 1996, pp. 545-565; Wilkes, 2000, pp. 577-585.

10 Virgil, *Aeneid*, 1.278-279, *apud* Mynors, 1972; Nicolet, 1991, pp. 15-16.

11 Wilkes, 2000, pp. 580-585; Golden, 1990a, pp. 112-117; Batty, 2007, pp. 437-456; Amiano, seção 22.8.31 e 22.8.42, *apud* Sabbah, 2003.

12 Liebeschuetz, 2007, pp. 101-134.

13 Maas, 2015; ver também o volume Kelly, 2008, *passim*; Kelly, 2009; Heather, 2009a; Heather, 2015, pp. 209-229.

14 Lenski, 2005, pp. 235-238.

15 Ver capítulo 23 do presente volume.

16 Whitby, 2000, pp. 712-721.

17 Cameron; Ward-Perkins & Whitby, 2000, pp. 63-85; Greatrex, 2005, pp. 477-509; Sarantis, 2016, pp. 1-19, 320-323.

18 Sobre os turcomanos/goturcos, ver capítulo 18 do presente volume.

19 Curta, 2001; Sarantis, 2016, pp. 65-89, 109-112.

20 Whittow, 1996, pp. 48-53, 74-79; Pohl, 1988; Pohl, 1998, pp. 571-596; Howard-Johnston, 1995a, pp. 131-142.

21 Golden, 1990b, p. 261.

22 *Idem*, p. 258.

23 *Idem*, pp. 263-265.

24 Pohl, 2013b, pp. 67-86; Chrysos, 1992, pp. 25-39.

25 Nechaeva, 2014, sobretudo pp. 163-235, além do capítulo "Patterns of Roman Diplomacy"; Blockley, 1985, pp. 62-74.

26 Os termos são de Nicola Di Cosmo.

27 N. Lenski, 2005, pp. 235-238.

28 Blockley, 1985; Nechaeva, 2014, pp. 170-174; Gordon, 1948; Iluk, 1985, pp. 79-102.

29 Whittow, capítulo 18 do presente volume; Lee, 1993.

30 Rance, 2015, pp. 1-4; Sullivan, 2010, pp. 149-161.

31 Maurice, *Strategikon*, seção 9.2, *apud* Dennis, 1981 ou Dennis, 1984; Rance, 2017.

32 Ricci, 2015, pp. 176-178; Agátias, *Histórias*, seção 5.11.2, *apud* Frendo, 1975; Keydell, 1967.

33 Wilson, 2015, seção 4.2-36 e 46-82; Herodotus, *Histórias*, *apud* Mensch, 2015; Romm, 1992, pp. 37-41; Gardiner-Garden, 1987a; 1987b.

34 Pomponius Mela (*apud* Romer, 1998) descreve a Cítia em 3.36-46; a respeito da fortuna crítica, ver p. 111, seção 15-16.

35 Scheidel, 2009, pp. 3-4.

36 Ver capítulo 8 do presente volume.

37 Pseudo Hippocrates, seção 19, *apud* Jouanna, 2003; Glacken, 1967.

38 Honigmann, 1929; Glacken, 1967, p. 98.

39 Shaw, 1982-1983, pp. 5-31, sobretudo p. 24; Shaw, 1982, pp. 25-46; sobre a simplicidade e a virtude da vida cítica, ver Lovejoy & Boas, 1935, pp. 324-330; Romm, 1992, pp. 74-76.

40 Traina, 1993, p. 288; Maas, 1995, pp. 146-160; Kaldellis, 2013, pp. 12-17.

41 Procópio, *Guerras*, seção 1.3, *apud* Dewing, 1962-1978; Maas, 2016, pp. 134-142; Litvinsky, 1996, pp. 135-162.

42 Procópio, seção 1.3.2-7, *apud* Dewing, 1962-1978.

43 Strabo, *Geografia*, seção 1.3.21, *apud* H. L. Jones, 1932; Salusto, *Jugurtha*, seção 18, *apud* L. D. Reynolds, 1991.

44 Plínio, o Velho, *História Natural*, seção 6.21.59 (cerca de 77 EC), *apud* Mayhoff, 1967-1970. Tácito concebeu os germanos como indígenas; ver Tácito, *Germania: De origine et situ Germanorum liber*, seção 2.1, *apud* Önnerfors, 1983.

45 Comparar Lívio, *História*, seção 1.29; 5.53, *apud* Ogilvy, 1974 (vol. 1, tomos 1-5).

46 Batty, 2007, pp. 325-328.

47 Júlio César, *Guerra Gálica*, seção 1.1-30, *apud* du Pontet & Hirt, 1900.

48 Heather, 2009a, pp. 1-35; Halsall, 2007, pp. 1-35; Maas, 2012, pp. 70-72; além do capítulo 10 do presente volume.

49 Prisco, frag. 40, *apud* Blockley, 1983, vol. 2, pp. 344-345; ou De Boor, 1903, p. 14; Prisco, fr. 30.5, *apud* Carolla, 2008, p. 69.

50 Esse conto se verteu em um modelo para a escrita de história arcaica de nações europeias diversas; ver Geary, 2002, pp. 60-61; Maas, 2012, pp. 69-70; Ghosh, 2016, pp. 39-92.

51 Agátias, *Histories*, seção 5.25.4-5; Heather, 1998, pp. 95-116.

52 Pohl, 2013a, pp. 32-38.

53 Josefo, *Antiguidades judaicas*, seção 1.6.1, *apud* Thackeray & Marcus, 1998; Anderson, 1932, p. 8, nota 2, para citações adicionais de autores diversos; Bøe, 2001, pp. 47-48; Donzel & Schmidt, 2010, pp. 9-11.

54 Bøe, 2001, pp. 206-208.

55 *Idem*, pp. 50-75; Donzel & Schmidt, 2010, pp. 6-8.

56 Apocalipse de São João 20:7-8.

57 Bøe, 2001, pp. 211, 214-215; Lactantius, *Institutos Divinos*, seção 7.26, *apud* Bowen & Garnsey, 2003.

58 Alexander, 1967, pp. 116-120; Magdalino, 1993, pp. 4-5; reimpressão com posfácio em Shepard, 2007, pp. 30-31.

59 Donzel & Schmidt, 2010, pp. 12-14.

60 Agostinho, *A Cidade de Deus*, seção 20.11, *apud* Dombart & Kalb, 1955 ou Bettenson, 2003, seção 47.14, 1 e 2.

61 Agostinho, *Crônica Pascoal*, seção 1.46.11-12, *apud* Dindorf, 1832 ou tradução anotada e introdução em Whitby & Whitby, 1989.

62 Isidoro, *Isidori Hispalensis episcopi*, seção 9.2.89, *apud* Lindsay, 1911; Barney; Lewis; Beach & Berghof, 2006.

63 Sobre o "Sermão sobre o Fim dos Tempos" siríaco, ver Donzel & Schmidt, 2010, pp. 24-26.

64 Teodoro Sincélio, *Homília sobre o Cerco de Constantinopla*, *apud* Makk, 1975, pp. 40-44 (contém introdução, tradução e notas com o texto grego reimpresso a partir de *Analecta Avarica*, *apud* Sternbach, 1900).

65 Anderson, 1932, pp. 12-14; Bøe, 2001, pp. 215-217.

66 Bøe, 2001, p. 218.

67 Merkelbach & Trumpff, 1977; Donzel & Schmidt, 2010, p. 16.

68 Donzel & Schmidt, 2010, pp. 16-21.

69 *Idem*, p. 20.

70 Fredegar, *Crônica*, seção 4.64, *apud* Krusch, 1888, p. 152; Palmer, 2014, p. 112.

71 Alexander, 1985, pp. 136-147; 1980, pp. 56-65.

72 *Idem*, 1985, pp. 13-60; 1980, pp. 53-106; Garstad, 2012; Palmer, 2014, pp. 115-116.

2

AS RELAÇÕES ENTRE A CHINA E A ESTEPE: DE XIŌNGNÚ AO IMPÉRIO GOTURCO*

Nicola Di Cosmo

O fim do Império Hàn no século III EC desencadeou um período na história chinesa que vem sendo visto como desconcertante e incongruente se posto em contraste com a lógica presumida, com a estrutura de desdobramentos das dinastias e sua marcha cíclica. Esse período, às vezes referido como as Seis Dinastias, estendeu-se por 369 anos. Ele é considerado um período de cisão, uma época em que a China – entendida de forma abrangente – não se deixou unificar sob uma única autoridade. A fragmentação do poder político se reflete em suas subdivisões: os Três Reinos (220-280), os Dezesseis Reinos (limitados ao Norte, 304-439) e as

* No período entre 552 e 744, emprega-se a designação goturco (*goktürk*) em referência aos impérios nômades liderados por povos turcomanos. O termo, no caso, designa não mais a etnia turcomana, mas uma unidade política com nome próprio – a seguir os termos serão empregados de acordo com essa distinção. Pelo mesmo motivo, ao tratarmos de períodos anteriores ao ano 552, iremos nos valer unicamente dos termos turcomano/túrquico. (N. da T.)

Dinastias do Norte e do Sul (420-589).[1] Como podemos depreender já a partir dessa periodização complexa e desajeitada (cuja característica mais notável é a alternância de reinos e dinastias que dividem o Norte e o Sul), a "China" tal qual um império é um conceito difícil de abarcar. Além da desunião territorial, novos grupos étnicos se instalaram como linhagens governantes e dinastias, levando para a China uma diversidade cultural sem precedentes na administração estatal e política. A historiografia chinesa tem se esforçado para incorporar esse período em uma visão unificada da história imperial, uma dificuldade que surgiu já durante a Dinastia Táng (618-907), que obrigou o Gabinete de Historiografia (*shí guǎn*) a determinar quais dinastias seriam consideradas "legítimas", de modo a manter uma sucessão de governo legítimo para além das reivindicações concorrentes de dinastias diversas.[2]

As preocupações com a integridade cultural e histórica da China continuaram a influenciar literatos chineses ao longo do tempo e continuavam bastante vivas mesmo nos escritos historiográficos nacionalistas do século XX; mas, uma vez que transpomos essas preocupações e examinamos os eventos em seu próprio tempo e espaço, notamos que é justamente a interrupção do contínuo imperial que torna esse período particularmente interessante. A desativação da zona de magnetismo constituída por um centro imperial pujante libertou forças que, em alguns casos, já estavam ativas, e, em outros, se encontravam dormentes. Sua ação centrífuga criou uma nova ordem política, ora integrando e ressignificando o sistema anterior, ora rompendo com ele por meio de transformações profundas e irreversíveis. Uma das forças a emergirem com intensidade na época, moldando o espaço político chinês no Norte, foi, sem dúvida, a dos nômades pastoris. O "mundo da estepe", contudo, dificilmente é um termo evidente ou autoexplicativo. Seu significado é inconsistente, e seus limites certamente não se restringem à geografia e à ecologia. Diferentemente do período anterior, em que os xiōngnú se afirmaram como potência política independente, as estepes que estabeleceram dinastias no Norte da China exerceram uma influência mais profunda e penetrante, ligando o Norte da China a um universo cultural muito mais amplo, porventura delineado de forma menos evidente. Na realidade, o grau em que eles já haviam sido aculturados e assimilados ao *milieu* político chinês era variável; o mesmo vale para sua relação com os nômades do Norte e, sobretudo, com o passado imperial representado pelo minguado, mas não esquecido Império Xiōngnú. Por décadas de conflitos e tribulações naquilo que foram numerosos reinos de curta duração, novos atores na cena política chinesa conseguiram reter, a duras penas, uma ascendência que era tanto intrusiva quanto transformadora em relação ao período unificado anterior.

O resultado da afirmação desses novos protagonistas históricos foi a criação de dinâmicas inéditas que substituem a separação nítida e prévia entre dois impérios – um Império Chinês, outro Nomádico – divididos ao longo de uma fronteira militarizada com um conjunto de fronteiras muito mais fluidas. À medida que os povos do Norte não hàn se infiltraram nas Planícies Centrais (o centro tradicional do Império), eles passaram por uma transformação própria. No século V, uma nova fronteira "rígida" entre a China e a estepe começou a tomar corpo e, no século VI, os nômades da estepe mais uma vez tiveram a capacidade de criar um império – o Império Goturco –, o qual assumiu uma dimensão eurasiática. O que aconteceu nesse ponto (552 EC) foi o surgimento de um poder das estepes que, consciente e explicitamente, reproduziu dinâmicas de organização interna, expansão e diplomacia que remontavam ao início do Império Xiōngnú – o precedente histórico que lhe serviu de princípio organizador e modelo. Para abarcarmos a natureza do Império Goturco, será necessário, portanto, explorar as raízes mais profundas da relação chinesa com o mundo da estepe (ou da Ásia Interior) desde a época em que a fronteira Norte se tornou uma das facetas mais críticas politicamente, mais sensíveis militarmente, da história chinesa.[3]

A fronteira Norte

A Grande Muralha, essa fronteira simbólica entre a China e a estepe, é apresentada nos livros de história como uma grande conquista da longeva civilização chinesa. Contudo, o monumento, tal qual o conhecemos hoje, foi erguido apenas no século XVI, servindo a um propósito bastante limitado. Questionar como a muralha funcionou no passado e como seus usos se alteraram durante a história constitui um ponto de partida inevitável para qualquer discussão sobre a relação entre a China e a estepe na Antiguidade.

Fronteiras militarizadas, que incorporaram terras pastoris na esfera de controle dos Estados chineses, constituíram um desenvolvimento central do final do Período dos Reinos Combatentes (475-221 AEC). As fortificações na região da estepe surgiram nos séculos IV e III AEC, após a expansão dos estados a Norte, Qín, Yàn e Zhào, que lutavam pela supremacia sobre os diversos reinos independentes em que a China estava dividida.[4] As muralhas – linhas de fortificações constituídas por baluartes, torres e fortes que se serviam das características naturais do terreno – funcionavam como vias de comunicação militar e postos militares avançados. Não é por acaso, certamente, que o crescimento dos exércitos chineses nos séculos IV e III AEC – baseados sobretudo em infantaria, mas cada vez mais dependentes da cavalaria – exigiu recursos do Norte para suprir suas crescentes necessidades militares com cavalos, animais de carga e demais produtos da economia pastoril. O objetivo central das fortificações era proteger essas áreas como reservatórios de recursos econômicos.

A instalação de uma presença militar na estepe alterou a relação com as sociedades nomádicas. Por volta do final do século IV AEC, as hostilidades contra os xiōngnú e demais povos nômades se intensificaram. No entanto, os confrontos militares com nômades ao longo da nova fronteira fortificada só podem ser explicados como consequência da expansão prévia dos exércitos chineses para os territórios ao Norte, juntamente com uma intensificação do comércio que, igualmente, deve ter trazido benefícios para as elites nômades. De fato, a hipótese do surgimento de uma aristocracia fronteiriça engajada em atividades comerciais é consistente com o volume superior de objetos preciosos (particularmente de ouro) que emerge em contextos arqueológicos não chineses ao Norte da China.[5]

A gênese do primeiro Império Chinês unificado em 221 EC serviu de catalisador para um novo desdobramento na história da Grande Muralha, quando múltiplos segmentos preexistentes foram unificados em uma frente de defesa. O imperador Qín (260-210 AEC), porém, não se limitou a uma "reestruturação" da fronteira. Lançou-se uma nova política que incluía a transferência de militares para o Norte, estabelecendo fazendas militarizadas que expandiriam o território Qín mais adentro das terras nômades. A pressão crescente naturalmente criou atrito e conflitos com os nômades locais.

Data exatamente dessa época a formação do Império Xiōngnú, o primeiro império da estepe da história. O único dado histórico que temos acerca desse evento o coloca em um cenário radicalmente imerso na vida da estepe, incluindo rixas tribais, lutas familiares e façanhas militares. Se pudermos nos pautar por um episódio revelador do início da carreira de Modun (o fundador do Império Xiōngnú), torna-se evidente que os nômades estavam lutando por terras: "A terra é o fundamento da nação [*dì zhě, guó zhī běn yě*]", declarou Modun, que, após abrir mão de ouro e de sua esposa, recusou-se a ceder o território exigido de seus inimigos nômades, os dōnghú, antes de se voltar contra eles.[6]

Nômades imperiais

A história da ascensão de Modun e da unificação dos nômades das estepes sob um único líder é relatada no livro 110 do *Shǐjì* [*Memórias do Escriba*] por Sīmǎ Qiān, no século I AEC. O evento não é situado no contexto de um conflito com a China, mas sim no de guerras tribais internas dos povos nômades. Ao contrário da suposição geral – segundo a qual os nômades atacaram a China para depredar e pilhar –, o cenário mais provável é que a expansão dos Estados chineses na luta por supremacia os levou a ocupar terras nômades e, dessa forma, empurrou povos pastoris para o Norte. Após a unificação da China, e na medida em que Qín avançou ainda mais pelo território nômade, surgiram conflitos entre diferentes grupos tribais.

Nesse meio-tempo, a liderança central entre os xiōngnú se deu em duas fases. A primeira foi a criação de um modelo alternativo de governo não mais baseado na aristocracia tribal, mas fortemente centralizado e estruturado em torno de uma hierarquia inteiramente nova, na qual os clãs reais e o oficialato militar assumiam posição de preeminência. A segunda foi uma fase de expansão e envolveu a arrecadação de receitas na forma de tributos de todos os povos subjugados. Nessa fase, a China de fato desempenhou um papel importante: incapaz de resistir ao poderio militar do unificado Império Xiōngnú, ela foi forçada a buscar termos de paz que incluíam o pagamento de tributos exorbitantes. A derrota do exército Hàn, que foi subjugado na batalha de Báidēng em 200 AEC, demonstrou o quão forte o Império Xiōngnú se tornou após a ascensão de Modun como *chányú* (soberano) em 209. A derrocada de Hàn marcou um novo episódio nas relações entre a China e a estepe, forçando a Dinastia Hàn a um dilema político clássico: uma paz onerosa e humilhante ou uma guerra igualmente onerosa e incerta.[7]

A estrutura do Império Xiōngnú incluía instituições sofisticadas que não poderiam ter sido improvisadas e, portanto, necessariamente já pertenciam ao idioma político dos nômades havia séculos. A característica mais notável desse Império é sua divisão em duas metades, governadas por duas autoridades separadas, sendo uma delas teoricamente superior à outra. A natureza dualista da política xiōngnú também se refletiu nos diversos escalões do governo, cada qual dividido em posições de "esquerda" e "direita". A descrição do governo xiōngnú no *Shǐjì* lista 24 membros dos escalões superiores e diversos oficiais inferiores. A aristocracia do Império foi, portanto, organizada em uma hierarquia dominante que transcendia uma organização puramente tribal. Os militares também eram estruturados em linhas que privilegiavam hierarquias de comando bem definidas. As linhagens governantes e consortes eram constituídas como clãs distintos, embora seja difícil dizer que papel o parentesco desempenhava na organização do Império em posições abaixo do ponto mais elevado. Por fim, é notável que os líderes de tribos rendidas e subjugadas parecem ter sido incluídos nas elites governantes xiōngnú e, assim, mantido a autoridade em seus próprios territórios e sobre suas próprias comunidades.[8]

A capacidade de incluir povos subjugados conferiu aos xiōngnú uma vantagem notável contra a China, embora o perigo de subversão interna e rebeliões persistisse. Até que os xiōngnú recuperassem a vantagem militar, a China Hàn continuou a enviar tributos à Corte do *chányú*. Esse padrão é semelhante àquele encontrado posteriormente na relação entre os goturcos e a Dinastia Suí ou, no Ocidente, entre os avares e Bizâncio.

O "trânsito da Rota da Seda"

Os nômades facilitaram a expansão das conexões e a circulação de mercadorias pela Eurásia? Eis a questão crítica para nossa interpretação do contexto geopolítico no qual as redes comerciais difusas, as propagações religiosas e os movimentos populacionais que substituíram as forças centrípetas dos centros metropolitanos imperiais após a queda dos Impérios Hàn e Romano tornaram-se elementos constitutivos do que podemos chamar de "Antiguidade Tardia Eurasiática". O "trânsito da Rota da Seda" – remetamos a essa formulação – é tradicionalmente datado do início das relações entre a China Hàn e as pequenas cidades-Estado na bacia do Tarim e, a partir daí, mais a Oeste, para a Báctria e a Sogdia. Foi a expansão imperial que levou os hàn à periferia da Ásia Central.

O "herói" dessa história é o famoso diplomata Zhāng Qiān, que o imperador Hàn Wudi enviou em 138 AEC em busca de uma aliança com os yuèzhī (ou Rouzhi) contra os xiōngnú. Anteriormente, o imperador Xiōngnú, o *chányú* Laoshang, havia atacado os yuèzhī e, após matar seu rei, usado seu crânio como um cálice. A odisseia de 13 anos de Zhāng Qiān – que incluiu sua jornada para o Oeste, seu cativeiro em meio aos xiōngnú, fuga e subsequente chegada à Corte Yuèzhī, recaptura por parte dos xiōngnú, uma última fuga e o regresso ao lar – não é apenas um episódio nas longas guerras contra os xiōngnú; é o mito fundador da abertura de uma rota direta de comunicação entre a China e as chamadas regiões ocidentais. Aclamado como o início de uma rede de intercâmbio continental, o sistema de comunicação conhecido como Rota da Seda permitiu que mercadorias, religiões, ideias e povos de várias raças e línguas viajassem entre o Leste e o Oeste da Eurásia por territórios inóspitos.[9]

O papel da estepe nesse "trânsito" ainda não foi compreendido por completo, embora certamente preceda as jornadas de Zhāng Qiān. Os prósperos reinos-oásis das regiões ocidentais, que controlavam os fluxos comerciais com a Ásia Central, também eram fontes de receitas para seus senhores xiōngnú, assim como todos os outros povos subjugados.[10] Ademais, é possível que a presença de mercados fronteiriços na fronteira entre Xiōngnú e territórios da Dinastia Hàn tenha pavimentado o caminho para os desenvolvimentos comerciais posteriores. O próprio Zhāng Qiān teceu comentários, como relatado no *Shǐjì*, acerca da existência de comércio na Ásia Central (Daxia, Báctria) e de bens produzidos no Sul e no Oeste da China – o que indica uma rota comercial que provavelmente passava pelo Norte da Índia.[11] Se os xiōngnú de fato estabeleceram controle direto sobre as redes de troca ao longo das rotas do comércio internacional, não podemos dizer a esta altura por escassez de evidências.

Foi a conquista hàn das regiões ocidentais que transformou dramaticamente a rede de trocas da Eurásia, levando ao influxo de um volume muito superior de seda e demais produtos chineses (*i.e.*, laca, espelhos de bronze e moedas). A seda chinesa havia viajado para o Oeste em períodos anteriores, mas alcançar novas fronteiras provou ser o principal estímulo para a abertura de um mercado centro-asiático e "ocidental" para mercadorias chinesas.[12] Ainda não está claro se os xiōngnú desempenharam ali algum papel. No entanto, as fontes textuais e arqueológicas geralmente silenciam sobre a existência de uma conexão direta entre os xiōngnú e o comércio da Ásia Central, mais provavelmente porque as parcerias com as comunidades mercantes ainda não haviam sido estabelecidas. O papel econômico dos nômades – para além da aquisição de tributos e do comércio fronteiriço com a China – não se deixa, assim, associar com clareza a uma eflorescência de redes comerciais da "Rota da Seda". Em contrapartida, seu papel político não deve ser exagerado. A criação do Império Xiōngnú constituiu um modelo duradouro de formação imperial muito depois de seu poder ter minguado.

Dado que os esforços hàn para alcançar a Ásia Central foram resultados exclusivos de esforços militares e diplomáticos para combater os xiōngnú e sobrepujá-los como potência proeminente na região, a questão de como a influência política e militar dos nômades passou a rivalizar com a da China é vital para compreendermos o início da história eurasiática.

O legado Hàn: paz, guerra e incorporação

A ascensão da Dinastia Hàn foi precedida em pouco tempo pela unificação dos povos nômades da estepe sob um único imperador (*chányú*): o líder xiōngnú Modun. Numa época já rica em transformações políticas, o confronto entre esses dois impérios conferiu um novo significado à fronteira. Um homem nascido no reino de Qín em 250 AEC teria sido súdito de um dos diversos reinos em guerras constantes entre si. A partir de 221 AEC, ele teria sido súdito de um único imperador em um império sem precedentes; por fim, em 202, teria passado por uma guerra civil e uma transição dinástica para então se ver sob o reinado de um imperador hàn, exposto à ameaça palpável de uma invasão bárbara. Em poucas décadas, os xiōngnú se tornaram o principal intermediário do poder no mundo tal qual o povo hàn o conhecia. Como isso se deu?

Paz

Os hàn desenvolveram estratégias diplomáticas e militares que eventualmente lograram reduzir e frustrar a ameaça xiōngnú. A primeira dessas medidas foi a chamada política de *héqīn*, em que os termos *hé* (para paz) e *qīn* (para parentesco ou consanguinidade) se combinam para denotar "parentesco harmonioso", ou seja, a obtenção de paz por meio do estabelecimento de laços matrimoniais.[13] Que o apaziguamento seria preferível ao conflito não é de surpreender, sobretudo após uma derrota militar esmagadora dos hàn em 200 AEC. Superficialmente, o acordo visando à cessação de conflitos era selado por dois soberanos de mesma posição e garantido por relações conjugais; na realidade, aquilo era uma forma levemente disfarçada de pagamento de tributos dos hàn aos xiōngnú. Acordos diversos provinham fluxos de caixa anuais para o líder dos xiōngnú, sobretudo na forma de seda e ouro, embora também incluíssem grãos e alimentos. Os desembolsos Hàn tendiam a aumentar ao longo dos anos e, em geral, evitavam um agravamento militar ou um estado de guerra permanente.

A política de *héqīn* trazia consigo vários objetivos estratégicos de curto e longo prazos. Seus proponentes argumentavam que a probabilidade de uma noiva real dos hàn dar à luz um herdeiro ao trono xiōngnú seria uma forma de penetrar no campo inimigo com discrição genealógica – pois, uma vez que o neto do imperador hàn se tornasse seu governante, os xiōngnú tornar-se-iam subalternos dos hàn. Essa não passava de uma esperança vã, embora vantagens mais imediatas pudessem ser colhidas. A paz ajudou a reduzir o orçamento militar e auxiliou no processo de recuperação econômica. Uma segunda vantagem se expressou no fato de que os imperadores chineses puderam se concentrar em política interna para centralizar seu poder, eliminando reis-vassalos independentes. Um terceiro benefício foi a chance de ganhar tempo para construir um exército adequado ao tipo de guerra praticado pelos xiōngnú. A proteção da fronteira de ataques e pilhagem, igualmente, dava legitimidade à reivindicação do imperador de ser aquele que toma conta de seu povo.

Do outro lado da barganha, surgiram duas objeções, levantadas por estadistas hàn. A primeira era que, enquanto os tratados se expressavam em uma linguagem de igualdade, o ato de enviar tributos e noivas aos xiōngnú não deixava dúvidas sobre qual lado representava o elo mais fraco e, portanto, inferior. Aceitar tal posição de inferioridade interferia na noção de que o imperador hàn – o Filho do Céu – seria um governante universal. O fato de terem encoberto o desconforto ideológico que isso produzia pode ser interpretado como uma astúcia tática. Havia, porém, uma segunda complicação: a garantia de um tratado com os xiōngnú não assegurou, de fato, a paz. Os múltiplos casos de invasões, ataques e demais quebras dos tratados fronteiriços por vários membros da aristocracia xiōngnú sugerem que a autoridade interna exercida pelos *chányú* pode não ter sido tão monolítica quanto os hàn queriam, expondo assim a China às incursões dos nômades. Isso se dá principalmente porque, embora o *chányú* fosse nominalmente o soberano, comandantes militares e reis regionais com poderio essencialmente autônomo sobre o território de sua jurisdição tendiam a ignorar os acordos de paz, caso considerassem isso benéfico para si.

Guerra

A eficácia da política de *héqīn* diminuiu com o tempo. Por volta de 140 AEC, os hàn haviam reconstruído seu exército e formado pastagens a fim de criar cavalos para o serviço militar. Embora esses preparativos possam ter levado à guerra, debates em tribunais acabaram produzindo a transformação política derradeira.[14] No cerne da questão da ineficácia da política de *héqīn* estava a soberania assimétrica dos dois governantes, além das dificuldades do lado xiōngnú de impedir violações de tratados. Nessas circunstâncias, uma solução militar tornou-se uma necessidade exequível. De fato, o desequilíbrio de poder entre dois governantes em relação a seus respectivos reinos é, possivelmente, a principal causa por trás da alternância entre guerra e paz. Enquanto o poderio do *chányú* fosse suficientemente estável e seguro, os tratados seriam vigentes para ambos os lados; quando a centralidade de sua liderança fosse contestada, porém, outros líderes passariam a fazer sua própria "política externa".

Os hàn desenvolveram técnicas especiais de luta contra os nômades, baseadas em uma estimativa precisa dos requisitos necessários para conduzir operações militares em um ambiente estrangeiro. A fronteira hàn tornou-se, portanto, uma espécie de "laboratório" militar no qual novas táticas foram traçadas e testadas. Para darmos um exemplo, o uso extensivo de cavalaria leve de manobra rápida forneceu aos hàn a capacidade de penetrar rápida e profundamente no território nômade. Essa tática tornou a população nômade vulnerável às expedições hàn, forçando a Corte Xiōngnú a migrar mais para o Norte. Os hàn, igualmente, valeram-se das vulnerabilidades inerentes ao estilo de vida e à economia dos nômades, sobretudo no que diz respeito ao terreno e à ecologia, e aproveitando conflitos internos, assim como recessões econômicas precipitadas por epidemias ou crises climáticas.

Incorporação

Além das estratégias de paz e guerra, os hàn recorreram a outra forma de controle de nômades – isto é, acomodá-los dentro ou nas proximidades das fronteiras chinesas para servirem de amortecedor contra os nômades mais hostis. Quando a confederação xiōngnú foi, por fim, dilacerada em lutas pelo poder e guerras civis, os hàn capitalizaram seus problemas internos aceitando, em troca de subsídios econômicos, a rendição de uma facção dos xiōngnú liderada pelo *chányú* Hūhányé (r. 58-31 AEC). Um novo capítulo nas relações entre as estepes e a China teve início aí, e a nova política produziu duas consequências centrais: a fronteira foi pacificada, e os xiōngnú rendidos puderam ser usados como tropas aliadas contra os nômades que persistiam em representar ameaça aos hàn. Contudo, a dependência de exércitos nômades igualmente comprometeu a capacidade militar hàn, tornando-a intrinsecamente mais fraca. Posteriormente, as rivalidades pela liderança causaram uma grande divisão entre o Sul e o Norte de Xiōngnú em 48 EC; a isso se seguiram a migração e o reassentamento do povo xiōngnú nas fronteiras hàn, sobretudo na província moderna de Shānxī. Apesar disso, essa política reforçou e ampliou a noção de que a maior utilidade de bárbaros era fazê-los controlar outros bárbaros (*yí yí zhī yì*).[15] Os golpes finais contra os xiōngnú do Norte foram desferidos pelos exércitos conjuntos hàn e xiōngnú do

Sul no final dos anos 80; em 91, os xiōngnú do Norte foram finalmente subjugados, deixando de desempenhar um papel relevante na região mais profunda da estepe, ao Norte do Gobi, na atual Mongólia. Enquanto isso, os xiōngnú do Sul, embora mantivessem alguns laços com a cultura política das estepes, foram rebaixados politicamente em função de sua posição subserviente à China.

A estepe e a China por volta de 300 CE e a questão dos "cinco bárbaros"

A queda da Dinastia Hàn em 220 foi precedida pela ascensão do senhor da guerra e pelo aumento da militarização. Na estepe, a destruição de uma potência xiōngnú independente criou um vácuo de poder que eventualmente seria preenchido por outros nômades, resultando no fenômeno clássico de regionalização e fragmentação do poderio típico da política nomádica. Os wūhuán rebelaram-se contra seus senhores xiōngnú, e os xiānbēi, originários do Noroeste, deram início a sua expansão pela Mongólia.

Na medida em que os outrora poderosos Impérios Hàn e Xiōngnú atingiram seu apogeu, novos cenários políticos ganharam forma nos quais não apenas a relação entre a China e a estepe, mas também a própria natureza da política das estepes foi submetida a uma transformação profunda. Os senhores da guerra, bárbaros e chineses, que haviam consolidado uma base de poder pelo Norte da China, puderam se aproveitar do vácuo político, pondo-se prontos para competir entre si. Mais de um século se passaria, no entanto, até que o Norte da China se unificasse sob uma dinastia estrangeira, a Dinastia Wèi do Norte, e uma nova grande potência aparecesse na estepe, a confederação rourana.

O termo "cinco bárbaros" (*wǔ hú*) refere-se a cinco povos diferentes de origem não hàn – os xiōngnú, os jié, os qiāng, os xiānbēi e os dì – que desempenharam um papel politicamente significativo no Norte chinês durante esse período de divisão. Quem esses "cinco bárbaros" de fato eram de um ponto de vista étnico é um tópico ainda não suficientemente explorado. Se a etnia – entendida como uma autodefinição declaratória de pertencimento a um determinado grupo – desempenhou um papel na política das Dinastias do Norte é uma questão que tem sido discutida, sobretudo, em termos de barbarismo *versus* sinicização. Os "cinco bárbaros" foram, portanto, entendidos como congêneres por sua relação de oposição à cultura hàn e, em geral, são agrupados aos povos da Ásia Interior ou povos da estepe. Supor que haja necessariamente uma distância cultural menor entre os xiōngnú e os xiānbēi (ou dì, ou qiāng) do que entre qualquer um deles e os habitantes hàn do Norte chinês requer um nível de análise até então insuficiente. Ademais, os processos de formação política no Norte da China foram notavelmente semelhantes, independentemente da etnia do reino ou da dinastia em questão. Todos foram regimes militaristas nos quais a política familiar desempenhou um papel significativo. Envolvidos em uma complexa diplomacia e guerra multiestatal, todos eram igualmente vulneráveis a divisões internas e lutas por poder – sobretudo porque a legitimidade de suas linhagens reais era com frequência posta em questão. O governante do regime de Zhào posterior, Shih Lē (319-350), reivindicou para si a descendência jié. Os jié eram nominalmente um grupo xiōngnú, embora toda a linhagem descendente e o próprio nome de Shih Lē – como David Honey nos mostrou – tenham sido inventados.[16]

Mas será que a etnia era um fator irrelevante? Os povos não hàn que estabeleceram seus regimes no Norte da China se definiram por nomes e títulos étnicos que marcavam sua diferença não apenas em relação à população hàn majoritária, mas presumivelmente a demais "bárbaros". Quais características especiais esses nomes de fato representavam, porém, não é de forma alguma evidente. É difícil dizer se os líderes políticos basearam qualquer reivindicação particular em sua etnia; é mais provável que a empregavam para deixar sua própria "marca", diferenciando-se de outros líderes, ou então para expressar reivindicações territoriais baseadas em direitos ancestrais. Mesmo um "bárbaro" de legitimidade inferior, como um qiāng, um jié ou um dì, não tinha suas aspirações políticas barradas em virtude de sua etnia. Se tantos grupos étnicos pudessem expressar reivindicações semelhantes, então é possível que a etnia fosse, se não irrelevante, pelo menos marginal como um atributo de governo. De fato, os nomes das dinastias que esses líderes étnicos estabeleceram não possuem conotações "étnicas" claras, aparentando ser de todo intercambiáveis e determinados, antes, por localidade, precedente histórico e contingência política.

Uma arena em que a identidade étnica poderia ter sido implantada com sucesso se expressou via reivindicações a altos cargos na Corte e no governo. O ato de definir o acesso a cargos e títulos de prestígio segundo linhas étnicas pode ter produzido um sentimento de pertencimento não apenas a um grupo étnico, mas também a um projeto político. Ainda assim, vez ou outra, as políticas de exclusão parecem ter saído pela culatra e minado a estabilidade do governo, desencadeando resistência e oposição. Ademais, diferentes etnias podem ter investido de forma diferente em seus respectivos legados, com base em seu prestígio aparente e em seu capital político. É possível que a memória do Império Xiōngnú ainda estivesse viva, seja na estepe ou na China, mesmo que o nome Xiōngnú e o título *chányú* tivessem se tornado receptáculos vazios, desprovidos de sentido em termos de identidade étnica.

Quando Liú Yuān fundou sua dinastia (Hàn do Norte, mais tarde renomeada Zhào Anterior, de 304 a 329 EC),[17] ele se declarou um xiōngnú, apesar de as raízes de sua legitimidade política estarem firmemente ligadas à sua celebrada genealogia chinesa e às noções de governo dos hàn.[18] O cargo de *chányú* foi abolido pelo senhor da guerra Cáo Cāo em 216 EC.[19] Em 303, o título foi resgatado por Lǐ Yuān em sua tentativa malfadada de unificar as duas tradições imperiais: a hàn e a xiōngnú. O conceito de soberania de Lǐ Yuān, porém – que estava totalmente imerso na tradição chinesa –, era evidentemente inadequado para a tarefa de anunciar um renascimento xiōngnú, ou então um revanchismo da estepe. Ao longo do século IV, o título *chányú* perdeu seu valor de face, ao passo que uma nova terminologia política começou a ganhar terreno. O título grão-cã (em túrquico antigo: *qaghan*, que significa "imperador" ou "soberano"), que encontraria bastante fama por toda a Eurásia, foi documentado pela primeira vez entre os xiānbēi e os rouranos, tornando-se o poder predominante na Mongólia e, em seguida, no Norte da China no século IV.[20] A fama do título grão-cã era tal, que até mesmo os primeiros imperadores Táng adicionaram o termo "Grão-cã celestial" (*tiān kèhán*) a seu título chinês. É certo que títulos étnicos podem ter sido adotados e invocados com base em seu poder político, mas o acesso a esses títulos por si só não era garantidor de sucesso.

Em vez de enfatizar definições étnicas, pode ser de maior utilidade identificar possíveis diferenças na cultura política de acordo com categorias diversas. Primeiramente, a tradição chinesa de governo teve continuidade de maneira autoconsciente pelos Jìn orientais, localizados em Jiànkāng (atual Nanquim), e, então, nos séculos V e VI, pelas Dinastias do Sul. Em segundo lugar, os regimes do Norte da China eram, em sua maioria, "bárbaros incorporados" que exibiam uma natureza híbrida – em parte chinesa, em parte inspirada na estepe – à maneira de sociedades fronteiriças. Isso se evidencia mesmo quando o regime é alegadamente hàn de um ponto de vista étnico, como no caso da Dinastia Liáng Anterior (320-374). Em terceiro lugar, na região de estepe mais profunda, os regimes majoritariamente nômades continuaram a funcionar de maneira distinta das estepes, como aristocracias baseadas em uma economia pastoril, sem centros fixos de poder.

Após a unificação do Norte da China no início do século V pelos Tuòbá Xiānbēi (Wèi do Norte), a fronteira com a estepe, então dominada pelo povo rourano, adquiriu um caráter conflituoso que espelhava a relação hàn-xiōngnú. Enquanto isso, Wèi do Norte passou por um processo de maior adaptação tal qual um Estado de base agrária, especialmente em termos de burocratização, urbanização, estrutura de governo e bases econômicas e financeiras. Isso não implica que os wèi do Norte tenham se sinicizado; de fato, as dinastias do Sul e mais puramente "chinesas" continuaram a ver os nortistas, coletivamente, como bárbaros. Isso destaca que, após a consolidação de seu governo no Norte da China, desencadeou-se uma transformação estrutural da cultura política e dos fundamentos econômicos de Wèi do Norte, abrangendo todos os domínios da política, inclusive o desenvolvimento de uma administração burocrática, a evolução dos rituais estatais e as reformas fiscais. Tal processo de transformação – erroneamente interpretado como mera assimilação a uma cultura chinesa preexistente – ocorreu durante um longo período de tempo, que inclui a instalação gradual no Norte da China e as lutas amargas entre as facções de Xiānbēi.

A ascensão do Xiānbēi

Em decorrência da turbulência política das guerras dos Três Reinos – com o conflito civil da Guerra dos Oito Príncipes e a transferência da capital Jìn para o Sul após a captura de Luòyáng pelos xiōngnú em 316 EC –, a separação da China em um Sul sinítico e um Norte "bárbaro" continuou a ser a característica política e cultural mais significativa da história do que ficou conhecido como o Período das Dinastias do Norte e do Sul, que duraria até 589.

De todos os povos não chineses que estabeleceram seus reinos e Estados, os mais bem-sucedidos foram os xiānbēi, que, apesar disso, não parecem ter sido uma força política coesa. Os xiānbēi emergiram como um conglomerado de tribos expansivo e agressivo já no século I EC. Vindos do Nordeste, atacaram os xiōngnú do Norte em várias ocasiões e, finalmente, em 87 EC, assassinaram seu *chányú*, Yōuliú. Aproveitando a subsequente desintegração dos xiōngnú do Norte, os xiānbēi incorporaram um grande número de súditos xiōngnú sob seu domínio.[21] Ondas de expansão subsequentes ocorreram sob Tánshíhuái (137-181) e, já no início do século III, Kēbǐnéng (falecido em 235). Ainda assim, o domínio militar dos xiānbēi nunca se transformou em uma formação "imperial" semelhante à dos xiōngnú. Eles parecem ter sido divididos em três grandes confederações: uma oriental, uma central (à qual Kēbǐnéng pertencia) e uma ocidental. Numerosos nomes tribais ou de clãs são registrados para cada uma dessas três divisões, embora não esteja claro como interagiram no nível político. O poder emergente dos xiānbēi sob Kēbǐnéng foi levado a cabo por seu assassinato nas mãos de enviados do reino chinês de Wèi (ou Cáo Wèi, do nome da família governante Cáo, 220-265) em 235. Após sua morte, o governo central e embrionário dos xiānbēi entrou em colapso.

A linhagem Tabgach (Tuòbá) de Xiānbēi estabeleceu o reino Dài em 310 EC, que, após ser conquistado pelo antigo reino Qín (da etnia dì) por um breve período, recuperou sua autonomia em 386 sob Tuòbá Gui, que dali procedeu para estabelecer a Dinastia Wèi do Norte.[22] Suas primeiras expedições militares foram contra o povo xiōngnú estabelecido na região de Ordos, já em 391, quando os xiānbēi da linhagem Tabgach capturaram um grande número de cavalos, gado e ovelhas. Enquanto isso, o xiānbēi da linhagem Mùróng estabeleceu diversos estados ao Norte da China, incluindo Yān Anterior (281-370), Yān Ocidental (384-394), Yān Posterior (383-407) e Yān do Sul (398-410), que compreendiam coletivamente as atuais províncias de Liáoníng, a Mongólia Interior, Shāndōng, Shānxī, Hébĕi e Henan.[23] Os Toba derrotaram os Mùróng no final do século IV e início do século V, migrando para as Planícies Centrais, berço tradicional da civilização chinesa. Uma capital foi construída em Píngchéng, onde foram implementadas medidas para incremento da produção agrícola. A unificação do Norte da China foi concluída com a anexação das Dinastias Yàn do Norte a Nordeste, e Liáng do Norte a Noroeste do território, respectivamente nos anos 436 e 439.

Embora os historiadores frequentemente interpretem o sucesso de Wèi do Norte e sua relativa longevidade política como resultado de sua absorção da cultura chinesa, além de sua implantação de princípios políticos e administrativos herdados do Império Hàn, em várias particularidades seu Estado não era distintamente hàn. Sua força militar se constituía predominantemente por cavalaria pesada, cujo desempenho era promissor contra os exércitos chineses e da estepe. Essa foi provavelmente uma versão mais avançada das cavalarias clássicas da Ásia Interior, evidenciando uma dívida para com as origens nortistas da dinastia. Uma diferença mais marcante relativa à arte de governar tradicional chinesa, especialmente em termos de representação de carisma do governante, consistia no uso de imaginário budista para retratar os imperadores Wèi do Norte, evocando poderes espirituais e seculares. Com a penetração budista na China a partir do século II EC, uma ideologia inovadora e poderosa entrou no cenário político que outrora contrabalançava normas taoístas e confucianas.[24]

A Corte de Wèi do Norte não ficou imune a tais lutas ideológicas; é por meio das lutas entre a nova religião estrangeira e os cultos e rituais ancestrais herdados que se podem traçar as tensões subjacentes que decorriam, por um lado, da necessidade de governar uma população vastamente chinesa mediante costumes chineses e, por outro, da necessidade de conservar traços distintivos que se afastavam radicalmente da tradição hàn.[25] Ao passo que muitos hàn foram recrutados e alcançaram posições de destaque, a legitimidade étnica e familiar passava por um cuidadoso escrutínio antes de postos e privilégios aristocráticos serem concedidos. Como resultado, importantes características nortistas foram mantidas pelos wèi do Norte, cujo sucesso provavelmente se baseou mais em sua capacidade de contrabalançar traços da Ásia Interior e da China em áreas militar e civil do que em sua capacidade de se ajustar por completo a um estilo de governança hàn. Inovações duradouras trazidas pelos wèi do Norte, igualmente, devem ser levadas em conta como o produto ou o alto grau da hibridação e da experimentação políticas que constituíram a característica mais distintiva e definidora das dinastias a Norte.

As novas potências da estepe: rouranos e turcomanos

Os nômades rouranos alcançaram preeminência enquanto outros grupos na estepe, como os gāochē e os dīngling, continuaram a existir em composições mais ou menos influentes. Ao contrário dos xiōngnú, porém, os rouranos não deixaram registros arqueológicos, nem ao menos algum que, no estado atual de pesquisa, tenha sido reconhecido como tal. Pesquisadores empenhados em sua história e em sua cultura não podem recorrer a ricos repositórios materiais, como é o caso de pesquisadores de outros impérios nômades. Assim, é difícil ter uma ideia clara sobre a formação do poderio dos rouranos e sua organização interna. Enquanto a fronteira voltava a ser uma zona de conflitos entre uma potência da estepe do Norte e uma potência do Sul (a qual, crucialmente, tinha suas origens nortistas), ela não repetiu os padrões vistos no confronto entre Xiōngnú e Hàn. Os imperadores de Wèi do Norte enfrentaram os rouranos militar e diplomaticamente, garantindo uns tantos períodos de paz, embora sua estratégia não fosse de apaziguamento, tampouco de assimilação e incorporação. Wèi do Norte permaneceu firmemente encarregada da proteção militar da fronteira, construindo defesas como muralhas e torres, estabelecendo guarnições e enviando expedições adentro de território nômade. Se quiséssemos encontrar uma analogia xiōngnú para essa estratégia, teríamos que olhar para a estratégia militar avançada adotada por Hàn Wǔdì.[26]

Há duas razões pelas quais a Dinastia Wèi foi, de forma geral, bem-sucedida ao proteger suas fronteiras. Primeiramente, ela possuía um amplo quadro de militares e recursos (sobretudo cavalos) eficazes contra um inimigo da estepe. Em segundo lugar, os rouranos, embora consistissem nominalmente um grão-canato, não parecem ter alcançado um grau de centralização política e uma força militar comparáveis aos dos primeiros xiōngnú. Os altos e baixos da política fronteiriça e diplomática provavelmente refletem os fluxos na política interna dos rouranos, suas condições econômicas e a qualidade de sua liderança.

Étnica, linguística e culturalmente, a estepe não era de forma alguma um âmbito monolítico; na verdade, não foi o confronto com um regime do Sul, mas a própria política da estepe que pôs fim ao grão-canato rourano. A bem-sucedida rebelião dos turcomanos e o estabelecimento de seu império, em 552, sob a liderança do clã Ashina, consolidaram-se em um contexto de estepe profundamente intrincado com a política do Norte chinês, e possivelmente também relacionado aos eventos desordenados que se seguiram ao colapso de Wèi do Norte em 534 e à decorrente cisão do Norte da China em dois regimes sucessores.

Subsequentemente, os turcomanos se rebelaram contra o grão-cã rourano Anagui, uma vez que o pedido de casamento de seu grão-cã Bumïn foi recusado arrogantemente. Na ocasião, Bumïn foi insultado, sendo chamado de "escravo ferreiro". Sua posição de vassalo, ao que tudo indicava, não era digna da concessão de uma noiva real. Na cultura política da estepe, os casamentos entre famílias reais eram um meio de forjar alianças entre pares. Desse modo, é possível que o pedido de casamento político dos turcomanos tenha sido interpretado pelo grão-cã rourano Anagui como uma provocação, ou mesmo um ato de rebelião – isto é, uma maneira sutil de transformar uma relação de vassalagem em uma relação de paridade diplomática. Não sabemos o que mais poderia ter levado o grão-cã Bumïn a requerer um tal favor, senão o fato de que sua intervenção militar em nome dos rouranos e contra rebeldes ogúricos e tieles aumentou seu poder e seu *status* na estepe, algo que provavelmente o fez reivindicar algum reconhecimento.

Como em praticamente todos os casos de formação imperial nômade, portanto, os turcomanos inicialmente lutaram contra os povos nômades no interior da estepe antes de se voltarem contra seus soberanos nomádicos, os rouranos.[27] Aparentemente, a rebelião goturca contra os rouranos funcionou um passo à frente em um processo de expansão militar já iniciado com a incorporação de demais tribos. É mais do que provável que também Bumïn estivesse procurando um pretexto para guerrear legitimamente contra o grão-cã no poder, e que a recusa de uma noiva servira de um argumento adequado para a guerra.[28]

Para compreender o significado da aliança matrimonial em termos de capital político, é válido mencionar que as princesas rouranas que Anagui enviou como noivas tanto para Wèi Oriental quanto para

Wèi Ocidental na década de 540 eram o alicerce de sua política externa e de suas relações diplomáticas. Casamentos políticos eram fundamentais na criação de alianças políticas e militares, essenciais para proteger as fronteiras e promover reivindicações de legitimidade. O pedido análogo de Bumïn era um sinal claro de sua intenção de elevar seu capital político na estepe e, eventualmente, desafiar a posição hegemônica dos rouranos.[29] Em função das guerras internas no Norte da China, os rouranos poderiam colher recompensas substanciais ao vender seu apoio a qualquer uma das dinastias locais, sem tentar impor suas demandas sob a ameaça de um ataque ou invasão contra elas. É possível observarmos nesse episódio uma transformação (e até mesmo uma perversão) da antiga política *héqīn* – uma forma de interação diplomática que porventura forneceria proteção para a China, mas que, na política híbrida do século VI, foi uma forma de moeda de troca política destinada a acumular apoio militar nômade nas guerras entre os regimes do Norte chinês.

Assim, o padrão de relacionamentos com a China que os turcomanos herdaram ao final da hegemonia rourana estava longe de ser aquele mediante o qual a política chinesa – se é que assim podemos chamá-la – se tornara uma catalisadora de mudanças. O poderio real jazia nas pastagens, com a política nômade eventualmente determinando o resultado do confronto entre os turcomanos e os rouranos.

Conclusão: o Império Goturco como um império eurasiático

A reunificação da estepe sob o Império Goturco carrega elementos de continuidade e diferença em relação ao seu antecessor, o Império Xiōngnú. Embora os rouranos tenham conseguido estabelecer um Estado nômade forte, ele não é comparável, tanto quanto podemos afirmar, à sofisticação política, à extensão territorial ou ao poderio militar dos primeiros Impérios Xiōngnú e Goturco. O domínio dos rouranos nas estepes, como mencionado anteriormente, não foi inconteste – grupos nômades diversos foram revoltosos e independentes até que os turcomanos os subjugaram –, e apenas os xiōngnú e os turcomanos conseguiram controlar com pulso firme toda a região da estepe da China à Ásia Central. Um exame superficial das continuidades e diferenças entre os xiōngnú e os turcomanos é capaz de evidenciar, por um lado, a resiliência de certas formas políticas em meio aos nômades e, por outro, o progresso feito pelos nômades na gestão do poder imperial. As principais continuidades relativas ao Império Xiōngnú podem se encontrar nos âmbitos de governo, estrutura militar e relações exteriores com a China. As principais diferenças, em contraste, podem se encontrar no papel desempenhado na "troca eurasiática", especialmente pelos turcomano-ocidentais.

A estrutura do Império Goturco remonta explicitamente ao "modelo" xiōngnú. Os turcomanos não copiaram esse modelo, mas antes foram inspirados por uma cultura política comum que permaneceu adormecida, ou então não conseguiu se expressar plenamente, desde a aniquilação dos xiōngnú do Norte em 91 EC. O ressurgimento dessa tradição imperial fez dos turcomanos uma força política expansiva que dominou as rotas continentais da Eurásia nas décadas seguintes. Como o Império dos xiōngnú, mas de forma mais marcante, o Império Goturco foi dividido em duas grandes partes – a Leste e a Oeste –, sendo organizado de acordo com um princípio de governo dual, formalizado quando, devido a uma cisão interna, teve seus domínios oficialmente divididos em um domínio ocidental e outro oriental (583 EC). Além disso, não houve expansão túrquica pelo Norte da China, como no caso da expansão na experiência de Xiānbēi; em contrapartida, seu envolvimento seguiu o padrão de exploração econômica das políticas chinesas menos expressivas, primeiramente estabelecidas pelos xiōngnú e, então, adotadas pelos rouranos.[30] O poder nômade foi mobilizado, explorado e implantado não visando ao ganho de território, mas ao controle da evolução das políticas chinesas. Mesmo a mais prestigiosa Dinastia Suí, que unificou a China em 589 EC, teve de pagar tributos ao Império Goturco. A Dinastia Táng, que confrontou os turcomanos militarmente e recorreu à guerra ao estilo da estepe, derrotou-os muito mais rapidamente do que os hàn derrotaram os xiōngnú em função de seu extenso envolvimento na política da estepe e na incorporação de populações da estepe.

Mas também havia diferenças cruciais entre os turcomanos e os xiōngnú. Por exemplo, a titulação túrquica,[31] assim como seu linguajar político, reflete as profundas mudanças ocorridas no âmbito nômade após a queda dos hàn em termos de posição e organização aristocrática, divisões tribais e domínio territorial.[32] Mas a diferença fundamental entre as elites dominantes túrquicas e xiōngnú consiste – especialmente no Império Goturco Ocidental – em suas atividades comerciais e parcerias com casas comerciais. Por mais de dois séculos, os comerciantes sogdianos estabeleceram suas redes comerciais por toda a Ásia Central e a China, mas, sob o patrocínio túrquico, contribuíram muito para a difusão de diversas mercadorias, religiões e culturas pela Eurásia. As relações diplomáticas entre o Império Bizantino e o Goturco evoluíram sobre o pano de fundo de eventos que transformaram o mapa político e as rotas comerciais que se estendiam do Oeste e do Leste Asiático.[33] A novidade na relação entre China e estepe foi que a política nômade se tornou um elemento decisivo para a facilitação da evolução de rotas comerciais e, mais especificamente, para as relações econômicas entre a China e o Ocidente. No entanto, esse domínio estava destinado a sucumbir em face do poder expansionista da Dinastia Táng, que primeiro derrotou os turcomanos orientais e, em seguida, chegou à Ásia Central e deu um fim ao grão-canato ocidental em 657.

Em meados do século VII, quando os exércitos islâmicos estavam prestes a adentrar a Ásia Central e os táng avançavam do Leste, o poder dos turcomanos declinou temporariamente. A evolução de formas de organização política entre os nômades – dos quais a fronteira chinesa foi um dos mais importantes laboratórios durante a "Antiguidade Tardia" da Eurásia – produziu resultados diversos. Alguns nômades, ao transformarem suas tradições, aprenderam a exercer domínio sobre povos sedentários – como no caso dos xiōngnú e xiānbēi posteriores –, enquanto outros, reafirmando seu passado imperial, promoveram a expansão de redes políticas e comerciais em todo o continente. Grandes movimentos populacionais também foram desencadeados pela criação de entidades políticas fortes, assim como por sua desintegração. Consequentemente, os nômades levaram a cultura das estepes, os modos de guerrear, as convenções diplomáticas e os sistemas políticos a toda a Eurásia. Esses movimentos continuam a desconcertar os pesquisadores, e a história completa das migrações de hunos e avares, heftalitas e oguzes ainda está por ser escrita.[34] Os contornos dessa história, todavia, estão se tornando mais claros. O papel vital desempenhado pelos nômades na criação de um espaço político e econômico eurasiático integrado não pode ser apreciado por completo sem que olhemos para trás, para a evolução da fronteira entre a estepe e a China.

Notas

1 Lewis, 2008.

2 Hartman & De Blasi, 2012, pp. 17-36.

3 Di Cosmo, 1999a, pp. 885-965.

4 Acerca da questão das primeiras fortificações militares ("as longas muralhas") nas fronteiras de pradarias ao Norte da China, ver Di Cosmo, 2002, pp. 127-158.

5 Bunker, 1993, p. 36.

6 *Shǐjì*, seção 110, 3.879, *apud* Qiān, 1985.

7 Di Cosmo, 2002, p. 161 e ss.

8 B. K. Miller, 2014, pp. 1-43; Di Cosmo, 2013, pp. 23-53.

9 A respeito das viagens de Zhāng Qiān para a Daxia (Báctria), ver *Shǐjì*, seção 123, 3.128 e ss., *apud* Qiān, 1985, e *Hànshū*, seção 61, 2.687 e ss., *apud* Gu, 1962. Sobre a migração de Yuèzhī, ver Benjamin, 2007.

10 Sobre esses reinos, ver Di Cosmo, 2000, pp. 393-407.

11 Yang, 2004, pp. 281-322.

12 Good, 1995, pp. 959-968.

13 Di Cosmo, 2002, pp. 193-196; Chin, 2010, pp. 311-354.

14 Di Cosmo, 2002, pp. 210-215.

15 Drompp, 2007, pp. 183-202.

16 Honey, 1990a, pp. 616-621.

17 Nesse confuso período político, a efêmera Dinastia Hàn do Norte foi renomeada Zhào em 319 pelo novo líder Liú Yào. Ele passou, assim, a ser referido como Zhào "Anterior" para distingui-lo de outro Estado de Zhào estabelecido por Shih Lē, também em 319 EC, que é referido como Zhào "Posterior".

18 Honey, 1990b.

19 *Idem*, 1993, pp. 109-113.

20 Park, 2012, p. 31.

21 Holcombe, 2013, pp. 1-38.

22 *Idem*, pp. 17-19.

23 Sobre a história da antiga Yàn, fundada pelos xiānbēi da linhagem Mùróng, ver Schreiber, 1949, pp. 374-480; Schreiber, 1956, pp. 1-141.

24 Acerca do relacionamento entre grupos não hàn e o budismo, ver Ch'en, 1964, pp. 145-183; Zürcher, 1959, pp. 180-285.

25 Sobre as facções dentro dos wèi do Norte, ver Eisenberg, 1997, pp. 302-308. Igualmente, sobre a questão de tensões étnicas, religiosas e políticas, ver S. Liu, 2002, pp. 1-21.

26 Xiǎoyán, 2009, pp. 106-114.

[27] Fangyi, 2012, pp. 81-113.

[28] Sobre a fundação do Império Goturco, ver Sinor, 1990a, pp. 285-316.

[29] Cheng, 2007, pp. 23-49.

[30] Drompp, 2005a, pp. 101-111.

[31] Sobre a titularidade túrquica, ver Atwood, 2013, pp. 49-86.

[32] I. Ecsedy, 1977, pp. 3-15; H. Ecsedy, 1972, pp. 245-262.

[33] Dobrovits, 2011, pp. 373-409.

[34] Sobre essas migrações, ver Czeglédy, 1983, pp. 25-125.

3

O IRÃ SASSÂNIDA E A PROJEÇÃO DE PODER NA ANTIGUIDADE TARDIA EURASIÁTICA: COSMOLOGIAS E TOPOGRAFIAS DE PODER EM CONCORRÊNCIA

Matthew P. Canepa

A Antiguidade Tardia testemunhou uma quantidade sem precedentes de intercâmbios e competição política de extensão eurasiática, na qual as preocupações dos impérios mundiais do período se estenderam por toda a região. A zona de disputa dos principais impérios sedentários da Antiguidade Tardia – de Roma, da Pérsia Sassânida e da China Suí-Táng – periodicamente era marcada por conflitos e se misturava aos impérios da estepe menos longevos, mas nem por isso menos importantes, dos hunos, dos heftalitas, além do primeiro e do segundo Impérios Túrquicos. O mundo estava unificado por redes comerciais sobrepostas, que eram facilitadas pela expansão e pela contenção dos impérios, assim como por redes comerciais diversas. O comércio alimentou os desejos das elites nas capitais imperiais de Constantinopla, Ctesifonte e Cháng'ān, movendo objetos, ideias e imagens.[1] Clientes imperiais e régios definiram-se em relação à constelação mais ampla de potências mundiais da Antiguidade Tardia. Eles lutaram entre si não apenas para controlar o comércio, mas também para tomar as rédeas do capital simbólico e econômico que fluía pela Eurásia, formando e forjando culturas aristocráticas análogas por uma esfera transeurasiática. O Império Sassânida desempenhou um papel fundamental no desenvolvimento dessa cultura de poder eurasiática da Antiguidade Tardia.

O presente capítulo examina a linguagem do poder que o Império Sassânida (224-643) introduziu, de forma transcontinentalmente significativa, no âmbito da Antiguidade Tardia. Ele investiga os meios visuais, práticos e espaciais pelos quais o grande império da Antiguidade Tardia na Ásia Ocidental moldou e implantou uma cosmologia imperial inovadora e impactante. Consideram-se aqui o impacto transformador dos sassânidas na Eurásia antiga e como os espaços e as operações régias do Império Sassânida desafiaram os de Roma e da China – moldando, igualmente, as expressões de monarcas-vassalos e concorrentes nos interstícios imperiais, inclusive no Cáucaso, na Índia e na Ásia Central. Cidades, distritos palacianos e terrenos abertos eram um ponto focal para a expressão política e a competição entre os impérios. Este capítulo destaca particularmente as alterações na paisagem, na arquitetura, no urbanismo e na política espacial da Antiguidade Tardia (Mapa 2).

A cosmologia régia do Irã Sassânida floresceu mediante intercâmbio com as realidades políticas eurasiáticas, criando uma imagem imperial do mundo que a colocava em seu centro. Embora os soberanos de Roma e da China certamente se considerassem "imperadores do mundo", suas produções ideológicas muitas vezes eram inaudíveis no mundo para além de suas fronteiras, ou mantinham realidades geopolíticas arcaicas.[2] A Corte Sassânida funcionava como um motor de intercâmbio econômico, intelectual e cultural, ao mesmo tempo que tentava fazer com que a Eurásia adotasse seus ideais ideológicos. Como argumentei em várias outras obras, não se pode entender o impacto da Corte Sassânida sobre as de Roma, da China ou da estepe eurasiática simplesmente por meio de paradigmas como os de influência ou troca.[3] Um processo muito mais complexo foi desencadeado, por meio do qual tribunais antagônicos e concorrentes buscavam, ao mesmo tempo, neutralizar e derrotar os produtos ideológicos uns dos outros, enquanto se apropriavam daqueles elementos que lhes eram mais úteis, poderosos e ameaçadores, e os incorporavam. Tão importante quanto flanquearem uns aos outros de um ponto de vista organizacional, econômico e militar, esses impérios, reinos e tribos da Antiguidade Tardia buscavam desfalcar um ao outro em nível cosmológico.[4]

Ascensão e queda do Império Sassânida e o mundo interconectado da Eurásia da Antiguidade Tardia

Os quase quatro séculos e meio de dominação sassânida trouxeram mudanças dramáticas para terras do Oeste do continente, desestabilizando a velha ordem da Ásia Ocidental, do Mediterrâneo e da Ásia Central. A ascensão do Império Sassânida serviu de catalisador crítico no desenvolvimento do mundo tardo-antigo de interconexão, competição e trocas, tal qual este volume explora. O Império Sassânida fundiu e incluiu uma gama diversificada de tradições políticas e sistemas econômicos, criando uma nova tradição ritual, visual e discursiva de realeza que suplantou todas as tradições anteriores da Ásia Ocidental e do Irã. O poderoso Império que cedeu a isso foi capaz de enfrentar e derrotar o poderio econômico e militar do Império Romano, resistir às pressões militares da estepe e aproveitar as forças econômicas do comércio eurasiático.

Após submeter os arsácidas e cooptar, exilar ou destruir suas elites, os dois primeiros reis da Dinastia Sassânida reduziram a escombros o Império do Sul-Asiático dos cuchanas, devastando o Leste romano.[5] Seus sucessos foram celebrados em relevos rochosos e fundações de cidades em todo o Irã e a Mesopotâmia, assim como em pequenos objetos de luxo que viajaram para além de suas fronteiras.[6] A relação dos sassânidas com Roma alcançou um novo equilíbrio no desfecho do século III, uma vez que o tetrarca romano Galério sofreu uma derrota decisiva perante o rei maioral dos sassânidas, Narseh, na batalha de Satala (298). Cada império desfrutou de períodos de domínio militar e, em decorrência deles, as fronteiras se alteraram diversas vezes; no entanto, a tradição de comunicação diplomática subsequentemente desenvolvida entre as cortes trouxe os dois impérios a uma relação cada vez mais íntima.[7] Embora tenhamos à disposição evidências textuais menos detalhadas acerca do Irã, evidências numismáticas e arqueológicas apontam para a grande quantidade de recursos que os sassânidas investiram na defesa de suas fronteiras a Nordeste com impérios poderosos como o dos heftalitas, que causaram derrotas numerosas e desastrosas e começaram a explorar conflitos no seio da família sassânida.[8]

Finalmente, os sassânidas se aliaram aos turcomanos para destruir os heftalitas. No entanto, a ascensão do primeiro qaghanato túrquico e sua eventual aliança com os romanos serviram de ameaça ao controle sassânida sobre o comércio da Eurásia, exercendo uma pressão cada vez maior em suas fronteiras a Nordeste. O segundo reinado de Cosroes II (ou Husraw II) levou o Império Sassânida ao auge de seu poderio, espalhando a hegemonia persa do Nilo ao Indo, algo que, contudo, durou pouco. A grande extensão dos sassânidas e o brilhante comando e as manobras diplomáticas do general Heráclio (610-641) levaram à execução de Cosroes II em 628, dando início a um período de instabilidade que deixou o Império vulnerável às invasões árabes. Seu último rei, Isdigerdes III (ou Yazdegerd III; r. 632-651), passou boa parte de seu reinado escapando do avanço árabe, para Leste. Após seu assassinato em Merv, toda resistência significativa foi desmantelada, e os filhos e descendentes de Isdigerdes encontraram refúgio no Império Táng. Ali viveram por muitos séculos, primeiramente na condição de uma Corte exilada e, eventualmente, como cortesãos e oficiais táng.[9]

Além de sua influência no Mediterrâneo tardo-antigo, a cultura persa marcou profundamente as culturas da Corte e da aristocracia da China e da Índia dos séculos VII e VIII. Não apenas ela esteve no centro da Eurásia da Antiguidade Tardia, como também desempenhou um papel crucial na formação de seu imaginário político. A diplomacia sassânida estendia-se até as estepes, a Índia e a China. Apesar dos conflitos praticamente contínuos durante a maior parte de sua história mútua (224-642), os Impérios Romano e Persa desenvolveram o relacionamento mais estreito que qualquer outro Império do âmbito eurasiano mais amplo.[10]

A reinvenção da monarquia iraniana sob os sassânidas

A nova visão sassânida da monarquia sacra foi concebida de forma a se apropriar de todas as tradições iranianas anteriores – inclusive a dos arsácidas, mas também a dos cuchanas e, eventualmente, dos heftalitas –, difundi-las e suplantá-las.[11] Os primeiros reis sassânidas enfatizaram suas ligações ao patrimônio aquemênida em sua província natal, integrando-se à história e a dinastias mitológicas do Irã.[12] Os reis sassânidas passaram a incorporar títulos kayanid, particularmente no século IV, eventualmente apresentando sua dinastia como a derradeira de uma tradição iraniana de realeza que remontava ao primeiro monarca e primeiro homem. Sua história oficial, o *Xwāday-nāmag* [*O Livro dos Lordes*], trazia uma genealogia real contínua, na qual se traçava uma dinastia através daqueles aquemênidas vagamente lembrados, chegando à lendária Dinastia Kayanid.[13] A Dinastia Sassânida rearticulou a ideia persa oriental da fortuna monárquica iraniana (em médio-persa, *farrah/xwarrah*; em avestano, *xvarənah*). Esse luminoso marcador consanguíneo de favores e poderes divinos confirmava a legitimidade conferida por Deus a um rei, sinalizando-o como uma criatura divina.[14] Com o culminar dessa linhagem primeva de antigos monarcas iranianos, apenas um membro da linhagem sassânida poderia ser rei. Deformidades físicas desqualificavam um candidato, de forma que rivais ao trono mutilavam seus inimigos para eliminá-los da disputa.

No final do Império, os sassânidas articularam uma "teologia política" da realeza sagrada, passando a se definir discursiva, ritual e artisticamente em termos cósmicos. Todo tipo de cultura expressiva retratava o soberano como um corpo celeste luminoso, munido tanto de qualidades quanto de aparência divinas. Mesmo para além de grandes cerimônias e ambientes judiciais, esse tema se repete em meios onipresentes e efêmeros. As moedas de Cosroes II, que declaram que "cresce a fortuna real" do rei dos reis, retratam o soberano como um verdadeiro cosmocrata: um gigante erguendo-se de três anéis concêntricos, correspondendo às três zonas celestiais da compreensão zoroastriana do cosmos. Essas moedas circularam por toda a Eurásia. No entanto, mesmo os rituais improvisados poderiam forjar uma ligação performática entre o rei dos reis, o mundo natural e o ordenamento cósmico de todas as coisas segundo a perspectiva iraniana. Após concluir sua campanha contra os romanos e saquear Antioquia, Cosroes I banhou-se no mar Mediterrâneo e ofereceu sacrifícios.[15] Banhar-se na água do mar não constitui uma parte de qualquer ritual zoroastriano conhecido. Antes, essa ablução serviu de instanciação ritual improvisada de seu papel cosmológico como "um deus manifesto entre os homens, o mais glorioso e vitorioso, que nasce com o Sol e doa olhos à noite".[16] O rei Sol repousa no "mar romano" após se impor na Terra.

Os Impérios Romano, Persa e Chinês definiam-se todos como impérios mundiais e nutriam inveja daquilo que entendiam ser uma centralidade divinamente ordenada que ligava os Céus e a Terra. Expressões cosmológicas são recorrentes em uma variedade de mídias, incluindo inscrições, moedas e registros de aclamações rituais.[17] Assim como seus predecessores, os imperadores chineses dos Suí e Táng entendiam-se como governantes de todo o mundo e estabeleceram um elo único entre os reinos terrestre e celestial.[18] Qualquer Estado estrangeiro que entrasse em contato com a Corte Imperial estaria entrando, assim, em um sistema tributário altamente estruturado, sendo interpretado como quem reconhece um posicionamento subordinado ao do Filho do Céu.[19] Embora tenhamos menos evidências textuais, o primeiro e o segundo Impérios Túrquicos também desenvolveram tradições de poder divinamente inspirado. Cada uma dessas tradições, em maior ou menor grau, não só formulou uma concepção do poder divino, mas também uma cosmologia que a sustentava e lhe dava coerência. No entanto, a cosmologia do Irã Sassânida foi particularmente poderosa, já que aproveitou e integrou o posicionamento iraniano no coração da Eurásia.

Refletindo uma integração inicial das tradições persas com as tradições persas orientais, Artaxes I (Ardaxšīr I) forjou a ideia de Ērānšahr – "o reino do Irã" –, que abrangeria todas as terras iranianas em cujo centro encontrava-se a Pérsia. Isso foi, sem dúvida, em alguma medida, uma resposta às ideias das "terras arianas" nas tradições avestana e aquemênida, embora consistisse claramente em uma criação nova de uma nova realidade política.[20] Sua preocupação inicial era, de fato, a de obter controle político e ideológico sobre o âmbito iraniano mais amplo. Artaxes I nomeou-se "Rei dos reis do Irã" (*šāhān šāh Ērān*) em seu título oficial. Após suas vitórias contra os romanos e os cuchanas, Sapor I (Šābuhr I) expandiu-o para "Rei dos reis do Irã e não Irã" (*šāhān šāh Ērān ud Anērān*).[21]

As inscrições de Sapor I representam um dos artefatos mais importantes que compõem evidências de fontes primárias do início do Império Sassânida, fornecendo uma visão da história sassânida inicial, a estrutura de sua Corte, do culto funerário régio, de sua onomástica e muito mais. Não menos importantes são as perspectivas que elas fornecem da visão de mundo imperial sassânida inicial, além da expansão na cosmologia política iraniana: de Pérsia até Pártia, Cuzistão, Mēšān (Caracena); de Assíria, Adiabene, Arábia, Azerbaijão (Atropatene), Armênia, Geórgia, Península Ibérica, Albânia, Balāsagān (Costa do Cáspio), até o Cáucaso e as Portas Alan; de todas as montanhas de Elburz, Media, Gurgān (Hyrcania), Merv, Herat (Ária) e todo o Corassão, Kerman, até a Terra dos Sakas (a antiga Drangiana e Aracósia), Turã (no Leste e no centro do Baluchistão); de Macrã (na costa do Baluchistão e no delta do rio Indo), Paradan (Quetta), Índia (Vale do Médio Indo), o Reino dos Cuchanas (na Báctria), até Peshawar (Gandhara), e, então, Kashgar, Sogdia, Tashkent e Mazun (Omã) já mar adentro.[22]

Pārs fica no centro do Irã, e todas as províncias de Ērān e Anērān partem desse núcleo. As inscrições sassânidas estabelecem paralelos com as inscrições aquemênidas em seu tema e até mesmo nas escolhas lexicais, a ponto de sugerirem que um discurso de realeza formado pelos aquemênidas, e preservado na memória cultural persa, provavelmente influenciou a formulação tardia do domínio de Sapor I.

Na era de Cosroes I, a Corte Sassânida havia reorganizado as antigas tradições religiosas e épicas iranianas por completo, a fim de articular a centralidade política e cosmológica que o Divino conferira a seu império. Os sassânidas posteriores desenvolveram o mesmo conceito em uma afirmação global ainda mais fluida, integrando o mundo mais amplo da tardo-antiga Eurásia a essa sacra cosmologia política. Uma vez que o Irã estaria situado no centro da Terra com todos os outros continentes dispostos em seu entorno, o rei sassânida governava sobre todos os demais reis e povos a partir do coração cosmológico da Terra.[23] Evidentemente existia um grande abismo entre ideologia, arte e *Realpolitik*; todavia, o ponto de interseção crucial que conferia poder às ideias sassânidas de império foi sua capacidade de abarcar e definir a situação contemporânea na política eurasiática. Mesmo que os conceitos religiosos zoroastrianos estivessem em seu cerne, não era hermeticamente fechado ou arcaico, mesmo que, às vezes, entidades mitológicas lhe servissem protótipos. Os reis sassânidas se definiram como “reis dos reis” no contexto de uma comunidade eurasiana mais ampla de soberanos, e sua cosmologia acomodava tal realidade.

Vertendo teoria em realidade: cosmologia, a imagem do rei e espaços régios

Os sassânidas criaram um rico panorama, monumental e ritual, que impôs uma nova topografia política e simbólica às regiões que compunham seu império. Os fundadores da dinastia revitalizaram as ruínas aquemênidas de Persépolis e Naqš-e Rostam, onde reconstruíram palácios sobre ruínas, esculpiram relevos nas rochas e aprovisionaram fogos sagrados, entrelaçando antigas e novas estruturas, rituais e imagens numa nova totalidade monumental.[24] Novas cidades como Ardaxšīr-Farrah e Bišābuhr foram fundadas, trazendo características urbanas e arquitetônicas notavelmente únicas e inovadoras. Começando com Ardaxšīr I, os sassânidas aprimoraram Seleuceia-Ctesifonte, acrescentando distritos novos e sucessivos à conurbação e criando uma das maiores estruturas palacianas do mundo: o Ayvān-e Kīsra.

Representação e adoção de uma cosmologia política eurasiática

Habilmente, a Corte Sassânida cultivou uma interação complexa entre espaço arquitetônico, prática ritual e ambiente visual a fim de tornar tangíveis suas reivindicações de centralidade cosmológica por parte do rei dos reis sassânida. Sua audiência primária era a elite iraniana interina, bem como as bases de poder da Corte. Contudo, as imagens e *performances* foram formuladas em linguagens visuais, arquitetônicas e rituais que terminaram por influenciar um público eurasiático mais amplo e, muitas vezes, foram apropriadas e reconfiguradas por povos não iranianos diversos. As imagens do rei e a presença da figura do soberano criaram uma experiência da luminosa Fortuna Régia. Fontes literárias a descreveram como um brilho somático que cintilava, especificamente, a partir da cabeça. A origem do conceito tão vividamente retratado pela auréola é desconhecida;[25] entretanto, ao menos por volta do século IV, ele se tornou uma parte constitutiva da representação do governante sassânida, aparecendo em mídias tão diversas quanto bandejas de prata e relevos monumentais em rochedos. Vários outros elementos iconográficos usados na coroa do rei ou em motivos têxteis de suas vestes reforçavam a reivindicação régia de ser portador da Fortuna Régia Iraniana. Estes incluem, sobretudo, uma variedade de animais reais ou fantásticos – como javali, falcão, carneiro, cavalo alado – ou alguma fantástica criatura aviária, aquática e leonina.[26]

Sua aparência pessoal teria sido excepcionalmente deslumbrante, e os aristocratas romanos consideravam a chance de contemplá-lo, em toda a sua glória, uma experiência invejável. A roupa do rei era coberta de pérolas, pedras preciosas e seda bordada a ouro:

> Spectatus regressou para nós de sua embaixada, e é considerado afortunado por muitos por ter visto tantas terras e montanhas e rios; por outros, por ter testemunhado o modo de vida dos persas, os costumes e as leis sob as quais vivem; outros consideraram grandioso ter visto o próprio rei e as joias com as quais estava adornado.[27]

Uma mostra incomensurável de riqueza certamente contava como um elemento importante, mas as fontes literárias sugerem que o efeito combinado visava manifestar o tal brilho somático de forma tangível:

> [O rei] estava assentado no trono real; seu traje era o de um tirano, bastante dispendioso; a tiara cravejada de pedras preciosas brilhava intensamente com sua inserção de rubis ao redor da qual se dispunha uma abundância de pérolas. Cintilando com seu elmo e em verde-esmeralda, ele ampliou ainda mais seu esplendor, de modo que quem o contemplasse ficava praticamente petrificado, num assombro insaciável. Suas calças eram decoradas com ouro, produto valioso da mão de um tecelão, e sua vestimenta era tão luxuosa quanto queria seu apetite arrogante.[28]

Embora Artaxes I fosse representado com trajes reais arsácidos em algumas das primeiras moedas cunhadas com sua imagem, ele e seus sucessores logo criaram uma tradição nova e independente de poder monárquico, projetada para servir de nova imagem régia por toda uma nova era. As primeiras coroas sassânidas dão mostras de grande variedade, com uma matriz rotativa ligada a elementos secundários – como crescentes, coroas amuradas ou de lótus, raios solares, asas de uma ave de rapina e estrelas.[29] Depois de Cosroes I, a coroa sassânida ganhou maior padronização, enfatizando os elementos cósmicos como o Sol, a Lua crescente e as estrelas.[30] A concessão de presentes e a diplomacia passaram a projetar essa imagem real em toda a Eurásia. Reis rivais respondiam, apropriando-se de aspectos da imagem e das regalias reais sassânidas, modificando-os e recombinando-os para moldar, a partir deles, expressões renovadas.[31] Embora tenham moldado tradições independentes, projeções régias de poder como a dos quidaritas e dos heftalitas mostram como a representação do governante sassânida teve impacto profundo na imagem do poder e em sua legitimidade na Ásia Central e no Norte da Índia.[32] O palácio e as salas de audiência sassânidas não funcionavam somente como uma expressão da cosmologia política sassânida, mas também como o local onde essa cosmologia era celebrada e conduzida. Os sassânidas patrocinavam palácios inovadores e arquitetura sacra, e sua arquitetura, desde o início, transcendeu as limitações do tijolo em domo abobadado ou da arquitetura em pedra bruta. Sua expressão monumental suprema, o Ayvān-e Kīsra em Ctesifonte, foi de fato um dos grandes monumentos da Antiguidade Tardia, superando quase todas as demais estruturas do período. O ritual, a cerimônia e a tecnologia da Corte apresentavam uma espécie de *tableau vivant* cosmológico para a elite do Império e para os emissários estrangeiros. A maior parte de seus elementos só se deixa conhecer por meio de lembranças medievais posteriores, embora seus contornos básicos ainda sejam discerníveis. Os reis sassânidas exibiam-se esplendorosamente em salas de audiência munidas de cúpulas ou tronos que retratavam os corpos celestes, giravam ou mudavam conforme as estações. Tapeçarias, pinturas ou decorações de estuque representavam o rei dos reis tanto caçando e saqueando cidades quanto entronizado com deuses, retratado ao lado de "ancestrais e parentes" régios que incluíam desde o primeiro rei do mundo até reis "romanos", como Salm e Alexandre, o Grande.[33] Cortesãos, enviados estrangeiros e – quer estivessem presentes ou não – reis e qhagans eram obrigados a desempenhar um papel nessas demonstrações de poder.[34] A sala do trono consistia em um espaço simbólico onde a Corte Sassânida compelia uma experiência hiper-real de um mundo iranocêntrico perfeito, uma metéxis de arte, ideologia e vida.

Ao partirem para campanhas militares, os reis sassânidas exerceram uma vantagem simbólica sobre seus adversários tanto quanto o faziam militarmente, seja para o público interno ou externo. Exigir pagamentos em dinheiro de reinos estrangeiros como evidência tangível de sua condição subordinada e tributária tornou-se um ritual essencial, uma ferramenta ideológica pela qual os sassânidas demonstraram performativamente a veracidade de sua afirmação cosmológica – a saber, de que o rei dos reis iraniano era o pivô da Terra e fonte de toda legitimidade para o exercício de uma soberania terrena. A questão do pagamento de "tributo" romano à Pérsia veio à tona após as vitórias de Sapor I sobre múltiplos destacamentos de Roma. A inscrição da Ka'ba de Sapor I retrata o pagamento de Filipe como evidência de que ele seria então "tributário e súdito" (*pad bāz ud bandagīh*), e lista Roma como uma das regiões a si sujeitas.[35] Tais declarações são reforçadas pelos relevos de Sapor I; após a derrota de Juliano (cerca de 363), a Pérsia começou a exigir pagamentos de Roma, ostensivamente para a manutenção das defesas da passagem de Daryal e, mais tarde, para lidar com os heftalitas no Leste. Os romanos atenderam às demandas, sobretudo, de Isdigerdes II (441) e Cavades (Kawād, 502), lançando campanhas a suas recusas. Em 502, 530 e 540, Cavades e Cosroes I devastaram o Leste romano, retirando-se dali somente após os romanos terem enviado pagamentos em ouro. Campanhas recorrentes do tipo cessaram apenas em 562, quando os romanos voltaram a consentir na submissão de pagamentos anuais de aproximadamente 500 libras de ouro. Essa quantia era ínfima em comparação com a economia sassânida, não podendo ter afetado significativamente as finanças do Império Sassânida. O significado primário delas, provavelmente, era de natureza simbólica: a propaganda era dirigida às elites interinas para que testemunhassem a supremacia divinamente ordenada do rei dos reis e do Irã como assento definitivo da soberania terrena e evidência tangível da subordinação de Roma.[36] As quantias exigidas eram, portanto, baixas o suficiente para que os romanos considerassem mais barato pagá-las a reagir militarmente – apesar de serem substanciais o suficiente para causar um impacto simbólico. Independentemente de seu propósito "oficial", é evidente que os romanos se ressentiam desses tributos – estavam cientes de como os sassânidas os retratavam interinamente e no estrangeiro –, a ponto de arriscarem uma guerra ao recusá-los publicamente.

Várias tribos e vários reinos na periferia do Império Persa receberam algum tipo de apoio financeiro ou militar desses impérios em troca de seu suporte a políticas militares, comerciais ou diplomáticas que servissem a interesses imperiais. Tanto o Império Romano quanto o Império Persa disputavam influência sobre vários reinos menores, como a Armênia ou a Lazika, ou então tribos como a dos árabes Jafnid, Nasrid e Hujrid, os quais habitavam em seu meio.[37] Além disso, cada um desses impérios tentou controlar novos reinos estabelecidos em suas periferias, ou mesmo em territórios antigos, como o dos hunos, o dos ostrogodos, o dos visigodos, o dos vândalos, o dos suevos, o dos burgúndios, o dos francos, o dos alanos, o dos heftalitas ou o dos quidaritas. As lutas entre Roma e Pérsia para obter controle sobre novos reinos vassalos ou rivais se concentravam em regiões específicas, como a do Cáucaso, com importância militar estratégica, ou então regiões comercialmente relevantes, como a do mar Vermelho, central para o comércio no oceano Índico, ou a da Ásia Central, fundamental para o comércio da seda. A relação entre Roma, Pérsia e demais reinos vassalos poderia mudar significativamente de acordo com a fortuna dos impérios e reinos.

Juntamente com o apoio financeiro, os soberanos romanos e persas concederam presentes aos reis-vassalos, títulos da Corte e insígnias régias que marcavam a inclusão em suas respectivas esferas políticas e culturais, assim como a conversão ao (ou apostasia do) cristianismo ou zoroastrismo. Quando, por exemplo, o rei de Lazika, Tzath, submeteu-se a Justino I, ele foi batizado, recebeu um título de cortesão e foi revestido por uma clâmide ao estilo romano, mantendo, porém, suas botas vermelhas ao estilo persa, o tzângio.[38] O direito de fornecer ao rei do povo laz sua insígnia (*τα σύμβολα*) foi fixado explicitamente em tratados posteriores entre os romanos e os persas, permanecendo, no entanto, um ponto de discórdia.[39] Além disso, os impérios também contestavam a possibilidade de presentear aqueles que eram percebidos como vassalos, entendendo que uma recepção a eles sinalizava uma política diplomática independente e um atestado de fidelidade.[40]

Enquanto os sassânidas tentaram retratar poderosos impérios nômades (como os hunos, os heftalitas ou os turcomanos) como vassalos seus, assim como no caso dos romanos, eles foram reduzidos à condição de tributários, para todos os efeitos e propósitos.[41] Os hunos, por exemplo, extraíram enormes quantias de indenização dos romanos, chegando ao seu auge sob o domínio de Átila. Para preservar sua dignidade, os romanos concederam a Átila o posto de general, retratando esses pagamentos como provisões militares.[42] O Irã, igualmente, experimentou humilhações do tipo. Os reinados de Peroz, Walaxš (r. 484-488) e Cavades I (r. 488-531) foram marcados por derrotas espetaculares. Durante o período em questão, hunos quidaritas e heftalitas subtraíram do Império muito de suas regiões orientais, incluindo a Transoxania, Merv e regiões do antigo Império Cuchana. Além disso, os heftalitas deram mostras de ter entendido as reivindicações ideológicas dos sassânidas e subverteram-nas extraindo "tributos" em troca da manutenção da paz na fronteira oriental persa.[43] Isdigerdes II interrompeu qualquer pagamento, assim como fez Peroz, que lançou uma série de campanhas desastrosas, afinal, para o prestígio do Império e para o próprio rei.

Em sua primeira campanha, os heftalitas derrotaram e capturaram Peroz e o mantiveram como refém até 474, quando ele concordou em pagar o equivalente a uma carga de 30 mulas em prata por sua liberdade.[44] O pagamento do tributo não se tratou de uma simples transação financeira, mas de um espetáculo da sujeição sassânida destinado a ser veiculado por toda a parte. Além disso, os heftalitas forçaram Peroz a realizar um ritual reverencial perante o rei heftalita. Ainda pior, um enviado romano viajando em campanha com o rei o testemunhou por completo; é provável que seu relatório tenha servido como uma das fontes para Procópio:

> Então o rei [dos heftalitas] enviou parte de seu séquito até [Peroz]; ele o repreendeu longamente por sua imprudência descabida, pela qual ele havia destruído a si mesmo e ao povo persa de forma arbitrária; mesmo assim, porém, ele anunciou que os hunos lhe concederiam a liberdade caso [Peroz] consentisse em se prostrar diante dele de forma a confirmar sua maestria, e, fazendo os juramentos tradicionais aos persas, deveria prometer nunca mais entrar no campo de batalha contra a nação dos [heftalitas].[45]

O tribunal parece ter feito circular uma contranarrativa para salvar a dignidade de Peroz, afirmando que ele, de fato, se prostrara ao Sol nascente, em vez de ao rei heftalita. Embora Procópio retrate esse como um estratagema inteligente, ele sem dúvida circulou pelo exército para preservar a imagem do rei; para os ouvidos do emissário romano, chegou sob expectativas de que seria levado para além do Império, já que as notícias da derrota certamente o fariam.[46]

O Império Sassânida poderia se recuperar de reviravoltas em batalhas, mas a perda de sua capacidade de dar mostras de centralidade cosmológica lhe era profundamente perturbadora, mesmo que as quantias em si fossem ruinosas mais simbólica do que economicamente.[47] Peroz tentou recobrar seu orgulho e o caráter de proeminência do Império em 484, o que levou à aniquilação quase total de seu exército e à morte do próprio rei. Quando os heftalitas o mataram, sem dúvida parecia que a fortuna real iraniana havia deixado o Irã, estabelecendo-se em meio ao rei dos heftalitas, que então passara a se apresentar em suas moedas com a coroa de Peroz.[48]

Não é de surpreender, portanto, que, ao mesmo tempo que estavam perdendo vantagens militares e simbólicas na Pérsia Oriental, os sassânidas embarcaram em uma campanha arquitetônica maciça de forma a oferecer um fundamento mais estável para as reivindicações de centralidade cosmológica de seu império – das raízes primordiais do favor divino à sua dinastia. Não surpreende, também, que fortificações tiveram um papel definitivo aqui. Um sistema de muralhas que defenderia a costa do mar Cáspio em Derbente foi construído durante esse período, assim como a Muralha de Gorgān, com 200 quilômetros de extensão, que Isdigerdes II ou Peroz ergueu através da planície do Cáspio até as montanhas Elbruz, com o fim específico de defender o Irã dos heftalitas.[49]

Os sassânidas fortaleceram pontos sagrados vistos como associados a eventos da vida de reis caiânidas e heróis, e que refletiam a nova visão de mundo sassânida tardia.[50] Isso parece ter começado cedo na dinastia, já que, desde então, houve tentativa de obliterar quaisquer conexões que os arsácidas pudessem ter com esses locais. Alguns lugares – como o santuário do Futuro Salvador em uma ilha no lago Kayānsē (Kuh-e Khwāja, lago Hāmun, Irã) – podem ter tido conotações desse tipo sob os arsácidas. Os sassânidas, porém, construíram vários outros, do zero, a fim de estabelecer zonas que pudessem servir de pontos focais para sua ideologia unificadora no núcleo iraniano do Império e que apresentassem uma realidade topográfica e arquitetônica de sua ideologia florescente.

Por volta da mesma época em que os kidaritas e os heftalitas passaram a pressionar Isdigerdes II e Peroz, os sassânidas começaram a construir um santuário monumental no Azerbaijão Oriental para abrigar um altar de fogo intimamente associado à casa real: Ādur Gušnasp

(Takht-e Solaymān, no Irã).[51] Esse grande complexo de templos do fogo foi construído em uma elevação vulcânica ao lado de um lago termal profundo, situado em meio a montanhas nevadas. Ali, os sassânidas exploraram uma paragem de grande beleza natural para construir, do zero, um santuário para o que supunham ser uma das "Grandes Chamas do Irã", criada desde os primórdios do mundo. Esse santuário, simultaneamente novo e antigo, logo atraiu a peregrinação de monarcas e da plebe, permitindo que os reis dos reis desempenhassem seu papel de descendentes de carne e osso da Dinastia Caiânida diante de um público mais amplo. Igualmente, os sassânidas receberam enviados estrangeiros nesses santuários, enfatizando seu controle sobre essas tradições para indivíduos situados no âmbito cultural persa.[52] Igualmente importante era o fato de que o santuário estava localizado no lado oposto do Império, longe da tão volátil fronteira oriental.

Urbanismo e infraestrutura, igualmente, conferiram chances aos soberanos sassânidas de definir seu posto central na cosmologia da Eurásia. Tanto Sapor I quanto Cosroes I saquearam Antioquia e fundaram suas próprias "Antioquias melhoradas" no Império, com cidadãos deportados e materiais saqueados. Sapor I enfatizou suas vitórias sobre os romanos nas imagens triunfais e na arquitetura de seu reinado, principalmente em sua cidade recém-fundada de Bišābuhr em Pārs, além de em obras hidrológicas em Šūštar no Cuzistão, onde o talento de artesãos e engenheiros romanos altamente qualificados pode ser contemplado.[53]

O urbanismo triunfal de Sapor I foi contido em comparação com o de Cosroes I. Na margem Leste do Tigre, vários quilômetros ao Sul de Asbānbar, Cosroes I criou Weh-Andīōg-Husraw ("Antioquia melhorada de Cosroes"), com cativos deportados do Império Romano Oriental e materiais retirados do espólio de Antioquia.[54] Cosroes I saqueou Antioquia duas vezes: em 539 e, em seguida e mais profundamente, em 542, quando chegou a remover o mármore decorativo de seus edifícios. Chamando-a simplesmente de "a cidade romana" (em persa médio, *Rūmagān*), cercou a cidade com um muro de barro, não com o objetivo inicial de defendê-la, mas de manter seus 30 mil residentes ali encerrados.[55] A cidade era abastecida com banhos romanos e um hipódromo, que funcionou ao menos até a morte de Cosroes I.[56] Assim como sua participação nos jogos durante sua ocupação de Apameia, é provável que Cosroes I tenha usado o hipódromo em Weh-Andīōg-Husraw como um imperador romano faria – tal qual uma consagração grandiosa da natureza vitoriosa do soberano – e provavelmente o fez como um desafio direto e contínuo a Justiniano.[57]

Apesar de suas muitas tentativas de fuga, os habitantes dependiam de Cosroes I para sua sobrevivência e fizeram uma demonstração de luto por sua morte.[58] A cidade sobreviveu até o início do período islâmico, quando era conhecida como ar-Rūmmiya.[59] Seus escavadores alemães pioneiros, já no início do século XX, levantaram a hipótese de que uma seção murada adjacente a Ayvan-e Kīsra poderia ter pertencido a Weh-Antīōg-Husraw, apesar de a maioria das fontes literárias a colocar junto ao rio Tigre, a uma distância muito maior – de aproximadamente duas a seis milhas árabes ou um dia de viagem.[60] Weh-Andīōg-Husraw era tanto um campo de trabalho quanto um monumento vivo das campanhas romanas vitoriosas do rei dos reis.[61] Além disso, ela funcionava como um paraíso persa, possivelmente um zoológico humano, onde criaturas exóticas eram mantidas para uso e diversão do rei, na condição de um espetáculo para glorificar o alcance global de seu reinado.

No centro do mundo

Mesmo quando o poderio militar falhava, as imagens e a cultura da Corte da realeza sassânida continuavam a imperar. A cultura cortesã persa foi imensamente influente sobre a Antiguidade Tardia, impactando desdobramentos tão diversos quanto a evolução da representação do governante romano tardio, as práticas judiciais dos governantes sogdianos, a iconografia do budismo da Ásia Central e os gostos da Corte Táng.[62] A representação do governante sassânida foi altamente eficaz, impactando tanto o Mediterrâneo quanto a Ásia Central com seu complexo simbolismo religioso e astral, além de um repertório visual simples, que expressava a realeza como divinamente inspirada. A representação do governante persa impactou o desenvolvimento do budismo de Gandhāran e, assim, do budismo da Ásia Central, onde os bodhisattvas trajavam regularmente coroas e diademas de inspiração sassânida. A imagem do rei sassânida e da vida na Corte persa também aparece nos afrescos de Varkhuman, o rei sogdiano de Samarcanda, e nos tetos pintados de Ajanta. A representação do soberano sassânida, a cultura visual e a vida cortesã serviram como uma "fonte alternativa de poder" para aristocratas romanos tardios e reis visigóticos, sendo apropriadas e contestadas pelos quidaritas e heftalitas. Isso atesta a vasta disseminação eurasiana de material artístico e político sassânida, como jogos de taças em prata, tecidos ou ornamentos têxteis em seda e ornamentos arquitetônicos, cuja popularidade perdurou por séculos a fio. A realeza sassânida e o papel do rei iraniano como pivô da Terra inspiraram os impérios persas posteriores dos seljúcidas, ilcanas, timúridas, safávidas e mugals. Independentemente de suas origens dinásticas, eles se retrataram como os verdadeiros sucessores da herança conjunta caiânida--sassânida. O poder transcendente da realeza cósmica persa continuou sendo visto como possante e sedutor mesmo após a queda do Império.

Notas

1 Canepa, 2010a, pp. 121-154.

2 *Idem, ibidem.*

3 *Idem*, 2009; 2010a; 2015, pp. 155-174.

4 Mann, 1986, vol. 1, pp. 6-10.

5 Errington & Curtis, 2007, pp. 82-85.

6 Canepa, 2009, pp. 53-78. Sobre o contexto ocidental da diplomacia romana, ver Nechaeva, 2014.

7 *Idem*, 2009, pp. 79-99.

8 Al-Ṭabarī, *História*, seção 872-887, *apud* Bosworth, 1999, pp. 107, 110-111, 136-137. Procópio, *Guerras pérsicas*, seção 1.3-5; 1.6.10-11, *apud* Dewing, 1962-1978; Frye, 1983, pp. 143-152; Dignas & Winter, 2007, pp. 97-98.

9 Canepa, 2010b, pp. 7-19.

10 Zhenping, 2005, p. 115, nota 86; Daffinà, 1983, pp. 136-139.

11 Canepa, 2015.

12 *Idem*, 2010c, pp. 563-596.

13 Pourshariati, 2008, pp. 385-386; Daryaee, 2001-2002, p. 6; 2006, pp. 287-293; 2007, pp. 89-94; Yarshater, 1983, pp. 402-411.

14 *Zamyād Yašt*, seções 19.30-54 e 78-82, *apud* Humbach & Ichaporia, 1998, pp. 37-45, 54-55; aqui, pp. 56, 82.

15 Procópio, *A guerra pérsica*, seção 2.11. Agradeço a Michael Whitby por me convidar a comentar essa passagem em sua resenha de 2010 de *The Two Eyes* de Canepa (Whitby, 2010, p. 202).

[16] Título real do segundo Cosroes, tal qual relatado na *Historiae* de Teofilato Simocata, seção 4.8.4.

[17] Canepa, 2010a.

[18] Wechsler, 1985, pp. 10-20.

[19] Zhenping, 2005, pp. 216-228; Yihong, 1997, pp. 75-81.

[20] Canepa, 2010a, p. 54.

[21] Šābuhr I, *Ka'ba-ye Zardošt (Inscrição no Cubo de Zoroastro)*, seção 1, *apud* Huyse, 1999, vol. 1, p. 19 [com modificações].

[22] *Idem*, seções 2-3, vol. 1, pp. 19-24 [com modificações].

[23] *Bundahišn Maior*, seções 8.1 e 8.3-5, *apud* Anklesaria, 1956, p. 91.

[24] Canepa, 2010c.

[25] *Idem*, 2009, pp. 195-196.

[26] Gnoli, 1999, pp. 312-319; Compareti, 2006a, pp. 189-204; Shenkar, 2014, pp. 131-140.

[27] Libanius, *Epistulae*, seção 331.1, *apud* Lee, 1993, p. 168.

[28] Teofilato Simocata, seção 4.2.7-8, *apud* Whitby & Whitby, 1988, p. 106.

[29] Göbl, 1971, p. 7; Mosig-Walburg, 2011, pp. 446-473.

[30] Panaino, 2004a, pp. 555-594.

[31] Quanto ao Império Romano, há um tratamento extenso em Canepa, 2009. Sobre seu impacto nas culturas visuais da Ásia Central, ver Stark, 2015, pp. 463-502; Gasparini, 2014, pp. 134-163.

[32] Alram, 2013; Ali, 2004, pp. 118-120, 168.

[33] Canepa, 2009, pp. 146-147; 2015, pp. 167-168.

[34] Ibn al-Balḵi, *The Fársnáma*, *apud* Le Strange & Nicholson, 1921, p. 97.

[35] Šābuhr I, *Ka'ba-ye Zardošt (Inscrição no Cubo de Zoroastro)*, seção 5.2, 8.3; Canepa, 2009, pp. 53-78.

[36] Börm, 2008, pp. 327-346; Canepa, 2009, pp. 23-24; Payne, 2013, pp. 1-31.

[37] Fisher, 2011.

[38] De Boor, 1883-1885, vol. 1, pp. 168-169 [AM6015]; ver também *Chronicon Paschale*, 522, *apud* Whitby & Whitby, 1989, p. 105; Ioannis Malalas, *Chronographia*, seção 413.17-18, *apud* L. Dindorf, 1831; Canepa, 2009, p. 203.

[39] Pedro, o Patrício, fragmento 14, *apud* Müller, 1878-1885, vol. 4, p. 189.

[40] Menandro Protetor, *História*, fragmento 6.1.515-544, *apud* Blockley (trad. e ed.), 1985, pp. 82-84.

[41] Payne, 2015a, pp. 282-299.

[42] Prisco, *Fragmentos*, seções 2.35-8; 9.3.1-10; 11.2.627, *apud* Blockley, 1983, vol. 2.

[43] Payne, 2015a, p. 287.

[44] Josué, o Estilita, *Crônica*, seção 10, *apud* Schindel, 2004, vol. 3.1, pp. 415-416.

[45] Procópio, seção 1.3.17-18, *apud* Dewing, 1962-1978, p. 19.

46 *Idem*, seção 1.3.17, *apud* Dewing, 1962-1978, pp. 18-25.

47 N. Schindel estima que o montante de prata pago por Peroz seria equivalente a aproximadamente 1.200 libras romanas, um valor ínfimo em comparação às 11 mil libras em ouro que Cosroes II exigiu de Justiniano como condição para cessar suas hostilidades em 532. Ver Schindel, 2004, p. 416; Payne, 2015a, p. 287.

48 Alram, 2002, pp. 149-153; Alram, 2004.

49 Sauer; Rekavandi; Wilkinson & Nokandeh, 2013.

50 Ver Canepa, 2013, pp. 69-94.

51 *Idem, ibidem*.

52 Procópio, seção 2.24.2, *apud* Dewing, 1962-1978.

53 Canepa, 2009, pp. 53-99.

54 Procópio, seção 2.14.1-8, *apud* Dewing, 1962-1978; al-Ṭabarī, *apud* Bosworth, 1999, pp. 157-158, 253-255; al-Dīnawarī, *Kitāb al-Akhbār al-ṭiwāl*, *apud* Guirgass, 1888, p. 701; Abu Manṣur 'Abd-al-Malik al-Tha'alibi, Ghurar akhbār mulūk al-fars, *apud* Zotenberg, 1900, pp. 612-613; De Meynard & De Courteille, 1966-1979, vol. 1, p. 307; Fiey, 1967, pp. 25-28; Kröger, 2011; Saleh, 1968-1969, pp. 417-439.

55 João de Éfeso, *Ecclesiastical History*, seção 3.6.19, *apud* Brooks, 1936.

56 Procópio, seção 2.14.1-8; Anastásio, o Persa. *Miracula sancti Anastasiae Persae*, seção 3.1-415, *apud* Flusin, 1992, pp. 121-143.

57 Procópio, seção 2.11.32.

58 *Crônica da Seert* [*Sirte*], seção 2.1.197, *apud* Wood, 2013b; Fiey, 1967, p. 27.

59 Fiey, 1967, p. 28; Saleh, 1968-1969, p. 431.

60 Fiey, 1967, p. 26; Saleh, 1968-1969, pp. 429-433; Hauser, 2007, p. 463, nota 3.

61 Canepa, 2009, p. 173.

62 *Idem*, 2010c.

4

COMÉRCIO E TRANSAÇÕES AO LONGO DAS ROTAS DA SEDA E DA ESTEPE NA ANTIGUIDADE TARDIA EURASIÁTICA

Richard Lim

Comércio e transações na Eurásia pré-moderna tinham um caráter predominantemente local, regional ou inter-regional, ao passo que a demanda da elite por bens de prestígio por vezes encetava o comércio de longa distância ao longo de todo o continente. A seda era originalmente um monopólio dos hàn; era altamente valorizada e alcançou preços exorbitantes em Roma e em outras partes. Assim, o comércio de seda e outros bens preciosos formou a base de um tênue intercâmbio entre a China e o Mediterrâneo, conduzido ao longo de rotas comerciais que Ferdinand von Richthofen (1833-1905) chamou, em seu linguajar colorido, de *Seidenstraßen*, "Rotas da Seda".[1] Como forma de conceituar as redes eurasiáticas pré-modernas de comércio e transações, o paradigma das Rotas da Seda serve de contraponto, mediante seu arco e sua moldura narrativa "internacionalista", a historiografias tradicionais que privilegiam desenvolvimentos "nacionais" e endógenos. Ele igualmente permite que pesquisadores do comércio e da globalização explorem uma fase inicial da integração mundial, oferecendo a visão de uma China em ascensão com a metáfora de seu envolvimento com o mundo mais amplo. A Rota da Seda que começou a tomar forma como um corredor Leste-Oeste durante a época da China Hàn e da Roma imperial, contudo, não abrange todos os vetores do comércio e das transações eurasiáticas. Em seu livro *Silk Roads or Steppe Roads?* [*Rotas da Seda ou Rotas das Estepes?*], David Christian argumenta que as Rotas da Seda devem ser avaliadas em conjunto com as rotas das estepes, de forma a contextualizarmos as duas dentro de uma "história profunda" que remonta à Idade do Bronze.[2] Em termos gerais, as rotas das estepes promoveram trocas tributárias inter-regionais entre o Norte (zona das estepes) e o Sul (regiões assentadas), ao passo que as Rotas da Seda e as rotas marítimas atravessavam a Eurásia ao longo de um eixo Leste-Oeste. No presente capítulo, discuto aspectos do comércio e das trocas eurasiáticas que dizem respeito aos papéis não apenas dos romanos e dos chineses, como também dos povos do Irã e da estepe. Por uma questão de espaço, tratarei dos papéis dos outros apenas de passagem, quando convier. Sem postular a integração eurasiana como um *télos* ou ponto-final do desenvolvimento histórico, reviso as perspectivas e a atuação de grupos cruciais na promoção de intercâmbios de longa distância durante a Antiguidade Tardia.

Viagens eram necessárias para a condução do comércio de longo alcance e transações na Eurásia pré-moderna. Por terra, as caravanas a Oeste procediam de capitais como Luòyáng e Cháng'ān, partindo para o Noroeste através de Níngxià e Gānsù ou pelo Corredor Héxī, para Dūnhuáng e Hāmì – portas de entrada para a Ásia Central, próximas a Yùménguān ou Portões de Jade, além da passagem fortificada mais ocidental das Grandes Muralhas de Hàn.[3] Dali em diante, a rota do Sul atravessava os flancos do Norte das montanhas de Kūnlún, passando por Lóulán e Hétián para então cruzar as montanhas Pamirs e a cordilheira de Indocuche, chegando ao Punjab e à Índia. Essa rota, preferida de mercadores indianos e cuchanos, entrou em declínio após a queda do Império Cuchana em cerca do ano 350.[4] As rotas do Norte ao Sul de Tiānshān conectavam Turfan e Kashgar, de onde se seguia pela Báctria até a Índia; ou pelo Syr Darya para Merv, porta de entrada para a Pártia e a Síria;[5] ou então pelo vale de Zarafshan até Sogdia e Bukhara; ou, por fim, através da bacia do Volga até o mar Negro. Uma rota alternativa, que atravessava a estepe ao Norte de Tiānshān, surgiu somente após o final do século II.[6] Essas rotas do Norte tornaram-se predominantes sobretudo a partir do século VI, coincidindo, por um lado, com o apogeu do império comercial dos sogdianos, que tinham Samarcanda como um grande centro, e, por outro lado, com o declínio da relevância de Cuchana e demais intermediários mercantis que desviavam as rotas do Sul (Mapas 4 e 6).[7]

O amplo sistema do oceano Índico serviu como outro canal extenso e zona de contato tanto para intercâmbios inter-regionais, quanto para intercâmbios de extensão eurasiática.[8] Um romano era capaz de navegar dos portos do mar Vermelho de Myòs Hormos e Berenikē (ligados ao Nilo por caravanas), através do golfo de Aden até a costa Malabar da Índia, valendo-se dos ventos das monções.[9] O *Périplo do Mar Vermelho* do século I descreve portos como Barbaricum e Barygaza, no Norte, e Muziris, no Sul.[10] O comércio indo-romano persistiu pela Antiguidade Tardia, como evidenciado por artefatos de cerâmica e descobertas arqueológicas de moedas.[11] A navegação costeira o levava adiante, até o Sri Lanka e o delta do Ganges.[12] Cosme Indicopleustes, no século VI, descreve que o Sri Lanka era "bastante frequentado por navios de todas as partes da Índia, da Pérsia e da Etiópia, e igualmente despacha muitos dos seus".[13]

Mercadores romanos se aventuravam pelo Oriente trazendo de volta sedas, especiarias e demais mercadorias preciosas, mesmo que essas cargas só constituíssem uma pequena parte do comércio entre as regiões banhadas pelo oceano Índico.[14] Um desses grupos supostamente chegou a Hànội por mar, antes de viajar para a China durante o reinado de "Andun" (possivelmente Marco Aurélio Antonino, r. 161-180).[15] Havia também outros envolvidos: os himiaritas, o povo de um reino marítimo na costa Sudoeste da Arábia, tomaram parte com seus próprios navios e parceiros comerciais, assim como os axumitas, o povo do reino cristão ao Norte da Etiópia, cujo porto de Adulis se localiza no mar Vermelho.[16] Sassânidas, navegando de portos do golfo Pérsico, como Bushihr e Sirāf, desempenhavam papéis proeminentes, e assentamentos iranianos existiam de Malabar ao Sri Lanka.[17] No início do século VII, a rota marítima que ligava Baçorá e Zayton (Quánzhōu), uma cidade portuária com 200 mil residentes de ascendência persa e árabe, operava cotidianamente. Essa rede prosperou ainda mais sob o governo dos abássidas.[18]

Os povos do Sul e do Sudeste asiático, igualmente, desempenharam um papel ativo.[19] A partir do século I EC navios indianos passaram a navegar regularmente na baía de Bengala.[20] Óc Eo, do reino de Funan, no delta do rio Mecom, prosperou como um porto importante do primeiro ao sexto século, enquanto Serivijaia, na Sumatra, emergiu como uma potência marítima em meados do século VII. Seus navios "Cunlum" e marinheiros traziam mercadorias para os portos do Sul da China, como Nánhǎi.[21] Na tradição literária, raramente os chineses são retratados se aventurando no exterior, exceto como emissários ou peregrinos: diz-se que Fǎxiǎn foi o primeiro chinês Hàn a visitar o Sri Lanka, enquanto seu colega monge Yìjīng peregrinou por meio ano em Serivijaia por volta de 671. De fato, é possível que alguns chineses do Sul já tivessem começado a fazer parte desse comércio marítimo.

A estepe, da Mongólia às planícies húngaras, apresentava-se como outro conduto e zona de contato eurasiáticos. A interação de seus habitantes ocorria por meio de migração, guerra, incursões, casamentos mistos, troca de tributos e presentes, comércio e escambo, além de transferências de tecnologia. Influências e transferências mútuas entre os povos da estepe e das terras assentadas havia muito moldaram seus respectivos desenvolvimentos.

No entanto, como um canal de comércio Leste-Oeste, em oposição às transações pautadas em grande parte no eixo Norte-Sul, o ambiente das estepes apresentava muitos desafios. Caravanas precisavam de proteção e permissão para cruzar as fronteiras entre os reinos; igualmente, elas deparavam com uma série de tarifas cobradas por partes diversas. Nenhuma potência singular dominou toda a estepe na Antiguidade Tardia – mesmo o grão-canato goturco (cerca de 552-744) trouxe a estepe ocidental sob seu domínio só por um breve período –, ao passo que o período após a dissolução do Império Xiōngnú em cerca de 89 viu uma série de migrações para o Oeste que, embora ajudassem a disseminação de pessoas, objetos e ideias, minaram a estepe como um corredor estável de comércio Leste-Oeste. De fato, muitos pesquisadores assumem que as rotas marítimas floresceram subsequentemente como compensação para esse evento.

Perspectivas regionais: Roma

A ascensão imperial romana e a agricultura voltada para o mercado externo estimularam o crescimento comercial e da integração inter-regional, acarretando o surgimento de redes comerciais vitais, especialmente a Leste. A navegação mediterrânea continuou focada no transporte de grãos do Norte africano e do Egito (*annonae*) rumo a Roma e a Constantinopla.[22] Mesmo com o surgimento de grandes propriedades no século VI, esses aspectos do comércio não se alteraram materialmente.[23]

O comércio internacional do Império tratava de exportações como as de cerâmica e vidro, além de importações como as de seda e especiarias.[24] Seu amplo alcance já evocou a comparação daquele a demais períodos de globalização.[25] Evidências literárias, documentais e arqueológicas permitem uma compreensão majoritariamente qualitativa de seu comércio de longo alcance.[26] Mercadores e agentes tomavam a iniciativa de se aventurar na direção Leste, enquanto o governo imperial intervinha periodicamente para garantir espaço em portos do mar Vermelho e do golfo de Aden.[27] Seus rivais, os partos, controlavam as principais rotas de caravanas para o Oriente. Mais tarde, o controle dessas rotas pelos sassânidas fez com que Justiniano encorajasse os axumitas a importar sedas da Índia via mar, a fim de contornar as tarifas persas. Uma vez que monges cristãos da Índia apareceram em Constantinopla em meados de 550, alegando ter acesso à sericultura na Ásia Central, foram-lhes concedidos incentivos para retornar com casulos de seda.[28] São esses os primórdios de um monopólio estatal bizantino na produção de seda.[29]

Irã e suas imediações mais próximas

Tal qual Ērānšahr, o Império Sassânida se via como o centro do mundo. A sala do trono de Cosroes I em Ayvān-a Kesrā continha assentos vazios para os soberanos de Roma, da China e da estepe. A Oeste, os sassânidas compartilhavam uma fronteira disputada (embora porosa) com os romanos; a Leste, eles governaram diretamente ou haviam difundido sua influência pelas culturalmente iranianas Báctria e Sogdia; além disso, eles mantinham contatos estreitos com a China mediante caravanas e rotas marítimas.[30] Os sassânidas no final do século V, igualmente, cultivaram relações com (e guerrearam contra) entidades políticas das estepes, incluindo a dos chionitas e a dos heftalitas, que fizeram os cuchanas/iuechis se deslocarem para o Afeganistão moderno e o Noroeste da Índia.

Enquanto isso, há evidência de laços efetivos com a Índia por meio de descobertas locais de mercadorias sassânidas e sírias. A maioria dos objetos preciosos sassânidas encontrados na vasta Eurásia – incluindo vestes bordadas e decoradas com um padrão mítico de ave de rapina (*simurgh* ou *sēnmurw*),[31] moedas de prata e vasos de prata e ouro,[32] e até mesmo *solidi* de ouro bizantino[33] – sinalizava transações da elite e, provavelmente, circulava como tributo e presentes, e não mediante comércio.

Sua centralidade permitiu que os sassânidas cobrassem tarifas sobre mercadorias que passavam da China para o Mediterrâneo por intermédio da Ásia Central. Eles protegiam e taxavam as caravanas nas cidades fronteiriças que funcionavam como estações alfandegárias, conforme acordado nos tratados com os romanos.[34] Eles impediram com cuidado, como os partos fizeram anteriormente, qualquer aproximação entre China e Roma.[35] Justiniano se ressentiu da postura deles ao tributarem as sedas chinesas com destino a Roma.[36] De sua parte, os sassânidas repudiaram os esforços dos turcos para vender sedas chinesas ao Ocidente. A fim de consolidarem seu monopólio sobre o comércio de caravanas de seda, eles chegaram a se aliar por um tempo com os heftalitas quando estes governavam Sogdia e Báctria.

Os sassânidas não eram apenas cobradores de impostos; eram consumidores, produtores, marinheiros e comerciantes. As feiras realizadas nas cidades iranianas traziam inúmeros produtos estrangeiros.[37] Vinhos de uvas sassânidas, frutas, nozes, hena e demais corantes, juntamente com vasos de metal, minerais e pedras preciosas, eram bem-vindos em um mercado chinês.[38] Os mais de dois mil dinares de prata sassânida escavados na China atestam seu apelo como objetos de prestígio.[39] As moedas sassânidas eram mais numerosas na Ásia Central e datam de períodos anteriores àqueles da China e da estepe.[40] Comparativamente, um número menor de mercadorias sassânidas circulava pelo Mediterrâneo romano.

Comerciantes sassânidas participavam do comércio inter-regional e a longa distância, como se pode depreender das leis régias do século VI, *Dastastan namak* [*Livro de decisões legais*].[41] Indivíduos formavam empresas que reuniam capital, compartilhando riscos e lucros de forma voluntária e equitativa.[42] Empréstimos securitizados e crédito comercial, que cobravam dos mutuários juros de 10% a 20% ao ano, ajudavam a financiar jornadas de longa distância.[43] Naufrágios, incêndios e depredações por parte de autoridades e inimigos estavam entre os perigos previstos.[44] Temia-se, sobretudo, o comércio sem lucros em função de tarifas exorbitantes.[45] Apesar desses riscos, os navios sassânidas rotineiramente traziam mercadorias persas e de outros lugares para a China, de modo que até mesmo itens de origem indiana, como a pimenta, eram rotulados como produtos *hu* (iranianos).[46] Em meio aos chineses, criou-se o estereótipo dos persas como um povo rico em função de seus galeões.[47]

China

As cortes chinesas atuantes entre as Dinastias Hàn e Suí/Táng enviavam sedas selecionadas para governantes estrangeiros como presentes, além de peças de seda crua como tributos para governantes das estepes, como os rouranos e os turcomanos. Essas interações, igualmente, moldaram as trocas Leste-Oeste a longa distância: o tributo hàn recebido pelos xiōngnú serviu de incentivo para o comércio da seda, enquanto a hegemonia xiōngnú na Ásia Central levou à conquista hàn da região, estendendo sua influência para o Oeste.

Tradicionalmente, a China dependia de intermediários para o seu comércio externo. As autoridades chinesas reservavam extensas provisões a fim de acomodar mercadores estrangeiros; nas principais capitais, eles poderiam viver, negociar e adorar, na condição de comunidades em grande medida apartadas.[48] Esses comerciantes eram fundamentais para as transações materiais e de informações entre a China e o Ocidente. Ao apresentarem suas credenciais na Corte, eles respondiam a perguntas padronizadas relativas a nome, localização, tamanho e caráter de seu país, incluindo dados populacionais e produtos nativos.[49] As respostas eram arquivadas por cronistas da Corte e utilizadas para redigir ou revisar contas oficiais em terras estrangeiras.

O budismo chegou à China com mercadores ocidentais. Conforme fincava raízes, ele moldou os intercâmbios entre a China e os povos do Oeste. Em 395, o rei do Sri Lanka despachou uma estátua de Buda Dharmarāja, que chegou à Corte chinesa após cerca de dez anos.[50] Kumārajīva (334--413), filho de um monge indiano e de uma princesa tocariana, era tão reverenciado quanto um sábio budista, a ponto de um exército ser enviado expressamente para trazê-lo a Cháng'ān, capital do antigo Império Qin. Sua paixão pelos escritos budistas fez o monge Făxiăn viajar à Índia entre 399 e 414. Uma vez que ele observou, em seu relato de viagem, que os sangas da Ásia Central valorizavam túnicas e estandartes de seda, os peregrinos que seguiam seus passos passaram a levar seda da China como donativos.[51] As viagens do monge Xuánzàng a Ásia Central, Índia e Sri Lanka, de 629 a 645, marcam os vínculos entre comércio, tributos, religião e até mesmo imperialismo, pois os exércitos táng capturaram a bacia do Tarim para criar as "Quatro Guarnições de Ānxī", estabelecendo os fundamentos para intercâmbios mais robustos com reinos distantes: entre 637 e 753, a China enviou 50 missões para o Norte indiano em busca de comércio e alianças contra o Tibete.[52]

Por ter deixado a China sem permissão, Xuánzàng contou com recomendações emitidas por governantes locais para dar continuidade a suas viagens.[53] Autorizações de trânsito existiam na China desde o Período Hàn.[54] Em postos fronteiriços como Dūnhuáng, governadores despacharam mercadores *qi* autorizando a passagem por territórios de seu domínio; eles podiam até mesmo "atravessar barreiras alfandegárias ou vaus além do território de uma província ou comenda" rumo à capital.[55] As Dinastias Wèi do Norte (386-534 EC) e Jìn (265-420 EC) mantiveram a prática, em contraste com os reinos do Sul chinês, das Dinastias do Norte e do Sul, que por sua vez se voltaram ao comércio marítimo.[56]

Mercadores de caravanas enfrentaram obstáculos mesmo após chegarem à China. Cāng cí, o administrador (*tài shǒu*) da Província de Dūnhuáng entre meados de 227 e 232, confrontou figuras que forçavam os "comerciantes ocidentais (iranianos)" (*za hù*) a comercializar seus produtos localmente de uma maneira vantajosa para si.[57] Ao lidar com esse abuso, Cāng cí foi alvo de elogios do cronista de *Wèi Shōu*. Mesmo assim, os mercadores, que recebiam escoltas para seu regresso, ainda tinham que trocar suas mercadorias por suprimentos governamentais e não podiam vendê-las na capital, onde teriam garantido valores mais altos.

Com a unificação da China por Suí e Táng, os comerciantes estrangeiros (*xíng hù*) foram submetidos a regulamentos mais efetivos e tributação na China, mesmo quando se beneficiavam de instituições imperiais promotoras de viagens e comércio.[58] A conquista Táng da Ásia Central expandiu o escopo tanto de seu passaporte (*guòsuǒ*) quanto de seu sistema postal. Em 732, Shi Randian, residente sogdiano de Xīzhōu, contava com um *guòsuǒ* dos táng para viajar desde os Portões de Ferro até Cucha, uma das "Quatro Guarnições de Anxi" ou protetorado militar de Táng, estabelecido na bacia do Tarim entre meados de 648 e 658.[59]

Ásia Central

O comércio de caravanas era uma parte vital da subsistência daqueles que viviam ao longo das margens da bacia do Tarim. As cidades-reinos verteram-se em nós em uma rede mais ampla que visava transmitir bens materiais, assim como culturais e religiosos, incluindo a disseminação do budismo, do cristianismo nestoriano e do maniqueísmo para a China. Cotã, ao longo do Sul da bacia do Tarim, emergiu como um importante entreposto comercial e centro budista. Como habitantes locais contam, a sericultura se estabeleceu ali quando uma "princesa" chinesa casada com o governante de Cotã, em 419, contrabandeou um casulo de bicho-da-seda dentro de seu toucado como um dote – essa é uma das muitas tradições ligadas à transmissão e ao conhecimento setífero da China para os países a Oeste. Os cotaneses adoravam divindades budistas de seda como Maheśvara, como testemunham xilogravuras votivas do século VI.[60]

Cucha desempenhou um papel semelhante no Norte. O reino impôs tarifas sobre mercadorias e emitiu passaportes que autorizavam viagens de um posto a outro.[61] Essa rota nortista ficou sob a influência de heftalitas, rouranos e turcomanos durante o século VI. Mesmo assim, os governantes locais mantiveram boas relações com seus vizinhos da estepe. Após Xuánzàng partir da China sem permissão em agosto de 629, ele foi recebido por Qū Wéntài, governante de Turfã, que facilitou sua jornada até a fronteira da Índia por força de suas boas relações com o *yabghu qaghan* dos tujué (o termo chinês para turcomanos/goturcos) em Suye (atual Quirguistão).[62]

A Oeste, Báctria e Margiana foram constituídas como assentamentos estabelecidos ao longo do rio Oxus (atual Amu Dária) desde a Idade do Bronze, e prosperaram com o comércio de caravanas tanto da rota Leste-Oeste quanto das estepes ao Norte. Sua posição nesse cruzamento compensou a posição marginal aos impérios eurasiáticos, criando oportunidades únicas. Sua população juntou-se a outra para atuar como mercadores, artesãos que produziam bens comerciais (incluindo imitações de moedas e vasos sassânidas e bizantinos), além de intermediários e missionários multilíngues que ajudaram a disseminar o zoroastrismo, o budismo, o cristianismo oriental e o maniqueísmo no Leste da China.

A estepe

Desde a Pré-História, a estepe serviu como um canal transeurasiano inestimável; pesquisadores chegaram a encontrar evidências plausíveis para uma "protorrota da seda" que conectava a China e o Irã por seu intermédio.[63] Não apenas ela facilitou as trocas Leste-Oeste: comércio e transações entre a estepe e regiões de cultivo por muito tempo foram críticos tanto para as sociedades das estepes quanto para as sedentárias. As sociedades da estepe produziam diversas mercadorias cobiçadas; muitas eram transacionadas regionalmente, enquanto outras – como cavalos, peles (incluindo as colhidas na taiga) e escravos – podiam ser negociadas com povos assentados ou comerciantes nos mercados fronteiriços. Os cavalos – tão associados à cultura militar da estepe – formavam um elemento básico do comércio fronteiriço entre os reinos estabelecidos e nômades.[64] Montarias eram necessárias em grandes quantidades para a cavalaria Hàn, enquanto raças especiais, como os cavalos Fergana – "que suavam sangue" de Fergana (*hànxuèmǎ*) –, tornaram-se posses apreciadas pela elite. Além dos cavalos, as peles (incluindo as colhidas na taiga) consistiam em outra mercadoria oferecida pelos povos das estepes: Jordanes deixou observações sobre os Hunuguri trazendo peles de marta para o comércio em Cherson.[65] As peles do Alto Cáspio eram particularmente apreciadas.

Na Antiguidade Tardia, os principais impérios das estepes surgiram nos vales de Ili, Altai e Orcom, na Mongólia. Suas economias imperiais requeriam o consumo de bens importados prestigiados pelas elites, assim como a redistribuição de tributos e saques aos membros dessa ordem social. Os turcomanos trocaram emissários com Wèi Ocidental (535-557) e Zhōu do Norte (557-581) – este último reino enviou 100 mil peças de seda anualmente aos turcos em troca de cavalos de menor valor, em um caso de tributo apresentado como troca de presentes.[66] As enormes quantidades de seda e demais bens e mercadorias adquiridos dessa forma pelos turcomanos não só foram consumidos por eles, mas também transformados em bens comerciais lucrativos.

A formação e a expansão desses impérios envolveram a incorporação e o deslocamento de muitos grupos das estepes. Os rouranos (408-670), que governaram Mongólia, Sibéria e Manchúria, além da bacia do Tarim, fizeram os heftalitas migrar para o Oeste e derrotar os cuchanas no início do século V.[67] Após os rouranos serem subjugados em 552, remanescentes de sua população atravessaram a Eurásia. Os turcomanos consideravam os corásmios na Transoxiana e os avares na Panônia como descendentes de seus odiados mestres do passado. As migrações transeurasianas tornaram manifesta a contiguidade da massa terrestre da Mongólia ao mar Negro: o grão-cã goturco Turxanthus fez a observação ao enviado romano Valentino de que "o mundo inteiro se abre para mim, desde o Extremo Oriente até as margens do Ocidente".[68] Na realidade, porém, até mesmo o alcance dos turcomanos era limitado, como se pode depreender de seu medo de uma emboscada persa durante a viagem de regresso do enviado romano Zemarco, e de como os alanos "se recusaram a admitir os enviados goturcos até eles abrirem mão de suas armas".[69]

Intermediários

O comércio indireto, realizado por intermediários mercantis – particularmente aqueles de comunidades diaspóricas que davam suporte à vida itinerante –, representava a norma. Sírios, partos, judeus, cuchanas e indianos, até então proeminentes no comércio de caravanas eurasiáticas, passaram a ser ofuscados pelos sogdianos durante a Antiguidade Tardia.[70] Samarcanda tornou-se o coração de uma rede comercial que se estendia pela bacia do Tarim e Gānsù até Cháng'ān e Luòyáng.[71] As notícias viajavam por ela com eficiência: em uma das *Cartas Anciãs* datadas de 313, Nanai--vandak relata a seu empregador em Samarcanda como a captura de Luòyáng pelos xiōngnú, em 311, fora prejudicial a seus negócios.[72]

Muitos sogdianos se assentaram na fronteira de Ordos, entre a China e a Mongólia.[73] Com a ascensão dos goturcos, os sogdianos apelaram à elite goturca para que negociassem as sedas chinesas que recebiam como tributo de outras partes a fim de obterem lucros.[74] O grão-cã goturco Sizabul, por sua vez, respondeu a tais súplicas e se aproximou do rei sassânida Cosroes a fim de garantir direitos comerciais. Sendo então violentamente repudiado, ele encarregou o sogdiano Maniakh de liderar uma missão a Constantinopla.[75] Em 568, após "viajar por muitas rotas e percorrer muitas terras, por montanhas enormes que chegavam perto das nuvens, por planícies e bosques, por pântanos e rios" – atravessando, inclusive, o Cáucaso –, Maniakh chegou à capital romana.[76]

Apoiados pelo poder goturco, os sogdianos solidificaram sua presença na estepe ocidental fundando Sogdaia na Crimeia ao final do século VII.[77] O litoral Norte do mar Negro tornou-se a porta de entrada para um "âmbito túrquico-sogdiano" que abrange as Rotas da Seda e das estepes eurasiáticas. Nas proximidades encontrava-se Cherson, "onde o mercador ávido por lucro leva os produtos da Ásia", e os romanos poderiam comprar mercadorias das estepes e do Oriente.[78]

A rede sogdiana sobreviveu ao fim do Primeiro Grão-Canato Goturco; ela encontraria seu ápice séculos depois. Os sogdianos insinuaram-se com sucesso em meio às elites dominantes das estepes e cooptaram possíveis concorrentes, como os corásmios, para que se tornassem mercadores aliados.[79] Eventualmente eles auxiliaram os cazares da região do Volga-Kama a converter tributos recebidos em bens comerciais e itens de prestígio ainda mais valiosos, contribuindo para a criação de seu novo império nas estepes.[80] O dossiê do comércio sogdiano ilustra como as redes de seda e da estepe eurasiáticas se entrelaçavam, além do fato de que as bases para sua expansão na taiga já haviam sido lançadas no final da Antiguidade Tardia.

Conclusão

Este breve panorama do comércio e das transações da tardo-antiga Eurásia sugere que os padrões de conectividade existiam no período prévio à época de impérios cosmopolitas da China Táng e dos abássidas, um período abrangentemente considerado o apogeu da Rota da Seda. Igualmente, as políticas das estepes imperiais desempenharam um papel significativo no incentivo ao comércio de longa distância que complementava seus sistemas de trocas tributárias e demais formas de circulação inter-regional. O resultado foi uma rede justaposta das rotas da estepe e da seda, incluindo conexões marítimas no grande oceano Índico, as quais não apenas ligavam civilizações estabelecidas a essas rotas, mas abarcavam também entidades nômades das estepes, como o Império Goturco.

O aumento considerável de conhecimento cultural do Outro durante esse período deveu-se em grande medida às trocas ao longo das Rotas da Seda e das estepes. Informações chinesas acerca do Ocidente mais distante foram acentuadamente ampliadas durante e após Wèi do Norte.[81] Famílias armênias no Cáucaso começaram a reivindicar descendência chinesa de uma maneira outrora inimaginável.[82] Teofilato Simocata descreve Taugast, derivado do termo túrquico ou mongol usado na China, *Tabγač* ou *Tabqač*, onde as pessoas "tornaram-se proprietárias de uma grande abundância de ouro e prata como resultado de seu amplo e vantajoso comércio",[83] relatando que perto de Taugast criava-se um grande número de bichos-da-seda e produziam-se sedas de cores variadas.[84] Sua descrição é, de acordo com Boodberg, o "[mais completo e preciso] relato ocidental da China antes dos mongóis".[85] Cosme Indicopleustes, intimamente familiarizado com o comércio marítimo Roma-Índia na primeira metade do século VI EC, refere-se à China pelo termo persa "Tzinista(n)", sugerindo a natureza ainda bifurcada das conexões eurasiáticas por rotas marítimas e por terra.[86] No entanto, as viagens e os intercâmbios que acarretaram esse aumento de conhecimento custaram um preço alto. Pelas mesmas redes passavam não só comércio e informações, mas também elementos clandestinos, incluindo a bactéria *Yersinia pestis*, causadora da peste bubônica, que desencadeou a pandemia que hoje chamamos de "Peste de Justiniano", testemunhada pela primeira vez no Mediterrâneo em sua porta de entrada, a cidade de Pelusium no Egito, em julho de 541.[87]

Notas

1 Sobre o comércio da seda, ver Xinru, 1996.

2 Christian, 2000.

3 Hill, 2009; 2004.

4 Vassière, 2002, pp. 90-98.

5 *Hòu Hànshū*, seção 88, *apud* Ye, 1965; Vassière, 2002, p. 40.

6 *Wèilüè*, seção 23, *apud* Y. Huan, 2004. Ver Hill, 2004, sobre a "Nova Rota do Norte".

7 Vassière, 2002, p. 97.

8 Para um estudo do sistema do oceano Índico na era pré-moderna, ver Chaudhuri, 1985, pp. 34-62.

9 Ver Casson, 1984, pp. 182-198, para uma descrição concisa dessa rota marinha.

10 *Periplus Maris Erythraei*, *apud* Casson, 1989, pp. 38-39, 41-49, 53-54. Para os séculos de IV a VI, há referências de itinerários a *Expositio totius mundi et gentium* (do início do século IV), embora não houvesse périplos atualizados.

11 Tomber, 2008, pp. 161-170.

12 *Periplus Maris Erythraei*, *apud* Casson, 1989, pp. 61, 63.

13 Cosmas Indicopleustes, *Topografia crista*, seção 11.337, *apud* McCrindle, 1897, p. 365.

14 Ver E. Warmington, 1928; Wheeler, 1954; J. Miller, 1969; Rascke, 1978, p. 9 [seção 2.604-1.378].

15 *Hòu Hànshū*, seção 88, *apud* Ye, 1965; ver Leslie & Gardiner, 1996, pp. 153-158. Essa passagem aparece no *Hòu Hànshū*, p. 88 [seção 2.909-2.938]. A tradução que se segue é de minha autoria: "No nono ano de Yánxī, do imperador Huán, um emissário [*ou* emissários] despachado [*ou* despachados] pelo rei Andun de Dà qín chegou [*ou* chegaram] pela fronteira em Rìnán para oferecer em tributo presas de elefantes, chifres de rinocerontes e cascas de tartarugas. Doravante um contato oficial direto se estabelece". Não há itens preciosos ou raros entre as oferendas. Suspeita-se que aqueles que transportaram os presentes os substituíram. Dà Qín é o nome chinês para Roma. Embora a identidade de seu(s) rei(s) Andun, como consta no texto, esteja aberta a debate, podendo se referir a Antonino, o Pio, ou Marco Aurélio (coimperador de Lúcio Vero), a data da recepção da embaixada nas fronteiras de Hàn, perto da moderna Hànội, é indubitável. No momento estou finalizando um estudo acerca desse episódio: "The First Official Contact between Rome and China?: A Roman Embassy to the Han Emperor's Court in A.D. 166".

16 Sobre Adulis, ver *Periplus Maris Erythraei*, *apud* Casson, 1989, p. 4; G. Bowersock, 2013; Kobischanov, 1979, pp. 59-73; Power, 2012.

17 Williamson, 1972, pp. 97-109; Whitehouse & Williamson, 1973, pp. 29-49.

18 Hourani & Carswell, 1995.

19 Wheatley, 1975.

20 *Periplus Maris Erythraei*, *apud* Casson, 1989, p. 60. Ver Srivastava, 1968; Chandra, 1977.

21 Sobre Óc Eo, ver Chakravarti, 1972, pp. 101-111; M. Wheeler, 1954, pp. 172-174. Para um tratamento das redes a longa distância envolvendo o Sudeste Asiático no período tardio, ver Liebermann, 2009.

22 Kingsley & Decker, 2001, pp. 1-27; M. M. Mango, 2009, pp. 3-14; M. M. Mango, 1996, pp. 165-175.

23 McCormick, 2001, pp. 103-113.

24 M.-L. Chen, 2007; Harris, 2007.

25 Dark, 2007, p. 7.

26 Ward-Perkins, 2001, pp. 167-178.

27 Young, 2001, pp. 201-212.

28 Procópio, *Guerras*, seção 8.17.1-8, *apud* Dewing, 1962-1978.

29 Lopez, 1945; Oikonomides, 1986.

30 Watson, 1983, p. 550.

31 Jeroussalimskaja, 1993, pp. 113-118; Jacoby, 2004, pp. 197-240.

32 Noonan, 1982, pp. 269-302.

33 Alram, 2001, pp. 271-291; Ying, 2003a; Thierry & Morrisson, 1994, pp. 109-145; Ying, 2003b. Sobre a importância de interpretações sociais e locais do comércio, ver Appadurai, 1986.

34 Ver *Cambridge History of Iran*, vol. 3.1 (Yashater, 1983, p. 571).

35 *Hòu Hànshū*, seção 15, 118, *apud* Ye, 1965.

36 Thierry, 1993, pp. 89-139.

37 Pigulevskaïa, 1956, pp. 60-81; 1963, pp. 175-176.

38 Laufer, 1919, pp. 488-502 (sobre têxteis), pp. 503-528 (sobre minerais e pedras preciosas); Schafer, 1963, p. 393 (entrada "Persia (Persian)"); Pigulevskaïa, 1956, p. 60.

39 Thierry, 1993.

40 *Idem*, pp. 96-98.

41 Sachau, 1914, vol. 5, pp. 130-179.

42 *Idem*, vol. 3, pp. 142-147 [seção 5.4]; Pigulevskaïa, 1956, pp. 67-73.

43 Sachau, 1914, p. 166 [seção 5.8]; Pigulevskaïa, 1956, pp. 73-76.

44 Sachau, 1914, vol. 3, p. 172 [seção 5.11].

45 *Idem*, p. 164 [seção 5.8]; Pigulevskaïa, 1956, p. 64.

46 Laufer, 1919, pp. 374-375.

47 Lewis, 2009, p. 161.

48 Ver Twitchett, 1968, pp. 63-93; e, mais recentemente, Hansen, 2012.

49 *Liángshū*, seção 54, *apud* Silian, 1965.

50 Ver Zürcher, 1972, vol. 1, p. 152. Para desenvolvimentos posteriores sob uma perspectiva a longo prazo, ver Sen, 2003.

51 *Fúguó jì* ("Um Registro dos Reinos Budistas"), seção 5; tradução inglesa *apud* Legge, 1886, p. 22; além de Xinru & Shavanakfer, 2007, pp. 115-116.

52 Lewis, 2009, p. 157.

53 Rongxi, 1996, p. 796.

54 Masaharu, 2001, pp. 1-21.

55 *Idem*, p. 3. Os passaportes Jin (*guòsuǒ*) são mencionados na discussão acerca dos Estatutos Jìn em *Taiping yulan*, p. 598, *Wen bu*, p. 14.

56 Masaharu, 2001, pp. 3-4.

57 *Wèishū*, seção 16, *apud* Shou, 1965/1984; *Sānguózhì*, seção 16, *apud* Shou, 1984 (tradução em A. Masaharu, 2001, pp. 2-3). Sobre os *za hù* ("ocidentais/iranianos diversos"), ver Pulleybank, 1952, pp. 317-356, sobretudo pp. 350-352.

58 Masaharu, 2001, p. 12; Twitchett, 1966, pp. 208-248. Sobre estrangeiros na China T'ang, ver Abramson, 2007, pp. 83-107.

59 Documento 1 em Masaharu, 2001, pp. 8-10.

60 Stein, 1907, pp. 260-261, 275, 277-279, 278 (nota de rodapé), 298-299, figuras 60 e 61; Whitfield, 1982-1985, vol. 3, figura 70; ver observação de A. Farrar sobre essa imagem em *Sérinde. Terre de Bouddha: Dix siècles d'art sur la Route de la Soie* (catálogo de exibição por Cohen & Giès, 1995, p. 301). A divindade segura uma lançadeira e um pente de seda, ferramentas da sericultura.

61 Como mostrado por dois passaportes de trânsito em tábuas de madeira descobertas por Pelliot em 1917; ver Pinault; Hushan & Gaulier, 1987; além da observação de Pinault *apud* Cohen & Giès, 1995, pp. 60-61.

62 Ver observação de F. Macouin *apud* Cohen & Giès, 1995, p. 63.

63 Sobre o comércio sino-iraniano pelo Norte, ver W. Watson, 1983, p. 548.

64 Ver Beckwith, 1991, pp. 183-198; Skaff, 2009, pp. 165-191.

65 Jordanes, *Gética*, seção 5.37, *apud* Mierow, 1908.

66 Suas relações tributárias se ligavam intimamente com casamentos dinásticos de princesas chinesas com governantes da estepe; ver, por exemplo, *Zhōushū*, seção 7, 1, *apud* Défēn, 1983; e Yugui, 1998, pp. 65-75. Para um relato sintetizado dessas interações de meados do século III ao século VI, ver Barfield, 1992, pp. 85-130, 131-163.

67 Ver Xinjiang, 2007.

68 Menandro Protetor, *História*, fragmento 10, *apud* Blockley, 1985b. O grão-cã túrquico reclama que seus emissários foram levados ao Cáucaso em vez de diretamente através da estepe, sendo esta última a rota que os avares seguiram em sua migração para o Oeste.

69 Menandro Protetor, *História*, fragmentos 4-5, *apud* Blockley, 1985b, pp. 124-127.

70 Xinjiang, 2002a, pp. 117-163; Lerner, 2002, pp. 221-227; Luo, 2002, pp. 239-245; Marshak, 2002a, pp. 231-237; além de Skaff, 2003, pp. 475-524. Ver também Curtin (1984, pp. 1-14) sobre as diásporas comerciais de uma perspectiva não ocidental e comparativa.

71 Vassière, 2002, pp. 48-76; aqui, p. 51, nota 5.

72 Ver Henning, 1948, pp. 605-606.

73 E. G. Pulleybank, 1952, p. 331; alguns até mesmo se tornaram pastores ali.

74 Vassière, 2002, p. 233, sobre a perspectiva estratégica mais ampla dos sogdianos.

75 Menandro Protetor, fragmento 10, *apud* Blockley, 1985b, p. 115. Isso foi precedido por uma delegação no ano de 563.

76 *Idem*, *ibidem*.

77 Ver Vassière, 2002, pp. 237-240, 242-244, sobre a identificação de Sogdaia com as atividades comerciais sogdianas.

78 Jordanes, *Getica*, 5.37, *apud* Mierow, 1908.

79 Ver Vassière, 2002, pp. 251-252.

80 Ver Noonan, 1982; Vaissière, 2000, pp. 367-378; La Vassière, 2002, pp. 244-254. Sobre os cazares em geral, ver Golden, 1990b, pp. 263-270.

81 *Wèishū*, p. 102 (Shou, 1965, 1984).

82 De acordo com Pseudo-Moisés de Corene; ver Thomson, 1978, pp. 357-368.

83 Teofilato Simocata, *História*, 7.9.3, *apud* Whitby & Whitby, 1988, p. 192. Ver Boodberg, 1938, p. 232; confronte com Whitby & Whitby, 1988, p. 192, nota 49.

84 Teofilato Simocata, *História*, 7.9.11: essa descrição é relativa a Chubdan, não a Taugast, cuja fundação foi igualmente atribuída a Alexandre, o Grande; ver *idem*, p. 192, nota 51.

85 Pelliot, 1912, p. 792; Boodberg, 1938, pp. 238-241.

86 Cosmas Indicopleustes, *Topografia crista*, 2.54, *apud* McCrindle, 1897. Ver Xu-Shan, 2004, pp. 452-462.

87 Ver, por exemplo, McCormick, 2007, pp. 290-312; e Horden, 2005, pp. 134-160.

5

MERCADORES SOGDIANOS E CULTURA SOGDIANA NA ROTA DA SEDA[1]

Rong Xinjiang

Sogdianos e seus vilarejos na Rota da Seda

Em textos historiográficos chineses, os sogdianos são referidos como os "nove sobrenomes de Zhāowǔ", os "bárbaros de nove sobrenomes", os "bárbaros mestiços" e os "bárbaros sogdianos". Etnicamente falando, eles pertenciam aos antigos povos da Ásia Central de extração iraniana; linguisticamente, usavam o sogdiano, uma variante iraniano-oriental do grupo de línguas iranianas, da família indo-europeia. Sua escrita era uma variante da escrita aramaica, hoje em dia habitualmente conhecida como escrita sogdiana. Os sogdianos eram nativos da bacia do rio Zarafexã, entre o Amu Dária e o Sir Dária da Ásia Central, também conhecido como "Sogdia" de acordo com os textos clássicos ocidentais. O território abrangia sobretudo o atual Uzbequistão e partes do Tadjiquistão e Quirguistão. Cidades-Estados de tamanhos variados se distribuíam em torno dos oásis menores e maiores da Sogdia – o maior entre eles era o Reino de Kang, com centro em Samarcanda, que muitas vezes servia de representante das várias cidades-Estados da Sogdia. Outro grande reino sogdiano era o Reino de An, com centro em Bucara. Havia também Sutrushana/Ushrusana e Kaputana do Reino de Cao, Ishitikhan do Reino de Cao Ocidental, Maymurgh do Reino de Mi, Kushanika do Reino de He, Kashana do Reino de Shi e Chach do Reino de Shih, ora unidos, ora divididos: os textos históricos chineses os chamam de "Nove sobrenomes de Zhāowǔ", embora em determinadas épocas houvesse mais de nove reinos.[2]

Os sogdianos já eram conhecidos como mercadores desde a Idade Média, operando entre as cidades ao longo da Rota da Seda. Essas cidades eram igualmente habitadas por demais povos da Ásia Central que seguiram os passos dos sogdianos – entre eles os tocarianos, os caraxares e os turcomanos.

Em um estudo anterior, compilei informações de livros de história chineses, textos de línguas chinesas e iranianas escavados em localidades variadas, além de inscrições em pedra em língua chinesa, a fim de pormenorizar a distribuição das tribos sogdianas – elas se espalharam ao longo da bacia do Tarim, através do corredor de Héxī para a capital de Cháng'ān ou a capital oriental de Luòyáng, na Dinastia Táng, através de Shānxī e Héběi, e até a região de Yǐngzhōu no Nordeste chinês. Ao unir esses assentamentos tribais, é possível delinear a travessia Leste-Oeste dos sogdianos ao longo da Rota da Seda, através de Jǔshídé (Leste de Báchū na atual Xīnjiāng), Cucha (Kūchē), Karasahr, Kara-Khoja ou Gāochāng (Turfã) e Yízhōu (Hami), ao longo da Rota da Seda do Norte das regiões ocidentais; ou passando por Cotã (Hétián), Cherchen (Qí'ēmò) e Shanshan (municipalidade de Shìchéng), entrando no Corredor de Héxī, através de Dūnhuáng, Jiǔquán, Zhāngyè e Wūwēi, estendendo-se para o Sudeste através de Yuánzhōu (Gūyuán) e alcançando Cháng'ān (Xī'ān) ou Luòyáng; ou então indo para o Nordeste em direção a Língzhōu (Sudoeste de Língwǔ), Bǐngzhōu (Tàiyuán), Yúnzhōu (Leste de Dàtóng) e até Yòuzhōu (Pequim) e Yíngzhōu (Cháoyáng); era possível também chegar a Yíngzhōu passando de Luòyáng por Wèizhōu (condado de Ji), Xiāngzhōu (Ānyáng), Wèizhōu (Norte de Dàmíng), Xīngzhōu (Xíngtái), Dīngzhōu (condado de Dīng) e Yòuzhōu (Pequim) (Mapa 4).

Sartapao: líderes de caravanas sogdianas e chefes de aldeias

Registros textuais indicam o sartapao como o chefe de um assentamento sogdiano. Esse termo se origina do sogdiano *s'rtp'w*, muitas vezes transcrito em chinês como *sābăo* ou *sābù*; o termo originalmente se referia ao líder de uma caravana comercial e é traduzido de forma mais livre como "chefe". Por extensão, *sartapao* denota um chefe tribal que preside, em capacidade tanto política quanto religiosa, um assentamento formado por uma caravana comercial. Uma vez que a maioria dos sogdianos migrados para o Leste no período inicial praticava o zoroastrismo sogdiano tradicional (conhecido na China como mazdaísmo ou "adoração da chama"), os assentamentos passaram a apresentar, com frequência, um templo zoroastriano, no qual o sartapao atuava como o líder político e religioso de dado assentamento sogdiano.[3]

Os assentamentos tiveram início como caravanas comerciais. As caravanas que viajavam por terra pela Rota da Seda na Antiguidade Média não apenas eram obrigadas a enfrentar as dificuldades impostas pelo contexto natural, mas também a se proteger de salteadores, em operações que muitas vezes envolviam centenas de pessoas agrupadas. Escritos budistas mencionam um encontro entre salteadores e um grupo de 500 mercadores; embora os números em si não devam ser interpretados literalmente, indicam que grandes grupos de pessoas podiam estar envolvidos nessas movimentações.

De um acervo de antigas cartas sogdianas descobertas em Dūnhuáng, vemos que os sogdianos que acessaram o corredor de Héxī no início do século IV EC eram comandados por um sartapao – e, nos assentamentos formados pelas caravanas comerciais sogdianas, ergueram templos zoroastrianos administrados por um sacerdote zoroastriano sob a liderança do mesmo sartapao.[4]

Nas Planícies Centrais (ou seja, no interior chinês ou na China propriamente dita), os sartapaos atuaram como funcionários nos assentos do governo central ou local das dinastias ou demais principados locais chineses, com início provável na primeira metade do século VI na era da Dinastia Wèi do Norte.

A nomeação dos líderes de tais assentamentos tribais como oficiais do governo, além do uso do termo "sartapao" em sua língua nativa como um título oficial, indica que a Dinastia Wèi do Norte passou a impor o controle sobre os assentamentos, embora tenha garantido sua autonomia ao continuar a empregar líderes tribais. Os sartapaos, embora permanecessem chefes tribais, transformaram-se em funcionários do governo central ou local. Na medida em que foram absorvidos pelo sistema burocrático tradicional chinês, a posição de sartapao tornou-se uma posição oficial majoritária para oficiais de postos avançados. Esse título era conferido apenas a chefes tribais, e os assentos de sartapaos eram instaurados e preenchidos por burocratas, incluindo oficiais e sacerdotes zoroastrianos, assessores em geral, comandantes militares, comandantes da guarda e historiadores oficiais, para que controlassem os assentamentos tribais e gerenciassem a administração dos assentamentos e questões religiosas. Dados compilados a partir de registros históricos e inscrições em túmulos indicam que, desde a época da Dinastia Wèi do Norte, o sartapao metropolitano era instalado na capital Luòyáng, ao passo que o sartapao dinástico era nomeado em toda a região. Podemos constatar que o título de sartapao era usado em localidades diversas, incluindo Yǒngzhōu, Liángzhōu e Gànzhōu. As Dinastias Wèi Ocidental (535-556), Zhōu do Norte (557-581), Wèi Oriental (534-550) e Qí do Norte (550-577) posteriormente herdaram o mesmo sistema. O Reino Qí do Norte nomeou um sartapao metropolitano, assim como vários sartapaos municipais. A Dinastia Zhōu do Norte igualmente empregou um sartapao metropolitano, e as inscrições tumulares evidenciam um sartapao de primeiro grau em Liángzhōu, nas Nove Regiões (*jiùzhōu*), além de em Tōngzhōu, Bìngzhōu, Daizhōu, Jiezhōu e demais comarcas. Por exemplo, o habitante da recém-descoberta Tumba de Shǐjūn era o sartapao de Liángzhōu; o sartapao de Tōngzhōu foi enterrado em Anga, ao passo que a Tumba de Yúhóng abriga o funcionário encarregado pelo governo central da inspeção dos postos de sartapao. Durante a Dinastia Suí, havia um sartapao de Yǒngzhōu (metropolitano) e diversos sartapaos de províncias. Após o estabelecimento da Dinastia Táng, os assentamentos tribais situados em condados provincianos oficiais foram designados como municipalidades ou vilarejos; a vila Anle do município de Chōnghuá foi fundada no assentamento tribal na Província Ocidental; e o assentamento sogdiano em Dūnhuáng tornou-se a municipalidade de Chōnghuá. As populações tribais que viviam nas cidades e vilas da região das duas capitais, igualmente, foram incapacitadas de continuar habitando um assentamento. No entanto, ao que tudo indica, os assentamentos tribais tiveram uma sobrevida em locais como Liúhúzhōu e Liúchéng em Yíngzhōu, ao longo das regiões fronteiriças, de forma que o sistema de governos sartapao não foi de todo extinto. O "Compêndio de Cargos Oficiais" inserido nas chamadas "Instituições Abrangentes" (*Tōngdiǎn*, vol. 40), além de outros materiais historiográficos, continuamente traz registros de funcionários nos postos de sartapao; de fato, a manutenção de controle sobre os assentamentos sogdianos por parte de governos centrais das Dinastias do Norte e das Dinastias Suí e Táng consistiu em um processo longo e vagaroso.

Em lugares fora do alcance das forças do governo central ou local, embora o sartapao ainda existisse nos assentamentos tribais, o rótulo não aparecia na forma de um título oficial. Quando os registros históricos chineses se referiam aos líderes de tais assentamentos tribais, com frequência empregavam os termos "líder" ou "chefe". A seção sobre a cidade de Shíchéng no manuscrito de Dūnhuáng, de título "Tratado geográfico sobre Shāzhōu e Yízhōu", atesta: "No reinado de Zhènguān [627-649], o chefe Kāng Yándiàn do território de Kāng veio para o Leste e residiu nesta cidade; aqueles do povo *hú* [bárbaro] o seguiram e formaram um assentamento de nome Vila de Diānhé".[5] A seção sobre Yízhōu no mesmo volume registra: "Invadido por bárbaros [*hú*] no final de Suí. No quarto ano do reinado de Zhènguān [630], o líder Shí Wànnián ordenou que sete cidades se rendessem".[6] O rótulo "governador da cidade" (*chéngzhǔ*) foi igualmente aplicado aos ocupantes de dada cidade. A estátua de pedra, por exemplo, de um príncipe estrangeiro nas tumbas em Qiánlíng (do imperador Gāozōng e da imperatriz Wǔ Zétiān da Dinastia Táng) tem como título "Hè Fǔdìyán: governador da municipalidade de Bóxiàn".[7]

Atividades comerciais dos sogdianos

Os mais antigos registros existentes acerca das atividades de mercadores sogdianos na China são as antigas cartas sogdianas descobertas por Aurel Stein sob a torre do farol da Grande Muralha, a Noroeste de Dūnhuáng. As cartas foram escritas por um grupo de comerciantes sogdianos residentes em Wūwēi e Dūnhuáng, sendo endereçadas à sua cidade natal de Samarcanda ou a outros comerciantes sogdianos em Krorän nas regiões ocidentais ou demais localidades. Por razões desconhecidas, as cartas foram extraviadas naquele local por parte do emissário enviado para despachá-las. Escritas no início do século IV EC, elas consistem sobretudo em relatórios sobre comerciantes enviados pelos mercadores sogdianos de seu assentamento principal em Wūwēi, Liángzhōu, para que se envolvessem em campanhas comerciais em Luòyáng, na cidade de Ye, na cidade de Jin (Lánzhōu), em Dūnhuáng e em demais localidades. Fazem também relatos da situação ocasionada por tumultos nas Planícies Centrais ao final da Dinastia Jìn, na qual os comerciantes sogdianos foram igualmente atacados. Do conteúdo das cartas aprendemos também algo sobre as distâncias de suas rotas comerciais, bem como a variedade de mercadorias com as quais negociavam: especiarias, tecidos e assim por diante.[8]

Os sogdianos conduziram operações de longo prazo entre Samarcanda e Cháng'ān, estendendo-se até as regiões fronteiriças do Nordeste da China, dando forma, aos poucos, à sua própria rede comercial. Colônias e assentamentos foram se estabelecendo nos pontos de troca dessa rede comercial, servindo de estações de transferência em seu comércio Leste-Oeste. O "Relato de pesos e valores submetidos ao tesouro do Palácio de Kara-Khoja", escavado em Turfã e datado da era do reino de Kara-Khoja, indica que os sogdianos essencialmente dominavam o comércio bilateral de metais preciosos e especiarias conduzido na região de Kara-Khoja.[9] Em outras palavras, os mercadores sogdianos que viajavam do Oeste transportavam mercadorias básicas para Kara-Khoja, adquiridas por mercadores sogdianos de Kara-Khoja e então distribuídas ou transportadas a granel para Héxī ou à região das Planícies Centrais, onde seriam vendidas. Com base em inscrições de pedra em escrita sogdiana descobertas no lado paquistanês da estrada da Amizade entre China e Paquistão, no curso superior do rio Indo, Nicholas Sims-Williams depreendeu que os sogdianos atuavam como intermediários não apenas do comércio entre Sogdia e China, como também do comércio entre China e Índia.[10] Ao examinarmos os contratos sogdianos para compra e venda de escravas das regiões turcas, descobertas nos túmulos de Astana, próximo a Turfã,[11] podemos concluir que os sogdianos também agiam como intermediários comerciais entre a China e os povos nômades do Norte. Como destacou

Jiang Boqin, os sogdianos atuavam de fato como os agentes comerciais da Rota da Seda na Antiguidade Média.[12] Provavelmente por causa do quase monopólio mantido pelos sogdianos no comércio da Rota da Seda das Dinastias do Norte (420-589) até as Dinastias Suí (581-618) e Táng (618-907), raramente deparamos com rastros de mercadores persas nos registros históricos. Durante a Dinastia Táng, os mercadores persas da Rota da Seda, conforme descritos na dança dramática moderna *Ao longo da Rota da Seda*, eram geralmente mais ativos ao longo das áreas costeiras do Sudeste, mas não em Dūnhuáng ou Turfã. A grande quantidade de moedas de prata persas, além do pequeno número de moedas de ouro do Império Romano Oriental descobertas ao longo da Rota da Seda do Norte, deve ser tratada como um indício do envolvimento dos sogdianos no comércio, em vez da presença de persas ou bizantinos de cujos países as moedas se originaram.[13]

Novas descobertas arqueológicas sogdianas

A grande quantidade de textos em idiomas chinês e sogdiano descobertos em Dūnhuáng e Turfã confere detalhes muito mais numerosos sobre os sogdianos em Dūnhuáng e Turfã do que nas demais regiões. Os textos de Dūnhuáng e Turfã revelam que os sogdianos estavam concentrados em certos distritos ou vilarejos: era essa a situação, uma vez que o governo central Táng absorvera os povos sogdianos originalmente pertencentes a assentamentos próprios dentro do sistema administrativo local Táng de municipalidades e vilarejos. As inscrições nas tumbas da Dinastia Táng e demais dados arqueológicos indicam que a maioria dos sogdianos em lugares como Wūwēi e Gūyuán se encontrava em circunstâncias parecidas. Enterros sogdianos estavam em total conformidade com as leis funerárias do estilo hàn, e as inscrições tumulares que compunham eram idênticas às do povo hàn. Anteriormente, porém, entendíamos muito pouco das características culturais dos assentamentos sogdianos que não fossem controlados pelos governos central ou local (como o reino de Kara-Khoja) durante as Dinastias do Norte ou as Dinastias Suí e Táng. A Tumba de Yúhóng, descoberta em julho de 1999 em Tàiyuán, Shānxī, e a Tumba de Ān Jiā, descoberta em maio de 2000 em Xī'ān, Shǎnxī, até hoje são as duas tumbas mais importantes dos centro-asiáticos ou sogdianos descobertas na China. De acordo com os registros de inscrições tumulares, a pessoa a partir da qual a tumba foi nomeada, Yŭhóng, era da região de Yú. Não há entrada de uma região Yú nos registros históricos, mas, dado que tanto esse indivíduo quanto seus ancestrais eram oficiais no grão-canato rourano na Ásia Central, Yú deve ter sido um reino dessa região. Yŭhóng, de acordo com a inscrição, foi enviado como emissário a Pérsia, T'u-yühun e demais localidades. Mais tarde, ele se mudou para as Planícies Centrais e foi nomeado "inspetor dos governos de sartapao" pela dinastia reinante, sendo despachado para Tàiyuán e duas outras municipalidades pelo governo central a fim de administrar os assentamentos tribais. Yŭhóng faleceu no duodécimo ano do reinado de Kāi Huáng da Dinastia Suí (592).[14] Com base em seu sobrenome, o habitante da Tumba de Ān Jiā é claramente um sogdiano da região de An da Ásia Central (Bucara). A inscrição nos diz que, durante a Dinastia Zhōu do Norte, ele serviu como sartapao de Tōngzhōu (Dàlì, Shănxī), nomeado pelo governo central líder do assentamento tribal na região de Tōngzhōu. Ele faleceu no ano de fundação do Reino de Dàxiáng (579).[15] Essas duas tumbas não são somente as mais antigas descobertas na China com um registro cronológico preciso: as imagens esculpidas nos sarcófagos também exibem claramente características estéticas sogdianas, enquanto suas implicações religiosas despertaram um alto grau de interesse em pesquisadores.

A descoberta das duas tumbas levou a uma compreensão renovada de plataformas de sarcófagos semelhantes anteriormente escavadas, e que então se encontram dispersas em várias localidades. Entre essas plataformas está uma escavada no início do século XX, que agora se encontra dispersa em coleções em Paris, Colônia, Boston e Washington, D.C.[16] Há outra de 573 EC, descoberta em 1971 em Yídū, Shāndōng;[17] uma plataforma descoberta em 1982 em Tiānshuĭ, Gānsù;[18] e, por fim, outra que recentemente foi catalogada no museu Miho.[19] As imagens nessas plataformas de sarcófago são essencialmente idênticas em termos de seus atributos culturais e datam predominantemente do período final da Dinastia do Norte ao início da Dinastia Táng. Sua distribuição geográfica abrange Gānsù, Shănxī, Shānxī, Hénán e Shāndōng, o que é geralmente consistente com meu esboço das rotas de migração sogdianas desde o final das Dinastias do Norte até o início da Dinastia Táng, com base em registros textuais.

Existem diversas semelhanças surpreendentes entre as imagens gravadas nesses sarcófagos: muitas exibem traços estéticos claros dos sogdianos, enquanto outras possuem fortes elementos zoroastrianos. Alguns habitantes dos sarcófagos eram líderes tribais sogdianos, enquanto outros eram funcionários que tutelavam os assentamentos tribais. Pode ser que essa série de sarcófagos tenha consistido no principal método de inumação para os líderes dos assentamentos tribais iranianos e outros sogdianos da época, refletindo os padrões da vida diária nos assentamentos sogdianos durante a era de seu governo pelo sartapao.[20] É claro que, como obras de arte baseadas na vida real, não necessariamente aquelas imagens eram representações literais; em geral elas extrapolam a realidade – algumas representam características comuns, outras empregam elementos bastante singulares. Entre os sarcófagos, as imagens do Túmulo de Anga têm o caráter mais distinto e vívido, embora incluam também alguns objetos padronizados e, portanto, combinem características personalizadas e estanques.

A vida cotidiana e a cultura religiosa em assentamentos sogdianos

Com base nas gravuras dos sarcófagos e nas comparações de registros com materiais historiográficos chineses, textos de Dūnhuáng e Turfã e inscrições tumulares, podemos identificar muitos detalhes da vida cotidiana nos assentamentos sogdianos, assim como sua cultura e suas crenças religiosas.

Registros textuais indicam que o líder dos assentamentos sogdianos era, conforme observado anteriormente, o sartapao: e Ān Jiā era um sartapao. No período posterior das Dinastias do Norte, o governo central começou a impor o controle sobre os assentamentos tribais, estabelecendo postos de liderança e nomeando líderes tribais para a posição oficial de sartapao, assim como despachando funcionários (geralmente de povos tribais) para administrar esses postos; foi esse o papel desempenhado por Yúhóng. Uma figura com ares de líder é recorrente em todas as gravuras da Tumba de Anga: trata-se do sartapao. Ele é retratado no centro de uma placa de pedra, sentado, dentro de casa, em um banquete com sua consorte; o canto esquerdo superior o retrata recebendo um líder turcomano, ao passo que o canto esquerdo inferior retrata uma aliança entre os turcomanos e os sogdianos. As imagens mostram o sartapao recebendo convidados sogdianos, turcomanos e chineses hàn – ou então caçando com soberanos turcomanos, persas ou indianos. Esses são retratos da vida real de um sartapao, recebendo em seu assentamento visitantes dos quatro cantos do mundo. As imagens na Tumba de Anga demonstram vividamente a posição de um sartapao em um assentamento sogdiano mediante representações de cenas de sua vida cotidiana, como em banquetes, na caça, na recepção de convidados e em visitas a outras regiões.

Quase todas as imagens dos sarcófagos retratam figuras de povos tribais. Diferentemente de convidados do sartapao e de soberanos nas caçadas, todos os plebeus trazem olhos fundos e narizes altos; alguns possuem cabelos cacheados, outros têm cabelos curtos, e todos usam roupas bárbaras, indicando a ausência de chineses hàn nos assentamentos. No entanto, com base nos retratos de diferentes povos tribais, embora seja provável que os mercadores sogdianos representassem a maioria nos assentamentos, demais povos tribais das regiões ocidentais também residiam ali. Desde o início do século XX, quando Paul Pelliot descreveu os agrupamentos de migrantes sogdianos na região de Lop Nor como "assentamentos sogdianos" – com base nos textos de Dūnhuáng –,[21] geralmente se entende que tais "assentamentos sogdianos" eram inteiramente povoados por sogdianos. Agora descobrimos que Zhái Suōmóhē, outrora sartapao do assentamento tribal em Tàiyuán (que existiu do final das Dinastias do Norte até o início da Dinastia Táng), pode ter advindo do grão-canato nômade de Qangqil (Gāochē), e que Lóngrùn, que serviu como assessor do governo do sartapao, é originário do Norte de Caraxar na bacia do Tarim. Os "assentamentos sogdianos" deveriam, de fato, ser denominados simplesmente "assentamentos", habitados pelos *hú* – ou seja, vários povos das chamadas regiões ocidentais (hoje Xīnjiāng) –, assim como por sogdianos, que constituíam a maioria. Assim, as cenas da vida cotidiana que vemos mais comumente nos assentamentos tribais incluem caçadas inspiradas nos povos nômades do Norte, mas, mais frequentemente, a música e a dança apreciadas pelos sogdianos, além do cultivo de uvas e a fabricação de vinho, algo em que os sogdianos se destacavam. A iconografia praticamente não contém cenas de trabalho agrícola, parecendo indicar que a agricultura ainda não havia se desenvolvido nos assentamentos sogdianos.

A posição central das gravuras dos sarcófagos é sempre ocupada por uma representação daquele que ocupa o túmulo e de sua consorte em um banquete. Todos os habitantes masculinos da tumba possuem traços tribais óbvios, ao passo que as características étnicas da habitante feminina da Tumba de Ān Jiā são menos pronunciadas. Com base nas inscrições da tumba sogdiana e em demais registros textuais, podemos depreender que os primeiros sogdianos a chegar à China frequentemente se juntavam em matrimônio a outros povos tribais. Por viverem em campos autônomos e terem pouco contato com o povo hàn, eles se casavam sobretudo no assentamento. As mulheres, por sua vez, costumavam usar saias longas no estilo chinês, demonstrando o gosto dos sogdianos pela cultura chinesa. A partir de inscrições tumulares posteriores, fica claro que os sogdianos passaram a se casar cada vez mais com chinesas hàn. No entanto, as primeiras imagens dos sarcófagos sogdianos não exibem cenas da típica vida cotidiana chinesa.

De acordo com os ritos fúnebres zoroastrianos, os sogdianos deixavam o falecido ser devorado por cães e então enterravam o restante de seus ossos em um ossuário. Esse tipo de ossuário foi descoberto em Turfã,[22] mas em parte alguma no interior chinês. Seguindo os costumes fúnebres do povo chinês, o falecido era colocado em caixões internos e externos antes de ser exumado. Depois de os sogdianos migrarem para as Planícies Centrais, eles gradualmente passaram a se valer de sepulturas. Muitas tumbas sogdianas descobertas têm a forma de sepulturas, em essência idênticas às do povo hàn; no entanto, a Tumba de Anga e a Tumba de Yúhóng são um tanto distintas. Em nenhuma delas o falecido fica fora de um caixão interno: a Tumba de Ān Jiā tem somente um banco de pedra com tela, enquanto a Tumba de Yúhóng possuiu somente um caixão externo. Geralmente nos referimos a esses caixões como plataformas de sarcófagos, embora na verdade eles difiram dos caixões de pedra tradicionais das Planícies Centrais – a Tumba de Ān Jiā em particular, onde os restos mortais são colocados fora da porta do túmulo e queimados. A Tumba de Yúhóng foi submetida a um saque antigo (durante a Dinastia Táng), de forma que suas circunstâncias não são claras. A Tumba de Ān Jiā, igualmente, exibe influências claras dos costumes funerários zoroastrianos. Esse estilo de sepultamento, que não se conforma nem aos métodos tradicionais chineses, nem ao estilo sogdiano nativo, provavelmente resulta da fusão, por parte de migrantes sogdianos, entre as estruturas tumulares das cavernas de terra das Planícies Centrais, os caixões de pedra ao estilo hàn e as urnas ossuárias sogdianas esculpidas em alto-relevo. Uma representação completa dos ritos funerários sogdianos se encontra no Painel F do sarcófago do museu Miho: em seu topo há um sacerdote zoroastriano velado segurando a chama sagrada e presidindo os ritos funerários; atrás dele estão quatro figuras segurando as facas com que cortarão seus rostos; acima e abaixo, pessoas diversas e cavaleiros participam do cortejo fúnebre; ao centro, um cãozinho encara o fogo.[23] Essa representação pode estar vinculada às imagens em uma plataforma de sarcófago descoberta em Yídū, Shāndōng; o painel de pedra é esculpido com quatro cavalos que sustentam uma moldura que, por sua vez, suporta um caixão de pedra ou madeira; uma pessoa os lidera e um cãozinho os segue. O topo da gravura mostra montanhas distantes com um edifício situado em seu meio, o que aparenta ser uma estrutura sobre uma sepultura. As imagens desse painel podem ser consideradas uma continuação daquelas do cortejo fúnebre do acervo do museu Miho.

A partir de registros sobre os assentamentos tribais em Dūnhuáng, Turfã e outras localidades, sabemos que os assentamentos geralmente possuíam um centro de adoração para a fé zoroastriana dos povos tribais (o templo ancestral, o que demonstra que as tribos sogdianas subscreveram sobretudo as crenças religiosas tradicionais dos persas). Como já mencionado, pode-se verificar, nas cartas sogdianas do século IV EC, o fato de essas pessoas praticarem uma variante sogdiana do zoroastrismo. A iconografia nas plataformas do sarcófago confirma ainda mais as crenças zoroastrianas dos povos tribais de assentamentos sogdianos. A inscrição sobre a porta da Tumba de Anga mostra um altar de fogo sustentado por três camelos; em cada lado há sacerdotes meio pássaros, meio humanos; logo abaixo está a típica figura sogdiana fazendo a oferenda, enquanto acima há devas voadores carregando uma harpa e um alaúde. Os camelos representam "o Deus vitorioso", o que implica que se trata da imagem de um altar de fogo prestigioso. Um altar de fogo é igualdade esculpido em relevo na base de madeira do sarcófago Yúhóng, com sacerdotes semi-humanos, semipássaros de cada lado. Imagens da deusa Nana e ritos funerários zoroastrianos nas plataformas do sarcófago no museu Miho indicam o zoroastrismo como a fé primária dos assentamentos sogdianos: sua vida religiosa e algumas partes de sua vida cotidiana eram ordenadas por ritos zoroastrianos.

Os sogdianos geralmente seguiram os principais ramos da Rota da Seda, gradualmente dispersando na direção Leste pelo espaço tênue entre os grão-canatos nômades das pastagens e a dinastia das Planícies Centrais a fim de estabelecer seus assentamentos. Do século III ao século X EC, em meio ao ambiente político em constante transformação ao longo da Rota da Seda, os assentamentos sogdianos foram inevitavelmente expostos a uma variedade de influências culturais. No tocante à sua vida cotidiana, observamos que a cultura sogdiana era predominante, embora também se fundisse com a cultura iraniana e elementos dos nômades nortistas e de demais povos tribais das regiões ocidentais. Ao passo que continuaram a defender a fé zoroastriana sogdiana no que diz respeito à sua cultura espiritual, materialmente eles foram cada vez mais influenciados pela cultura chinesa.

Pode-se dizer que a vida cotidiana dos assentamentos sogdianos reflete em que medida os sogdianos formavam o povo emblemático da Rota da Seda: os assentamentos sogdianos representavam uma confluência de diferentes culturas transmitidas para o Leste adentro da China. Como intermediários do comércio entre os vários reinos ao longo da Rota da Seda na Antiguidade Média, os sogdianos serviram, de fato, como emissários em transações entre uma gama diversificada de culturas.

Notas

1 Uma versão prévia deste ensaio foi publicada em Zhèng Péikǎi (ed.). *Xīyù: Zhōngwài wénmíng jiāoliú de zhōngzhuǎn zhàn* [As regiões ocidentais: uma estação de trânsito para transações entre as civilizações chinesa e estrangeiras]. Hong Kong, Huángshān shūshè, 2009, pp. 75-89.

2 Para nomes antigos e modernos dos reinos sogdianos, ver o relevante verbete de Xianlin, 1985. Sobre a história sogdiana, ver os relevantes capítulos nos volumes de 1 a 3 de Litvinsky, 1992-2005.

3 Yoshida, 1989, pp. 168-171; Boqin, 1993, pp. 2-5; Xinjiang, 2003a, vol. 3, pp. 128-143.

4 Xinjiang, 1995, p. 341.

5 Ikeda, 1975, pp. 91-93.

6 Gēng'ǒu, 1986, vol. 1, pp. 40-41.

7 Guocan, 1980, pp. 189-203.

8 Sims-Williams, 2001, pp. 267-280; Grenet; Sims-Williams & Vaissière, 1998, pp. 91-104.

9 Zhōngguó dūnhuáng tǔlǔfān xuéhuì, 1981-1991, vol. 1: pp. 450-453, vol. 3: pp. 318-325. Ver Lei, 1982, pp. 17-24.

10 Sims-Williams, 1996, pp. 45-67.

11 Yoshida, 1989, pp. 1-50 e Figura 1; Yoshida, 2003, pp. 159-161.

12 Boqin, 1994, pp. 150-226.

13 Xinjiang, 2002b, pp. 61-64.

14 Shǎnxī shěng kǎogǔ yán jiù yuàn hé tàiyuán shì jīn yuán wénhuà lǚyóu zhōngxīn, 2001, pp. 27-52.

15 *Idem*, pp. 4-26.

16 Scaglia, 1958, pp. 9-28; Marshak, 1994, pp. 1-20; e Boqin, 1999, pp. 151-186.

17 Xià Míngcái, 1985, pp. 49-54; 2001, pp. 49-54.

18 Tiānshuǐ shì bówùguǎn, 1992, pp. 46-54.

19 Juliano & Lerner, 1997, pp. 72-78; 2001, pp. 54-61.

20 Xinjiang, 2003b, pp. 32-35 e Figuras 1-7.

21 Pelliot, 1916, pp. 111-123.

22 Etsuko, 1997, pp. 73-89.

23 Lerner, 1995, p. 180.

6

BENS "CARISMÁTICOS": COMÉRCIO, DIPLOMACIA E CONTATOS CULTURAIS AO LONGO DA ROTA DA SEDA NA ANTIGUIDADE TARDIA

Peter Brown

Em 496, e novamente em 573, embaixadas das inimaginavelmente longínquas savanas da África levaram girafas para Constantinopla. Esses animais extraordinários ficaram em Gaza por algum tempo, quando então sua jornada os levou do mar Vermelho ao Mediterrâneo e, de lá, à capital imperial. Em 496, um professor de literatura grega os observou em Gaza. Em 573, sua chegada a Constantinopla foi registrada por um monge visigótico. Em cada ocasião, a chegada dos animais a Gaza se configurou como um "avistamento" inesperado, como o de um óvni. Em cada ocasião, um rastro tênue foi o que deixaram. Como Pierre-Louis Gatier mostrou em um artigo deliciosamente douto, uma década após a chegada das girafas, girafas realistas – retratadas com pequenos chifres, costas inclinadas, pescoço majestoso e couro malhado – passaram a aparecer nos mosaicos de uma sinagoga (de 508/509) e de uma igreja (de 578) nas proximidades de Gaza. Em outras partes, sobretudo em igrejas localizadas a poucos dias de distância de Gaza, as girafas passaram despercebidas. No batistério do monte Nebo, por exemplo, girafas foram retratadas como criaturas de um mundo de fantasia. Guiadas por africanos imaginários, ao lado de um avestruz e uma zebra, elas mais pareciam camelos com sarampo.[1]

As girafas então seguiram mais ao Norte, rumo a Constantinopla, onde seu advento foi devidamente registrado por cronistas. Elas acabariam no zoológico imperial. Ali, o imperador as alimentaria com as próprias mãos. Pois nesse zoológico quintessencialmente bizantino, os animais não eram mantidos como espécimes de ferocidade – na natureza rubra de seus dentes e garras, combinando com o temperamento real de seus donos, como era o caso em muitos zoológicos medievais ocidentais. Antes, eles se tornaram personagens em um reino de paz, onde todos os animais e todos os povos – mesmo aqueles das bordas imaginárias da Terra – eram domesticados pela mão gentil de um imperador cristão.[2] Não devemos subestimar quão longe os imperadores bizantinos do século VI iam para exercer seu *soft power* em grande parte do Norte africano ao equador, estando ele cercado pelo que Garth Fowden chamou de *commonwealth* de reinos cristãos.[3] As girafas de 496 possivelmente vieram do reino cristão de Axum; as de 573 anunciavam a conversão dos reis de Dongola, no Norte do Sudão. Como um estudo recente de Glen Bowersock mostrou, não devemos subestimar o potencial imaginativo da dimensão Norte-Sul na cosmovisão greco-romana e, então, na bizantina.[4] Para um bizantino do século VI, esquadrinhar o mundo a partir desse modelo – desde as tribos da Lapônia no Extremo Norte[5] até o Chifre da África no Extremo Sul – significava trazer à mente todo o espectro das possibilidades humanas. Tratava-se do vislumbre de uma "totalidade" da espécie humana.[6] Como Bowersock salienta, uma visão com base geográfica da totalidade da espécie humana perseguira o apóstolo Paulo ao escrever em sua Epístola aos Colossenses, 3:11: "Nessa nova vida já não há diferença entre grego e judeu, [...] bárbaro [do Extremo Sul] e cita, escravo e livre, mas Cristo é tudo e está em todos". Ao alimentar suas girafas, o imperador cristão de Bizâncio estava contribuindo, a cada visita ao zoológico, com o sonho de uma humanidade pacífica e unida.

Neste capítulo, gostaria de retomar o desafio das girafas. Em suas longas e infrequentes viagens ao Bósforo a partir da orla da África Central, essas feras esquivas assumiram camadas e mais camadas de significados: para um professor grego, elas enriqueciam ainda mais o poderoso acervo de conhecimento reunido pelos antigos; para os mosaístas, constituíam um desafio tão grande quanto teria sido a aparição, no ateliê de Dürer, do rinoceronte empalhado levado de Java a Lisboa pelos portugueses; para o imperador, eram lembretes de uma totalidade cujo centro ele ocupava, supostamente, como representante de Cristo na Terra.

Permitam que eu transite do eixo Norte-Sul no mapa-múndi da Antiguidade Tardia para sua dimensão mais conhecida, a Leste-Oeste. Fá-lo-ei retomando algumas ideias que examinei, em 19 de março de 2011, em uma palestra ligada a uma espetacular exposição sobre a Rota da Seda no Museu de Arqueologia e Antropologia da Universidade da Pensilvânia.[7] Gostaria aqui de adicionar algumas observações extraídas da palestra sobre um problema evocado por nossas girafas: quais eram as implicações imaginativas da realocação de pessoas, animais e artefatos por longas distâncias e entre culturas que muitas vezes pareciam – à primeira vista – vastamente apartadas? A esse respeito, o estudo "The Silk Road in Late Antiquity" oferece motivos para refletir a historiadores da religião e da cultura que, como eu, geralmente não trilham os caminhos para o Oriente.

Comecemos com a historiografia da Rota da Seda. Ela sempre foi considerada um exemplo notável de conectividade. Em função, em grande medida, da escavação espetacular de manuscritos e artefatos nos desertos de Xīnjiāng no início do século XX, a Rota da Seda passou a ser associada a uma notável expansão oriental de sistemas artísticos e religiosos cujas origens estendem-se ao bem conhecido âmbito da Grécia e de Roma.

Nas palavras de *Sir* Aurel Stein: "Ao ser saudado mais uma vez por essas ruínas desoladas no coração da Ásia, por laços tangíveis com a arte da Grécia e de Roma, pareceu-me que toda a distância no tempo e no espaço havia sido apagada".[8] É fácil entender a sensação quase insólita dessa descoberta. Para aqueles que a pesquisavam, grande parte do apelo da Antiguidade Tardia residia no modo como a herança da Grécia e de Roma clássicas se modificou, entre 300 e 700, sob o impacto de novas ideias, de novos ímpetos religiosos e de novos horizontes. Sendo assim, o que ocorreu ao longo da Rota da Seda foi um exemplo particularmente vibrante dessa mutação. Albert von Le Coq intitulou os belos volumes que registraram suas descobertas inovadoras nos manuscritos de Turfã como *Die buddhistische Spätantike in Mittelasien* [*A Antiguidade Tardia budista na Ásia Central*].[9] De algum modo, as formas de arte clássicas ocidentais chegaram à Ásia Central de modo a desabrochar como sua própria Antiguidade Tardia.

Para pessoas como Le Coq e seus colegas em Berlim, descobrir a arte da Rota da Seda foi o mesmo que descobrir nada menos que o elo perdido na história cultural da Eurásia. Nas palavras de um memorando ao Ministério da Cultura da Prússia, redigido em 1914: "Agora podemos reconhecer os fios que correm da Grécia e de Roma através da Pérsia e da Índia, estendendo-se até a China, o Tibete e o Japão. O Ocidente e o Oriente não mais estão cindidos pelas lacunas que outrora tínhamos que postular".[10]

Na época, tais opiniões se consolidaram a partir da convicção de que a Rota da Seda sempre foi uma importante rodovia comercial. Ferdinand von Richthofen, a primeira pessoa a cunhar o termo "Rota da Seda" (*Seidenstraße* – embora ele usasse o termo no plural, *Seidenstraßen*), era um geógrafo. Sua preocupação não residia nas raras mutações da arte e da cultura, mas em uma conquista espacial que parecia ecoar e prever o encurtamento moderno das distâncias do globo.[11] Como resultado, a Rota da Seda rapidamente se fixou no imaginário popular como o equivalente arcaico da Ferrovia Transiberiana. Supôs-se que mercadorias, ideias e artefatos se moviam agilmente ao longo da Rota da Seda. Todavia, como no caso dos longos trechos da Ferrovia Transiberiana, pouca atenção foi dada à imensa diversidade das regiões pelas quais ela passava.

De fato, a Rota da Seda não era um "elo perdido" – um reservatório fascinante de mutações exóticas de sistemas artísticos e religiosos ocidentais em seu longo curso Eurásia adentro –, tampouco era uma mera rodovia principal transeurasiana. Antes, uma série de publicações recentes reincorporou, cada qual à sua maneira, a Rota da Seda ao tecido vivo das sociedades que a engendraram. Aqui, desejo reconhecer uma dívida particular para com os seguintes livros: o volume recente de Jonathan Karam Skaff sobre as relações chinesas com os nômades da Ásia Interior, *Sui-Tang China and Its Turko-Mongol Neighbors*;[12] *Les marchands sogdiens* de Étienne de la Vaissière (agora disponível na tradução *Soghdian Traders*);[13] a obra de Xinru Liu sobre as relações entre a Índia e a China e o papel do budismo na circulação e na valorização da seda, então assomada na compilação *The Silk Road in World History*;[14] o recente livro de Matthew

Canepa, *The Two Eyes of the Earth: Art e Ritual Kingship between Rome and Sasanian Iran*;[15] e, então, a notável síntese de Valerie Hansen, *The Silk Road: A New History*.[16]

O que aprendemos com esses e demais estudos do tipo? Em primeiro lugar, ganhamos uma noção mais ampla da conexão inextricável entre o que poderíamos chamar de comércio (a movimentação de mercadorias), política e formação do Estado em toda a Eurásia no período tardo-antigo.

Daí a importância do estudo de Étienne de la Vaissière sobre a história "interna" dos mercadores sogdianos. Ele situou esses mercadores de volta às estruturas da sociedade sogdiana, tanto na própria Sogdia quanto na Ásia Interior e na China. Reiteradamente os mercadores sogdianos foram comparados aos mercadores italianos do final da Idade Média. Mas basta ler o recente estudo de Chris Wickham sobre as origens das comunas italianas para notar a complexidade das estruturas sociais das chamadas cidades mercantis itálicas.[17] A obra de La Vaissière demostra uma consciência semelhante da complexidade do mundo sogdiano. Tal qual na Itália medieval, a identidade mercantil dos sogdianos esteve intimamente ligada à sua identidade como nobres, como chefes de repúblicas urbanas e como figuras importantes nas sociedades fronteiriças onde nômades e chineses Hàn se encontravam. Para os chineses, os sogdianos não eram somente comerciantes. Eles eram notórios por seu astúcia política. "Cruéis e perspicazes", atuavam como conselheiros políticos dos grão-cãs turcomanos e mediadores entre o mundo da China e o das estepes.[18]

Também a seda era muito mais do que uma mercadoria. Ela era tão central para o fluxo de poder e prestígio na Eurásia Oriental quanto é a movimentação de urânio enriquecido entre Estados modernos. Para os sogdianos, tentar comprar fardos de seda e redistribuí-los com fins lucrativos simplesmente provou, para os chineses, que os sogdianos eram sujeitos inferiores, vindos de um mundo desprovido de reis e hierarquia.[19]

Para o camponês chinês, a produção de seda dizia respeito a uma questão de impostos, não de comércio. Cinquenta e cinco por cento do orçamento de Táng era arrecadado em fardos de seda.[20] A seda adentrou o âmbito da Ásia Interior não para ser negociada, mas para agregar glória aos grão-cãs e seus dependentes. O que chegava ao Ocidente consistia em meras seleções dos vastos estoques de mercadorias aprovisionadas no Leste da Ásia Interior, destinadas a encher as tendas e os túmulos dos senhores nômades. A formação do Estado, e não o comércio, estava em primeiro lugar nos horizontes e cálculos dos governantes das estepes.[21]

Esses aspectos do desenvolvimento das sociedades que ladeavam a Rota da Seda vêm sendo estudados minuciosamente nos últimos anos. O que não recebeu a devida atenção, contudo, é o problema posto por minhas girafas. Quais redes imaginativas que privilegiavam o movimento de certos bens e sua utilização como símbolos de poder, ou como evidência de contato com esferas mais amplas? Permitam-me fazer algumas sugestões sobre como podemos abordar essa questão.

Em primeiro lugar: o que queremos dizer ao remeter ao comércio de "artigos de luxo"? Muitos tratamentos desse tópico não fazem jus ao cenário imaginativo desse ofício particular. Artigos de luxo não consistiam meramente em bens fáceis de transportar e caros de adquirir. Tratava-se de mercadorias "carismáticas".[22] Trazidos dos confins da Terra, esses artigos carregavam em si uma carga de energia intensificadora da vida, do deleite e da majestade. Para o bizantino Cosme Indicopleustes, em meados do século VI, partir em busca de seda valia como uma metáfora adequada para o anseio cristão pelo paraíso.[23] Tratava-se da busca definitiva pelo Além. Para os chineses, em contrapartida, o que chamamos de Rota da Seda poderia muito bem ser chamado de Rota do Vidro. Vidro não era produzido na China – ou era eventualmente produzido, mas apenas de má qualidade. O vidro importado carregava consigo associações mágicas de pureza e transparência, trazidas de um Ocidente inimaginavelmente distante. Não surpreendentemente, os mais primorosos exemplares de vidro sírio descobertos na China foram encontrados dentro de um baú de relíquias situado na base do grande pagode de Fămén do Período Táng. Uma vez trazidos de regiões inescrutáveis do Extremo Oeste da Terra, eles logo foram devolvidos a uma área igualmente inescrutável junto com as relíquias do Buda. Somente mil anos depois, quando o grande pagode foi escavado em 1987, eles vieram à luz.[24]

Ao tratar de um fenômeno análogo – a dependência de especiarias por parte do Ocidente medieval –, Paul Freedman, em seu livro encantador *Out of the East: Spices and the Medieval Imagination*, aponta para a "ânsia" literal, engendrada em meio às classes superiores do Ocidente medieval, por fantasias repletas de especiarias colhidas no próprio sopé do Paraíso. Especiarias faziam mais do que agradar às suas papilas gustativas: elas traziam consigo, do distante oceano Índico, nada menos que o sabor imortal de substâncias embebidas nas brisas do Éden.[25]

É importante resgatar a força imaginativa de tais substâncias para nossos contemporâneos. Mas o que as mantinha em trânsito por tamanhas distâncias, por tão longos períodos de tempo? Ao responder a essa pergunta, tirei muito proveito do trabalho do falecido Chris Bayly. Em seu esboço do comércio da Ásia e da África entre 1750 e 1850, Bayly fala de um momento de "globalização arcaica". Ele insiste que, para entendermos essa configuração pré-moderna de globalização, devemos começar com o impulso dos grandes homens e de suas mulheres de se oporem à monotonia onipresente da vida cotidiana (seja nos vilarejos ou nas estepes). Eles faziam-no valorizando a diversidade: "diversidade de bens, de servos instruídos, de mulheres, de animais".[26] A diferença entre os animais não implicava apenas criaturas majestosas e misteriosas – criaturas como as girafas. Pensemos no par de pequenos "cãezinhos romanos", machos e fêmeas – provavelmente miniaturas de *terrier* maltês, cujas formas rechonchudas aparecem, devidamente pranteadas, em lápides na Itália de Augusto –, que foram oferecidos como tributo pelo rei de Turfã ao imperador chinês em 624.[27]

Aqueles que tinham acesso às fontes da diversidade – Bayly acrescenta – "eram colecionadores, não consumidores. O que faziam ia além do colecionar [...], as pessoas, os objetos, a comida, as vestimentas e os estilos de conduta, uma vez reunidos, alteravam a substância do colecionador".[28] Eles buscavam "capturar as qualidades" desses bens raros. Eles destacavam-se em sua própria sociedade como pessoas raras, uma vez que eram tocados pela raridade de mercadorias exóticas.

É insuficiente focarmo-nos unicamente na movimentação de mercadorias que eram instigadas pelas demandas majoritárias da política internacional. Essa movimentação, por sua vez, era tremenda. Milhares de fardos de seda atravessaram a fronteira Norte da China.[29] Carregamentos de mulas de moedas de prata convergiam para as fronteiras do Irã na Ásia Central, despejando-se em Tiānshān nas cidades-oásis do deserto de Taclamacã.[30] Mercadorias bizantinas de prestígio, como cintos e espadas "bárbaros" inautênticos (mas completos, até mesmo cingidos de granates do Afeganistão), eram fabricadas em Constantinopla para clientes do outro lado do Danúbio, chegando a paragens tão distantes quanto a foz do Reno e as costas bálticas da Escandinávia.[31]

Mas sempre havia algo além disso. As substâncias e práticas que transitavam pela Rota da Seda eram usadas para criar um "não lugar" mágico (ao mesmo tempo local e internacional) no qual governantes e aristocratas se encontrariam em um ambiente cuidadosamente construído como um mundo fora deste mundo. Assim, Jonathan Karam Skaff mostrou o notável grau de justaposição consciente entre o local e o exótico que ocorria quando chineses hàn, sogdianos e nômades se encontravam. A visão estritamente confuciana era de que apenas os hàn seriam capazes de observar os rituais, e que os bárbaros externos eram, para dizermos o mínimo, deficientes nesse quesito. Mas esse não era sempre o caso. Concordou-se que os bárbaros eram capazes de aprender. Os líderes das grandes hegemonias túrquicas do final dos séculos VI e VII eram tão meticulosos quanto qualquer chinês. Em 568, Zemarco, o embaixador bizantino junto ao grão-cã Istemi (Sizabul), no sopé das montanhas Altai, foi tratado "em concordância com todos os ritos de amizade". Com o passar dos dias, ele foi transferido solenemente de uma tenda para outra, a fim de se aproximar do grão-cã de modo devido.[32] Em 631, o peregrino budista Xuánzàng declarou ter sido surpreendido pelo que viu no acampamento de Tong Yabghu (do outro lado das montanhas de Tiānshān, perto do Issyk Köl): "Embora ele governasse sobre tendas de feltro, sua Corte era possuidora de um nobre encanto".[33]

De fato, não conduzir a Corte com as devidas solenidades era uma sinalização de perigo. A falta de cerimoniais mutuamente inteligíveis era ao mesmo tempo desorientadora e aterrorizante. O relato da embaixada do *katholikos* Viroy ao acampamento dos cazares, em 626, após ter descido inesperadamente pelas estepes do Norte para a rica planície da Albânia caucasiana, captura um momento de terror diante de um inimigo indecifrável:

> Lá os observamos ajoelhados em seus sofás como fileiras de camelos pesadamente carregados [...] com suas barrigas como peles de cabra inchadas. Não havia à sua frente nenhum de nossos mordomos habituais e nenhum servo em seu encalço, nem mesmo no caso do filho do rei; soldados armados com escudos e lanças, no entanto, mantinham uma vigilância cuidadosa.[34]

Tais demonstrações de força nua e crua eram raras nas estepes e nas relações entre os grandes impérios. A maioria dos encontros ocorria em um mundo cuidadosamente arquitetado, no qual os motivos dos universos nômade e sedentário estavam combinados. Tal bricolagem, porém, não se limitava à condução da diplomacia. Da China a Bizâncio, todo um estilo de vida das elites se caracterizava por uma busca constante por distinção. Assim, deixem-me sugerir algumas maneiras pelas quais podemos contemplar o tema do contato cultural ao longo da Rota da Seda à luz desses momentos de justaposição deliberada do conhecido com o exótico.

Esse seria o caso particular dos principais pontos de contato cultural constituídos como situações (tais quais tribunais e intercâmbios diplomáticos) em que a justaposição dos elementos familiar e não familiar desempenhasse um papel crucial. Nesses ambientes privilegiados, a hábil junção de elementos de culturas diversas era feita de forma a criar um universo próprio. Os palácios, as tendas e os centros governamentais nos quais intercâmbios diplomáticos ocorriam nunca foram meras condensações dos valores dominantes da sociedade anfitriã. Longe disso. Tratava-se de "não lugares" cuidadosamente construídos. Aqueles que se moviam em contraste com esse contexto pareciam estar, de alguma forma, um tanto "fora deste mundo". Eles se distanciavam tanto dos membros ordinários de sua própria sociedade quanto do mundo estrangeiro representado por seus interlocutores diplomáticos.

De fato, ser tocado pelo estrangeiro – muitas vezes pelo intensamente estrangeiro das bordas do mundo – agregava ares de excepcionalidade a essas pessoas ilustres. De que outra forma poderíamos explicar a presença, no distante Norte da Grã-Bretanha do século VII, de um búzio das costas do oceano Índico, colocado no caixão de São Cuteberto em Lindisfarne,[35] ou um pacote de pimenta no armário do Venerável Bede, cuidadosamente disposto, no momento de sua morte, para lembrar que rezassem por sua alma?[36] Vindos – por assim dizer – "horizontalmente" do fim do mundo, os búzios e as pimentas, por sua própria estranheza, também tinham um alcance "vertical". Tratava-se de coisas do Além.[37]

Essa impressão de estranheza que se buscava, deliberadamente, para desestabilizar o elemento familiar se confirma pelo estudo de Matt Canepa a respeito das relações artísticas e cerimoniais entre Bizâncio e Pérsia. Canepa nos desafia a mensurar o efeito psicológico de transgressões deliberadas da normalidade provocadas pela exibição de motivos, substâncias ou espaços exóticos. Havemos de nos perguntar: o que significava para um bizantino deparar, na igreja de São Polieuktos em Constantinopla, com superfícies de mármore esculpidas de maneira remetente à do estuque sassânida? O que significava saber que havia um campo de polo no palácio imperial? Vivenciar a Agia Sophia através dos motivos postos nos tetos de mosaico de seus corredores laterais, que simulavam um edifício envolto em mantos de seda oriental?[38]

Por fim, mas não menos relevante, a noção de busca por diversidade pode esclarecer algo sobre o destino das religiões da Rota da Seda – o budismo, o cristianismo nestoriano e o maniqueísmo. Tomemos o exemplo do maniqueísmo. Aqui reside, de fato, um exemplo clássico de interconectividade que tendemos a associar à Rota da Seda. Se alguma vez uma religião "viajou" – como se estivesse em algum expresso transeurasiano –, ela foi o maniqueísmo. É, de fato, notável que os manuscritos ricamente ornados de uma religião que outrora teve Santo Agostinho de Hipona como seu jovem adepto estivessem entre os primeiros artefatos a serem descobertos no oásis de Turfã. Ao caminhar pelas ruas vazias de adobe de Jiãohé e Qočo, nota-se, com certo tremor, que – na época em que o catolicíssimo Carlos Magno governava a Europa Ocidental – o maniqueísmo, conhecido por muitos de nós como a seita cristã mais sombria, mais furtiva e mais ferozmente perseguida no final do Império Romano, foi, por alguns séculos, a religião estabelecida do Reino Uigur.

Como, porém, esse maniqueísmo se enquadrou ali? Sua expansão se deveu simplesmente à ação de zelosos missionários seguindo as rotas comerciais rumo à China? Ou estamos deparando com um exemplo grandioso da busca pela distinção que caracterizou aquelas sociedades, vinculadas por uma forma de globalização arcaica? Aqui, a obra de Xavier Tremblay nos serve de porta de entrada para o estranho mundo do maniqueísmo do Império Uigur.[39]

O estudo manuscrítico de Tremblay o leva a concluir que o maniqueísmo se encontrava ali, pois, como diversos outros artefatos de luxo, era diferente. Como ocorreu com o judaísmo, mais ou menos na mesma época, apadrinhado pelos cazares nas estepes ocidentais, o maniqueísmo distinguia o Reino Uigur de seus vizinhos chineses. Ele igualmente distinguia a Corte do grão-cã de seus súditos majoritariamente budistas. Congelado em textos litúrgicos junto a um parta há muito tempo falecido, o maniqueísmo de Turfã do século VIII consistia em uma religião barroca. Tratava-se de uma religião de cerimônias grandiloquentes e livros de orações opulentos, empoleirada acima de uma população budista, da mesma forma que, no século XVIII, a Corte católica de Dresden se elevava (com seu frágil esplendor) acima da população esmagadoramente luterana da Saxônia.[40] O maniqueísmo marcava uma diferença, e era tão relevante, à sua maneira, quanto a grande tenda dourada do qaghan uigure, empoleirado no topo da cidadela de sua nova cidade de Ordu-Balik, cercada por uma muralha retilínea impecavelmente chinesa.[41]

A que conclusão isso tudo leva? Permitam-me encerrar sugerindo que esses elementos de uma globalização arcaica foram trazidos à tona pela diplomacia e pela guerra constantes – não pela mão invisível de um mercado que arrastava mercadorias ao longo de uma Rota da Seda, como se ela se tratasse de uma rodovia comercial moderna. Durante o século VI e o início do século VII, vastas guerras e diplomacia expansiva criaram um raro momento de intervisibilidade entre os reinos situados ao longo da Rota da Seda e em seu entorno.

Devemos ter cuidado ao definirmos essa intervisibilidade. Não estamos lidando com um equivalente do século VI ao Grande Jogo entre a Rússia e a Grã-Bretanha do século XIX na Ásia Central. Sou cético perante perspectivas que postulam o envolvimento direto das grandes potências do Oriente Médio (Bizâncio e Pérsia) em amplas guerras comerciais ao longo do Extremo Oeste da Rota da Seda. Porventura, essas grandes potências foram arrastadas para conflitos preexistentes entre protagonistas cujos horizontes políticos eram menos abrangentes do que os seus. Glen Bowersock, por exemplo, acaba de nos apresentar um relato fascinante de como o conflito entre os reis judeus himiaritas do Iêmen e os reis cristãos de Axum (Etiópia) estava enraizado em um intenso conflito local acerca de reivindicações rivais de domínio no Iêmen. Em duas gerações, porém, esse conflito local se transformou em uma verdadeira guerra por procuração entre o imperador Justiniano e seus sucessores bizantinos, de um lado, e o Império Persa, do outro. Como desdobramentos posteriores evidenciam, essa guerra por procuração não foi um evento marginal. Impulsionada por paixões religiosas, logo a guerra passou a envolver toda a Arábia. Nos bem escolhidos termos de Glen Bowersock, "é razoável qualificarmos os eventos tumultuosos na Arábia do século VI como o 'crisol do islã'".[42]

Na condição de um fruto da intervisibilidade criada pela guerra e pela diplomacia, a ordem do dia consistia no jogo pela glória competitiva dos reis. Embaixadores bizantinos e persas na Corte do Ceilão sacavam moedas dos próprios bolsos a fim de exibir a liga e a qualidade de suas respectivas cunhagens, além da glória de seus respectivos impérios.[43] É interessante observarmos que os sonhos de um império universal (como os que circulavam na Itália de Augusto) foram discretamente postos de lado.[44] Como mostrou Mark Graham em seu livro *News and Frontier Consciousness in the Late Roman Empire*, um dos desenvolvimentos mais significativos desse período foi a maneira pela qual o Império Romano passou a pensar em si mesmo como uma unidade territorial claramente delimitada – um verdadeiro Estado romano. Ele deixava de ser um império sem fronteiras e, assim, um império sem pares.[45] Doravante, até mesmo Roma tinha seus pares.

De forma geral, no final do século VI, bizantinos, iranianos e até chineses se acostumaram à ideia de um mundo de reinos numerosos. Esses reinos passaram a ser classificados com base em hierarquias complexas. Para o cristão bizantino Cosme Indicopleustes, o Império Romano era o *numero uno*: sua associação com o nascimento de Cristo garantia que, apesar de muitas vezes derrotado por seus diversos inimigos, o Império Romano sobreviveria até o fim dos tempos. A Pérsia, em contraste, foi colocada em uma segunda posição de honra: os Três Reis do Oriente que veneraram Cristo teriam vindo do Irã.[46] Em Axum, no sopé do mar Vermelho – caso aceitemos uma datação anterior para o volume etíope *Kebra Nagast* –, Bizâncio vinha em segundo lugar, após o *negus* ortodoxo monofisita da Abissínia, descendente do rei Salomão.[47] No grande palácio atribuído a Cosroes I Anoshirwan, em Ctesifonte (Sul de Bagdá), diz-se que três tronos foram postos sob o grande Arco do Taq-i Khusro. Eles foram preparados para três vassalos do rei dos reis (o rei de Rum de Bizâncio, o rei dos turcomanos e o rei da China) caso eles desejassem prestar tributos ao seu senhor.[48] Na China, os dicionários geográficos das terras ocidentais estendiam-se, reino a reino, até Constantinopla. A chegada de embaixadas dessas distantes terras ocidentais (com seus *terriers* malteses e tudo mais) foi devidamente registrada nos anais oficiais chineses.[49]

Os governantes mais ocidentais desses reinos – o *qaysar* de Bizâncio, o *kisra* do Irã e o *negus* de Axum – foram os "outros significativos" a quem se acredita que o profeta Maomé tenha endereçado, por volta de 630, um célebre conjunto de epístolas. Eles foram instados a se submeter ao islã ou enfrentar as consequências. O jogo havia virado. No decorrer do século VII, essa religião universal, impaciente com as hierarquias de uma antiga ordem mundial, substituiu a manipulação das cortes que, até então, haviam conduzido um sistema de “globalização arcaica” ao longo da Rota da Seda. O reino da Pérsia sucumbiu. Bizâncio foi posta na parede por séculos. Em meados do século VIII, os exércitos muçulmanos já haviam perseguido os táng de volta à cordilheira de Pamir e absorvido as cidades mercantis de Sogdia. A vida da Rota da Seda perdurou. Mas não se tratava mais da vida cultural, religiosa e diplomática distinta da Antiguidade Tardia, aquela que havia sido conhecida com tanta vivacidade ao longo da Rota da Seda entre 300 e 700 EC.

Notas

1 Gatier, 1996, pp. 933-941.

2 Ševčenko, 2002, pp. 69-86.

3 Fowden, 1993, pp. 109-119.

4 Bowersock, 2008.

5 *Idem*, 2004, pp. 19-23.

6 Inglebert, 2014, pp. 39-73.

7 Brown, 2014, pp. 15-22.

8 Stein, 1964, p. 85.

9 Le Coq, 1922-1923.

10 Marchand, 2009, p. 422.

11 *Idem*, p. 371.

12 Skaff, 2012.

13 Vaissière, 2002 (tradução em Vaissière, 2005a).

14 X. Liu, 2010.

15 Canepa, 2009.

16 Hansen, 2012.

17 Wickham, 2015.

18 Vaissière, 2002 (tradução em Vaissière, 2005a), pp. 163, 200.

19 *Idem*, pp. 33-37.

20 *Idem*, p. 172.

21 Beckwith, 2009, pp. 197-199.

22 X. Liu, 1996, pp. 2-3.

23 Cosmas Indicopleustes, *Topografia crista*, seção 2.4, *apud* Wolska-Conus, 1968, p. 353.

24 Jiayao, 2002, pp. 79-94.

25 Freedman, 2008.

26 Bayly, 2002.

27 Schafer, 1963, p. 77.

28 Bayly, 2002, pp. 51-52.

29 Vaissière, 2002 (tradução em Vaissière, 2005a), p. 197.

30 Banaji, 2006; Payne, 2015a.

31 Arrhenius, 1985; Drauschke, 2008.

32 Menandro Protetor, *História*, *apud* Blockley, 1985b, p. 115; Vaissière, 2010a, pp. 219-224.

33 Hwui-li, 1911, pp. 42-43.

34 Dasxuranc'i, 1961, p. 99.

35 Banghard, 2000, pp. 344-347; Drauschke, 2008, p. 411 e Figura 13.

36 Cuteberto, "Epistula de obitu Bedae", *apud* Colgrave & Mynors, 1969, p. 584.

37 Helms, 1993, pp. 46-51.

38 Canepa, 2009, pp. 210, 220.

39 Tremblay, 2001.

40 *Idem*, pp. 121-122.

41 Skaff, 2012, pp. 150-151.

42 Bowersock, 2012, p. 19.

43 Cosmas Indicopleustes, *Topografia crista*, seção 11.18, *apud* Wolska-Conus, 1968, pp. 349-351.

44 Parker, 2008.

45 Graham, 2006.

46 Cosmas Indicopleustes, *Topografia crista*, seção 2.75-77, *apud* Wolska-Conus, 1968, pp. 349-361.

47 Debié, 2010.

48 Payne, 2013, pp. 3-33.

49 Miyakawa & Kollautz, 1984.

7

A SÍNTESE DA DINASTIA TÁNG: A CULMINAÇÃO DOS CONTATOS E COMUNICAÇÃO DA CHINA COM A EURÁSIA, 310-755

Valerie Hansen

Em algum momento no ano de 310, um monge chegou ao Norte da China com expectativas de introduzir os ensinamentos budistas que estudara na Índia e na Ásia Central.[1] O império unificado da Dinastia Hàn (206 AEC-220 EC) entrara em colapso quase um século antes; diversos agitadores, alguns deles chineses e outros não, competiam pelo controle de regiões individuais; muitas eram tão grandes quanto os Estados que sucederam o Império Romano. O biógrafo do monge, escrevendo mais de 200 anos após o evento, explica que Fótúchéng (também pronunciado Fotudeng, falecido em 349) acabou encontrando um comandante militar que lhe pedia conselhos antes de partir para a batalha. O monge esfregava óleo de gergelim e pó de cártamo na palma de suas mãos, mirava-o e previa com precisão o resultado da batalha em cada ocasião. Usando a mesma técnica, Fótúchéng conseguia vislumbrar demais eventos, mesmo aqueles ocorridos em locais distantes ou no futuro.

Apreensivo com o que ouviu sobre os poderes do monge, um comandante local chamado Shí Lē (274-333) solicitou uma consulta. Em seu primeiro encontro, conta o hagiógrafo, Shí Lē questionou Fótúchéng a respeito do budismo. Notando ser inútil explicar a complexa doutrina budista àquele líder sem erudição, o monge "pegou sua tigela de esmolas, encheu-a com água, queimou incenso e lançou um feitiço sobre ela. Em um instante, emergiram flores de lótus azuis cujo brilho e cor ofuscavam os olhos".[2] Profundamente impressionado com o milagre, o general aceitou o monge como seu tutor e procedeu para conquistar a ainda magnífica cidade de Luòyáng, antiga capital oriental da Dinastia Hàn.

O vívido relato de uma testemunha ocular registra a queda da cidade ante o exército de Shí Lē: "E, senhores, o último imperador, segundo dizem, fugiu de Luòyáng em função da fome, e seu palácio e a cidade foram incendiados; o palácio foi incinerado e a cidade [destruída]. Luòyáng já não mais existe".[3] Certo de que pereceria em meio ao caos, o autor, um comerciante chamado Nanai-vandak, escreveu uma carta a seu empregador em Samarcanda com instruções de como distribuir seus bens e criar seu filho. Ele se correspondia em sogdiano, a língua falada em Samarcanda, bastante próxima ao médio-persa. Considerando que a carta permaneceu enterrada em uma ruína no Noroeste da China até 1907, quando a equipe de Aurel Stein a escavou, sabemos que ela nunca chegou ao seu destino.

Esses três homens – o general Shí Lē, o missionário Fótúchéng e o mercador sogdiano Nanai-vandak – incorporam as principais correntes de influência estrangeira na China quando o Império se encontrava dividido por mais de três séculos após o colapso da Dinastia Hàn em 220 EC. Essas correntes afetaram profundamente os desenvolvimentos religiosos, políticos e comerciais chineses nos séculos seguintes. Durante esse vibrante período, os contatos e as comunicações entre regiões Leste e Oeste ajudaram a moldar diversas dinastias chinesas antes de Táng, e então os próprios táng.[4] Como no caso da Europa Ocidental durante a Antiguidade Tardia, pessoas que viviam em diferentes regiões da atual China deparavam com povos vizinhos na condição de inimigos no campo de batalha, como missionários propagando novas religiões, como mercadores vendendo seus bens, como refugiados de regiões devastadas pela guerra e até mesmo como imperadores governando suas dinastias sob nomes chineses. Tais encontros os ensinaram bastante sobre as regiões vizinhas, muito mais do que se sabia durante a Dinastia Hàn, alterando profundamente a sociedade chinesa. Isso foi mais evidente com a disseminação do budismo, muitas vezes sob o patrocínio de governantes descendentes dos povos vivendo ao Norte, majoritariamente na atual Mongólia. Em função da migração de muitos habitantes da Ásia Central, sobretudo sogdianos da região de Samarcanda, para o Oeste, aquela foi uma época de trocas diversas ao longo das Rotas da Seda terrestres. Embora agora muitas vezes pensemos nos sogdianos sobretudo como mercadores – assim como os povos que viviam na China da Dinastia Táng –, entre os migrantes da Ásia Central estavam também missionários, fazendeiros, soldados, artesãos, metalúrgicos e músicos, os quais influenciaram as práticas chinesas em todas essas áreas.

Após 589, a China recém-unificada esteve sob o domínio de duas dinastias distintas: a efêmera Suí (fundada em 581, governou uma China unida de 589 a 617) e a Táng (de 618 a 907). Embora a historiografia dinástica as descrevam em termos tipicamente chineses, ambas as linhagens governantes possuíam ascendência da Ásia Central. As três principais correntes de influência estrangeira mencionadas se fundiram para formar uma síntese eurasiática em Táng: tratou-se de uma receita para um governo que combinava o apadrinhamento do budismo com práticas de dinastias chinesas anteriores, como a Hàn, e dinastias não chinesas como a Wèi do Norte (386-536). Embora os sogdianos e seus descendentes não tenham contribuído diretamente para o governo táng, muitos deles serviram no exército. Um general chamado Ān Lùshān, filho de pai sogdiano e mãe turcomana, coordenou uma rebelião em 755 que quase destronou a Dinastia Táng. Uma vez que a dinastia restaurada abandonou alguns dos elementos-chave dessa síntese eurasiática, o ano de 755 marca o fim da era de que trata este capítulo. Mesmo assim, a síntese entre Táng e a Eurásia teve influência considerável além das fronteiras do Império Chinês após 755. Atraídos pela glória da Dinastia Táng, os governantes de Japão, Coreia, Tibete e Vietnã passaram a adotar elementos dessa síntese. É provável que eles não tenham notado quais elementos provinham das tradições chinesas e quais provinham das tradições da Ásia Central, o que servirá de questão norteadora deste ensaio.

Influências estrangeiras na China pós-Hàn: política, comércio e budismo

A mensagem de Nanai-vandak para seu empregador constitui uma das oito chamadas "cartas antigas sogdianas". Esses materiais fornecem a primeira evidência documental da presença dos sogdianos na China e estão entre as poucas fontes escritas por mercadores. Nanai-vandak menciona uma colônia de sogdianos com uma população de quarenta, outra de cem "homens livres"; comunidades do tipo se formaram em todas as cidades grandes (e muitas pequenas) na China dos séculos seguintes.[5] Esses migrantes introduziram a música e a dança da Ásia Central; a dança rodopiante sogdiana, retratada em grande medida nas artes tumulares, atraiu homens e mulheres. Famosos por suas habilidades comerciais, eles desempenharam um papel crucial no financiamento de exércitos; muitas vezes os sogdianos proviam capital, cidadãos túrquico-mongólicos e combatentes. Durante os séculos de desunião, os sogdianos migravam continuamente para o Oeste, na China, em busca de oportunidades econômicas; o ritmo da migração se intensificou após 632, quando muitos sogdianos passaram a fugir das conquistas do califado (exércitos islâmicos tomaram Samarcanda em 712). Diferentes governos regionais absorveram essas ondas migratórias; registros domésticos de Turfã (na Xīnjiāng moderna) não distinguem residentes chineses e não chineses.[6]

Os registros poderiam ter indicado com facilidade quais famílias eram chinesas e quais não, pois a língua chinesa empregava termos distintos para estrangeiros. No primeiro milênio AEC, existiam termos separados para aqueles do Norte, do Leste, do Sul e do Oeste – no primeiro milênio, porém, a palavra *hú*, traduzida como "bárbaro" ou "não chinês", tornou-se comum. Notando que os sogdianos tinham sua própria linguagem escrita, a religião zoroastriana e uma tradição legal sofisticada,[7] escribas chineses concederam-lhes uma deferência relutante – apesar de expressarem estereótipos acerca da astúcia de comerciantes sogdianos (sendo os comerciantes de joias considerados os mais ricos de todos). As autoridades de Turfã não explicaram o emprego de um único registro para todos os povos distintos residentes no oásis, embora possamos supor que não viram necessidade de separá-los, pois, afinal, estavam sujeitos às mesmas obrigações tributárias.

Fontes chinesas igualmente se valeram do termo *hú* para os povos ao Norte da Mongólia, que abarca tanto a Mongólia moderna quanto a Mongólia Interior nas regiões autônomas da China. Muitos dos residentes da região afirmavam descender dos xiōngnú, uma poderosa confederação de povos tribais que antecedia à fundação da Dinastia Hàn em 206 AEC. Mesmo após o colapso interno da aliança xiōngnú em 60 AEC, os xiōngnú continuaram a representar uma ameaça para os chineses, sobretudo quando um líder poderoso lograva formar uma nova confederação unindo sua própria tribo com demais povos. A relação entre os xiōngnú e os mesmos hunos que invadiram Roma é alvo de intenso debate. Nanai-vandak refere-se a Shí Lē e seus seguidores como "Xwn" – uma palavra sogdiana claramente cognata com "huno". A designação chinesa para o povo de Shí Lē é "Xiōngnú do Sul". Étienne de la Vaissière propõe que "huno" deriva da palavra "Xiōngnú", já que um pequeno grupo de descendentes de xiōngnú formava o núcleo dos hunos que invadiram o Império Romano em 400.[8]

Muitos descendentes dos xiōngnú encontraram oportunidades na desordem após a dissolução da Dinastia Hàn. Na época em que conheceu Fótúchéng, o comandante Shí Lē era tanto um mercenário quanto um escravo, e ter crescido na China fez dele fluente, embora não alfabetizado, em chinês. Aqueles que, como Shí Lē, alegavam descendência dos xiōngnú derrotaram seus rivais e conseguiram fundar dinastias regionais moldadas a partir de suas tradições tribais. Ao escrever sobre os mongóis – um povo posterior que compartilhou algumas dessas práticas –, Joseph Fletcher apropriou-se do termo irlandês *tánaiste*, tanestria. Como ele explicou, a tanestria advém da tradição de governo do "membro mais qualificado da casa real".[9] Na prática, quando o chefe tribal, ou cã ou grão-cã, falecia, os homens de sua família travavam um longo vale-tudo. Uma vez que um vencedor emergisse, seus parentes o reconheceriam como o novo líder, geralmente em uma cerimônia formal, como por exemplo, em 630, quando os goturcos orientais aclamaram o imperador táng como seu grão-cã.

A tanestria não afetava apenas a sucessão, como Fletcher explica em sua formulação. Tal qual ocorria no caso dos bandos de guerreiros carolíngios, os destacamentos de combate dos descendentes dos xiōngnú também exigiam lealdade por parte dos sequazes ao seu líder durante a guerra. Em troca de sua lealdade, os líderes conferiam a seus sequazes uma parte do espólio coletado. Assim, eles teriam que continuar lutando. Se estacassem, seus homens deixariam de obedecer, e suas frágeis estruturas políticas poderiam se fragmentar com facilidade. Fletcher se valeu do modelo de tanestria para explicar o comportamento dos mongóis, embora muitas de suas descobertas valham para as dinastias descendentes de Xiōngnú ativas no Norte da China após a queda de Hàn.

Muitas dinastias de curta duração, incluindo a Zhào Posterior fundada por Shí Lē, surgiram no Norte chinês nos anos 200 e 300, sucumbindo logo depois. A mais duradoura e decerto a mais influente dessas dinastias, porém, que governou grande parte do Norte da China entre 386 e 536, foi a Wèi do Norte. Os governantes de Wèi do Norte pertenciam à tribo Tabgach, outro grupo que afirmava descender dos xiōngnú, apesar de, no final do século V, terem feito um esforço concentrado para seguir os costumes chineses, assumindo um nome dinástico chinês e passando a chamar a si mesmos de imperadores. A sucessão nem sempre era ordeira; a dinastia se desfez, pois nenhum pretendente ao trono foi capaz de triunfar sobre seus rivais. Além de introduzir um novo sistema tributário, os governantes de Wèi do Norte se consolidaram como a primeira dinastia a apadrinhar o budismo intensamente.

A inovação mais importante de Wèi do Norte, introduzida em 485, foi o sistema de equalização de terras. O governo dividiu todas as terras em duas categorias: terras agrícolas a serem redistribuídas a cada três anos, e terras de amoreiras que as famílias manteriam perpetuamente. (Como os bichos-da-seda comiam folhas de amoreira, as famílias envolvidas na produção de seda necessitavam dessas árvores. Levava mais de três anos até que uma amoreira produzisse folhas suficientes para saldar o investimento original; daí a necessidade de duas categorias de terra.) Os homens fisicamente aptos entre 15 e 70 anos recebiam as maiores parcelas de terra, ao passo que os mais jovens, os mais velhos, os deficientes e as mulheres, quantidades menores. O objetivo do sistema era vincular os agricultores à terra para que pagassem impostos e fornecessem à dinastia um fluxo de renda estável.

Wèi do Norte igualmente se afastou da prática dinástica hàn na medida em que patrocinou o budismo amplamente. No século II AEC, o governo imperial hàn nomeara cinco especialistas para estudar um texto confucionista a fim de exercerem seus cargos e, posteriormente, financiou uma academia confucionista, promovendo funcionários com base em seu conhecimento da doutrina. Por volta do século II EC, todos os oficiais já eram obrigados a estudar textos confucionistas, sendo examinados antes de ser promovidos.

Os primeiros budistas chegaram à China durante a Dinastia Hàn, mas apenas ocasionalmente os imperadores adoravam divindades budistas. Já no século I AEC, missionários budistas da Índia e da Ásia Central chegaram às capitais da Dinastia Hàn, Cháng'ān e Luòyáng – as duas localidades mais bem documentadas da Dinastia Hàn –, onde pregaram a comunidades de mercadores estrangeiros. É surpreendente que a evidência mais antiga do budismo, que data à virada para a Era Comum, tenha sobrevivido nessas capitais, e não na Ásia Central, região muito mais próxima da terra natal do budismo, no atual Nepal. É possível que os primeiros budistas, muitos deles descendentes de estrangeiros e pertencentes a comunidades mercantes indianas, tenham viajado primeiro por mar e chegado à Ásia Central por terra, no final do século II EC, quando o Império Cuchana ali governava.[10]

A história dinástica do Período Hàn Posterior relata que, em 90 EC, os exércitos cuchanas, totalizando 70 mil soldados, invadiram a atual Xīnjiāng (então chamada de regiões ocidentais, ou Xīyù); alguns historiadores acreditam que os cuchanas estabeleceram controle administrativo direto ao longo da margem Sul do deserto de Taclamacã, entre a moderna Cotã e a antiga localidade de Níyǎ.[11] Talvez seja mais provável que um pequeno fluxo de migrantes, possivelmente de algumas centenas, tenha entrado nas regiões ocidentais cruzando a cordilheira Pamir para a região ao redor da moderna Kashgar, prosseguindo por cerca de 800 quilômetros (500 milhas) ao Sul ao longo do Taclamacã e chegando à antiga localidade de Niya, onde uma antiga comunidade budista floresceu e formou a atual Xīnjiāng, datada dos séculos III e IV. Os devotos budistas consistiam sobretudo em migrantes da região de Gandara e alguns residentes locais; pouquíssimos chineses visitavam ou viviam no oásis durante aquela época.[12]

A menção mais antiga a budistas chineses registra que, em 65 EC, um governante regional em Jiāngsū (não muito longe de Xangai) adorou o Buda ao lado de Lǎozǐ, aceito como o autor do clássico taoísta *Dàodé jīng* [*Livro do Caminho e Poder*].[13] Naquela época, os fiéis chineses pensavam que o Buda era uma divindade realizadora de milagres, da mesma forma que aquelas adoradas no taoísmo, um sistema de crença chinês autóctone com seu próprio panteão divino. Um século mais tarde, o imperador Húan (147-166), da Dinastia Hàn, também realizou sacrifícios ao Buda e ao Lǎozǐ, mas o número de devotos budistas chineses permaneceu baixo, e os imperadores da Dinastia Hàn nunca fizeram grandes doações à ordem budista. Em 220, durante a queda da Dinastia Hàn, a maioria dos chineses não entendia os ensinamentos budistas. A situação começou a se alterar no século III, quando mais missionários como Fótúchéng passaram a pregar na China e a traduzir textos budistas para o chinês.

Um entusiasta patrono do budismo, o general Shí Lē doou dinheiro e terras ao monge Fótúchéng, permitindo que os mosteiros budistas não pagassem impostos. Fótúchéng conseguiu atrair diversos seguidores, incluindo algumas mulheres, as quais se tornaram as primeiras monjas chinesas ordenadas.[14] Presentes semelhantes e incentivos fiscais de demais governantes, incluindo os de Wèi do Norte, possibilitaram que o budismo se espalhasse por toda a China.

O rápido sucesso do budismo fornece o melhor exemplo de influência estrangeira em toda a história chinesa. Alguns analistas modernos passam a impressão de que o budismo, embora originalmente indiano, tenha de certa forma se tornado chinês nessa época. As premissas básicas do budismo, contudo, permaneceram inquestionavelmente estrangeiras, mesmo que os missionários alterassem certos ensinamentos para melhor atender ao forte séquito chinês. Os ensinamentos originais do Buda acerca do papel do indivíduo foram genuinamente revolucionários tanto na Índia quanto na China: um homem ou uma mulher que esperasse romper o ciclo da vida e do nascimento, atingindo o nirvana, teria de deixar sua família para trás. Os escritores chineses disputaram a moralidade desses atos: como uma criança poderia abandonar as obrigações tradicionais de sustentar os pais e ainda assim permanecer filial?

Aos poucos, missionários budistas na China passaram a ensinar que uma única criança na ordem budista produziria mérito para toda a família; caso um filho de uma família se juntasse à ordem budista, seus irmãos poderiam cuidar dos pais. A compreensão básica da família se alterou na medida em que a patrilinhagem centrada na figura masculina, tão crucial para o confucionismo, deu espaço a uma concepção familiar mais ampla, na qual os laços entre mãe e filho assumiram maior importância.[15]

Um censo de instituições budistas realizado no ano 600 documenta o sucesso dos budistas em angariar adeptos chineses. Os 47 maiores monastérios recebiam patrocínio imperial e ensinavam monges e monjas a ler textos budistas antes da realização dos rituais formais de ordenação; outros 839 monastérios – ligeiramente menores, mas ainda de elite – contavam com príncipes e demais famílias aristocráticas para a obtenção de seu sustento. Em um nível mais inferior, havia 30 mil claustros e santuários compostos por clérigos, em muitas ocasiões analfabetos, que não tinham sido ordenados oficialmente. Por mais bem-sucedido que o budismo fosse, o número total de monges na China jamais ultrapassou 1% da população.[16]

Igualmente, o budismo teve um efeito marcante mesmo sobre os que não aderiam à ordem budista ou não adoravam o Buda. Ao traduzirem os textos budistas para o chinês, os missionários introduziram cerca de 35 mil novas palavras à língua; algumas eram traduções chinesas de termos técnicos budistas, como a palavra sânscrita para "sagacidade"; outras eram termos mais comuns, como a palavra sânscrita para "momento". O encontro com o sânscrito fez com que os estudiosos chineses depreendessem que sua língua era tonal, ao passo que o sânscrito não.[17]

O budismo igualmente afetou a vida material.[18] Os chineses aprenderam a refinar o açúcar com os indianos e, no século VI, passaram a sentar-se em cadeiras – antes disso, eles se sentavam em esteiras, assim como os japoneses fazem hoje. Os estudiosos veem duas origens possíveis para a cadeira: ou os budistas a trouxeram da Índia, ou os chineses modificaram a banqueta dobrável carregada pelos povos nômades do Norte. Uma vez que essas representavam as principais fontes de influência estrangeira nos séculos IV e V, ambas são igualmente plausíveis; é possível que a cadeira tenha sido introduzida na China tanto do Norte quanto do Oeste no mesmo período.

A formação da síntese táng-eurasiática

Em 536, os grandes patronos do budismo no Norte da China, a Dinastia Wèi do Norte, dividiram-se em duas dinastias sucessoras beligerantes, ao passo que outra dinastia passou a governar o Sul da

China a partir de Nánjīng. Essas divisões duraram cerca de 50 anos – foi quando um general de família originalmente chinesa, que servira sob os governantes Wèi do Norte por seis gerações, Suí Wéndì (541-604), fundou a Dinastia Suí em 581. Ele conseguiu reunificar o Império em 589, por fim, e reinou até sua morte em 604. Seu filho Suí Yángdì o sucedeu. Os sucessores da Dinastia Suí, os imperadores táng, basearam-se nas inovações administrativas de Wèi do Norte e na reunificação de Suí para criar uma nova forma de governo imperial – criou-se aí uma estrutura de governo inspirada tanto em tradições chinesas quanto da Ásia Central.

Assim como o imperador suí estava reunificando o Norte da China, uma confederação tomou forma a Oeste. Liderada por dois irmãos dos povos *tujué* (chinês para "turcomano"/"goturco"), a confederação conquistou, em 552, os oásis de Cucha e Yànqī, partes de Xīnjiāng e um trecho de território que se estendia até o mar Negro. A palavra *tujué* aparece pela primeira vez nas histórias dinásticas como o nome dessa confederação; historiadores túrquicos do século XX a reivindicaram na condição de ancestrais dos turcos modernos, embora a maioria dos historiadores chineses acredite que essa equação seja demasiadamente simplista.[19] Inicialmente, o irmão mais velho controlava as regiões orientais, ao passo que o irmão subordinado governava o Leste e o Oeste.[20]

Quando nós, historiadores modernos, analisamos a ascensão de Suí e a formação das confederações túrquicas orientais e ocidentais, geralmente descrevemos a primeira como a fundação de uma dinastia chinesa e a segunda como a formação de um grão-canato da Ásia Central. Em meados dos anos 500, ninguém sabia que a Dinastia Suí reunificaria a China e que, em contrapartida, os grão-canatos goturcos seriam derrotados (o oriental em 630; o ocidental em 659). Pesquisadores modernos não são os únicos a retratar os suí como chineses e os turcomanos como centro-asiáticos; os autores das histórias dinásticas chinesas fizeram o mesmo, e foi necessário alguém astuto como Jonathan Karam Skaff para decifrar nas entrelinhas e delinear as muitas tradições compartilhadas pelos turcomanos e chineses.[21]

Os antecedentes do fundador Suí representam um bom exemplo dessas tradições compartilhadas. Tal qual muitos aristocratas e famílias militarmente poderosas no Norte da China, ele cresceu exposto às tradições chinesas e das estepes, como ocorreu com sua esposa. Ao se casarem, ela insistiu para que o esposo observasse os costumes matrimoniais dos povos das estepes, não tomando nenhuma concubina como faziam os chineses. O futuro imperador suí assentiu.

Quando Suí Wéndì derrotou os governantes do Sul da China e reunificou o Império pela primeira vez desde 220, as metades Norte e Sul de seu novo Império divergiam em sentidos diversos. O Norte absorvera muito dos povos turcomano-mongóis, ao passo que os habitantes do Sul da China se orgulhavam de seu refinamento e conhecimento das tradições chinesas. Escrevendo acerca da Dinastia Suí em 1978, Arthur Wright comparou o fundador Suí a Carlos Magno; a principal diferença que percebeu foi que, enquanto a Europa se cindiu após a morte de Carlos Magno, a China permaneceu unida mesmo após a queda da Dinastia Suí.[22]

Nos séculos de desunião que precederam a reunificação suí, apesar de Norte e Sul estarem separados, o budismo se espalhou por toda a parte, e o imperador suí conscientemente recorreu ao budismo como forma de aproximar as duas metades de seu Império. Subvencionando uma rede de monastérios por todo o Império, ele ordenou que preces fossem entoadas no aniversário do Buda, comemorado três vezes ao ano. Um mosteiro da capital supervisionou os demais, que recebiam patrocínio imperial, de forma que todos seguissem os mesmos regulamentos, educassem os sacerdotes e se engajassem em projetos contínuos de tradução. A expressão mais dramática de apoio do imperador à ordem budista ocorreu em 601, em seu sexagésimo aniversário, quando ordenou a construção de estupas para relíquias budistas em 30 localidades diferentes por todo o Império. Ao meio-dia do décimo quinto dia do décimo mês, cada um dos mosteiros realizou, simultaneamente, um ritual de homenagem às relíquias. Ao queimar incenso, o imperador deu as boas-vindas a 367 monges, que compareceram à cerimônia no maior mosteiro de sua nova capital em Cháng'ān (atual Xī'ān na província de Shǎnxī). Ele realizou rituais semelhantes em 602 e em 604, ano em que faleceu.

Os exércitos suí continuaram a lutar por novos territórios, mesmo após terem conquistado todas as terras outrora controladas pela Dinastia Hàn. Eles tinham que fazê-lo: se parassem de lutar e o imperador parasse de distribuir o espólio dos saques às tropas, os exércitos deixariam de apoiá-lo. Quando o fundador da dinastia, Suí Wéndì, faleceu em 604, provavelmente em função de um embuste, seu filho Suí Yángdì o sucedeu. Aqui, também, podemos contemplar a tanestria em ação: caso o líder fosse velho demais para liderar seus homens, era aceitável que homens mais jovens na casa governante, até mesmo seus filhos, disputassem seu domínio. Caso fosse capaz de prevalecer, ser-lhe-ia permitido dar continuidade a seu governo.

O segundo imperador suí começou a ter problemas na década de 610; em seu reinado, diferentes rebeldes, incluindo seus netos, levantaram-se contra si, enquanto lá fora os goturcos orientais atacavam o flanco Oeste, mesmo quando seus exércitos estavam lutando na Coreia. Certamente a distância contou como um fator aqui: os exércitos suí postados na península se encontravam a aproximadamente mil milhas da capital, e levaria um mês para que uma ordem chegasse de lá.[23] Aproveitando as dificuldades do imperador na península coreana, um de seus generais subjugou os suí e proclamou a fundação da Dinastia Táng em 618.

O fundador de Táng foi criado no mesmo tipo de família aristocrática mista de chineses e centro-asiáticos dos suí. A família do fundador Táng era ainda mais turcomana do que a suí; a casa governante Táng falava uma língua túrquica, e a família seguia todas as práticas da tanestria. Evidentemente, os centro-asiáticos não eram os únicos que seguiam tais práticas; povos diversos por toda a Eurásia o faziam, como Naomi Standen mostra em seu capítulo sobre práticas compartilhadas no presente volume. Os goturcos orientais apoiaram a deposição de Suí: eles forneceram às forças rebeldes táng dois mil cavaleiros e mil cavalos em troca de todo o saque feito durante a conquista da capital.[24] Aparentemente, os táng também prometeram enviar uma noiva aos goturcos orientais. As histórias dinásticas não fornecem todos os detalhes dessa transação, mas em 622 os goturcos, sob a liderança de Illig Khagan, atacaram a província chinesa de Hédōng (atual província de Shānxī), e os táng os acusaram de quebrar a aliança. Ao voltarem a prometer enviar uma noiva, os táng conseguiram assegurar uma trégua.

O fundador de Táng, Táng Gāozǔ (r. 618-626), governou por apenas oito anos até ser subjugado por seu filho, Táng Tàizōng (r. 626-649), em uma deposição clássica de um pai soberano mais fraco por um filho mais forte. O golpe é chamado de Incidente do Portão de Xuánwǔ, cujo nome deriva do Portão Xuánwǔ na capital de Cháng'ān (onde os táng tomaram a capital suí); foi ali também que o futuro Tàizōng matou um de seus irmãos com as próprias mãos e ordenou a um subordinado que matasse outro – sendo ambos rivais pelo trono. Ele então colocou seu pai, o imperador fundador de Táng, em prisão domiciliar. Relatos tradicionais enfatizam como o comportamento de Tàizōng se apartava dos princípios confucionistas de piedade filial, sem que se levasse em conta em que medida suas raízes turcas moldavam suas ações.

Os goturcos orientais desempenharam um papel importante no Incidente do Portão de Xuánwǔ, mesmo que as histórias dinásticas não o tenham esclarecido devidamente; assim, o pesquisador moderno tem de trabalhar com pistas e lacunas não explicadas no registro existente. Em 624, as histórias dinásticas registram que os goturcos atacaram os exércitos táng a apenas cem quilômetros a Noroeste de Cháng'ān. Tàizōng cavalgou para encontrar Illiq Khagan com cem de seus próprios cavaleiros e questionou Illiq: "Por que está quebrando o pacto [o pacto de não agressão ou de uma aliança conjugal], avançando por nosso território?".[25] Então Tàizōng e um dos representantes de Illiq fizeram um juramento de fraternidade. Em 626, houve uma incursão muito semelhante, dessa vez com os goturcos orientais chegando ao rio Wèi, nos arredores da capital. Seguiu-se a mesma cartilha: Tàizōng parte apenas com sua comitiva (seis homens, nesse caso), repreende os goturcos e então retorna, após ter garantido a paz. Em sua análise, Skaff sugere que Tàizōng "deve ter sido forçado a pagar uma alta indenização, já que mais tarde se referiu ao incidente como a 'Vergonha do Rio Wèi'".[26]

O pesquisador japonês Iwami Kiyohiro oferece uma leitura ainda mais aventureira.[27] Poderiam os goturcos orientais ter apoiado o golpe de Tàizōng contra seu pai, o imperador fundador de Táng? Em ambos os incidentes, Tàizōng fala diretamente com os turcos, levando apenas seu séquito como testemunha. Na opinião de Iwami, Tàizōng não estaria pagando uma indenização aos goturcos em 626: eles antes estariam exigindo sua parte do espólio que Tàizōng teria deixado de pagar. Skaff observa o declínio acentuado dos ataques dos goturcos: entre 620 e 626 houve 63 incidentes; entre 627 e 630, apenas três.[28] Esse padrão se encaixa no cenário de Iwami: os goturcos orientais tinham muito menos motivos para atacar seu aliado Tàizōng quando ele estava no poder. Dado que as histórias dinásticas foram todas compostas por dinastias sucessoras, baseadas em fontes incompletas e muitas vezes editadas, é improvável que algum dia venhamos a saber a natureza exata do relacionamento de Tàizōng com os goturcos orientais. Em 630, estes se renderam a Tàizōng e o aceitaram como seu grão-cã (embora muitos tomem isso como o primeiro exemplo de um governante com títulos chineses e turcos, não foi o caso, como explica Skaff).[29]

Consideremos mais um exemplo que demonstra as profundas raízes túrquicas da linhagem governante Táng. Após se tornar imperador, Tàizōng, como muitos outros governantes das estepes anteriormente, invocou o precedente dinástico chinês, nomeando seu herdeiro na esperança de evitar um conflito custoso pela sucessão. Nesse ponto, também, as histórias dinásticas são difíceis de interpretar – mas o herdeiro parece ter sido mentalmente instável e, possivelmente, homossexual (Tàizōng condenou à morte um artista palaciano que suspeitou ser o amante de seu filho). Furioso, o príncipe herdeiro, que só usava roupas túrquicas, recusou-se a falar chinês, passando a falar somente túrquico. Os relatos históricos contam que, uma vez que esse filho organizou uma conspiração para matar o irmão (o que não tinha motivos para fazer, pois era ele o herdeiro designado), o imperador mandou matá-lo, escolhendo um novo herdeiro.

Táng Tàizōng (r. 626-649) foi um dos imperadores mais bem-sucedidos de toda a história chinesa. Evidentemente essa avaliação depende do índice específico que utilizemos: ele conquistou territórios em Kokonor, na Mongólia, e na bacia do Tarim, na moderna Xīnjiāng,[30] governando mais territórios do que muitas outras dinastias – eis o padrão usado com maior frequência na China moderna para avaliar o sucesso dinástico. Contudo, ele também realizou algo de maior importância: reuniu os elementos diversos que faziam parte da governança chinesa e os solidificou em um só projeto de governo. Alguns desses elementos remontam às dinastias Qín e Hàn; outros se constituem a partir de mudanças ocorridas após os hàn, como consequência direta da influência budista e da Ásia Central. O imperador presidia o governo central, que era dividido em seis diferentes ministérios ou juntas: as juntas de Impostos, de Nomeações Civis, de Ritos, da Guerra, de Punições e de Obras. Um número notavelmente diminuto de funcionários presidia 300 prefeituras. Não existia qualquer unidade geográfica maior, como a de província; a precursora da província, a liga, foi se formando ao longo de várias décadas, abarcando os séculos XII e XIII.

Os oficiais táng implementaram o Código Táng, uma lei escrita que dava a impressão de que cada região do Império seguia leis idênticas – quando, na realidade, funcionários locais exerciam uma flexibilidade considerável na aplicação das mesmas leis às localidades onde estavam postados.[31] Por exemplo, o Código Táng estipulava a quantidade de terra que cada chefe de família tinha direito a receber; no oásis de Turfã, porém, cada família recebia uma quantidade muito menor, mesmo quando os registros de terras indicavam quanto o Estado "devia" a todos. O budismo foi um elemento crucial do projeto dos táng: o imperador fazia grandes doações para mosteiros, pois pretendia cumprir o ideal budista do "rei que faz mover a roda", ou *chakravartin*.

Da perspectiva moderna, o projeto de governo táng não foi inteiramente bem-sucedido. O sistema de equalização de terras não se susteve, como Denis Twitchett observou há mais de 50 anos. Muitos, inclusas a casa imperial e a totalidade de monges e monjas, estavam isentos de pagar tributos, e mercados que não possuíssem terras igualmente acabavam não os pagando. Evasão fiscal era generalizada.[32]

Dois eventos de meados do século VIII evidenciaram o enfraquecimento de Táng. Em 751, na batalha de Talas (atual Djambul, Cazaquistão), os exércitos do califado abássida derrotaram um pequeno exército táng, marcando o fim da expansão táng para o Oeste.[33] Essa derrota não teve impacto na China; quatro anos depois, porém, estourou uma grande rebelião que quase derrubou a Dinastia Táng. Ān Lùshān, um general de origem turca e sogdiana, liderou um motim que durou de 755 a 763. Após requerer o auxílio de tropas tibetanas, os táng recuperaram sua capital, passando a controlar somente parte do Império e cedendo o controle *de facto* a governantes regionais. Abandonando o sistema de equalização de terras, os táng adotaram o novo sistema de dois impostos que estabelecia cotas para cada região, derivando grande parte da receita do governo dos monopólios do sal e do vinho.[34]

Embora a rebelião de Ān Lùshān tenha demonstrado suas fraquezas, a síntese da Eurásia Táng, baseada nas tradições da Dinastia Hàn, no sistema de campos iguais do Império Tabgatch em Wèi do Norte e no patrocínio do budismo, exerceu considerável apelo em toda a região do Leste Asiático.[35] A partir dos anos 300, os governantes da península coreana, dividida em três reinos principais – Koguryŏ, Baekche e Silla –, além de outros reinos menores, passaram a adotar diferentes elementos da governança chinesa e começaram a fazê-lo, muitas vezes, empregando a escrita chinesa e, então, o apadrinhamento do budismo. Os suí e os táng atacaram a península repetidamente, mas nunca com sucesso. Em 660, o reino de Silla formou uma aliança com a Dinastia Táng, ao mesmo tempo que Baekche se aliou aos japoneses. Os exércitos silla-táng derrotaram as forças japonesas-baekche inicialmente em 660 e, em seguida, em uma grande batalha naval no rio Paekchon em 663. Após derrotarem o reino Koguryŏ, as forças silla-táng já controlavam toda a península coreana.

Em 675, as forças de Silla empurraram os exércitos táng de volta às fronteiras Norte da península coreana. Essa vitória unificou, pela primeira vez, a península coreana sob o domínio coreano. Os reis silla ofereceram diferentes modalidades de apoio ao budismo; vários seguiram o exemplo do fundador de Suí construindo pagodes por todo o reino.

Alguns elementos do governo táng, particularmente os exames para o serviço público e a redistribuição de terras, malograram na altamente estratificada sociedade coreana dos séculos VII e VIII – os governantes de Silla acabaram cancelando essas medidas, cedendo aldeias inteiras a poderosos clãs que as administrariam perpetuamente.

Embora as forças sino-coreanas nunca tenham atacado o arquipélago do Japão, os japoneses perderam 400 navios e muitos milhares de marinheiros na batalha do rio Paekchon. Por esse motivo, a derrota de 663 mobilizou os governantes japoneses, fazendo-os perceber que, caso não adotassem reformas ao estilo chinês, poderiam ser facilmente derrotados pelo poderoso exército táng. Em 701, um governante japonês tentou introduzir a síntese táng-eurasiática: ele expediu, com sucesso, um código de leis escrito, atribuindo campos de arrozais a famílias individuais e passando a redistribuir terra a cada seis anos. Ao substituírem suas capitais temporárias, em 710 os japoneses construíram uma capital de estilo chinês em Nara, a qual reproduzia as ruas, as paredes e os portões gradeados da Cháng'ān das Dinastias Suí e Táng – a nova capital, construída em Kyōto em 784, igualmente seguiu um protótipo chinês. Assim como ocorreu na Coreia, os elementos do modelo chinês provaram-se impraticáveis; os japoneses preferiram um exército fixo composto por guerreiros em vez da milícia de fazendeiros sazonal prescrita pelo Código Táng; eles também acabaram abandonando a redistribuição de terras em intervalos regulares e o uso de exames de serviço civis para recrutar funcionários.

A Dinastia Yarlung, que unificou o Tibete entre 620 e 650, voltou os olhos tanto para a Índia quanto para a China em busca de modelos.

Adotando um sistema de escrita sânscrito, o governante tibetano solicitou uma noiva à família imperial Táng e introduziu um código de leis no estilo chinês, baseado no Código Táng. Essa influência chinesa diminuiu após o colapso da Dinastia Yarlung em 842, embora dinastias subsequentes tenham retornado à síntese táng de tempos em tempos.

O Vietnã adotou uma variação do Código Táng em 1009, quando a Dinastia Lý conquistou sua independência (apesar de reconhecer a Dinastia Sòng como um Estado superior). Em 1075, o imperador de Lý realizou concursos públicos pela primeira vez, testando o conhecimento dos clássicos chineses de todos os candidatos, e por muitos séculos o Vietnã seguiu o modelo chinês.

A síntese táng tomou corpo nos séculos que se seguiram ao encontro de 310 do monge Fótúchéng, do comandante Shí Lē e do comerciante sogdiano Nanai-Vandak. Suas raízes estão fincadas no passado chinês; a Dinastia Hàn havia testado o conhecimento de seus funcionários a respeito dos clássicos chineses, e os imperadores hàn adotaram o confucionismo como religião de Estado. Nos séculos seguintes à queda dos Hàn e à reunificação do Império pela Dinastia Suí, o estilo de governo chinês absorveu elementos tanto dos povos da Ásia Central que dominavam o Norte da China, quanto de governantes que apadrinhavam o budismo. Essa síntese provou ter grande apelo por toda a região do Leste Asiático, onde os governantes introduziram a escrita chinesa, os códigos legislativos ao estilo chinês, além dos exames para o serviço público, mesmo quando impunham o sistema de equalização de terras e apadrinhavam o budismo. Assim como os governantes suí e táng combinaram certos elementos da Ásia Central a tradições chinesas, também os governantes da Coreia, do Japão, do Tibete e do Vietnã adotaram a síntese táng, mesmo quando a modificaram para atender a seus propósitos diversos.

Notas

1 A. F. Wright, 1948, pp. 321-371.

2 *Idem*, p. 339.

3 N. Sims-Williams postou uma versão condensada de sua tradução na internet em <https://depts.washington.edu/silkroad/texts/sogdlet.html> (acesso em 7/3/2015)

e uma tradução acadêmica integral; ver Sims-Williams, 2001.

4 Holcombe, 1995, pp. 1-14.

5 Hansen, 2012, p. 118.

6 Skaff, 2005, pp. 311-341.

7 Hansen, 2005, pp. 43-64.

8 É. de la Vaissière. "Xiōngnú". *Encyclopaedia Iranica*. Disponível em <www.iranicaonline.org/articles/xiongnu>. Acesso em 5/12/2014; atualizada em 2006. Ver também Vaissière, 2005b, pp. 3-26; Atwood, 2012, pp. 27-52.

9 Fletcher, 1986, p. 17.

10 Zürcher, 1972.

11 *Idem*, 1968, p. 370; Hitch, 1988, pp. 182-185.

12 Hansen, 2012, pp. 25-55.

13 O príncipe se encontrava na cidade de Péngchéng no Norte da província de Jiāngsū. Ver Hansen, 2015, p. 143.

14 Tsai, 2004, p. 20.

15 Cole, 1998.

16 Gernet, 1995, pp. 3-4, 11-12; Hansen, 2015, pp. 164, 169.

17 Mair, 1989, pp. 61-94; Mair & Mei, 1991, p. 392.

18 Kieschnick, 2004.

19 Por esse motivo pesquisadores se valem dos termos "goturco", "turcomano" e "túrquico", de forma a diferenciar os *tujué* dos turcos modernos.

20 Chavannes, 1941; Beckwith, 1987.

21 Skaff, 2012.

22 A. Wright, 1978.

23 *Idem*, p. 194.

24 Skaff, 2012, p. 195.

25 *Idem*, p. 196, traz um relato detalhado que explica o quanto as fontes diferem entre si.

26 *Ibidem*, *idem*.

27 Kiyohiro, 1998.

28 Skaff, 2012, p. 196; Apêndice A, pp. 301-312.

29 *Idem*, pp. 120-121.

30 *Idem*, p. 42 e Mapa 2.1 na p. 66.

31 W. Johnson, 1979; 1997.

32 Twitchett, 1970, pp. 24-48.

33 Park, 2013, pp. 53-56.

34 Twitchett, 1970, pp. 49-65.

35 W. Johnson, 1979, p. 9.

8

A ÁSIA CENTRAL NO MAPA MENTAL DA ROMA TARDIA: SÉCULOS II AO VI

Giusto Traina

Agradeço a Omar Coloru, Mark Humphries e Touraj Daryaee
por seus pareceres e suas correções.

Durante o período que vai do final do século I AEC ao século II EC, à medida que estabeleciam controle sobre os assuntos políticos do grande mundo mediterrâneo e das regiões provincianas, os romanos desenvolviam uma ideologia de "império sem limites", apesar de possuírem pouco conhecimento preciso acerca dos territórios fora de sua alçada direta.[1] Seu entendimento era tão falho, que Cornélio Nepos, um escritor latino do século I AEC, foi capaz de relatar que "indianos" habitavam as costas bálticas da Alemanha.[2] Essa condição de ignorância valia tanto para a Ásia Central quanto para o Norte da Europa. O século II EC, no entanto, testemunhou um incremento decisivo do conhecimento romano de terras orientais, apesar de suas limitações. O presente capítulo argumenta que, apesar dessa inegável ampliação de seu mapa mental, os romanos nunca conseguiram transcender a visão do mundo oriental estabelecida pelas conquistas de Alexandre, o Grande, no século IV AEC. Nas palavras de

Arriano de Nicomédia, o historiador do século II EC que conta como nossa melhor fonte sobrevivente sobre Alexandre: "Para além do rio Hyphasis não posso falar com certeza, pois Alexandre não foi além dele".[3]

Por que as informações romanas eram tão lacunares? No período antigo, a obtenção de informações sobre a Ásia Central e localidades mais a Leste era dificultada por fatores diversos. O Império Parta, no Irã, além do Império Cuchana mais a Leste, controlava rigidamente as rotas que atravessavam a estepe e o acesso a elas. Desde as conquistas de Alexandre, os romanos se descobriram limitados a informações obtidas mediante comerciantes, embaixadores e mercenários. Além disso, a tradição etnográfica greco-romana que se desenvolveu após Alexandre não passava de um filtro vago que empregava rótulos aproximados como "indianos", "citas" e "Seres".[4] No entanto, essa visão geográfica e etnográfica permaneceu fundamental para fornecer os limites da compreensão romana das porções orientais do mundo habitado ou *oikouméne*. Os romanos nunca romperam com as tradições conservadoras de ensino que surgiram a partir de Alexandre ao moldar a visão de mundo de governantes, estudiosos e pequenos funcionários. Warwick Ball foi além e sugeriu que a falta de informação resultava simplesmente de uma "falta de interesse em terras a Leste de suas fronteiras".[5]

Mas a situação não era assim tão evidente. No início do Império, os romanos sabiam ser quase impossível obter informações sobre a Ásia Central e o Cáucaso[6] sem a intermediação do Império rival da Pártia, o qual eles eram incapazes de conquistar e incorporar. No entanto, eles podem ter tentado obter informações por meios diversos. Segundo uma tradição que remonta ao século V EC, alguns anos antes de sua morte em 44 AEC, César enviou quatro "sábios" gregos para promover uma sondagem da *oikouméne*.[7] Se for o caso, o projeto de César pode ser considerado como o ambicioso início de um processo de coleta de informação geográfica, possivelmente ligado a planos de guerra contra os partos que nunca se concretizaram. Seja lá quão confiável for essa informação, qualquer informação que possa ter sido obtida não consta nos textos geográficos do século I EC.[8] Sob seu sucessor, o primeiro imperador Augusto (falecido em 14 EC), algumas informações derivadas de documentos partas foram elaboradas pelo geógrafo Isidoro de Charax, em um pequeno texto conhecido como *Estações Partas*, que descrevia uma rota comercial terrestre entre o Levante e a Índia, atravessando as terras partas.[9] Não sabemos se o texto em questão foi compilado com interesses estratégicos ou não. Contudo, ao lado de textos semelhantes, ele parece refletir "a mania imperial de mensurar até mesmo as menores partes do mundo".[10]

Ao longo do século I, contatos com povos orientais foram observados em contextos diversos. Dio (morto em 115 EC), por exemplo, foi capaz de discernir entre os espectadores no teatro de Alexandria, no Egito, "bactrianos, citas, persas e alguns indianos".[11] Mais ou menos na mesma época, autoridades romanas tentaram obter, de forma bastante pragmática e por meio de esforços militares, o controle das rotas de comunicação para as regiões orientais. As campanhas vitoriosas contra a Pártia tiveram início no começo do século II sob Trajano; Marco Aurélio e Sétimo Severo enfraqueceram o prestígio do Império Parta e abriram novas oportunidades para os mercadores romanos. Isso pode explicar por que um entendimento genuíno acerca da Eurásia só começa a surgir sob o reinado de Trajano.[12]

Em meio a essas mudanças, podemos datar a atividade do mercador (*emporos*) Maes, "também conhecido como Titianos", cuja narrativa de viagem é o marco de um ponto de interesse na história da geografia arcaica.[13] De acordo com Ptolomeu, o mui influente polímata e geógrafo do século II, Maes era um "macedônio", membro de uma família de comerciantes, que deixou um relato escrito sobre as rotas comerciais para a terra dos Seres.[14] O itinerário de Maes foi desenhado como uma rota para o Oriente, entre Hierápolis no Eufrates e um ponto denominado *Lithinos Pyrgos*, "Torre de Pedra" (possivelmente a atual Tashkurgan), uma localidade situada ou na cordilheira Pamir, ou na província chinesa de Xīnjiāng.[15] Em seu relato da última parte do percurso, Maes baseou-se em informações recolhidas por agentes seus que seguiram por uma estrada "sujeita a violentas tempestades" até chegarem a uma cidade denominada "Metrópole de Seres".[16] Sua jornada pode ser datada de aproximadamente 100 EC caso aceitemos que os enviados de Maes são as mesmas pessoas registradas por uma crônica chinesa do século V: "No inverno, no 11º mês do 12º ano [do imperador Yǒngyuán], dois reinos das regiões ocidentais, Mèng-qí e Dou-le, enviaram emissários para oferecer o tributo à insígnia de ouro e seda de seu rei".[17] Essa jornada foi realizada cerca de 60 anos antes da célebre, mas esparsamente mencionada, viagem de um número de emissários romanos em 166 EC.[18]

Igualmente, a obra de Maes indica que o século II marca um momento decisivo para o mapeamento sistemático da Ásia Central pelos ocidentais, quando então conseguiram ultrapassar os limites estabelecidos na época de Alexandre, o Grande. As fontes de Ptolomeu, por exemplo, sejam lá quais tenham sido, forneceram alguns dados precisos sobre Xīnjiāng.[19] Mais importante, de acordo com Ptolomeu, o geógrafo Marino de Tiro (morto em 130 EC) se valeu do trabalho de Maes Titianos na elaboração de um mapa-múndi (*mappa mundi*). Esse, por sua vez, pode ter sido a fonte de seções maiores da *Geografia* de Ptolomeu.[20] Ptolomeu tentou corrigir dados recolhidos por Marino em seu mapa da Ásia Central,[21] mas enfrentou problemas em suas tentativas de reconciliar as informações de Marino sobre as descrições de Maes Titianos com fontes ainda mais antigas.[22]

Qual seria, então, o lugar de Maes Titianos no pensamento geográfico da Antiguidade? Podemos reconhecer esse comerciante "macedônio" como o primeiro "ocidental" a fazer um relato em primeira mão da Ásia Central. Embora Paul Bernard não hesite em considerar as informações que forneceu como consequência de uma segunda revolução geográfica – sendo a primeira a medição do mundo habitado por Eratóstenes no século III AEC –,[23] isso é ir longe demais; o melhor seria considerarmos Maes Titianos como uma figura excepcional. Com seus anacrônicos clichês e presunções literárias, ele foi incapaz de mudar paradigmas dominantes da descrição geográfica que estavam profundamente enraizados na etnografia e na geografia clássicas. Em suma, esses códigos literários complicam qualquer busca por "histórias conectadas" na Antiguidade.

Os relatos geográficos tardo-antigos não oferecem melhores informações no século III pelo mesmo motivo: o peso da tradição clássica incidiu demais sobre eles. Além disso, a ascensão da Dinastia Sassânida no Irã na segunda década daquele século claramente frustrou qualquer ambição eventual romana para além da Mesopotâmia. Consequentemente, os textos clássicos tardios dificilmente coincidem com a vida real testemunhada pelas quase contemporâneas "antigas cartas sogdianas" compostas na Ásia Central.[24] Mesmo assim, movimentos culturais e anímicos provocaram certas mudanças nos mapas mentais. Já na primeira metade do século III EC, Bardesanes de Edessa (ou um de seus pupilos) escreveu o *Livro siríaco das leis dos países*. Ali, Bardesanes comparou leis ou costumes distintos, e em certas medidas ímpares, de vários povos, traçando uma rota do Extremo Oriente dos Seres e dos brâmanes indianos até os povos celtas e germânicos do Extremo Norte.[25] Embora Bardesanes nem sempre siga um ordenamento geográfico, seu relativismo implícito pode ser visto como sintoma de uma curiosidade crescente que transcende as convenções clássicas. Em seu artigo seminal de 1960, Santo Mazzarino considerou Bardesanes um dos principais exemplos do processo de "democratização da cultura", do impulso do cristianismo e do desenvolvimento de doutrinas jurídicas romanas que abriram caminho para diferentes geografias. Mas o peso da tradição clássica era grande demais para permitir que os autores da Antiguidade Tardia expressassem as mudanças anímicas em seus relatos geográficos.[26]

Outro exemplo pertinente é o Mapa Peutingeriano (*Tabula Peutingeriana*), o único mapa geográfico da Antiguidade de toda a *oikouméne* que chegou até nós (transmitido via uma cópia medieval), cujos limites orientais não ultrapassam a Índia (Figura 8.1).[27] Alguns "dados de itinerário não romanos", possivelmente provenientes de atividades de aferição no século IV EC, "eram passíveis de criar confusão, agravada ainda mais pela severa compressão do mapa de terras desconhecidas para além do território romano". Ademais, se a adição de informações estrangeiras fosse porventura bem-vinda como um retorno útil, era significantemente mais difícil integrá-las a uma moldura literária clássica.

Na abordagem da Ásia Central no Mapa Peutingeriano, há uma área "desértica e inabitável pela falta de água" (*deserti et inhabitabiles propter aquae inopiam*); depois dela, segue o interessante comentário: "Ar(i)ae: os limites dos romanos" (*Ar[i]ae fines Romanorum*).[28] O segmento 11 do mapa (que inclui o Cáucaso Oriental, o Irã e uma série de cadeias de montanhas) termina com a localização de Sera Maior, que corresponde diretamente à metrópole de Seres registrada por Maes Titianos (Figura 8.1). O mapa marca também um rio "Araxes", que de fato retoma uma tradição muito antiga que localizava os Araxes na Cítia, ou seja, na localidade de Oxus/Iaxartes.[29] É possível que a indicação de roteiro mais interessante nesse segmento do mapa seja: "Aqui Alexandre recebeu a profecia" (*hic Alexander responsum accepit*), algo que lembra a geografia imaginativa de Pseudo-Calístenes, repleta de monstros e perigos, onde Alexandre finalmente teria sido convencido a terminar sua jornada sem fim.

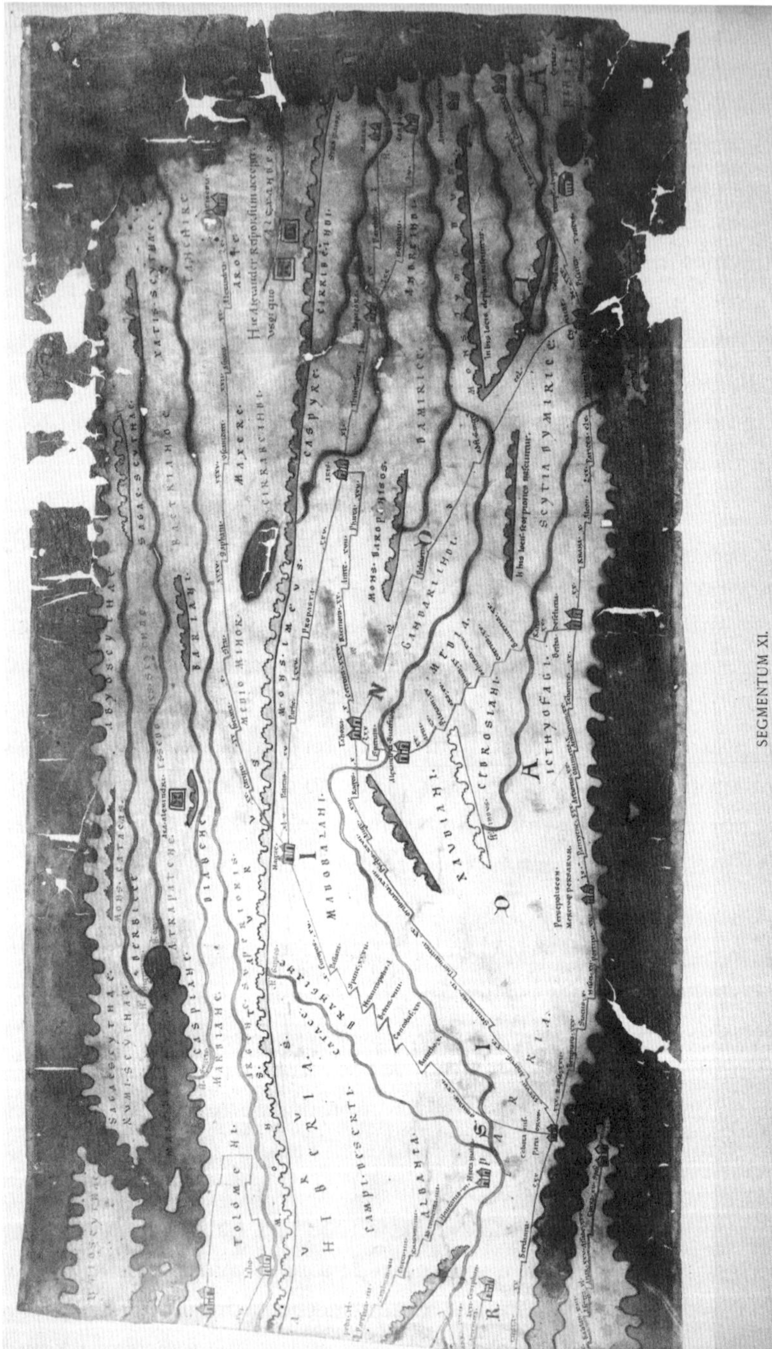

Figura 8.1 – Mapa Peutingeriano, seção 11. De *Peutingeriana Tabula Itineraria*. Cortesia do Ancient World Mapping Center.

É possível detectar a influência da tradição clássica em vários outros textos da Antiguidade Tardia, como o excurso geográfico de Orósio.[30] Entretanto, um interesse especial com a história de Alexandre se desenvolveu sob Constâncio II, quando Iulius Valerius traduz Pseudo--Calístenes;[31] o texto circulou junto com o *Itinerarium Alexandri*, composto na primavera de 340 EC, cuja versão original parece ter incluído também um relato da campanha de Trajano. Na dedicatória a Constâncio, o autor do *Itinerarium* nos lembra de sua "missão hereditária para com os persas",[32] apontando ao mesmo tempo para a superioridade implícita dos romanos.

O imaginário tardio dos romanos desenvolveu uma sensibilidade para riquezas e personagens exóticas, trazidas por mercadores ou embaixadores de terras distantes – outro elemento crucial para a elaboração de mapas mentais. É o que vemos no *Liber generationis* [*Livro da geração*], um texto latino datado do século IV. Ele registra uma embaixada sassânida sob Diocleciano e Maximiano; nela, "o rei dos persas e todos os seus povos ofereceram aos templos imperiais 32 túnicas feitas de pérolas, trazendo para Roma 13 elefantes, 6 cocheiros e 250 cavalos".[33] Num panegírico contemporâneo aos eventos, há também menções de "feras selvagens magnificamente belas".[34] O imperador cristão Constantino reivindicou o papel de governante (*rector*) de todas as nações do mundo. Um exemplo interessante é fornecido por Eusébio, que descreve os

> [...] visitantes diplomáticos frequentes trazendo presentes valiosos de suas terras natais, de modo que, quando nós mesmos estávamos presentes, vimos diante dos portões externos do palácio figuras notáveis de bárbaros esperando em fila, com suas vestimentas exóticas, sua aparência distinta, o corte de cabelo e de barba bastante singular.[35]

Esses exemplos não implicam que os monarcas romanos no final do Império tenham se tornado indiferentes às realidades geográficas e etnográficas mais do que seus equivalentes sassânidas, que se gabavam de ser os reis de Ērān e Anērān. Mas eles revelam que a extensão do alcance geográfico desempenhou um papel na criação de uma autorrepresentação imperial.

Os mapas mentais romanos tardios igualmente incluíam rotas comerciais. Em meados do século IV, o autor da *Expositio totius mundi et gentium* (Descrição do todo o mundo e de seus povos; texto latino originalmente composto em grego) concebeu-o como um guia pelo mundo, numa viagem de Leste a Oeste.[36] A *Expositio* começa com uma descrição exótica e um tanto utópica da terra dos Camarini, uma Shangri-la da Antiguidade, concebida aos romanos como um itinerário do Jardim do Éden. Após os primeiros capítulos "utópicos", o viajante da *Expositio* chega ao mundo real, representado pelo "Império Maligno" dos sassânidas. Só quando chega à fronteira romana é que comenta com manifesto alívio: "Após este povo [os persas] vem nossa terra".[37] O foco é a guerra sem fim contra o Irã, que fechou as fronteiras e inibiu a atuação dos mercadores.

Um relato geográfico mais elaborado é fornecido pelo historiador Amiano Marcelino, do final do século IV.[38] Em sua descrição da porção oriental do Império Sassânida, após parágrafos sobre os bactrianos e os sogdianos, Amiano registra a Torre de Pedra como um marco célebre.

> Ao lado deles estão os Sacae, uma tribo de selvagens que habita uma região agreste, rica apenas para gado e, assim, sem cidades. Ela é dominada pelas montanhas Ascanimia e Comedus, ao longo de cuja base e através de uma aldeia, a que chamam *Lithinos Pyrgos*, estende-se uma estrada muito longa, o caminho percorrido pelos comerciantes que se deslocam de tempos a tempos à terra dos Seres.[39]

Ele então menciona de passagem vários povos citas, descrevendo por fim a terra dos Seres, onde

> [...] se vive uma vida pacífica, eternamente alheia às armas e à guerra; da mesma forma que para pessoas gentis e quietas a tranquilidade é prazerosa, eles não são incomodados por quaisquer de seus vizinhos. Seu clima é agradável e saudável, o céu é claro, os ventos são suaves e bastante agradáveis. Há uma abundância de bosques bem iluminados, cujas árvores produzem uma substância com a qual eles trabalham aspergindo-as frequentemente, como se fosse uma espécie de lã; então, desse material semelhante a lã [possivelmente algodão], uma vez embebido em água, eles extraem fios muito finos, fiam-nos e produzem seda, que antigamente era tecido para uso da nobreza, mas hoje em dia está disponível até para os mais inferiores, sem qualquer distinção. Os próprios Seres são frugais acima de todos os outros, vivendo uma vida tranquila e evitando relações sexuais com o resto dos mortais. Ademais, quando estrangeiros atravessam o rio para comprar fios ou qualquer outra coisa, suas mercadorias são expostas e, sem que

troquem de palavras, seu valor é estimado apenas a olho nu; eles são tão abstêmios que entregam seus próprios produtos sem receber em troca qualquer mercadoria estrangeira.[40]

Baseado em Marino, Amiano registra os mesmos marcos geográficos fornecidos por Ptolomeu. Novamente, em seus excursos sobre o Império Persa, após os parágrafos sobre as satrapias orientais em Báctria e Sogdiana, ele volta a mencionar a Torre de Pedra. Embora pareça inclinado à autoridade de Heródoto e de Plínio, o Velho, ele atualiza uma parte das informações. Descreve a terra dos Seres como uma satrapia do Império Sassânida, tentando descrever esse povo em termos realistas, em vez de semifabulosos. No entanto, suas informações sobre a silenciosa permuta deles denunciam o método tradicional da etnografia clássica, o qual atribui hábitos estranhos aos povos fronteiriços. A partir de Heródoto, a prática da permuta silenciosa entre comerciantes "civilizados" e povos selvagens passa a fazer parte desse inventário de bizarrices. É de duvidar que a permuta silenciosa tenha sido praticada na Ásia Central, ao menos nos termos do "comércio mudo" tal qual Heródoto descreveu a África subsaariana.[41] Mais provavelmente, Amiano estava simplesmente relembrando os velhos lugares-comuns sobre os "tímidos" Seres, relatados por Pompônio Mela e Plínio, o Velho, acrescendo à sua descrição um *tópos* evocativo a Heródoto.[42] Mais uma vez, isso confirma que autores clássicos, mesmo na Antiguidade Tardia, não conseguiram evadir a concepção tradicional do mundo habitado. Intermediários (por exemplo, intérpretes) eram vistos com suspeita e rotulados como operadores obscuros, quando não como traidores potenciais.[43]

Um texto geográfico da Antiguidade Tardia dá mostras do esforço de combinar a ciência grega com informações locais acerca da Ásia Central: o armênio *Ašxarhac'oyc'* [*Descrição do mundo*].[44] Uma das principais fontes desse intrigante texto é a obra perdida de Papo de Alexandria (século IV EC), o geógrafo grego que, por sua vez, revisou os dados geográficos de Ptolomeu.[45] O sistema em si elaborado por Ptolomeu não é modificado, embora os relatos sobre o Irã e, claro, sobre a Armênia sejam integrados às tradições locais. Assim, aqui as valiosas informações armênias e iranianas foram inseridas em um paradigma ptolomaico, o qual permanece incontestado no caso de localidades visitadas por Maes Titianos: "Existem estradas nas montanhas e pontos de parada para quem vai para a China e vem da terra dos Saka pelo caminho da Torre de Pedra, a qual está situada em uma magnífica planície".[46]

Hewsen observa que os parágrafos iranianos da *Descrição do Mundo* fornecem "a descrição geográfica mais abrangente do Império Persa sob a dinastia sassânida que chegou a nós".[47] Por outro lado, a informação sobre a China limita-se a dois parágrafos muito curtos, relativos a duas regiões distintas (*Ašxarhac'oyc'*, seções 37-38): a China, um rico país governado pelo Čēnbakur, um rei residente em Sēra, e a "Terra Desconhecida" do Sinae, descrita como uma terra fabulosa povoada por diferentes tipos de monstros, a mesma descrição feita na carta de Alexandre a Aristóteles no *Romance de Alexandre* e encontrada, igualmente, em textos persas. As edições analisadas por Hewsen para sua tradução terminam nesse parágrafo, de forma abrupta, embora uma frase final tenha sido acrescentada posteriormente à tradição manuscrita: "Agora todo o universo chega a seu fim".[48] Isso mostra mais uma vez a importância da tradição ptolomaica, que, mesmo quando fortemente revisitada pela erudição armênia do início da Idade Média, era incapaz de conceber um mundo desconhecido para Alexandre, o Grande. O "Extremo Oriente" era simplesmente distante demais para ser abarcado em sua complexidade geral.

Notas

1 Virgílio, *Eneida*, 8.847-915, *apud* Mynors, 1972.

2 Pompônio Mela, *Corografia*, 3.44-45 (fragmento de Cornelius Nepos), *apud* Romer, 1998; Plínio, o Velho, *História Natural*, 2.170, *apud* Bostock & Riley, 1885; W. H. S. Jones, 1975; Rackham, 1942. Ver também Podossinov, 2014, pp. 133-145.

3 Arriano, *Indica*, 4.1.3, *apud* Brunt, 1983; Whittaker, 2004, p. 154.

4 Janvier, 1984, pp. 265-303.

5 Ball, 2000, p. 135.

6 Giardina, 1996.

7 Nicolet & Gautier Dalché, 1986, pp. 157-218.

8 Chaumont, 1986, pp. 160-161.

9 Schmitt, 2007, pp. 125-127.

10 Arnaud, 2007, p. 38.

11 Dião Crisóstomo, *Discursos*, seção 35.22, *apud* Cohoon & Crosby, 1940; Whittaker, 2004, pp. 144-162.

12 Em 116 EC, Trajano levou tropas romanas até a extremidade do golfo Pérsico; McLaughlin, 2010, pp. 106-110, 125-131.

13 Dan, 1954-1958.

14 Utilizado por Marino de Tiro para seu *mappa mundi*, Maes Titianos é provavelmente a fonte para as seções mais amplas da *Geografia* de Ptolomeu. Maes Titianos, T1 (Ptolemy, Geography, 1.11.6-7), *apud* Stückelberger & Grasshoff, 2006.

15 Comentário em Dan, 1954-1958.

16 Maes Titianos, F2 (Ptolemy, *Geography*, 1.11.6), *apud* Stückelberger & Grasshoff, 2006.

17 *Hòu Hànshū*, 88, seção 1, § 13, *apud* Ye, 1965. Para fortuna crítica, ver Dan, 1954-1958.

18 Leslie & Gardiner, 1996, pp. 153-158.

19 Vaissière, 2009, pp. 527-536.

20 Lerner, 1998, pp. 9-25.

21 Diferentemente do geógrafo oitocentista Ferdinand von Richthofen (ver, por exemplo, Richthofen, 1877), sabemos muito bem que não havia apenas uma Rota da Seda de Marino ("Seidenstraße des Marinus"): cf. Hansen, 2012, pp. 6-7; e Chin, 2013.

22 Rapin, 2011, pp. 201-225.

23 Bernard, 2005. Sobre a definição de *oikoumene* em Eratóstenes, ver Geus, 2002.

24 Vaissière, 2005.

25 Bardesanes, *The Book of the Law of Countries*, seção 35, 41: "Laws of the Seres", *apud* Drijvers, 1965, pp. 41-42, 46-47.

26 Mazzarino, 1974, vol. 1, pp. 74-98; Traina, 2001, pp. 71-80. Escritores latinos tardios ainda transmitiam as informações reunidas por Plínio, muitas vezes intermediadas da *Collectanea* de Solinus: Brodersen, 2011, pp. 63-88; Brodersen, 2014.

27 Prontera, 2003; Talbert, 2010; Arnaud, 2014, pp. 31-57.

28 Arnaud, 2014, pp. 46-47.

29 Heródoto, *Histórias*, seção 1.202; 4.40, *apud* Mensch, 2015. Isso não consiste necessariamente em um equívoco, já que o hidrônimo poderia ter derivado de *Rxša-rta, o "verdadeiro [rio] Arax". Ver Traina, 2018.

30 Janvier, 1982.

31 Callu, 2009.

32 *Itinerarium Alexandri*, 2.5. Ver a edição e o comentário de Tabacco, 2000.

33 *Cronógrafo de 354*, *apud* Mommsen, 1981, p. 158; e Salzman, 1990, pp. 154-155.

34 Cláudio Mamertino, *Panegyrici Latini*, seção 10.10.6-7, *apud* Mynors, 1964. Lozofsky, 2008, pp. 169-188.

35 Eusébio, *Vida de Constantino*, seção 7.1f., *apud* Cameron & Hall, 1999; Nechaeva, 2014, pp. 165-166; Traina, 2015, p. 52.

36 Grüll, 2014, pp. 629-642.

37 Rougé, 1966, p. 22.

38 Vergin, 2013.

39 Amiano Marcelino, *Res gestae*, 23.6.60, *apud* Seyfarth, 1978; Clark & Rolfe, 1986.

40 Seyfarth, 1978, 23.6.67 e ss.

41 Heródoto, *Histórias*, seção 4.196, *apud* Mensch, 2015 (no século VI EC, Cosme Indicopleustes descreve um tipo de comércio semelhante na costa de Azânia).

42 Pompônio Mela, seção 1.60, *apud* Romer, 1998; Plínio, o Velho, *História Natural*, seção 6.54, *apud* Bostock & Riley, 1885; W. H. S. Jones, 1975; e Rackham, 1942: "Os Seres possuem modos inofensivos, mas, possuindo uma forte semelhança com todas as nações selvagens, evitam quaisquer relações com o resto da humanidade e aguardam a aproximação daqueles que desejam negociar consigo". No século XIX, os pesquisadores dos clássicos aceitavam esse tipo de declaração.

Em uma nota de rodapé da tradução inglesa de Bostock & Riley, 1855, encontramos o relato de Plínio resumido da seguinte forma: "Isso significa que eles não buscavam ativamente relações com o resto do mundo, embora não recusassem negociar com aqueles que se davam ao trabalho de recorrer a eles. Eis uma coincidência fantástica com o caráter dos chineses até hoje". De minha parte, suspeito que os "Seres" de Amiano – o que quer que esse nome étnico signifique – já estivessem envolvidos na rede de comércio testemunhada pelas Antigas Cartas Sogdianas do século IV EC. Para uma crítica dessa passagem na literatura chinesa contemporânea, ver Tchou, 2013, pp. xi-xii.

43 Mairs, 2011, pp. 64-81. Esse é um motivo literário bastante antigo (ver, por exemplo, *Odisseia*, 3.71-74, 9.251-255).

44 Ananias de Siracena, *Geografia*, *apud* Hewsen, 1992. O texto em questão é geralmente datado do século VII, embora possa muito bem ser anterior. Ver Harut'yunyan, 1997.

45 Sobre Papo de Alexandria, ver Geus, 2017, pp. 81-93; Geus, no prelo.

46 *Ašxarhac'oyc'*, *apud* Harut'yunyan, 1997, p. 34.

47 Hewsen, 1992, p. 226.

48 Consulto a edição parcial de Cardona, 1969.

Parte 2

MOVIMENTOS, CONTATOS E TROCAS

9

HISTÓRIA GENÉTICA E MIGRAÇÕES NA EURÁSIA OCIDENTAL, 500-1000

Patrick J. Geary

Apesar de todos os volumosos e acalorados debates nas últimas décadas sobre as "migrações bárbaras" no final da Antiguidade, a verdade é que nem as evidências escritas nem os dados arqueológicos são adequados para esclarecer as questões fundamentais sobre a magnitude e o impacto desses supostos movimentos populacionais.[1] Isso vale para as migrações anglo-saxãs, mas talvez seja ainda mais verdadeiro para as migrações intercontinentais, e também para o estudo dos movimentos populacionais através da Eurásia até a China.[2] Quando há fontes escritas, elas não fornecem evidências confiáveis sobre o número de migrantes, suas características sociais e de gênero, ou as dimensões de populações preexistentes. Embora sermões e cartas possam falar de mortandades e deslocamentos mais amplos, é impossível determinarmos até onde esses relatos consistem em exageros retóricos ou de fato descrevem os efeitos do que os alemães tradicionalmente chamam de "migrações dos povos" e os franceses tendem a chamar de "as invasões bárbaras". Mesmo aqueles que não acreditam que migrações significativas tenham ocorrido durante esse período não chegaram a um acordo se devemos ou não assumir que houve constantes movimentos populacionais europeus ao longo da história – o que tornaria esse período igual a qualquer outro –, ou postular uma notável "difusão" de populações no Império no período mencionado.[3] Precisamos, com urgência, de novas evidências e novas ferramentas caso queiramos ter alguma esperança de superar esse impasse. Em essência, novas formas de abordar a história demográfica da Eurásia nos séculos de V a VII se fazem necessárias.

Uma nova abordagem promissora (embora profundamente desafiadora) para o problema da migração da Alta Idade Média vem sendo oferecida pela genética: os extraordinários avanços contemporâneos na análise do genoma humano, desde o trabalho pioneiro de Luigi Cavalli-Sforza nas décadas de 1960 e 1970, parecem oferecer algumas possibilidades reais para quebrarmos esse círculo vicioso. Contudo, as abordagens genéticas da história não fornecem exatamente um método infalível para resolvermos em definitivo todas as questões sobre migrações medievais ou quaisquer questões subjacentes da história humana. Antes, elas só fornecem mais um tipo de dado a se juntar às fontes escritas e arqueológicas. Além disso, e não menos do que qualquer outra abordagem do passado, elas requerem análise e interpretação crítica aliadas a metodologias aprimoradas.[4]

Esse tipo de análise, crítica e minuciosa, é notavelmente ausente em muito do que tem sido questionado ou esperado da história genética, ao menos da forma como tem sido popularizada pela imprensa em geral – ela é ausente também, infelizmente, da parte de alguns geneticistas que prometem remover a ambiguidade da complexidade cultural e social, substituindo uma difusa história cultural por ciência. Certamente, a tentação de utilizar a genética para essencializar grupos sociais e culturais continua sendo bastante forte. O público geral muitas vezes assume que a genética atravessará a ambiguidade das evidências escritas e a argumentação especulativa dos historiadores para nos revelar quem somos "de fato": essa seria a solução definitiva para o problema histórico da identidade. Tais expectativas são equivocadas e até mesmo perigosas. Neste capítulo, eu gostaria de revisar algumas das abordagens mais competentes acerca do estudo das migrações populacionais usando dados genéticos, para então sugerir algumas áreas em que a história genética poderia, de fato, contribuir para a compreensão da história das populações dos séculos de V a VII.

Abordagens genéticas ao passado

A fim de se valerem de dados genéticos, historiadores devem, sem se tornarem eles próprios geneticistas, entender o que a pesquisa genética pode ou não realizar, além de compreender como os geneticistas conduzem suas investigações. Para que qualquer tipo de DNA seja útil aos historiadores, o material desse DNA deve ser obtido de organismos vivos ou mortos; os genes individuais a serem analisados devem ser amplificados para que seu "sinal" se sobressaia em meio ao "ruído" dos cerca de 3.200 Mb de genoma. Em seguida, o genoma deve ser "ressequenciado" para que se possam identificar polimorfismos de nucleotídeo único (ou SNPs: *single nucleotide polymorphism*) – ou seja, para que variações em uma única localidade no DNA, assim como sequências repetidas de um a seis pares de bases de DNA (ou microssatélites) em todas as amostras analisadas, possam ser identificadas. Considerando que o genoma humano contém cerca de dez milhões de SNPs, um sequenciamento completo de cada amostra seria inviavelmente dispendioso, de forma que historiadores genéticos inevitavelmente são forçados a escolher quais SNPs examinarão. Por fim, praticamente todas as pesquisas em história genética consistem na comparação de SNPs em amostras genéticas com modelos estatísticos que preveem divergência, a fim de comparar a diversidade e a análise dos resultados. Embora possa parecer simplista, esse é um procedimento repleto de problemas técnicos, conceituais e interpretativos – tornando a história genética tão objetiva quanto qualquer outro tipo de pesquisa histórica.

Os problemas técnicos começam com as amostras. A maioria dos projetos de história genética trabalha com DNA contemporâneo, obtido de indivíduos vivos. A vantagem óbvia de usar DNA fresco reside no fato de ele se encontrar intacto, em grande parte livre de contaminação caso coletado e manuseado adequadamente; também sua fonte pode ser claramente estabelecida e controlada. No entanto, o uso de DNA contemporâneo pode apresentar sérias dificuldades. A mais fundamental se expressa na necessidade de assumirmos que os seres vivos cujo DNA é coletado são descendentes diretos das populações cujos movimentos, dispersão ou interações se deseja estudar. Tal suposição implica, porém, a inocorrência de grandes eventos demográficos na população entre a época que se deseja estudar e o presente – e, no decurso dos séculos e dos milênios, populações não necessariamente permanecem estáveis. As migrações subsequentes, a introdução de material genético novo via cruzamentos com outras comunidades, o reassentamento forçado de escravos ou trabalho servil – tudo tem o potencial de alterar o perfil genético de uma população. Além disso, mesmo que a população moderna descenda diretamente da população histórica que se deseja estudar, ela representa apenas uma parcela dela – da que, por motivos quaisquer, conseguiu transmitir seus dados genéticos para o presente. Assim, o DNA moderno provavelmente representa apenas uma parte da diversidade genética das populações passadas. Trata-se, em essência, de uma forma de estudar os vencedores e ignorar os perdedores na história genética.

Portanto, pode parecer lógico sequenciar DNA antigo (aDNA). Ao coletarmos o aDNA, evitamos a necessidade de usar substituições para os objetos de nossa análise. Idealmente, estudos de populações antigas, migrações, relações e assim por diante deveriam se concentrar no DNA real dos indivíduos e grupos em questão, não no de seus supostos descendentes. Infelizmente, as complicações técnicas de trabalhar com o aDNA são ainda maiores do que as de manipular DNA moderno em função do fator contaminação – algo sempre presente no manejo de aDNA –, e pelo fato de o DNA, após a morte, começar a se decompor. As técnicas padronizadas de ressequenciamento e amplificação são incapazes de produzir sequências com mais de cem a duzentos pares de bases, de forma que a quantidade de DNA a ser recuperada pode ser significantemente baixa.

A segunda questão consiste em determinar a parte do genoma humano a ser estudada. Como cada célula contém múltiplas cópias de mtDNA (DNA mitocondrial), em distinção ao material contido no núcleo, até muito recentemente somente mtDNA podia ser extraído de espécimes antigos de forma confiável. Entretanto, como o mtDNA é herdado exclusivamente da mãe, seus resultados oferecem uma imagem distorcida e muito tênue das complexidades do passado genético de dado indivíduo. Mais recentemente, tornou-se possível estudar a porção não recombinada do cromossomo Y, possibilitando o estudo de linhagens masculinas. No entanto, esses estudos apenas fornecem evidências de linhagens maternas ou paternas, contendo uma porção bastante diminuta de ancestralidade.

Felizmente, laboratórios de DNA arcaico nos continentes europeu e americano, valendo-se de novas técnicas chamadas "sequenciamento de nova geração" (NGS: *Next Generation Sequencing*), estão superando rapidamente os problemas técnicos acarretados pela amplificação e pelo sequenciamento de DNA, assim como o reconhecimento e a filtragem de contaminantes. Ainda assim, mesmo no melhor dos casos, apenas cerca de 35% das amostras oferecem alguma esperança de fornecer DNA utilizável, o que exige muitas tentativas custosas e limita severamente o valor estatístico dos resultados obtidos.[5] O NGS, no entanto, oferece a grande vantagem de ser capaz de sequenciar não apenas o mtDNA e a porção não recombinante do cromossomo Y, mas também o DNA nuclear que se recombina no processo de reprodução, porém que carrega dados de todos os ancestrais, não apenas linhagens maternas ou paternas.

Os problemas de seleção, amplificação e sequenciamento do DNA são apenas alguns dos desafios da historiografia genética. É preciso determinar, também, o que fazer com a vasta quantidade de dados produzida pelo sequenciamento. Algumas abordagens ditas "não supervisionadas" envolvem a redução de uma enorme quantidade de dados produzidos no sequenciamento por meio de um procedimento estatístico – como a redução da análise de componentes principais ou da análise de componentes ancestrais para um eixo X-Y; então, faz-se a plotagem da distância genética em um espaço bidimensional, ou mesmo o simples exame das distâncias que separam variações em Y- e mtDNA para assim se construírem eventuais árvores genealógicas.

Essas abordagens não supervisionadas, embora intrigantes, não fornecem informações úteis sobre populações inteiras e, muito menos, sobre migrações. Assim, a maioria das análises envolve a comparação estatística de dada amostra – seja de DNA moderno ou de aDNA – com modelos que predizem como a diversidade genética deveria parecer, com base nos questionamentos suscitados. Em análises históricas complexas, incluindo estudos de migração e estrutura de parentesco, esses modelos geralmente derivam de dados demográficos históricos e buscam estimar o nível de divergência em uma mesma população ou em populações variáveis – isso é algo passível de ser antecipado razoavelmente, de acordo com variáveis como tamanho inicial dessa população, distância e tempo. A diversidade genética é significantemente afetada por eventos históricos na medida em que eles restringem o número de indivíduos capazes de transmitir seus dados genéticos às gerações subsequentes. Em grandes populações, crises podem desencadear gargalos populacionais – fenômeno no qual apenas uma quantidade mínima de indivíduos será capaz de se reproduzir –, fazendo com que as gerações futuras apresentem uma menor diversidade que as gerações anteriores.[6] Uma constrição de diversidade parecida ocorre quando há uma cisão em pequenos grupos: esse é denominado o "efeito fundador", cujo resultado consiste na nova população mostrando apenas uma parcela da diversidade presente na população original.[7] Além disso, enquanto os modelos postulam que certa distância genética se liga à separação, na realidade populações não se separam simplesmente – elas também se juntam, se fundem e se combinam de maneiras complexas e imprevisíveis. Modelos simples que postulam divergências ou incorporam variações básicas, como gargalos populacionais e eventos fundadores, podem simplificar seriamente as realidades das migrações e interações humanas; ademais, pequenas mudanças nos modelos podem resultar em enormes variações nos resultados. Equipes diversas, em contrapartida, tentaram examinar a migração continental para as Ilhas Britânicas e a Islândia no início da Idade Média. Os projetos têm sido sugestivos, embora não isentos de problemas.

Tentativas de traçar migrações medievais pela genética

Os estudos dos movimentos populacionais do início da Idade Média empregaram uma porção de tipos de dados e modelos estatísticos a fim de interpretar dados genéticos e avaliar seu impacto nas populações europeias. A maioria desses estudos se concentrou nas migrações anglo-saxãs e dinamarquesas para as Ilhas Britânicas, e até recentemente a maioria dependia da análise do DNA moderno.

Um estudo pioneiro coordenado por Michael Weale, que investigou a probabilidade de migração em massa da Europa Continental para a Grã-Bretanha no final da Antiguidade, examinou SNPs e microssatélites em cromossomos Y de 313 homens vivendo na Inglaterra Central e no País de Gales, além de 94 da Noruega e da Frísia.[8] Os resultados mostraram pouca diferença nas frequências de haplótipos na Inglaterra Central e nenhuma diferença significativa entre a Frísia e a Inglaterra Central. Simultaneamente, encontraram-se diferenças altamente significativas entre localidades galesas e inglesas. Mesmo levando em consideração as migrações anteriores e posteriores entre continentes e as Ilhas Britânicas, os modelos propostos para explicar os dados tendem a confirmar uma grande migração em torno de 1.500 anos atrás, que substituiu entre 65% e 100% dos cromossomos Y no *pool* genético inglês, mas não no do País de Gales.

Em um estudo complementar, alguns dos mesmos cientistas, acompanhados pelo arqueólogo Heinrich Härke, estimaram que, se uma migração em massa de cerca de 1.500 anos atrás explicasse, por si só, o *pool* genético inglês moderno, ela teria que ter sido da ordem de cerca de 500 mil homens – um número bastante improvável com base nas evidências arqueológicas, assim como no que sabemos da demografia medieval.[9] Como alternativa, eles executaram simulações de computador postulando dimensões originais distintas tanto das populações migrantes quanto das originais; contudo, atribuíram uma vantagem reprodutiva aos migrantes na condição de novos conquistadores do Leste e do centro da Grã-Bretanha por 15 gerações, no período aproximado em que as leis anglo-saxônicas deram um valor mais alto aos saxões do que aos bretões autóctones. Suas simulações atribuíram uma vantagem seletiva entre 1,2 e 1,8 e postularam que a população migrante representava de 10% a 20% da original.

Sua conclusão foi a de que, com uma população migratória inicial de apenas 10% e uma vantagem reprodutiva seletiva de 1,5, os saxões mais bem favorecidos social e economicamente poderiam ter influenciado em um nível de pelo menos 50% do *pool* genético do cromossomo Y dentro de 15 gerações. Essa conclusão é certamente plausível – mas é possível vermos o quanto depende de uma seleção apropriada de amostras, da confiabilidade em modelos necessariamente simplificados (se não simplistas), de suposições de taxas de migração prévias e, por fim, até de aceitação de fontes arqueológicas e de pesquisa textual alheias à construção de modelos. Ajustes em qualquer um desses elementos podem trazer resultados bastante diversos. Cristian Capelli e seus colaboradores compararam a composição de 1.722 cromossomos Y de 25 pequenos centros urbanos britânicos com dados dinamarqueses, noruegueses, alemães e irlandeses.[10] Com essa coleta única de amostragens – que objetivou uma grade mais completa, cobrindo boa parte do país –, a equipe em questão descobriu que o Sul da Inglaterra, uma região presumivelmente mais ocupada por migrantes anglo-saxões, mostrava uma influência relativamente menor do cromossomo Y não autóctone. Em seu estudo, a contribuição continental mais significativa para o perfil do cromossomo Y na Grã-Bretanha parece ter sido a dos dinamarqueses no Norte. Um estudo ainda mais recente, realizado por Bruce Winney, Walter Bodmer e outros, tentou estabelecer uma ligação entre genótipos e sobrenomes britânicos. Presumiu-se que as amostras da Cornualha, de Devon e de Pembrokeshire seriam capazes de representar a antiga população britânica, e que as de Kent, Norfolk e Lincolnshire representariam os invasores anglo-saxões.[11] Uma análise de genótipos da Bretanha Central, de Oxfordshire e da Floresta de Dean sugeriu uma contribuição um tanto maior da população anglo-saxônica do que da população britânica. No entanto, em contraste com os resultados obtidos pela equipe de Michael Weale, a diferença entre a região autossômica e não recombinante da análise do cromossomo Y sugere que a contribuição masculina do Oeste pode ser menor que a feminina – em um estudo subsequente, a mesma equipe estimou que a contribuição genética de migrações anglo-saxônicas para o Sudeste da Inglaterra seria inferior a 50%.[12] Será que essas conclusões aparentemente contraditórias resultam de diferentes amostras de DNA contemporâneo, dos testes estatísticos ou de algum outro fator?

Os modelos elencados nos estudos anteriormente discutidos derivaram de estudos demográficos modernos e, até certo ponto, de estimativas numéricas de migrantes pautadas na arqueologia. Uma abordagem bastante distinta foi adotada por geneticistas na Irlanda, em uma tentativa de estimar o impacto do DNA do cromossomo Y escandinavo na população irlandesa contemporânea. Mais uma vez, como no caso das fontes escritas britânicas, sabemos que os nórdicos, particularmente os migrantes noruegueses, tiveram uma presença política e econômica significativa na Irlanda durante os séculos IX e X. Mais uma vez, porém, é impossível determinarmos o número de colonos com base nos registros escritos. Brian McEvoy e outros investigaram essa questão adotando outro modelo: o dos sobrenomes. Os sistemas irlandeses de patronímicos estão entre os mais antigos do mundo, iniciando-se, o mais tardar, no século X.[13] A equipe de pesquisa decidiu examinar a diversidade do cromossomo Y em uma coorte de 47 homens irlandeses com 26 sobrenomes de suposta origem nórdica, selecionados de áreas geográficas nas quais os nórdicos, comprovadamente, se estabeleceram nos séculos IX e X. Na verdade, ao contrário do mito popular segundo o qual uma alta porcentagem de nascimentos é ilegítima, estudos de sobrenomes e genética na Irlanda sugerem que a taxa de paternidade fora da instituição do casamento é de apenas 1,6% a cada geração. Em um estudo diferente, Laoise T. Moore e outros examinaram uma assinatura do cromossomo Y no Noroeste da Irlanda, na área dominada pela Dinastia Uí Néill. Os cromossomos Y de 59 homens com sobrenomes supostamente originários de Uí Néill mostraram-se uma forte agregação, consistente com ancestralidade comum, com uma taxa relativamente baixa de não paternidade.[14]

Ao longo de 40 gerações, a não paternidade pode ter reduzido a ancestralidade escandinava pela metade, algo que, no entanto, ainda deve ser identificado. A vantagem de tal modelo é que – em vez de ser extraído de estudos demográficos divergentes, modernos ou baseados em inferências históricas ou arqueológicas – ele testa com base em um modelo efetivo que, embora implícito, é gerado pela sociedade sendo estudada.

Os resultados foram notáveis. Indivíduos de sobrenomes como Doyle carregavam traços do cromossomo Y tão distintos entre si, que é possível postularmos fundações múltiplas para eles; outros, como Aurhur, Hanrik e Goherty, apresentavam amostras idênticas, sugerindo uma origem única para todos os indivíduos com esses sobrenomes. Por outro lado, não se encontrou qualquer correlação entre os cromossomos Y irlandeses e a suposta população paternal escandinava. Testes indicaram que 90% ou mais do DNA veio de locais irlandeses.

Como interpretar esse resultado? Poderia ser que os nomes supostamente nórdicos não fossem de fato nórdicos, e a culpa fosse de uma etimologia incorreta? Alternativamente, é possível que os nórdicos perfaçam uma porção mínima da população irlandesa e, mesmo em suas áreas de assentamento, tenham incorporado um grande número de homens irlandeses autóctones à sociedade “nórdica”, um padrão muito diferente daquele postulado para os assentamentos anglo-saxões arcaicos da Inglaterra. Por fim, pode-se postular que, embora tenham representado uma parcela significativa da população, os nórdicos foram subsequentemente expulsos ou exterminados. Alguns fatores, ou uma combinação deles, podem explicar a diferença observada entre esse estudo irlandês e um estudo bastante semelhante, mais uma vez baseado em sobrenomes, que tentou estimar a porcentagem de ancestralidade nórdica em partes da Grã-Bretanha.

Na Grã-Bretanha, sobrenomes não foram adotados até vários séculos após seu aparecimento na Irlanda, e bem depois do fim da presença viking na Inglaterra. No entanto, um estudo semelhante foi realizado para Wirral e o Oeste de Lancashire, regiões do Noroeste inglês que, de acordo com evidências escritas, foram densamente ocupadas por colonos escandinavos.[15] O estudo se valeu de duas amostras: uma amostra "moderna", baseada simplesmente em duas gerações residentes na área, e uma amostra "medieval" de indivíduos cujos ancestrais masculinos não apenas residiam naquelas regiões por duas gerações, como carregavam sobrenomes próprios do local antes de 1572.[16] Em seguida, compararam-se essas amostras com, por um lado, uma amostra moderna de Mid-Cheshire – uma região que carece de nomes de lugares escandinavos e onde se assume ter havido, historicamente, poucos assentamentos escandinavos; por outro lado, observaram-se dados coletados para outros estudos a partir de uma variedade de fontes inglesas e irlandesas, assim como da Noruega.

Os perfis de haplogrupos dos grupos de sobrenomes há muito estabelecidos em Wirral e West Lancashire sugeriram uma proporção maior de linhagens nórdicas do que na amostra de controle. O estudo conclui que, ao contrário da Irlanda, onde o assentamento escandinavo parece ter sido mínimo, as regiões do Noroeste da Inglaterra tiveram uma presença nórdica duradoura e importante.

Os resultados divergentes desses dois estudos levantam dúvidas acerca da natureza da conquista e do assentamento viking nas Ilhas Britânicas, assim como das abordagens para rastrear evidências genéticas dessas populações. Teria o assentamento nórdico na Irlanda seguido um padrão diferente daquele na Grã-Bretanha, ou os nórdicos foram de fato expulsos da Irlanda em 902, como sugerem fontes escritas?[17] Ou, então, será possível que as amostras, as análises e os modelos utilizados em um ou outro desses estudos fornecessem dados inadvertidamente inadequados para julgar o impacto dos assentamentos nórdicos nas duas regiões? Essa última possibilidade pode nos fazer querer buscar um modo mais direto de abordagem e análise do impacto genético das primeiras migrações medievais.

Ambos os estudos das migrações anglo-saxônicas e nórdicas para as Ilhas Britânicas concentraram-se exclusivamente no DNA do cromossomo Y. Outra série de estudos, bastante distinta e sugestiva, foi realizada por uma equipe liderada por Angar Helgason com o fim de estudar migrações para a Islândia. Esta, em contraste com demais regiões europeias, representa uma modalidade muito diferente em termos de padrões de migração: considerando que a ilha era desabitada antes da chegada dos exploradores nórdicos por volta de 880, toda a sua população, que se manteve bastante estável desde o século X, imigrou de outras partes durante um período de aproximadamente um século. No entanto, como mencionamos, o pequeno tamanho da população, as possibilidades de grande influência do efeito dos fundadores e os gargalos populacionais correm o risco de gerar uma imagem distorcida das origens dos islandeses no *pool* genético contemporâneo. No entanto, com acesso à extraordinária (embora controversa) base de dados criada pela deCODE,[18] foram realizados estudos tanto do mtDNA quanto do DNA do cromossomo Y para diferenciar as origens de mulheres e homens na Islândia. No primeiro estudo, examinaram a diversidade de haplótipos do cromossomo Y em amostras coletadas de 181 islandeses, 233 escandinavos e 283 "gaélicos" da Irlanda e da Escócia.[19] A fim de determinar a diversidade relativa e as prováveis relações de suas amostras islandesas com as de outras regiões, foram examinados tanto os *loci* dialélicos de evolução lenta (locais no genoma que tragam dois alelos diferentes ou formas variantes de um mesmo gene) quanto os *loci* de microssatélites de evolução rápida (locais no genoma em que certas sequências de DNA se repetem). Os resultados foram que, embora, como esperado, os islandeses tivessem uma diversidade genética muito baixa, sobretudo em comparação com os escandinavos, ela era maior do que a dos escoceses e a dos irlandeses. Além disso, a presença de certos haplótipos privados detectada apenas na Escandinávia sugere que eles tenham vindo diretamente dessa região, e não através das Ilhas Britânicas. No total, estima-se que cerca de 75% dos homens entre os fundadores islandeses tinham origem escandinava, e 25%, origem irlandesa ou escocesa.[20]

Seu estudo do mtDNA, por sua vez, indicou um amplo espectro de linhagens na Islândia, representando a maioria das encontradas na Europa, assim como algumas encontradas majoritariamente na Ásia. Além disso, cerca de 69 linhagens privadas apareceram – o que pode implicar simplesmente linhagens que não apareceram em amostras europeias usadas para fins comparativos. No entanto, os estudos puderam concluir que, ao contrário das linhagens masculinas na Islândia – de origem majoritariamente nórdica –, a maioria das linhagens femininas tinha origem gaélica, e somente cerca de 37%, origem nórdica. Apesar disso, outras linhagens podem ter vindo ainda de outras partes da Europa Continental.

Ainda assim, dadas a população bastante reduzida da Islândia e a considerável deriva genética que ocorreu ao longo de aproximadamente 35 gerações desde seu assentamento, esses estudos não demonstram de forma conclusiva a composição genética da população fundadora real: pode ser que certas linhagens mais afortunadas tenham se espalhado em detrimento de demais linhagens comuns na população fundadora. A fim de investigar essa possibilidade, Angar empreendeu um estudo do mtDNA de 68 restos mortais de islandeses antigos, comparando o DNA real da população fundadora com o da população islandesa contemporânea – assim como com os das populações escocesa, irlandesa e norueguesa contemporâneas. A pesquisa descobriu que o mtDNA presente na população dos islandeses fundadores se aproximava, de fato, mais ao das populações irlandesas e escocesas contemporâneas (e de algumas outras europeias), mas que também estava mais próximo dessas populações contemporâneas do que do mtDNA de islandeses modernos. De fato, a deriva genética exerceu uma enorme influência no perfil genético da Islândia moderna; portanto, para uma compreensão das contribuições diferenciais do cromossomo Y e do mtDNA na população migratória, é necessário levar em conta não apenas as populações contemporâneas, mas, quando possível, também o DNA arcaico.

Uma descoberta tão diferenciada dá suporte àqueles modelos de migração e assentamento islandês que sugerem que o assentamento nórdico, ao menos na Islândia, foi um empreendimento essencialmente masculino, e que os nórdicos, antes de se estabelecerem ali, tomaram esposas ou escravas da Irlanda, da Escócia e de outras regiões – mulheres as quais levaram consigo para a nova colônia.[21]

Todos os estudos discutidos até então tratam de ilhas relativamente isoladas no Atlântico Norte. Nos casos da Grã-Bretanha e da Irlanda, é possível supormos uma população bastante isolada que tenha recebido (ou não recebido) material genético novo do exterior em dado momento. No caso da Islândia, a situação é ainda mais simples: uma ilha desabitada recebeu praticamente todo o seu material genético no período de um século.

Assim, o problema de estudar a migração nesses casos, embora ainda se trate de um empreendimento complexo e um tanto inconclusivo, é relativamente simples. Já as transformações mais significativas da Eurásia Ocidental no início da Idade Média envolvem a suposta movimentação dos povos continentais. Aqui, onde nenhuma barreira natural significativa separa as regiões e onde os movimentos populacionais têm sido relativamente contínuos ao longo de milênios, a identificação de populações pré e pós-migração se torna extraordinariamente dificultosa. Comparativamente, poucas tentativas sérias foram feitas para rastrear migrações medievais no continente com base em evidências de DNA, e seus resultados se provaram insatisfatórios. Além disso, a política étnica atual é tal que, em alguns casos, a busca por evidências genéticas de migração foi mal interpretada como uma busca por autenticidade étnica, um desenvolvimento perigoso e perturbador.

Uma das poucas migrações continentais que têm chamado atenção em estudos recentes é a da população húngara ou magiar. De acordo com fontes escritas, os magiares chegaram à região que hoje consiste na Hungria, na Eslováquia e na Romênia Ocidental no final do século IX. Considerando que a sua é uma língua não indo-europeia, os húngaros há muito se sentem isolados, e a busca pela pátria magiar original tem um extenso histórico. Ela igualmente carrega profundas ramificações ideológicas e políticas. Um grupo de pesquisa húngaro, intrigado com a semelhança entre o nome "magyar" e o nome de uma pequena população da Ásia Central no Cazaquistão, os "madjares", experimentou uma conexão entre as duas populações estudando o DNA do cromossomo Y coletado de 45 homens madjares, cada qual pertencente a uma das 45 linhagens paternas madjares.[22] Eles então analisaram as frequências de haplótipos e haplogrupos dessa amostra, calculando as distâncias genéticas entre a população de madjares e os conjuntos de dados padrão de 38 outras populações, incluindo a húngara. Os resultados mostraram que a população madjar é significativamente distinta de todas as demais, o que muito provavelmente resulta da deriva genética em uma população muito pequena e isolada. No entanto, o estudo sugere que a população madjar é a mais próxima dos magiares somente se aceitarmos que o haplogrupo comum à população madjar, G1, e o haplogrupo mais comum aos magiares, G2, retraíram-se em um único haplogrupo G. Francamente, há uma grande probabilidade de que os madjares estejam mais próximos dos magiares por puro acaso, embora os autores não investiguem essa possibilidade com qualquer rigor. Todavia, com base nesses resultados, a equipe levantou a hipótese de que os magiares e os madjares podem ter entrado em contato ou se dispersado a partir de uma origem comum na Ásia Central. Em contraste, em um estudo recente de John Novembre, no qual se utiliza a análise de componentes principais para criar um mapa da variação genética europeia, amostras da Hungria incidem exatamente sobre onde deveriam de um ponto de vista geográfico – indicando que, apesar de seu isolamento linguístico, a população moderna da Hungria não se encontra isolada de um ponto de vista genético.[23]

Uma tentativa similar de conectar comunidades distantes por meio de nomes semelhantes foi realizada com a população sorábia da Alemanha e os sérvios eslavos do Sul. No entanto, um estudo recente liderado por Krishna Veeramah, que explorou a diversidade genética dentro do perfil do cromossomo Y da comunidade sorábia, concluiu que, embora a população sorábia mostre afinidades mais próximas com as comunidades tchecas e polonesas contemporâneas do que com seus vizinhos diretos germanófonos, essas afinidades não evidenciam qualquer ligação com os sérvios ou demais comunidades eslavas mais distantes. De fato, sua localização no mapa genético europeu incide sobre um ponto bastante próximos àquele no qual se esperava encontrá-la. A posição média de todos os 178 indivíduos sorábios provou-se mais ou menos representativa de sua localização geográfica, ou seja, a Oeste dos poloneses, ao Norte dos tchecos e a Leste dos germanófonos.[24] De certa forma, os resultados desse estudo parecem confirmar a hipótese negativa de uma comunidade geneticamente isolada que descenda de uma população ancestral geograficamente distante, mas que apresente vínculos evidentes. Na verdade, sua afinidade com os vizinhos germanófonos pode ser ainda mais próxima do que os resultados do estudo sugerem, já que os dados de DNA germânicos não representavam uma amostragem refinada da região imediatamente adjacente à dos sorábios, mas sim de toda a Alemanha. Em outras palavras, os sorábios podem ter logrado manter sua língua e seus costumes ao longo dos séculos – mais ainda do que fizeram com sua composição genética.

Finalmente, Peter Ralph e Graham Coop, usando Popres (*Population Reference Sample* – Amostra de Referência Populacional), o mesmo banco de dados de DNA europeu moderno do qual se valeu John Novembre, tentaram examinar a ancestralidade genealógica europeia nos últimos 3.000 anos em escala continental.[25] Eles acreditaram ser capazes de distinguir estruturas de mudanças populacionais recentes em intervalos próximos de 500, 1.000, 1.500, 2.000, 2.500 e 3.000 anos antes do presente. O que se descobriu foi que os europeus em todo o continente provavelmente compartilharam ancestrais comuns nos últimos 1.000 anos, o que certamente vale para os últimos 2.500. Em particular, descobriu-se um alto nível de compartilhamento de IBD (segmento contíguo do genoma herdado em pelo menos um cromossomo) de um ancestral comum compartilhado sem que tivesse ocorrido uma recombinação interveniente entre pares de indivíduos na Europa Oriental – isso os autores afirmam ser consistente com a imagem de uma expansão populacional eslava durante o período das migrações (séculos IV a IX). Os pesquisadores sugerem a inclusão de húngaros e romenos nesse padrão como resultado das atividades do Império Huno no século V. França, Itália e Ibéria, em contraste, compartilham as taxas mais baixas de IBD, um fenômeno que atribuem ao fato de essas áreas terem sido menos afetadas por migrações eslavas e hunas, o que implica que "migrações/invasões germânicas" envolveram quantidades menores de substituição populacional.

Reflexões e conclusões

Embora os debates entre geneticistas acerca da validade dos métodos e das conclusões dos estudos mencionados espelhem os debates entre historiadores e arqueólogos da migração, eles abrem novas possibilidades de compreensão de movimentos populacionais do passado. Contudo, a história genética pode se aperfeiçoar significantemente no futuro, de forma a reconhecer certas fraquezas dos estudos anteriores e pioneiros.

Primeiramente, as séries de dados tradicionais usadas em estudos agregados se mostram inadequadas para a pesquisa historiográfica. Embora, em geral, novos dados sejam coletados cuidadosamente, como no caso do projeto dos sorábios e do povo das Ilhas Britânicas, muitos projetos dependem de conjuntos de dados prontamente disponíveis, como a Amostra de Referência Populacional ou Popres. Esse projeto inclui 3.192

indivíduos de fenótipos europeus cujas amostragens foram recolhidas em Lausanne, na Suíça.[26] No entanto, o conjunto de dados Popres não distingue adequadamente a localização de seus sujeitos dentro da Europa. Assim, dados "alemães" podem muito bem vir de Hamburgo, assim como da Baviera ou da Saxônia; também dados "franceses" podem ser alsacianos, bretões, normandos ou provençais. Os dados italianos podem ser tanto da bota da Itália quanto de Piemonte ou de Trentino. Ao tentarmos depreender as distâncias genéticas em regiões separadas da Europa, é necessário que tenhamos um conjunto de dados muito mais refinado, idealmente baseado não em fronteiras políticas atuais, mas em gráficos de georreferenciamento. Quase de forma universal, séries de dados padronizadas são imprecisas demais para uma pesquisa histórica com boa escala de precisão.

Em segundo lugar, a validade do DNA contemporâneo para nos fornecer informações sobre o passado não se baseia em qualquer tipo de modelo autóctone, implícito ou explícito, da comunidade estudada – seja mediante sobrenomes, genealogias ou tradições orais –, mas sim na suposição de que as populações aldeãs permaneceram estáveis por mais de mil anos.[27] Isso pode ser válido particularmente em comunidades insulares, mas há fortes motivos para questionarmos sua validade para boa parte da Europa, e até mesmo para certas sociedades insulares. É capaz que pragas, guerras e mudanças populacionais, particularmente nos séculos XIV a XVII, tenham provocado mudanças fundamentais nos perfis genéticos de tais comunidades.[28] Até que tenhamos numerosos estudos do mesmo tipo e até mais detalhados comparando aDNA e DNA moderno das mesmas localidades, devemos permanecer céticos acerca da validade desses estudos demasiado dependentes de dados modernos para a investigação de fenômenos medievais. Regiões que porventura pareçam calmas e estagnadas não necessariamente o eram dois mil anos atrás. Na Hungria, um notável arqueólogo, crítico dessas tentativas de descoberta do "DNA húngaro original", salientou ao menos seis substituições populacionais massivas entre os séculos IX e XX, sem mencionar as populações eslavas e romanas que preexistiam na região e provavelmente perfaziam a maioria populacional, mesmo na época do advento de tribos magiares naquela área.[29]

Estudos de DNA antigo são mais promissores contanto que consigam superar os sérios problemas de contaminação e degeneração do DNA e obtenham DNA suficiente a partir de amostras suficientes.

Aqui, pelo menos, estamos estudando populações reais, não seus supostos representantes – assim, está se formando um consenso de que o NGS (Sequenciamento de Nova Geração) supera muitos dos problemas que surgiam anteriormente com esse tipo de sequenciamento.[30] Além disso, dada a evidência de padrões de migração diferenciados entre homens e mulheres, ponho-me fortemente a favor de que, sempre que possível, estudos sejam feitos tanto com o mtDNA quanto com o DNA do cromossomo Y – para que se elucidem os aspectos de gênero da migração e do assentamento –, aliados a estudos com o DNA nuclear ou autossômico, para que se delineie a história completa dessa população.

Isso é importante, mesmo que, por causa da recombinação, a modelagem de possíveis histórias demográficas com base no DNA nuclear represente um enorme desafio computacional. Estudos como os supracitados (com exceção do estudo de Coop e Bodmer) baseiam-se no mtDNA não recombinante ou no DNA do cromossomo Y. A distância genética pode, portanto, ser calculada a partir da busca por um ancestral comum mais recente, normalmente realizada via um procedimento matemático conhecido como Teoria Coalescente representada por um diagrama genealógico em árvore.[31] Com a recombinação, a situação se torna muito mais complexa, e normalmente se deixa representar não por uma árvore, mas por um gráfico de recombinação ancestral – o qual leva em consideração não apenas eventos de coalescência que se fundem em linhagens ancestrais comuns, mas também eventos de recombinação que criam *loops* em vez de meras ramificações. Até então, essas abordagens têm sido capazes de lidar com um número limitado de genomas de cada vez. Há uma necessidade urgente de se desenvolverem novas abordagens matemáticas propícias à complexidade e à quantidade de dados genéticos que agora vêm sendo disponibilizadas mediante o Sequenciamento de Nova Geração.[32]

Uma questão igualmente problemática se expressa pelo fato de que, em vez de testarem probabilidades para as variações observadas em estudos como o de Ralph e Coop e outros, eles se voltam para histórias extensivas de forma a idear os históricos migratórios anglo-saxões, húngaros ou eslavos de modo a justificar tais observações. A literatura historiográfica usada no artigo de Ralph e Coop, por exemplo, consistia inteiramente em referências ao livro *Europe: A History* de Norman Davies e *The Early Slavs: Culture and Society in Early Medieval Eastern Europe* de Paul Barford, além de dois artigos da *Cambridge Medieval History*. A análise genética desse artigo é impressionante, embora ele se reverta em um artigo muito escasso quando trata de integrar resultados estatísticos observados e evidências históricas.

Os geneticistas devem trabalhar em seus projetos de pesquisa, desde o início, ao lado de arqueólogos e historiadores. A primeira colaboração precisa consistir no enquadramento de questões históricas apropriadas. Em segundo lugar, geneticistas precisam de historiadores e arqueólogos para compreender verdadeiramente a natureza de seus dados – de onde foram coletados, quais eram os contextos culturais e os perfis isotópicos de cada amostra, além de como elas foram coletadas e curadas. O velho ditado "entra lixo, sai lixo", expresso para criticar a história quantitativa malfeita durante a década de 1970, é igualmente pertinente para a história genética atual. Por fim, geneticistas precisam trabalhar com pesquisadores e cientistas de outras disciplinas para derivar delas modelos testáveis. Modelos de estrutura populacional baseados em práticas culturais, modelos de mobilidade baseados em análise isotópica e modelos de migração derivados de registros históricos fornecem a base para uma modelagem rigorosa e significativa, passível de ser usada na compreensão de dados genéticos.

Essa colaboração nos permite ir além de um simples "contar de histórias" e começar a explicar os dados. A genética populacional histórica séria deve desenvolver abordagens rigorosas e pautadas em modelos de análise de dados. Soluções para modelos derivados de estudos históricos, arqueológicos ou demográfico-populacionais poderão, assim, ser geradas; e seus resultados, ser comparados a dados reais para que se veja qual hipótese/modelo melhor se adapta a cada dado. Essa abordagem, igualmente, permite a geração de um valor-p efetivo – isto é, um grau de probabilidade de que certo modelo é mais provável do que uma alternativa (a hipótese nula), considerados os dados presentes. E, antes de tudo, os resultados da modelagem genética devem ser analisados por equipes interdisciplinares conscientes das possibilidades e dos limites das demais disciplinas.

Por fim, qual tipo de questões históricas poderia ter sua resolução facilitada por estudos mais profundos e amplos de DNA antigo? Podemos começar salientando o que eles são incapazes de realizar: análise genética não identificará grupos étnicos, distinguindo entre romanos e bárbaros, ou nos dizer quem era anglo-saxão ou franco, e quem era bretão ou romano. Essas são questões, em última instância, de identificação subjetiva feita com base em critérios culturais, que não deixam quaisquer registros nos genomas de nossos objetos de estudo. Assim, aqueles que querem que a genética nos diga "quem de fato era" dado povo no passado certamente sairão desapontados. O que estudos adequadamente estruturados de DNA antigo podem nos dizer – quando forem rigorosamente coletados, modelados e analisados em estreita colaboração com arqueólogos, antropólogos físicos e historiadores – ainda é, apesar disso, bastante substancial. A análise cuidadosa de cemitérios específicos irá nos fornecer informações sobre as estruturas de vínculo biológico de comunidades passadas, incluindo dados sobre históricos genéticos potencialmente distintos para homens e mulheres. Isso nos permitirá estimar até que ponto comunidades compartilhadoras de traços culturais comuns são distintas de comunidades vizinhas praticantes de tradições culturais diversas, ou profundamente inter-relacionadas com elas. A comparação de comunidades distantes que compartilham traços culturais parecidos irá nos permitir determinar até que ponto uma migração real ocorreu ao final da Antiguidade, possibilitando-nos estimar a dimensão das populações migrantes, a extensão de sua homogeneidade ou heterogeneidade, e também em que medida se misturaram ou se mantiveram separadas dos habitantes das terras onde se assentaram. Com o tempo, projetos de pesquisa individuais que sigam protocolos semelhantes, mas examinem diferentes grupos populacionais na Europa e na Ásia, contribuirão para uma compreensão mais aprofundada dos movimentos sociais, da complexidade, da hibridez e da transformação temporal que constituem a essência da história.

Notas

1 Para um panorama dos debates sobre a migração ocidental, ver a contribuição de Michael Kulikowski para o presente volume.

2 Sobre o problema complexo do entendimento da história da estepe por intermédio das tradições altamente ideológicas e intertextuais da etnografia chinesa, ver, primeiramente, Di Cosmo, 2002.

3 Ver Borgolte, 2010, pp. 23-48; Halsall, 2007; para um espectro das análises das invasões bárbaras, das difusões populacionais, das guerras civis ou das migrações, ver Ward-Perkins, 2005.

4 Para uma crítica de abordagens genéticas para a história medieval, ver Feuchter, 2017. Sou grato ao professor Feuchter por me permitir ler esse artigo antes de sua publicação.

5 Ver Rizzi *et al.*, 2012.

6 Esse foi, por exemplo, o caso da Islândia, uma comunidade estabelecida e isolada, essencialmente, até o primeiro século após sua descoberta, e com pouca adição genética subsequente. No entanto, a população do assentamento inicial mostrou maior diversidade do que a população moderna, já que os períodos de fome resultaram no fato de que a grande maioria dos islandeses modernos descende de alguns poucos islandeses originários.

7 Esse é o caso do povoamento das Américas, com o resultado de que todas as populações nativas americanas compartilham um conjunto muito limitado de alelos originalmente presentes no Leste da Ásia.

8 Essencialmente, eles usaram os SNPs para inferir relacionamentos genealógicos de alta probabilidade e baixa resolução, ao passo que os microssatélites oferecem informações sobre relacionamentos de baixa probabilidade e alta resolução (para o caso de um período temporal mais recente, Weale *et al.*, 2002. Para uma discussão mais detalhada de abordagens genômicas da história migratória, ver Geary & Veeramah, 2016, pp. 65-78.

9 Thomas *et al.*, 2006.

10 Capelli *et al.*, 2003.

11 Winney *et al.*, 2012.

12 Leslie *et al.*, 2015.

13 McEvoy *et al.*, 2006.

14 Moore, 2006, pp. 334-338.

15 Bowden *et al.*, 2008, pp. 301-309.

16 Uma tal aproximação para uma população medieval genuína se fez necessária, já que os sobrenomes nessa área não datam do período exato que o projeto se propôs a estudar. Trata-se, portanto, de um dado limitado.

17 Bowden *et al.*, 2008, p. 307.

18 A deCODE acumulou uma quantidade extraordinária de dados que combinam as informações genéticas da maioria dos islandeses vivos, assim como um banco de dados genealógicos extremamente minuciosos acerca de, virtualmente, toda a população do país. Para uma discussão balanceada do projeto, ver Pálson, 2007.

19 Helgason *et al.*, 2001.

20 Note que "gaélico" é um termo infeliz para designar essa população, já que se refere a uma categoria linguística, em vez de geográfica.

21 Helgason, 2009.

22 Biró *et al.*, 2009, pp. 305-310.

23 Novembre *et al.*, 2008, pp. 98-101. Embora decepcionante para alguns geneticistas húngaros, tal descoberta está em pleno acordo com as expectativas de arqueólogos húngaros sérios como C. Bálint. Ver seu estudo em Bálint, 2010.

24 Veeramah *et al.*, 2011.

25 Ralph & Coop, 2013.

26 Nelson *et al.*, 2008, pp. 347-358.

27 Foram feitas tentativas para modelar mudanças populacionais dramáticas, como no caso de estudos etruscos que tentaram modelar as origens etruscas a partir da Ásia Ocidental, ou então estudos do colapso demográfico resultante da Peste Negra no século XIV – esse, porém, meramente consiste em um evento ocorrido em um período de aproximadamente três mil anos.

28 Ver o estudo recente de Vai; Ghirotto; Pilli *et al.*, 2015. Essa análise do mtDNA medieval e contemporâneo em cinco comunidades piemontesas dos séculos VI a XXI sugeriu que haveria aqui, na melhor das hipóteses, uma continuidade fraca ou até mesmo inexistente.

29 Bálint, 2010, pp. 283-294.

30 Ver Der Sarkissian *et al.*, 2014.

31 Rosenberg & Nordborg, 2002, pp. 380-390.

32 Sobre abordagens atuais, ver Rasmussen *et al.*, 2014; e Emmett *et al.*, 2014.

10

INVASORES DO NORTE: MIGRAÇÃO E CONQUISTA COMO *TOPOI* ACADÊMICOS NA HISTORIOGRAFIA EURASIÁTICA

Michael Kulikowski

> Pois bem: dessa ilha de Scandza, como que de uma colmeia de raças ou de um útero de nações, teriam surgido os Godos há muito tempo.
> – Jordanes, *Gética*, 3.25, *apud* Mierow, 1908 (Constantinopla, cerca de 550 CE)

> Podemos chamar o Norte da América, assim como o Norte da Europa, de seminário da raça humana. Dos dois, numerosas nações partiram aos montes para povoar as terras do Sul.
> – Clavigero, 1787, vol. 1, p. 110

Desde tempos imemoriais há um fluxo de pessoas da Ásia rumo ao Sul. Os próprios sumérios vieram do Norte. A partir de cerca de 2000 AEC, povos falantes de línguas indo-germânicas migraram para a Índia e o Irã e então para a Grécia e a Itália; os celtas e teutões que, durante o último milênio AEC, reiteradamente perturbaram os universos culturais do Sul e foram, por um tempo, detidos pelo Império Romano – como os mongóis nômades foram por um tempo pela China – eram também

> povos indo-germânicos. Em seguida, vieram os povos teutônicos e eslavos do período da migração dos povos, e então os turcos, então os mongóis. Esse incessante movimento de povos errantes em direção às regiões de cultura só foi freado há alguns séculos.
> – Jaspers, 1953, p. 55

Citações que, como essas, ilustram um *tópos* literário da migração do Norte poderiam preencher cada uma das páginas do presente volume. De fato, a seleção anterior exclui deliberadamente grandes formuladores de sistemas filosóficos, como Vico, Spengler ou Toynbee (sem mencionar Ibn Khaldun), a fim de sugerir o quão predominantes são, em relatos ocidentais sobre a história mundial, as ideias de migração e invasão do Norte. Decerto, pode-se dizer que eles constituem um leitmotiv da história ocidental, o qual remonta à própria Antiguidade. Esse Norte de onde migrantes e invasores chegariam consiste em um conceito altamente elástico, abrangendo ora esta, ora aquela parte da massa terrestre eurasiática. Esses migrantes do Norte foram percebidos como pastorialistas ou agriculturalistas; como exércitos predatórios ou povos em trânsito; como espíritos de pura destruição ou fontes de vigor renovado. De qualquer forma, todos se unem por um discurso de movimento incessante em direção às quatro grandes zonas colonizadas da Eurásia – China, Índia, Irã e o Mediterrâneo greco-romano. Cada uma dessas regiões possui suas próprias tradições arcaicas e sua própria historiografia moderna – esta, por sua vez, influenciada em maior ou menor grau por uma epistemologia e uma metodologia históricas desenvolvidas na Europa pós-iluminista e, agora, por um "modo internacional" de erudição histórica.

Um historiador moderno do Mediterrâneo greco-romano que depara com a historiografia da Eurásia Oriental e Central fica estarrecido com a estranheza das antigas tradições históricas chinesas (mesmo que os relatos de Hàn sobre seus vizinhos bárbaros da China pareçam familiares para um classicista), mas também pela notável familiaridade de certos pressupostos na historiografia moderna. É improvável que se trate de uma coincidência: à medida que a historiografia europeia passou a incorporar um mundo mais amplo em sua compreensão cultural, ela o fez através das lentes do próprio passado europeu, fazendo generalizações a partir de paradigmas europeus para explicar as culturas eurasiáticas que encontrava. Por essa razão, em partes, a historiografia da antiga migração eurasiática por vezes parece uma adaptação da "Era das Migrações" europeia ou *Völkerwanderungszeit*. Esse é um modelo historiográfico profundamente enraizado na tradição histórica do Ocidente. Assim como "o Renascimento" e "a Idade Média", ele é parte da espinha dorsal de nossa historiografia, muitas vezes de forma inconsciente, e modela a maneira como imaginamos as estruturas do tempo histórico. Duas armadilhas bastante diversas aguardam o historiador da Antiguidade europeia que se move para o âmbito eurasiático mais amplo: a de impor acidentalmente padrões familiares da epistemologia histórica greco-romana a evidências desconhecidas (chinesas, iranianas, indianas) e a de fazer suposições sobre a historiografia da Ásia Central e Oriental com base no que parecem ser ecos de debates históricos europeus.

O presente capítulo tem objetivos diversos: em primeiro lugar, o de delinear a ideia greco-romana do bárbaro, já que, embora essa visão de alteridade seja historicamente contingente (tendo sido engendrada em um contexto histórico específico), tornou-se também a representação normativa do barbarismo na historiografia europeia; em segundo lugar, ele visa esboçar a ascensão do *Völkerwanderung* como uma narrativa fundamental na historiografia pós-renascentista, cujo objetivo foi introduzir os historiadores da Eurásia Oriental ao contexto historiográfico europeu. Por fim, o artigo visa propor um conjunto de questões acerca da história da Eurásia Oriental cuja compreensão beneficiaria os historiadores dos impérios tardo-antigos da Eurásia Ocidental.

Para partirmos de uma evidência antiga, o mundo greco-romano tinha um vocabulário bastante estável do barbarismo, embora seu campo semântico tenha se alterado drasticamente, ao longo do tempo, a respeito de que tipo de alteridade evocava, a qual povo (ou a quais povos) se aplicava e em que lugar (ou lugares) esse vocabulário operava. Vocabulário nunca foi um reflexo transparente da realidade de dado terreno, embora sirva de um mapa cognitivo mediante o qual uma cultura hegemônica greco-romana representou o mundo em seu entorno. Um mapa, já disseram, não é o mesmo que um território, e a distinção entre o mapa cognitivo que chega até nós para fins de pesquisa e o território histórico vivenciado por nossos contemporâneos é, em essência, uma análise pertinente.[1] O mapa cognitivo é elaborado com palavras, partindo do grego *βάρβαρος* (*bárbaros*) e sua forma adjetiva *βαρβαρικός* (*barbarikós*). Os próprios gregos acreditavam que o termo era uma onomatopeia, cunhada do som do zurro – "bar", "bar", "bar"

– emitido por aqueles que não falavam grego. Essa incapacidade foi então a definição mais antiga do bárbaro.[2] O latim não tinha palavra para transmitir essa ideia grega, apesar de ter domesticado as palavras gregas, como *barbarus* e *barbaricus*, na época da literatura latina mais antiga que chegou até nós. No século I AEC, a nova cunhagem latina *barbaria* significava "lugar bárbaro" em um sentido existencial ou moral, e não físico – um mapa, não um território –, e poderia ser empregada metaforicamente, por exemplo, para se referir às classes baixas romanas revoltosas. O espaço bárbaro só foi inscrito geograficamente após o Império deixar de se expandir; após o imperador romano Caracalla estender a cidadania romana a todos os habitantes do Império em 212 EC, tornando toda a população instantaneamente romana em termos legais. Mais ou menos na mesma época, cunhou-se o neologismo *barbaricum*, morfologicamente um topônimo latino padrão: ao contrário de *barbaria*, ela não se referia a um lugar bárbaro, onde quer que fosse, mas sim à terra dos bárbaros. Encontrada pela primeira vez em inscrições acerca de soldados "que serviram ou morreram em *barbaricum*", foi logo absorvida em contextos administrativos e, então, literários, onde suplantou a abstrata *barbaria*, sendo usada exclusivamente para designar o território para além da fronteira imperial.

Esse vocabulário greco-romano da barbárie relativamente estável adentrou todas as línguas europeias modernas – mesmo aquelas como o húngaro, que nem ao menos são filologicamente indo-europeias, muito menos românicas. Igualmente, a visão de alteridade codificada nesse vocabulário foi transmitida para nós. O que todas as visões greco-romanas acerca do bárbaro trazem em comum é certo essencialismo epistêmico.[3] O bárbaro pode ser classificado pelas variedades de sua barbárie (pastoril, agricultor, oriental, nortista), embora todo bárbaro possua qualidades inerentes e fixas, essenciais ao seu ser. Seja através da selvageria ou da servidão nativa, o bárbaro é concebido como tal, ou ontologicamente reconhecido como distinto do grego ou do romano.[4] Diversos motivos de barbarismo foram padronizados no primeiro século AEC, e, em vez de um desenvolvimento, observamos a transmissão de estereótipos com o passar dos séculos. Havia o bárbaro nômade: definido no século V AEC pelo longo relato de Heródoto acerca dos citas (*Histórias*, 4.1-82). Os tropos de Heródoto sobre nômades a cavalo foram reproduzidos ao longo da Antiguidade de forma que a palavra grega para "cita" foi transposta de um grupo de nômades para outro até o período bizantino posterior. Havia o bárbaro oriental, com raízes ideológicas que remontavam à memória ateniense das Guerras Pérsicas: embora despóticos, servis e efeminados, os persas ao menos convencionaram possuir uma forma de cultura, mesmo que fosse degradada. Por fim, havia o bárbaro do Norte – gigantesco, cabeludo e loiro: o termo foi inicialmente cunhado para caracterizar os invasores celtas da Ásia Menor no século III AEC, sendo transferido para os celtas e os germânicos do Norte Europeu e da Europa Central. Essas figuras psicossemânticas recorrem durante um milênio de literatura e arte figurativa. Nelas, fisiologias bárbaras espelham sua essência espiritual: o homem selvagem do Norte, imprudente, imbecil e imprevisível; o cita com suas botas de feltro e seu chapéu pontiagudo (o mesmo boné com que os chineses táng retratavam os mercadores sogdianos), arco nas mãos, pronto para atacar e então fugir; o persa, decadente, de queixo caído e lábios carnudos, desprezível em sua efeminação e ameaçador em sua astúcia.[5] Reconhecê-los como tipos estanques não é negar o poder com que eles agiram tanto sobre mentes antigas quanto sobre a historiografia em sua fase de desenvolvimento na Europa moderna.

É evidente que a realidade antiga era mais complexa do que seu imaginário estereotipado, mais flexível na prática do que os modelos binários greco-romanos de civilização e barbárie possam sugerir. A mesma pessoa que eventualmente fosse considerada bárbara em dado contexto poderia não ser em outro, e as características negativas essencializantes invariavelmente eram usadas de modo seletivo. Ademais, classificações étnicas e regionais nunca foram capazes de mapear com clareza o binário epistemológico do civilizado e do bárbaro, nem mesmo após a fronteira romana ter sido fixada. Há um longo legado acadêmico que posicionou certos grupos étnicos antigos reais sob a categoria de "bárbaro" e outros sob a de "romano"; contudo, pesquisadores reconhecem com uma clareza cada vez maior que tal divisão de ordem superior inexistia na prática – antes, classificações étnicas/regionais eram coexistentes, interagindo com o binarismo de civilização *versus* barbárie, embora não se deixassem organizar em colunas bem definidas a partir daí.

Nossa compreensão atual da epistemologia da Antiguidade – de seu vocabulário e de seu campo semântico –, assim como das práticas antigas (do que gregos e romanos de fato fizeram), vem sendo conquistada a duras penas. Por muito tempo, a tradição historiográfica europeia tratou o antigo binarismo da civilização e da barbárie como uma realidade histórica, capaz de explicar o desenvolvimento cultural, político e étnico do continente. Essa reificação historiográfica do binarismo, de seu uso como ferramenta analítica do passado, há muito se cristalizou na ideia de uma *Völkerwanderung* – uma migração dos povos –, um elemento ainda incontornável de nossa herança acadêmica. O termo claramente alemão é geralmente deixado sem tradução na tradição acadêmica inglesa, e o fenômeno da migração tardo-antiga há muito é considerado como algo particular dos povos "germânicos" – no entanto, eles podem ser definidos para qualquer momento (reveladoramente, o francês para *Völkerwanderungen* é *vagues germaniques*: ondas germânicas). Uma oposição entre um Norte germânico e um Sul romano, com o primeiro eventualmente superando o último, remonta à criação renascentista e dos humanistas italianos de uma Antiguidade Clássica que degenerou em uma Idade Média sombria a qual o Humanismo aclamava rejeitar. Esse contraste se acentuou por um discurso do Norte sobre a decadência do Sul exacerbado pela Reforma.[6] Os humanistas protestantes contrastaram um passado virtuoso do Norte com o Sul papista e corrupto, e a redescoberta da *Germania* de Tácito, em 1455, forneceu-lhes um manual acerca do vigor e da virtude superiores dos povos germânicos – bárbaros, mas autênticos.[7] A publicação, em 1555, de *De aliquot gentium migrationibus* [*Sobre as migrações de certos povos*] do humanista vienense Wolfgang Lazius criou uma estrutura narrativa duradoura segundo a qual povos bárbaros do Norte migram para o Sul, adentro do âmbito romano e, assim, para o mundo histórico.[8] Com a conquista europeia das Américas, a discussão sobre os "selvagens" ainda existentes inevitavelmente desencadeou a reflexão sobre a própria selvageria do passado europeu – isso simultaneamente ao período em que Vico criava uma filosofia da história e de sua estrutura eterna, supostamente cíclica.[9] Um mito duradouro de pureza germânica e liberdade primeva surgiu em meio aos primeiros debates modernos sobre o governo, a natureza do príncipe e os poderes estatais. Na Grã-Bretanha, indivíduos de persuasão Whig foram capazes de retraçar os direitos dos ingleses às florestas primitivas de onde os anglos e saxões haviam emergido.[10] O anticlericalismo iluminista de Gibbon encontrou motivos tanto para causas internas quanto para causas externas por trás da queda de Roma:

tanto a religião quanto o barbarismo, e não somente este último.[11] A essa rica amálgama de ideias e ideologias – todas as quais tomavam como garantida a conquista de um sofisticado Império Romano por alguma versão do bárbaro do Norte – imiscuíram-se o nacionalismo romântico e a criação contemporânea da universidade moderna, introduzindo a primeira metodologia histórica autoconsciente e as primeiras obras de erudição na tradição da qual ainda somos parte.[12]

O método historiográfico moderno desenvolveu-se em um cenário em que o nacionalismo buscava definir certa identidade cultural, linguística e anímica de dada nação, independentemente de essa nação ter ou não conquistado um estatuto de Estado. O ímpeto central para o estudo profissional de nosso período veio das regiões de fala alemã, as quais os nacionalistas ansiavam por ver unificadas; a coleta e a publicação de fontes primárias nacionais num *corpus* unificado foram fundamentais para esse projeto, e a *Monumenta Germaniae Historica* [Sociedade dos monumentos históricos da Alemanha] foi fundada em 1819, meio século antes da criação de um Estado alemão propriamente dito em 1871. *Corpora* de fontes antigas e medievais da mesma natureza foram produzidos na maioria dos países europeus, tendo sempre a "nação" moderna (real, aspiracional ou imaginária) como critério normativo para a inclusão ou a exclusão de dada fonte primária. A *Monumenta* é particularmente importante a esse respeito: entre as centenas de obras antigas e medievais publicadas em seus muitos volumes, seus editores atribuíram à história alemã não somente autores dos reinos bárbaros e dos territórios germânicos da Idade Média, mas também escritores romanos como Ausônio e Símaco. Dessa forma, eles criaram uma epistemologia histórica na qual, já que os alemães dominaram o mundo romano, autores romanos tardios também seriam pertencentes à história da Alemanha.[13] A *Völkerwanderung* teria, assim, se tornado uma parte constitutiva de uma nação alemã moderna.

Desde o início os padrões acadêmicos da *Monumenta* foram elevados, e o trabalho de edição crítica fidedigna, tal qual produzido por seus editores (assim como aqueles de *corpora* análogos em outras partes), serviu de precondição para que se escrevesse uma narrativa precisa dos eventos. O trabalho empírico fundamental sobre o período foi levado a cabo pelos titãs acadêmicos da Alemanha wilhelmina – homens como Theodor Mommsen, Otto Seeck e Hermann Dessau –, ao passo que narrativas sintéticas que continuam sendo o padrão hoje em dia só surgiram nos primeiros anos do século XX. Algumas foram implicitamente redigidas a partir de uma perspectiva romana: *Geschichte des Untergangs der antiken Welt* [*História da decadência do mundo antigo*] de Otto Seeck e *Geschichte des spätrömisches Reiches* [*História do Império Romano Tardio*] de Ernst Stein.[14] Outras obras comparáveis assumiram de forma implícita uma perspectiva bárbara ou germânica, embora tenham tido que se valer forçosamente das mesmas fontes primárias romanas: o maciço *Die Könige der Germanen* [*Os reis dos germanos*] de Felix Dahn e *Urgeschichte der germanischen und romanischen Völker* ([*A pré-história dos povos germânicos e românicos*]; lançada em Berlim entre 1895 e 1920), cada qual em numerosos volumes, além de *Geschichte der deutschen Stämme bis zum Ausgang der Völkerwanderung* [*História das tribos germânicas até o fim da migração dos povos*] de Ludwig Schmidt. Observemos como o "germânico" de Dahn se torna "alemão" para Schmidt.[15]

A coexistência dessas abordagens paralelas a um período histórico persiste até os dias atuais: historiadores da Antiguidade e medievalistas ainda as abordam a partir de perspectivas e de formações muito distintas, o que vale como um legado desses desenvolvimentos do século XIX. Enquanto a filologia clássica e a história antiga há muito se encontram separadas pela metodologia e pelos tipos de perguntas que formulam, o campo da *germanische Altertumskunde* (*grosso modo*, "estudos da Antiguidade germânica") sempre se pautou por uma sobreposição mutuamente respaldada de filologia germânica e história bárbara, e por uma espécie de visão atemporal da Antiguidade germânica que permitiu que um milênio inteiro de evidências "germânicas" fosse usado sincronicamente na discussão de qualquer momento de sua história. A antiga denominação *Altertumskunde* hoje em dia evoluiu para *Vor- und Frühgeschichte* (Pré--história e História inicial [germânica]), tornando-se muito mais rigorosa na maneira como lida com diferentes categorias de evidências; contudo, ainda é bastante provável que ela se baseie muito mais em etimologias, folclore e linguística especulativa do que no trabalho de historiadores da Antiguidade ou da Alta Idade Média.[16] Essas diferenças de metodologias e perspectivas foram e continuam sendo bastante reais; uma coisa, porém, tem sido mais ou menos constante: por mais de cem anos, historiadores de Roma e germanistas continuam a ver a migração do Norte, "germânica", como a dinâmica central desse período. Continuam vendo uma oposição entre os mundos bárbaro (ou "germânico") e romano como o parâmetro para sua análise histórica.

Outro desenvolvimento do início do século XX ajudou a consolidar ainda mais o *tópos* da migração e da invasão como parte de nosso legado historiográfico: a emergência da arqueologia a partir do antiquarianismo, a qual se tornou uma ciência auxiliar da historiografia.[17] Um princípio central dos anos iniciais da arqueologia científica foi que resíduos materiais eram passíveis de ser associados com tribos ou povos tais e quais estavam atestados em fontes históricas, assim também com famílias linguísticas identificadas por filólogos – de modo que qualquer coleta de evidências materiais existentes poderia ser atribuída a um povo histórico já nomeado. Tal abordagem foi codificada pelo arqueólogo Gustav Kossinna, que a denominou *Siedlungsarchäologie* ("arqueologia do assentamento").[18] Um corolário básico da *Siedlungsarchäologie* de Kossinna, tal qual foi naturalizado no âmbito falante de inglês por V. Gordon Childe, foi o da migração: já que culturas arqueológicas (supostamente homogêneas) poderiam, em teoria, ser combinadas com grupos étnicos nomeados nas fontes, a mudança na distribuição da cultura material poderia ser interpretada como indício da migração dos povos. A confiança inequívoca da abordagem de Kossinna é, hoje, em geral repudiada, embora muitos arqueólogos na ativa continuem a aceitar uma ligação não problemática entre certos objetos e certos grupos étnicos, atribuindo, com convicção, as migrações étnicas a esses tênues fundamentos materiais.[19] Grande parte da discussão do século XX acerca da migração do Norte ou germânica pressupôs uma tríade simultânea de cultura, língua e etnia; tudo isso se deu em um cenário de nacionalismo que implicava que a erudição jamais poderia estar divorciada da política contemporânea.[20]

Na França, por exemplo, o debate do século XIX sobre se os gauleses célticos ou os francos germânicos seriam os progenitores autênticos da nação moderna tornou-se mais pernicioso após a derrota francesa na Guerra Franco-Prussiana. Debates análogos afetaram tanto a Itália pré-fascista quanto a Espanha pré-republicana: muitas vezes se deixaram tingir por disputas modernas entre políticos de direita e esquerda, de forma que antigos debates criaram uma clivagem acadêmica que pode ser vista até os dias atuais.[21] Por muito tempo a Grã-Bretanha resistiu à profissionalização de departamentos de história com base em parâmetros alemães, e a escrita historiográfica britânica valorizou um culto ao amadorismo sem paralelos europeus até o século XX – mesmo assim, incursões no período histórico de que estamos tratando compartilharam suposições diversas daquelas de pesquisadores continentais. Hector Munro Chadwick, em seu extremamente influente *The Heroic Age* (1912), abraçou a visão romântica e *völkisch* da *germanische Altertumskunde*, discernindo um passado germânico e nórdico comum que teria unificado os europeus do Norte contra os latinos efeminados.[22] O racismo polido de Chadwick, bastante comum em sua época, é igualmente característico dos historiadores anglófonos que abraçaram a história científica alemã com maior avidez em face da pompa britânica tradicional, seja o liberal antissemita E. A. Freeman ou o progressista irlandês vitoriano J. B. Bury, cujas últimas obras – *A History of the Later Roman Empire from the Death of Theodosius I to the Death of Justinian* (1923) e a póstuma *Invasion of Europe by the Barbarians* (1928) – trouxeram, pela primeira vez, a metodologia alemã para os estudos anglófonos sobre esse período.[23]

Na época em que Bury compôs suas últimas obras, o idealismo histórico havia sido abalado nas trincheiras do fronte ocidental, como foram todas as disposições mais delicadas. O fato de a imprensa ter caracterizado o inimigo alemão da Grã-Bretanha como "o huno" mostra quão profundamente nosso período histórico se associa à barbárie, à invasão e à violência. Certo nacionalismo desagradável, que se verte em completo ufanismo e racismo, é evidente em muitas análises da primeira metade do século XX.[24] Foi assim que o grande Felix Dahn, que não era apenas um historiador mas um escritor de romances românticos, contou, em *Ein Kampf um Rom* ([*Uma batalha por Roma*]; 1876), a história de ostrogodos heroicos e de bizantinos malévolos, a qual termina na jornada "para casa" rumo ao Thule nórdico dos últimos godos.[25] Igualmente, Dahn era um antissemita e um antieslavista que proibiu as associações estudantis polonesas quando atuou como reitor da universidade em Breslau (onde agora, é claro, fica Wrocław na Polônia), além de ter pertencido ao clube fanaticamente nacionalista Alldeutscher Verband.[26] A *Geschichte der deutschen Stämme* de Ludwig Schmidt, de 1905, que implicou a identificação direta entre os antigos povos germânicos com os alemães modernos, era tão congenial para o público nacional-socialista que foi reeditada, sem alterações, em

1940-1941.[27] Para os nazistas, a *Völkerwanderung* e a queda do Império Romano seriam evidências históricas do *Lebensraum* alemão, a ponto de a SS ter criado uma unidade arqueológica e historiográfica, a *Ahnenerbe*, para acompanhar os exércitos conquistadores de Hitler e desvendar as antigas fundações do assentamento germânico.[28] Não é de admirar que a pesquisa no pós-guerra sobre o período em questão tenha herdado essas cicatrizes: escritores franceses falaram sobre *les invades germaniques* evocando a imagem da *Wehrmacht* em marcha, ao passo que escritores alemães se esforçaram para escrever sobre os bárbaros do Norte de um modo não contaminado pelo legado acadêmico do nacional-socialismo.[29] Eles o fizeram desafiando suposições anteriormente não problematizadas acerca de etnia e identidade, e acerca da correlação étnica entre cultura, língua e política.[30] O impacto analítico dessa mudança foi a minimização do papel da migração em massa na discussão da época da *Völkerwanderung*; em vez disso, as evidências da Antiguidade Tardia poderiam ser lidas como um processo no qual as comunidades políticas foram reconstituídas discursiva e criativamente ao redor de novos líderes, e não como uma mera conquista germânica de solo romano. Essa discussão, iniciada na década de 1960, passou por um estágio inicial onde se tentou reabilitar a antiga *Altertumskunde* com um novo linguajar; desde a década de 1990, porém, ela progrediu para uma síntese significativamente mais plena em nuances. Isso integra as percepções sociológicas de Pierre Bourdieu sobre a forma como as identidades são constantemente constituídas e reconstituídas. Mostra também certa sensibilidade para a distância por demais extensa (cronológica, social, politicamente) entre o mundo em que nossas fontes literárias foram escritas e a história arcaica que elas tentam descrever. Igualmente, aceita que as distinções culturais, políticas e linguísticas eram reais e, em certos casos, impostas mediante violência, e que não precisamos tentar minimizar esses fatos com uma retórica de "transformação".[31] Ainda assim, mesmo quando passamos a entender vários aspectos do período com mais nuance, a *Völkerwanderung* continua sendo um panorama estruturante com meio milênio de bagagem historiográfica associada a si: mesmo quando tentamos alterar a forma da estrutura historiográfica, permanecemos confinados em sua construção elementar.

Os debates sobre a *Völkerwanderung* jamais ocorreram em um vácuo, e, embora a fronteira europeia de Roma esteja em seu centro, um mundo mais amplo também os afetou. A antiga Eurásia esteve historicamente conectada, pelos tênues vestígios das antigas Rotas da Seda, às rotas das especiarias situadas entre o mar Vermelho e o Sul da Ásia e, mais importante, aos nômades da estepe eurasiana. *Mémoire historique sur les origines des Huns et des Turcs* ([*Tratado histórico sobre as origens dos hunos e turcos*], 1748) de Joseph de Guignes e, mais ainda, sua tentativa arrebatadora de escrever a história da Eurásia, *Histoire générale des Huns, des Turcs, des Mogols, et des autres peuples Tartares occidentaux* ([*História geral dos hunos, turcos, mongóis e outros povos tártaros ocidentais*], 1756-1758), foram os pioneiros em sugerir que os xiōngnú das fontes chinesas equivaliam aos hunos que invadiram o Império Romano no século V. Gibbon, que descobriu a amplitude da história eurasiática por meio da leitura de De Guignes, passou a escrever seus próprios capítulos sobre os mongóis de Chinggis Khan em referência consciente a seus capítulos anteriores acerca da queda do Império Romano do Ocidente.[32] De Guignes, em particular, buscou integrar a Ásia a uma compreensão europeia de seu próprio passado, opondo-se à compreensão poligênica voltairiana das origens humanas e defendendo a monogenia dos europeus, dos "tártaros" e dos chineses. Ao mesmo tempo, ele e Gibbon encaravam os nômades eurasiáticos como uma sucessão de ondas inerentemente análogas, essencialmente idênticas em sua barbárie:

> A China e a Tartária causaram uma tremenda perturbação no mundo. A maior parte dos povos tártaros que ganharam poder estava assentada no Norte da China; então, quando os chineses se tornaram fortes o suficiente para expulsá-los, cada um desses povos tártaros foi lançado contra o Ocidente, em turba. O Império Romano colapsou sob a grande massa de bárbaros, a Pérsia esteve a eles sujeita por algum tempo, assim como o império dos árabes permaneceu sob seu domínio. Esses povos tártaros continuamente afluem uns em seguida dos outros, como as ondas do mar.[33]

Tal qual Gibbon (quando não De Guignes), historiadores subsequentes tiveram a tendência a se voltar à grande Eurásia sobretudo para contextualizar os eventos da história europeia.

Se não por outro motivo que o de herança historiográfica, o historiador da Antiguidade Tardia da Eurásia Ocidental que examina a fortuna crítica moderna da Eurásia Oriental não pode evitar de ouvir ecos desses longevos debates em nossos debates atuais. É possível encontrarmos discussões sobre os "efeitos dominó" das migrações do Norte, dos vizinhos nômades da China enxotando uns aos outros, seja em direção ao reino central de Hàn, seja rumo à Ásia Central, ao subcontinente indiano ou ao Irã.[34] Os relatos populares mais acessíveis a não especialistas ocidentais são repletos de uma retórica da migração do Norte – das "ondas da estepe" já presentes nos textos de De Guignes, além de um binarismo aparentemente inquestionado entre o Império Hàn, por um lado, e o nômade (a saber, Yuèzhī, Xiōngnú, Xiānbēi), por outro.[35] Materiais de referência sobre a civilização mundial empregados em praticamente todas as universidades norte-americanas contêm mapas que aparentam simulacros exatos de mapas da *Völkerwanderung*.[36] Dito isso, é difícil para um não especialista avaliar a precisão com que os relatos populares refletem as discussões especializadas. Mais problemático ainda, é muito mais difícil para o historiador ocidental que se volta para o Oriente ter acesso a fontes primárias do que o caso contrário. As traduções, embora não substituam a capacidade de lermos fontes primárias no original, são uma ferramenta essencial de histórias comparativas e transnacionais. Contudo, considerando que praticamente todas as fontes gregas e latinas, da Antiguidade ao século XVII EC, existem em uma ou mais traduções precisas para inglês, francês ou alemão – e em alguma boa edição crítica –, a maioria das evidências primárias chinesas permanece disponível para não especialistas mediante resumos, traduções parciais em antologias ou traduções de trechos incorporadas à literatura secundária.[37] Isso significa que os historiadores da Eurásia Ocidental devem depender da literatura secundária para construir boa parte de sua compreensão da Eurásia Oriental. Tendo isso em mente, seguem-se algumas questões as quais pesquisadores do âmbito chinês poderiam elucidar para os da Antiguidade Tardia Mediterrânea.

Estudiosos da Antiguidade Tardia europeia começaram a aprender muitas coisas novas com pesquisas recentes acerca dos nômades da Ásia Central. Sua política e os Estados que formaram mostraram-se muito mais complexos e politicamente sofisticados do que os historiadores que trabalham com as evidências greco-romanas se deram conta.[38] Agora que a identidade filológica do termo chinês "Xiōngnú", do sogdiano "Xún", do sânscrito "Hunna", do grego "Hounnoi" e do latim "Hunni" ou "Chionitae" é praticamente certa, especialistas de toda a Eurásia devem abordar as implicações do fato para cada uma de suas regiões.[39] A perpetuação de um nome não implica necessariamente a perpetuação de uma identidade política, assim como a descontinuidade entre nomes não implica o contrário. Ademais, como foi demonstrado reiteradamente para o caso dos bárbaros do Norte da Europa, a continuidade de um ou dois tipos de artefatos móveis não pode ser tomada como evidência de continuidade étnica real: os famosos caldeirões "xiōngnú", às vezes usados como mostras de continuidade étnica ao longo dos séculos, não podem ser tratados isoladamente. Somente por meio de uma discussão mais ampla do caráter étnico em cultura material seremos capazes de determinar se o etnônimo indígena nômade, transcrito de diferentes formas pelas culturas assentadas, refletiu dada comunidade étnica ou política no curso do tempo.[40] Assim, poderíamos continuar nos questionando por que os "hunos" alcanos, quidaritas e nezaques – os quais reivindicaram uma linhagem Xiōngnú em Sogdia, Báctria e Gandḥārā – foram muito mais bem-sucedidos em criar estruturas políticas complexas do que Átila e seus antepassados em seu efêmero Império Europeu.[41]

Igualmente importante para os eurasianistas ocidentais será entender a interação entre ideologia e práxis nas relações dos hàn com os xiōngnú e os xiānbēi.[42] Como observado anteriormente, os avanços na compreensão étnica entre os bárbaros europeus foram responsáveis por revolucionar a área. As evidências hàn e wèi de como os bárbaros eram percebidos teriam utilidade em vários sentidos, inicialmente no que diz respeito às teorias do barbarismo e da civilização. É evidente que os chineses, assim como os gregos e os romanos – ou mesmo como Montesquieu durante o Iluminismo francês –, podem ter argumentado que o clima seria responsável pelo caráter do(s) povo(s), e, portanto, o "reino médio" teria o clima idealmente equilibrado em oposição ao do Norte e do Sul, algo que geraria as diversas imoderações dos vizinhos dos chineses. Também como gregos e romanos, os chineses classificavam seus vizinhos em termos etnográficos desde o início da tradição escrita histórica, já nas 70 *chuán* (tradições) do *Shǐjì* [*Registros do Historiador*]. Lemos que essas etnografias pioneiras formaram a base sobre a qual os historiadores chineses posteriores modelaram suas opiniões sobre seus vizinhos bárbaros. Aqui temos um possível paralelo com a extensa evidência da maneira como os autores latinos, e ainda mais intensamente os gregos tardios, se conformaram a modelos anteriores, por vezes distorcendo a realidade da Antiguidade Tardia para condizer com os precedentes literários clássicos esperados por seu público. Poderia haver uma comparação frutífera dessas diferentes epistemologias da alteridade? Por fim, seria útil sabermos até que ponto as fontes textuais chinesas apresentam discursos justapostos de etnicidade/raça e civilização/barbárie, e até que ponto eles foram dispostos hierarquicamente.

Essa distinção entre discursos paralelos e hierárquicos de alteridade foi crucial para a historiografia greco-romana devido a seu impacto sobre o comportamento. O Império Romano posterior teve como prática a assimilação dos bárbaros, embora não tivesse uma ideologia ou estrutura verbal para fazê-lo. Até que ponto os chineses oferecem um paralelo nesse tocante? A prática de trazer comandantes nômades individuais para a sociedade hàn está aparentemente bem documentada, até mesmo para o não especialista; o mesmo vale para a assimilação de elites governantes estrangeiras à história dinástica chinesa, como, por exemplo, no caso de Tuòbá Xiōngnú à história da Dinastia Wèi do Norte. Os mecanismos retóricos e ideológicos pelos quais tais proezas foram realizadas na China podem fornecer evidências comparativas que livrarão a discussão acadêmica do domínio pós-romano de suas antigas lacunas. Comparações semelhantes porventura ajudariam em nosso impasse atual acerca da escala da migração em massa durante a Antiguidade Tardia Ocidental. Como no caso da Europa, há um bom grau de evidência acerca da realidade da migração nas fronteiras da China – entretanto, haveria um modelo discursivo ou retórico da migração do Norte nas fontes chinesas, assim como no caso das greco-romanas? Os relatos populares mais acessíveis projetam esse discurso claramente em suas evidências, mas até que ponto isso estaria enraizado em um discurso autêntico das fontes primárias? No âmbito iraniano, existem paralelos muito diretos com o *tópos* da migração do Norte na Antiguidade greco-romana, os quais historiadores da Antiguidade Tardia estão começando a levar em consideração – porém, no caso de regiões mais orientais da Eurásia, é difícil desvincular o peso relativo das evidências antigas e interpretações modernas.

Por fim, uma série de questões metodológicas pedem atenção. Em primeiro lugar, sobre a arqueologia: a nuance teórica desenvolvida nos debates sobre a cultura material dos bárbaros europeus começa, com maior clareza, a levar a discussão das culturas das estepes para além das certezas questionáveis da arqueologia soviética. E quanto à linguística? Entre os excessos mais crassos da *germanische Altertumskunde*, estava aquele que críticos chamam de "filologia do asterisco": a confusão de onomástica, toponímia, cognatos modernos e declarações erráticas de vocabulário ostensivamente bárbaro, em evidência para a história bárbara e os movimentos bárbaros; os historiadores da Antiguidade Tardia europeia, por sua vez, abandonaram o recurso à evidência linguística quase por completo.[43] Em contraste, a discussão sobre os povos da periferia centro-asiática da China parece regularmente igualar a identidade etnopolítica com a língua que eles falavam (ou supostamente falavam); igualmente, a argumentação linguística e a histórica parecem ser empregadas ali como ferramentas de análise mutuamente complementares. Isso levanta a questão de se devemos abandonar essa técnica de forma muito precipitada na Eurásia Ocidental: talvez seja possível elaborar parâmetros adequadamente restritos dentro dos quais tal abordagem seja válida. Por fim, sobre a ciência física. Como os efeitos climáticos na demografia foram invocados por muito tempo para explicar as *Völkerwanderungen* e as migrações posteriores (por exemplo, a dos vikings) na Europa, e o porquê de tais justificativas terem sido dadas com um impressionante descaso pela ausência de evidências reais – essas são questões insuficientemente estudadas. Os historiadores da Eurásia Oriental hesitam menos em assumir que o clima pode produzir mudanças muito profundas na organização social humana.[44] Pode-se esperar que as evidências da Eurásia Oriental para o clima, reunidas e distribuídas sem o fardo da historiografia da *Völkerwanderung*, nos permitam reabrir esse fértil caminho de abordagem.

O tratamento comparativo e interativo dos impérios eurasianos na Antiguidade Tardia traz uma promessa real para novas descobertas e, em particular, desafia especialistas de ambos os lados a divisar as limitações historicamente imbricadas de suas pesquisas especializadas. Migração e invasão são uma parte real da Antiguidade eurasiática e, igualmente, um *tópos* da literatura acadêmica que remonta a centenas de anos, estando intimamente ligada às percepções de uma era da *Völkerwanderung* europeia. Ou seja, migração e invasão são ao mesmo tempo fenômenos históricos e epistemes historiográficas. Separar o equilíbrio entre a realidade histórica e o padrão discursivo, tanto nas fontes quanto na fortuna crítica moderna, permitir-nos-ia fazer perguntas melhores acerca de ambas as facetas, onde quer que foquemos nossa atenção no vasto mundo da Antiguidade eurasiática.

Notas

1 J. Z. Smith, 1978. A ideia do bárbaro no mundo clássico foi extensamente pesquisada, tanto no contexto grego quanto no romano. Entre essa vasta literatura, ver Dauge, 1981; Hall, 1989; e Ferris, 2000.

2 Weidner, 1913, pp. 303-304; Lévy, 1984, pp. 5-14. No momento, parece plausível que a raiz seja, na verdade, suméria, emprestada para o grego via Anatólia: Rousseau, 1995, pp. 15-26.

3 A questão de como gregos e romanos pensavam diferir um do outro é complexa, apesar de, no final do século I AEC, eles terem, em geral, aprendido a se posicionar de um lado da cisão ontológica entre um "nós" greco-romano e um "eles" bárbaro.

4 Ver os ensaios em Hölscher, 2000.

5 Sobre a arte, ver Schneider, 1986; Stewart, 2004.

6 Borchardt, 1971.

7 Krebs, 2011.

8 O título completo – *De gentium aliquot migrationibus, sedibus fixis, reliquis, linguarumque initiis et immutationibus ac dialectis, Libri XII. in quibus praeter caeteros populos, Francorum, Alemannorum, Suevorum, Marcomanorum, Boiorum, Carnorum, Tauriscorum, Celtarumque, atque Gallograecorum tribus, primoridia et posteritas singulorum, quaeque ex his insigniores Principum Comitumque ac nobilitatis totius pene Gemaniae, Latiique et Galliae stirpes processerunt* – tanto lista diversos títulos tribais dos bárbaros quanto sugere que a nobreza moderna europeia derivaria desses antigos príncipes bárbaros.

9 Pocock, 1999-2015, vol. 4, pp. 269-293; Berlin, 1976; Pompa, 1990.

10 MacDougall, 1982.

11 Ver os seis volumes de *Barbarism and Religion* de Pocock, 1999-2015.

12 Grafton, 1999, fornece uma introdução mais adequada que qualquer outro livro de referência historiográfico.

13 Sobre os *Monumenta*, ver Knowles, 1962, pp. 63-97; e Schmitz, 2004.

14 A obra de Seeck foi lançada em seis volumes entre 1895 e 1921 (em Berlim); a de Stein, em 1928 (em Viena).

15 Dahn, 1881-1889, em 4 volumes; e Dahn, 1861-1908, em 12 volumes. A obra de Schmidt foi lançada em 2 volumes (em Munique, 1905).

16 Beck, 2004, pp. 629-648.

17 Ver um panorama em Trigger, 2007.

18 É possível ter uma boa noção de Kossinna em seu *Die deutsche Vorgeschichte, eine hervorragend nationale Wissenschaft* [*A pré-história alemã, uma notável ciência nacional*]. Leipzig, Barth, 1920. Devida atenção deve ser dada ao "nacional" em seu subtítulo.

19 A reputação de Kossinna foi tão tóxica que o invocar hoje diante de um interlocutor acadêmico, diz-se, é usar um *Kossinnamartel*, "um martelo de Kossinna". Ainda assim, uma superabundância de trabalhos arqueológicos recentes sobre material "germânico" (como representativo é possível consultar o tecnicamente rigoroso, embora teoricamente deficiente, volume de Siegmund, 2000) pressupõe uma correspondência ingênua entre objetos e identidade étnica. Ver, em contraste, as críticas de Brather, 2004; Rummel, 2007; Halsall, 2011.

20 Geary, 2002; Wood, 2013a.

21 Effros, 2012; Abós, 2003.

22 Shippey, 2004.

23 Freeman, 1905.

24 Ver uma abordagem sensível a respeito em Meier & Patzold, 2010.

25 *Ein Kampf um Rom* de Dahn, 1876, nunca esteve fora de catálogo, e sua "canção dos últimos dos Godos" é surpreendentemente irredentista.

26 Sobre a perspectiva popular, ver Puschner, 2004.

27 Schmidt, 1940; 1941.

28 Pringle, 2006; muitos arqueólogos de renome na Alemanha do pós-guerra começaram sua carreira escavando a Alsácia, a Lorena e a Polônia durante a guerra.

29 Ver exemplos de Courcelle, 1948, e Piganiol, 1947, cuja célebre frase de desfecho – "A civilização romana não morreu pacificamente. Ela foi assassinada" – não deixava dúvidas de que os assassinos eram, muito especificamente, alemães.

30 Ver Wenskus, 1961; o livro se alheia diretamente a uma tradição de *Altertumskunde* apesar de desafiar seus pressupostos.

31 O volume de Goffart, 1980, defendeu a minimização do nível de ruptura desse período, e um influente projeto de pesquisa da European Science Foundation foi intitulado "A transformação do Mundo Romano". O trabalho de Walter Pohl, por fim, foi o que deslocou a área para além dos vestígios de *Altertumskunde*, rumo a algo novo. Representantes de abordagens atuais são Pohl & Heydemann, 2013a; 2013b. Três obras essenciais de tradições acadêmicas distintas são Coumert, 2007; Halsall, 2007; e Börm, 2013. Argumentos em prol da ideia de migrações em massa violentas ainda podem ser encontrados como no caso de Ward-Perkins, 2005, e Heather, 2005. Eles, porém, ignoram abordagens mais recentes, em vez de confrontá-las. Contra essa perspectiva, ver Kulikowski, 2013.

32 Pocock, 1999-2015, vol. 4, pp. 96-143; Morgan, 1995.

33 De Guignes, 1756-1758, vol. 3, pp. 122-123 (tradução minha).

34 Ver Benjamin, 2007, *passim*.

35 Isto é, os dois volumes recentes de Baumer, 2012, ou os três volumes de Lewis na *Harvard History of Imperial China* (2008, 2009 e 2010).

36 Mesmo os melhores entre esses textos, como *Worlds Together, Worlds Apart* – publicado pela Norton e que, agora, se encontra em sua quarta edição –, perpetuam um paradigma inquestionado de migração (a saber, um mapa de "Invasões nomádicas, 350 AEC-100 EC"). Para o histórico de mapas da *Völkerwanderung*, ver Goffart, 2013.

37 É essa a impressão que temos ante o volume editado por Loewe, 1993, que, como recém-chegado, considero essencial.

38 Di Cosmo, 2002; Sneath, 2007.

39 Vaissière, 2005b, pp. 3-26; Vaissière, 2012.

40 Metodologicamente exemplar é Brosseder & Miller, 2011. Ver também artigos em Bemmann & Schmauder, 2015.

41 Ver, para maiores orientações, Pfisterer, 2012; Jongeward & Cribb, 2015. A primeira tentativa séria de empregar evidências da Ásia Central para a narrativa romana tardia, de Kim, 2013, é mais sugestiva do que convincente.

42 Como consta em, por exemplo, Chin, 2010.

43 Green, 1998, é um sobrevivente bastante raro do antigo método, que persiste sendo um lugar-comum nos estudos da pré-história indo-europeia.

44 Os medievalistas posteriores, munidos de ricas evidências da Grande Fome e da Peste Negra, deixaram de compartilhar a hesitação de seus predecessores.

11

PERSPECTIVAS CHINESAS E CENTRO-ASIÁTICAS DA HISTÓRIA DAS DINASTIAS DO NORTE (386-589): O CASO DA HISTORIOGRAFIA CHINESA

Luo Xin

Duas histórias dinásticas compiladas no início do Período Táng, *A História das Dinastias do Norte* e *A História das Dinastias do Sul* – as duas compostas por Lǐ Yánshòu e finalizadas em 659 EC –, estabeleceram, para as gerações posteriores, a perspectiva historiográfica padrão acerca das Dinastias do Norte e do Sul. Autores Táng valeram-se da designação "Dinastias do Norte" como um termo generalizante, que abarcava todos os regimes no Norte da China após a fundação de Wèi do Norte (386-534 EC) e antes da queda da Dinastia Suí (581-618 EC). Escritores posteriores, por sua vez, tenderam a separar a Dinastia Suí das do Norte, possivelmente por considerarem-na a primeira organização política que unificou a China, em sua totalidade, desde a Dinastia Jīn Ocidental (265-420 EC). A historiografia moderna herda essa convenção, excluindo a Suí, assim, das "Dinastias do Norte". Uma vez que a Dinastia Suí se justapôs às Dinastias do Norte, o Período dos Dezesseis Reinos (304-439 EC) precedente a Wèi do Norte igualmente se justapôs às Dinastias do Norte. A Dinastia Wèi do Norte surgiu pela primeira vez durante o Período dos Dezesseis Reinos como um de muitos reinos pequeninos; gradualmente ela ganhou preeminência absorvendo, de forma sucessiva, muitos de seus vizinhos. Nesse sentido, o período inicial da história de Wèi do Norte compreende uma parte crucial da história dos Dezesseis Reinos. Ademais, as porções intermediária e final da história dos wèi do Norte funcionaram essencialmente como continuação e eventual conclusão do Período dos Dezesseis Reinos. Consequentemente, referências à história das "Dinastias do Norte" também aludem de forma implícita à história dos Dezesseis Reinos.

Um traço proeminente dos Dezesseis Reinos e das Dinastias do Norte posteriores foi seu caráter centro-asiático: os fundadores de várias regiões durante o Período dos Dezesseis Reinos – incluindo o fundador da Dinastia Wèi do Norte, Tuòbá Xiānbēi – eram indivíduos altaicos, da Ásia Interior. De forma geral, tais grupos falavam línguas túrquicas antigas e protomongólicas. Muitos migraram e se assentaram ao longo e até mesmo no interior da Grande Muralha já no início do Período Hàn Oriental (25-220). Alguns dos grupos da Ásia Interior foram mais longe e adentraram o núcleo das Planícies Centrais. Atuando originalmente como unidades individuais na sociedade multiétnica que se formou após o colapso de Hàn, esses grupos sobrepujaram a linhagem imperial durante o tumulto político do período final de Jīn Ocidental (265-316). Eles fizeram a Dinastia Jīn migrar para o Sul, para a área do rio Yángzǐ e além, dando início à nova fase dos Dezesseis Reinos no Norte da China.

Esses povos da Ásia Central e seus descendentes não retornaram à sua terra natal nas estepes após cruzar a Grande Muralha. Antes, eles gradualmente adotaram um estilo de vida agrário e sedentário, o que por vezes alterou, em determinados casos, sua identidade étnica. Durante os últimos anos das Dinastias do Norte, eles passaram a fazer parte do grupo étnico "Hànrén", uma categoria híbrida. Muitos historiadores chineses modernos enfatizam a profundidade e a intensidade da interação entre diferentes grupos étnicos durante os 300 anos dos Dezesseis Reinos e das Dinastias do Norte, chamando esse período de uma era de "grande mescla dos povos". A ascensão e a queda de grupos diversos levaram ao desaparecimento de algumas identidades étnicas, e igualmente estimularam o surgimento de novas. Os povos da Ásia Interior dominaram a arena política e impuseram suas preferências culturais. Foram eles que moldaram a aparência dos hànrén durante os períodos das Dinastias do Norte, Suí e Táng. Apesar de sua origem estrangeira, os povos centro-asiáticos ocuparam o estrato social das elites na sociedade hànrén dali em diante, por séculos. No século XIII, essa situação levou Hú Sānxǐng a clamar: "A maioria desses célebres sujeitos nas Dinastias Suí e Táng foram, na verdade, descendentes do povo do Norte. Que sentido faz distingui-los entre clãs?!".[1] O propósito de Hú – "distingui-los em clãs" – era, de fato, "diferenciar os chineses dos bárbaros". A esse respeito, ele é como os demais historiadores, tanto nos tempos antigos quanto modernos, que adotam um ponto de vista sinocêntrico para julgar as escolhas culturais dos povos da Ásia Central; eles enaltecem os que adotaram a cultura chinesa e criticam os que tentaram manter as tradições da Ásia Interior. Consequentemente, documentos históricos podem deixar falsas impressões aos seus leitores de que, por exemplo, os conquistadores da Ásia Interior "eram bem versados nas tradições chinesas, apesar de não serem chineses".[2] Ademais, nos documentos históricos das Dinastias do Norte, os registros de figuras chinesas famosas e de suas famílias tendem a ocupar um espaço desproporcionalmente extenso. Esse tipo de escrita historiográfica obscureceu deliberadamente a presença de elementos da Ásia Central nos Dezesseis Reinos e nas Dinastias do Norte. Gerações posteriores de pesquisadores que citam esse tipo de fonte costumam enfatizar a superioridade da civilização chinesa, já que ela teria conseguido se impor na medida em que converteu e transformou os conquistadores da Ásia Central. Lamentavelmente, essa historiografia sinocêntrica não faz jus à complexidade desse período e tampouco a reflete.

Inquestionavelmente, as Dinastias do Norte são parte da história chinesa antiga. Ainda assim, é inegável que a história das Dinastias do Norte é também rica e, aliás, traz fartos elementos centro-asiáticos. A história das Dinastias do Norte se sobrepõe à história da Ásia Central de tal forma que pode ser vista como sua parte integrante. Assim, é possível ressaltarmos duas abordagens alternativas ao estudo das Dinastias do Norte. Uma delas é sinocêntrica e enfatiza a continuidade histórica entre as Dinastias Hàn e Táng. Desse ponto de vista, as Dinastias do Norte constituiriam uma parte intrínseca da história chinesa, na medida em que ajudam a fornecer as sequências históricas que ligam essas duas grandes dinastias. Em contrapartida, a segunda abordagem, que adota uma perspectiva centro-asiática, reconhece as rupturas efetuadas entre os Períodos Hàn e Táng. Tal abordagem requer que examinemos os encontros e conflitos entre as tradições chinesa e intra-asiática, assim como a aculturação e a adaptação que se deram em cada tradição, como resultado de sua interação. Naturalmente, as premissas básicas dessas duas abordagens são conflitantes e, geralmente, exigem que os pesquisadores façam uma escolha fundamental.

Diante dessas alternativas, a historiografia tradicional chinesa adotou a perspectiva sinocêntrica ao tratar das Dinastias do Norte. Embora essa visão não exclua a presença de elementos intra-asiáticos em sua história, ela acaba posicionando o desenvolvimento das tradições chinesas no cerne de suas narrativas e análises históricas. De acordo com sua interpretação, o direcionamento geral, a velocidade e a intensidade dos desenvolvimentos históricos não são devedores, em qualquer medida, aos elementos intra-asiáticos, evidenciando, antes, a solidez da história chinesa. Chén Yínkè (1890-1969), um dos historiadores mais célebres da China novecentista, fornece um exemplo dessa visão ao elogiar com entusiasmo os esforços de Wáng Dǎo (276-339) em lidar com as elites locais no vale do rio Yángzǐ para que uma dinastia chinesa sobrevivesse, após os "bárbaros do Norte" terem impelido a Dinastia Jīn (317-419) para o Sul. A maior preocupação de Chén é a resiliência da civilização chinesa; ele afirma: "Nossa nação é capaz de permanecer independente e nossa cultura continua por causa disso".[3] Em uma de suas obras mais conhecidas, Chén Yínkè examina as três fontes centrais das instituições Suí e Táng, assim como o processo de sua reorganização e integração.[4] Ele dá mostras convincentes da continuidade inerente da história de Hàn e Táng e estabelece, com sucesso, os fundamentos para interpretações históricas subsequentes.

A proeminência historiográfica da continuidade Hàn-Táng foi ainda mais intensificada após a elaboração de Táng Zhāngrú (1911-1994) da teoria da *Nánchāo huà* – isto é, da transformação ao longo de parâmetros dinásticos sulistas.[5] Essa teoria propõe que a Dinastia Táng acabou entrando na corrente dominante da história chinesa por seguir a trajetória das Dinastias do Sul, em detrimento da trajetória das Dinastias do Norte.[6] Hú Bǎoguó, um pesquisador contemporâneo, resume sucintamente a visão de Táng:

A explicação de Táng Zhāngrú é que, como os fundadores dos Dezesseis Reinos constituíam grupos minoritários, eles trouxeram consigo características específicas de sua sociedade. Essas características, contudo, inevitavelmente desapareceram, uma vez que certas condições históricas também esvaneceram. O esvanecer dessas condições históricas particulares teria causado transformações na Dinastia Táng. Ou seja, o processo de *Nánchǎo huà* consiste no processo de desaparecimento das características ímpares centro-asiáticas das Dinastias do Norte.[7]

Móu Fasōng, um dos pupilos de Táng, acredita que as Dinastias do Norte representam um período anômalo para a história chinesa – um subproduto da contingência histórica que malogrou em sua tentativa de alterar tendências históricas profundas e subjacentes. Assim, para Móu, as Dinastias do Norte devem sua conquista e sua unificação a vantagens militares efêmeras. O fluxo da história chinesa teria se voltado contra esses conquistadores e, por fim, retomado o curso representado pelas Dinastias do Sul.[8] Quer descrevamos o Período dos Dezesseis Reinos/Dinastias do Norte como um produto de circunstâncias históricas particulares, quer o descrevamos como um período anômalo na história chinesa, nos dois casos estaremos refletindo e limitando as estratégias metodológicas e interpretativas dos historiadores.

É notável o fato de a teoria de *Nánchǎo huà* contrastar diretamente com a chamada teoria *Běicháo zhǔliú* (Dinastias do Norte como corrente principal), que defende a importância estrutural da história das Dinastias do Norte no decorrer da *longue durée*, sobretudo quando as comparamos com as Dinastias do Sul. Tián Yúqìng (1924-2014), um medievalista chinês notável e extremamente influente, escreveu: "De uma perspectiva holística, a corrente principal da história em toda a Jīn Oriental/Dinastias do Sul e dos Dezesseis Reinos/Dinastias do Norte encontra-se no Norte, não no Sul".[9] Essa afirmação é a formulação mais antiga e evidente da teoria de *Běicháo zhǔliú*. Essa frase nos lembra a tese histórica sugestivamente romântica de Chén Yínkè:

> Ao tomar o sangue incivilizado e robusto dos confins da Grande Muralha e despejá-lo dentro do corpo desalentado da cultura das Planícies Centrais, eliminou-se o velho e deu-se oportunidade para que o novo surgisse. O corpo dilatou e expandiu-se, gerando uma dinâmica sem precedentes.[10]

Enquanto Tián se concentrava em fatores políticos, Chén via a influência profunda e abrangente da entrada das Dinastias do Norte na história chinesa do ponto de vista da vitalidade. Alinhado com a ideia de vitalidade, Yán Bùkè, um medievalista contemporâneo, enfatizou a influência significativa de vários elementos tradicionais não hàn na cultura chinesa. Em seu estudo do sistema de hierarquia burocrática e do desenvolvimento da autoridade imperial nas Dinastias do Norte e do Sul, ele apresentou a teoria *Běicháo chūkǒu shuō* (saída das Dinastias do Norte),[11] o que significava que as Dinastias do Norte, e não as do Sul, seriam a verdadeira ponte entre as antigas tradições da Dinastia Hàn e as novas tradições da Dinastia Táng. Ele assim oferece uma teoria da continuidade baseada no Norte, não no Sul. Mais recentemente, Yán reafirmou que "a estrutura política particular dos grupos étnicos estrangeiros das Dinastias do Norte infiltrou-se e forneceu maior ímpeto para o rejuvenescimento do sistema imperial". Assim, grupos intra-asiáticos alheios à tradição chinesa tornaram-se os principais agentes da renovação de sua cultura tradicional. Como Yán aponta, "a integração da aristocracia militar das Dinastias do Norte com a autoridade real de etnias diversas tornou as Dinastias do Norte um escape para a história imperial chinesa, trazendo, destarte, uma série de transformações institucionais".[12]

Apesar das diferenças interpretativas relativas às Dinastias do Norte, pesquisadores de ambos os campos – quer enfatizem a contingência e a idiossincrasia desse período, quer enfatizem sua importância e sua repercussão histórica – compartilham uma base analítica comum. Cada um deles busca retraçar os fios do desenvolvimento histórico chinês. Eles dividem com exatidão os Dezesseis Reinos e as Dinastias do Norte entre os Períodos Hàn-Wèi e Suí-Táng. A maioria dos estudos chineses contemporâneos sobre as Dinastias do Norte demostra tal orientação sinocêntrica.

Como uma alternativa viável para o sinocentrismo, situar as Dinastias do Norte na história da Ásia Interior eventualmente nos defrontará com as Dinastias do Norte sob um viés distinto. No entanto, para muitos estudiosos, adotar uma abordagem não sinocêntrica evoca uma questão difícil: como conseguiríamos comparar as insubstanciais tradições da Ásia Interior à enormidade da história chinesa, com suas abundantes fontes e tradições escolásticas? Certamente, as limitações das fontes históricas da Ásia Central são descomunais, e reconheço a apreensão desses pesquisadores. Mesmo assim, gostaria de discutir a história das Dinastias do Norte de uma perspectiva centro-asiática. Como realizar uma pesquisa produtiva sobre esse assunto?

Há muito tempo, eruditos vivendo durante o Período das Dinastias do Norte forneceram uma resposta a essa questão ao notarem que os problemas surgidos no decorrer de suas vidas não podiam ser localizados na tradição chinesa. Yán Zhītuī (531-595), um intelectual que viveu em muitas dinastias no Sul e no Norte, experimentando infortúnios diversos que incluíram frequente aprisionamento, é um exemplo desse tipo de erudito. Ao comparar os papéis das mulheres nas Dinastias do Norte e do Sul, ele reconheceu os limites elucidativos das tradições chinesas. Yán escreve:

> Em Yè, a capital do Norte de Qí, é apropriado que as mulheres administrem os assuntos familiares, contestem ações judiciais, enviem convites e recepcionem convidados, levem a carriola pela rua, trajem vestidos elegantes em repartições e templos, façam petições em nome de um filho e submetam uma queixa no nome de seu marido. Seriam esses costumes remanescentes de Héng e Dài?[13]

Dài é a área da cidade de Píngchéng, a antiga capital de Wèi do Norte; Héng é o nome de uma montanha próxima a essa área. Assim, os "costumes de Héng e Dài" referem-se aos costumes praticados durante o período em que Píngchéng funcionava como a capital de Wèi do Norte, antes de o imperador Xiàowén transferir o centro do governo para Luòyáng. Em grande parte, os costumes de Píngchéng seriam reminiscentes da sociedade das estepes da Ásia Interior. Yán descobriu que as mulheres em Yè desempenhavam um papel proeminente e ativo em assuntos domésticos e sociais – e parece improvável que seu comportamento representasse um legado cultural deixado pela sociedade hàn e wài. Assim, deveria haver outra fonte para esse costume, a qual Yán malogrou identificar na tradição chinesa. Retrospectivamente, fica a sugestão de que Yán só precisava levar sua observação um passo adiante e buscar as origens dessas práticas na tradição nomádica. Caso o tivesse feito, ele teria criado uma nova síntese de pesquisa sobre as Dinastias do Norte e sobre a história e as sociedades centro-asiáticas.

Outros autores de sua época, no entanto, eram bem cientes do papel proeminente que as mulheres desempenhavam na sociedade das estepes. Citando o *Sānguózhì* [*Crônica dos Três Reinos, século III*], um historiador das Dinastias do Sul relatou que os Wūwán "matam seus pais e irmãos quando estão enfurecidos, mas jamais fariam mal a suas mães. [...]. Dessa forma, o costume é que as mulheres tomem decisões rotineiras e os homens só assumam o comando em tempos de guerra".[14] O significado dessa descrição vai além, porque a sociedade e a cultura de Xiānbēi eram bastante semelhantes às dos wūhuán, em todos os níveis. Se Yán Zhītuī tivesse seguido essa linha de pensamento e empreendido uma pesquisa das origens dos povos do Norte, adentro da Ásia Central, ele teria conduzido uma pesquisa histórica sobre as Dinastias do Norte de uma perspectiva da Ásia Interior.

Zhū Xī (1130-1200), um dos filósofos confucionistas mais importantes da história chinesa, tem um dito bastante conhecido por ter servido de citação de Chén Yínkè nas primeiras linhas de um de seus livros mais célebres: "As raízes da família imperial táng advém das tribos dos bárbaros do Norte, de forma que não consideram incomum quando uma afronta contra a decência ocorre nessa família".[15] Talvez Zhū Xī o tenha expressado para explicar as diferenças entre as Dinastias Táng e Sòng; Chén Yínkè, porém, citou essa frase para estabelecer seu conceito básico de historiografia cultural.[16] Nenhum deles prestou muita atenção à história da Ásia Central, embora ambos tenham introduzido elementos centro-asiáticos em suas discussões acerca das Dinastias do Norte, assim como acerca das Dinastias Suí e Táng. Não seria possível que a tal "afronta contra a decência" consistisse na tradição dos povos do Norte sobre a qual Yán Zhītuī escreveu? Buscar, dessa maneira, as origens dos fenômenos culturais entre as tradições da Ásia Interior é sugestivo, mas os documentos históricos não fornecem qualquer prova definitiva para tal conclusão. Esse não é um exemplo adequado da "História das Dinastias do Norte de uma perspectiva centro-asiática" que estou tentando construir.

A fim de enriquecer nossa compreensão da história das Dinastias do Norte de uma perspectiva intra-asiática, nossa pesquisa deve ser direcionada para questões que esclareçam a história da Ásia Interior com referência a fontes historiográficas pontuais. Nas principais regiões do continente eurasiático, o material histórico relacionado ao interior do continente é extremamente escasso e, muitas vezes, não adveio dos povos intra-asiáticos. Essa lacuna é particularmente grave quando discutimos povos, eventos e instituições anteriores ao século VIII; nesse caso, o conhecimento histórico deve derivar de fontes produzidas em idiomas outros que os intra-asiáticos. Como resultado, materiais em língua chinesa praticamente monopolizaram o *corpus* de fontes do Leste da Ásia Interior até o século VIII. Esse legado textual é, em si, produto da interseção de longo prazo e sobreposição mútua da história da Ásia Interior e da história chinesa. No entanto, os materiais em língua chinesa foram produzidos e preservados em uma sociedade sedentária, e inevitavelmente refletem seus preconceitos culturais. Dessa feita, devemos ser extremamente cuidadosos e críticos ao investigar a Ásia Interior por meio dessas fontes. Períodos caracterizados por intensa interação entre a Ásia Interior e a China são, de fato, ricos em material histórico da Ásia Interior, embora muitas vezes se encontrem incorporados nas próprias fontes chinesas. O Período das Dinastias do Norte é precisamente um desses.

A pesquisa historiográfica das Dinastias do Norte de uma perspectiva intra-asiática traz uma contribuição notável para a história da última região. Hé Dézhāng, por exemplo, estuda uma prática personalizada chamada Tuòbá Xiānbēi, que consiste em um dos fios históricos que ligam os períodos inicial e médio de Wèi do Norte.[17] O *Sòngshū* registra que, ao final do sexto mês, os imperadores wèi do Norte levariam seu séquito à montanha Yīnshān na borda Sul da estepe, em um ritual denominado "rechaçar a geada".[18] Hé Dézhāng indica que a prática não consistia em um costume antigo, mas sim em uma jornada cerimonial a uma localidade militar e economicamente estratégica, promulgada pela primeira vez durante os reinados dos dois imperadores iniciais. Em duas décadas, Tuòbá Xiānbēi tornou-se uma instituição reconhecida por lei. A região da montanha Yīnshān era um ponto estratégico onde os wèi do Norte lutaram contra os rouranos (cerca de 400-552), o poderoso Império nômade centralizado nas estepes mongóis. Essa luta consistiu em uma das maiores tragédias no palco intra-asiático do período, especialmente entre 400 e 490. Wèi do Norte perdeu seu domínio sobre a Ásia Interior gradualmente, e a própria montanha Yīnshān foi destituída de seu significado militar e econômico. Com essa perda de *status*, também o ritual Tuòbá Xianbei chegou ao fim.

Esse exemplo demonstra como uma investigação sobre a evolução histórica de um costume supostamente anistórico, interno a uma entidade política intra-asiática, pode abrir um novo caminho de pesquisa. A criação e a transformação de tais práticas expõem a natureza complexa e intrincada da política, da cultura e da economia, por um lado, além de demandas atuais e legados culturais, por outro. O foco principal do ensaio de Hé é explicar como o centro político de Wèi do Norte migrou gradualmente para o Sul; ou então, do ponto de vista histórico da Ásia Interior, como o Tuòbá Xiānbēi esvaneceu do mundo nômade centro-asiático. Embora a justaposição entre a história da Ásia Interior e a da China nunca tenha sido abandonada por completo, é fascinante ver como tanto uma quanto outra tomaram rumos divergentes.

No mesmo espírito, a pesquisa de Tiān Yùqīng sobre o sistema de *zǐguī mùsī* de Wèi do Norte (matar a mãe cujo filho é escolhido como herdeiro) revolucionou nossa compreensão acerca da pose de um soberano Tuòbá.[19] Seus estudos desvendaram a camuflagem cultural por cima do sistema de sucessão Tuòbá, chegando a uma conclusão inesperada: a saber, a de que tal prática veio originalmente de um costume tribal do interior asiático. Segundo Tiān, esse costume surgiu como subproduto de conflitos entre diferentes facções do grupo governante – tratou-se de uma solução pragmática para um problema político real que, mais tarde, se verteu em um elemento arraigado às tradições Tuòbá. Ao estudar a fundação e a estabilização da autoridade imperial no período inicial do reino de Wèi do Norte, Tiān descobriu elementos da linhagem Wūhuán e da família matriarcal ligados à prática *zǐguī mùsī* os quais foram lentamente obliterados pelo tempo; seu ensaio explora a influência e o passado tribal de imperatrizes e concubinas no período inicial do ritual Tuòbá, sobretudo aquelas cujos filhos assumiram o trono. A prática, adotada para refrear a influência dessas mulheres, ilustra a história intricada entre política faccional e transformação social durante o período das estepes da história de Tuòbá. Portanto, a compreensão acadêmica desse episódio histórico intra-asiático – a saber, a história da ascensão, da expansão e da estabilização de algumas entidades políticas da Ásia Interior – beneficia-se da descoberta de Tiān. É preciso ressaltar que os ensaios reunidos de Tiān em *Tuòbá Shǐtán* ([*História de Tuòbá*], 2003) são todos exemplos de uma historiografia das Dinastias do Norte de uma perspectiva centro-asiática, apesar de ele não ter se proposto a investigar a história da região.

Procurei expandir meu próprio estudo da história chinesa antiga para incluir a história da Ásia Interior. Aos poucos, notei que a sobreposição entre a história da China e a da Ásia Central não só possibilita aos acadêmicos ampliar seus horizontes, mas igualmente representa um grande desafio. A pesquisa dessa história pode beneficiar ambos os campos de estudo, simultaneamente. Entretanto, há também um risco de parecermos excessivamente simplistas e sem rigor se não atendermos às normas e aos requisitos dessas áreas. Por exemplo, a história chinesa e a história do interior asiático requerem treinamento filosófico extenso, de forma que atender de fato aos requisitos para um só desses campos, para não mencionar os dois, é um serviço árduo. Apesar das dificuldades, é bastante importante que todos os historiadores estejam munidos do conhecimento e da consciência disciplinar do campo da história da Ásia Interior ao estudar qualquer período da história chinesa caracterizado pela interação cultural. A consciência disciplinar aqui discutida deve ser interpretada como o estudo ativo da história intra-asiática, incluindo suas fontes e seus métodos. Essa demanda implica não somente impormos os requisitos das tradições e os padrões da história chinesa ao curso de nossa pesquisa; implica, igualmente, empregarmos as técnicas, as normas e o conhecimento da história da Ásia Interior como fonte de inspiração e contrapeso para conclusões extrapolantes. Realizei minha pesquisa sobre o sistema *Wèi tègēn* do Norte e sobre os títulos políticos e antropônimos da Ásia Interior trazendo isso em mente.[20]

É desnecessário dizer que, ao acrescentarmos uma perspectiva do interior asiático à história das Dinastias do Norte, enriqueceremos nossa compreensão desse campo, provendo um panorama mais completo. A relevância dessa perspectiva, porém, não se esgota aí. Salientei que as Dinastias do Norte fazem parte tanto da história chinesa quanto da história intra-asiática, e suas interseções não são acidentais ou isoladas; elas percorrem todo o curso da história chinesa. O debate suscitado por estudiosos da nova historiografia Qīng – sobre se a Dinastia Qīng seria ou não seria chinesa – pode, facilmente, deixar a impressão equivocada de que a Dinastia Qīng é única na história do país. Na realidade, quase metade da história chinesa é afetada pelas questões levantadas por esses estudiosos da Dinastia Qīng; a outra metade é caracterizada pela justaposição contínua entre a história chinesa e a história centro-asiática. A historiografia do interior asiático não depende da história chinesa para ser criada ou sustentada; mas o interior asiático, de forma geral, nunca pôde evitar contatos com a China. Certas porções da história da Ásia Interior não foram registradas e examinadas pelos historiadores chineses e, agora, estão perdidas para sempre. No entanto, em certas ocasiões, tal interação determinou o curso da história chinesa. Se não aceitarmos isso, como poderemos debater se as Dinastias Qīng, Yuán, Liáo, Jīn e Xī Xià, bem como as Dinastias do Norte e os Dezesseis Reinos, são ou não são chinesas?

Uma das contribuições mais importantes da "nova história Qīng" reside no fato de ela ter enfatizado uma perspectiva da Ásia Interior para o estudo da história Qīng. Podemos ampliar o alcance desse argumento atestando que, em cada período da história chinesa, os povos e costumes do interior asiático desempenharam certo papel, embora sua influência tenha variado e não possa ser considerada simétrica, uniforme ou equilibrada. Os Dezesseis Reinos e as Dinastias do Norte, bem como as Dinastias Liáo, Jīn, Xī Xià, Yuán e Qīng, são períodos de forte caráter intra-asiático. Em contraste, o caráter centro-asiático das Dinastias Qín, Hàn, Táng, Sòng e Ming foi relativamente fraco, embora tenha sido significativo onde a influência se deu. Mesmo em cada uma das dinastias de caráter centro-asiático mais ressaltado, as diferenças de espaço e tempo implicam que a qualidade de seu "intra-asianismo" diferiu. Por exemplo, na Dinastia Qīng, a proeminência relativa dos elementos intra-asiáticos é variável de acordo com os períodos inicial e tardio.

A exploração do histórico das Dinastias do Norte descortina o valor de uma perspectiva do interior asiático e a importância de se envolver no estudo de sua história, em vez de apenas contemplar os horizontes ao Norte de dentro da Grande Muralha. Uma vez que aplicarmos esse tipo de percepção a um grande *corpus* de pesquisa historiográfica, poderemos antecipar o dia em que "[a] voz outrora abafada e a narrativa outrora ocultada gradualmente emergirão sobre a mesa", tal qual observa Mark Elliott – não apenas na história Qīng, mas também em todos os períodos da história chinesa.[21]

Notas

1 *Zīzhì Tōngjiàn*, 108.3429, *apud* Guāng, 1956. Hú Sānxǐng (1230-1302 EC), erudito chinês sob o domínio mongol, realizou as correções e os comentários para o *Zīzhì Tōngjiàn*.

2 Yì, 1984a, vol. 8, pp. 164-165; 1984b, pp. 164-165.

3 Yīnkè, 1980.

4 *Idem*, 1963, pp. 1-3.

5 A maioria dos acadêmicos chineses e japoneses crê que as Dinastias do Sul desenvolveram instituições mais complexas, como uma economia de *commodities* e um sistema tributário, assim como sistemas educacionais e realizações literárias bastante superiores. Nesse sentido, seguir os passos das Dinastias do Sul pode ser o caminho certo para o progresso, e, mais cedo ou mais tarde, o Norte há de seguir esses passos. Táng Zhāngrú argumenta que a Dinastia Táng seguiu essa regra; ele cunhou o termo *Náncháo huà*, que significa "seguir o caminho das Dinastias do Sul".

6 Zhāngrú, 1992, pp. 486-491.

7 Bǎoguó, 2011, p. 15.

8 Fasōng, 1996.

9 Yúqìng, 2005, p. 296.

10 Yīnkè 1980a, p. 303.

11 Bùkè, 2009, pp. 240-245.

12 *Idem*, 2012.

13 Lìqí, 1993, p. 48.

14 *Sānguózhì*, seção 30.832, *apud* Shòu, 1982.

15 *Zhūzǐ yùlùn*, seção 136.3245, *apud* Jǐngdé, 1986,

16 Yīnkè, 1956, pp. 1-19.

17 Dézhāng, 1993.

18 *Sòngshū*, seção 95.2322, *apud* Yuè, 1974.

19 Yúqìng, 2011, pp. 1-51.

20 Xīn, 2009.

21 Elliot, 2006.

12

XIŌNGNÚ E HUNOS: PERSPECTIVAS ARQUEOLÓGICAS ACERCA DE UM DEBATE TRANSECULAR SOBRE IDENTIDADE E MIGRAÇÃO

Ursula B. Brosseder

A questão de se os hunos europeus das fontes textuais ocidentais (375-455 EC) estão de alguma forma relacionados aos xiōngnú, mencionados em registros chineses (século II AEC-século II EC), tem sido discutida há quase 250 anos. Pesquisadores de diferentes disciplinas – historiadores, linguistas, arqueólogos – não chegaram a qualquer consenso sobre essa questão. Sugiro que nosso estado atual de conhecimento a respeito se qualifica como de "ignorância informada".[1]

Joseph de Guignes, um dos mais importantes historiadores do Iluminismo, abre sua extensa obra *Histoire générale des Huns, des Turcs, des Mogols, et des autres Tartares occidenteaux* [*História geral dos hunos, turcos, mongóis e demais tártaros ocidentais*] com as seguintes palavras:

> Proponho apresentar nesta obra a história de um povo praticamente desconhecido, que em diferentes épocas estabeleceu reinos poderosos na Ásia, na Europa e na

África [...] no Norte da China, entre os rios Irtish e Amur, e assumiu o controle de toda a Grande Tartária.[2]

O que De Guignes quis dizer ao empregar o termo "huno" para povos que estabeleceram diferentes reinos nas estepes tem sido interpretado de várias maneiras. Julius Heinrich Klaproth considerou, em 1826, que a simples semelhança do nome foi o que levou De Guignes a concluir que os xiōngnú eram os hunos. Étienne de la Vaissière acredita que, em função de os xiōngnú e os hunos terem estilos de vida semelhantes, De Guignes usou o mesmo nome para se referir a ambos.[3] Otto Maenchen-Helfen e David Curtis Wright enfatizam que De Guignes escreveu uma história política – a partir, aliás, do século XVIII – e, portanto, não estava preocupado em relacionar os hunos aos xiōngnú em termos culturais, raciais ou linguísticos. Para De Guignes, interessado exclusivamente da genealogia do grupo político, já que a organização política xiōngnú foi preservada, os xiōngnú eram um tipo de huno, mesmo que todos tivessem perecido.[4]

Ao longo do século XIX, a discussão foi conduzida sobretudo por linguistas interessados em inter-relacionar o nome ou a língua dos xiōngnú e a dos hunos.[5] Na década de 1940, a arqueologia entrou no debate em função de historiadores que passaram a usar a cultura material como evidência.[6] Porém, foi somente na década de 1990 que Irina Zaseckaja e Nikolai Bokovenko tentaram estabelecer uma conexão entre os xiōngnú intra-asiáticos e os hunos europeus, mediante uma análise arqueológica de artefatos.[7] Em sua opinião, a disposição de caldeirões metálicos é reflexo de uma migração gradual dos grupos xiōngnú para o Ocidente.

Há décadas os arqueólogos vêm examinando o problema da origem da cultura material associada aos hunos europeus.[8] Em sua maioria, eles têm feito isso mapeando objetos associados aos hunos europeus, como um tipo específico de caldeirão, diademas, o motivo do raptor e demais elementos que pertencem à cultura da elite huna. Os mapas de distribuição de objetos produzidos por esses arqueólogos mostram a ocorrência de objetos no Sudeste da Europa e na área do mar Negro – alguns podem ser rastreados até a área de Tiān Shān e o lago Balkhash, embora não nas regiões da Ásia Central mais a Leste, onde os grupos xiōngnú estavam localizados (ou seja, no Sul da Sibéria, na Transbaikalia, na Mongólia; Figura 12.1.1-6). Traçando o caminho oposto, Peter Tomka tentou identificar elementos xiōngnú característicos na cultura material da Ásia Interior e Central e seguiu essa cultura material até chegar aos hunos europeus – mas malogrou devido à escassez de materiais arqueológicos na Ásia Central, principalmente no Cazaquistão.[9]

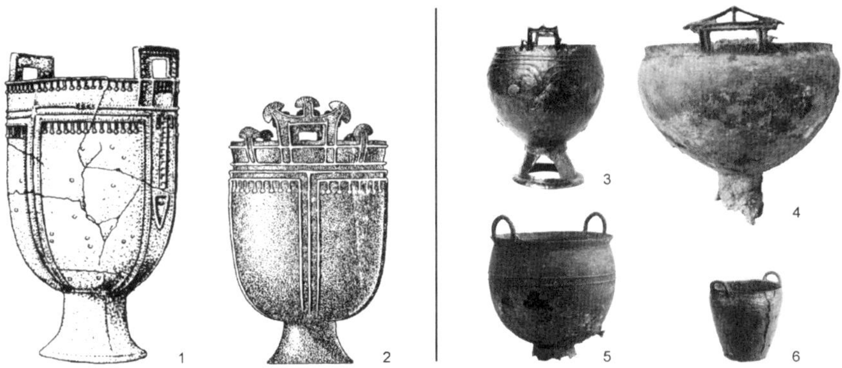

Figura 12.1 – Caldeirões metálicos. 1-2: Grandes caldeirões típicos de contextos de hunos europeus. Fonte: Hayashi, 2011. 3-6: Caldeirões típicos de sepulturas do Período Xiōngnú da Mongólia. Fonte: Ėrėgzėn, 2011. Escala 1:10.

O fato de o debate acerca da relação entre os xiōngnú e os hunos ainda ser um tópico atual se deixa entrever pelos artigos recentes de Christopher Atwood, Étiènne de la Vaissière e Toshio Hayashi, que revisaram os dados históricos, linguísticos e certos dados arqueológicos, apresentando, porém, resultados bastante distintos das narrativas de eventos e não chegando a qualquer consenso.[10]

Atwood observa que o nome "xiōngnú", transcrito em sânscrito ("hūṇa"), sogdiano ("xwn"), corásmio ("hūn"), saka ("huna"), grego ("khōnai", "ounna") e latim ("hunni"), aparece sucessivamente e de forma paralela em diferentes partes da Eurásia. Dada essa difusão, a maior dificuldade para entender a sucessão dos nomes variantes não reside em suas conexões filológicas, mas em suas conexões históricas. Assume-se, de forma geral, que o trânsito dos nomes "xiōngnú" e "huno" seguiu as rotas de migração das estepes para o Oeste. Em contrapartida, encontramos uma sucessão de variantes que saltam da Mongólia para a Índia e, então, da Índia para o Norte e o Oeste, chegando ao Império Romano.[11] A distribuição do nome, segundo Atwood, não pode estar ligada a uma mera migração. Toshio Hayashi, por sua vez, revisa os caldeirões de metal com base em materiais adicionais da Ásia Interior e conclui que eles podem indicar que alguns grupos de xiōngnú se deslocaram gradualmente para o Ocidente.[12]

Étienne de la Vaissière oferece uma narrativa diferente. Referindo-se a uma passagem do *Wèishū*,[13] escrita na metade do século VI EC, ele sugere que "o restante dos descendentes dos xiōngnú" localizava-se ao Extremo Noroeste do Canato Rourano – o que ele interpreta como a área ao Norte de Altai.[14] Outra passagem do *Tōngdiǎn*, escrita no final do século VIII, menciona um grupo de hunos chegando à Ásia Central de Altai, após o ano 360 EC. Dessa forma, ele propõe que os grupos xiōngnú permaneceram na região de Altai e, de lá, invadiram a Ásia Central e a Europa em meados do século IV.[15] A fim de encontrar suporte para a escassa evidência dessas fontes textuais, La Vaissière recorre a materiais arqueológicos. Embora reconheça que a evidência arqueológica da Ásia Central é lamentavelmente escassa, ele considera os caldeirões de metal como indícios-chave, que mostram "uma evidente ligação com o interior asiático (ou seja, as montanhas Altai, a Mongólia, o Sul da Sibéria e parte Norte da China)" – assim, ele amplia as fontes textuais. Para La Vaissière essa narrativa seria corroborada por um evento de mudança climática, uma queda acentuada da temperatura entre meados dos séculos IV e VI, acompanhada de um avanço das geleiras nos vales do Altai que expulsou os grupos xiōngnú daquela área.[16] Em sua opinião, a questão de saber se existe uma relação política entre os xiōngnú e os hunos se alterou; cabe agora provarmos uma conexão entre os xiōngnú dos séculos I e II na Mongólia, e os xiōngnú do século IV em Altai. Somente uma investigação cuidadosa da arqueologia dos dois séculos de história da estepe mongol que separaram o fim do Império Xiōngnú e a migração dos hunos poderá mostrar como os xiōngnú mantiveram a sua identidade numa zona de povoamento nas encostas Norte do Altai e na bacia de Minusinsk. Apesar de toda a recombinação de tribos e desenvolvimentos internos, La Vassière vê uma "continuidade política e até certo ponto cultural entre os xiōngnú e os hunos".[17]

A arqueologia há muito foi proposta como a única disciplina capaz de produzir estudos significativos para avançarmos nesse tópico.[18] Com frequência declarações do tipo se combinam à esperança de que, porventura, novos dados arqueológicos servirão para conectar materiais asiáticos xiōngnú e dos hunos europeus.[19] Dado que a arqueologia pode prover esse elo perdido, e já que os materiais arqueológicos já são interpretados como evidência de uma relação existente, o ponto de vista arqueológico parece necessário e promissor (Mapa 5).

Migração, mobilidade e o registro arqueológico da Ásia Interior

Nas últimas décadas, a rastreabilidade e o papel da migração vêm sendo explorados de maneiras diversas.[20] A pesquisa atual visa reconstruir com maior minúcia, por meio de análises isotópicas e genéticas, os padrões diversos de mobilidade de pessoas e animais. Todavia, em geral não há um procedimento único que permita identificar, com segurança, uma migração específica por meio de evidências arqueológicas. Ademais, é preciso distinguirmos diferentes tipos de migração: em massa, de elites, especializada. Apesar disso, arqueólogos concordam que, se quisermos identificar eventos migratórios, uma única categoria de descobertas ou contextos é insuficiente.[21] A probabilidade de identificarmos corretamente a migração aumenta apenas conforme alterações se tornam visíveis, não apenas em várias categorias de descobertas, como também no contexto geral e em grandes conjuntos de dados. Stefan Burmeister aponta que a prova da migração provavelmente haveria de ser encontrada na cultura material da esfera privada, como na arquitetura interior das casas;[22] os túmulos, por sua vez, são menos adequados para tal.[23] Mudanças abruptas no registro de material (por exemplo, uma mudança completa no uso de armas, em oposição a um único elemento novo no arsenal) são igualmente indícios mais prováveis de uma migração.[24]

Tais desideratos – conjuntos de dados amplos e de boa qualidade, cemitérios completos e assentamentos – simplesmente não estão presentes ao retraçarmos o registro arqueológico das estepes da Ásia Interior ou da Ásia Central entre os séculos II e IV EC. Assim, parece improvável que alguém possa identificar, positiva e arqueologicamente, eventos migratórios nessa região.

Mesmo quando bons conjuntos de dados arqueológicos e uma longa história de pesquisa histórico-arqueológica estão disponíveis – incluindo métodos inovadores de análises isotópicas e genéticas –, descobrimos que os padrões de mobilidade e sua interpretação se provam altamente complexos.[25] Processos de mudança cultural e interdependência substituem explicações simplistas para eventos migratórios.

Sobre caldeirões e dados arqueológicos do interior asiático

Do ponto de vista da metodologia arqueológica, um artefato singular não tem peso na identificação de grupos ou processos migratórios. Contudo, uma vez que os caldeirões costumam ser vistos como elementos centrais na discussão de uma relação entre os xiōngnú e os hunos, algumas considerações sobre esse grupo de artefatos se fazem necessárias. Caldeirões de metal são uma categoria de objetos conhecidos nas estepes da Eurásia do século VI AEC, aproximadamente, até o século V EC. Pesquisas de caldeirões da Eurásia mostram que tipos específicos vinham sendo usados em diferentes épocas e em várias regiões das estepes eurasiáticas.[26] Nas sepulturas do Período Xiōngnú na Mongólia (do século II AEC ao século II EC), uma variedade de caldeirões distintos já era utilizada (Figura 12.1, 3-6). Em conjuntos arqueológicos associados aos hunos europeus (do final do século IV ao século V EC), observamos duas variantes de grandes caldeirões cilíndricos com alças retangulares encontrados entre o Sudeste europeu e os montes Urais (Figura 12.1, 1-2).[27] A única análise arqueológica que tentou mostrar se esses dois grupos de caldeirões estão relacionados – isto é, o dos caldeirões asiáticos anteriores e o dos caldeirões europeus posteriores – indica que praticamente não há formas intermediárias.[28] Não há "evolução" tipológica dos caldeirões xiōngnú na Mongólia e na área de Transbaikal para caldeirões um tanto posteriores no Altai ou na bacia de Minusinsk, e daí para os caldeirões cilíndricos dos hunos europeus.[29] O equívoco de usarmos caldeirões como evidência não consiste tanto na possibilidade de os pesquisadores acreditarem ou não que haja uma evolução tipológica, mas na noção de que um único objeto arqueológico – ou um ou mais elementos dele – pode ser tratado como um "marcador" de um grupo e, portanto, indicador de uma migração. Do ponto de vista metodológico da arqueologia, isso não é válido. A ausência de objetos não só não fornece prova de migração, como também não fornece base para refutá-la. O fato de que caldeirões não são conhecidos de grandes áreas da Ásia Central, onde há relatos de grupos hunos no século IV EC,[30] não prova qualquer coisa por si só – sobretudo por praticamente não haver sepulturas conhecidas nessas áreas a partir do século IV EC.

Além disso, é infundada a alegação de que os caldeirões asiáticos (do século II AEC ao século II EC) teriam tido o mesmo uso ritualístico que os caldeirões hunos europeus posteriores.[31] Na Mongólia e na Transbaikalia, caldeirões de metal são geralmente depositados junto a túmulos, como parte do conjunto funerário.[32] No Altai, caldeirões são extremamente raros do século II ao V EC; aqueles, contudo, cujo contexto e cuja proveniência são conhecidos igualmente faziam parte do conjunto funerário (como no caso da cultura arqueológica de Bulan-Koby).[33] Na bacia de Minusinsk, os caldeirões do século I AEC ao século IV EC (na chamada fase Tes das culturas Tagar e Tashtyk) são feitos sobretudo de argila e foram, novamente, encontrados em túmulos.[34] Em Tuva, os caldeirões também faziam parte dos inventários tumulares, como no caso do cemitério de Kokel.[35] Em geral, os caldeirões foram usados como parte do inventário de sepulturas em toda a Ásia Interior (Mongólia, Tuva, Altai, bacia de Minusinsk). Os caldeirões hunos europeus, por sua vez, estão geralmente depositados de forma isolada, próximos a rios, e apenas em casos raros fazem parte também de oferendas funerárias.[36] Estas se constituem na disposição de vários objetos, incluindo peças de equipamento para cavalos e armas, sem um enterro de fato. Com base no atual estágio de conhecimento, caldeirões não foram encontrados como oferendas funerárias na Mongólia, em Tuva, na bacia de Minusinsk e no Altai entre os séculos II e IV EC.[37] A implicação disso é evidente: os caldeirões na Ásia Interior e na Europa Oriental não foram usados de maneira semelhante.

Considerando que arqueólogos analisam comunidades ou eventos migratórios a partir de conjuntos materiais completos e culturas arqueológicas, revisarei brevemente se existem inventários tumulares ou culturas arqueológicas capazes de vincular os conjuntos do interior asiático e os europeus, região por região.

Começando no Leste, na Mongólia e na Transbaikalia, a arqueologia do Período Xiōngnú é comparativamente bem compreendida.[38] Uma questão central nela diz respeito às mudanças na cultura material após o fim do império político dos xiōngnú, no início do século II EC. Pouca pesquisa sistemática foi realizada sobre essa questão, e atualmente conhecemos apenas alguns túmulos datados de forma segura do final do século II até o século IV. Com algumas diferenças, eles são semelhantes aos túmulos do Período Xiōngnú da Mongólia, mas não têm nenhuma semelhança com os contextos hunos na Europa. Em 2014, uma expedição sino-mongol escavou um sepultamento do Período Rourano, e, embora esse estudo ainda não tenha sido integralmente publicado, sabe-se que os materiais encontrados não apresentam vínculos com os dos hunos europeus.

Mais a Norte e Oeste, em Tuva, na região do Altai, assim como no Leste e no centro do Cazaquistão, o estado das fontes e das pesquisas é bastante inferior. Em Tuva, os materiais atribuídos aos séculos II e IV EC pertencem à chamada fase Kokel da cultura Shurmak. Entretanto, mais uma vez não é possível fazer uma ligação com as variantes na cultura material dos hunos europeus. Na região central do Altai, pesquisas recentes delinearam a cultura Bulan-Koby, a qual se desenvolveu aproximadamente entre o século II e o início do século V.[39] Embora seus maiores cemitérios, Stepushka e Ialoman-II, não tenham sido divulgados de modo integral e, assim, não seja possível obtermos uma identificação arqueológica de possíveis mudanças demográficas no século IV, a cultura material não carrega semelhança com os conjuntos húnicos.

Ao Norte, na bacia de Minusinsk, a cultura Tashtyk do século II ao IV é igualmente bem compreendida.[40] Os conjuntos arqueológicos não mostram vínculos com os contextos hunos da Europa Oriental.

Nesse panorama vemos que, apesar dos grandes avanços das últimas décadas na arqueologia da Mongólia, de Altai, de Tuva e do Sul da Sibéria, um fato básico permaneceu inalterado – o de que os conjuntos materiais dessas regiões da Ásia Interior são distintos daqueles dos hunos europeus.

Inalterado também fica o fato de que existem apenas enterros individuais na Sibéria e na área de Altai, com achados que se relacionam estilisticamente com os materiais hunos europeus e são, em geral, datados do século V.[41] Igualmente, há achados funerários singulares somente da região de Tiān Shān, com objetos que podem ser estilisticamente ligados aos dos hunos europeus. Essas descobertas ilustram melhor a mobilidade de bens e a conectividade de uma elite (em oposição à migração) entre a Europa e a Ásia no final dos séculos IV e V.

Para complicar essa questão, materiais do final do Período Xiōngnú na Mongólia, na Transbaikalia e no Altai foram encontrados em túmulos da região do mar Negro, onde fazem parte dos conjuntos funerários geralmente atribuídos aos "sármatas" – pertencendo, portanto, ao mesmo período do século I e ao início do século II. Essas descobertas refletem a conectividade e a rede de uma elite das estepes no vasto espaço da Eurásia, em uma época desatrelada ou separada de uma atribuição étnica.[42] Os conjuntos materiais do interior asiático, portanto, não podem ser desvinculados dos contextos hunos europeus, e os caldeirões em si também não são suficientes para estabelecer tal conexão. Os dados arqueológicos disponíveis não dão suporte para uma migração (nem migração em massa, nem migração de elite ou especializada) de Tuva, Altai e, sobretudo, da bacia de Minusinsk.

A hipótese da mudança climática

Foi sugerido que a mudança climática pode ter sido a causa da expulsão dos grupos húnicos do Altai ou de sua pátria no interior asiático no final do século IV. A correlação entre eventos históricos e mudanças climáticas é um tema fascinante e complexo que requer não somente dados científicos de alta resolução e uma abordagem teórica sofisticada, como também um campo de trabalho de fato interdisciplinar.[43] Ao contrário do caso relativo à Europa, ainda não existe uma abordagem integrada para reconstruir eventos climáticos do Altai e do Sul da Sibéria, cobrindo a primeira metade do primeiro milênio EC, muito menos para toda a Ásia Interior.[44]

Além disso, o clima e as reconstruções climáticas variam consideravelmente no Altai russo, não permitindo que os resultados obtidos em uma localidade sejam aplicados a uma área mais ampla.[45] Algumas reconstruções climáticas que remontam ao século IV derivaram de dados coletados nos anéis de árvores, arquivos de geleiras e reconstrução da atividade de geleiras, assim como de sedimentos de lagos com registros de acúmulo de pólen. Em seus estudos de pólen para o recorte temporal de 370 a 580, Schlütz e Lehmkuhl encontram indicações de "condições mais úmidas e não muito mais frias do que hoje", assim como de gelifracção.[46]

Sua referência ao avanço das geleiras entre 340 e 660 se baseia em um estudo de 1996 em que as datas foram confundidas.[47] Hoje, estima-se que até três avanços de geleiras tenham ocorrido no Sudeste de Altai entre 2.300 e 1.700 anos calibrados (ou seja, entre aproximadamente 350 AEC e 250 EC), embora as datas exatas desses eventos ainda não tenham sido confirmadas. Após 1.700 anos calibrados, observa-se um período de aquecimento no Sudeste de Altai.[48] Outro estudo também sugere um período entre os séculos II e VI EC marcado pela expansão da floresta no Altai Central e Oriental, interrompida pelo avanço das geleiras no século VI, somente.[49] Os dados de maior resolução para a reconstrução climática – e mais adequados para uma discussão acerca dos efeitos de mudanças climáticas sobre os seres humanos e sua base de subsistência – são as cronologias dos anéis das árvores. Uma cronologia de anéis de 2.367 anos de larícios siberianos que cobre o período do século IV foi traçada para a região de Altai-Sayan; ela mostra que os séculos III e IV consistiram em um período de alto crescimento anual de árvores, o que indica temperaturas mais altas no verão, com grandes eventos de resfriamento ocorrendo no século VI.[50] Além disso, a mais recente reconstrução da variabilidade da temperatura no verão situa o século IV como um período quente.[51] Assim, os dados atuais não dão suporte à hipótese de que a cobertura de neve acumulada tenha expulsado as pessoas do Altai em meados do século IV.[52] No entanto, secas extensas podem ter tido tal efeito: Edward Cook sugeriu que uma cronologia de anéis de árvores do Centro-Norte da China se relaciona ao El Niño-Oscilação do Sul (Enos), podendo refletir em uma seca correlacionada ao período da migração dos hunos.[53] Essa suposição – de que as secas registradas também afetaram uma área mais ampla da Ásia Interior – ainda precisa ser verificada. Entrementes, a fim de estudarmos seu impacto nas comunidades do passado da Ásia Interior, precisaríamos ter em mãos os dados arqueológicos para avaliar os impactos climáticos nessas sociedades, evitando argumentações deterministas.

Observações finais

De certa forma, o debate xiōngnú-hunos é reminiscente das discussões do século XIX sobre o período migratório europeu: uma vez que a localização de um "povo" foi linguisticamente determinada, cabia então aos arqueólogos encontrar a evidência física das especificações culturais desse "povo".[54] Etnia, contudo, existe fundamentalmente na mente das pessoas. Pesquisadores que se baseiam nessa antiga tradição para identificar povos provavelmente ficarão presos no processo histórico que buscam estudar, uma vez que estruturam seus estudos de acordo com o que já foi desenvolvido nas próprias fontes históricas.[55] Além disso, os nomes dos povos eram menos descritivos do que se assume.[56] O regime húnico é descrito por seu contemporâneo Prisco como um conglomerado de diferentes povos falando huno, gótico e latim, em cuja hierarquia guerreiros habilidosos de origens diversas poderiam subir rapidamente.[57] Portanto, é muito improvável que os hunos europeus consistissem um único grupo xiōngnú que havia marchado para o Oeste; o mais provável é que eles fossem uma hoste cada vez maior de guerreiros das estepes de diferentes origens.[58] Devemos pensar nos hunos como um conglomerado social, e não como um grupo monolítico. A cultura material que os arqueólogos relacionam aos hunos teve origem no Ocidente e está ligada a grupos de elite.

Apesar dos grandes avanços na pesquisa, materiais de origem capazes de vincular os xiōngnú aos hunos fornecem poucas informações definitivas: existe a ligação linguística do nome; há pouca informação sobre o registro histórico;[59] há uma baixa densidade de dados arqueológicos nas estepes eurasianas do século II ao IV, e aquilo que subsiste não apresenta ligações entre os xiōngnú da Ásia Interior e os agrupamentos de hunos europeus. Tudo o que sabemos é que alguns grupos rotulados como hunos vieram de algum lugar a Leste do Volga. Escritores contemporâneos, em alguns casos, enfatizam as movimentações ligeiras, a expansão ou as formações políticas dos povos das estepes como os xiōngnú, os yuèzhī, os sármatas e os avares. Embora possa ter sido o caso, muitas vezes não encontramos qualquer repercussão e/ou atraso significativo no registro arqueológico que reflitam esses processos. A probabilidade de identificar um ou mais grupos migratórios de guerreiros no registro arqueológico é, igualmente, muito baixa. Assim, a expectativa de que o registro arqueológico possa gerar "vínculos" seria equivocada.

Aqui, a abordagem de Michael Borgolte, que vê as migrações como inter-relações transculturais, pode ser instrutiva.[60] De acordo com sua interpretação, as culturas não se deixam entender como entidades fixas, compactas e monolíticas, mas como processos contínuos e mutáveis. Portanto, em vez de tentarmos identificar os vínculos entre os xiōngnú e os hunos, sugiro que nos concentremos no estudo dos processos de formação e transformação cultural e política das comunidades das estepes, assim como em sua rede de relações do século II ao IV. Um bom ponto de partida seria uma análise da região do lago Aral, onde grandes cemitérios foram escavados e é possível estudarmos minuciosamente uma comunidade em uma área central. Da mesma forma, após a publicação de cemitérios completos no Altai, poderemos estudar as mudanças nessas comunidades. Ao estudarmos a transformação nessas comunidades, poderemos contribuir para uma compreensão mais ampla dos povos das estepes em geral, com a derrocada do Império Xiōngnú e a gênese do fenômeno huno podendo ser incorporadas.

Notas

1 Firestein, 2012, pp. 6-7.

2 Deguignes, 1756-1758, vol. 1, p. vi.

3 Klaproth, 1826, pp. 241-243; Vaissière, 2015a, p. 175.

4 Maenchen-Helfen, 1944, p. 222; D. C. Wright, 1997, p. 84.

5 Inostrantsev, 1926; D. C. Wright, 1997, p. 88.

6 Maenchen-Helfen, 1944.

7 Zasecklaja & Bokovenko, 1994.

8 Werner, 1956; Bóna, 1991; Anke, 1998; Schmauder, 2009.

9 Tomka, 2008, p. 97.

10 Atwood, 2012; Hayashi, 2014, pp. 13-26; Vaissière, 2015a.

11 Atwood, 2012, p. 44.

12 Hayashi, 2011; 2014.

13 Seção 103.2290, *apud* Shou, 1965.

14 Vaissière, 2005b, p. 21; 2015a, p. 188.

15 *Idem*, 2015a, p. 184.

16 *Idem*, pp. 187-190.

17 *Idem*, pp. 191-192.

18 Jettmar, 1951-1952.

19 Maenchen-Helfen, 1973; D. C. Wright, 1997; e Vaissière, 2015a.

20 Compare Anthony, 1990; Prien, 2005; Frachetti, 2011.

21 S. Burmeister, 2000, p. 553; Prien, 2005, pp. 300-312.

22 Burmeister, 2000, p. 542.

23 *Idem*, p. 542; Prien, 2005, pp. 300-302.

24 Prien, 2005, p. 308.

25 Alt *et al.*, 2014; Bemmann & Schmauder, 2008.

26 Compare Anke, 1998, pp. 48-55; Demidenko, 2008; Fuku no kenkyū, 2011; Líng, 2015.

27 Ver mapa recente em Schmauder, 2015, p. 674, fig. 2.

28 Zasecklaja & Bokovenko, 1994, pp. 707, 717, fig. 3.

29 Confrontar, porém, com Hayashi, 2011, p. 381, e 2014, que propôs tal hipótese com base no formato da alça e na divisão do corpo do caldeirão em quatro compartimentos. A respeito dos caldeirões húngaros, também foi sugerido que eles são tipologicamente relacionados aos caldeirões sármatas (B. Anke, 1998, p. 49).

30 Pohl, 2015b.

31 Érdy, 1995.

32 Confronte com Davydova, 1996; Törbat, 2003; e Brosseder & Miller, 2011.

33 Tishkin; Matrenin & Shmidt, 2013; Matrenin, 2015.

34 Kuz'min, 2011; Vadetskaia, 1999. De fato, há achados únicos de caldeirões metálicos alojados no Museu Minusinsk que se assemelham aos dos túmulos do Período Xiōngnú da Mongólia e de Transbaikalia. Desconhece-se o contexto de sua descoberta devido ao fato de que eles foram encontrados nos estágios iniciais da pesquisa arqueológica. Eles são contemporâneos aos da Mongólia/Transbaikalia e indicam uma conexão ou uma integração dessa área no reino mais amplo dos xiōngnú.

35 Compare Kenk, 1984.

36 Werner, 1956, p. 60; Anke, 1998, pp. 51-52; Schmauder, 2009, p. 106.

37 Deposição ritual de elementos de equipamentos para cavalos ocorreu no Altai em Arzhan-Burguzun; ver Kubarev, 2010, pp. 27-31. Esses provavelmente pertencem ao século V EC, a julgar por sua semelhança estilística com artefatos em outros contextos no Altai e na Ásia Central. A datação científica independente, atualmente levada a cabo por Gleb Kubarev, esclarecerá a data desse complexo.

38 Brosseder & Miller, 2011.

39 Compare Tishkin, 2010; Tishkin; Matrenin & Shmidt, 2013.

40 Compare com E. B. Vadetskaia, 1999.

41 Sobre Sopka 2, túmulo 688, ver Molodin, 1995, pp. 277-285; sobre Tugoznovo, ver *idem*, p. 278, fig. 2; sobre Ivanovka, túmulo 6, ver Borodovskij, 2001; sobre Arzhan--Burguzun, ver Kubarev, 2010. Sobre a datação crítica, ver Schmauder, 2009, p. 397.

42 Brosseder, 2015, pp. 199-332.

43 Compare Büntgen, 2011; McCormick *et al.*, 2012; Pederson *et. al.*, 2014.

44 Um estudo recente é Büntgen *et al.*, 2016.

45 Agatova & Nepop *et al.*, 2014, p. 6.

46 Schlütz & Lehmkuhl, 2007, p. 110.

47 Ver Agatova; Nazarov; Nepop & Rodnight, 2012, pp. 74-93, nota 1.

48 Agatova & Nepop, 2014, p. 11.

49 Nazarov; Solomina & Myglan, 2012, p. 790.

50 Myglan; Oidupaa & Vaganov, 2012, pp. 80-81.

51 Büntgen *et al.*, 2016.

52 Vaissière, 2015a, pp. 189-190.

53 Cook, 2013.

54 Geary, 2002, p. 34.

55 *Idem*, pp. 40-41.

56 *Idem*, p. 155.

57 Pohl, 2002, pp. 103-106; e Geary, 2002, p. 56.

58 Pohl, 2015b, p. 694; 2002, p. 104.

59 Beckwith, 2009, p. 72, com a adição das notas 51-52 e o apêndice B, levanta a questão de que qualquer vínculo linguístico entre os termos "Xiōngnú" e "Huno" negligencia incertezas quanto a uma questão-chave da fonologia das transcrições chinesas. Ele apresenta uma leitura alternativa para o chinês antigo do termo "Xiōngnú", que poderia ter sido pronunciado como /*Soɣdâ/ ou /*Soɣlâ/, /*Sak(a) dā/, ou mesmo /*Skla(C)da/ (*idem*, p. 72, nota 52). Embora essa sugestão destoe bastante da interpretação corrente, ela não é implausível. Agradeço a David Branner, da cidade de Nova York, por esclarecer-me acerca da fonologia do chinês antigo nesse quesito. Ver também Atwood, 2012, pp. 28-29.

60 Borgolte, 2009, pp. 261-286.

13

ETNIA E IMPÉRIO NAS ESTEPES DA EURÁSIA OCIDENTAL

Walter Pohl

Os impérios medievais das estepes evocam imagens de nômades em movimento ininterrupto pelos vastos campos despovoados das estepes eurasianas; de guerreiros montados atacando com destreza inesperada; de uma vida em tendas ou a cavalo; de movimentos migratórios por milhares e milhares de quilômetros.[1] Essas imagens refletem o espanto, a admiração e os preconceitos com que as populações sedentárias enxergavam os nômades nas estepes inférteis.[2] Elas nos lembram que as estepes sempre evocaram um intenso nível de ansiedade, fantasia e mal-entendido. Os nômades eram o Outro por excelência das civilizações sedentárias. Os estereótipos nomádicos que seus vizinhos romanos, iranianos e chineses cultivavam eram surpreendentemente análogos. Mas também havia relatos bastante equilibrados de testemunhas oculares – de Prisco, o embaixador bizantino do século V na Corte de Átila, até Giovanni da Pian del Carpine, o emissário franciscano enviado ao território dos mongóis no século XIII.[3]

Historiadores modernos frequentemente repercutem os antigos *topoi* sob um fino verniz de academicismo, acrescentando novas camadas de significado às histórias antigas. Os exploradores do século XIX e do início do século XX, de Wilhelm Radloff a Aurel Stein, eram fascinados pelos nômades e por sua história, e também pela sensação de liberdade evocada pela vida nas estepes. Outros pesquisadores, como Wilhelm Marquart ou Zeki Validi Togan, entusiasmaram-se com o desafio de poder combinar as fontes mais díspares em línguas diversas para reconstruir as migrações e identidades dos povos das estepes.[4] As estepes eurasianas ofereciam um passado cosmopolita no qual as redes de comunicação a longa distância (a "Rota da Seda") pareciam importar muito mais do que fronteiras. Contudo – e eis um capítulo mais sombrio na história acadêmica –, apropriações partidárias e nacionalistas da história das estepes foram igualmente viabilizadas. Em particular, os impérios das estepes se provaram atraentes para aqueles que buscavam modelos de superioridade étnica e dominação implacável: os *Herrenvölker* nomádicos, as tais raças superiores, consistiram uma característica recorrente da historiografia de meados do século XX. Para pesquisadores alemães, eles eram preferencialmente iranianos e, portanto, de sangue ariano – um posicionamento ainda fundamental para o trabalho pós-1945 como o de Franz Altheim ou de Karl Jettmar.

O glorioso passado nômade também foi capaz de servir de base para o nacionalismo turco/turaniano, mongol ou cazaque. O eurasianismo russo, como por exemplo na obra acadêmica de Lev Gumilev, forneceu (e fornece) maneiras de vincular o Império russo-soviético às tradições imperiais da estepe, em rejeição deliberada de modelos ocidentais.[5] Isso corresponderia de certa forma à perspectiva ocidental no período da Guerra Fria, quando o mundo civilizado e sedentário se justapunha ao dos bárbaros eurasianos com quem a paz duradoura tornara-se inviável. Mais recentemente, os nômades chamaram atenção dos filósofos pós-modernos que propagavam o "pensamento nômade", descentrado, rizomático e em constante movimento; Gilles Deleuze e Félix Guattari contrastaram favoravelmente a *machine de guerre* flexível dos nômades com o *appareil d'état* sedentário e opressivo.[6] De fato, muitas variedades de percepções ocidentais positivas ou negativas das estepes eurasianas podem ser vistas como uma forma de orientalismo, para a qual ainda não se inventou um termo apropriado.

Etnia é um conceito carregado para explorarmos os destinos dos impérios eurasianos, já que se contaminou por conotações nacionalistas e colonialistas. Alguns pesquisadores sugeriram abandonarmos o conceito por completo; outros já duvidam que possamos dizer algo significativo sobre etnia nas estepes. A simples razão pela qual precisamos de um conceito de etnia se deve ao fato de que os etnônimos aparecem com grande destaque em nossas fontes. Escritores da China ao Ocidente latino sistematicamente definiram os atores coletivos na estepe com base em etnônimos, atribuindo-lhes alguma forma de agência: os hunos ou avares *atacam*, *fazem guerra* ou *rompem com a paz*. Em tais narrativas, é evidente que as identidades étnicas se entrelaçam profundamente a identidades políticas ou sociais, indicando afiliação a uma entidade política e/ou *status* social dentro dela. Normalmente, porém, o elemento étnico dessas identidades mistas é mais flexível do que seus aspectos políticos, sociais ou culturais; quando um império das estepes entrava em colapso, a identidade étnica correspondente nem sempre desaparecia mediante a perda de poder político, *status* social ou cultura imperial.[7]

No que consiste, enfim, "etnia" e "identidade étnica"? A maioria dos pesquisadores hoje concordaria que a etnia não pode ser definida por origem comum real e "sangue em comum", embora pesquisas genéticas recentes tenham inspirado novas esperanças de que traços genéticos compartilhados são passíveis de ser identificados em populações históricas.[8] Novos métodos de sequenciamento de DNA antigo podem, de fato, nos ajudar a descobrir mais sobre a composição dos povos do passado. No entanto, isso requer que não tomemos como certa sua origem comum; caso contrário, essa suposição pode facilmente transformar a interpretação dos dados genéticos em um argumento circular.[9] Muitos geneticistas atuais assumem que a distância territorial, e não as afiliações étnicas, está correlacionada com as diferenças genéticas.[10] Ainda não está claro quais evidências genéticas poderíamos encontrar das populações antigas das estepes, a despeito de algumas tentativas de coletá-las. É possível que alguns grupos migratórios fossem intimamente relacionados e tenham se mantido como tal; é bastante provável também que outros tenham sido bastante mistos. Práticas culturais como endogamia/exogamia, adoção, libertação de escravos e emprego de guerreiros estrangeiros em cortejos causaram certo efeito na homogeneidade genética daqueles grupos étnicos, que obviamente divergiam consideravelmente.

Mesmo em períodos em que a história europeia se deixou dominar por paradigmas nacionais, os historiadores da estepe eurasiana prontamente reconheciam que a população, na maioria dos impérios das estepes, era bastante mista. No entanto, eles procuraram estabelecer um ordenamento étnico ideal ao subsumir povos singulares em amplas categorias étnicas – como a de iranianos, mongóis ou turcos. René Grousset, por exemplo, rotulou de forma bastante natural os citas e sármatas como "nômades de etnia iraniana", os avares como "horda mongol", afirmando que os xiōngnú, "sob a alcunha de hunos", fundaram "um império proto-turco na Hungria".[11] Tais atribuições implicavam suposições ambiciosas acerca de afiliações raciais, linguísticas e culturais, as quais substituíam ou glosavam os etnônimos contemporâneos por uma suposta etnia "real" desses povos. Ao menos no caso dos hunos e dos avares, trata-se de pura especulação. Considerações sobre se esses povos falavam uma língua túrquica, mongólica ou alguma língua extinta ainda diferem amplamente.[12] Mesmo que pudéssemos descobrir qual língua eles falavam, o rótulo linguístico não seria suficiente para determinar sua identidade étnica.

De forma geral, as listagens usuais de características utilizadas para definir etnia – linguagem compartilhada, cultura, vestimenta, costumes, memórias e assim por diante – não possuem tanta utilidade em nossas disciplinas. Por um lado, não são aplicáveis em todos os casos (dois povos podem compartilhar a mesma língua); por outro lado, como raramente se nota, esses critérios podem ser igualmente válidos para definir identidades territoriais, urbanas, culturais, entre outras.

Eu gostaria de sugerir que definíssemos etnia como um princípio de organização do mundo social em agrupamentos denominados e percebidos como naturalmente constituídos.[13] A identidade étnica não é uma qualidade inerente que os grupos étnicos possuem, mas o resultado de uma série de atos de identificação e diferenciação. Primeiramente, indivíduos ou pequenos grupos se identificam com uma unidade maior, devendo ser aceitos por essa unidade. Em segundo lugar, a unidade maior se representa como tal, por meio de símbolos e rituais coletivos, ou por ação de seus próprios representantes. Em terceiro lugar, esse grupo étnico em geral deve ser reconhecido de fora. A identidade étnica (como outras identidades coletivas), portanto, é o resultado da interação social e da comunicação, e não a precondição para elas. Essas distinções podem importar mais ou menos para pessoas diferentes e em momentos diferentes. A vantagem da definição aqui sugerida é que ela auxilia a nos desvencilharmos de vários dilemas metodológicos no estudo das etnias passadas. Primeiramente, não há necessidade de provarmos qualquer origem ou idioma comum real ou cultura ancestral compartilhada – um aspecto que já levou a debates intermináveis e, muitas vezes, desnecessários. E, em segundo lugar, não há a dependência exclusiva no critério de identificações subjetivas com um grupo étnico, o que raramente é demonstrável em nosso material. Ações conjuntas regulares e identificações externas consistentes podem servir como indicadores de identidades consistentes, desde que nos mantenhamos críticos perante nossas fontes.

Interpretar a identificação externa, sobretudo no caso das estepes eurasianas, traz certos desafios: primeiro, muitos de seus povos não eram chamados por um único nome. Nomes anteriores eram atribuídos aos recém-chegados, como "citas" aos hunos, ou então "citas" e "hunos" aos avares, e todos os três aos húngaros. A diversidade de nomes transmitidos é marcada sobremaneira no caso dos húngaros. Somente em fontes gregas, mais de uma dúzia de nomes foram usados em referência a eles: o mais frequente é "turcomanos".[14] Até mesmo a chamada coroa de Santo Estêvão, um presente de Bizâncio a um governante húngaro, traz a inscrição *krales Tourkias*, o "Rei dos Turcomanos", somada a um título eslavo (*kral*) em letras gregas, derivado de um imperador franco.[15] Os falantes de alemão adaptaram o termo "Ungarn", húngaros, do vernáculo eslavo, e o bispo Remigius, escrevendo logo após 900 EC, acrescentou uma etimologia popular derivada da palavra de raiz germânica "Hunger", fome – isso porque eles deixaram sua terra natal após um período de fome.[16] Atestou-se a autodenominação "magiares" relativamente tarde, embora ela já tivesse sido usada, entre outras fontes, em textos árabes.[17] Se não estivéssemos mais bem informados, poderíamos sucumbir à tentação de supor duas ou três organizações políticas concorrentes, com nomes diferentes, vivendo na mesma área.

Preconceitos, mal-entendidos, além das categorias resistentes a mudanças temporais inseridas na etnografia clássica, têm sua participação nas complexidades dessa nomenclatura étnica. Algumas das identificações externas em nossas fontes são claramente referências eruditas a povos históricos. Mas, principalmente, diferenças entre identificações externas e autoidentificação são fenômenos de tradução cultural, e usualmente levam a pares estáveis de equivalentes. Com frequência, trata-se de resultados de deslocamentos históricos de identidade e, às vezes, aparentam ser traços de uma multiplicidade real. Designações externas porventura têm impacto nas autoidentificações.

Um segundo problema da nomenclatura étnica é a ocorrência constante de nomes iguais ou semelhantes para diferentes grupos em toda a região da estepe. Algumas dessas ocorrências refletem uma multiplicidade real de grupos sob o mesmo nome, outras podem ser visualizadas como usos genéricos do nome, outras ainda podem consistir apenas em assonâncias casuais. O caso dos "hunos" fornece um muito discutido exemplo: no Ocidente, o termo foi empregado pela primeira vez para um povo (os hunos de Átila), em seguida como um termo abrangente para vários povos ao Norte do mar Negro e, finalmente, como um termo genérico.[18] Procópio, em meados do século VI, tinha um conceito bastante coerente dos povos hunos, *Ounnika ethnē*, compreendendo acatzires, ultizures, onogures, utigures, cutrigures e demais povos que ele via como derivados dos hunos de Átila.[19] Procópio também incluía os hunos da Ásia Central, especificamente os heftalitas, "que são da linhagem dos hunos tanto de fato quanto de nome".[20] Essa frase implica que Procópio estava bastante ciente da diferença entre denominadores étnicos precisos e termos genéricos.

Após a chegada dos avares à Europa no final dos anos 550, o emprego do termo "hunos" nos textos gregos foi se tornando genérico. Diferentes autores passaram a usá-lo para diferentes povos. Teofilato Simocata, no século VII, emprega "hunos" tanto para os avares quanto para os turcomanos ("os hunos, que habitam no Nordeste e a quem é costume os persas chamarem de turcomanos").[21] Nicéforo, por sua vez, em sua *Crônica* do final do século VIII (9.1, 35.1, 76.1), chama os búlgaros de hunos, mas não os avares. Em textos latinos, a identificação de hunos e avares, mas não de búlgaros, tornou-se padrão – ver, por exemplo, *Crônica de Fredegar* (século VII, 3.61, 4.48, 4.72) ou, na *História dos Lombardos* de Paulo, o Diácono (século VIII, 1.27, 2.10, 4.11, 4.37). "Hunos", então, era empregado por diferentes autores para diferentes povos ou, especificamente, para impérios que seguiram o precedente dos hunos de Átila. A fim de estabelecer essa conexão, formulações explicativas como "os avares também chamados de hunos" costumavam ser anexadas. Curiosamente, um processo semelhante parece ter ocorrido no Sul asiático naquela época, onde o termo "hunos" podia ser empregado em referência aos turcomanos.[22]

Um terceiro aspecto do desafio terminológico reside no fato de que os etnônimos eram usados não apenas para distinguir horizontalmente povos diversos mas análogos, como também para estabelecer hierarquia dentro de dada entidade política da estepe. Assim, os nomes vão de classificações bastante amplas e em parte etnográficas – como citas, hunos ou turcomanos –, até pequenos grupos tribais e clãs sob domínio estrangeiro. A mesma designação étnica podia ser usada em vários níveis. Isso proveu uma maneira flexível de descrever competição, interação, agregação, inclusão, assimilação, subordinação, resistência ou dissolução entre grupos sociais que permaneceram reconhecíveis por seu nome, mesmo que seu *status* e/ou sua composição tivessem sido alterados. Nos impérios das estepes, o grupo dominante muitas vezes constituía apenas uma minoria da população, de modo que um nome podia designar uma variante de toda a população, o exército ou apenas o grupo governante. Por exemplo, todos os súditos livres de Átila poderiam ser chamados de "hunos" de forma abreviada, ou integrados ao rótulo mais amplo dos "citas". Alguns autores eram mais precisos. Segundo Prisco, os hunos eram "uma mistura de povos" falante de muitas línguas.[23] Sem nomear uma dinastia, ele se vale das formulações "linhagem real" (*basileion genos*) ou da expressão de Heródoto, "monarcas citas" (*basileiai Skythai*), para descrever diversos de seus membros; seu "dinastônimo" não era anunciado.[24] A seguir em *status* vinham os *logades*, o grupo da elite política. No contexto desse grupo funcionalmente definido, a afiliação étnica criava distinções internas: Orestes, secretário romano de Átila, certa vez reclamou com Prisco sobre o tratamento preferencial conferido a seu colega Edecon na Corte bizantina; já o intérprete cita Vigilas explicou que Orestes era meramente servo de Átila, ao passo que Edecon, como "um dos principais guerreiros e de origem huna, era-lhe infinitamente superior".[25] Em seguida vinha um grupo bastante amplo de guerreiros, para quem Prisco emprega os termos "hunos" e "citas" de modo bastante indistinto. Ainda privilegiados como guerreiros, mas de *status* inferior, estavam as demais tribos ou povos "hunos" (por exemplo, os acatzires) e, ainda mais abaixo na escala, povos subjugados como os godos, os gépidas e outros que gozavam de certo grau de autonomia e lutavam em contingentes distinguíveis no exército de Átila. Por fim, havia o grosso da população não livre: escravos e cativos de origem mista.

No Império Avar, os cavaleiros das estepes não avares eram, igualmente, considerados menos prestigiosos; por exemplo, em 568 o grão-cã

Baian ameaçou: "Enviarei contra as terras romanas aqueles que, se forem destruídos, não me causarão pesar", despachando então dez mil hunos cutrigures.[26] Aparentemente, esse grupo de guerreiros da estepe de *status* inferior passou a ser designado coletivamente como búlgaros, ao menos por observadores externos. Algumas pistas sobre a composição do exército avar podem ser encontradas no número de prisioneiros conferido por Teofilato após uma batalha no rio Tisza em 599: 3.000 avares, 4.000 outros bárbaros mais 2.200 gépidas, assim como 8.000 eslavos.[27] Os eslavos possuíam o *status* mais baixo e, dizia-se, lutaram "nus" na primeira fila no cerco avar de Constantinopla em 626.[28] Curiosamente, apenas uma sexta parte dos capturados daquele exército era formada por avares; evidentemente, cavaleiros experientes como os avares eram capazes de escapar com maior facilidade após uma derrota do que eslavos ou gépidas.

As divisões étnicas internas em dada entidade política da estepe geralmente não refletiam uma estrutura estática. O sucesso atraía novos agrupamentos para a órbita do povo dominante, alguns dos quais conseguiam manter sua antiga identidade com maior firmeza do que outros. A ascendência social eventualmente podia aumentar o tamanho desse grupo dominante; por outro lado, os privilégios de que desfrutava o grupo governante eram cuidadosamente custodiados em diversos reinos das estepes. Alterações na afiliação podiam ser frequentes entre grupos subordinados, os quais diferiam em *status*.

Na Ásia Central, impérios de estepe mais ou menos poderosos sucederam um ao outro desde o estabelecimento do Reino Xiōngnú no século III AEC. Podemos contar as origens desses impérios, portanto, como uma história de rebelião bem-sucedida contra um poder anterior. Por exemplo, os turcomanos sob o comando de Bumïn derrotaram seus dominadores, os rouranos, em 552, e rapidamente construíram o maior império já visto na Ásia Central (o Império Goturco). As narrativas triunfais nas Inscrições de Orcom, semelhantes às da *História Secreta dos Mongóis*, contam a improvável ascensão dos turcos de um pequeno bando de salteadores a um império. A famosa inscrição em túrquico antigo por Bilge Khagan descreve o restabelecimento do grão-canato goturco no século VII:

> Meu pai, o grão-cã, reuniu dezessete e valentes *beks* [lordes]. Tendo ouvido que eles haviam partido em campanha, os que estavam nas cidades saíram para o

campo; os que estavam nas montanhas desceram. Em seguida, setenta bravos guerreiros reuniram-se. Tengri [o deus do céu] proveu-lhes a força, os soldados de meu pai, do grão-cã, eram como lobos, e seus inimigos, como ovelhas. Setecentos soldados se reuniram enquanto lutavam no Leste e no Oeste. Quando eram ao todo setecentos, ele os submeteu à sua ordem.[29]

Tais textos mostram uma consciência de que o reino que resultou daí era composto por pessoas de origens muito diversas, além do fato de que havia sido estabelecido pela imposição de uma ordem comum. Ainda assim, ambas as fontes alimentam sua história de sucesso na visão de uma comunidade étnica abrangente: a dos turcomanos e dos mongóis.

Nas estepes europeias, as concentrações de poder imperial constituíam a exceção, não a regra. Hunos e avares chegaram nas lutas pelo poder na Ásia Central na condição de derrotados. A questão de onde haviam vindo assumiu, portanto, um significado particular, como forma de compreender quem eram "realmente". Essa questão foi particularmente controversa no caso dos hunos. Uma vez que De Guignes identificou os hunos com os xiōngnú no século XVIII, sua origem a partir da Ásia Central pode ser ou afirmada, ou contestada. Essa é uma identificação que requer preenchermos fontes lacunares com duas hipóteses: assumir que os xiōngnú se autodenominavam hunos, ao passo que os chineses sistematicamente empregavam um nome modificado (que poderia ser traduzido como "escravos uivantes"); e preencher uma lacuna cronológica entre o primeiro século EC, quando o Império Xiōngnú caiu, e a década de 370, quando os hunos criaram um alvoroço nas estepes europeias. A "identidade" entre os xiōngnú e os hunos foi geralmente aceita até a década de 1940, quando Otto Maenchen-Helfen defendeu que os hunos europeus e os xiōngnú não tinham nada a ver um com o outro.[30] Desde a década de 1980, pesquisadores diversos (por exemplo, Denis Sinor e Hans Wilhelm Haussig) argumentaram que "hunos" era pouco mais que um nome genérico usado para os povos das estepes por seus vizinhos sedentários: "O termo 'hunos' serviu como uma designação para povos cujas origens eram desconhecidas".[31]

Em 2005, Étienne de la Vaissière, em um artigo seminal, valeu-se de algumas fontes recentes ou pouco conhecidas para argumentar que, de fato, os xiōngnú se autodenominavam "hunos" e que, após a dissolução de seu império, uma parte considerável dos xiōngnú do Norte permaneceu na região de Altai.[32] Em meados do século IV, dois grandes grupos de hunos saíram dali, um para o Sul, rumo às terras ao Norte da Pérsia (quidaritas, alcanos, heftalitas), e outro para o Oeste, rumo à Europa. Embora se baseie em fontes limitadas, a alegação de que os xiōngnú imperiais e pós-imperiais estariam diretamente ligados – das dinastias húngaras a Norte e Leste aos sassânidas e aos hunos europeus – é bem argumentada. Em particular, são convincentes as observações de La Vaissière de que as primeiras menções ao termo "hunos" podem ser bastante precisas, e que o nome só se tornou genérico mediante o sucesso daqueles que o empregaram – como argumentei, foi o que pareceu acontecer no Ocidente.

No entanto, há um problema metodológico na argumentação de La Vaissière. Ao contrário dos antigos defensores de uma identidade xiōngnú-huna, ele evita, com bastante cautela, qualquer interpretação étnica das ligações entre os xiōngnú e os hunos na medida em que afirma manifestamente em sua última frase: "Na estepe, língua e sangue raramente possuem relevância".[33] Dessa forma muito nítida ele se distancia da identificação étnica acrítica e indiscriminada de povos apartados no tempo e no espaço, comum a pesquisas mais antigas sobre os povos das estepes.[34] Sua alternativa é buscar o elemento de continuidade na identidade cultural e política.[35] "Apesar de todos os desenvolvimentos culturais internos, assim como da recombinação de tribos e povos inerente a esse movimento, podemos nos certificar da continuidade política e, até certo ponto, cultural entre os xiōngnú-hunos."[36] Esse dado é surpreendente tendo em vista que ele defendeu enfaticamente a continuidade do etnônimo e seu papel para a autodesignação dos xiōngnú e dos "iranianos" e hunos europeus. Acerca da continuidade da identidade política, ele não traça qualquer argumento similarmente consistente.

Claramente, seu êxito incomum conferiu aos xiōngnú uma reputação vigorosa, e o fundador de seu império, Modun (falecido em 174 AEC), além de seus sucessores, desenvolveu uma cultura política imperial que teria um impacto futuro. Como Nicola Di Cosmo mostrou, "as raízes da cultura política e das instituições do Império Xiōngnú" não se encontravam na China, mas antes se baseavam em um "contínuo cultural entre o mundo nômade ao Norte chinês, os 'citas' siberianos e as culturas centro-asiáticas".[37] Ainda assim, Di Cosmo também argumenta, não havia sequer dois impérios da estepe que seguissem exatamente o mesmo modelo.[38] Havia diferenças fundamentais entre o estabelecimento e a estrutura dos impérios dos hunos xiōngnú e europeus (e iranianos). Somente Átila criou um verdadeiro império, cerca de 60 anos após a chegada dos hunos; antes disso, parece ter havido uma confederação frouxa mais aparentada à dos xiānbēi.[39] A questão central não parece ser tanto de quão intensa foi a continuidade cultural e de identidade política, mas "a transmissão do conhecimento de governabilidade imperial" em meio a impérios descontínuos nas estepes.[40] Os governantes xiōngnú e hunos carregavam os títulos de *chányú*, *shah*, *rex*, *devarāja* ou *huángdì*, e se valiam do sogdiano, do bactriano, do persa médio, do brami ou do latim para sua autorrepresentação. Na segunda fase imperial, não houve um momento em que menos de uma política huna existisse, de forma que não era a identidade política o que havia em comum entre elas. "Hunos" era claramente um etnônimo, e não um termo para alguma estrutura ou modelo político universalmente reconhecível.

A identidade cultural dos hunos é igualmente um conceito problemático. De fato, os caldeirões encontrados tanto em contextos (possivelmente) xiōngnú quanto em contextos dos hunos europeus, e nas regiões de estepe entre eles (em particular, na região de Altai), são um indicador precioso de transferência cultural e possivelmente também de difusão de algum ritual. Infelizmente, esses objetos são, em grande medida, ausentes nos reinos dos hunos em Sogdia e na Báctria.[41] Outras conexões podem ser encontradas na deformação craniana; crânios alongados representados em moedas quidaritas e alcanas foram também encontrados em várias sepulturas em território huno e em demais partes da Europa.[42] Esses e alguns outros paralelos fornecem evidências valiosas de um fluxo cultural entre Oriente e Ocidente, possivelmente associado aos hunos.[43] No entanto, se, com base nas fontes, interpretarmos os caldeirões como um identificador do grupo chamado "hunos", teremos de enfrentar o espinhoso problema da interpretação étnica dos achados arqueológicos.[44] É difícil provar a relevância de certos objetos materiais para identidades sociais passadas, sejam étnicas ou culturais. Isso é particularmente problemático no caso dos hunos, pois existem diferenças fundamentais entre os xiōngnú e os hunos europeus em termos de práticas de inumação (sarcófagos de madeira ou câmaras de pedra em sepulturas xiōngnú, depósitos sacrificiais na Europa) e padrões de assentamento (extensos, alguns deles fortificados, no território xiōngnú, mas nenhum na Europa).[45] A maior parte dos achados do período huno na Europa Central corresponde ao quadro geral de evidências da era da migração que não permite distinções claras entre godos, alanos, hunos e outros.[46] Assumir que haja uma forte continuidade política e cultural aí já levou a argumentos deveras anistóricos acerca da transferência da cultura xiōngnú para a Europa.[47]

Se entendida devidamente, a identidade étnica oferece um conceito mais flexível para equilibrar continuidade e mudança do que a identidade cultural ou política. La Vaissière poderia ter ido longe na sua argumentação e reconhecido em que ela se baseava: o que esses hunos teriam em comum era, antes de tudo, o nome que os distinguia dos outros povos, ao menos até tal nome se tornar tão genérico que a sua função diferenciadora se tornou imprecisa. Se quisermos assumir uma ligação entre os diferentes grupos hunos na Eurásia, ela deve ser de ordem étnica. Isso, é claro, requer que abandonemos os modelos essencialistas de "sangue e língua". A mudança na composição de um grupo étnico não implica necessariamente uma mudança em sua identidade étnica. Entre os hunos que foram para o rio Oxus ou para o Danúbio, pode ter havido poucos que fossem, de fato, descendentes do grupo central do Império Xiōngnú, apesar de muitos poderem ter acreditado ser seu caso.

Possuímos informações mais precisas sobre a origem dos avares nos fragmentos da *Crônica* de Menandro do final do século VI e, acima de tudo, em uma digressão do autor bizantino do século VII, Teofilato Simocata. Ele os denomina pseudoavares: "Os bárbaros da região do Danúbio são erroneamente designados como avares". Na realidade, eles eram chamados de ogures – "supostamente em homenagem a dois reis míticos" – Uar e Chunni. "Quando os barselt, os onogures, os sabires e demais povos húnicos da região viram que uma parte dos Uar e dos Chunni havia sido acolhida em seus distritos, eles ficaram com muito medo, pois presumiram que esses invasores seriam avares" (Essa declaração provavelmente se refere aos rouranos, cujo império acabara de entrar em colapso). "Quando os Uar e os Chunni viram quão bem-sucedida havia sido sua fuga, eles cometeram o mesmo erro [...] e passaram a chamar a si mesmos de avares. Entre os povos citas, de fato, diz-se que os avares são um povo de grande talento."[48] Na década de 580, os avares europeus receberam reforços com a chegada de mais três grupos de fugitivos uarconitas: os tarniaques, os cotzagires e os zabenderes.[49]

A informação de Teofilato obviamente se baseou em uma carta enviada por um grão-cão turcomano ao imperador Maurício em 595.[50] Os comentários de La Vaissière sobre a digressão de Teofilato revelam que ela contém informações precisas sobre a Ásia Central.[51] No entanto, La Vaissière sustenta que, dentre toda a informação genuína da passagem, a história sobre a apropriação do nome é a interpretação do autor. Isso corrobora o que muitos pesquisadores pensam. É evidente que tanto os turcomanos quanto os bizantinos estavam interessados em caluniar seus inimigos comuns como "pseudoavares". No entanto, o viés nessa narrativa reflete sobretudo a posição oficial turcomana, e não as próprias especulações de Teofilato. Já Menandro indica que os turcomanos e seus enviados sogdianos consistentemente chamavam os avares europeus de "varconitas", considerando-os seus escravos fugitivos.[52] Isso significa que eles tinham um forte interesse em contestar a legitimidade da reivindicação de identidade avar. O problema para os turcomanos residia principalmente na apropriação dos avares do título grão-cã, também utilizado por eles, e que para os turcomanos evidentemente dependia de uma pretensão de continuidade étnica e política com os antigos mestres dos turcomanos, os rouranos. Assim, a lógica da posição turca exigia que os avares fossem na realidade varconitas, e sua identidade avar fosse emulada. Para esse fim, os turcos chegaram a propagar uma elaborada história de origens alternativa. Caso os avares europeus não passassem de ogures, sua reivindicação política seria infundada, e eles teriam um *status* inferior na hierarquia étnica que os impérios das estepes buscavam estabelecer. A digressão de Teofilato é valiosa por consistir em um exemplo do papel da etnia e da política identitária na autorrepresentação do grão-canato turcomano. Mais de 40 anos após o estabelecimento de seu domínio inconteste sobre amplas regiões da zona das estepes eurasianas, a história das vitórias turcomanas e do destino dos povos subjugados continuou a importar a ponto de ser integralmente recontada na carta do grão-cã.

O que aconteceu "realmente" na marcha dos avares para a Europa é, evidentemente, uma história que mais uma vez difere, e aqui concordo com La Vaissière quando afirma que o que devemos levar em conta é "a complexidade da etnogênese na estepe".[53] Dado o número de descendentes que muitas dinastias das estepes adquiriram ao longo das gerações, não é improvável que o grão-cã avar Baian pudesse reivindicar algum tipo de descendência do clã dominante dos rouranos. O título "grão-cã" permaneceu tão central para a legitimidade da política avar que, com a exceção de Baian, nenhum outro nome de grão-cã aparece nas fontes. No entanto, não é improvável que a maioria dos avares europeus não fosse composta, de fato, de avares "reais" (isto é, rouranos), mas de uma mistura de grupos dissidentes que escaparam do domínio turcomano ou que se juntaram à sua marcha. Tratava-se de uma época de mobilizações dos ogures. Dada a postura muito autoconfiante dos enviados avares ao imperador bizantino Justiniano em 558/559, parece plausível que tenha sido ideia sua reivindicar a legitimidade dos rouranos/avares.[54] Independentemente de quem tenha chamado primeiro aquele grupo de fugitivos de avares, essa história aponta para a dialética entre a autoidentificação e a atribuição externa. Foi, por fim, a vitória que validou a reivindicação de Baian ao grão-canato e à identidade avar.

De qualquer forma, o breve relato de Teofilato (e, em sua parte principal, do grão-cã turcomano) sobre as origens varconitas dos avares fornece uma imagem plausível da construção de um império e da formação de identidades na estepe. A fim de obter êxito, um líder ambicioso deve reivindicar origens de prestígio, atrair seguidores, inspirar admiração nos inimigos, adquirir reputação e negociar identidades. Aqui, vislumbramos o ciclo de identificação e comunicação no qual identidades étnicas foram criadas e reafirmadas. O texto esboça um complexo processo étnico pelo qual uma parte de dois grupos ogures – os Uar e os Chunni – une esforços e mescla seus nomes ("varconitas"), atraindo novos seguidores e adotando um nome prestigioso e tradicional. Ao menos é essa a história contada nas cortes turcomana e bizantina, a qual então deve ter soado bastante plausível. No final, a alegação de que os avares seriam, de fato, varconitas não teve grande impacto, e o nome "avares" pegou – textos latinos e gregos contemporâneos o usaram desde o começo. Isso pode ser visto como uma indicação de que "avares" havia se tornado uma forma de autodesignação.

Uma outra história em Teofilato ressalta que as primeiras identidades avares ainda eram ambíguas. No início dos anos 580, o sumo sacerdote avar Bookolabras teve que fugir para Constantinopla após ter tido um caso com uma das esposas do grão-cã. Teofilato relata que queria voltar para "seus" hunos, "a quem muitos também chamam de turcomanos, próximos aos persas".[55] Seus servos eram gépidas e, portanto, vinham da população anterior que os avares encontraram na bacia dos Cárpatos. Não há menção a varconitas. Isso indica que, cerca de 30 anos após a migração avar, memórias de uma origem na Ásia Central e de identificações anteriores (talvez reinterpretadas em Constantinopla à luz da paisagem étnica atual) eram passíveis de ser rememoradas. É possível que isso também signifique que os contatos com a terra natal não haviam cessado. Além disso, é um exemplo de como a identidade avar desaparecia quando alguém deixava o grão-canato. A identidade avar permaneceu inextricavelmente ligada à identidade política do grão-canato, bastante distinta da identidade huna; uma vez que o grão-canato sucumbiu por volta de 800, as pessoas denominadas avares desapareceram de nossas fontes no espaço de uma geração.

O bem pesquisado registro arqueológico dos avares na bacia dos Cárpatos, onde mais de 60 mil túmulos dos pouco mais de 200 anos de dominação avar foram escavados até então, muitos deles com ricos pertences funerários, mostra que não havia uma cultura "avar" coerente e reconhecível nas primeiras décadas após seu assentamento.[56] Como no caso dos hunos, a maioria dos achados na fase inicial representa material habitual entre os guerreiros de origem bárbara na Europa da época. Os avares levaram estribos de metal e uns tantos outros novos tipos de objetos para a Europa, embora, como um todo, eles não apontem para qualquer área de origem específica. Nenhum paralelo rourano emerge (embora nosso conhecimento arqueológico do Período Rourano ainda seja muito limitado).[57] Até onde a arqueologia é capaz de nos dizer algo sobre a composição dos primeiros avares, eles parecem ter sido um grupo bastante híbrido. Só gradualmente surge um perfil avar mais forte e particular, embora a influência bizantina continue sendo dominante. A maior parte da população logo se tornou sedentária e passou a praticar agricultura mista. Os linguistas argumentam de forma bastante convincente que, assim como os búlgaros, os avares posteriores adotaram uma língua eslava.[58]

No entanto, os avares desenvolveram uma cultura política com fortes associações com a estepe. Curiosamente, ela se tornou mais marcante no século VIII, quando novos títulos emergiram na Ásia Central, como *tudun*, *iugurrus*, *kapkhan*, *tarkan* e *katun*.[59] Alguns deles são semelhantes aos usados no canato búlgaro concorrente; outros são comprovados unicamente em contextos avares. Todas essas mudanças indicam que os avares, assim como os hunos, não chegaram à Europa com uma bagagem cultural definida, tendo-se adaptado gradualmente ao seu ambiente cultural. Eles permaneceram em contato com os desdobramentos situados muito mais a Leste, e não só adotaram as formas culturais europeias, como também continuaram a sustentar sua diferença.

Um senso de distância cultural moldou as relações entre hunos/avares e romanos/bizantinos. Nos antigos estereótipos do barbarismo, os nômades das estepes eram considerados o tipo de bárbaro mais selvagem. As barreiras entre os povos das estepes e seus vizinhos sedentários permaneceram em grande medida impenetráveis.

Isso não impediu o fluxo, para a estepe, de objetos preciosos como presentes, tributos, resgates ou espólios. O sistema bizantino de tributos e tratados com hunos e avares se assemelha, em muitos aspectos, à política *héqīn* chinesa ligada aos xiōngnú.[60] Mas a amplitude de políticas de apaziguamento e intercâmbios culturais parece ter sido mais limitada no Ocidente (diferente daquela entre Roma e os bárbaros sedentários de língua germânica, como godos, vândalos ou francos). Fontes chinesas relatam com mais frequência presentes e tributos vindos dos povos das estepes para o imperador. As alianças de casamento da Família Imperial eram impossíveis com hunos ou avares, ao passo que os chineses regularmente casavam princesas imperiais com governantes xiōngnú ou turcomanos; os governantes sassânidas, igualmente, possuíam esposas cuchanas ou heftalitas. É também impressionante que nem hunos nem avares, diferentemente de demais povos bárbaros, realmente tenham tentado controlar o território romano com uma infraestrutura funcional. Quando Átila invadiu uma ampla faixa das províncias dos Bálcãs, tomando diversas cidades importantes, ele as saqueou e evacuou sua população, seja para pedir resgate ou para assentá-la como escravos em seu próprio reino. Ele até mesmo tentou impedir os romanos de repovoar e cultivar a região como um todo. Da mesma forma, quando os avares sitiaram Constantinopla em aliança com os persas em 626, as condições de rendição que ofereceram à cidade exigiam que seu povo se submetesse aos persas e abandonasse suas casas e posses para saqueio dos avares.[61] As entidades políticas das estepes ao longo da fronteira chinesa ou iraniana possuíam atitudes distintas em relação às cidades, e algumas delas conseguiram, de fato, estender seu domínio sobre grandes áreas urbanizadas. Os limites da matriz política compartilhada entre as sociedades sedentárias europeias e os impérios das estepes só se alteraram no final do primeiro milênio. Nesse processo, a cristianização desempenhou um papel fundamental. Eventualmente, os húngaros adotaram um sistema feudal semelhante ao de seus vizinhos ocidentais, enquanto os búlgaros se integraram ao mundo ortodoxo. Povos que outrora migraram das estepes eurasianas gradualmente assumiram o ritmo mais vagaroso de seus vizinhos sedentários.

Como, enfim, podemos empregar o conceito de etnia em pesquisas sobre os impérios eurasiáticos? A etnia possuía duas funções estreitamente relacionadas, as quais deveriam, no entanto, ser separadas para fins analíticos: primeiramente, ela permitia a autoidentificação e a distinção não apenas em pequenas comunidades próximas (constituídas como as unidades elementares da vida nômade), mas também em uma hierarquia de grupos mais amplos, tribos e povos. No interior das "confederações imperiais" da estepe, as afiliações étnicas podiam diferenciar os grupos de súditos e indicar seu *status*. Em segundo lugar, a etnia fornecia uma ferramenta cognitiva que permitia a observadores externos acompanhar a multiplicidade de diferentes grupos na estepe e as mudanças em seu meio. As cognições étnicas funcionavam tanto em nível sincrônico – de forma a distinguir agrupamentos contemporâneos – quanto em nível diacrônico – ligando os povos do presente aos do passado. Assim, a partir delas possibilitaram-se, também, narrativas históricas.

O problema metodológico para os historiadores reside no fato de termos sobretudo fontes criadas a partir dessa segunda preocupação – a necessidade do observador externo de distinções étnicas sistemáticas, ao passo que da primeira preocupação, a autoidentificação étnica, muitas vezes tenhamos apenas traços indiretos nas fontes. Em geral, é possível reconstruirmos muito bem a matriz das distinções étnicas. Com fontes suficientes, podemos igualmente detectar nos textos mal-entendidos ou vieses. Na estepe eurasiana, também temos a oportunidade de comparar percepções da estepe de pontos de vista muito diferentes entre a China e o Ocidente latino. Isso nos permite, em certa medida, reconstruir a comunicação intercultural que tornou essas diferentes perspectivas compatíveis. Além disso, podemos ter uma ideia dos processos étnicos que entraram no foco dessas observações de diferentes ângulos. Identidades étnicas não possuíam o mesmo significado para todos os grupos diferenciados por dado etnônimo. No caso de grupos que controlam um império, elas eram amalgamadas com identidades políticas, de modo que "os hunos" podem se referir tanto a uma entidade política quanto ao povo. Em um império, a identidade étnica e social estava intimamente relacionada, já que o *status* muitas vezes era dependente de afiliação étnica. De uma perspectiva sincrônica, a agência política ou hierarquia social poderia se tornar mais visível do que a identidade étnica que a representava. Numa perspectiva diacrônica, as identificações étnicas geralmente forneciam continuidades que transcendiam dada entidade política e sua ordem social.

O equilíbrio entre identidades étnicas e seu significado político-social diferia em casos individuais, como fica evidente na comparação entre os hunos e os avares europeus. Ambos os grupos chegaram à Europa com um nome prestigioso, mas que, contudo, já havia visto dias melhores nos Impérios Xiōngnú e Rourano. Em ambos os casos, não podemos determinar em que grau o grupo principal era, de fato, descendente de seus homônimos famosos. Ainda assim, o título imponente foi parte do êxito de cada um deles. Diferenças entre os dois, igualmente, são claras. Os hunos europeus fizeram parte de uma "segunda onda" de expansão huna após dois séculos de relativa obscuridade, em um ressurgimento étnico que envolveu grupos provavelmente mistos unidos pela prestigiosa tradição do primeiro Império Xiōngnú da estepe. Esses novos hunos se espalharam vastamente, entre a Índia e a Europa Central, sem um modelo político definido, mas munidos de uma dinâmica imperial que fez seu nome ressoar. Os avares que marcharam para a Europa igualmente contavam com um nome retumbante, apesar de terem acabado de escapar das consequências de uma derrota recente. O cerne de seu empreendimento era a continuação do grão-canato rourano/avar, que exigia a manutenção do rótulo étnico. Foi esse o nível de desafio oferecido pelos turcomanos vitoriosos à legitimidade avar. No entanto, o grupo misto que chegou à Europa sob o nome de "avares" impôs sua identidade étnica com êxito. Ao contrário dos hunos, eles levaram à Europa um modelo político, o do grão-canato, o qual desenvolveram aos poucos ainda mais. Ao passo que conhecemos muitos nomes de governantes hunos com uma variedade de títulos, o governante avar era "o" grande cã, e apenas um nome dos seus é conhecido. A identidade política avar sobrepujou a identidade étnica. Sempre que os avares deixavam o grão-canato estabelecendo-se em outro lugar, abandonavam seu etnônimo e passavam a se denominar hunos, búlgaros ou eslavos. Após o fim do domínio avar, esse nome desapareceu. Os hunos, por outro lado, mantiveram sua identidade étnica, seja no serviço romano ou após a queda do império de Átila.

Em ambos os casos, a construção de um império exigia distinções e identificações étnicas, tanto interna quanto externamente. O império "pertencia" a um grupo étnico. O que encontramos em nossas fontes são traços da comunicação social entre indivíduos de dentro e de fora do nicho em que tais identidades foram construídas, reafirmadas ou desafiadas. A etnia permitiu traduzir lealdades em constante mudança a grupos sociais de todos os tamanhos, em um conjunto relativamente resistente ao tempo de distinções entre atores coletivos. A sorte na política podia se reverter rapidamente na estepe; identidades étnicas eram suficientemente flexíveis para suportar o impacto dessas mudanças e, simultaneamente, eram capazes expedir sinais tranquilizadores de continuidade.

Notas

1 A pesquisa que levou a esses resultados recebeu financiamento do Conselho Europeu de Pesquisa no Seventh Framework Programme (FP7/2007-13) sob o acordo de subvenção do ERC n. 269591.

2 Para uma introdução, ver Golden, 2011.

3 Prisco, *Fragmentos*, seção 13-14, *apud* Blockley, 1983, vol. 2, pp. 282-295.

4 Para um panorama, ver Pohl, 2015a, pp. 10-17; tradução revisada em inglês: Pohl, 2018.

5 Gumilev, 1989.

6 Deleuze & Guattari, 1980, pp. 434-527.

7 Pohl, 2015a.

8 Compare com Kim *et al.*, 2010. Ver artigo de Patrick J. Geary no capítulo 9 do presente volume.

9 Geary & Veeramah, 2016.

10 Novembre *et al.*, 2008.

11 Grousset, 1965, p. 19.

12 Pohl, 2015a, p. 223.

13 *Idem*, 2013a.

14 G. Moravcsik, 1958, p. 302.

15 Róna-Tas, 1999, p. 277.

16 Huygens, 1956.

17 Róna-Tas, 1999, pp. 310-311.

18 Compare com Agátias, *Histórias*, seção 5.11-25, *apud* Frendo, 1975.

19 Procópio, *Guerras*, seção 8.5, *apud* Dewing, 1914-1940, vol. 5, pp. 87-97.

20 *Idem*, seção 1.3.2, *apud* Dewing, 1914-1940.

21 Teofilato Simocata, *História*, seção 1.2.5, *apud* Whitby & Whitby, 1988, p. 23, e seção 3.6.9, 80 (turcomanos). Teofanes, *Chronica* (*apud* Mango & Scott, 1997), e referência a Teofilato no século IX, fala dos "hunos ocidentais, que são chamados de avares" (AM 6117, 446) de forma semelhante, assim como dos "hunos, a quem estamos acostumados a chamar de turcomanos" (AM 6064, 362).

22 Vaissière, 2005b, p. 10; Grenet, 1989.

23 Prisco, fr. 11.2, *apud* Blockley, 1983, p. 264.

24 *Idem*, fr. 2, 9.2, 11.1, *apud* Blockley, 1983, pp. 226, 238, 244 [respectivamente]; Atwood, 2015.

25 Prisco, fr. 11.2, *apud* Blockley, 1983, p. 248 (alterei a tradução de Blockley em *genos* = "raça").

26 Menandro Protetor, *História*, seção 12.5, *apud* Blockley, 1985b, p. 136.

27 Teofilato Simocata, *História*, seção 8.4, *apud* Whitby & Whitby, 1988, p. 289.

28 Pohl, 1988, p. 250.

29 Türik Bitig, *website* do Comitê de Idiomas do Ministério da Cultura e Informação, República do Cazaquistão, <http://bitig.org/?lang=e&mod=1&tid=1&oid=16&m=1>, acesso em 20/11/2015; cf. Tekin, 1968, pp. 231-295; aqui, p. 265.

30 Maenchen-Helfen, 1944, pp. 222-243.

31 Haussig, 1983, p. 6; ver também Sinor, 1990b, p. 178.

32 Vaissière, 2005b; 2015a, pp. 175-192.

33 *Idem*, 2005b, p. 23.

34 Pohl, 1988, pp. 31-37.

35 Vaissière, 2005b, p. 23.

36 *Idem*, 2015a, p. 192.

37 Di Cosmo, 2011, p. 48.

38 *Idem*, 2015, p. 62.

39 Barfield, 1989, pp. 85-87.

40 Di Cosmo, 2015, p. 56.

41 Ver o artigo de Ursula B. Brosseder no capítulo 12 do presente volume.

42 Ver <http://pro.geo.univie.ac.at/projects/khm/showcases/showcase6?language=en>. Acesso em 3/1/2016; moedas em pp. 6-9.

43 Anke, 1998.

44 Pohl, 2010, pp. 9-24; Brather, 2004.

45 Schmauder, 2009, pp. 51-52.

46 Kazanski, 1992; Bierbrauer, 2008.

47 H. J. Kim, 2013.

48 Teofilato Simocata, *História*, seção 7.7-7.8, *apud* Whitby & Whitby, 1988, pp. 257-259 [respectivamente].

49 *Idem*, seção 7.8, *apud* Whitby & Whitby, 1988, p. 260.

50 Vaissière, 2010a; Haussig, 1953.

51 Vaissière, 2015b, pp. 91-102.

52 Menandro Protetor, *História*, seção 10, 19.1, *apud* Blockley, 1985b, pp. 114, 175 [respectivamente].

53 Vaissière, 2015b, p. 98.

54 Menandro Protetor, *História,* seção 5.1, *apud* Blockley, 1985b, p. 48.

55 Teofilato Simocata, *História*, seção 1.8, *apud* Whitby & Whitby, 1988, p. 54.

56 Daim, 2003; Schmauder, 2015.

57 Bálint, 1989; Stark, 2008.

58 Lunt, 1997.

59 Pohl, 2010, pp. 292-307.

60 Compare com Di Cosmo, 2002; T. J. Barfield, 1989.

61 *Crônica Pascoal*, seção a.626, *apud* Whitby & Whitby, 1989, p. 175.

14

OS IDIOMAS DA CRISTANDADE NAS ROTAS DA SEDA E A TRANSMISSÃO DA CULTURA DO MEDITERRÂNEO PARA A ÁSIA CENTRAL

Scott Fitzgerald Johnson

Os vestígios fragmentários do cristianismo na Antiguidade Tardia e na Idade Média centro-asiática sugerem uma rede muito maior de instituições eclesiásticas e intelectuais do que geralmente se reconhece. Sem dúvida, o cristianismo nessa região era uma religião maleável e dinâmica, e as culturas que o adotaram eram ávidas por vê-lo florescer nas línguas e expressões culturais locais. Com algumas poucas exceções, esses vestígios apontam para a Igreja do Oriente como o veículo através do qual a cultura cristã mediterrânea e mesopotâmica foi transmitida ao longo das Rotas da Seda.[1] Este capítulo lida sobretudo com o modo como o cristianismo viajou ao longo das rotas terrestres do Norte, as quais levavam Antioquia e Edessa adentro do Império Romano Oriental, através de Nisibis, Bagdá e Selêucia--Ctesifonte na Mesopotâmia, através do Leste do Irã, de Báctria e de Sogdia, rumo aos oásis da China Ocidental, chegando, por fim, ao coração da China Táng. Através dessa enorme extensão geográfica e ao longo de várias centenas de anos, a língua siríaca serviu de pedra angular por meio de sua liturgia, sua organização eclesiástica e sua inspiração literária – mesmo quando as culturas circundantes eram muito diferentes do que atribuímos ao Mediterrâneo. A principal protagonista dessa história de transmissão de conhecimentos para a Ásia Central é a própria língua; não apenas o siríaco, como também as línguas por ele influenciadas e com as quais ele se ligou no curso do tempo. O arquivo multilíngue em Turfã, descoberto no início do século XX, oferece um instantâneo da vitalidade linguística daquela região, com suas religiões variadas, suas culturas e seus idiomas ali representados. Contudo, meu argumento será o de que o siríaco serviu de veículo para a comunicação da literatura cristã e que persistiu como uma pedra angular importante para todas as culturas que interagiram com as ideias cristãs do Mediterrâneo e da Mesopotâmia por toda a Ásia Central (Mapas 3 e 4).

Foi por meio da Igreja do Oriente que muita literatura siríaca chegou ao médio-persa e, sobretudo, ao sogdiano; por meio do sogdiano, chegou ao uigur, uma língua túrquica do Oeste da China. Foi também por meio desse ramo linguístico que a literatura e as ideias siríacas chegaram aos chineses e, consequentemente, a partir dele a primeira relação formal entre uma cultura mediterrânea e a Corte Imperial da China se desenvolveu.[2] A literatura cristã em línguas iranianas (por exemplo, médio-persa e sogdiano) não é irrelevante, embora raramente ocupe um lugar de destaque na história do cristianismo oriental. O presente capítulo concentrar-se-á nos vestígios de cristãos sogdianos, juntamente com os vestígios siríacos da região, amplamente acessíveis por meio do arquivo de Turfã. Contudo, será necessário abordar os demais contatos linguísticos; na conclusão, chamarei atenção para como essa variedade linguística funcionou na China Táng nos séculos VII e VIII. Em grande medida, a literatura cristã iraniana pode ser vista como um desdobramento da siríaca, no sentido de que quase tudo nela parece ter sido traduzido de originais siríacos. No entanto, há muitos casos em que os originais siríacos não sobreviveram, de modo que as traduções tiveram uma importância vital para a compreensão do cristianismo na Ásia Central. A escolha da tradução confiável pode ser particularmente instrutiva, tal como ocorre nos muitos exemplos de bilinguismo na literatura cristã da Ásia Central.

Médio-persa

A primeira língua a ser considerada ao retraçarmos a jornada oriental do cristianismo é a médio-persa, a língua do Irã Sassânida. Ela é particularmente importante como ponto de partida, porque, em primeiro lugar, certamente existia mais literatura cristã médio-persa na Antiguidade Tardia do que se reconhece de forma geral e, em segundo lugar, porque ela parece ter sido produzida exclusivamente pela Igreja siríaco-oriental. Ademais, ela aponta para o que podemos assumir sobre os cristãos persas antigos em termos de práticas sociolinguísticas de tradução e aculturação, antes e durante seu movimento para o Oriente ao longo das Rotas da Seda – ou seja, do século IV ao VII. Assim, esse caminho nos fornece uma base para discutirmos os vestígios literários cristãos substanciais em sogdiano e chinês.

O único texto médio-persa a sobreviver é um saltério fragmentado, que, como quase todos os fragmentos bíblicos sogdianos, foi traduzido da *Peshitta* siríaca (título cujo significado é "simples", "amplo" ou "única"), a tradução padronizada da Bíblia nas igrejas siríacas (de quaisquer denominações) a partir do início do século V.[3] Esse saltério está escrito em uma forma de escrita pálavi (ou persa) mais antiga que a do pálavi do livro sagrado do zoroastriano (a escrita persa antiga padrão, derivada do aramaico). Ortograficamente, ela parece próxima de inscrições sassânidas bem conhecidas. Com base nisso, argumenta-se que essa tradução já tenha sido feita no século IV.[4]

Sabemos, no entanto, que havia uma quantidade muito maior de textos cristãos, mediados pelo siríaco, disponíveis em médio-persa do que aqueles que chegaram até nós. O *katholikos* da Igreja do Oriente, Aqāq/Acacius (falecido em 496), traduziu um resumo da doutrina cristã de Elīšaʾ bar Quzbāye do siríaco para o médio-persa a fim de apresentá-lo ao xá sassânida Cavades I (488-531); no mesmo período, Maʾnā de Shiraz, o metropolita de Rēw-Ardašīr, compôs obras em médio-persa, que incluíam vários gêneros (siríacos) de poesia: *madrāše* e *memre*.[5] Há também um episódio do século VIII da *Vida de João de Dailam* (falecido em 738), fundador de mosteiros em Fars – ele existe em diferentes medidas em siríaco (*A Syriac Life of John of Dailam*, editado por S. P. Brock), árabe (na *Crônica de Seert*) e sogdiano (*The Life of Serapion*, editado por N. Sims-Williams) –, que afirma que os persas requeriam que a liturgia siríaca fosse traduzida para o médio-persa em seu benefício.[6] Paradoxalmente (considerando sua flexibilidade em outros contextos), no episódio em questão os cristãos siríacos na Pérsia Sassânida responderam insistindo no uso do siríaco em sua liturgia, o que foi apresentado como uma razão pela qual a literatura cristã médio-persa não sobreviveu em grandes quantidades, sobretudo em comparação com a sogdiana mais a Leste.[7] Outros textos conhecidos como tendo existido também em persa, mas que sobrevivem hoje somente em tradução siríaca, incluem um comentário a respeito de *Sobre a interpretação* de Aristóteles por Paulo, o Persa (de meados do século VI), e dois tratados jurídicos dos metropolitanos siríacos orientais Išo'bokt e Simeão.[8] Esses textos – combinados com o saltério disponível e já mencionado – apontam para a existência de uma literatura cristã mais rica em médio-persa do que aquela que chegou a nós, e que estava intimamente ligada à Igreja siríaco-oriental e às práticas de tradução siríaca em geral.

É claro que os cristãos persas, estando bem estabelecidos no Irã Sassânida a partir do século III, interagiram em um nível muito mais próximo com o médio-persa do que os vestígios disponíveis parecem demonstrar por si sós. A influência do Império Sassânida no que hoje é o Leste do Irã, a Ásia Central e o Norte da Índia permitiu a penetração do cristianismo siríaco nessas regiões. As interações linguísticas entre o siríaco e o médio-persa foram essenciais para esse movimento em direção ao Leste. Em particular, o fato de o saltério médio-persa ter sido descoberto em Turfã, em meio a um conjunto de textos sogdianos e siríacos de tipo semelhante, sugere que o médio-persa foi certamente usado como uma língua litúrgica ao longo da Ásia Central, apesar de certa resistência interna dos siríacos.[9] Além disso, os numerosos empréstimos médio-persas em textos sogdianos semelhantes, encontrados no mesmo local, nos encorajam ainda mais a imaginar um processo de refinamento contínuo da liturgia com base no siríaco e para além dele (e de volta para ele mais uma vez), assim como a postular comunidades de línguas sobrepostas entre as igrejas siríacas orientais das Rotas da Seda.[10]

Sogdiano

No início do século XX, um grande repositório de textos cristãos foi descoberto no oásis de Turfã, no Oeste da China, no local do mosteiro

Shuï-pang, perto de Bulayïq.[11] Ao todo, cerca de 40 mil fragmentos de manuscritos, em mais de 20 idiomas e escritas, foram levados a Berlim após as expedições alemãs a Turfã de 1902 a 1914. Nesse sítio arqueológico, aprendemos muito sobre a comunidade siríaca e, sobretudo, sobre seu encontro com os sogdianos.[12] Além dos numerosos textos budistas e maniqueístas, foram descobertos cerca de 1.100 textos cristãos, escritos em siríaco, sogdiano, uigur, médio-persa e novo persa. Sem Turfã, não saberíamos praticamente nada sobre a cristandade em Sogdia, e certamente não seríamos capazes de juntar as peças de como a Igreja do Oriente chegou à China.[13] Esse quadro é instrutivo, portanto, não apenas para pensarmos no mosteiro de Bulayïq, mas por podermos dizer, até certo ponto, algo a respeito da Igreja do Oriente como um todo na Ásia Central. Isso ocorre porque as coleções sogdianas e siríacas contêm um grande número de fragmentos em gêneros diversos, com níveis distintos de caligrafia, além de interagirem entre si por meio de exemplos de multilinguismo e padrões de pensamento compartilhados. Em outras palavras: enquanto as descobertas de Turfã são singulares em termos de achados arqueológicos e codicológicos na região,[14] os materiais ali revelados sugerem semelhanças entre o cristianismo sogdiano do Leste do Irã e o do Oeste da China.

Os vestígios sogdianos descobertos em Turfã são consideráveis e existiam (e/ou foram produzidos) no sítio ao lado de uma biblioteca siríaca considerável. No entanto, os 550 fragmentos sogdianos são significativos de uma forma distinta da dos siríacos, já que demonstram uma tentativa de integração com a língua local e o dialeto cultural das comunidades em que os cristãos siríacos orientais transitavam. Alguns dos textos sogdianos de Turfã foram escritos em escrita persa ("sogdiano secular"), apesar de grande parte estar em escrita siríaca.[15] O emprego da escrita siríaca para escrever sogdiano é bastante adequado, já que fornece vocalizações – através do distinto sistema siríaco-oriental de pontos para marcar vogais na escrita consonantal – que de outra forma seriam irrecuperáveis para essa língua.[16] Além disso, em casos diversos, o sistema siríaco-oriental de notação musical também foi incluído, o que mostra uma interação muito próxima entre ferramentas de escrita e de liturgia nas duas línguas.

Nada exemplifica melhor isso do que o manuscrito sogdiano mais relevante que sobreviveu em Turfã.[17] O manuscrito em questão (E5), um lecionário redigido em uma caligrafia distinta, foi lavrado sobretudo em sogdiano e em escrita siríaca, algo único entre os fragmentos sogdianos sobreviventes – em contrapartida, todos os demais lecionários sogdianos incluem primeiro a leitura siríaca e então uma leitura glosada em sogdiano logo embaixo. As partes siríacas limitam-se a trechos introdutórios sobre as leituras e as rubricas, sugerindo que se esperava do leitor que fosse um falante sogdiano que eventualmente estivesse familiarizado com a liturgia siríaca de outras fontes. Os 27 fragmentos do manuscrito totalizam 30 páginas separadas e cerca de 800 linhas. O livro era comparativamente espaçoso (cerca de 14 x 20 cm) e continha leituras dos Evangelhos de Mateus, Lucas e João, organizadas de acordo com o ciclo lecionário siríaco-oriental. O lecionário aparentemente cobria todo o ano cristão e incluía, no final, um conjunto de celebrações dos santos siríacos orientais.[18]

Em nível sintático, a tradução sogdiana é bastante literal, seguindo a ordem exata das palavras siríacas, mesmo quando soam canhestras em sogdiano (verbo-sujeito-objeto *vs.* sujeito-objeto-verbo).[19] Contudo, nos níveis lexical e morfológico, seu sogdiano é fluente e busca evitar siriacismos.[20] Chiara Barbati datou esse texto entre os séculos IX e X tomando por base, por partes, a suposição de que um lecionário completo em sogdiano só foi necessário quando a comunidade de fala sogdiana começou a superar numericamente a comunidade de fala siríaca. De fato, o lecionário E5 é o único texto sogdiano que inclui a terminologia litúrgica sogdiana completa, em vez de depender apenas de rubricas siríacas, como ocorre nos outros lecionários.

Esse, todavia, é, em última análise, um argumento sociolinguístico, e sabemos tão pouco da organização das comunidades no terreno que alguma margem de manobra deve ser deixada para datarmos o texto mais antigo. Apesar de, certamente, a maioria dos fragmentos descobertos em Turfã datar materialmente dos séculos IX-X, não há razão para supormos que se tratou do primeiro de seu tipo, ou então que não pertencia a uma prática de tradução que remontava a séculos. De fato, na ausência de evidências sociolinguísticas que indiquem o contrário, não devemos assumir que a tradução do siríaco para as línguas locais não constituía a norma no Leste do Irã e na Ásia Central, áreas nas quais a Igreja do Oriente havia se instalado bem antes de chegar à China. Como observado anteriormente, havia fatores institucionais na Pérsia Sassânida que podem ter oferecido resistência à tradução da liturgia siríaca para o médio-persa.

Mas, mesmo ali, a existência de um saltério médio-persa (datado em sua forma original do século IV), juntamente com numerosos outros textos cristãos persas que conhecemos de fontes siríacas a partir do século V, sugere que o envolvimento do siríaco oriental com o médio-persa – e, por extensão, sogdiano – pode ter sido mais significativo do que a enorme biblioteca de Turfã pode atestar e anterior ao que ela registra. Ao menos outros textos formais contemporâneos (ou anteriores) – incluindo o *Credo Niceno*, em escrita sogdiana secular (E17) –, assim como orações e notas marginais em sogdiano ao longo dos manuscritos siríacos, sugerem um envolvimento generalizado da literatura cristã siríaca na comunidade de fala sogdiana.[21] Além disso, os hábitos de tradução das comunidades siríacas orientais a Leste do Iraque e do Irã na Antiguidade Tardia – notadamente a comunidade chinesa, datada do século VII (ver conclusão deste capítulo) – sugerem que houve, desde o início do engajamento cultural mencionado, certa avidez para que materiais siríacos fossem traduzidos para as línguas locais.[22]

Demais textos sogdianos disponíveis preenchem esse quadro. Por exemplo, textos hagiográficos e homiléticos são abundantes.[23] Eles eram parte de uma formidável biblioteca cristã, característica da maior parte da tradição cristã oriental em geral, mas que evidencia também autores e lendas especificamente siríaco-orientais. *A Vida de Baršabba*, em particular, descreve esse lendário bispo de Merv como o fundador das igrejas siríacas orientais até Balkh, a capital da Báctria (no atual Afeganistão), e vem sendo lida como uma narrativa fictícia que alegoriza ou resume a experiência dos cristãos siríacos orientais na Ásia Central e a Leste.[24] Além disso, a biblioteca sogdiana de Turfã possui um caráter claramente monástico; os fragmentos dos *Dizeres dos Padres do Deserto* (o "Apophthegmata Patrum") de Evagrius de Pontus, embora comuns em ambientes monásticos, são sugestivos de um conjunto ainda mais amplo de textos pedagógicos e de todo o monasticismo institucionalizado – mais do que poderia ser deduzido por outros meios.

Em 1964, Émile Benveniste argumentou que sogdiano era o fulcro não para entender a Igreja do Oriente como um todo, mas para entender a região da Ásia Central como um todo.[25] Para ele, chamar fragmentos sogdianos de "cristãos" ou "maniqueístas" ou "budistas" é não conseguir abarcar toda a situação. Na concepção de Benveniste, a presença de três religiões no centro e ao redor da sociolinguística dessa vibrante língua franca aponta para uma herança compartilhada fundamental, a do Irã – talvez seja melhor ver esses diferentes grupos como um único veículo da cultura e da língua iranianas em toda a Ásia Central. Embora eu tenha sugerido que Barbati possa ser muito conservadora em sua datação contextual do lecionário E5, ela contestou, com razão e intensidade, a visão sincrética de Benveniste, demonstrando como os cristãos siríacos orientais guardaram com cuidado suas instituições e seus textos ao longo de outras culturas, mesmo no nível de léxico e fraseologia.[26] A mensagem básica do cristianismo transparece mesmo em suas expressões mais atenuadas. Ao menos fica claro que esses cristãos sogdianos mantiveram liturgias distintas e ofícios clericais que nunca foram abandonados em prol da aculturação.

Siríaco

Gostaria de ressaltar que os 519 fragmentos siríacos descobertos em Turfã mostram diferentes tendências em gênero e função do sogdiano. A grande maioria do material em siríaco é de caráter bíblico, incluindo vários saltérios, evangelhos e lecionários do Novo Testamento. Um exemplo importante de *Hudrā* (SyrHT 41-42-43), o principal livro para os sermões siríacos orientais, foi encontrado entre eles e agora recebe uma nova edição crítica.[27] Esse *Hudrā* foi datado paleograficamente dos séculos XII e XIII, mas coincide com uma forma muito antiga do serviço siríaco-oriental; por esse motivo, é considerado uma das principais descobertas de Turfã. A inclusão de certas traduções bíblicas antigas, sobre e contra a tradução tradicional da *Peshitta*, sugere que a forma original do *Hudrā* existia antes de sua harmonização/padronização sob o *katholikos* Išo'yabh III (649-659).[28] Portanto, é inteiramente possível que esse *Hudrā* represente uma tradição textual que chegou à Ásia Central antes do século VII. Vários outros Hudrās identificáveis se encontram na mesma coleção. Esses Evangelhos completos e manuscritos *Hudrā* são distintos dos fragmentos siríacos, não aparecendo em sogdiano. Além disso, seis amuletos de oração em siríaco foram encontrados, também distintos dos restos siríacos.[29] A separação de gêneros entre siríaco e sogdiano sugere uma intencionalidade sobre o contato linguístico nessa comunidade multilíngue.

Em outras palavras, a clara distinção nos gêneros preservados parece não advir de um acidente de sobrevivência, mas provavelmente se relaciona aos papéis sociais dos textos nas diferentes línguas. Embora fragmentos siríacos da *Vida de Baršabba* e do *Martírio de São Jorge* tenham sido encontrados em Turfã, nada do escopo da hagiografia encontrada em sogdiano integra essa coleção. A questão inevitável surge aí: se os mesmos textos observados em sogdiano não estavam também presentes em siríaco em Turfã, então onde e quando eles foram traduzidos? Muito provavelmente, estamos lidando com manuscritos sogdianos e siríacos que já haviam encontrado seus respectivos papéis na comunidade multilíngue na época em que os manuscritos foram copiados (próximo ao século IX e posteriormente), sugerindo que cópias anteriores dos mesmos textos estavam disponíveis em Turfã e demais localidades, mais a Oeste, antes dessa época. Erica Hunter sugeriu Samarcanda como um local para a tradução original da hagiografia siríaca para o sogdiano, a qual seria então transportada, copiada e transmitida em várias combinações de textos pelas Rotas da Seda até Turfã e, presumivelmente, mais para o Oriente.[30]

Existem, no entanto, duas áreas principais em que os fragmentos siríacos e sogdianos se sobrepõem. Uma delas é em manuscritos litúrgicos siríacos nos quais rubricas são oferecidas em sogdiano para o padre oficiante – por exemplo, na liturgia batismal siríaco-oriental encontrada entre os fragmentos de Turfã.[31] A outra área de sobreposição é a das tabelas de calendário encontradas em Turfã. Existem oito fragmentos de tabelas de calendário em siríaco e quatro deles incluem trechos em sogdiano no verso.[32] Na maioria dos casos, o sogdiano no verso parece remeter diretamente aos calendários siríacos. O sogdiano inclui nomes de dias e meses, demonstrando que os fragmentos não foram simplesmente reutilizados para outros fins; foram, antes, tentativas de preencher a lacuna entre o siríaco e o sogdiano nessa área técnica.[33] No geral, os fragmentos siríaco e sogdiano estão preocupados com o cálculo das datas da Quaresma e da Páscoa, e correspondem às tabulações encontradas na tabela do calendário quaresmal do historiador Elias de Nisibis (1019 EC), entre outras fontes siríacas orientais. Mas três sistemas de calendário diferentes – sogdiano/persa, siríaco e chinês/turco – estão representados entre esses oito fragmentos e, portanto, testemunham a comunidade multicultural de escribas cristãos presente em Turfã, que tentava integrar-se às instituições siríacas orientais enquanto as traduzia culturalmente em seus próprios ambientes.

Conclusão

A experiência multilíngue dos cristãos em Turfã parece ter sido singular em face de outros contextos multilíngues de cristãos de fala siríaca no período. Mark Dickens resumiu a situação da seguinte maneira:

> Embora a Igreja do Oriente tenha mantido o siríaco como a língua litúrgica oficial, não o fez à custa da tradução de textos bíblicos e outros para o sogdiano ou o novo persa. A inclusão nos textos litúrgicos siríacos de instruções (em sogdiano) aos padres mostra, mais uma vez, a importância deste último idioma na vida cotidiana da comunidade cristã de Turfã – ao passo que as notas marginais em sogdiano ou uigur nos dão uma visão da vida cotidiana naquela comunidade, incluindo os nomes de alguns de seus membros.[34]

Eu gostaria de argumentar que o próprio siríaco tem certa presença social em todos esses textos e comunidades. O siríaco tem um valor probatório e heurístico para a forma como interpretamos o que acontecia com a Igreja do Oriente à medida que ela se espalhava para o Oriente. Mesmo em períodos posteriores, como sob os mongóis öngüt que se converteram ao cristianismo, o siríaco esteve presente como um marcador de identidade.[35] No presente capítulo, enfatizei as várias permutações do encontro dos cristãos siríacos em ambientes persas e sogdianos. Há uma grande variedade de interações exemplificadas em tipos de textos numerosos e diversos. Em Turfã, temos evidências notáveis de um ambiente bastante poliglota, traduzindo ativamente não apenas textos, mas também ideias e instituições em mundos distantes tanto geográfica quanto culturalmente, do coração do Mediterrâneo e da Mesopotâmia.

Mas a história da propagação do cristianismo siríaco para o Oriente vai muito além desse oásis na Ásia Central, chegando até a China. Lá, no coração do Império Táng, os mesmos cristãos siríacos orientais fincaram raízes a partir do século VII. O famoso *Monumento Nestoriano*, uma estela elaboradamente esculpida com inscrições em chinês e siríaco, foi instalado na capital Táng de Xī'ān (Cháng'ān) em 781 EC. A inscrição chinesa relata que, no ano 635, o primeiro missionário cristão, Alopen, foi recebido na Corte do imperador Tàizōng (626-649). De pronto Alopen empreendeu a tradução de textos cristãos (siríacos) para o chinês, com incentivo e aprovação do imperador. A inscrição chinesa também incorpora um decreto imperial de 638 concedendo permissão para o cristianismo ser praticado na China.

Esse edital, que pode ser corroborado por outras fontes, inclui o comissionamento oficial de um mosteiro em Xi'an com 21 monges a serem ordenados e ali instalados.[36] É importante ressaltar que a inscrição chinesa também oferece um breve resumo do ensino cristão – notavelmente completo, embora traduzido para o vernáculo cultural chinês – e conclui com uma história dinástica dos bispos e imperadores da China e suas relações, até a data de sua instalação.[37] Essa longa inscrição chinesa – 1.756 caracteres em 32 linhas – ocupa a maior parte da face frontal, e a inscrição siríaca, na verdade um colofão, ocupa uma pequena seção da face frontal na parte inferior. As laterais do monumento estão cobertas por nomes de clérigos, em siríaco e em chinês. Ao todo, existem no monumento 300 palavras e nomes siríacos.

Quando tomados em conjunto, os muitos nomes, títulos e locais mencionados nas inscrições chinesa e siríaca dão a sensação de duas culturas separadas, embora ligadas, investidas nesse monumento no momento de sua construção em 781: a de cristãos persas na China que retraçaram sua linhagem a bispados específicos no Irã (em Balkh, sobretudo); e a de cristãos chineses locais, tanto monges quanto leigos, que financiaram sua instalação e dela participaram. Os elementos iranianos (persas e sogdianos) do cristianismo siríaco-oriental, discutidos anteriormente, tornaram-se mais importantes para os estudiosos nos últimos anos como uma matriz para a compreensão do *Monumento Nestoriano* e suas implicações para a China. Apesar de nenhuma língua iraniana *per se* aparecer nas inscrições, é evidente o caráter persa de todo o monumento. Em um estudo importante, Erica Hunter enfatizou o substrato persa da língua e a organização do colofão siríaco, em particular, mas a associação desses cristãos siríacos com a Pérsia e a Ásia Central também é clara na inscrição chinesa.[38] Esse elemento persa, portanto, estava claramente ligado à língua siríaca, e, dessa forma, a presença do siríaco no monumento, sem paralelo em qualquer outra estela imperial, sinaliza o Irã e a Ásia Central como marcadores de identidade para o cristianismo siríaco no Oriente. Em outras palavras, os cristãos siríacos que, antes de chegarem à China, haviam se deslocado e se estabelecido no Leste do Irã e na Ásia Central, incorporaram esses mesmos mundos culturais em sua atividade missionária na China. Como vimos, os hábitos de pensamento, linguagem e escrita dos cristãos persas permaneceram essencialmente siríacos e, por extensão, mesopotâmicos e mediterrâneos. Mas suas interações com as culturas locais eram fluidas e dinâmicas, institucional e linguisticamente. O *Monumento Nestoriano* pode ser lido como a pedra angular do dinamismo que levou esse povo mediterrâneo a um território cultural altamente desconhecido na China.

Argumentou-se que um dos fatores que encorajaram a proliferação da literatura siríaca em geral foi que o siríaco era uma língua “não estatal” – nunca tendo sido a língua oficial de um império.[39] Isso permitiu a manutenção de uma cultura subalterna, enérgica em torno de sua própria língua e literatura. Mas também significava que, para participar da herança dos mundos clássico e cristão primitivo do Mediterrâneo, o siríaco teve de se tornar necessariamente uma língua intermediadora. Escritos de interesse escolástico nunca foram traduzidos para o siríaco como padrão na mesma medida em que o foram para o grego, o árabe e o chinês no mesmo período. Tratava-se certamente de uma língua franca, e até de uma língua de prestígio em certos casos, mas seus falantes mantiveram sua identidade como língua de tradução intencional, tanto para o siríaco quanto a partir dele. Por causa da rica tradição escolástica nos monastérios siríacos – desde a época das escolas de Edessa e Nisibis no século IV, e perdurando até o período moderno –, a tradução tem uma parte importante da presença do siríaco em todos os lugares por onde passou. O caso da Ásia Central demonstra que a tradução significava mais do que apenas a transferência mecanicista de palavras de um idioma para outro. Significava, para os cristãos siríacos orientais, uma atitude mental. Essa atitude se manifestou na vontade de ver seus textos, suas liturgias e até mesmo seus estilos de vida transmitidos para vernáculos estrangeiros. Ao longo das Rotas da Seda, as manifestações de sua atitude apareceram em textos, inscrições e, sobretudo, instituições que perpetuaram essa cultura mediterrânea e a introduziram nos âmbitos asiáticos.

Notas

1 Sobre a história da Igreja do Oriente, ver Walker, 2012; e Baum & Winkler, 2003.

2 Vestígios cristãos encontrados na China desse período não serão discutidos em detalhe neste capítulo. Para isso, ver, sobretudo, Pelliot, 1996, e os muitos capítulos informativos em Malek, 2006, além de Winkler & Tang, 2009; Tang & Winkler, 2013; 2016; e Johnson, 2017.

3 Sobre o papel proeminente do saltério na tradição do Leste siríaco, com referência especial aos saltérios de Turfã, ver Dickens, 2013. Para um tratamento mais geral da recepção da Bíblia na Ásia Central, ver Dickens, 2009b, pp. 92-120, sobretudo o trecho da p. 111: "Não está claro se toda a Bíblia siríaca foi ou não traduzida para sogdiano e turco uigur, embora trechos na primeira e, possivelmente, na última língua tenham sido usados para leitura dos sermões da igreja. A exceção é o saltério, uma das partes mais importantes da Bíblia para quem vive um estilo de vida monástico, como fica evidente nos fragmentos existentes do saltério em siríaco, médio-persa, sogdiano e novo persa".

4 Sims-Williams, 1999, p. 269, *apud* Skjaervø, 1983, p. 178. O manuscrito sobrevivente não pode ser mais antigo que o século VI, já que inclui os "Cânones de Mar Aba" (datados de 552). Ver o estudo desses salmos em pálavi em relação ao seu texto-base siríaco em Durkin-Meisterernst, 2006.

5 Sims-Williams, 1999, p. 267, *apud* Baumstark, 1922, pp. 114-115, 105. Ver N. Sims-Williams *in*: *Encyclopaedia Iranica*, entrada "Deylam, John of". Na mesma *Encyclopaedia Iranica*, ver também S. Shaked, entrada "Bible, iv. Middle Persian Translations".

6 Sims-Williams, 1999, pp. 267-268; Brock, 1981-1982; Sims-Williams, 2015.

7 Sobre a identidade social dos cristãos persas sob os sassânidas, ver Payne, 2015b.

8 Sims-Williams, 1999, p. 268. O comentário de Paulo, o Persa, permanece inédito; os dois tratados jurídicos foram publicados por Sachau, 1914.

9 Sims-Williams, 1999, p. 270. Permanece em aberto a questão de se esse saltério foi escrito no Irã ou em Turfã.

10 Várias novas obras persas em estado fragmentário também foram encontradas em Turfã, embora datem de um período além do escopo deste capítulo: ver Maggi, 2003.

11 Doravante, utilizarei "Turfã" e "Bulayïq" intercambiavelmente. Isso é de certa forma enganoso, pois um punhado de textos cristãos foi igualmente encontrado em outros locais próximos no oásis de Turfã, a saber, em Astana, Qocho, Qurutqa e Toyoq. Os leitores devem entender que esses outros locais contribuem para nossa impressão geral do mosteiro e das comunidades cristãs em Bulayïq, a localização principal dos vestígios de cristãos sogdianos.

12 Embora nenhum texto cristão em sogdiano tenha sido descoberto na própria Sogdia, um pequeno grupo de inscrições cristãs sogdianas, juntamente com um *óstrakon* gravado e numerosas cruzes siríacas orientais, foi encontrado na região; ver Sims-Williams, 1992, p. 44.

13 Há, no momento, um projeto na Faculdade de Estudos Orientais e Africanos (Soas), da University of London, de preparação de um extenso catálogo digital de todos os materiais cristãos descobertos em Turfã; igualmente, a Academia de Ciências e Humanidades da Berlin-Brandenburgische Akademie der Wissenschaften hospeda um arquivo digital contendo os fragmentos em questão. Ver <www.soas.ac.uk/cwc/turfan/> e <www.bbaw.de/forschung/turfanforschung/>. Além desses projetos digitais em andamento, dois importantes catálogos impressos contendo materiais cristãos descobertos em Turfã foram recentemente publicados. Trata-se de catálogos de textos sogdianos em escrita siríaca (Sims-Williams, 2012) e dos próprios textos siríacos (Hunter & Dickens, 2014). Com os dois, somos capazes agora, pela primeira vez desde a descoberta dos manuscritos, de tentar reconstruir uma imagem unificada e abrangente da comunidade siríaco-oriental em Turfã. Ver Barbati, 2013.

14 As descobertas em Dūnhuáng são comparáveis numericamente, embora somente um texto sogdiano de caráter cristão tenha sido encontrado ali – um fragmento do texto visionário *Sortes Apostolorum*. Contudo, muitos textos sogdianos (mas não cristãos) de Dūnhuáng mencionam cristãos: ver Sims-Williams, 2012, p. 55.

15 Sobre fragmentos cristãos sogdianos em escrita sogdiana secular, ver Schwartz, 1974, pp. 257-261; e Reck, 2008, pp. 191-205. O termo "secular" é enganoso, já que textos cristãos também foram redigidos nesse sistema de escrita. A escrita siríaca foi adotada por sogdianos, uigures e mongóis no mesmo período para escrever textos, em parte sob a influência dos cristãos, mas também, e talvez ainda mais, sob a influência dos maniqueístas, os quais transitavam nos mesmos círculos na mesma época. A escrita siríaca – redigida de cima para baixo – ainda é usada no mongol em contextos tradicionais.

16 Sobre o fenômeno alográfico da redação sogdiana na escrita siríaco-oriental, ver Barbati, 2014a.

17 Esse manuscrito de lecionário E5 era, antigamente, o C5. Uma nova edição crítica contendo um estudo do manuscrito está sendo preparada: Barbati, 2016. O manuscrito foi outrora publicado, assim como leituras revisadas de diversas passagens individuais suas foram publicadas ao longo dos anos: ver detalhes em Sims-Williams, 2012, pp. 28-43. Barbati publicou estudos do manuscrito tentando relacioná-lo com os fenômenos mais abrangentes do sogdiano cristão e da tradução do siríaco: Barbati, 2010; 2014b; e 2015.

18 Sims-Williams, 2012, p. 28.

19 Barbati, 2016, p. 4.

20 *Idem*, pp. 4-7.

21 Não há qualquer estudo completo da marginália sogdiana nos manuscritos em siríaco de Turfã, embora Dickens, 2009a, a discuta no contexto de manuscritos multilíngues na coleção.

22 O hino "Gloria in excelsis Deo", que sobreviveu em siríaco, árabe, sogdiano (E18) e chinês, continua sendo o texto modelar desse legado textual: Sims-Williams, 1995; confronte com Sims-Williams, 2012, pp. 60-61.

23 *O Martírio de São Jorge* sobrevive em sogdiano (em escrita siríaca; E23), siríaco e uigur de Bulayïq. Igualmente, também proporcionados em sogdiano (em escrita siríaca), se encontram *Invenção da Cruz* (E24), *Martírio de Sérgio e Baco* (E24), *Vida de Baršabba, bispo de Merv* (E24), *Vida de Serapião* (E25, E26; ed. e trad. Sims-Williams, 2015, pp. 105-159, 175-182), *Vida de João de Dailam* (E26; *idem*, pp. 57-103), *Martírio de Pethion* (E27; todos esses textos no manuscrito E27 (antigo C2): *apud* Sims-Williams, 1985), *Os Sete Adormecidos de Éfeso* (E27), *Comentário de Dādišo' Qatrāyā acerca de Abba Isaiah* (E27 etc.), *Babai de Nisibis* (E27), *Apophthegmata Patrum* (E27), *Atos de martírio dos persas* (E27), *Antirético* de Evagius of Pontus (E27), *Vida de Mar Awgen* (E28), *Atos de Pedro* (E29) e *Dormição de Virgem Maria* (E30; *apud* Sims-Williams, 2014, pp. 125-133).

24 Müller & Lentz, 1934. Ver Sims-Williams *in*: *Encyclopaedia Iranica*, entrada "Baršabbā". *Vida de Baršabba* também aparece na *Crônica de Seert*, onde ele é aclamado como o missionário de Balkh; ver Lieu, 2009, p. 235.

25 Benveniste, 1979, pp. 308-314, sobretudo p. 309: "Finalmente as três religiões [budismo, maniqueísmo e cristianismo] foram estabelecidas em países de antiga religião mazdeia e cultura iraniana. Cada qual se valeu desse arcabouço local à sua própria maneira".

26 Barbati, 2014b, p. 106, *apud* Hage, 1987, pp. 46-57.

27 Ver Hunter & Dickens, 2014, pp. 53-58. Hunter, 2012, inclui uma edição/tradução preliminar.

28 Hunter, 2012, p. 346. Ver também Brock, 2004.

29 Ver Hunter, 2013. Esses amuletos dizem respeito a enfermidade e cura, e um deles (SyrHT 206) contém uma oração para afastar melancolia, incluindo uma transliteração (defectiva) do termo grego μελαγχολία para o siríaco: "E que você remova dele doenças e enfermidades, febres e tremores, melancolia [mhlikwln' – *sic*] e mau olhado, além de todo sofrimento [e moléstia]. Amém" (Hunter & Dickens, 2014, pp. 206-207).

30 Hunter, 2012, p. 346.

31 Brock & Sims-Williams, 2011.

32 Sobre esses fragmentos, ver a edição/tradução de Dickens & Sims-Williams, 2012.

33 Podem-se também expor aqui, no contexto da literatura técnica, os muitos textos auxiliares descobertos em Turfã: há uma lista bilíngue da correspondência de números siríacos e sogdianos (E47; Sims-Williams, 2012, p. 192), listas de nomes (como *SyrHT* 161 – com um nome uigur; ver Dickens, 2009a, e *SyrHT* 355), receitas farmacológicas em siríaco (*SyrHT* 1, *SyrHT* 388; Hunter & Dickens, 2014, pp. 16, 342), em novo persa e siríaco (E37-E38-E39; Sims-Williams, 2012, pp. 186-187).

34 Dickens, 2009b, p. 34.

35 Sobre a cristandade sob os mongóis, ver Tang, 2011. Sobre o *status* do siríaco sob os Öngüt, ver Borbone, 2008.

36 Sobre o édito e demais fontes para ele na literatura chinesa, ver Pelliot, 1996, pp. 349-373.

37 Para o monumento nestoriano, recomendo a edição/tradução/comentário produzida por Eccles & Lieu, 2015. Ainda que *L'inscription Nestorienne* de Pelliot persista sendo a versão e o comentário padrão sobre o monumento, ele não edita ou comenta o texto siríaco, o que dificulta a leitura do monumento como um todo. Para um estudo do monumento no contexto da identidade perso-cristã: ver Johnson, 2017.

38 Hunter, 2009, pp. 71-86. É crucial ressaltarmos que esse elemento persa é reconhecível independentemente de as inscrições refletirem ou não textos conhecidos em siríaco ou sogdiano.

39 Debié & Taylor, 2012.

15

A EXPANSÃO DA CULTURA BUDISTA PARA A CHINA ENTRE OS SÉCULOS III E VII

Max Deeg

> Mesmo [o virtuoso] Zhān Jī ou um śramaṇa – quem não seria cativado [pela beleza nas damas da Corte Imperial]?[1]

Esses versos das "Rapsódias da Metrópole Ocidental" (*Xī jīng fù*), escritas pelo polímata hàn tardio Zhāng Héng (78-130), muito provavelmente provocavam certo sentimento de exotismo em um leitor chinês educado do início do século II. Essa é a primeira ocorrência de um termo budista (*śramaṇa*) na literatura chinesa[2] e claramente indica um conhecimento da cultura monástica budista da época. O contexto implica que um śramaṇa, um monge budista, normalmente não está suscetível às atrações do sexo oposto, e os versos, portanto, referem-se indiretamente ao preceito monástico budista do celibato,[3] que deve ter parecido bastante alheio ao contexto cultural chinês. O exemplo também mostra as circunstâncias socioculturais específicas do ingresso do budismo na China no início da Era Comum, o que permitiu, e em alguns casos exigiu, que conceitos fossem exemplificados de maneira tradicionalmente chinesa – em nosso exemplo, o virtuoso Zhān Jī da Antiguidade[4] – e com linguagem conceitual da nova religião representada pelo termo *śramaṇa*.

Quando o budismo chegou pela primeira vez à China, foi como a religião de pequenas comunidades diaspóricas, sobretudo na Ásia Central, espalhando-se das margens do deserto de Taclamacã. Seus centros urbanos (Cotã,[5] Cucha e Turfã) participaram ativamente da expansão da religião e se estabeleceram como centros de práticas e aprendizado budistas.[6] A influência do budismo na sociedade aumentaria regularmente a partir do segundo século, apesar da agitação política logo após a queda da Dinastia Hàn Posterior ou Oriental (*Hòuhànou Dōnghàn*, 25-220) e a divisão da China unificada (Três Reinos/*Sānguó*, 220-280; os Dezesseis Reinos, 304-439) e a separação do império em regiões Sul e Norte (*Nán-Běi Cháo*, 420-589) até sua reunificação através da Dinastia Suí (581-618) e a consolidação sob a Dinastia Táng inicial (fundada em 618). Demorou até o século III para que o budismo tivesse um impacto significativo, uma vez que ganhou o apoio de governantes locais não hàn ("bárbaros") nas regiões politicamente cindidas do Norte chinês.

Tomar o período entre os séculos III e VII como um recorte temporal pode nos surpreender, tendo em vista que o budismo já havia chegado à China no século I EC ou mesmo antes,[7] sendo ali propagado mais uma vez, em outra forte onda de inovação religiosa e cultural na forma de budismo esotérico ou tântrico no início do século VIII.[8] No entanto, o impacto mais forte nos povos e nas culturas entre a Índia – a terra natal do budismo – e a Ásia Central e a China ocorreu precisamente no meio milênio entre a queda da Dinastia Hàn Posterior e o advento da Dinastia Táng, cujo primeiro século é frequentemente louvado como os períodos mais cosmopolitas e multiculturais da história chinesa.[9]

A evidência de atividades budistas na China nos séculos I e II é bastante escassa e parcialmente legendária. Isso é ilustrado pela narrativa padrão da introdução do budismo na China. Fontes chinesas posteriores relatam que o imperador Hàn Ming (Hàn Míngdì, r. 58-75) sonhou com um homem dourado a pairar sobre seu palácio. Quando o imperador questionou seus conselheiros acerca do significado desse sonho, um deles respondeu que o homem de ouro era um santo nas regiões ocidentais chamado Buda. Em seguida, o imperador míng despachou uma embaixada para a Índia a fim de trazer de volta as escrituras budistas e o monge budista Jiāyè Móténg,[10] para quem erigiu o primeiro mosteiro budista na China, o "Mosteiro do Cavalo Branco",[11] na capital oriental Luòyáng.[12] As evidências arqueológicas da presença do budismo nesses dois séculos são limitadas. Algumas das esculturas rupestres em Kǒngwàngshān, na província de Jiāngsū, mostram um Buda em repouso entrando no parinirvāṇa (nirvana pós-morte), um Buda em pé com o gesto de mão "sem medo"[13] e um Buda na postura de meditação com as pernas cruzadas; esses são alguns exemplos. Por fim, no século III vem a primeira onda rastreável de traduções de textos budistas para o chinês,[14] seguindo uns poucos tradutores hàn tardios como Ān Shìgāo (fl. cerca de 148-180), além de Zhī Chèn/Lokakṣema (fl. 167-189). Esses novos textos eram obras de tradutores de origem, sobretudo, centro-asiática, como Kāng Sēnghuì (fl. 247-280), Kāng Mèngxiāng (fl. 194-207) e Zhú Fǎhù/Dharmarakṣa (fl. 265-310).[15]

O século VII é um marcador temporal final apropriado para esta consideração sobre a expansão do budismo na China, pois foi então que a relação entre a comunidade budista e a Corte chinesa atingiu um ponto sem precedentes que não voltaria a se repetir. Durante o reinado da imperatriz Wǔ (Wǔ Zhào ou Wǔ Zétiān; 624-705, r. 690-705), desenvolveu-se uma ideologia de governo fortemente baseada nos conceitos budistas de governo universal[16] e nas ideias messiânicas de um *bodhisattva* sagrado, em referência ao Buda do futuro, Maitreya.[17] A tendência andou de mãos dadas com o forte apoio imperial – além de controle – das instituições monásticas budistas.[18] O período pode ser visto, de fato, como um ponto de culminância prévio ao advento de uma nova forma de cultura budista capaz de oferecer novas escritas e práticas, entre elas o budismo esotérico. Esse pico de influência budista terminou com a crise política da rebelião de Ān Lùshān (755-763) contra a Dinastia Táng e o consequente enfraquecimento do poder imperial nas primeiras décadas do século VIII.[19]

No meio milênio de que tratamos aqui, a China experimentou ondas de influxo budista na forma de monges vindos da Índia e da Ásia Central, assim como textos budistas, ideias e inovações institucionais e materiais.[20] As ondas migratórias ocorreram a intervalos irregulares e em intensidades variadas, e obtiveram maior ou menor grau de aceitação. Períodos de forte influência budista foram seguidos por momentos em que as expressões culturais do budismo passaram a ser rechaçadas como estrangeiras e inadequadas para a China, o que levou à perseguição do monasticismo budista.

Um dos períodos de florescimento do budismo chinês foi a segunda metade do século IV até a primeira metade do século V. Na porção Norte da China, sob vários governantes de etnia distinta da Hàn, o monge budista Shī Dào'ān (312-385) iniciou projetos diversos que se provaram importantes blocos para a construção do budismo chinês e outras formas de budismo do Leste asiático. Ele possuía interesse em informações sobre a Índia, tendo apoiado atividades de tradução, escrito comentários sobre textos budistas, compilado o primeiro catálogo de escrituras budistas traduzidas e defendido práticas meditativas e devocionais (como a veneração do futuro Buda, Maitreya). Provavelmente também foi o interesse de Dào'ān pelas origens e raízes do budismo na Índia que levou um punhado de monges chineses a arriscar a perigosa viagem à Índia para estudar e trazer textos budistas para a China, uma vez que os textos sânscritos eram considerados mais autênticos do que os presentes na China naquela época.

Um dos discípulos de Dào'ān, Hui-yüan (334-416), deu continuidade às atividades de seu mestre no centro monástico no Monte Lúshān, onde venerou o Buda Amitābha[21] e esclareceu as escrituras e os ensinamentos budistas para uma comunidade mista de monges e leigos.[22] Foi durante essas poucas décadas que Kumārajīva (chinês, Jiūmóluóshí; 334-413) traduziu textos importantes do budismo Mahāyāna dominantes da tradição budista chinesa desde o período mais antigo. Durante as mesmas décadas, os códigos monásticos[23] de quatro diferentes escolas budistas e o *corpus* escritural,[24] que continham os "sermões" do Buda (Sūtrapiṭaka), foram vertidos para o chinês.

A rota mais evidente pela qual o budismo chegou à China foi através das montanhas Pamir e Karakorum, no Noroeste da Índia.[25] A partir dali, o budismo se espalhou para os centros urbanos no Norte do Irã e ao longo das rotas comerciais conhecidas, desde o final do século XIX, como Rotas da Seda.

Os monges que foram para a China partindo da Índia e de centros comerciais urbanos da Ásia Central seguiram rotas comerciais estabelecidas.[26] Eles representavam os grupos étnicos e linguísticos envolvidos no comércio, especialmente os sogdianos de fala iraniana.[27] O comércio nas diferentes rotas – das regiões do Mediterrâneo, da Pérsia e da

Índia para a China e vice-versa – foi reforçado pelas mudanças políticas que evoluíram naquela região a partir do século I: o estabelecimento do Império Cuchana da Ásia Central (séculos I ao IV EC) nas partes do Sul da Ásia Central e no Noroeste do subcontinente indiano, e o controle da maior parte do deserto de Taclamacã pela Dinastia Hàn tardia. Isso colocou as esferas culturais indiana e chinesa em contato geográfico direto, garantindo aos mercadores viagens relativamente seguras. A prosperidade que adveio com o comércio permitiu que comunidades monásticas recebessem apoio nas cidades-oásis e regiões ao longo das rotas comerciais.

Embora o budismo também tenha se espalhado para as regiões[28] iranianas do Norte, ele não se firmou no Império Persa Sassânida (224-651) até o final do século VII. Podemos apenas especular sobre o motivo de o budismo haver fracassado em se espalhar para o Oeste, alcançando o mundo mediterrâneo.[29] É possível que o zoroastrismo, fortemente apoiado pelo Estado sassânida, tenha impedido a expansão da comunidade budista, a qual dependia intensamente de recursos econômicos para estabelecer e manter suas instituições monásticas.[30]

Essa rota ao Norte, no entanto, não foi a única pela qual o budismo chegou à China. Uma rota terrestre ao Sul, conectando o Sudoeste da China e a Birmânia, parece ter se originado no primeiro século EC, como ficou evidente por espelhos de bronze e vasos decorados com pequenas figuras de Buda de pernas cruzadas, algumas datando do final da Dinastia Hàn. Uma rota marítima levou o budismo para os portos do Sul da China e do Sudeste Asiático.[31] Por quanto tempo essa rota do Sul funcionou e que tipo de budismo foi transmitido à China ao longo dela não podemos precisar com certeza.[32] Outra rota posterior pela qual o budismo foi à China percorreu a costa do Sudeste Asiático e o arquipélago indonésio.[33] Essa foi a rota usada, por exemplo, pelo monge chinês Fǎxiǎn em seu caminho de volta da Índia e do Sri Lanka para a China no início do século V. Esse caminho marítimo para o Sul da Ásia foi facilitado pelo estabelecimento de governos influenciados pela cultura budista em diferentes graus, como o Império Serivijaia (*Śrī Vijaya*, na Sumatra, séculos VII-XIV).

O budismo exerceu forte influência cultural em diferentes regiões da Ásia. Os conceitos indianos de realeza e administração, ciência e arte, escrita e linguagem muitas vezes suplantaram as práticas indígenas. A situação na China foi um tanto diferente. Pela primeira vez na história de sua expansão para além das fronteiras da Índia, o budismo encontrou ali uma civilização longeva com uma forte autoconsciência cultural.

A escrita chinesa já existia séculos antes do advento do budismo e mesmo antes do início das escritas indianas no século III AEC ou anteriores.[34] Registros de um impressionante passado chinês contínuo foram preservados em diferentes gêneros e obras literárias como o *Clássico da Poesia*,[35] os *Documentos Estimados*,[36] os clássicos confucionistas como os *Analectos* (Lún Yŭ) ou o *Mèngzĭ*, além de textos deveras enigmáticos como o *Livro do Caminho e Poder* (*Dàodé jīng*) ou o *Zhuāngzi*. Ademais, a China desenvolvera estruturas administrativas eficazes e centralizadas que permitiram a linhagens governantes fortes unificar o reino[37] e proteger seu enorme império com eficácia.

Estudiosos debatem até que ponto a cultura chinesa influenciou o budismo. Essa discussão se deu no contexto de outro discurso de declínio e pureza o qual postula a contaminação de uma forma pura de budismo pela cultura chinesa, ou então da corrupção de uma forma pura de cultura e identidade chinesas pelo budismo.[38] Curiosamente, jamais houve um desenvolvimento desse discurso no contexto da Ásia Central ou do Tibete. Não há evidência, como há na China, de uma consciência histórica na Ásia Central ou de registro dessa discussão no Tibete.[39] Na China, porém, havia vozes autóctones críticas ao budismo, além de respostas budistas.[40] Mas, em vez de adotar uma abordagem que enxergue a influência chinesa no budismo em termos de contaminação, ofereço aqui uma avaliação mais neutra em termos do fenômeno universal da assimilação cultural.

A assimilação cultural consiste na tradução de algo estrangeiro em algo culturalmente conhecido e reconhecível. Desde o início, o budismo teve que ser traduzido para a língua chinesa em níveis diversos. Essa necessidade ocasionou, antes de tudo, o mais extenso projeto de tradução já realizado em tempos pré-modernos, comparável apenas às traduções tibetanas das escritas budistas iniciadas no século VIII. A importância dessas traduções não se restringe ao budismo, tendo também efeitos no linguajar religioso do taoísmo chinês nativo. As técnicas de tradução e a terminologia então desenvolvidas tornaram-se modelo para demais religiões estrangeiras que foram à China mais tarde, particularmente o zoroastrismo, o maniqueísmo e o cristianismo siríaco-oriental durante o Período Táng.[41]

Uma das particularidades na tradução de textos budistas para o chinês é o fato de haver traduções do mesmo texto em diferentes épocas.[42] Mediante múltiplas traduções, novos sistemas de pensamento, monasticismo, além de práticas budistas como meditação e tantra, moldaram o budismo chinês. Do final do século IV em diante, os textos traduzidos foram concebidos e organizados como parte de um cânone budista.[43]

A influência das línguas indianas budistas (do médio-indo-ariano ou prácrito e, a partir do século IV, do sânscrito) no desenvolvimento da língua chinesa ainda não foi explorada por completo, embora algumas observações possam ser suficientes para destacar os desafios enfrentados pelos tradutores.[44] Eles tiveram de verter narrativas e conceitos religiosos completamente diferentes daqueles do budismo indiano de forma que pudessem ser entendidos pelo público ou pelos leitores chineses. Os monges indianos, centro-asiáticos e chineses, que realizavam seu trabalho principalmente em equipes,[45] tinham de traduzir de um idioma indo-ariano altamente flexionado para outro idioma (o isolado chinês clássico) que era tipologicamente distinto em sua estrutura e em suas funções – sintaxe, estrutura lexical, estilo. As primeiras traduções entre o final do século III e o início do século V[46] refletem claramente um estágio experimental no qual os tradutores confiavam em parte na terminologia e nas estruturas criadas por seus predecessores.

Nomes e conceitos puderam ser traduzidos de acordo com seus sons (via transliteração) ou de acordo com seu significado (via tradução semântica). Por exemplo, as primeiras palavras de tradução para o nome do Buda eram *fo*, cuja pronúncia era **mas* (fonética) ou *jue* (zhe), em uma tradução que vertia literalmente o significado original da palavra "Buda": "(o) desperto". Tradutores individuais ou adotaram a terminologia anterior, ou criaram seu próprio vocabulário de tradução.

Esse grandioso projeto de tradução igualmente fomentou um discurso budista chinês acerca da tradução e da linguagem em geral.[47] A erudição linguístico-analítica da Índia e a necessidade de transliterar alguns dos termos budistas em vez de traduzi-los também tiveram um impacto na linguística e na língua chinesa nativa. Palavras estrangeiras e nomes em outras línguas (iraniano e demais vernáculos da Ásia Central) foram traduzidos foneticamente de acordo com os modelos em textos budistas em tradução. Estudiosos chineses compilaram dicionários onde se indicava a pronúncia dos caracteres chineses. Eles desenvolveram o método *fănqiè* de determinar o valor fonético de um caractere chinês específico, representando o som inicial e final de uma unidade semântica monossilábica do chinês (correspondente a um caractere chinês), método este claramente influenciado pelo sistema de escrita indiana.[48]

Se a rendição linguística de conjuntos textuais inteiros consistia em uma tarefa difícil e complexa, a tradução de ideias não conhecidas anteriormente na China foi uma tarefa ainda mais desafiadora, pois implicava andar na corda bamba entre a manutenção do significado original e a adaptação ao idioma cultural chinês. Um dos métodos utilizados foi o de "conceitos correspondentes",[49] no qual dada terminologia chinesa herdada era empregada para conceitos indo-budistas com base em semelhança semântico-conceitual.[50] Por exemplo, o termo do chinês arcaico *dao*, carregado semântica e conceitualmente como é, significa literalmente "caminho" e foi usado para o sânscrito *dharma*, a doutrina budista; *zhēnrén*, literalmente "homem verdadeiro", foi usado para o sânscrito *árhat*, o termo para um santo budista que realizou seu despertar.[51]

Os escritos budistas que vazavam constantemente para a China e, assim, desafiavam seus tradutores também continham muitos conceitos soteriológicos anteriormente desconhecidos na região. A ideia de reencarnação e sistema cármico das religiões indianas – a retribuição de atos e ações em uma existência subsequente, com o conceito inerente de mérito[52] – teve de ser traduzida para o chinês e explicada em termos da ética tradicional chinesa e de visões da vida após a morte.[53]

A estranheza em relação ao budismo – na visão de seus críticos chineses, um "ensinamento bárbaro" – foi objeto de crítica e debate no início da China medieval. Essa crítica se direcionou a um catálogo de estereótipos frequentemente reiterados, aos quais os budistas chineses reagiam com estratégias defensivas que oscilavam entre uma insistência na distinção da tradição budista e um reconhecimento da semelhança ou mesmo da identidade dos conceitos culturais budistas e tradicionais chineses.[54]

O discurso da distinção, juntamente com as duras críticas ao budismo feitas, sobretudo, pela elite erudita confuciana (ou ruísta) e um taoísmo religioso emergente e diversificado, em alguns casos levou à perseguição do budismo – isto é, ao confisco de propriedade monástica, à destituição ou mesmo ao assassinato de monges.[55] No Sul culturalmente dominado pelos chineses hàn, durante o período da divisão,[56] travou-se um debate religiosamente sincrético conhecido como "aprendizado sombrio"[57] – ele se desdobrou a partir de tópicos como o cosmos, a natureza do homem e a alma. As discussões frequentemente eram realizadas em uma espécie de salão literário por parte da nobreza com inclinações intelectuais e monges budistas.[58] Esse discurso se baseou fortemente no inventário terminológico e conceitual budista, assim como na terminologia taoísta. A reação e a contrarreação entre os grupos religiosos de budistas e taoístas foram características dessas discussões desde o início, assim como um certo grau de sincretismo. O taoísmo "autóctone" emprestou elementos do budismo e vice-versa. As duas religiões inseminaram-se mutuamente, no que diz respeito a sua terminologia, seus conceitos,[59] suas instituições e sua prática.[60] Esse processo de inter-relação e coexistência culminou em uma competição, por parte dessas duas "correntes" religiosas, pelo apoio imperial oficial durante o Período Táng.[61]

O influxo de novos conceitos não ficou restrito às dimensões sociais e culturais da religião; a compreensão política e ideológica do governo foi também afetada. A antiga ideia chinesa de governo legítimo, o "filho do céu"[62] governando por meio do mandato celestial,[63] foi complementada por conceitos budistas de soberania. O governante imperial poderia ser identificado como um monarca que governa todo o planeta, um rei que "move a engrenagem".[64] O exemplo paradigmático do imperador Maurya Aśoka (304-232 AEC), bastante célebre na China por força das traduções das lendas budistas a seu respeito, poderia servir como modelo de um rei do *dharma* budista, que governou de acordo com os ideais éticos budistas de compaixão e apoio à religião.[65] Já mencionei um exemplo histórico desse uso radical de conceitos budistas de soberania no caso da imperatriz Wǔ Zétiān, cujos apoiadores chegaram a fabricar evidências escriturais que prediziam seu governo sagrado.[66] Ela, porém, não foi a primeira governante imperial a reivindicar o estatuto de soberana budista.

Antes dela, o imperador Wǔ da Dinastia Liáng (Liáng Wǔdì, 464-549, r. 502-549) promoveu o vegetarianismo, organizou assembleias do *dharma* onde emulava parcialmente o ideal do imperador máuria Aśoka[67] e foi ordenado *bodhisattva*, categoria acima da ordenação regular de um monge.[68] Nos casos da imperatriz Wǔ Zétiān e do imperador Wǔ, o conceito de soberano budista idealizado trouxe implicações para a relação entre governante e comunidade monástica budista.[69] Como o governante era um *bodhisattva* – uma figura ideal no budismo Mahāyāna –, podendo, portanto, exercer a autoridade da instituição religiosa e reivindicar superioridade sobre os monges ordenados, ele poderia se envolver diretamente nos assuntos de sua comunidade. Isso diferia tanto do modelo indiano quanto do papel assumido pelo imperador Aśoka. Assim, na China, a ordenação de monges e monjas tinha de ser facultada e ratificada pelas autoridades oficiais: monges e monjas recebiam certificados, e a Corte regulava o número de membros a serem ordenados, obrigando, às vezes, que muitos deles abandonassem a vida monástica.

O budismo indiano exerceu sua influência mais forte no domínio da vida monástica, onde se estabeleceram regras no código monástico[70] de diferentes linhagens monásticas[71] para orientar o comportamento dos monges e a gestão institucional de um mosteiro. As regras da *vinaya* prescreviam o comportamento de monges e monjas de acordo com os princípios éticos e soteriológicos do *dharma* budista, regulando também sua vida diária de formas meticulosas,[72] embora não necessariamente práticas no contexto da sociedade chinesa ou úteis no contexto do desenvolvimento de novas formas de monasticismo chinês. Por volta do século VII, Dàoxuān (596-667) estabelecera o *Dharmaguptaka-vinaya*[73] como o código padronizado e, por meio do processo de comentá-lo, adaptou a vida monástica ao seu ambiente chinês. As comunidades monásticas chinesas, igualmente, desenvolveram suas próprias regras.[74]

Alguns aspectos da vida monástica consistiam em um incômodo, tornando-se um alvo fácil para os críticos chineses desde o início: o estilo de vida celibatário "sem casa"[75] e a instituição monástica dependente de doações, que reivindicava extraterritorialidade, eram aspectos do budismo estranhos à ideologia social tradicional e prática chinesa. Desde o início, a aparência externa de um monge (tonsura, manto, tigela de esmolas, cajado de monge, rosário)[76] sinalizava sua distinção cultural.[77] O mosteiro como um símbolo material e conceitual da comunidade monástica, além de um espaço social apartado,[78] era uma questão em torno da qual a instituição budista e a Corte, afirmando governar tudo "sob o Céu",[79] pleiteavam.[80] Também os leigos eram submetidos à influência do budismo.

O vegetarianismo, embora não fosse necessária e exclusivamente budista, passou a ser intimamente relacionado à sua identidade,[81] e a veneração de relíquias, ícones[82] e livros sagrados[83] tornou-se popular.

O budismo levou à China conhecimentos acerca da Índia. Não temos muitas evidências de como essa informação foi transmitida. Monges indianos e centro-asiáticos levaram histórias à China, e monges chineses que viajaram para a Índia[84] levaram mais informações sobre as culturas indiana, da Ásia Central e do Sudeste Asiático. Embora apenas alguns desses registros tenham sobrevivido, podemos tirar conclusões sobre como a Índia foi compreendida entre o início do século V e o final do século VII, e ainda posteriormente.[85] Os mais famosos viajantes[86] foram Fǎxiǎn (viagens de 399-412),[87] Xuánzàng (600-664, viagens de 629-645) e Yìjìng (635-713, viagens de 671-695).[88]

Muita informação sobre a Índia está preservada no segundo capítulo do "Registro das regiões ocidentais do grande Táng" de Xuánzàng.[89] Esse texto exerceu grande influência na percepção chinesa sobre a Índia até o início do século XX. As seções sobre as "regiões ocidentais"[90] nas enciclopédias budistas e nas histórias dinásticas oficiais valem-se da informação do texto de Xuánzàng, em alguns casos copiando-o palavra por palavra.

Nessa descrição geral da Índia,[91] Xuánzàng apresenta sistematicamente o que poderia se chamar de uma pequena enciclopédia indiana, trazendo informações que vão desde geografia, sistema educacional, sistema de castas e leis indianas, até remédios e alimentos.[92]

Igualmente, o budismo influenciou o *koiné* artístico e estético da China. Os primeiros espécimes de uma formatação explícita de arte budista são do Período Wèi do Norte (386-534),[93] refletindo o apoio da nobreza local e dos governantes dos reinos do Norte. Essas obras diferem consideravelmente da arte dos dois Períodos Hàn anteriores (206 AEC-9 EC, 25-220 EC). Nas pinturas e esculturas budistas do período, observamos clara influência da arte do Noroeste indiano em Gandhāra (Norte do Paquistão), aliada a influências helenísticas.[94] Esse estilo reconhecidamente greco-indiano de arte budista transformou-se aos poucos em uma forma mais típica do Leste Asiático, atingindo sua plena maturidade na arte budista da Era Suí e, particularmente, no longevo Período Táng.

O impacto material do budismo sobre a cultura chinesa como um todo só passou a receber atenção acadêmica no Leste Asiático e no Ocidente em tempos recentes.[95] Seus veículos foram, em parte, os mosteiros e o contexto monástico, embora a ideologia budista também tenha construído pontes nesse quesito – como na noção de acúmulo de mérito por meio de ações benéficas para a sociedade.[96] A cadeira chegou à China como parte da cultura monástica, logo adentrando a vida secular.[97] A imprensa desenvolveu-se no contexto da produção em massa de escritos budistas, particularmente aqueles usados para fins encantatórios.[98] Outros campos do conhecimento asiático subcontinental que influenciaram a China foram a astronomia e a medicina.[99] Parte desse conhecimento adveio da conexão entre o budismo e a cultura sul-asiática. A produção de açúcar a partir da cana-de-açúcar[100] é, também, um modelo introduzido pela Índia na China.[101] Outros vegetais chegaram ao conhecimento dos chineses por meio de escrituras budistas e de viajantes, que, por sua vez, eram majoritariamente budistas.[102]

Discuti aqui somente exemplos selecionados da influência budista na cultura chinesa ao longo de meio milênio, mas mesmo esses poucos exemplos deverão bastar para indicar as diferentes camadas de importação e apropriação cultural durante o período. O próprio processo de difusão foi complexo – parte dele se originou diretamente na Índia, mas muito chegou ali por outras rotas, como vimos, sobretudo da Ásia Central. A Ásia Central e suas distintas regiões e culturas desempenharam um papel importante nesse processo, não apenas como áreas pelas quais o budismo viajou de sua terra natal no Sul da Ásia, mas mais ativamente por meio dos esforços dos monges centro-asiáticos que transmitiram formas localmente adaptadas de religião indiana para a China. No final do século VII, certamente o impacto cultural do budismo na China não chegou ao fim, embora haja evidências suficientes que mostrem como, até então, a China já havia assimilado a religião estrangeira em um grau considerável. Os ensinamentos, as instituições e as práticas budistas que, ao longo de cinco séculos, haviam entrado na China mediante ondas sucessivas foram apropriados de uma forma especificamente chinesa.

Notas

1 Adaptado de Zürcher, 1959, p. 29.

2 Chinês, *sāngmén*; sânscrito, *śramaṇa*, "mendicante, monge budista"; médio-indiano, **saṃmaṇa*.

3 Chinês, *jie*; sânscrito, *śīla*.

4 Séculos VII a VI AEC, mencionado nos clássicos confucionistas *Lúnyǔ* (ou *Analectos*) e *Mèngzǐ*: Zürcher, 1959, p. 329, nota 58.

5 O episódio do monge chinês Zhū Shìxíng, registrado em fontes textuais de suma relevância, as *Biografias de Monges Eminentes* [*Gāosēng Zhuàn*], indica a importância inicial de Cotã na margem Sudoeste do deserto de Taclamacã como uma região budista: no século III, Shìxíng estaria a caminho da Índia para encontrar uma cópia de um valioso texto Mahāyāna (o *Prajñāpāramitā-sūtra*), o que já obtivera em Cotã: Zürcher, 1959, pp. 61-63.

6 Puri, 1987.

7 Sobre os relatórios lendários de uma presença inicial do budismo na China, ver Zürcher, 1959, pp. 19-21.

8 Sobre o budismo tântrico indiano, ver Davidson, 2002, pp. 153-181; sobre o budismo esotérico no Leste asiático, ver Orzech; Sørensen & Payne, 2011.

9 Weinstein, 1987.

10 Sânscrito, *Kāśyapa Mātaṅga*.

11 *Báimǎ Sì*.

12 Para uma tradução de algumas versões da lenda e uma discussão, ver Rhie, 1999, pp. 13-15; para uma análise crítica, ver Palumbo, 2003.

13 Em sânscrito, *abhaya-mudrā*.

14 Wu, 1986, figuras 62-68; Rhie, 1999, pp. 27-47.

15 Análise acadêmica da tradução do "Sūtra em Quarenta e Dois Capítulos" (*Sìshí'èr zhāng jīng*) – tradicionalmente atribuído ao lendário primeiro monge budista Kāśyapa Mātaṅga (séc. I CE), o que o tornaria o mais antigo texto budista em chinês – é comprovadamente uma composição chinesa posterior; Zürcher, 1959, p. 22; Sharf, 1996.

16 Sobre os monges em questão e suas atividades tradutológicas, ver Nattier, 2008.

17 Sânscrito, *cakravartin*; chinês, *sheng zhuǎn lúnwáng*; chinês, *Mile*.

18 Deeg, 2001; Barrett, 2001. Sobre o interregno de Wu, ver Guisso, 1979.

19 Dalby, 1979.

20 Sobre a disseminação do budismo e a transação de "bens" pela Ásia, ver Sen, 2014a, pp. x-xvii.

21 Chinês, *Ēmítuófó*.

22 Zürcher, 1959, pp. 180-239; Zenryū, 1985, pp. 655-898.

23 Sânscrito, *vinaya*; chinês, *lü*.

24 Sânscrito, *āgama*; chinês: *āhán*.

25 Neelis, 2011.

26 Sobre a relação entre a difusão do budismo e a cultura material e comercial budista, ver Xinru, 1988; e 1996; sobre o budismo na Ásia Central, ver Puri, 1987, além de Tremblay, 2007.

27 Vaissière, 2005a.

28 Para as conexões budista-iranianas, ver Scott, 1990; uma interpretação ligeiramente difusionista é de Vaziri, 2012.

29 Seldeslachts, 2007.

30 Emmerick <www.iranicaonline.org/articles/buddhism-i>. Acesso em 28/1/2016. Sobre a influência budista na cultura greco-romana, ver Beckwith, 2015; Halkias, 2014; e 2015.

31 Wu, 1986.

32 Rhie, 1999, pp. 54-56.

33 Para um panorama, ver Sen, 2014b.

34 Sobre o desenvolvimento inicial da escrita no Sul asiático (via Brāhmī, Kharoṣṭhī), ver Falk, 1993, e Salomon, 1998.

35 *Shījīng*.

36 *Shūjīng*.

37 *tiānxià*, "sobre o Céu".

38 Ver Sharf, 2002, pp. 1-25.

39 No contexto do budismo tibetano, a indianização – contra outras influências, como, por exemplo, a da China – faz parte da narrativa budista e não foi posta em questão por acadêmicos até recentemente. Ver Kapstein, 2000, sobretudo pp. 69-84; uma discussão mais geral consta em Kapstein, 2009, pp. 1-18.

40 Deeg, 2003.

41 Para um panorama, ver Foltz, 2010.

42 Essas múltiplas traduções podem ser vistas e analisadas como testemunhas do desenvolvimento e da transformação tanto dos textos budistas Mahāyāna quanto da língua chinesa. Estudos recentes das múltiplas traduções são Nattier, 2003; e Boucher, 2008.

43 Sobre o surgimento da ideia de um cânone e uma compilação dos cânones, ver os artigos em Wu & Chia, 2015. Sobre cânones budistas em geral, ver Salomon, 2011. Um dos novos gêneros literários que se originaram desse processo foi o catálogo (chinês, *lù*).

44 Para um panorama da tradução de textos budistas, ver Hureau, 2010a. Sobre antigas técnicas tradutológicas, ver Deeg, 2008.

45 Para uma discussão sobre o processo de tradução descrito em textos budistas, ver Fuchs, 1930; e Jinhua, 2005.

46 Para uma discussão crítica dessas primeiras traduções e sua atribuição tradicional a certos tradutores, ver Nattier, 2008.

47 Cheung, 2006, pp. 90-172.

48 A sílaba *kī* (do sânscrito *akṣara*), por exemplo, é expressa pelo grafema para *k(a)* e outro grafema, um diacrítico, para *ī*. Similar ao que ocorreria no *fănqiè* chinês, para elegermos um exemplo aleatório do dicionário budista do século VII, *Yiqiè jīng yīnyì*

("Pronúncia e significados de todos os sūtras"), por Huìlín (737-820), expressa o valor fonético de duas sílabas de um dos nomes da Índia (em chinês, *Yindu*) para o sânscrito *Indu* ("lua") mediante dois conjuntos de caracteres pronunciados no chinês médio-antigo *ʔɨ (ă) + *(tɕi)inh = ʔɨnh (para *yin*), e *dɔ + *kɔh = dɔh (para *du*): Edição Taishō do cânone budista chinês T.2060.765c.10. Sobre o *fǎnqiè* e seu desenvolvimento em geral, ver Branner, 2000, vol. 1, pp. 36-46.

49 *geyi*.

50 Mair, 2012, identifica algumas dificuldades na aplicação desse termo para métodos de tradução empregados na época.

51 *bodhi*.

52 Sânscrito, *puṇya*; chinês, *gōngdé*; Kieschnick, 2004, pp. 157-164.

53 Loewe, 1982.

54 Um exemplo medieval relativamente prematuro é o *Móuzǐ lǐhuòlùn*, "Tratado do mestre Mou para dissipar dúvidas"; ver Keenan, 1994.

55 Duas perseguições severas ocorreram, nos anos de 574 e 577, por ordem do imperador Wǔ (Wǔdì, r. 561-578) da Dinastia Zhōu do Norte (Běizhōu, 557-581); ver Ch'en, 1954.

56 Nán-Běi Cháo.

57 *xuánxué*.

58 Sobre o período arcaico (séculos III a IV), ver Zürcher, 1959, pp. 86-95; sobre um período posterior (século VI), ver Jansen, 2000.

59 Ver as duas obras-primas de Erich Zürcher acerca da terminologia budista-daoísta e conceitos religiosos (messianismo): "Buddhist Influence on Early Taoism: A Survey of Scriptural Evidence" (1980) e "Prince Moonlight: Messianism and Eschatology in Early Medieval Chinese Buddhism" (1982).

60 Por exemplo, a veneração dos Budas e bodhisattvas. Ver Xudong, 2010; sobre rituais budistas na China, ver Hureau, 2010b.

61 Ver Mollier, 2008.

62 *tiānzǐ*.

63 *tiānmíng*.

64 Sânscrito, *cakravartin*.

65 *Aśokāvadāna*; chinês: *Āyù wáng chuán*, ou *Āyù wáng jīng*. Uma tradução do texto sânscrito consta em Strong, 1983. Sobre Aśoka como um soberano modelar, ver Deeg, 2009; e 2012.

66 Ver Forte, 2005.

67 Thapar, 1998.

68 Janousch, 1999, pp. 112-149; Jansen, 2001; e De Rauw, 2008.

69 Sânscrito, *saṅgha*.

70 Sânscrito, *vinaya*; chinês, *lü*.

71 Sânscrito, *nikāya*; chinês, *bù*.

72 Sobre higiene e cuidados com o corpo ver, por exemplo, Heirman & Torck, 2012.

73 *Sifen lü*.

74 Sobre a *vinaya* na China, ver Heirman, 2007; sobre Dàoxuān, ver Yifa, 2002. Um estudo sobre Dàoxuān e sua "reforma" na *vinaya* consta em Huaiyu, 2007.

75 Chinês, *chūjiā*.

76 Kieschnick, 2004, pp. 86-138.

77 Uma discussão mais ampla de aspectos não materiais do monasticismo budista em um contexto chinês consta em Kieschnick, 1997.

78 Kieschnick, 2004, pp. 185-199.

79 *tiānxià*.

80 O caso paradigmático é se um monge deve ou não se curvar ao imperador; uma das respostas budistas mais antigas foi a insistência por parte de Hui-yüan (334-416) de que eles não deveriam ser obrigados a fazê-lo; ver Zürcher, 1972, pp. 238-239, 250-252.

81 Kieschnick, 2006.

82 *Idem*, 2004, pp. 29-80. Para um panorama mais abrangente das relíquias budistas, ver Strong, 2004.

83 Kieschnick, 2004, pp. 164-183; sobre o conceito de "culto do livro" no budismo Mahāyāna, ver Schopen, 1975, pp. 147-181. No caso chinês, Jiang Wu fala de um "culto do cânone": Wu & Chia, 2015, pp. 2-4.

84 Esses monges geralmente rumavam a Mágada ou Madhyadeśa (o estado indiano moderno de Bihar), a "Terra Central" (em chinês, *Zhōngguó*, "reino médio"), onde a maioria dos locais sagrados ligados à vida do Buda se situa.

85 Para uma discussão de diferentes aspectos desse imaginário sino-budista da Índia, ver artigos diversos em Kieschnick & Shahar, 2014.

86 Sen, 2006, pp. 24-33: esses viajantes são geralmente chamados, de forma pouco precisa, de peregrinos; Deeg, 2014.

87 Sobre o "Registro de Reinos Budistas" (*Fúguó jì*) de Fǎxiǎn, ver Deeg, 2005. Outro relato por Sòng Yùn e Sēnghuì (viagens de meados de 518) está preservado em uma obra chinesa chamada "Registro dos Monastérios na capital Luòyáng" (*Luòyáng qiélánjì)*; ver Deeg, 2007.

88 Yìjìng compilou dois textos que continham informações sobre a Índia budista e o Sul asiático, o "Registro de praticantes budistas regressando do Mar do Sul" [*Nánhǎi jì guī nèi fǎ chuán*], além de uma antologia de biografias de monges que viajaram para a Índia na segunda metade do século VII, "Biografias de monges eminentes em busca do *dharma* do Grande Táng" [*Dàtáng qiúfǎ gāosēng chuán*].

89 Chinês, *Dàtáng xīyù jì*.

90 *Xīyù chuán*; o termo se refere à Ásia Central, embora abranja também o Sul asiático e a Índia.

91 Chinês, *Tiānzhú*, *Yìndù*.

92 Para uma tradução inglesa moderna, ver Rongxi, 1996.

93 Sobre a limitação de evidências de um período anterior, ver Soper, 1959; e Rhie, 1999, vols. 1-2.

94 Rhie, 1999, vols. 1-2.

95 Kieschnick, 2004.

96 *Idem*, pp. 199-214.

97 *Idem*, pp. 222-249.

98 A primeira impressão em massa em forma de feitiços mágicos (sânscrito, *dhāraṇī*; chinês, *tuōluòní*) pode ter sido feita sob a imperatriz Wǔ Zétiān em suas tentativas de se valer do budismo para sua própria legitimação dinástica; ver Barrett, 2008.

99 Needham, 1954.

100 *shímì*, literalmente, "pedra-mel"; sânscrito, *śarkarā*.

101 Kieschnick, 2004, pp. 249-262; Mazumdar, 2006.

102 Kieschnick, 2004, pp. 276-277.

16

A CIRCULAÇÃO DE SABERES ASTROLÓGICOS E SEU USO POLÍTICO NO LESTE DE ROMA, IRÃ SASSÂNIDA, ÁSIA CENTRAL, ÍNDIA E ENTRE OS TURCOMANOS

Frantz Grenet

Durante o extenso período que se estende do século III ao IX, o âmbito do Oriente Próximo e da Ásia Central esteve politicamente dividido, sendo assolado por constantes guerras, invasões e rebeliões. Ali, o único semblante de unidade foi oferecido pelos Califados Omíada e Abássida durante os séculos VIII e IX, apesar de o Turquestão Oriental ter permanecido sob domínio local – em seguida chinês e, por fim, uigur e tibetano. Ademais, para além do Iraque, uma soberania centralizada foi mais frequentemente contestada ou rejeitada do que aceita, sobretudo naquelas regiões da Ásia Central que, de fato, foram subjugadas ao islã somente após o estabelecimento do domínio abássida (na Báctria, em Sogdia) ou mesmo após sua desintegração (Cabul, Bamiyan).

Em meio a tal turbulência política, elementos de uma cultura compartilhada transitaram por esse amplo território, mais frequentemente na direção Leste do que o contrário, como exemplificado pela difusão do cristianismo, do maniqueísmo e do islamismo, e inversamente pela barreira oferecida ao budismo no Irã. O Império Bizantino e o Império Sassânida obviamente gozavam de imenso prestígio cultural em toda parte, apesar de seus frequentes infortúnios militares nas tentativas que fizeram de se expandir para o Leste. Um dos elementos que cruzaram fronteiras políticas e religiosas foi a astrologia.

Astrologia no Irã Sassânida (224-642): um *status* ambíguo

Embora nenhum tratado astrológico do Período Sassânida tenha sido legado a nós no idioma pálavi original – com exceção de alguns horóscopos e amostras parciais incorporados a livros zoroastrianos –, as literaturas árabe e persa dão ampla evidência do prestígio que desfrutavam os saberes astrológicos sassânidas. A vertente técnica e erudita dessa astrologia, tal como podemos reconstituir a partir desses testemunhos, tem sido objeto de estudos desde a pesquisa do recém-falecido David Pingree[1] e, posteriormente, por Antonio Panaino, que em 2009 coeditou um volume de homenagem a Pingree.[2] De acordo com os dois, uma contribuição específica e influente dos astrólogos sassânidas residia em sua insistência em consequências políticas das conjunções entre Júpiter e Saturno.

Meu objetivo com este capítulo não é o de me envolver nesse tipo de pesquisa, mas sim considerar a importância social e política da astrologia no Império Sassânida e nos países da Ásia Central que recaíram sob sua influência e, após a conquista islâmica do Irã, reivindicaram seu legado.

Quando a astrologia é considerada do ponto de vista do zoroastrismo – a religião do monarca e do Estado no Irã sassânida –, seu *status* não é de modo algum simples. Alguns fenômenos astrais como estrelas e estrelas cadentes são mencionados em várias passagens do *Avestá*, o livro sagrado do zoroastrismo,[3] embora sua influência sobre o destino humano seja de natureza indireta, envolvendo notadamente as boas ou más temporadas de chuvas. Na literatura pálavi, os planetas (exceto, em alguns aspectos, o Sol e a Lua, que eles também consideravam planetas) são todos considerados demônios, uma visão que por vezes se atribui a uma influência gnóstica ou mais especificamente maniqueísta: os planetas "roubam" a luz e, ao contrário das estrelas, são móveis, podendo, assim, provocar desordem.

Em nenhuma ocasião, a astrologia é listada entre as ocupações sacerdotais legítimas, fato que contraria a alta estima de que Zoroastro e os *magi* (sacerdotes zoroastrianos) gozavam – a de astrólogos –, na literatura greco-romana. Em selos privados conhecidos por terem pertencido a *magi*, não se encontram símbolos astrológicos.[4] A única exceção é o leão (Figura 16.1) – um animal então considerado parte da contracriação de Arimã, o Princípio do Mal, mas que simultaneamente funcionava como um símbolo solar. No caso dos selos em questão, a associação positiva provavelmente suplantou a negativa. Alguns selos sassânidas, de fato, mostram Mitra em sua função de Deus do Sol, montado em uma carruagem decorada com uma máscara leonina (Figura 16.2).

Figura 16.1 – Marca de um selo sassânida, lenda "Bām, magus, son of Māh" (Gyselen, 1995, fig. 3e; © R. Gyselen).

Outros selos privados – a principal fonte para a nossa compreensão das crenças religiosas de grandes faixas da população – trazem uma seleção ainda maior de motivos astrológicos. Um exemplo notável é o escorpião (Figura 16.3), em geral um dos animais mais desprezados nos textos zoroastrianos e um símbolo do mal. No entanto, os símbolos do Sol e da Lua no selo exibido na Figura 16.3 indicam que o significado em questão é astrológico, não pertencendo à esfera da magia medicinal – como ocorreria, por exemplo, em selos contendo motivos e fórmulas mágicas (Figura 16.4).[5] De fato, a fórmula do selo na Figura 16.3 representa um dos motivos mais específicos da escatologia zoroastriana, o encontro pós-morte entre o defunto e sua alma: Mihr-Ādur-Wišnasp ruwān wēn, "Mihr-Ādur--Wišnasp, contemple [sua] alma!".[6]

Figura 16.2 – Marca de um selo sassânida (Gignoux & Gyselen, 1982, 10.19; © R. Gyselen).

Figura 16.3 – Marca de um selo sassânida, lenda de "Mihr-Ādur-Wišnasp, contemple (sua) alma!" (Gignoux & Gyselen, 1982, 30.94; © R. Gyselen).

Figura 16.4 – Amuleto mágico sassânida, verso (Gyselen, 1995, fig. 2b; © R. Gyselen).

Figura 16.5 – Marca de um selo sassânida, lenda de "Arwand-Shābuhr" (Pope & Ackerman, 1981, pl. I.256).

Em outro contexto, argumento como fenômenos percebidos negativamente, como eclipses, foram ocasionalmente retratados em selos sassânidas.[7] Um exemplo é um selo no Museu Britânico (Figura 16.5) que exibe um touro com uma cobra de duas cabeças enrolada a seus pés. Phyllis Ackermann propõe uma interpretação astrológica: uma imagem combinada de Touro e Eridanus, cujo traço sinuoso aparece no céu abaixo de Touro. Nesse caso, porém, por que a cobra haveria de ter duas cabeças? Há outra (e talvez mais bem conhecida) "cobra" no céu (*mār*), a saber, o traço circular da eclíptica. Diz-se que sua cabeça e a extremidade de sua cauda correspondem aos dois "nós" de suas interseções com o Equador; a cabeça dupla da cobra em nosso selo poderia consistir em outra forma de expressar a mesma ideia. O nome em médio-persa da cobra celestial, *Gōzihr*, deriva de /gaociθra/, "aquele que tem a imagem [ou 'a semente'] do touro", um epíteto avéstico para a Lua. Todas essas associações provêm de uma forte sugestão de que a imagem de uma cobra rodeando um touro efetivamente se refere a um eclipse lunar.

O *Bundahišn*, um livro do zoroastrismo pálavi, logo após sua seção sobre Gōzihr, descreve uma criatura chamada Mush parīg (*muš*, "rato"; *parīg*, um corpo celeste malévolo; do avéstico *pairikā*, "estrela cadente", do persa *pari*, "fada"):

> [6] Mush parīg com cauda ergue-se, alada; o Sol a amarrou em sua carruagem para que ela não causasse qualquer dano eventual; ao ser libertada e até ser trazida de volta em trégua com o Sol, a si amarrada, ela causa mal excessivo ao mundo material. [7] Entre os corpos celestes, o de Dark Mihr e o da Mush parīg estão mesclados em consonância abaixo do Sol, [amarrados] à carruagem do Sol, e a Lua Negra está ligada à carruagem lunar.[8]

A seção sobre Mush parīg segue aquela sobre Gōzihr – isso porque Mush parīg controla os eclipses solares da mesma forma que Gōzihr controla os eclipses lunares. Tanto Mush parīg quanto "o obscuro Mihr" (o corpo planetário, não divino, do Sol) estão amarrados (em suas próprias carruagens?) à carruagem do deus Sol, que traça seu percurso incorrupto acima deles. Tal qual um camundongo, Mush parīg pode roer "o obscuro Mihr" quando for solta, provocando assim eclipses (seus epítetos são *duzd*, "a ladra", e *starān gadūg*, "a ladra de estrelas").

Algumas imagens em selos sassânidas parecem ser candidatas plausíveis para representações de Mush parīg. Uma delas exibe um rato roendo algo, encimado por símbolos do Sol e da Lua (Figura 16.6a). Uma dúzia de outros selos retratam uma carruagem puxada por ratos, por vezes também acompanhada de símbolos astrais. Em certos casos, a figura maior na carruagem aparenta um gato (o que é incerto devido ao tamanho reduzido e ao que fato de, às vezes, as imagens serem bastante grosseiras); em outros casos, assemelha-se mais claramente a um camundongo (Figura 16.6b). A questão se complica, contudo, com a ocorrência ocasional de imagens análogas em entalhes romanos, nas quais carruagens elaboradas são puxadas por vários animais. Um espécime publicado exibe uma carruagem de quatro rodas carregando um elefante e puxada por galos; outro, uma carruagem de duas rodas com um rato, igualmente puxada por galos; ainda outro, uma carruagem com um galo, puxada por dois ratos. É possível não ser coincidência que, no Irã, metade dos espécimes conhecidos exiba apenas ratos, uma escolha aparentemente nunca feita na produção romana: os sassânidas poderiam muito bem ter adaptado as imagens romanas para transmitir a ideia de Mush parīg.

Figura 16.6 – Marcas de selos sassânidas (Gyselen, 1995, fig. 6 a-b; © R. Gyselen).

Uma possível objeção às identificações das imagens dos selos sassânidas com Gōzihr e Mush parīg é que ambas representam seres malévolos, simbolizados por animais arimânicos. Além disso, as fórmulas inscritas nesses selos, quando existentes, não estão especificadas, não insinuando qualquer uso particularmente mágico. Porém, como assinalado, algumas imagens astrológicas dos selos sassânidas de tipo habitual – como o escorpião – podem, igualmente, ser interpretadas como demoníacas, e os selos do "eclipse" provavelmente fazem alusão a horóscopos.

No nível da Corte Sassânida, alguns testemunhos apontam para um cargo para astrólogos (*axtarāmārān*, literalmente "mensuradores de corpos astrais"). Os dados parecem um tanto contraditórios, embora ainda falte uma revisão sistemática de suas ocorrências. O romance pálavi *O Livro dos Feitos de Ardashir, filho de Pābag* conta a história do fundador da dinastia, tendo chegado até nós apenas em uma edição pós-sassânida – nessa versão, astrólogos, aparentemente iranianos, são descritos como pertencentes à comitiva ligada diretamente ao rei, e traçam-lhe horóscopos políticos.[9] No livro *Cosroes, o filho de Cavades e um pajem*, que reflete a respeito dos hábitos da vida da Corte Sassânida tardia, a astrologia se encontra entre as ciências a serem aprendidas por um jovem aristocrata.[10]

Os tratados religiosos pós-sassânidas escritos em pálavi contêm certas passagens astrológicas, e o *Grande Bundahišn*, compilado nos séculos IX e X pelos principais sacerdotes da comunidade zoroastriana, contém uma seção designada para a astrologia (cap. 2, "Sobre o curso dos luminares e estrelas") e duas para horóscopos (cap. 5, "O horóscopo do mundo", e cap. 6F, "Horóscopo do Homem Primordial").[11] Ao mesmo tempo, evidências que remetem diretamente ao Período Sassânida indicam que ao menos alguns dos astrólogos reais foram escolhidos de círculos cristãos, o que sugere alguma relutância entre o clero zoroastriano em cumprir tais funções.[12] Na *Carta de Tansar* – provavelmente datada do final da Era Sassânida e servindo, supostamente, de reflexão sobre as realizações de Artaxes I –, os astrólogos possuem um *status* oficial, embora não muito exaltado, estando separados do clero e classificados na terceira classe, ao lado de escribas, médicos e poetas (e logo acima da última classe, a de artesãos, fazendeiros e comerciantes).[13] Não temos qualquer evidência de influência efetiva de astrólogos sobre decisões políticas ou militares, tal qual sabemos ter ocorrido na Corte do imperador mugal Humayun – às vezes em seu detrimento, como quando foram subornados pelo inimigo na véspera de uma batalha. O último grande imperador sassânida, Cosroes II Parviz (590-628), era conhecido, tanto na tradição persa quanto na bizantina, por sua paixão por máquinas astronômicas, tendo porém incorrido na censura do templo zoroastriano. Diz-se que o trono em seu palácio em Ganja funcionava como um relógio do cosmo. Em 1920, Ernst Herzfeld afirmou haver um eco iconográfico desse famoso relógio em uma placa sassânida tardia ou pós-sassânida encontrada em Klimova, nos Urais, a qual agora está situada no Museu Hermitage (Figura 16.7).[14] Desde a sua identificação, a cena foi reinterpretada como um símbolo da ascensão do rei ao céu, embora a ideia de Herzfeld tenha sido posteriormente resgatada por Vladimir Lukonin e Boris Marshak, com novos argumentos que considero convincentes.[15] Segundo eles, nenhum rei é retratado na cena, somente deuses astrais; o mecanismo do relógio aponta para o momento do amanhecer, quando Mah, o Deus da Lua, sentado em sua carruagem puxada por touros, está prestes a se retirar e ser substituído por Mithra, o Deus do Sol; o arqueiro que aparece na parte inferior do relógio na função de um cuco simboliza Ushah, Deus do Amanhecer.

Figura 16.7 – Placa de Klimova, Irã, século VII (?) (Fotografia © The State Hermitage Museum. Foto por Leonard Kheifets).

A síntese na Corte de Cosroes Anushirvan (530-579) e seu reflexo posterior na obra de Abu Mash'ar (787-888)

Um caso similar de correspondência entre os resultados da pesquisa textual e as descobertas da história da arte foi encontrado há aproximadamente duas décadas, embora tenha passado inteiramente despercebido pela literatura especializada. Trata-se do sistema zodiacal do astrólogo Abu Mash'ar, em geral reconhecido como o principal sucessor da escola astrológica sassânida em sua fase final. Diversos pesquisadores, notadamente David Pingree[16] e Antonio Panaino,[17] chamaram atenção para o contexto fornecido pela atividade de tradução na Corte de Cosroes Anushirvan e pela aquisição do conhecimento astrológico indiano após as conquistas sassânidas na Báctria e no vale do rio Indo. Os astrólogos da Corte de Anushirvan conseguiram reunir, por um lado, a síntese do conhecimento greco-egípcio e babilônico alcançado no século I EC por Teukros (isto é, pelos autores escrevendo sob seu nome) e, por outro lado, alguns elementos da astrologia indiana. Os indianos consideravam-se herdeiros legítimos da corrente alexandrina de astrologia – e não sem razão, já que seu tratado fundamental, *Yavanajātaka* ("Horóscopos dos gregos"), consistia em uma adaptação de um original grego agora perdido, mas que claramente está na linha da tradição de Ptolomeu.

Abu Mash'ar nasceu em Balkh, onde, aos 47 anos, ingressou no círculo do matemático al-Kindi e de onde migrou para Bagdá no ano 834, tornando-se um dos muitos representantes das elites curasanianas atraídas para a capital durante os reinados dos califas Ma'mun e seu sucessor Mu'tasim. Ali, teve uma extensa e distinta carreira como especialista (ou, segundo alguns, "compilador") em astronomia e astrologia.[18] É um tema de controvérsia se ele adquiriu, em Bagdá, seu conhecimento da astrologia sassânida (munido de seu componente indiano), por meio dos livros árabes da escola sabeana, ou mais cedo, em Balkh, onde os círculos acadêmicos supostamente teriam florescido sob o patrocínio dos Barmecidas – herdeiros de uma dinastia de governantes locais, protetores do budismo e, posteriormente, vizires dos abássidas até sua queda em 803.[19]

Um novo elemento para essa discussão surgiu em 1997, quando Georges-Jean Pinault e eu identificamos o tema de um documento de Turfã, em papel inscrito e ilustrado (agora no Museum für Indische Kunst em Berlim) (Figura 16.8).[20] Com base em vários elementos linguísticos e estilísticos, ele pode ser datado dos séculos VIII ou IX. Originalmente, fazia parte de um rolo contínuo, começando com o que agora está apresentado na seção superior e terminando com o que agora consta na inferior.

A seção superior e o final da seção inferior mostram as *karaṇa*, as direções do espaço no sistema astrológico indiano, originalmente derivadas das "Horas" do sistema alexandrino e, então, personificadas por divindades hindus diversas (por exemplo, Nirṛti, Deus da Morte e guardião do Sudoeste, Figura 16.9) e complementadas por duas divindades astrais, Sūrya e possivelmente Sirius, personificado como o Tishtrya em armadura, seguindo o sistema iraniano. As outras seções demonstram a sequência zodiacal em ordem cronológica reversa, ao passo que Gêmeos e Câncer encontram-se mutuamente transpostos. Uma possível explicação para essa peculiaridade seria que as figuras derivaram de um códice compilado na ordem semítica ou pálavi, com a inserção de uma nova página à esquerda. Tal códice pode ser aberto erroneamente em seu fim, como se disposto na escrita brami usada em Turfã (que vai da esquerda para a direita) para transcrever o idioma local, o tocariano. Cada signo do zodíaco é complementado por uma ou duas figuras ou anedotas que ilustram alguns dos decanatos indianos ou persas associados ao signo, de acordo com convenções muito próximas àquelas encontradas na *Grande Introdução à Astrologia* de Abu Ma'shar. Os signos exibidos nas Figuras 16.10-16.12 são mostras dessas semelhanças.

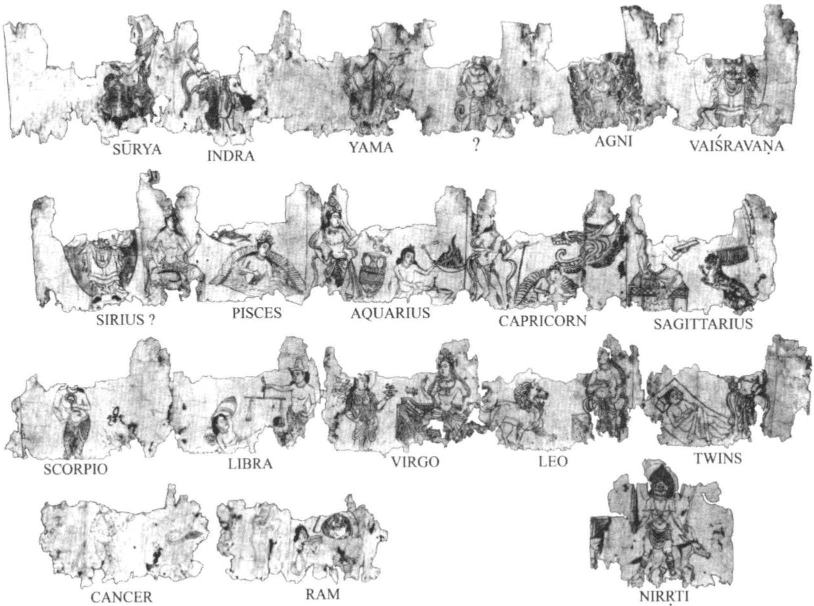

Figura 16.8 – Pergaminho de Turfã, séculos VIII-IX (© Museum für Indische Kunst, Berlin).

Figura 16.9 – Pergaminho de Turfã, detalhe (Nirṛti).

Figura 16.10 – Pergaminho de Turfã, detalhe (Virgem e decano). Virgem carregando a estaca, confrontando um cambista que simboliza um de seus decanatos. Esta é a representação mais antiga conhecida (e bastante realista) de um ábaco chinês, identificado como tal por uma inscrição que confere com uma transcrição tocariana de seu nome em chinês.

É importante notarmos que as imagens dos decanatos indianos trazem pouca semelhança com aquelas já conhecidas nos tratados indianos, como no capítulo 27 do *Bṛhat-Jātaka* de Varāhamihira, "O Grande Horóscopo", composto no século VI. Contudo, trata-se de analogias próximas às descrições de Abu Ma'shar. O pergaminho de Turfã obviamente não é uma ilustração de Abu Ma'shar, que talvez seja anterior, mas deriva de uma tradição comum. Se essa tradição foi delineada na Corte de Anushirvan, ou posteriormente, na Corte pós-sassânida dos barmecidas de Balkh, é um assunto para pesquisas futuras.

Certamente o estilo das imagens aponta para uma fonte do Oeste da Ásia Central, possivelmente da Báctria. As inscrições, no entanto, estão todas em tocariano, o vernáculo de Turfã até o século IX. No topo havia uma inscrição mais extensa, preservada em fragmentos, o que indica que as imagens foram usadas para complementar um ensino formal derivado da literatura astrológica indiana e, possivelmente, entregues na Corte real dos uigures em Turfã. Mais uma vez, essa observação é reminiscente da esfera de atividade de Abu Ma'shar: um de seus livros foi o *Kitāb al-milal wa-al-niḥal* [*O Livro das Religiões e Dinastias*], que tratava dos efeitos das conjunções e dos demais fenômenos celestes sobre as nações, as dinastias e o governo.[21]

Figura 16.11 – Pergaminho de Turfã, detalhe (Aquário e dois decanos). Aquário simbolizado por uma jarra, identificada por uma inscrição. O homem do lado esquerdo é o segundo decanato indiano, descrito por Abu Ma'shar como "um homem [...] segurando um saco contendo jacintos, pérolas, ouro, topázios e outras pedras preciosas" (aqui representado sobre o jarro); o latoeiro à direita é o terceiro decanato indiano.

O local da astrologia no legado político sassânida em Sogdia (meados de 660)

Logo após o colapso do reino sassânida, por volta de 660, e de fato não muito longe de Balkh, um rei de Samarcanda chamado Varkhuman encomendou (ou pelo menos serviu de inspiração para) um ciclo de pinturas conhecido pela literatura acadêmica como "Pintura dos Embaixadores" ou "Pinturas de Afrassíabe", atualmente em exibição no Museu de Samarcanda. Seu motivo central é a recepção de delegações de povos diversos da Ásia em Nowruz (o ano-novo zoroastriano). Na parede ocidental principal,

Varkhuman recepciona emissários de Tokharestan (ao Norte da Báctria), Chāch (em Tasquente), China, Tibete, ao passo que guardas turcos e coreanos (os quais foram incorporados ao exército Táng desde a conquista do reino Koguryŏ) estão escoltando os chineses. A parede Sul mostra Varkhuman liderando uma procissão até o mausoléu de seus pais no sexto dia de Nowruz (o dia reservado para as celebrações reais; Figura 16.13); a parede Norte mostra cenas da Corte chinesa, sobretudo o festival dos barcos-dragão (Figura 16.14), ao passo que a parede Leste apresenta cenas pitorescas da Índia. Em uma conferência realizada em Veneza em 2005,[22] foi demonstrado que esse programa iconográfico se estruturou por um sincronismo de calendário ocorrido em 660 e novamente (embora não de forma tão perfeita) em 663: de acordo com o calendário sogdiano, naqueles anos o solstício de verão e o festival chinês dos barcos-dragão – o sexto dia de Nowruz – caíram no mesmo dia. Esse sincronismo permitiu que Varkhuman aparecesse como um mestre da paz universal (um papel que os sassânidas não mais podiam desempenhar) e também como o representante do lendário rei Yima, que celebrava Nowruz em consonância com o solstício de verão.

Figura 16.12 – Pergaminho de Turfã, detalhe (Gêmeos, simbolizado por uma mulher grávida). Aqui, o símbolo do signo se deixa confundir pelo do primeiro decanato indiano, de acordo com Abu Ma'shar "uma mulher... que anseia por filhos".

Figura 16.13 – Samarcanda, Pintura dos Embaixadores, meados de 660, parede Sul (cópia em aquarela, © MAFOUZ-Sogdiane).

Figura 16.14 – Pintura dos Embaixadores, parede Norte, segmento esquerdo.

De fato, temos alguma ideia de quem eram os perspicazes astrólogos por trás dessa peça de propaganda. De acordo com o chinês Jìn Táng Shū, "em Samarcanda eles têm hindus [*polomen*] que examinam as estrelas a fim de poder distinguir o bem do mal".[23] Na extremidade esquerda da parede Leste, podemos ver dois astrólogos com uma esfera armilar entre si (Figura 16.15). A composição deriva de imagens greco-romanas que mostram Urânia, a Musa da Astrologia, ensinando sua arte ao poeta Arato; no quadro em questão, porém, o pupilo traja vestes indianas, enquanto a tutora sentada ainda pode ser interpretada como grega. Para fins de comparação, incluo um mosaico romano de Trier, na Alemanha. A esfera armilar nele repousa sobre um tripé, elemento que não consta na "Pintura dos Embaixadores" em Samarcanda, tendo sido perdido ao longo do processo de transmissão, de modo que, ali, a esfera flutua no ar.[24] Essa composição pintada pode ser considerada uma discreta assinatura de astrólogos indianos que inspiraram o esquema da "Pintura dos Embaixadores".

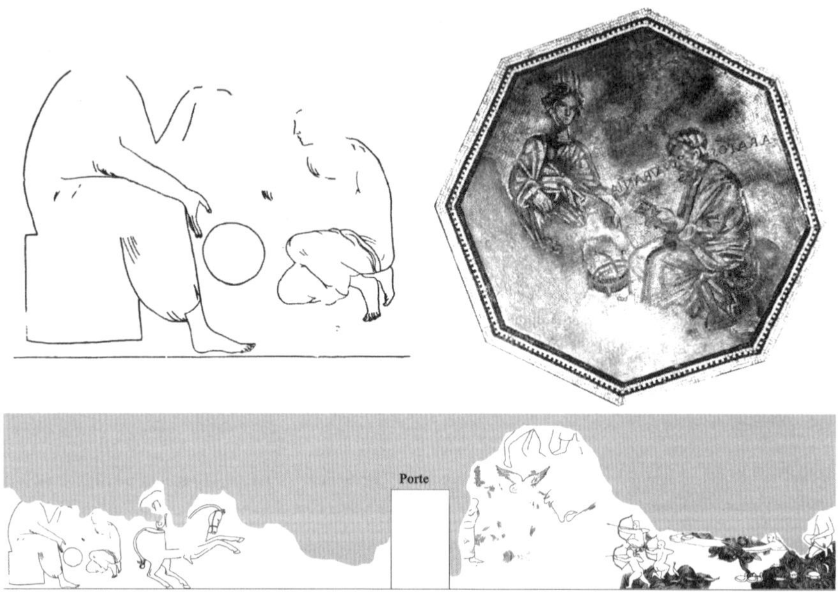

Figura 16.15 – Pintura dos Embaixadores, parede Leste. Canto superior esquerdo: detalhe da parte esquerda; superior direito: mosaico de Trier – do final do século III ao início do século IV.

Para além de Sogdia: na Corte dos uigures (século IX)

De Sogdia, a astrologia política iraniana, com seu forte componente indiano, espalhou-se para os impérios túrquicos dos carlucos e uigures, aliada a muitos outros elementos da cultura sogdiana. Sua importância é evidente no texto mágico sogdiano P.3, cujo segmento inicial provavelmente oferece uma versão paralela ao *Nawa-pōstē*, o "Livro dos Nove" (isto é, dos nove planetas no sistema indiano), que Biruni ainda conhecia como "O Livro dos Zoroastrianos de Sogdiana".[25] Esse primeiro segmento trata das propriedades curativas e mágicas de nove pedras associadas aos nove planetas. Outra seção, uma invocação ao Deus do Vento, constitui-se como um pastiche de hinos do Avesta. Contudo, o corpo principal do texto é dedicado ao antigo ritual túrquico para fazer chover. A extensa preparação envolve a construção de uma grande iurte adornada com uma mandala pintada que representa corpos celestes, alguns dos quais também estão presentes no pergaminho contemporâneo de Turfã:

> Versos 145-152: E além disso, em outra peça de damasco azul-celeste, ele também há de desenhar a Lua brilhante, as casas dos doze corpos celestes [o Zodíaco] acima do Monte Sumeru, e também os vinte e oito corpos celestes [nakṣatra] e os onze grandes e terríveis Horas [*karaṇa*], além das demais estrelas do círculo zodiacal [incluindo os decanatos].

Zodíacos medievais da Índia, como o do templo Tiruchirappalli (Figura 16.16), podem nos ajudar a entender como essas figuras eram organizadas. A adoção do sistema indiano de nove planetas pelos sogdianos (que incluía os "planetas virtuais" Rāhu e Ketu; na verdade, dois nodos da eclíptica), ao lado do sistema caldeu-persa de sete planetas (também documentado em Sogdia pelo uso da semana planetária), é algo comprovado pelo texto divinatório P.22, que menciona tanto Rāhu quando Ohrmazd (Júpiter), Kēwān (Saturno) e Khuwir Vagh (Sol).[26]

Para o povo turcomano, o ritual para fazer chover sempre foi considerado um monopólio real, mais ainda por ter sido igualmente concebido como uma arma estratégica. O texto P.3 provavelmente foi composto para uso de um rei uigur de Turfã por magos sogdianos que ainda conheciam a literatura zoroastriana, mas que também foram influenciados pelo budismo tântrico, reivindicando para si a influente profissão de fazedor de chuva.

Figura 16.16 – Zodíaco Tiruchirappalli, século XV (?) (Mollien, "Recherches sur cinq Zodiaques", pl. 1).

De volta a Sogdia: os luminares na propaganda visual de Muqanna' (meados de 775-780)

Na antiga região de Sogdia, o controle (ou a ilusão de controle) dos luminares ainda fazia parte do aparato de propaganda do rebelde Muqanna', mantenedor de doutrinas ecléticas que mais tarde reapareceriam em ramos extremistas do xiismo.[27] De fato, segundo o que se conta a seu respeito, exclusivamente de fontes hostis, ele havia aprendido em sua juventude a arte da prestidigitação juntamente com as leis da física. No final, sitiado em sua fortaleza na montanha ao Sul de Shahr-i Sabz, ele apareceu sobre um telhado cercado por suas esposas, as quais seguravam espelhos para refletir o Sol; seus partidários acreditaram que essa luz emanava dele, prostrando-se em terror (essa luz incomensurável foi também, segundo ele, a razão pela qual ele cobriu seu rosto com um véu). Ademais, ele costumava "extrair luz" de um poço, que os espectadores consideravam ser a Lua. Porém, após sua derrocada, o exército abássida encontrou seu instrumento da enganação no fundo do poço: uma tigela preenchida com mercúrio.

Uma nova análise de fontes aponta para uma possível localização do castelo de Muqanna' não muito longe de um ponto em uma montanha chamada Maydanak, que desde 1970 serve de sede para dois observatórios, um civil e outro militar. Essa localização para o castelo de Muqanna', se confirmada, ilustraria bem a continuidade de saberes e práticas astronômicas.[28]

Após a consolidação do domínio islâmico no século IX, a astrologia continuou a se desenvolver, mas a partir do momento em que foi unanimemente condenada pelas autoridades muçulmanas como uma ofensa à doutrina do poder exclusivo de Deus sobre os destinos humanos, ela passaria a sobreviver somente sob forte protecionismo político, como muitas vezes foi o caso nos períodos anteriores examinados neste ensaio. A fase tardia da astrologia foi estudada com maior empenho do que a anterior aqui discutida, embora, é claro, ainda haja muita pesquisa a ser feita.

Notas

1 O artigo seminal de D. Pingree ("Astronomy and Astrology in India and Iran", 1963).

2 Gnoli & Panaino, 2009. Ver, mais recentemente, Panaino, 2015, pp. 245-257; os artigos de Panaino sobre a astrologia iraniana foram coletados em *Sidera Vivens* (Panaino, 2014).

3 Sobre o texto principal para o Tishtar Yasht, ver Panaino, 1990-1995.

4 Gyselen, 1995.

5 *Idem*, pp. 27-28 (tipo 2.2). Os planetas são também invocados em alguns textos mágicos em pálavi; ver, por exemplo, Panaino, 2004b.

6 Gignoux & Gyselen, 1982, n. 30.94, com uma tradução diferente ("Regarde l'âme de Mihr-Ādur-Wišnasp"); sobre o significado de tais fórmulas, ver Gnoli, 1993.

7 Grenet, 2013a, pp. 206-208.

8 [6] "Muš parīg ī dumbōmand parrwar jast, xwaršēd ō rah ī xwēš bast kū tā-š wināh kardan nē tuwān bawād, ka harzag bawēd tā abāz ō ham-paymānagīh ī xwaršēd mad ud bast was anāgīh pad gēhān kunēd. [7] az awēšān abāxtarān mihr ī tamīg ud muš parīg pad hampaymānagīh azēr ī xwaršēd andar gumēzišn ō rah ī xwaršēd udmāh ī tamīg ō rah īmāh bast ēstēd."

9 Grenet, 2003a, texto 3.4-7 e 4.5-7, comentário 122.

10 Azarnouche, 2013, p. 14 [texto], pp. 95-96 [comentários].

11 Raffaelli, 2001.

12 Shaked, 1994, p. 89, nota 44.

13 Boyce, 1968, p. 38.

14 Herzfeld, 1920, pp. 1-24, 103-147.

15 Ver a contribução de B. Marshak para o catálogo da exibição de Overlaet (1993, n. 66).

16 Pingree, 1963, pp. 242-243.

17 Panaino, 2009.

18 Pingree, 1963, pp. 242-243; Panaino, 2009; Burnett, 2009.

19 Sobre os barmecidas em Balkh, ver Vaissière, 2010b; Bladel, 2011, pp. 43-88.

20 Grenet & Pinault, 1997. Surpreendentemente, esse artigo foi ignorado em contribuições recentes sobre Abu Mash'ar (ver referência na nota 18), e, igualmente, da perspectiva da história da arte no livro seminal de B. Marshak, *Legends, Tales, and Fables in the Art of Sogdiana*, embora ele mencione a existência desse pergaminho (2002b, p. 31).

21 C. Burnett, 2009, pp. 18-19.

22 Vaissière & Compareti, 2006.

23 Compareti, 2009, pp. 171, 200.

24 Grenet, 2003b, pp. 123-129.

25 Azarnouche & Grenet, 2010; versão inglesa e aprimorada do texto em Grenet & Azarnouche, 2012, pp. 171-173.

26 Benveniste, 1940, pp. 156, 234-235.

27 Crone, 2012, pp. 106-143; Grenet, 2013b.

28 Uma pesquisa realizada em setembro de 2013 por mim e Yuri Karev mostrou que o forte situado pouco acima da aldeia de Chit, nove quilômetros a Sudeste de Maydanak, anteriormente proposto como o castelo de Muqannna' na literatura arqueológica (ver Grenet, 2013b, pp. 251-253, e mapa na Figura 5), não possui as qualidades defensivas necessárias. Será necessária a exploração continuada nos vales superiores de Katta-Uradaryā, Kyzyl-daryā, Tankhyz-daryā e Aksuv, onde se situava, claramente, o centro de seu reino.

17

MARCADORES RELUZENTES: PÉROLAS E A AUTORIDADE REAL NO IRÃ E NA EURÁSIA DA ANTIGUIDADE TARDIA

Joel Walker[1]

No final do verão de 484, o exército persa sofreu uma derrota calamitosa diante dos hunos heftalitas na fronteira Nordeste de seu império. Fontes armênias, siríacas, gregas, persas e árabes trazem relatos variados dessa fatídica batalha, embora todas concordem que o rei Peroz (reinado de 459 a 484) pereceu no campo de batalha ou em suas proximidades.[2] A maior parte dos relatos explica a catástrofe sassânida pondo a culpa em Peroz por ter ignorado o conselho de seus nobres e quebrado seu acordo com os heftalitas.[3] Excepcionalmente nos primeiros relatos, a versão trazida pelo historiador romano Procópio, escrevendo na década de 550, ressalta a perda de um único objeto precioso: a magnífica pérola real de Peroz.[4]

E quando ele [rei Peroz] estava prestes a cair nesse poço, dizem que se deu conta do perigo, agarrou e atirou fora a pérola [*margaron*] que pendia de sua orelha direita – uma joia de maravilhosa alvura, muito valorizada por conta de seu tamanho descomunal – para não ter dúvida de que ninguém fosse usá-la depois dele; isso porque ela era algo extremamente belo de ver, tal qual nenhum rei antes dele possuíra [...]. O imperador romano então fez todos os esforços para obter essa pérola dos heftalitas, fracassando por completo. Os bárbaros não conseguiram encontrá-la, embora a tenham procurado com bastante afinco. Ainda assim, dizem que os heftalitas mais tarde a encontraram e a venderam para Kavad.[5]

A história da pérola gigante de Peroz depende da suposição de que os líderes romanos, persas e húngaros apreciavam o valor da joia como um poderoso sinal de autoridade real. Procópio afirma ter ouvido esse causo romântico de fontes persas não mencionadas.[6] Ele igualmente fornece uma história longa e multifacetada do ousado pescador que enganou o guardião da pérola – um tubarão – a fim de capturar a joia espetacular, sendo então devorado vivo assim que chegou à costa (1.4.17-31). Pesquisadores modernos enfatizaram o caráter folclórico de todo esse episódio.[7] As histórias contadas pelas pessoas podem ser tão reveladoras quanto qualquer evento real; e, nesse caso, a história da pérola de Peroz aponta para um fenômeno importante e mais amplo: o do simbolismo e da iconografia do poder na Eurásia tardo-antiga. Mais do que qualquer outra joia, as pérolas obtiveram um lugar privilegiado na gramática visual do poder tal qual ela foi forjada dentro e em torno da Corte Sassânida.

O presente capítulo apresenta dois argumentos centrais acerca do uso de pérolas no vestuário e na iconografia do mundo iraniano entre aproximadamente 300 e 800 EC. Em primeiro lugar, sugiro que as pérolas serviam de insígnia quintessencial do poder no mundo iraniano da Antiguidade Tardia. Sendo exibidas em joias, coroas, armas e demais objetos, pérolas serviam como marcadores luminosos de *status* na economia política do Oeste eurasiático da Antiguidade Tardia. Embora as raízes dessa tradição possam ser retraçadas até o Oriente Próximo antigo, a implantação de pérolas como emblemas da autoridade real no Império Sassânida (224-642) elevou-as acima de todas as outras joias no simbolismo de poder regional. Relatos zoroastrianos, cristãos, judaicos, árabes e islâmicos apoiam o reconhecimento perspicaz de Procópio dessa distinção especial atribuída a pérolas. Coletivamente, esses relatos literários fornecem também um contexto para interpretarmos as representações numerosas (embora um tanto ambíguas) de pedras preciosas em modalidades diversas da arte sassânida.

Em segundo lugar, a celebração sassânida de pérolas tal qual insígnias da autoridade real influenciou a iconografia do poder para muito além das fronteiras do Irã. Isso não quer dizer que os sassânidas foram os únicos árbitros na iconografia de pérolas; indianos, sogdianos, romanos e outros povos tinham suas próprias tradições de exibição de pérolas, as quais se justapunham e se polinizavam com as tradições sassânidas de adorno. Pesquisas recentes mapearam a intensidade do intercâmbio artístico e ritual entre Ctesifonte e Constantinopla.[8] Meu objetivo é sublinhar o quanto a representação de pérolas na Eurásia da Antiguidade Tardia deve-se às convenções sassânidas. Ironicamente, os esforços da Corte iraniana para controlar a aquisição e a exibição de pérolas surtiram efeito contrário, inspirando inúmeras imitações e ecos dentro e fora das fronteiras imperiais. O motivo heráldico da arruela de pérolas é o exemplo mais notável desse fenômeno.[9] O uso frequente do motivo em composições têxteis iranianas e centro-asiáticas garantiu que as pérolas continuassem sendo amplamente reconhecidas como marcadores de poder muito depois do colapso do mesmo império que buscou controlar sua circulação e sua exibição.

Pérolas no Império Sassânida: coleta, intercâmbio e adorno

Duas espécies de ostras oceânicas produziram grande parte das pérolas que circulavam pelo Oeste da Eurásia: *Pinctada radiata*, uma ostra não comestível que outrora era amplamente distribuída pelo golfo Pérsico, pelo mar Vermelho e pela costa da Índia; e a maior ostra-dos--lábios-negros com pérola, *Pinctada margaritifera*, que apresenta uma variedade de *habitat* semelhante e produz pérolas em quantidades menores, embora muitas vezes em tamanhos superiores.[10] Ambas as espécies são coletadas desde o Período Neolítico. As joias de pérolas encontradas em localidades ao longo do golfo Pérsico, na Mesopotâmia e no Oeste do Irã implicam a existência de uma tradição significativa de pesca de pérolas até o Período Aquemênida.[11] O incremento do comércio na região do golfo sob o domínio da Pártia estimulou uma expansão da indústria de pesca de pérolas da região. No antigo porto de Ed-Dur, 20 quilômetros a Nordeste de Dubai, as escavações de um cemitério dos séculos I e II EC revelaram um depósito de ostras gigantes, um peso de chumbo para mergulhadores, além de dezenas de pérolas depositadas em sepulturas diversas.[12] Relatos literários discutidos mais adiante neste capítulo indicam que o Bahrein e demais áreas do golfo Pérsico permaneceram zonas de extração de pérolas sob o domínio sassânida. A Costa Sul da Índia – particularmente as massas de águas quentes e rasas do golfo de Mannar, entre o Sri Lanka e Tâmil Nadu – consistiu em outra importante zona de pesca de pérolas (Mapas 3 e 4).[13] Comerciantes romanos, persas e chineses se reuniam nessa região célebre pela abundância e pelo tamanho de suas pérolas. De fato, o golfo Pérsico e o Sul da Índia persistiram sendo zonas proeminentes de colheita de pérolas em todo o mundo até o século XVI, quando as pérolas do Novo Mundo começaram a inundar o mercado europeu.[14] O advento de pérolas cultivadas no Japão na década de 1890 marcou o fim das tradições de pesca de pérolas nessas duas regiões.[15]

Ao priorizar o Período Sassânida (224-651), este capítulo explora uma fase singularmente importante dessa história mais ampla de pesca, comércio e exibição de pérolas. A pesca de pérolas no golfo Pérsico esteve sob a hegemonia sassânida desde os primeiros estágios dessa dinastia. As campanhas de Artaxes I ("Ardašir, o Unificador", r. 224-240) e seu filho Sapor I (r. 240-272) submeteram o Bahrein e outras partes da Arábia Oriental ao controle sassânida, o qual a dinastia manteve sem grandes interrupções até as conquistas árabes do século VII.[16] O debate sobre a escala do comércio sassânida na região segue vigoroso.[17] Apesar de seu desprezo por mercadores na tradição sacerdotal zoroastriana, a Corte claramente se interessava em promover e tomar as rédeas do comércio internacional.[18] Fontes zoroastrianas e islâmicas atribuem ao rei Artaxes I a fundação de várias cidades na região do golfo Pérsico, incluindo Rev Ardashīr, "o esplendor de Artaxes".[19] Localizada na península de Bushehr, na província de Fars, Rev Ardashīr é a moderna cidade de Reishahr, e tornou-se um nó central para o comércio marítimo do Império. Fontes cristãs do Leste da Síria evidenciam a existência de redes de comunicação de longo alcance que sustentavam a prosperidade da cidade. Os bispos metropolitanos de Fars que estavam sediados em Rev Ardashīr administraram os assuntos eclesiásticos das comunidades em todo o golfo Pérsico, incluindo o Bahrein (Māshmāhīg), a princípio sancionado como uma diocese no início do século V.[20] Por volta do século VI, sua autoridade eclesiástica estendeu-se também ao litoral Sul da Índia e ao Sri Lanka, onde mercadores sassânidas comercializavam *dirhams* de prata e produtos agrícolas por pérolas, pedras preciosas e especiarias locais.[21] Um texto armênio do século VII identifica, de forma explícita, Revardashīr como "um empório de pérolas".[22]

Duas histórias preservadas na *Crônica de Seert* da Síria Oriental ilustram quão detidamente a Corte Sassânida monitorava o fluxo de pérolas, pedras preciosas e demais mercadorias de luxo que passavam por Rev Ardashīr.[23] Na primeira história, o rei Isdigerdes I envia o clérigo sírio-oriental Ahai (410-414) a Fars para investigar se os piratas realmente haviam apreendido um carregamento de pérolas e outras mercadorias não designadas "das regiões da Índia e da China".[24] O rei suspeitou que o governador de Fars, filho de seu irmão Sapor, poderia ter tomado as pérolas para si. No segundo episódio, um médico cristão de fala persa chamado Ezequiel ganha a confiança de Cosroes I (r. 531-579) ao viajar ao Bahrein, onde adquiriu "uma pérola excepcional, magnífica e deveras valiosa".[25] Outros textos da Síria Oriental oferecem evidências adicionais da profundidade do envolvimento cristão no comércio de pérolas. No início dos anos 580, o bispo de Dārīn, na ilha de Tarut, escreveu ao patriarca Ishoyab I questionando se os mergulhadores de pérolas poderiam trabalhar aos domingos.[26] O patriarca ordenou que os mergulhadores que pudessem cessar suas atividades voluntariamente o fizessem, exortando, porém, ao clero da região que tratasse com misericórdia aqueles forçados a trabalhar, uma vez que "eles, como nós, são discípulos do Evangelho".[27] É sugestivo que o patriarca tenha sentido a necessidade de ressaltar a humanidade dos mergulhadores. Tanto os relatos antigos quanto os modernos revelam que o mergulho de pérolas era um trabalho brutal e arriscado, muitas vezes realizado por homens endividados ou escravizados.[28] No entanto, na literatura patrística, o mergulhador de pérolas tornou-se uma metáfora duradoura para o homem em sua busca espiritual.[29] A participação cristã no comércio de pérolas do golfo Pérsico continuou robusta até o início do período islâmico, quando patronos ainda financiavam a construção de mosteiros perto das principais zonas pesqueiras.[30]

O comércio das caravanas árabes constituiu-se como outra fonte importante para as pérolas e pedras preciosas cobiçadas pela Corte Sassânida. Um incidente descrito por al-Ṭabarī destaca a ferocidade com que os governantes sassânidas defendiam seu acesso privilegiado às melhores joias do comércio do Oceano Índico. No reinado de Cosroes I (r. 531-579), um subgrupo dos Banū Tamīm no Leste da Arábia invadiu uma caravana que ia do Iêmen a Ctesifonte, levando um alforje cheio de joias. A retaliação de Cosroes consistiu na ordenação ao governador do Bahrein para que massacrasse toda a população masculina adulta dos Banū Tamīm.[31] Em uma referência tácita às joias saqueadas, o rei concedeu um "círculo de pérolas" ao líder tribal que tratou dos sobreviventes do ataque dos Banū Tamīm.[32] A Corte de Lakhmid em al-Hira, igualmente, foi receptora de pérolas persas. O rei Cosroes II (590-628) supostamente concedeu ao último governante da dinastia, al-Nu'man ibn al-Mundhir (582-602), uma coroa avaliada em 60 mil *dirhams*, cravejada de ouro e pérolas.[33] Os poetas árabes que frequentavam a Corte de Lakhmid nutriam um gosto por metáforas de pérolas. O poeta Al-Nābigha, ousadamente, comparou sua admiração ao avistar a esposa nua de seu patrono, al-Nu'mān ibn al-Mundhir, ao espanto de um mergulhador de pérolas ao deparar com seu prêmio.[34] As tribos da Arábia Oriental tinham plena consciência de seu papel como intermediárias no comércio de pérolas sassânidas. Outro poeta da Era Sassânida tardia, al-Mukhabbal as-Sa'adī, contou sobre o mergulhador "magro como uma flecha" que busca a grande pérola (*jumān*) a fim de adornar o salão do trono do rei persa.[35]

Relatos greco-romanos igualmente atestam a centralidade dos objetos perolados nessa economia sassânida do prestígio. Amiano conclui sua longa excursão pela Pérsia com um esclarecimento acerca da origem das pérolas usadas pelas elites sassânidas.[36] Ele ressalta explicitamente a preferência dos persas por pérolas sobre demais gemas, além de seu estoque abundante.[37] Suas observações invocam um antigo tropo na historiografia greco-romana em que os persas eram retratados como enfeitados e lânguidos. Um contraste cultural genuíno subjaz a essa retórica: mesmo no Período Aquemênida, os homens persas estavam acostumados a usar joias como marca de favor real.[38] Escritores greco-romanos consistentemente usam imagens de persas enfeitados com pedras preciosas de forma a articular suas próprias noções de virtude e virilidade. Amiano, ávido por ilustrar o (suposto) declínio nos padrões militares introduzidos por Constantino, descreve como até meio século antes os soldados romanos eram incapazes de diferenciar entre os vários tipos de pedras preciosas. Um soldado sob a tetrarquia, uma vez que tomou um forte real persa, encontrou uma "bolsa parta" cheia de pérolas; não reconhecendo seu valor, ele jogou fora as pérolas, mas manteve a bolsa em função de seu couro (22.4.7). Amiano aciona esse causo fantasioso para seus próprios propósitos – ou seja, para elogiar o banimento ostensivo de luxos sob o imperador Juliano (r. 361-363); ainda assim, seu detalhe revela uma alteração conceitual significativa. No século IV, pérolas haviam se tornado emblemáticas da proverbial riqueza do rei persa. De acordo com outro conto romano tardio, o futuro rei Hormisda II (Hormizd II, r. 302-309) escapou da prisão por meio de um jogo especial de correntes de ferro repletas de pérolas contrabandeadas por sua esposa e por sua mãe.[39] Esses fragmentos do folclore tardo-antigo ilustram como a narrativa, em ambos os lados da fronteira romano-sassânida, salientava a associação das pérolas com riqueza e poder monárquico.

O uso frequente de pérolas como presentes diplomáticos cooperou para realçar sua aura. Nessas trocas, a Corte persa dava e recebia pérolas, muitas vezes em combinação com outras gemas da Índia. O imaginativo tratado médio-persa *Sobre a explicação do xadrez e do gamão*, composto no final do século VI ou VII, menciona, em duas ocasiões, pérolas entre os presentes luxuosos trocados entre Cosroes I e seu homólogo indiano, o rei Dēbšalm.[40] Os monarcas romanos, da mesma feita, mostravam-se ávidos por adquirir as joias da Índia. Os críticos de Constantino culparam a retomada da guerra romano-persa na década de 330 em função de seu desejo por uma porção de joias indianas reunidas pelo filósofo Metrodoro.[41] A versão mais longa desse episódio, preservada por um cronista bizantino do século XII, descreve como Metrodoro acusou os persas de roubar parte das "inúmeras pedras preciosas e pérolas" destinadas ao imperador.[42] Os críticos da dinastia constantiniana repercutiram essa história para destacar a credulidade do primeiro imperador cristão de Roma.[43] Audiências da Antiguidade Tardia consideraram o conto crível, pois bem se sabia que os persas tinham acesso mais favorável a pérolas e gemas indianas do que queriam os romanos.

Reformas administrativas sob os reis Cavades I (r. 488-496; 499-531) e Cosroes I (r. 531-579) intensificaram o significado das joias de pérola, das armas cravejadas de joias e de demais marcadores de vestuário no Império Sassânida. Como observou Josef Wiesehöfer, as reformas buscaram colocar patente acima de linhagem como o indicador primordial de hierarquia social.[44] Tanto os relatos greco-romanos quanto os islâmicos observam a importância das joias nessa ambiciosa reestruturação da sociedade sassânida. Consideremos o relato de Procópio sobre a humilhação pública de um comandante parta após sua derrota diante de forças romanas próximo de Dara, no Norte da Mesopotâmia, em 531. Convocado à Corte, o nobre do clã Mihran "recebeu um duro castigo pelas mãos do rei Cavades":

> Pois [o rei] arrancou-lhe [isto é, do comandante] o ornamento feito de ouro e pérolas com que ele costumava amarrar os cabelos. Agora, esta é uma grande distinção entre os persas, vinda abaixo apenas da honra monárquica. Pois é proibido a um homem usar um anel de ouro ou cinto ou broche ou qualquer outra coisa a menos que ele seja considerado digno de fazê-lo por parte do rei.[45]

Se Procópio apresenta esse incidente como uma ilustração do desespero e da confusão do rei, a ação de Cavades foi, na verdade, uma humilhação calculada, parte de uma série de medidas que visavam afirmar a autoridade real *vis-à-vis* aos clãs partas do Império.[46] A remoção do capacete cravejado de joias do general sinalizava que o rei – o mesmo que distribuía joias e vestimentas como emblemas de hierarquia – igualmente era capaz de despojar as elites desses mesmos símbolos de poder. Os cintos, outro marcador longevo do favor monárquico, eram frequentemente decorados com pérolas. No único poema dialógico em persa médio que chegou a nós, uma cabra se gaba dos cintos feitos com sua pele, cravejados de pérolas.[47] Crônicas romanas tardias mencionam repetidamente os apetrechos com joias, incluindo cintos cravejados de pérolas, capturados de inimigos persas nas guerras do final do século VI e do início do século VII.[48]

Os governantes vassalos nas periferias do Império Sassânida estavam intimamente atentos a essas insígnias de poder. Cronistas armênios catalogaram com esmero a variedade de itens de joalheria que as elites da região extraíram como marcadores de honra. Por seu serviço na luta contra os árabes, o jovem nobre Juansher foi reconhecido como o novo governador da Albânia caucasiana (Mapa 3). Convocado à Corte, Juansher recebeu do rei um "cinto de ouro cravejado de pérolas, uma espada forjada de ouro, braceletes para os braços [...] uma cobiçada coroa em sua cabeça [...] perneiras costuradas com pérolas, e a mesma quantidade de pérolas em volta do pescoço".[49] Objetos perolados aparecem, aqui, com a mesma frequência, como parte de um conjunto mais amplo de acessórios de prestígio concedidos pelo rei persa. Em suas negociações com as forças túrquicas aliadas a Heráclio, Cosroes II propôs dobrar a quantidade de insígnias presenteadas ao imperador romano, incluindo "mantos roxos bordados a ouro e incrustados com pérolas".[50] Outros relatos reforçam essa associação de pérolas com a autoridade real no Cáucaso da Antiguidade Tardia. Quando Cosroes II nomeou o nobre armênio Simbácio Bagratúnio vice-rei do Tabaristão, no Norte do Irã, entre seus presentes estavam "perneiras cravejadas de pedras preciosas e pérolas".[51] Ao ser derrotado por soldados romanos em 576, o rei Cosroes I perdeu no Sul da Armênia sua "carruagem gloriosa" cravejada de pedras preciosas e pérolas.[52] Conforme as cortes do Irã e de Constantinopla estreitaram seus laços no século VI, as elites romanas tornaram-se cada vez mais conscientes das distinções sassânidas relativas a vestimentas. Quando o rei de Lazica (a Oeste da Geórgia) chegou a Constantinopla em 521-522, testemunhas notaram suas botas vermelhas ao estilo persa e seu cinto, ambos adornados com pérolas.[53] Como enfatizou Matthew Canepa, os governantes locais no Cáucaso e demais zonas de fronteira regularmente misturavam essas "insígnias secundárias", que as cortes sassânida e romana tentavam preservar como privilégios exclusivos de seus clientes.[54]

A iconografia da pérola no âmbito sassânida e além

As fontes literárias diversas discutidas anteriormente demonstram o amplo reconhecimento das pérolas como sinais da autoridade real sassânida. Representações de joias na arte sassânida são paralelas e complementam essa evidência literária, embora uma ressalva seja necessária. Ainda não está claro com que frequência as gemas representadas nas imagens sassânidas eram pérolas. O caso para essa identificação é mais forte onde as fontes literárias e artísticas convergem. Por exemplo, uma placa de prata do início do século VI supostamente encontrada perto de Qazvin, no Norte do Irã, retrata o rei Peroz ou seu sucessor, o rei Cavades, durante uma caçada, usando, na orelha direita, uma grande joia, singular e perfeitamente esférica. Os historiadores da arte, como bons conhecedores da história em Procópio, identificaram que é plausível que essa joia seja uma pérola.[55] Será que gemas de formato semelhante usadas como brincos em representações de demais reis sassânidas também representariam pérolas?[56] E as gemas redondas e proeminentes utilizadas por elites não reais em numerosos selos sassânidas?[57] Em seu *Livro de Canções*, o antólogo abássida do século X al-Iṣfahānī menciona os brincos de pérola usados em ambas as orelhas pelos cavaleiros sassânidas.[58] A redondeza das gemas, enfatizada em muitas representações, favorece sua identificação como pérolas, ônix, ágata, turquesa ou cornalina – em vez de gemas mais rígidas, como esmeraldas e safiras, que lascam quando cortadas.[59] No registro literário, as pérolas são muito mais proeminentes do que qualquer uma dessas outras pedras. A identificação seria mais fácil se imagens coloridas remanescentes não fossem tão raras na arte sassânida. Um punhado de imagens coloridas conservadas da periferia do Império retratam as elites trajando o que parecem ser brincos de pérola. Uma miniatura armênia do século VI ou VII da *Adoração dos Magos*, preservada no Evangelho Echemiazim, retrata o primeiro dos magos usando uma joia gigante em forma de pérola na orelha direita.[60] Os embaixadores retratados nos magníficos Murais de Afrassíabe em Samarcanda, concluídos no início da década de 660, também usam joias grandes, redondas e esbranquiçadas nas orelhas.[61] Justapostas à evidência literária, tais imagens sugerem que o brinco de pérola tornou-se um marcador visual generalizado de posição na arte do mundo iraniano antigo tardio.

A relação entre textos e imagens é mais complicada no caso de artefatos sassânidas para a cabeça. Relatos literários discutidos anteriormente apontam para o uso regular de pérolas em diademas e coroas sassânidas. Um antigo relatório bizantino descreve a tiara de ouro do rei Hormisda IV "brilhando intensamente com seu acréscimo de rubis ao redor dos quais estava disposta uma abundância de pérolas".[62] Essa descrição lembra a fileira de grandes gemas redondas bastante visíveis na base de coroas sassânidas diversas.[63] Em contrapartida, nenhuma fonte literária se refere ao uso simbólico de gemas pendentes em coroas, um padrão bem fundamentado na numismática sassânida. As moedas de Hormisda II (r. 302-309) e Sapor I (r. 309-379) retratam o monarca trajando uma coroa de pássaro com um bico do qual pende uma única joia grande e esférica. A gema em questão, tal qual uma marcadora da glória real, é provavelmente uma pérola, embora seja difícil nos certificarmos disso na ausência de uma imagem colorida.[64]

As pérolas tiveram um papel significativo também nas vestimentas femininas sassânidas. Fontes cristãs que celebram a renúncia a joias fornecem a principal evidência textual. Em um discurso atribuído ao rei persa pelo historiador armênio do século V Lazar P'arpec'i, Isdigerdes II expressa a angústia com a decisão das esposas armênias de seus oficiais de entregar suas joias de pérolas ancestrais – "colares ou fios de pérolas muito valiosos" – em troca de relíquias de mártires.[65] O biógrafo tardo-antigo da mártir sassânida Candida retrata sua heroína desafiando o rei persa ao abraçar suas correntes por um "colar de suas pérolas".[66] Evidências iconográficas para joias femininas sassânidas são abundantes, mas raramente se deixam comparar a fontes textuais remanescentes.[67] Em um raro exemplo de uma imagem colorida remanescente, a harpista feminina retratada no mosaico do palácio em Bishapur, do início do século III, usa um colar solto de contas brancas brilhantes e um conjunto de brincos coincidentes. Pode se tratar de pérolas, embora o estilo deva muito aos modelos greco-romanos.[68] Como a ética zoroastriana condenava enterros, o conjunto de joias sassânidas remanescentes permanece relativamente pequeno. A escavação de sepulturas da Era Sassânida e de localidades urbanas na Mesopotâmia rendeu apenas alguns brincos de pérolas e umas tantas pérolas soltas.[69] As joias escavadas em demais áreas conectadas aos sassânidas por diplomacia e comércio fornecem outra fonte possível, embora problemática, já que a proveniência dessas joias "sassânidas" ou de "estilo sassânida" é muitas vezes obscura. Um exemplo notável desse problema metodológico vem do túmulo de uma princesa de nove anos da Dinastia Suí, em Xī'ān (Cháng'ān), no Norte da China. Sua tumba, datada de 609 EC, continha um magnífico colar de ouro decorado com grandes pedras preciosas e 320 pérolas-arroz.[70] De forma geral, ele é tratado como o produto de uma oficina iraniana ou da Ásia Central, embora seu projeto ofereça apenas uma semelhança geral com as combinações de colar e pingente retratadas na arte sassânida.

Na arte sassânida, pérolas virtuais frequentemente substituíam pérolas verdadeiras como dispositivos de enquadramento. Os sassânidas não inventaram a arruela de pérolas; circunferências constituídas por pérolas alinhadas apareceram com um motivo na arte indiana do século I AEC.[71] Um curioso pingente do Punjab retrata a deusa Hariti cercada por uma armação de metal estriada com pérolas reais. O pingente, possivelmente do século II, fornece um exemplo raro (e talvez único) da inspiração material por trás do projeto da arruela de pérolas.[72] Um afresco de uma época próxima de Bamiyan, no Norte do Afeganistão, apresenta duas pombas dentro de uma arruela segurando um colar de pérolas entre si.[73] Embora esse motivo possa ter sido desenvolvido no Norte da Índia, sua adoção na ideologia sassânida tornou-o uma característica central do vocabulário iconográfico do mundo persa, sendo amplamente aplicado dentro e fora do Império.[74] Nessa tradição iconográfica, as arruelas geralmente servem como dispositivos de enquadramento para animais simbólicos ou míticos associados à glória real, incluindo carneiros, javalis, pássaros, cavalos alados e *senmurvs*. Muitas vezes, essas criaturas são adornadas com colares de pérolas, fitas esvoaçantes e tiaras com joias.[75] A associação do motivo com o poder real sassânida contribuiu para sua disseminação por toda a extensão da Rota da Seda na segunda metade do século VI.[76] O papel central de comerciantes e artistas sogdianos nesse processo é, agora, amplamente reconhecido.[77] Os afrescos em Panjikent, Samarcanda e demais localidades da Ásia Central e Interior oferecem impressionantes paralelos iconográficos aos motivos de pérolas da arte sassânida tardia. Para citarmos um exemplo, um friso do século VI ou VII de afrescos na caverna budista em Kizil, no Noroeste da China, apresenta uma fileira de patos de estilo sassânida envoltos em rodelas de pérolas; cada pato usa um colar de pérolas, empoleira-se sobre um pedestal de pérolas e segura um colar de pérolas no bico.[78] O padrão se baseia claramente em um padrão têxtil das vestes usadas por uma das nobres sogdianas retratadas em Panjikent.[79] Tais exemplos, selecionados entre muitos outros, ilustram como as pérolas se tornaram centrais para os vocabulários iconográficos e simbólicos do início da Idade Média arcaica eurasiática.

Conclusões

Este capítulo descreve como as pérolas se tornaram proeminentes insígnias do poder no Irã antigo e nas regiões circunvizinhas. Pescadas nas costas do Sul da Índia e do golfo Pérsico e intensamente comercializadas desde o século I AEC, pérolas eram coletadas com avidez e exibidas pelas elites de toda a Antiguidade Tardia.[80] No Irã, em particular, pérolas tornaram-se signos de autoridade real, marcadores radiantes da glória concedida pelo divino à casa real sassânida. Rituais políticos ressaltavam a associação da gema com o poder real, assegurando que objetos perolados –

diademas, cintos, brincos, coroas e demais itens – expressassem a condição dos homens (e, menos frequentemente, das mulheres) que os trajavam. Narrativas acerca da aquisição ou da perda de pérolas excepcionais competiram para intensificar a mística em torna da joia. Diversos relatos literários de escritores greco-romanos, cristãos, zoroastrianos e islâmicos deixam claro o quão cuidadosamente a Corte Sassânida monitorava o comércio de pérolas e buscava controlar a distribuição e a exibição da gema.

A centralidade das pérolas no simbolismo real sassânida contribuiu para a frequente representação da gema também na arte das regiões vizinhas. O motivo da arruela de pérola exemplifica o impacto dos modelos artísticos sassânidas para muito além das fronteiras do Império. Como há muito se reconhece, os têxteis desempenharam um papel fundamental nesse processo de troca e apropriação artística. Os tecidos ricamente bordados com arruelas de pérolas, como os retratados nos painéis sassânidas tardios em Tāq-e-Bostān, no Oeste do Irã, encontram seus paralelos mais próximos nas roupas de elite retratadas nos extraordinários afrescos sogdianos e budistas da Transoxiana e da bacia de Turfã.[81] Em padrões relacionados, evidenciados em tecidos que foram preservados no outro extremo da Eurásia (como em tesouros das catedrais da Itália e da França), pássaros, carneiros ou demais animais são retratados em cima de pedestais de pérolas, usando colares de pérolas e segurando pérolas em seus bicos.[82] Frequentemente, esses têxteis da Idade Média arcaica têm proveniência incerta, identificados como sassânidas, bizantinos ou islâmicos. Todavia, essa incerteza em si é um sinal do amplo legado da tradição sassânida do uso de pérolas como insígnia de autoridade real. A elevação das pérolas pela Corte Sassânida como marcadores reluzentes de poder garantiu a posição duradoura da gema nas artes e na imaginação da Eurásia medieval.

Notas

1 O autor agradece a Michael Maas, Nicola Di Cosmo, Scott McDonough, Parvaneh Pourshariati e seus colegas na Universidade de Washington por seus comentários.

2 Greatrex & Lieu, 2002, p. 60; Al-Ṭabarī, *História*, *apud* Bosworth, 1999, pp. 110-121, sobretudo nota 308 sobre a localização da batalha em Marw al-Rudh, no Norte do Afeganistão.

3 Ver, por exemplo, Thomson, 1991, seções 85, 87 e 91.

4 Ver Cameron (1985, pp. 154-155) em nota sobre a ausência do motivo da pérola na descrição de batalha de Agátias. Ver também Kaldellis, 2004, p. 76.

5 Procópio, *Guerras*, seção 1.4.12-16, *apud* Haury, 1962, vol. 1, pp. 16-17; Dewing, 1962, vol. 1, pp. 25-27.

6 Procópio, *Guerras*, seção 1.4.17: *Persai legousin*, *apud* Haury, 1962, vol. 1, pp. 16-17.

7 Cameron, 2016, p. 154, nota 20; Börm, 2007, p. 127, nota 3.

8 Canepa, 2009.

9 Compareti, 2006b.

10 Landman *et al.*, 2001, pp. 32-33; Bari & Lam, 2009, pp. 80-85; Strack, 2008, pp. 11-21.

11 Carter, 2012, pp. 3-10.

12 *Idem*, pp. 18-19. Sobre o peso de mergulhadores, ver Potts, 1989, pp. 26-27, fig. AA; agradeço ao autor por ter me enviado a cópia impressa do artigo.

13 Donkin, 1998, pp. 57-65, 157-165; Aruṇachālam, 1952.

14 Sobre o influxo de pérolas do Novo Mundo, ver Donkin, 1998, pp. 318-334.

15 Carter, 2012, pp. 260-261, sobretudo fig. 9.3.

16 Piacentini, 1985, p. 60.

17 Para um posicionamento maximalista, ver Daryaee, 2003, pp. 1-16. Para uma crítica, ver Kennet, 2007, pp. 86-122, onde se enfatiza o decréscimo acentuado no volume de descobertas numismáticas e cerâmicas em contraste com as do Período Parta.

18 Panaino, 2004c.

19 Daryaee, 2009a, pp. 59, 62. Ver também Wiesehöfer, 1987, onde se datam, de forma persuasiva, essas fundações urbanas ao período do filho de Artaxes I, Sapor I, ou ainda soberanos sassânidas subsequentes.

20 Beaucamp & Robin, 1983. Como os autores observam (p. 171), o Talmude babilônico preserva uma única referência fugaz à pesca de pérolas no Bahrein: *Rosh Hashanah*, 23a.

21 Daryaee, 2003, p. 65; Stern *et al.*, 2008. A respeito da rede eclesiástica, ver Fiey, 1993, pp. 67, 74, 94-96, 124-125.

22 Ananias de Siracena, *Geografia*, *apud* Hewsen, 1992, p. 74A (seção 32); compare com pp. 75A, 76 (seções 35-36) sobre pérolas, gemas e especiarias da Índia e de Taprobana (Sri Lanka).

23 Embora compilada no século XI e preservada somente em árabe, essa crônica preserva muito material confiável sobre a Igreja sassânida tardia. Wood, 2013b.

24 *Crônica de Seert*, *Patrologia Orientalis*, seções 4.213-313, 5.219-344, 7.95-203 e 13.435-637; aqui, seção 1.69 (5.324-325), *apud* Scher & Dib, 1910-1919; Wood, 2013b, pp. 9-10.

25 *Crônica de Seert*, 2.32 (*Patrologia Orientalis*, 7.178, incluindo n. 4 sobre a geografia); outra versão do mesmo relato se encontra em 2.36 (*Patrologia Orientalis*, 7.192). Posteriormente, Ezequiel tornou-se um bispo no Norte do Iraque e, em 570, patriarca

da Igreja do Oriente. Wilmshurst, 2011, p. 59.

26 Sobre essa diocese, fundada em 410 na ilha de Tarut, a Noroeste da península do Catar, ver Fiey, 1993, p. 74; al-Ṭabarī, *História*, *apud* Bosworth, 1999, pp. 55-56, nota 156.

27 Chabot, 1902, pp. 189, l.19; Bin Seray, 1997, p. 213.

28 Para uma listagem extensa e terrível das doenças crônicas sofridas pelos mergulhadores nas tradicionais frotas de pérolas do Kuwait, ver Al-Shamlan, 2000, pp. 125-131; e Carter, 2012, pp. 224-225.

29 Walker, 2016, pp. 170-175, sobretudo p. 171. Autores monásticos sírio-orientais dos séculos de VI a VIII muitas vezes se valiam dessa metáfora. Ver Colless, 2008.

30 Payne, 2011, p. 102, a respeito do retrato de comerciantes de pérolas na hagiografia sírio-oriental.

31 Al-Ṭabarī, *História*, *apud* De Goeje *et al.*, 1879-1901, vol. 1, pp. 984-986; Bosworth, 1999, pp. 289-292.

32 Al-Ṭabarī, *História*, *apud* De Goeje *et al.*, 1879-1901, vol. 1, pp. 985; Bosworth, 1999, p. 290; Lecker, 2010, pp. 164-165.

33 Al-Ṭabarī, *História*, *apud* De Goeje *et al.*, 1879-1901, vol. 1, p. 1.018, Bosworth, 1999, p. 343. Precificações segundo a lei tardia dos sassânidas oferecem certo panorama do valor da coroa referida, equivalente à compra aproximada de 120 escravos ou 6 mil ovelhas. Gignoux, 1996, pp. 424-426.

34 El-Tayib, 1983, p. 60.

35 Jones, 1996, pp. 125-126; Sells, 1993, pp. 121, 135, nota 6.

36 Amiano Marcelino, *Res gestae*, seção 23.6.85 (ver Seyfarth, 1978; e Clark & Rolfe, 1986); Drijvers, 2006.

37 Amiano Marcelino, *Res gestae*, seção 23.6.84 (ver Seyfarth, 1978; e Clark & Rolfe, 1986); Drijvers, 2006, p. 64, sobre os ecos de Heródoto.

38 Kuhrt, 2007, pp. 87, 290, 531; Briant, 2002 (original francês de 1996), pp. 217, 233, 261 e, sobretudo, 302-307.

39 O caso subsiste unicamente na história de João de Antioquia: Roberto, 2005, p. 450, fr. 266; ela pode ser de um período anterior, já que as fontes de João incluem historiadores do início ao meio do século V como Eunápio e Prisco.

40 Daryaee, 2010, seções 2 e 32.

41 B. H. Warmington, 1981, pp. 464-68; J. W. Drijvers, 2006, p. 48.

42 Bekker, 1838-1939, vol. 1, pp. 516-517; tradução *in*: Dodgeon & Lieu, 1991, p. 153.

43 Amiano Marcelino, seção 25.4.3, lembrando os detratores de que foi Constantino "que atiçou as fogueiras da Pártia quando depositou confiança demais nas mentiras de Metrodoro".

44 Wiesehöfer, 2010, vol. 1, pp. 120-121.

45 Procópio, *Guerras*, seção 1.17.26-28, *apud* Dewing, 1962-1978, vol. 1, 153; e Haury, 1962, pp. 86-87. Cf. Xenofonte (Cyrus, seção 8.2.7-8) acerca das joias aquemênidas: "Ninguém lá pode portar essas coisas, exceto aqueles que as receberam do rei".

46 Börm, 2010, pp. 159-198; Al-Ṭabarī, *História*, *apud* Bosworth, 1999, pp. 117-118, nota 298 e p. 127, nota 325.

47 Unvala, 1923, p. 654; trad. em Brunner, 1980, p. 292.

48 Teofilato Simocata, *História*, seção 3.6.4, *apud* De Boor & Wirth, 1972, p. 120. Tradução para o inglês em Whitby & Whitby, 1986, p. 80. Ver também Teofanes, *Crônica*, seção AM 6118, *apud* De Boor, 1963, 319.14-15; tradução para o inglês em Mango & Scott, 1997, p. 450. Theophanes, *Chronographia*, AM 6118, *apud* De Boor, 1963, p. 319.14-15; tradução para o inglês de Mango & Scott, 1997, p. 450.

49 Dasxuranc'i, 1961, p. 111; Howard-Johnston, 2010a, pp. 103-113 a respeito do uso de Movses de uma fonte do final do século VII.

50 Dasxuranc'i, 1961, seção 2.11, p. 82. Cf. Dasxuranc'i, 1961, seção 2.11, p. 64, onde o rei Sapor II (r. 309-379) doa sua "armadura cravejada de pérolas" para um herói armênio em seu duelo contra um huno similar a Golias.

51 Ver a "História Armênia atribuída a Sebeos", capítulo 27, *apud* Avgaryan, 1979, p. 99; tradução para inglês *in*: Thomson, 1999, p. 48.

52 Sebeos, cap. 8, *apud* Avgaryan, 1979, p. 68; Thomson, 1999, p. 8, com o comentário de Howard-Johnston, 2010a, vol. 2, pp. 164-165. Canepa, 2009, pp. 204-205.

53 Dindorf, 1832, p. 522 (614.5-7); Thurn, 2000, 340.75 (17.9).

54 Canepa, 2009, pp. 201-205.

55 Harper, 1981, pp. 64-66, 218, pl. p. 17.

56 Ver, por exemplo, Demange, 2006, pp. 89, 92-93 [catálogos 29 e 32]; ou, para mais sobre gemas ovais/em formato de pera, pp. 84-91, 93-94 [cat. 26-28, 30, 32-33].

57 *Idem*, pp. 208, 211-212 [catálogos 160, 171-172, 174].

58 Al-Ṭabarī, *História*, *apud* Bosworth, 1999, p. 365, nota 883, com referência completa.

59 Simpson, 2003, p. 60.

60 Spier, 2007, pp. 151-152, fig. 13; Zakarian, 2009, pp. 10-14, 67, pl. p. 3.

61 Compareti & Vaissière, 2006, p. 23, pl. 12 a-b com imagens coloridas. Azarpay, 2014, pp. 49-56.

62 Teofilato Simocata, *História*, seção 4.3.7, *apud* Whitby & Whitby, 1988, p. 106; e De Boor & Wirth, 1972, p. 153.

63 Por exemplo, sobre um belo busto de prata do século IV, ver Overlaet, 1993, p. 165, cat. 23.

64 Curtis, 2008, p. 141; mais cuidadoso é Alram, 2008, p. 22.

65 Tēr-Mkrtč'ean & Malxasean, 1986 [1904], p. 88 [seção 49], tradução *in*: R. W. Thomson, 1999, p. 135. Ver também seção 52 (ed., p. 92; trad., p. 140) para a denúncia de Lazar da joia de pérola e gema usada por nobres armênios e suas esposas.

66 Brock, 1978, pp. 167-181; aqui, seção 11 (p. 176, trad., p. 180). O emprego por parte do hagiógrafo do termo emprestado iraniano para colar, *hamnikā*, salienta o cenário sassânica da vinheta. Cianglini, 2008, pp. 163-164.

67 Sobre colares, ver, por exemplo, Musche, 1988, pp. 316-323, pl. 111-112. Sobre os desafios evocados pela escassez de evidências textuais, ver também Goldman, 1997, pp. 233-300.

68 Overlaet, 1993, pp. 62-163 [catálogo 21]; Balty, 2006, pp. 29-43; aqui, p. 38, pl. 4, com uma análise astuta (pp. 36-39) da fusão de motivos helênicos e iranianos no retrato dessas mulheres.

69 Musche, 1988, pp. 296-297, pl. 103; Simpson, 2003, p. 66; além de Rose, 2001, p. 51, nota 32.

70 Jian, 2003, pp. 206-207 [catálogo 114]; Ebrey, 1996, p. 105, com uma imagem colorida do colar.

71 Compareti, 2014, p. 43.

72 N. H. Landman *et al.*, 2009, pp. 108-109, onde o pingente (de 4,8 cm de diâmetro) é concisamente discutido.

73 Bari & Lam, 2009, pp. 134-135.

74 Para uma mescla de exemplos sassânidas tardios e pós-sassânidas, ver F. Demange, 2006, pp. 56-57 [catálogo 10], p. 60 [catálogo 15], p. 166 [catálogo 109] e pp. 178-180 [catálogos 128-129]; ver também Harper, 1978, p. 128 [catálogo 53], p. 132 [catálogo 56] e pp. 134-136 [catálogos 58-60].

75 Ver, por exemplo, B. Overlaet, 1993, p. 54 [catálogo 12]: um medalhão de estuque sassânida tardio com um carneiro usando um colar perolado, além de gemas triplas pendentes e grandes fitas esvoaçantes encerradas em uma arruela dupla.

76 O motivo aparece na arte fúnebre do Norte da China na segunda metade do século VI, onde foi usado, por exemplo, no túmulo do cortesão Li Ho, enterrado a aproximadamente 50 km ao Norte de Xi'an em 582. Ver Karentzsky, 1986, pp. 90-91, figs. 13-15.

77 Ver Compareti, 2006b, sobretudo p. 163, sobre o emprego do motivo na arte da Dinastia Táng, na qual ele aparece frequentemente como um detalhe decorativo nas vestimentas de estrangeiros.

78 O'Neill & Laing, 1982, p. 82 [catálogo 19].

79 Seipel, 1996, p. 295 [catálogo 161], um afresco da primeira metade do século VIII.

80 Acerca do comércio de pérolas no Império Romano, onde a gema serviu primariamente como um marcador de beleza feminina e *status*, ver Walker, 2016, pp. 149-159, e minha monografia (no prelo) sobre pérolas no âmbito da Antiguidade Tardia.

81 Peck, 1969, pp. 101-146; aqui, fig. 12, pl. 15; O'Neill & Laing, 1982, p. 168 [catálogo 107]; e W. Seipel, 1996, pp. 334-335 [catálogos 197-198].

82 Overlaet; Jonghe & Daemen, 1996, pp. 204-207, fig. 5, 18; para outros animais com colares de pérolas, ver Harper, 1978, pp. 130, 137 [catálogos 55, 61].

Parte 3

IMPÉRIOS, DIPLOMACIA E FRONTEIRAS

18

AS POLÍTICAS DE BIZÂNCIO PARA A EURÁSIA NA ERA DO IMPÉRIO GOTURCO

Mark Whittow

Em linhas gerais, as relações de Bizâncio[1] com o grão-canato goturco* entre 552 e 630 são bem conhecidas, foram objeto de diversos estudos sólidos e podem ser resumidas aqui com confiança.[2] Os goturcos surgem como nômades das estepes na região montanhosa de Altai, na Eurásia Interior. Eles eram súditos do grão-canato rourano (povo conhecido pelos romanos como os avares), os quais se rebelaram em meados do século VI e, em 552, substituíram seus antigos mestres como governantes das estepes orientais. Na década de 560, em aliança com os persas, eles dizimaram os heftalitas (governantes de um poderoso reino que fazia fronteira com o Irã a Leste), conquistaram o centro comercial de Sogdia e estabeleceram seu domínio até o Cáucaso. Poucos anos depois, a aliança persa foi rompida (aparentemente em uma disputa por seda), e

* Sobre o emprego dos termos "goturco", "turcomano" e "túrquico", ver Nota da Tradução na página inicial do capítulo 2. (N. da T.)

uma embaixada goturca foi enviada em 568 à Corte do imperador romano Justino II em Constantinopla.

A embaixada não teria sido a primeira notícia que os romanos tiveram dos goturcos. Os avares, que surgiram na região Norte do mar Negro por volta de 558, não anunciaram o fato de que estavam migrando para o Oeste a fim de escapar dos goturcos, embora a notícia deva ter sido interceptada nos assentamentos na Costa Norte do Pôntico, os quais agiam como postos de escuta romana do mundo das estepes. O então idoso imperador Justiniano e seus conselheiros esperavam, portanto, encontrar representantes do novo poder nômade no devido tempo, mas, ao que tudo indica, essa foi a primeira vez que uma embaixada goturca aportou de fato em Constantinopla.[3] Ela foi chefiada por um sogdiano de nome Maniakh, que propôs uma aliança ofensiva contra o Irã Sassânida. Em 569, o imperador enviou uma comitiva de volta a Sizabul (conhecido nas fontes chinesas como "Ishtemi"), o *yabgu qaghan* (grão-cã supremo) goturco nas montanhas Altai, comitiva esta chefiada por Zemarco, o *magister militum per orientem*, o comandante do exército de campo oriental (em outras palavras, um general romano de alto escalão).[4] A missão levou dois anos para ir e regressar, e resultou em um acordo para um ataque conjunto contra os persas, planejado para 573.

No caso, nenhum dos braços da ofensiva atingiu seus objetivos. Os persas contra-atacaram energicamente a Oeste e forçaram os romanos a aceitar seus termos; a Leste, os goturcos obtiveram pouco sucesso. A notícia do fracasso e da perda de Dara, uma importante fortaleza fronteiriça romana na Síria, teria levado à loucura o imperador Justino II. Quando seu sucessor interino, Tibério, enviou outra embaixada aos goturcos em 575-576, foi recebido de forma hostil por Turxanthus (Turksant), um dos filhos de Sizabul e governante subordinado de seu irmão, Tardu, que sucedeu Sizabul como grão-cã supremo. Nos anos seguintes, os goturcos conquistaram os postos avançados romanos na Costa Norte do Pôntico e invadiram a Crimeia, deixando apenas Kherson nas mãos dos bizantinos.

Uma questão frequentemente evocada nas negociações dizia respeito à condição dos avares, e qualquer reaproximação romana com o grão-canato avar desencadeava uma reação goturca bastante hostil. A identificação do grã-canato avar nos Bálcãs com os antigos senhores dos goturcos, os rouranos, vem sendo frequentemente contestada, embora a intensidade evidente dessa reação goturca faria pouco sentido caso tal identificação não fosse correta, ou ao menos não fosse amplamente creditada como verdadeira. Em qualquer caso, se, como parece verossímil, a intenção dos goturcos era avançar mais para o Oeste em busca dos avares, ela não surtiu quaisquer resultados. Em 581, irrompeu uma batalha pela sucessão que durou mais de duas décadas, a qual foi fomentada pela Dinastia Suí no Extremo Oriente e explorada pelos sassânidas na Ásia Central. O grão-canato unificado jamais voltou a se recuperar por completo. Quando Shegui designou a si próprio como grão-cã em 611, foi apenas em um grão--canato goturco-ocidental; foi a um grão-cã ocidental, o irmão mais novo e herdeiro de Shegui, Qaghan Tong, que o imperador Heráclio apelou por auxílio durante o inverno de 624/625.

Na época, o Império dos romanos deparava com um desastre. A guerra contra a Pérsia, que inicia em 603 como consequência do golpe do ano anterior com que Focas (Phōkás) subiu ao trono imperial, foi mal desde o início e, com a queda de Focas em 610, tornou-se ainda pior. Os exércitos persas invadiram a Síria e, em 614, capturaram Jerusalém. O Egito foi invadido em 619, e em seguida veio a Ásia Menor na década de 620; uma tentativa de angariar apoio dos avares em 623 quase fez com que o imperador fosse capturado em uma emboscada. As atrozes tentativas de aproximação aos persas para um tratado de paz foram rejeitadas por Cosroes II em termos injuriosos, os quais fecharam as portas para discussões futuras. As notícias da retomada do poder goturco, ao menos nas regiões a Oeste da bacia do Tarim, além de uma incursão turca no Irã pelo Leste, eram sem dúvida muito bem-vindas para Constantinopla, embora, na realidade, um apelo aos goturcos tenha consistido em uma das poucas opções deixadas por Heráclio.[5]

Instalando-se na Transcaucásia – onde os goturcos do grão-canato ocidental poderiam contatá-lo e, ao mesmo tempo, expedir ataques de retaliação contra os templos de fogo do persa Atropatene –, Heráclio recusou-se a ser levado de volta para Constantinopla, apesar do cerco avar-persa que havia combinado em 626. No ano seguinte, grandes destacamentos goturcos chegaram, e os aliados começaram a conquista da Península Ibérica e da Albânia. Em 628, Heráclio guiou seu exército até o Iraque, e uma vitória (possivelmente inesperada) em Nínive, perto de Mosul, além da presença de forças romanas espalhando destruição no coração da Pérsia, desencadeou ali uma crise política. Cosroes II, o xá que levou o Império Romano à beira da extinção, foi deposto e assassinado, e seus sucessores tentaram fazer as pazes.[6]

O grão-canato goturco, no entanto, não desempenhou qualquer outro papel nesses eventos, uma vez que também havia entrado em crise. Ziebel, o comandante do exército turco na Transcaucásia, aproveitou a oportunidade em 629 para assassinar seu sobrinho, o grão-cã Tong – Tong Yabğu Qaghan –, e tomar o poder para si. Não é de surpreender que a instabilidade das décadas anteriores tenha logo voltado, e o grão-canato ocidental tenha mergulhado no caos. As terras recém-conquistadas ao Sul do Cáucaso foram abandonadas, e o poder goturco no Oeste não voltaria a ser restaurado dali a uma geração, apenas na forma do grão-canato Khazar que emergiu após 650.[7]

Bizâncio e os goturcos: uma relação especial?

Para que essa história transeurasiana seja minimamente recuperável, os goturcos devem ter entrado em conflito com o âmbito romano em certa medida; mas, afinal, isso implica muita coisa? Podemos realmente falar sobre uma "política eurasiana" de Constantinopla? Ou seria o caso de alguns episódios vividamente registrados nos levarem a dar mais significado do que é devido às relações entre Bizâncio e os goturcos? Para além de falarmos em algo tão grandioso quanto uma política eurasiana, não teria o Império tratado os goturcos da mesma forma que Roma sempre fez ao negociar com atores mais ou menos poderosos no mundo bárbaro? Na medida em que os goturcos eram mais apartados culturalmente do que os vizinhos mais imediatos de Bizâncio, a relação entre várias potências latinas e os mongóis no século XIII não poderia servir de um modelo mais adequado? Em outras palavras, não se trataria de uma relação caracterizada por esperanças pouco realistas e falta de compreensão mútua?[8] Não haveria também o perigo de assentirmos com narrativas de uma tradição greco-romana que classicizava a historiografia e via como seu tema a guerra e a diplomacia contemporâneas – embora costumasse incluir digressões sobre povos estrangeiros exóticos e, em seguida, reformular essas histórias em seus próprios termos, como parte de uma grande narrativa de estratégia e grande competição de poder – de forma a adicionarmos no processo mais distorção a uma imagem a princípio distorcida?

A distância entre Constantinopla e Dobrudja, o beco sem saída ao Sul do Danúbio que marca o Extremo Oeste das estepes da Eurásia, é de cerca de 600 quilômetros por terra. Entre Constantinopla e a planície húngara, a faixa isolada das estepes eurasianas na Europa Central, são cerca de 1.000 quilômetros de viagem. Pelos padrões eurasiáticos, ambas as regiões se constituem como estepes bastante pequenas, e nenhuma é capaz de fornecer as vastas áreas de pastagem necessárias para que um império nômade se mantenha a médio e longo prazos. Até chegarmos às estepes propriamente ditas, onde verdadeiros impérios nômades se encontravam, era necessário cruzar o mar Negro até Kherson ou o Bósforo, e partir dali para um mundo muito diferente em dimensões do que qualquer coisa que um constantinopolitano poderia ter visto em vida. Como sucessivos visitantes constataram ao longo dos séculos, essa podia ser uma experiência desconcertante e desorientadora.[9]

Em contrapartida, a relação entre o mundo sedentário e as estepes na Eurásia Central e Oriental era muito mais próxima. Tanto no Irã quanto na China, a jornada a partir de centros estabelecidos de poder político até as estepes não somente era muito mais curta, como seu contraste era muito menos extremo. Em nenhum dos casos, a estepe e as regiões cultivadas constituam duas zonas estritamente distintas, mas sim adjacentes e entremeadas. A maneira como eram exploradas, seja para agricultura sedentária ou pastoreio nômade, reflete uma equação variável de flutuação climática, poder político, recursos militares e oportunidades econômicas. Se tal relação era próxima no Irã,[10] era ainda mais próxima na China. A própria Cháng'ān, a capital das Dinastias Suí e Táng, tal qual a maior parte do Norte da China, consistia de fato em parte de uma zona de transição ou de fronteiras. Além dela, encontravam-se as grandes pastagens da Mongólia e da Manchúria. Historiadores da China podem discordar sobre a natureza exata e a dinâmica da relação com o mundo das estepes – como Thomas Barfield, por exemplo, que traça uma distinção mais nítida entre a China dinástica e as políticas nômades do que o quadro mais integrado apresentado por, por exemplo, Jonathan Skaff ou Naomi Standen –, mas nenhum questionaria a importância fulcral do relacionamento entre a China e as estepes. Isso se aplica tanto à era do poderio goturco no final do século VI/início do século VII, quanto a qualquer outra.[11]

A partir dessa perspectiva, falar sobre Bizâncio e os goturcos em termos de uma política eurasiana pode parecer exagerado; foi esse o argumento suscitado em 1992 por Thomas Noonan a respeito da relação entre Bizâncio e os cazares, os herdeiros dos goturcos que controlavam as estepes ocidentais, e eram comumente vistos como aliados de longa data do Império Romano. Para Noonan, não havia

> [...] relação especial, tampouco uma inimizade especial nas relações cazares-bizantinas. Seus interesses fundamentais não contrastavam significativamente, o que implicou que não eram arquirrivais. Contudo, eles não podiam se auxiliar mutuamente com facilidade no aspecto mais importante e, portanto, não eram aliados especiais. A Cazária e Bizâncio eram basicamente vizinhos com interesses e culturas distintos, apesar de manterem uma disputa de baixo nível pelo Leste da Crimeia.[12]

Será que o mesmo veredicto poderia ser passado para as relações mais antigas de Bizâncio com os predecessores goturcos dos cazares?

Roma e os hunos

Todos esses são aspectos importantes, mas a implicação geral de que Bizâncio e o mundo das estepes significavam pouco um para o outro me parece errônea em vários sentidos. Acima de tudo, ela desconsidera o significado da experiência de Roma com os hunos.

Olhando para os séculos IV e V, Peter Heather apresentou um argumento poderoso de que os hunos foram o fator central para a crise que desencadeou a queda do Império Romano no Ocidente no século V.[13] Fazê-lo não é ignorar nem as dimensões relativamente reduzidas das pastagens das estepes europeias, nem a escala limitada do poder dos hunos se comparada aos grandes impérios nômades na Ásia Central e Oriental; tampouco é ignorar a curta duração do domínio huno na Europa, ou suas incursões meramente ocasionais e nem sempre bem-sucedidas nas regiões mediterrâneas do Império. Também não é dizer que o fato de os hunos acrescerem um fator novo e desestabilizador para a política estratégica da Europa romana implica que ignoremos os demais fatores internos. Guy Halsall dividiu, de forma memorável, os historiadores que pesquisaram a queda do Império Romano no Ocidente entre *movers* e *shakers*: os *movers* atribuiriam a queda do Império a fatores externos, essencialmente à migração dos povos; os *shakers* retraçariam as causas aos desenvolvimentos internos do Império.[14] Na prática, porém, todos os historiadores sérios do período estão de ambos os lados, e a análise de Heather explicitamente prevê os hunos como um catalisador, e não uma espécie de tempestade nômade que tudo conquistou.

Os romanos tinham consciência dos nômades das estepes e de suas habilidades militares havia séculos, mas não de modo a tê-los em alta conta em suas preocupações imperiais. Os sármatas que habitavam as regiões ao Norte e ao Leste do mar Negro eram cavaleiros arqueiros eficazes e, até certo ponto, oponentes respeitados, mas não eram suficientemente unidos ou ambiciosos para projetar seu poder muito além das estepes pônticas.[15] Os hunos, por sua vez, constituíam um caso diferente. Quase certamente descendentes dos xiōngnú – os quais controlaram as estepes mongóis e as fronteiras da China de 221 AEC até o final do século I EC –,[16] sua chegada alterou fundamentalmente a dinâmica política da Eurásia Ocidental. Ao contrário dos sármatas, os hunos ou eram um império de conquista ou não eram nada. Na falta de qualquer acesso a pastagens ou participação no comércio pôntico, eles lutariam por ambos, algo que fizeram após o ano 350 com grande êxito. Durante o século III, os sármatas foram parcialmente deslocados em função da chegada dos godos, fazendeiros e guerreiros germânicos, os quais se estabeleceram ao Norte e ao Oeste do mar Negro. Contudo, na década de 370, a presença agressiva dos hunos havia desencadeado uma crise tão grave entre os godos que, apesar da longa experiência com os perigos próprios do contato próximo com os romanos, muitos começaram a sentir não ter outra opção senão pedir asilo dentro do Império. O que veio em seguida foi, sugestivamente, devido a uma série de acidentes. Os godos foram aceitos no Império, embora posteriormente tenham sido provocados a ponto de se revoltarem. Encurralados, eles foram confrontados nas proximidades de Adrianópolis, na Trácia, pelo exército de campo oriental trazido pelo imperador Valente, bastante confiante de que os iria destruir. O resultado plenamente inesperado em 9 de agosto de 378 foi uma derrota catastrófica por parte dos romanos, a morte do imperador e a destruição de seu exército.[17]

Tratou-se de uma vitória dos godos, mas como o historiador contemporâneo bem informado Amiano Marcelino (31.2.1) avaliou na época, os causadores últimos desses eventos não foram os godos, mas os hunos.[18] A história de Amiano infelizmente termina em 378, e nenhum escrito de seus sucessores que teriam registrado os eventos do final do século IV e do início do V sobreviveu senão em fragmentos. Todavia, é possível rastrear o lento movimento dos hunos para o Oeste, de modo que, no início do século V, eles começaram a se estabelecer na planície húngara. Ali, seu impacto nas políticas germânicas da Europa Central pareceu ser bastante semelhante ao seu efeito sobre os godos nas regiões ao redor do mar Negro uma geração antes disso. Se Heather pontua "Por que os bárbaros cruzaram o Reno?", a resposta mais plausível seria: por causa dos hunos.[19] A queda do Império Romano do Ocidente foi um processo gradual que se desenrolou nos 70 anos seguintes, mas a causa principal parece ter sido, inicialmente, o aparecimento e, em seguida, o desaparecimento de um império huno sediado na planície húngara.

Embora só possamos dizer por inferência que os hunos encorajaram os burgúndios, francos e vândalos a invadir o Império em 406-407, há boas evidências para mostrar que a ameaça huna impediu os romanos de restaurar a ordem. Do ponto de vista do governo central em Roma, a consequência mais desastrosa dos vários grupos germânicos operando a Oeste foi a conquista vândala da África, o celeiro do Império Ocidental e sua provedora fiscal. Na década de 440, os romanos se encontravam prontos para enviar uma expedição a fim de recuperar a África, mas a crescente ameaça do Império Huno de Átila forçou-os a voltar sua atenção para outra parte. Em 468, quando uma extensa frota foi finalmente enviada do Leste, as melhores chances haviam sido perdidas. Por volta do mesmo ano, também, a hegemonia húnica estabelecida por Átila se desfizera. Ironicamente, após a crise inicial, é possível que a melhor chance de recuperação imperial residisse no uso dos recursos militares dos hunos ou na ameaça húnica para intimidar tanto os bárbaros germânicos quanto os provinciais romanos. Aécio, o *generalissimo* que dominou a política da Corte Ocidental até ser assassinado em 454, passou alguns anos, possivelmente de 411 a 414, como refém dos hunos – esse pode ter sido um fator influente em sua capacidade de angariar apoio de militares hunos. Em 439 (a data é incerta), Aécio valeu-se de hunos para derrotar os godos na Gália na batalha do monte da Serpente. Em 451, por sua vez, Aécio conseguiu reunir um exército de aliados contendo romanos, godos e burgúndios para enfrentar uma invasão húnica na batalha dos Campos da Catalunha. Com a morte de Átila em 453, seu império se desintegrou, e tanto bárbaros quanto povos das províncias perderam os motivos para obedecer a um regime distante e progressivamente empobrecido na Itália.[20]

A experiência dos cem anos anteriores, portanto, ensinou aos romanos uma porção de lições. A primeira delas, como Amiano Marcelino explicou com vivacidade (31.2.1-12) e com um exagero quiçá compreensível, eles haviam aprendido que os hunos não eram bárbaros como os demais. Eles eram nômades das estepes e, como tal, sobre um terreno apropriado, tinham um potencial militar muito maior do que qualquer outro inimigo do Império, com exceção talvez dos persas. É possível assumirmos que os romanos já soubessem disso. Afinal de contas, a questão já havia sido suscitada no século V AEC por Heródoto (4,2-23, 64-65, 76) em relação aos citas – trata-se de um historiador com quem todos os romanos instruídos deveriam estar familiarizados. É evidente, porém, que a extensa experiência com os relativamente menos assustadores sármatas amorteceu o impacto das palavras de Heródoto.

Em segundo lugar, o aparecimento dos hunos pelo Oriente lembrou aos romanos que a Pérsia tinha uma frente oriental. Isso, em si, não se constituiu como uma descoberta. Era possível aprender essa lição, por exemplo, da história de Arriano sobre as campanhas de Alexandre (3,22-25, 28-30).[21] Mas o aparecimento dos hunos conferiu ao fato um significado prático que ele aparentemente não tinha outrora; ele foi recuperado tanto em função dos ataques hunos do século IV pelo Cáucaso quanto pela insistência persa do século V em obter uma contribuição romana para o custo da defesa dos Portões do Cáspio.[22] Os hunos haviam, de fato, revelado aos romanos uma brecha na fortaleza persa.

Em terceiro lugar, os romanos tinham descoberto que podiam fazer negócios com os hunos e, por implicação, com qualquer outro povo da estepe com que eventualmente entrassem em contato. No século IV, quando Amiano estava escrevendo sua famosa descrição dos hunos como "mui incomumente selvagens" (31.2.1), de modos de vida "tão rudes que não utilizam fogo ou comida temperada, vivendo de raízes de plantas selvagens e a carne semicrua de qualquer tipo de animal" (31.2.3), pareceria quase impossível estabelecer um relacionamento com tais indivíduos. Em 448, porém, Prisco esteve em uma embaixada na Corte de Átila, o monarca huno, e seus súditos não lhe pareceram mais estrangeiros do que qualquer outro vizinho do Império. De fato, em uma história atribuída a um romano aprisionado por muito tempo pelos hunos, eles mostravam ter qualidades que faltavam aos seus conterrâneos.[23] Como em qualquer diplomacia, havia-se de observar rituais específicos e códigos culturais; os governantes das estepes precisavam ser adulados e tratados com deferência como qualquer outro. Sob essa condição, alianças poderiam ser estabelecidas com base em interesses mútuos, e os hunos, em grupos ou individualmente, poderiam ser encorajados a servir nos exércitos romanos.

Nenhuma dessas lições havia de ser esquecida no século VI. Procópio e Agatias revelam um mundo em que cutrigures e utigures, na condição de nômades das estepes, foram reconhecidos como distintos dos godos, lombardos ou eslavos; um mundo em que imperadores romanos costumavam receber embaixadas nômades das estepes, podendo recorrer a uma equipe de intérpretes e diplomatas experientes; um mundo em que os hunos constituíam uma fonte regular de recursos humanos para o exército romano.[24] Procópio mostra apreciação especial pela relação entre problemas persas e os heftalitas, que assassinaram o xá Peroz em 484 e forçaram os sassânidas a pagar tributo por uma geração, além da política persa em relação aos romanos.[25] Não nos surpreende nem um pouco quando lemos os relatos da sofisticada administração de Justiniano dos avares recém-chegados após 558.[26] Em retrospecto, pode parecer imprudente o rompimento de Justino II com os avares logo após sua coroação em novembro de 565, mas não há nada que sugira que ele tenha se pautado por ignorância ante o mundo das estepes. O caso é, possivelmente, inverso. Sem dúvida, a audiência principal das ações de Justino era a Corte, a qual precisava ser persuadida das credenciais marciais do novo imperador, sobretudo à luz da série de críticas a Justiniano em seus últimos anos como alguém favorável demais aos bárbaros. Com os avares invictos nos Bálcãs, uma vez que tinham expulsado ou subjugado todos os seus rivais, talvez aquele fosse o momento de subjugá-los – sobretudo porque as notícias sobre os goturcos já teriam chegado a Constantinopla, e eles poderiam ser usados para manter os avares sob controle. Considerando esse pano de fundo, dificilmente Bizâncio poderia se dar o luxo de não ter uma política eurasiana.

Roma e os persas

O outro fator que tornou o mundo das estepes mais significativo para Bizâncio (mais do que Noonan sugere) vem sendo abordado de várias maneiras, mas merece ênfase ainda maior: ele é o relacionamento de Roma com a Pérsia. O foco de Noonan incidia nas relações bizantino-cazares do século VII ao século X, e, embora possamos ser mais incisivos acerca da proximidade de um relacionamento bizantino-cazar,[27] a base de seu argumento é bastante razoável. O escopo da estratégia bizantina encolheu consideravelmente depois da primeira parte do século VIII. Dali até o final do século IX, Bizâncio pouco se interessou pela Armênia, e menos ainda por qualquer localidade mais a Leste; não há evidências de que o Império tenha feito qualquer tentativa de encontrar aliados na Ásia Central com o objetivo de lançar um ataque conjunto contra o Califado. No período anterior a 650, porém, a situação era bastante diferente.

Mesmo que os formuladores de políticas romanas não estivessem cientes na época, a substituição, em 224, da relativamente inofensiva dinastia parta pelos sassânidas, os novos governantes da Pérsia, serviu como um divisor de águas na história romana. O Império Romano havia crescido tanto no início do século III que se estendia da Muralha de Adriano aos desertos da Arábia, do Reno à orla do Saara – isso, em grande medida, porque, após a derrota de Cartago no século II AEC, faltava qualquer rival de grande poder para inibir essa expansão. Com exceção do Irã parta, seus inimigos não eram mais do que potências regionais, e a Pártia era insuficientemente organizada para representar uma ameaça contínua. Todavia, a partir do século III, os romanos passaram a enfrentar uma potência imperial a Leste com pelo menos a mesma capacidade militar e, em consequência, viram-se diante de um dilema estratégico.[28] A paz era necessária no Oriente para que qualquer coisa pudesse ser garantida no Ocidente; para que se preservassem os Bálcãs, ou se expulsassem os vândalos da África, ou então os godos da Itália; e, mais ainda, para que se atingissem alvos mais ambiciosos na Espanha ou na Gália. Durante o século V, essa paz foi comprada por meio de subsídios, teoricamente, pagos aos persas para compensar seus custos na defesa do Cáucaso contra incursões nômades; no século VI, porém, essa política já deixava de funcionar. Os benefícios que a Pérsia obteve com a Paz Eterna de 532 não foram suficientes para barrar a invasão devastadora de Cosroes I na Síria em 540. Uma nova política se fazia necessária; inevitavelmente ela envolveria a exploração do dilema estratégico da Pérsia, ou seja, a questão da ameaça das estepes. Em outras palavras, fazia-se necessária uma política eurasiana, cujas bases haviam sido estabelecidas por dois séculos de contatos com as estepes romanas.[29]

Relatos de acusações persas de que, já na década de 530, Justiniano encorajava os hunos ("que ele desconhecia por completo") a invadir a Pérsia constituem possivelmente a evidência mais antiga das tentativas romanas de se aproximar da Ásia Central para além da fronteira oriental dos sassânidas – embora também possam ser meros reflexos de medos sassânidas.[30] A primeira evidência concreta data de cerca de uma década mais tarde, os anos 540 ou 550, quando se relata que Justiniano havia se esquivado exitosamente do monopólio da seda persa enviando agentes direto para "Serinda" (que deve ser Sogdia, em vez da China), regressando com ovos de bicho-da-seda escondidos em uma vara oca.[31] Seja qual for a relevância desses contatos, fica claro que uma nova era para a política romana começou a valer na década de 550, quando chegou a Constantinopla a notícia de uma revolução no mundo estepe a Leste da Pérsia – a saber, a queda dos avares e a ascensão dos goturcos.

Uns tantos episódios registrados?

À primeira vista, os materiais remanescentes apoiando a ideia de algo que de fato podemos chamar de política eurasiana na era do grão--canato goturco podem parecer bastante escassos; não há mais do que alguns episódios vividamente registrados que podem dar a falsa impressão de que as relações entre Bizâncio e os goturcos foram mais significativas do que de fato foram. Apenas uma das histórias do período chegou a nós completa e em seu formato original, e todas bebem, em graus diversos, de uma cultura literária demasiadamente voltada para si, que classificava os não romanos como bárbaros e os pastores nômades como o exato oposto da civilização.[32] Mas dizê-lo nos torna excessivamente pessimistas. Esses episódios vividamente registrados são, com efeito, o equivalente a relâmpagos a iluminar uma paisagem noturna – no presente caso, a paisagem conceitual da política eurasiana de Bizâncio na era do Império Goturco.

Deixando de lado Teófanes de Bizâncio, cuja descrição de uma embaixada goturca não datada é preservada apenas em um breve resumo do século IX pelo patriarca Fócio,[33] a fonte mais importante do século VI é Menandro Protetor, que, sob o patrocínio do imperador Maurício (582-602), escreveu o que viria a ser chamado de "história classicizante", ou seja, uma história literária, composta em um grego ático de estilo elevado, intencionalmente focada em eventos quase hodiernos, ligados sobretudo a guerras e relações internacionais. A obra de Menandro cobre o período entre 557 e 582. Infelizmente, o que sobrevive é apenas o que se preservou na condição de citações dentro de dois projetos enciclopédicos do século X: as *Eklogai*, encomendadas por Constantino VII Porfirogênito (913-959), e a muito mais resumida *Suda*. Destes, o primeiro é certamente o mais importante. Embora menos de 5 dos 53 livros originais tenham sido preservados, eles incluem uma seção inteira sobre embaixadas; cerca de um sétimo das aproximadamente 600 páginas da edição impressa moderna é copiado da obra de Menandro.[34] Isso inclui referências breves diversas (embora intrigantes) aos goturcos, particularmente no contexto dos assuntos avares; inclui também três relatos notavelmente vívidos e detalhados que cobrem a antiga embaixada goturca em 568, a embaixada romana que partiu, em resposta a ela, em 569, e então a embaixada romana tardia de 575-576.[35]

Mesmo que Menandro não tenha sido um grande estilista, ele era capaz de contar uma boa história com bastante primor. Contudo, é bem evidente que os detalhes vívidos e precisos que caracterizam seus três relatos não vêm tanto de sua própria imaginação, mas de suas fontes, as quais devem ter consistido em documentos oficiais ou semioficiais. Em outra seção da história, Menandro descreve as negociações de paz romano-persas de 561 com detalhes específicos; ele deixa claro que está usando um registro documental que, ao que tudo indica, tinha sido preservado em um arquivo oficial.[36] E o mesmo deve ter sido o caso de seus relatos das embaixadas de e para o Império Goturco.

Ou seja, antes de ser um relato literário convencional, composto por alguém sem qualquer conhecimento de primeira mão da política goturca ou romana, temos nesses textos um material capaz de nos levar ao coração do sistema bizantino.

Desvendar todo o potencial desse material exigiria um comentário integral, linha por linha; apesar disso, uma breve análise em duas passagens é suficiente para revelar as implicações da existência de uma política bizantina para a Eurásia. A primeira delas descreve a chegada de Zemarco ao território goturco em 570: trata-se da segunda recepção de Valentino por um governante subordinado do Oeste do Império Goturco em 575 ou 576.

Outros de sua própria tribo apareceram, que, disseram, eram exorcistas de maus--agouros, e se aproximaram de Zemarco e seus companheiros. Pegaram toda a bagagem que carregavam e a pousaram no chão. Em seguida, atearam fogo aos galhos da árvore de incenso, entoaram algumas palavras bárbaras em seu idioma cita, emitindo sons com sinos e tambores, agitando os ramos de incenso acima da bagagem enquanto eles crepitavam com as chamas; então caíram em um frenesi agindo como loucos, supondo que estavam afugentando os espíritos malignos. Era dessa forma que alguns homens eram considerados guardiões, protetores contra o mal. Uma vez que afugentaram os seres malignos, tal qual supunham, fizeram o próprio Zemarco atravessar o fogo, pensando que assim haviam se purificado também.[37]

Assim afirmou Valentino, quando então Turxanthus disse: "Romanos, já que vocês chegam aqui e me encontram no mais pleno pesar (pois meu pai, Silzibul, faleceu recentemente), vocês devem seguir o costume que prevalece entre nós perante os mortos, cortando seus rostos com adagas". De pronto Valentino e seus comparsas cortaram seus próprios rostos com suas adagas. Então, em um dos dias de luto, Turxanthus levou ao próprio pai falecido quatro cativos hunos amarrados (em sua língua, eles chamam os ritos para os mortos *dogia*) e postou os homens miseráveis no meio dos cavalos de seu pai; em sua língua bárbara, ordenou que eles fossem e dissessem a seu pai Silzibul o quão bom para ele... [há uma lacuna neste ponto].[38]

O aspecto deveras marcante é o conhecimento preciso que ele exibe da cultura da estepe. Na primeira passagem, o que Menandro descreve são xamãs, cujo ritual é um exorcismo pelo fogo, largamente análogo a relatos posteriores de nômades turco-mongóis e completamente estranho ao mundo romano-cristão de onde veio Menandro.[39] Na segunda passagem, o que é descrito é mais uma vez algo que expressa conhecimento específico do mundo das estepes. Prisco, escrevendo em meados do século V, descreve os seguidores de Átila cortando seus rostos na morte do grão-cã em 453; dado que Prisco era um embaixador com experiência pessoal com os hunos, não há razão para questionarmos sua evidência.[40] A *História dos Albaneses Caucasianos*, que foi compilada no século X, mas se valeu de fontes mais antigas para descrever eventos no final do século VII, descreve de forma semelhante o corte facial como um costume funerário, nesse caso dos hunos caucasianos.[41] Contudo, é o testemunho de uma fonte chinesa praticamente contemporânea que revela, de fato, a natureza do relato de Menandro. O *Livro de Zhōu* [*Zhōu Shū*], composto no início do século VII, descreve como, em 572, Wáng Qìng, em uma embaixada aos goturcos do Norte de Zhōu, foi informado, da mesma forma que Valentino, de que deveria cortar seu rosto como um sinal de respeito ao grão-cã Mughan, o qual havia falecido recentemente.[42] A mesma observação pode ser feita sobre os hunos cativos, enviados para transmitir mensagens ao grão-cã supremo morto, agora na zona espiritual. Há indícios dessa prática até o século XIX.[43] No caso de ambas as passagens, Menandro tem esses detalhes em mãos, já que os burocratas bizantinos acharam importante preservá-los; eles são precisos, pois os relatórios consistiam em uma tentativa honesta de descrever os ocorridos. Isso, por sua vez, era digno de preservar, já que, então e dali em diante, os goturcos seriam aliados potencialmente importantes.

Teofilato Simocata foi ativo durante o reinado de Heráclio (610-641), quando atuou como advogado próximo ao patriarca Sérgio de Constantinopla, uma figura-chave no regime de Heráclio e homem encarregado de liderar a defesa da cidade contra os avares em 626. Teofilato escreveu obras diversas em estilo classicizante, incluindo uma história do reinado do imperador Maurício (de 582 a 602). Ao contrário do relato de Menandro, a história de Teofilato chega a nós intacta, embora muito do valor dessa obra derive de uma história então praticamente perdida da guerra persa de 572-591 por João da Epifânia, composta no final da década de 590.[44] A contribuição de Teofilato para nossa compreensão das relações turco-bizantinas, no entanto, não deriva de João da Epifânia – que parece ter dito pouco ou nada sobre os goturcos –, mas de uma de suas raras peças, aquilo que podemos considerar uma pesquisa pessoal. Interrompendo uma narrativa dos eventos de 595 que, de fato, é copiada de João, Teofilato primeiro relata uma carta enviada do grão-cã goturco ao imperador Maurício e, em seguida, fornece um extenso relato acerca das recentes relações goturcas com os avares, os oguzes, os calcas e os chineses.[45] Nem tudo o que Teofilato expressa nessa digressão está correto. Sua tentativa de lidar com as discrepâncias de suas fontes no tocante às origens dos avares – postulando que os avares dos Bálcãs não seriam os antigos mestres dos goturcos, mas sim "falsos avares", alegando uma ancestralidade mais distinta do que mereciam – tem sido uma fonte de confusão particular.[46] Mas como Étienne de la Vassière apontou, essa é a discussão mais longa e detalhada acerca dos goturcos e da Ásia Oriental composta no Ocidente antes do século XIII.[47] O fato em si de ele estar tão interessado no mundo das estepes revela as preocupações dos partidários de Heráclio, dos quais o patrono de Teofilato, o patriarca Sérgio, era um dos mais proeminentes. Como os relatos de Menandro sobre as embaixadas goturcas, o que Teofilato optou por incluir em seu relato nos aproxima da construção da política externa bizantina.

O posicionamento ante demais fontes do século VII foi recentemente transformado pela obra magistral de James Howard-Johnston *Quellenkritik: Witnesses to a World Crisis*.[48] Ao buscarmos evidências para a política eurasiana de Bizâncio, o fato de duas das fontes mais importantes para o período até 630 – ou seja, o *Chronikon Paschale* e os poemas épicos de Jorge da Pisídia – não dizerem praticamente nada sobre os goturcos não constitui um reflexo de seu lugar no pensamento romano. Antes, resulta unicamente da ênfase romana em eventos de Constantinopla e seu entorno imediato, além da estrutura peculiar da produção poética de Jorge da Pisídia e da forma como foi conservada.[49] Se a continuação da quase inteiramente desfalcada *Crônica de João de Antioquia* tivesse chegado a nós, saberíamos mais. Felizmente, pistas sobre o que ela continha estão presentes na obra de dois historiadores muito posteriores, o patriarca Nicéforo de Constantinopla, que escreveu a *Breve História* nas décadas de 770 e 780, e Teófanes, o Confessor, que compôs a crônica que leva seu nome no início do século IX.[50] Ambos observam que a continuação da obra lidou com assuntos goturcos, embora o uso que Nicéforo faça de sua fonte seja particularmente valioso, já que mostra não somente quão detalhada e interessada nos goturcos a continuação deve ter sido, mas também (e ainda mais importante) que, por trás do trabalho de seu autor, havia o mesmo tipo de registro diplomático disponibilizado para Menandro. Tendo sido danificado ao ser transmitido ao autor da continuação, e depois ao Patriarca, é fácil deixarmos passar a relevância do relato presente na *Breve História* do encontro de Heráclio com os goturcos em 626.

> [Heráclio] enviou presentes ao soberano dos goturcos, a quem instou que fizessem uma aliança contra os persas. Este, por sua vez, aceitou e prometeu ser um aliado. Heráclio ficou satisfeito e partiu para ter com ele; este, ao ser informado da presença do imperador, foi a seu encontro com uma grande multidão de goturcos e, desmontando de seu cavalo, prostrou-se no chão diante do imperador, enquanto todo o seu exército fazia o mesmo. Ao se dar conta dessa grande honraria, o imperador declarou que, caso a amizade deles fosse inabalável, ele se aproximaria até mesmo a cavalo; ademais, ele o chamou de seu filho. Tirando a coroa da cabeça, pousou-a na do goturco e, após servir um banquete, apresentou-lhe todos os utensílios da mesa, assim como uma vestimenta imperial e brincos adornados com pérolas. Ele igualmente adornou os nobres da comitiva com brincos semelhantes, com suas próprias mãos. Temendo, no entanto, não sofrer o mesmo destino que o [grão-cã] avar, e a fim de tornar o acordo mais vinculatório, ele lhe mostrou o retrato de sua filha Eudokia, dizendo: "Deus se pôs entre nós e fez de ti o meu filho. Contempla esta que é minha filha, a romana augusta. Se defenderes minha causa e me auxiliares contra meus inimigos, dar-te-ei sua mão em casamento". O goturco ficou tão impressionado com a beleza do retrato e seus adornos que se apaixonou pela pessoa ali representada, fiando-se ainda mais à aliança. De pronto ele dispôs uma multidão de goturcos sob um comandante do imperador.[51]

Recentemente, Skaff valeu-se dos relatos de Menandro sobre as embaixadas goturcas para ilustrar a tese de que a Eurásia não era um continente dividido entre culturas estrangeiras e mutuamente incompreensíveis da estepe e das regiões férteis – antes, era um continente unido por uma cultura diplomática eurasiana comum, caracterizada por predicados entre os quais estavam a troca de presentes valiosos como joias, expressões ritualísticas de subordinação, parentesco fictício e casamentos políticos.[52] Ele poderia muito bem ter usado essa passagem como um exemplo ainda mais adequado. Antes de ser um mero conto romântico ou uma história fundamentalmente retrabalhada para colocar Heráclito sob uma luz mais favorável, o que temos aqui é um exemplo clássico do que Skaff chama da "diplomacia como um ritual eurasiano". A disposição de Heráclio ao fazer tais concessões mostra o quão importante ele considerava a aliança goturca. Ademais, sua habilidade de conduzir tais negociações deixa claro que não se tratava de um acordo improvisado, inventado no calor do momento, mas do fruto de uma política eurasiana havia muito estabelecida.

Grandes narrativas para uma história global

Até pouco tempo, a maioria dos historiadores do Império Romano Tardio ou Bizantino teria considerado o âmbito da Eurásia Interior como, no melhor dos casos, uma preocupação periférica, e o âmbito chinês como irrelevante. Mas uma combinação da ascensão da Antiguidade Tardia – que, desde os primeiros manifestos de Peter Brown, desafiou os historiadores de Roma a levar o Irã e seus vizinhos das estepes em consideração –, além da maré crescente da história global da qual este volume faz parte, impôs a todos nós uma perspectiva mais ampla.[53] Quaisquer que sejam as áreas particulares de nossa pesquisa, sabemos que nenhum dos âmbitos aqui abordados existiu de modo isolado. No entanto, ainda há um longo caminho a trilhar para sabermos o que fazer com esse conhecimento.

As narrativas de estratégia e guerra mais amplas oferecem um caminho a ser seguido. Essa é uma abordagem que para alguns parece antiquada, mas os leitores do relato de Geoffrey Parker de 2013 acerca do que chama de "crise global do século XVII" devem ter notado que esse livro, aclamado como aquele que "definirá os paradigmas para a próxima geração de estudantes e pesquisadores que quiserem escrever historiografia nessa escala",[54] é tanto uma narrativa de política e guerra quanto de seu clima e dos efeitos da Pequena Era Glacial.[55] Há, porém, alternativas. Explorar a política eurasiana de Bizâncio na Era dos Goturcos envolve mobilizarmos uma narrativa tanto de imaginação e cultura quanto de política e poder.

Notas

1 Bizâncio era o nome da cidade de Constantinopla antes de ela ser refundada pelo imperador Constantino I em 324 EC. Desde pelo menos o século XVII, alguns historiadores descreveram como Bizantino o Império governado a partir da Nova

Roma de Constantino, durante o período que vai até os limites cronológicos dessa atribuição – e além deles –, e tal é o emprego atual por historiadores que trabalham com o âmbito chinês do mundo das estepes quando têm a chance de olhar para o Ocidente.

Os historiadores que trabalham especificamente com a Eurásia Ocidental do período ou com o Império em si são mais propensos a falar sobre o Império Romano *tout court*, muitas vezes reservando "Bizâncio" para o Estado bastante reduzido que sobreviveu às crises do século VII. O usual no século VI era falar dos romanos e do Império Romano, reservando "Bizâncio" para referir-se a Constantinopla ou ao Império governado a partir de Constantinopla, para fins de variação ocasional na literatura. É esse o uso que empreguei aqui.

2 Ver, especialmente, Golden, 1992, pp. 115-154; Howard-Johnston, 2010b, pp. 37-70; além de Chavannes, 1904, que continua sendo indispensável.

3 Menandro Protetor, *História*, fr. 10.1, *apud* Blockley, 1985b.

4 Na condição de *yabgu qaghan*, Ishtemi era o grão-cã ocidental sob a autoridade suprema de seu sobrinho, Mukan Qaghan. Embaixadas romanas nunca chegaram à Corte do grão-cã supremo a Leste.

5 Howard-Johnston, 2010a, pp. 436-443.

6 *Idem*, pp. 443-445.

7 Barfield, 1989, pp. 142-145; Skaff, 2012, p. 42.

8 Jackson, 2005, pp. 135-153.

9 Liulevicius, 2000, pp. 151-153.

10 Ver, por exemplo, Sauer; Rekavandi; Wilkinson & Nokandeh, 2013, pp. 24-25, 38-40.

11 Barfield, 1989, pp. 16-20; Skaff, 2012, pp. 24-31; Standen, 2005, pp. 129-174.

12 Noonan, 1992, p. 132.

13 Heather, 2015, pp. 4-41; 2009b, pp. 3-29; 2005, pp. 146-151.

14 Halsall, 1999, p. 132.

15 Batty, 2007, pp. 356-365; Melyukova & Crookenden, 1990, pp. 110-117.

16 Atwood, 2012, pp. 27-52; Vaissière, 2015a, pp. 178-182.

17 Heather, 2005, pp. 158-181.

18 Amiano Marcelino, *Rerum gestarum libri qui supersunt*, *apud* Seyfarth, 1978.

19 Heather, 2009b.

20 *Idem*, 2005, pp. 281-288, 304, 343-345.

21 Arriano, *Flavii Arriani quae existant omnia*, vol. 1: *Alexandri Anabasis*, *apud* Roos, 1967.

22 Payne, 2015a, pp. 282-299.

23 Prisco, *Fragmentos*, seção 2.407-507, *apud* Blockley, 1983, vol. 2, pp. 266-273.

24 Procópio, *Guerras*, *apud* Haury, 1962-1963. Ver, sobre as negociatas de Justiniano com os cutrigures e utigures, seção 18.18-21; sobre hunos em exércitos romanos,

seção 5.3.15, 5.14.27, 6.2.10 e 20-24, 8.19.7; sobre emissões utigures para a Corte Imperial, seção 8.19.9-22. Agátias, *Histórias*, *apud* Keydell, 1967; ver, sobre povos húnicos, seção 5.11.2-11; sobre negociatas com cutrigures e utigures, seção 5.12.6--13.3, 5.23.7, 5.24.3-7, 5.25.1-6; hunos em exércitos romanos, seção 2.2.5, 4.15.1.

25 Procópio, seção 1.3.1-22, 1.4.1-16, 1.8.19, 1.10.15 e 24, 1.16.3, 2.1.14.

26 Menandro Protetor, seção 5.2; Teofanes, *Chronographia*, *apud* Boor, 1883-1885, AM6050.

27 Whittow, 1996, pp. 225-226.

28 Howard-Johnston, 1995b; Rubin, 1986.

29 *Idem*, 1995b, pp. 41-46.

30 Procópio, seção 2.1.14, 2.3.47.

31 *Idem*, seção 8.18.1-8; Henry, 1959-1991, p. 77 [26a]. Para a datação, ver Greatrex & Lieu, 2002, p. 277, nota 33.

32 Shaw, 1982-1983, pp. 5-31.

33 Fócio, *Biblioteca*, p. 77 [26a].

34 Treadgold, 2007, pp. 293-299.

35 Menandro Protetor, seções 10.1, 10.3 e 19.1.

36 *Idem*, seção 6.1-2, sobretudo 6.2, versos 3-11.

37 *Idem*, seção 10.3, versos 9-20.

38 *Idem*, seção 19.1, versos 118-130.

39 Roux, 1984, pp. 222-224.

40 Prisco, fr. 24.1.

41 Dasxuranc'i, 1961, p. 156.

42 *Zhōushū*, vol. 33, *apud* Chavannes, 1904, p. 240, nota 6.

43 Roux, 1984, p. 273.

44 Whitby, 1988, pp. 28-33, 39, 222-230.

45 De Boor & Wirth, 1972, seção 7.7.6-7.9.12.

46 Whitby, 1988, pp. 315-317.

47 Vassière, 2015b, pp. 91-102.

48 Howard-Johnston, 2010a.

49 *Idem*, pp. 16-35, 54-59.

50 *Idem*, pp. 248, 255, 276-277.

51 Mango, 1990, p. 12, versos 14-41.

52 Skaff, 2012, pp. 134-135, 148-149.

53 Brown, 1971, vol. 9, pp. 160-169.

54 Sanjay Subrahmanyam, em resenha de Parker, 2013.

55 *Idem*.

19

O IRÃ SASSÂNIDA E SUA FRONTEIRA NORDESTE: OFENSIVAS, DEFESAS E A ENTENTE DIPLOMÁTICA

Daniel T. Potts

A partir de meados de 233,[1] o soberano do Irã Sassânida, Artaxes I (Ardashir I, 224-242), realizou campanhas militares em Sakastán, Gorgan, Abaršhahr (perto de Nishapur), Merv, Balkh e Khwarezm.[2] As conquistas de Sakastán e Merv são confirmadas pela grande quantidade de moedas de bronze ali cunhadas durante o reinado de Artaxes,[3] e a historicidade dessas conquistas[4] fica implícita na lista de reis tributários a Artaxes I; eles estão listados na inscrição trilíngue de seu filho Sapor I (r. 240-272) na torre quadrangular Ka'ba-ye Zardosht, datada do século V AEC e situada em Naqsh-e Rustam.[5] Ainda assim, podemos nos questionar: teriam essas conquistas conferido benefícios reais ao Estado sassânida? Teriam os impostos ou tributos gerados superado os enormes custos da invasão periódica da área, a fim de suprimir as forças que ameaçavam cruzar o Oxus e adentrar o coração do Irã? Uma zona de proteção sustentável teria sido criada de forma a garantir a segurança da população sedentária do Irã?

Foram forjadas alianças que auxiliaram na derrota de inimigos comuns? Essas são apenas algumas das questões que surgem quando nos voltamos para a relação do Irã Sassânida com seus vizinhos a Nordeste (Mapas 2 e 4).

As primeiras referências aos cuchanas e hunos

De acordo com a inscrição em Ka'ba-ye Zardosht, Sapor I (240-272) empreendeu campanhas até "o Hindustão, Kushanshahr, até Peshawar (?), e então até Kashgar (?), Sogdia e Tashkent",[6] efetivamente empurrando os cuchanas que dominavam esses territórios além do Passo Khyber, rumo à região de Gandhāra.[7] No reinado de Oromasdes II (Ohrmazd ou Ahura Mazda, r. 302-309),[8] os antigos territórios de Cuchana foram submetidos à autoridade de representantes monárquicos conhecidos como "kushanshahs". Esse arranjo, porém, foi dissolvido com a chegada dos hunos pouco antes de 350.[9] Os hunos – diversamente identificados como chionitas ou quidaritas, como detalharemos mais adiante no capítulo – provavelmente foram impelidos para o Oeste pelos rouranos da Mongólia.[10] Josef Markwart e Johan J. M. de Groot sugerem que eles já atuavam como auxiliares de Cuchana[11] antes do reinado de Sapor II (r. 309-379). Apesar das referências anacrônicas a esses hunos como "turcomanos" (de, por exemplo, Ṭabari),[12] Teófanes de Bizâncio, o escritor do século VI citado por Fócio (cerca de 810-893), observou que "os turcomanos instalados a Leste do Tanais [Don]" eram chamados pelos persas de *kermichiones*, isto é, "hunos vermelhos".[13] Amiano Marcelino, por sua vez, os identificou como chionitas (16.3.1; 16.9.3-4). Já foi sugerido que os tais chionitas eram, de fato, quidaritas,[14] embora os quidaritas possam ter sido apenas um clã chionita.[15]

Reconquista e cooptação

Em 350, Sapor II abandonou seu cerco de Nisibis (a moderna Nusaybin, no Sudeste da Turquia) a fim de confrontar as forças hunas hostis que subjugaram os kushanshahs. Seis anos mais tarde, Sapor ainda estaria empenhado em "expulsar de suas fronteiras um número de tribos bastante selvagens que [...] vez e outra realizam ataques hostis em seus territórios e, às vezes, o auxiliam quando ele faz guerra contra [os romanos]" (Amm. 16.3.1). Essa aparente contradição – de os hunos ora serem hostis, ora aliados – explica-se pelo fato de que, em 358, Sapor "fez uma aliança com os chionitas e os gilani,[16] os guerreiros mais ferozes de todos" (Amm. 17.5.1). Posteriormente, chionitas foram recrutados como auxiliares dos sassânidas, lutando ao lado de Sapor em Amida (atual Diyarbakir) em 369 (ver, por exemplo, Amm. 17.5.1, 18.6.22, 19.1.7.). A condução de vassalos dos chionitas é indicada pelo fato de que, em algumas de suas moedas, apenas o nome do monarca sassânida em controle aparece.[17] A segurança oferecida aos sassânidas mediante essa aliança se reflete na transferência, no final do reinado de Sapor, do que foi indiscutivelmente a mais importante casa da moeda de todo o Império, de Ctesifonte para "Cabul".[18] São igualmente mencionadas em fontes antigas Merv, Herat, Sakastán e duas casas da moeda "orientais" não identificadas.[19]

Agressão contra os sassânidas no Leste

Em meados dos anos 360, uma nova ameaça surgiu no Nordeste. O historiador armênio P'awstos Buzand (cerca de 470) observou duas ocasiões em que Sapor II lutou contra um rei dos "cuchanas", cujas forças "oprimiram as forças persas [sassânidas] sobremaneira. Essa ameaça ceifou a vida de muitos deles, fez muitos prisioneiros e levou parte deles a desertar".[20] Sobre a segunda batalha, datada de 375/376 por motivos numismáticos,[21] P'awstos escreveu: "O exército persa sofreu uma derrota nas mãos das forças de K'ušan e bateu em retirada sob terríveis investidas. [Os K'ušan] perseguiram o exército persa e não deixaram um único sobrevivente".[22] Essas derrotas sinalizaram o fim da soberania sassânida na Báctria, ao menos naquela região.[23] Marquart,[24] Nikolaus Schindel[25] e Xavier Tremblay[26] identificaram os cuchanas em questão como chionitas; Cribb sugeriu que se tratavam de quidaritas.[27] Essas derrotas decisivas provavelmente serviram de prelúdio para a perda da casa da moeda de Cabul. Embora isso não seja atestado em qualquer fonte literária ou epigráfica, a perda sassânida de sua casa da moeda se confirma pelo fato de que moedas cunhadas a partir de matrizes de Sapor II e III subtraídas da casa da moeda de Cabul continuaram a ser emitidas posteriormente pelos hunos alcanas.[28] O adversário de Sapor II – o rei "Kushan" que residia em Balkh, a antiga capital de Cuchana – era possivelmente o líder dos hunos alcanas.

A invasão da região central do Império e relações tributárias com os inimigos do Norte

Segundo o historiador persa Muhammad ibn Jarir al-Ṭabarī, no sétimo ano do reinado do soberano sassânida Bahram V (r. 420-438), um grão-cã dos "turcomanos" cruzou o rio Oxus e invadiu Corassã com 250 mil homens.[29] O historiador e geógrafo árabe al-Mas'udi, igualmente, relatou que "o grão-cã, o rei dos turcomanos, invadiu Sogdia, devastou os domínios de Bahram e avançou até Rayy".[30] Ainda que às vezes identificados como quionitas[31] ou "hunos" heftalitas,[32] tratava-se provavelmente de quidaritas,[33] para quem Bahram foi coagido a pagar tributos. Prisco menciona um acordo de tributação que dataria pelo menos da época de Bahram, em uma passagem sobre o reinado de um rei sassânida posterior, Peroz (r. 457-484); a causa de sua guerra com os quidaritas, diz Prisco, foi a recusa do pai de Peroz, Isdigerdes II (Yazdgerd II, r. 438-457), de pagar os "tributos que os ex-governantes dos persas e dos partos haviam pagado".[34]

Após repelir esses "turcomanos", nas palavras de al-Ṭabarī, Bahram instalou um marzban-i Kushan (um "supervisor de destacamentos contra os Kushans"). Al-Ṭabarī também diz que, a pedido dos habitantes da região limítrofe, Bahram demarcou a fronteira erguendo uma torre "em um posto avançado na [divisa com a] terra dos turcomanos".[35] Igualmente, Bahram fundou, ou refundou, a cidade de Merv-i Rot, a cerca de 258 quilômetros ao Sul da moderna Merv.[36]

Apesar (ou talvez em função) do sucesso militar e das defesas de Bahram, fontes diversas afirmam que Isdigerdes II deu continuidade à sua campanha contra os "cuchanas". Segundo o historiador armênio do século V Eḷishē, os conselheiros de Isdigerdes apelaram para

> [...] marchar para a terra dos Kushans [...] e lá fazer sua morada. Quando os detiver e mandar todos a uma terra estrangeira e distante, os planos a que aspira serão

cumpridos... Você governará a terra dos cuchanas, e os gregos não se aventurarão contra seu poderio.[37]

No entanto, "após lutar por dois anos, ele não conseguiu lhes causar qualquer impressão", ao que Isdigerdes fez um rodízio de suas tropas e, "tornando isso um hábito anual, construiu ali para si uma cidade para morar, do início do quarto ano de seu reinado até o enésimo".[38] Os armênios Lazar P'arpec'i (final do século V)[39] e Sebeos (século VII)[40] – o primeiro deles contemporâneo de Isdigerdes e dos outros no século VII – referem-se aos oponentes de Isdigerdes II como "cuchanas". Eḷishē refere-se a eles como "hunos, a quem chamam de cuchanas";[41] Prisco, por sua vez, os identifica como "hunos quidaritas".[42] A base de operações de Isdigerdes era Shahrestan-e Kumis[43] ou Shahrestan Yazdgerd,[44] a antiga Hecatômpilo (atual Sadarvazé), entre Semnan e Damghan, no Nordeste do Irã.[45] Eḷishē diz que Isdigerdes permaneceu ali do quarto ao enésimo ano de seu reinado,[46] e no texto anônimo *Šahrestānīhā ī Ērānšahr* lemos que Isdigerdes "a transformou, em seu reinado, em uma estação de vigia fortificada contra o forrageador Chōl"[47] ou "fê-lo durante a invasão dos Čōl"[48] – grupo que os pesquisadores geralmente identificam como os heftalitas.

Encontros desastrosos com os heftalitas e vitória sobre os quidaritas

Entre os povos da Ásia Central, os heftalitas foram um dos que, a partir do século V, migraram para Oeste, conquistando território conforme chegavam. Uma vez que expulsaram os quidaritas da Báctria por volta de 425,[49] os heftalitas passaram a controlar um vasto território que se estendia de Corassã ao Turquestão chinês.[50] No início do duodécimo ano de seu reinado (449/450), Isdigerdes "reuniu uma ofensiva infinita em abundância" e atacou a "terra dos T'etals" – isto é, dos heftalitas – ao que

[...] o rei dos cuchana, vendo isso e sendo incapaz de se opor a ele [Isdigerdes] na batalha, recuou para as regiões do deserto inexpugnável e ali passou a viver com todas as suas tropas, escondido. [Isdigerdes], porém, atacou suas províncias, regiões e terras, capturando muitas fortalezas e cidades, e acumulou cativos, espólios e saques, levando-os para seu próprio império.[51]

Uma segunda campanha ocorreu no décimo sexto ano do reinado de Isdigerdes (453/454), embora dessa vez os resultados tenham sido desastrosos, já que os heftalitas "causaram muitas baixas no exército do rei [e] [...] saquearam diversas das províncias reais". Lazar P'arpec'i afirma: "Os objetivos do rei foram alcançados ao menos parcialmente".[52] Completamente vencido, ele regressou coberto de vergonha, tendo perdido os homens mais nobres e eminentes de seu exército, assim como demais soldados comuns da cavalaria.[53]

Isdigerdes foi sucedido por seu filho Oromasdes III (r. 457-459).[54] De acordo com al-Ṭabarī, após a ascensão de Oromasdes, seu irmão e rival Peroz refugiou-se entre os heftalitas.[55] Peroz trocou a cidade de Talaqan[56] por um exército com o qual obteve o trono sassânida em 459.[57] Em outra passagem, al-Ṭabarī simplesmente menciona que Peroz marchou contra Oromasdes em Rayy, "com os recursos de Corassã além [...] dos homens do Tocaristão e de regiões vizinhas para apoiá-lo".[58] Mas eis que al-Ṭabarī complementa: "No início de seu reinado, [Peroz] havia fortalecido o domínio [dos heftalitas], pois eles o auxiliaram contra seu irmão",[59] e então contrasta isso com o fato de que, uma vez na posse da coroa, Peroz se voltou contra seus antigos aliados.

Peroz se envolveu em três guerras contra os quidaritas e os heftalitas.[60] De acordo com Prisco, a guerra contra os quidaritas irrompeu por volta de 464, pois, como observado anteriormente, "os hunos não estavam recebendo o dinheiro dos tributos que os ex-governantes dos persas e dos partos pagaram".[61] Josué, o Estilita (século VI), afirma que Peroz enviou uma delegação ao papa Leão I (r. 457-474), em 464 ou início de 465, buscando apoio financeiro para sua guerra contra os "hunos";[62] nela, ele alegou que os sassânidas estariam ajudando os romanos a barrar uma incursão bárbara em seu território.[63] Logo em seguida, um patrício e ex-cônsul (457) e prefeito pretoriano (447, 456, 459) chamado Constantius liderou uma delegação romana até o acampamento de Peroz próximo a Gorgan.[64] Embora Prisco alegue que Peroz fracassou em sua tentativa de obter os subsídios desejados, Josué, o Estilita, afirma que, com o dinheiro adquirido, Peroz foi capaz de prosseguir com sua guerra, conquistando "muitas regiões de suas terras".[65] De acordo com evidências numismáticas,[66] Peroz derrotou os quidaritas e assassinou seu rei Kunchas,[67] provavelmente em 466 ou 467/468;[68] em seguida, enviou uma embaixada a Leão I e, como observa Prisco, "gabou-se disso [de seus feitos] barbaramente, pois queria anunciar o grandioso destacamento que ele tinha em sua posse naquele momento".[69]

Alianças matrimoniais interdinásticas, um refém real e a morte de um rei na batalha

Após a morte de Kunchas, Peroz buscou arranjar um casamento entre sua irmã e o filho e sucessor de Kunchas. Assim que o novo governante quidarita descobriu que Peroz enviara outra mulher no lugar de sua irmã, ele declarou guerra.[70] A ascendência de Peroz não durou muito: durante sua campanha contra os heftalitas em 474,[71] ele foi capturado.[72] De acordo com Josué, o Estilita, "o imperador dos gregos, Zenão, ao ouvir isso, enviou uma remessa de seus próprios fundos e o libertou, reconciliando-o com eles".[73] Dessa época em diante, os heftalitas passaram a controlar a Báctria, recebendo um volumoso tributo de Peroz e de seu filho, Cavades. Isso se reflete no enorme número de dracmas sassânidas cunhadas por Peroz que chegaram à China, resultantes das relações heftalitas com o Oriente.[74]

Alguns anos mais tarde, Peroz quebrou seu tratado com os heftalitas e retomou a guerra contra eles. Supostamente, foi essa a campanha lançada por Peroz contra o rei heftalita Akhunshawar[75] que levou, mais uma vez, à sua captura. Peroz prometeu a seus captores "30 mulas carregadas com moedas de prata",[76] porém, sendo capaz de reunir apenas 20 cargas, comprometeu seu filho Cavades como refém em 482 até que o resgate fosse pago.

Dois anos mais tarde, Peroz expediu outra campanha, ainda mais desastrosa, contra os heftalitas. Akhunshawar advertiu Peroz para que não quebrasse seu "pacto, redigido e selado"; para não deturpar suas "fronteiras demarcadas, através das quais não somos permitidos cruzar com intenções hostis contra o outro", não se esquecendo da "temível angústia da qual te livrei ao não te executar".[77] A campanha de Peroz terminou com sua morte, além da morte de quatro de seus filhos e quatro filhos de seus irmãos,[78] ao que os heftalitas "pilharam o território persa e regressaram a seu próprio país".[79] O Irã "foi devastado e despovoado pelos hunos".[80] Os sassânidas foram prontamente vingados: alguns anos mais tarde, os heftalitas foram expulsos por Sukhra, da dinastia parta de Karin,[81] que, por sua vez, foi generosamente recompensado pelo irmão e sucessor de Peroz, Walaksh (r. 484-488).

Como nota secundária, Ibn Isfandiyar (cerca de 1216) atribuiu um grande fosso, ainda visível em sua própria época, a Firuz-Shah – ou seja, Peroz.[82] Esse elemento esteve ligado provisoriamente à Grande Muralha de Gorgan, uma estrutura de aproximadamente 200 quilômetros de comprimento, datada por radiocarbono do século V ou VI.[83]

A conquista de Corassã e as relações tributárias do Irã com os heftalitas

A perda de Corassã se confirma pela distribuição de casas de moeda da época, a mais setentrional das quais se situando onde agora está Gorgan.[84] Nenhuma moeda foi cunhada no Leste durante o reinado de Walaksh, durante o primeiro reinado de Cavades, ou durante o breve período em que Zamasfes esteve no governo. Como no caso de Peroz, alega-se que Cavades (r. 488-496, 499-531) teria se refugiado junto do grão-cã "turcomano", com quem permaneceu por quatro anos. Tanto a *Crônica de Seert* quanto Procópio[85] identificam esses "turcomanos" como heftalitas.[86] Tendo sido refém do rei heftalita Akhunshawar por dois anos, Cavades angariou o auxílio militar necessário para sobrepujar seu irmão.[87] Retornando com uma esposa heftalita[88] e forças heftalitas, Cavades recuperou o trono. A produção elevada da casa da moeda de Gorgan durante seu primeiro reinado possivelmente reflete um tributo anual pago por ele aos heftalitas.[89] No segundo reinado de Cavades, quatro das casas da moeda sassânidas orientais anteriormente ociosas foram reativadas, provavelmente como resultado dos sucessos militares sassânidas na região.[90] A campanha de 508[91] resultou na conquista da Fortaleza de Zundaber (Zumdaber), identificada com o templo az-Zun na região de ad-Dawar, entre Bust e Kandahar, a qual é mencionada pelo historiador persa do século IX Aḥmad ibn Yaḥyā al-Balādhurī.[92]

A reconquista sassânida-turcomana dos domínios heftalitas

Após um extenso e tumultuoso reinado, Cavades faleceu em 531. Uma vez que Cosroes I (r. 531-578) assumiu o poder, a Transoxania e o Tocaristão ainda se encontravam sob domínio heftalita; porém, com o surgimento do primeiro grão-canato goturco em meados de 552, isso logo mudou. O grão-cã goturco Muhan (Muqan)[93] (r. 552-572) e seu irmão grão-cã Ishtemi (que governou na parte Oeste do território entre 553 e 575[?]) promoveram uma campanha da Mongólia, no Leste, rumo às terras heftalitas no Oeste.[94] O Império Goturco Ocidental e o Império Sassânida tinham nos heftalitas um inimigo comum, o que levou a uma colaboração inicial, mas também a um eventual conflito. Fontes árabes e persas atestam cinco "linhas tradicionais" na história desse período.[95]

Al-Ṭabarī, além do biógrafo árabe (ou curdo) do século XIII Alī 'Izz ad-Dīn Ibn al-Athīr, e do erudito iraniano do século XI Ahmad ibn Muḥammad Ṭabarī, nomeia os territórios que Cosroes conquistou como Sind, Bust, al-Rukhhaj [Aracósia], Zabulistão, Tucaristão, Dardistão e Cabulistão.[96] Nenhum deles faz menção aos heftalitas. Há, porém, uma versão alternativa dos eventos, relatada por al-Ṭabarī e Ibn al-Athīr, segundo a qual Sinjibu, grão-cã dos turcomanos, matou o rei heftalita, destruiu a maior parte de seu exército e conquistou os territórios (não nomeados) que Cosroes deixou de anexar. Uma terceira versão se encontra em quatro autores diferentes (al-Ṭabarī, Eutíquio de Alexandria [877-940], Bal'ami, al-Mas'udi e Tha'alabi); nessa versão, Cosroes escreve ao grão-cã apelando para que lançasse uma campanha contra os heftalitas, e termina por desposar a filha do grão-cã. Desejando vingar a morte de Peroz, Cosroes passa por Balkh e pela Transoxania, estabelecendo seus exércitos em Ferghana. Al-Ṭabarī e Eutíquio escrevem que o grão-cã matou o rei heftalita, ao passo que Mas'udi e Bal'ami nomeiam Cosroes como o assassino.[97] Em uma quarta revisão da história – preservada nos escritos de al-Dīnawarī,

Mirkhond, Ferdowsi e Ta'alabi, e também nos textos anônimos *Mujmal al-tawārīḫ wa al-qiṣaṣ* e *Nihāyat al-arab* –, Cosroes conquista o Tocaristão, o Zabulistão, o Cabulistão e o Chaganiã, enquanto o grão-cã assume o controle de Shash, Ferghana, Samarcanda, Kash e Nasaf, avançando até Bucara. Ao ouvir a respeito das conquistas do grão-cã, Cosroes envia contra ele seu filho Oromasdes e um grande exército; em seguida, o grão--cã se refugia no Leste do Turquestão. A paz entre Cosroes e o grão-cã seria eventualmente selada com o casamento de Cosroes e a filha do turcomano.[98] Por fim, de acordo com uma quinta versão dos eventos transmitida por Mas'udi, Bal'ami e Farsname de Ibn al-Balkhi (início do século XII), Cosroes lança campanhas até o Hindustão, a China (segundo o Farsname) ou até mesmo o Tibete (de acordo com Mas'udi). O Farsname sugere que Cosroes e o grão-cã turcomano coordenaram ataques conjuntos a essas regiões. Cosroes assume o controle de Zabulistão, Tocaristão e Sind, concordando com o grão-cã de que a Transoxania, incluindo Ferghana, ficaria sob controle sassânida, enquanto tudo do outro lado de Ferghana, incluindo o Turquestão, pertenceria ao grão-cã.

As conquistas orientais de Cosroes se refletem, até certo ponto, na atividade da casa da moeda em Abarshahr/Nishapur, Balkh, Bust, Herat, Merv e Sakastan.[99] Fontes siríacas atestam que Cosroes manteve relações amistosas com os heftalitas em 549, mas se voltou contra eles nas décadas seguintes.[100] Ressaltando o fato de que a última embaixada heftalita à Corte de Zhōu é de 558, Howard-Johnston sugere que os heftalitas sucumbiram em 559-560.[101] Carlile Macartney acreditava que Cosroes só se voltara contra os heftalitas após assegurar a paz com Roma em 562.[102] A vitória goturca sobre os heftalitas foi datada com variantes, entre 563 e 567,[103] 557 ou 565.[104]

A retomada de hostilidades a Leste

De acordo com Abu'l-Qāsim Ferdowsi Tusi, o filho de Cosroes I, Oromasdes IV (Ohrmazd IV, r. 579-590), cuja mãe era uma princesa turcomana, era aclamado *Torkzad*: "filho de uma turcomana".[105] Contudo, diz o al-Ṭabarī, no enésimo ano de seu reinado, um soberano "turcomano" chamado Saba (ou Shawa) atacou a região de Herat com 300 mil homens.[106] Bahram Chobin, comandante militar de Oromasdes no Leste, "atacou bravamente o exército dos T'etals [*sic*] e ocupou Bahl [Balkh] forçosamente, mais toda a terra dos cuchanas até o outro lado do grande rio que chamam de Vehrot [Oxus], até um local chamado Kazbion".[107] No decurso da revolta subsequente, liderada por Bahram Chobin contra Oromasdes, é possível que os heftalitas tenham se libertado.[108] De acordo com a anônima *Crônica Siríaca*, o sucessor de Oromasdes, Cosroes II (r. 590; 591-628), enviou um exército sob o comando de Bistam, seu comandante em Corassã, até a fronteira turcomana.[109] Mais tarde, de acordo com Sebeos, Bistam tentou tomar o poder por conta própria e "subjugou a seu próprio poderio os dois reis dos cuchanas, Shawk e Pariovk", usando-os em um ataque às forças de Cosroes.[110] Evidências numismáticas sugerem que a rebelião de Bistam durou de 591 a 596.[111] A anônima *Crônica Siríaca* identifica o "cuchana" Pariovk como um turcomano.[112]

Outro episódio de mobilização militar em grande escala teve início no Leste, durante o reinado de Cosroes.[113] Após nomear o general armênio Simbácio Bagratúnio *marzban* de Vrkan (Hircânia, a Leste do Cáspio),[114] Cosroes confiou-lhe uma grande armada para atacar os "cuchanas" a Leste. Na sequência de uma vitória inicial, Simbácio acampou perto de Nishapur. Nesse ponto, chegaram reforços do grande grão-cã turcomano do Norte, conforme um exército de 300 mil homens cruzou o Oxus.[115] O "magnânimo grão-cã, rei das regiões Norte", pode ter sido Shegui (falecido em, aproximadamente, 616), bisneto de Silzibul/Ishtemi,[116] que governou os grão-cãs menores, responsáveis pelas sub-regiões do grão-canato goturco.[117] Após derrotarem os persas, os invasores avançaram para a província de Isfahan até que receberam ordens para volver, possivelmente em função da morte do grão-cã K'i-min (Qimin)[118] em 614, a qual precipitou uma reorientação das forças goturcas do fronte sassânida para a China.[119] Uma vez que reagrupou as forças armadas sassânidas, Simbácio perseguiu seus adversários até Balkh.[120]

Conclusão

Com frequência, impérios incorporam territórios muito além daqueles em que se originaram. No caso do Império Sassânida, seu fundador Artaxes I, além de seu filho e ocasional corregente, Sapor I, estendeu os limites imperiais para muito além do Norte do rio Oxus e a Leste de Herat, criando um legado geopolítico que, para dizermos o mínimo, acabou sendo uma faca de dois gumes para seus herdeiros. Esse legado foi intensamente contestado pelos quatro séculos seguintes. Como vimos, a retenção dessas áreas acarretou um imenso dispêndio de recursos humanos, dinheiro e capital político – pois ali prevaleceu um estado de guerra praticamente ininterrupto, marcado por tréguas frágeis, tratados facilmente rompíveis e traições políticas. Os sassânidas enfrentaram, sucessivamente, quatro grandes grupos presentes em sua fronteira Nordeste – os cuchanas, os hunos (chionitas, quidaritas e alcanas), os heftalitas e os turcomanos. O malogro em impor sua supremacia sobre tais concorrentes levou, em mais de uma ocasião, a uma invasão real de Corassã e da região do Cáspio. A aliança de Sapor II com os chionitas rendeu-lhe cavaleiros aliados que lutaram ao lado de seu exército em Amida, mas, em geral, tais ganhos mal compensaram os custos das investidas orientais dos sassânidas. Tampouco sabemos o quão substancial pode ter sido o fluxo de receita em impostos e tributos a fluir dos domínios orientais. A impressão predominante é que os sassânidas relutavam em renunciar a qualquer reivindicação territorial a si legada por seus fundadores. Os custos de tal retenção de territórios, no entanto, foram desastrosos, e tiveram de ser arcados por quase todos os reis que ocuparam o trono sassânida.

Notas

1 Alram, 2007, p. 233.

2 Nöldeke, 1879, p. 17.

3 Huyse, 1999, vol. 1, p. 54, seção 41.

4 Marquart, 1901, p. 48.

5 Schindel, 2010, p. 24.

6 Šābuhr I, *Ka'ba-ye Zardošt* [*Inscrição no Cubo de Zoroastro*], *apud* Huyse, 1999, vol. 1, p. 24, seção 3, e vol. 2, p. 33.

7 Grenet, 2005, pp. 129-130.

8 Schindel, 2005, pp. 166, 170.

9 Sims-Williams, 2008, p. 90.

10 Marquart, 1914, p. 70; Golden, 2006a, p. 119.

11 Marquart & de Groot, 1915, p. 254. A inscrição "Peshawar" não está inteiramente nítida.

12 Sobre al-Ṭabarī, ver Nöldeke, 1879, p. 99, nota 1; Bosworth, 1999, vol. 5, p. 51.

13 Bailey, 1932, p. 946; 1954, pp. 13-19. Bailey demonstra na obra em questão, com base na formulação pálavi "Karmera hayun", que *kermichiones* significa "hunos vermelhos".

14 A identificação dos chionitas com os quidaritas advém de legenda κιδαρο (*kidaro*) em moedas bactrianas, redigida, em muitas ocasiões, erroneamente; ver Sims-Williams, 2010, p. 78, seção 213.

15 Tremblay, 2001, p. 188.

16 Os "gilani" em questão não foram habitantes de Gilan. Cf. Humbach, 1961, p. 34.

17 Alram, 1986, p. 330.

18 A identificação é circunstancial e baseia-se na descoberta de um tesouro sassânida (com algumas peças quidaritas) em Tepe Maranjan, Cabul, por arqueólogos franceses na década de 1930. O estilo e o material das moedas sugerem que elas vieram de uma única casa da moeda, provavelmente localizada em Cabul ou Begram. Ver Alram, 1996, pp. 521-522; Schindel, 2004, pp. 235-236.

19 Schindel, 2004, pp. 230-238.

20 Garsoïan, 1989, pp. 197-198, livro 5.7.

21 Schindel, 2004, pp. 246, 282, além da nota 1.295.

22 Garsoïan, 1989, pp. 217-218, livro 5.37.

23 Grenet, 1996, p. 371.

24 Marquart, 1901, p. 50.

25 Schindel, 2004, p. 246, nota 1.117.

26 Tremblay, 2006, p. 221.

27 Cribb, 2010, p. 115.

28 As edições tardias mostram chamas no altar do fogo (reverso) como nas edições de Bahram IV, e bandas do tipo visto na cunhagem de Isdigerdes I. Ver Vondrovec, 2005, pp. 251, 275.

29 Bosworth, 1999, p. 94. Drouin, 1895, p. 154.

30 Meynard & Courteille, 1864, vol. 2, p. 190; Marquart, 1901, p. 52.

31 Marquart, 1901, pp. 52, 55; Cereti, 2010, vol. 2, pp. 59-61; Schindel, 2004, pp. 365-366.

32 Nöldeke, 1879, p. 99, nota 1; Drouin, 1895, p. 154.

33 Bosworth, 1999, p. 51, nota 148; Grenet, 2002, p. 208; Vaissière, 2002, p. 100; Cribb, 2010, p. 115.

34 Prisco, *Fragmentos*, seção 6.41.3 (*Excerpta de legationibus gentes ad Romanos* 12), *apud* Blockley, 1983, p. 349.

35 Bosworth, 1999, p. 96. Para um eco bastante posterior desses eventos em Firdawsi, ver Kowalski, 1939-1949, p. 86.

36 Daryaee, 2002, p. 18, seção 11. Confrontar com Marquart, 1931, p. 11, seção 11; Meynard, 1861, pp. 525-526; Le Strange, 1905, pp. 404-405; Inostrancev, 1910, p. 142.

37 Thomson, 1982, p. 63.

38 *Idem*, p. 66.

39 *Idem*, 1991, p. 133, seção 86.

40 Thomson & Howard-Johnston, 1999, vol. 1, p. 5, capítulo 8, seção 67.

41 Langlois, 1869, vol. 2, p. 186; Thomson, 1982, pp. 63, 66.

42 Prisco, fr. 5.33.1 (*Excerpta* 8), *apud* Blockley, 1983, p. 337; Greatrex & Lieu, 2002, p. 56; Marquart, 1931, p. 56.

43 Ver Daryaee, 2002, 18, seção 18, *apud* Marquart, 1931, p. 12, seção 18, e p. 57. Cf. Pigulevskaïa, 1963, p. 98; Monchi-Zadeh, 1975, p. 223, nota 11, onde se identificou o protagonista como Isdigerdes I, já que o texto o chama de "Isdigerdes, filho de Sha[h]pur"; outros pesquisadores, porém, incluindo Marquart e Daryaee, consideram isso um equívoco no texto.

44 Hoffmann, 1880, p. 50; Nöldeke, 1879, p. 113, nota 4, com continuação na p. 114 e na nota 1 dessa mesma página.

45 Para fontes acerca de Hecatômpilo, ver Mordtmann, 1869, pp. 497-536.

46 Thomson, 1982, p. 66.

47 Marquart, 1931, p. 12, seção 18.

48 Daryaee, 2002, p. 18, seção 18.

49 La Vaissière, 2002, p. 100.

50 Sobre os heftalitas, ver, por exemplo, Enoki, 1959, pp. 1-58; G. Moravcsik, 1983 [1958], pp. 69-70; Alram & Pfisterer, 2010, vol. 2, pp. 13-38; Tremblay, 2006, pp. 183-188.

51 Thomson, 1982, p. 72.

52 *Idem*, pp. 192-193.

53 Thomson, 1991, p. 133, seções 86-87.

54 Nöldeke, 1879, p. 115; Bosworth, 1999, p. 107. Como nenhuma emissão de moeda sassânida pode ser atribuída a Oromasdes, Schindel questionou se ele de fato assumiu o trono, sugerindo que Peroz teria sido coroado logo após a morte de seu pai (Schindel, 2004, pp. 388-389). Por outro lado, textos bactrianos a respeito de um oficial chamado Kirdir-warahran lhe conferem, em duas ocasiões, o título honorífico de "glorioso por intermédio de Oromasdes" e uma vez "fiel a Peroz", sugerindo que Oromasdes esteve no poder, ainda que brevemente. Ver Sims-Williams, 2008, pp. 93-94.

55 Bosworth, 1999, p. 107, nota 275.

56 Havia múltiplas localidades com esse nome. Ver Bosworth, 1999, p. 108 e nota 276; Minorsky, 1937, p. 507.

57 Para a cronologia e a questão de quando o início do reino de Peroz foi oficialmente sancionado, ver discussão em Luther, 1997, pp. 109-110 e notas 44-45.

58 Bosworth, 1999, p. 109.

59 *Idem*, p. 110.

60 Para uma discussão de todas as fontes conflitantes islâmicas e da Antiguidade Tardia (Prisco, José, o Estilita, al-Ṭabarī), ver Szaivert, 1987, pp. 157-168; aqui, pp. 163-164.

61 Prisco, fr. 6.41.3 (*Excerpta* 12), *apud* Blockley, 1983, p. 349. Procópio identificou os inimigos dos sassânidas como heftalitas. Ver *De bello persico*, seção 1.3.1-7, *apud* Procópio, *Guerras*; e Bivar, 2003, pp. 198-201, que dá preferência para essa identificação. Outros pesquisadores, porém (por exemplo, Parlato, 1996, pp. 555-566; aqui, p. 559; Greatrex, 1998, p. 45; e Grenet, "Kidarites". *Encyclopaedia Iranica, on-line* [20/7/2005] em <www.iranicaonline.org/articles/kidarites>), seguem a identificação de Prisco com os quidarites.

62 W. Wright, 1968, p. 7, seção 9. Para uma correção, ver a seção sobre os siríacos em *Idem*, 1968, p. 9, nota 2.

63 Prisco, fr. 6.41.1 (*Excerpta* 15), Blockley, 1983, p. 347: "Eles ainda disseram que os romanos deveriam auxiliá-lo monetariamente na guerra contra os chamados hunos quidaritas, uma vez que uma vitória persa seria vantajosa para os romanos e, da mesma feita, pessoas seriam impedidas de penetrar no Império Romano". Cf. Luther, 1997, p. 113. Sobre o tema das demandas sassânidas por subsídios romanos, ver Blockley, 1985, pp. 62-74; e Börm, 2008.

64 Prisco, fr. 32 (*Excerpta* 6.41.3), *apud* Blockley, 1983, p. 349; Mathisen, 1986, p. 44; Grenet, 2002, p. 209, nota 11; Luther, 1997, p. 113.

65 W. Wright, 1968, p. 8, seção 10; Luther, 1997, p. 39, seção 10.

66 Cribb, 2010, p. 97.

67 Κούγχας não é um nome, mas um título: *qūn qan*, "qan de Qūn". Marquart, 1914, p. 71, sugere que Qūn foi ou um nome de general dado para os Hunos Brancos, ou o nome de um clã/seção desconhecido, descoberto pela historiografia. Cf. Tremblay, 2006, p. 188, que interpreta o título como "Qan des Chionites".

68 Prisco, 6.51.1 (*Excerpta* 22), *apud* Blockley, 1983, p. 361.

69 *Idem, ibidem.*

70 *Idem*, fr. 6.41.3 (*Excerpta* 12), *apud* Blockley, 1983, p. 349.

71 Alram & Pfisterer, 2010, pp. 22-23.

72 *Idem*, pp. 23, 29. De acordo com Pseudo-Josué, seção 10, após muitas campanhas, "ele foi, por fim, levado como prisioneiro deles". Para argumentos a favor dessa datação, ver Schindel, 2004, pp. 397-398.

73 W. Wright, 1968, p. 8, seção 10. Marquart, 1914, p. 58.

74 Thierry, 1993, p. 118; Alram & Pfisterer, 2010, p. 32. A partir de 475/477, as versões com o velho Peroz exibindo sua terceira coroa igualmente serviram de modelo para as imitações heftalitas. Ver Alram, 2002, p. 151.

75 Para a possível etimologia do termo, ver Henning, 1936, p. 17, nota 2, onde ele é contrastado com o termo sogdiano para rei, *χš'wnd'r*.

76 W. Wright, 1968, p. 8, seção 10; Trombley & Watt, 2000, p. 11.

[77] Thomson, 1991, p. 215, seção 155. Cf. Cameron, 1969-1970, pp. 127, 129, 153, para uma discussão das diversas tradições concernentes à morte de Peroz.

[78] Bosworth, 1999, p. 110. W. Wright, 1968, p. 9, seção 11.

[79] Hamilton & Brooks, 1899, p. 152.

[80] W. Wright, 1968, p. 12, seção 18.

[81] Bosworth, 1999, p. 110.

[82] Browne, 1905, p. 27.

[83] Kiani, 1982, pp. 11-38; Sauer; Rekavandi; Wilkinson & Nokandeh, 2013.

[84] Schindel, 2004, p. 428, mapa 12.

[85] Procópio, seção 1.4.29; Schindel, 2004, p. 448, sugeriu que o governo de dois anos dos heftalitas dizia respeito ao reino Balkash, em vez do de Cavades.

[86] Scher & Dib, 1910-1919, p. 118 [seção 1.21.2]; Nöldeke, 1879, p. 133, nota 6.

[87] Bosworth, 1999, p. 126, nota 324. Essa tradição foi desacreditada posteriormente; ela se confunde com a fuga posterior de Cavades e a luta pelo trono, após seu primeiro reinado, com seu irmão Zamasfes. Ver, por exemplo, Greatrex, 1998, p. 51; Schindel, 2004, p. 433.

[88] Procópio, seção 1.6.10. Como notam Trombley & Watt (2000, p. 21, nota 104), o mesmo relato acerca da esposa heftalita de Cavades aparece na *Crônica de Josué, o Estilita*, seção 24, o que sugere que "veio da mesma fonte que de Procópio", embora tenha sido "condensada a ponto de ficar desfalcada".

[89] Schindel, 2004, p. 448.

[90] *Idem*, p. 490. Pode-se tentar inferir uma sequência de sucessos militares a partir das datas em que essas casas de moedas foram reativadas (por exemplo, ML [Merv] no ano 24, HL [Herat?] no ano 25, AP/APL [Abarshahr/Nishapur] no ano 35), embora não haja maiores informações com que possamos expandir essas inferências.

[91] Marquart & de Groot, 1915, pp. 277-279.

[92] Marquart, 1901, p. 37; Minorsky, 1937, p. 345; Bosworth, 1994, p. 87.

[93] Marquart, 1898, pp. 184-185, considerou Muhan (*mohankăn* ou *mùgăn kĕhàn* nas fontes chinesas) um nome de trono para Tumen, sugerindo que se tratava do mesmo Singibu/Silzibul das fontes árabes e bizantinas. Em uma inscrição sogdiana gravada em uma estátua antropomórfica túrquica perto de Zhāosū, próximo à fronteira sino-cazaque, ele é chamado de "Muqan Qaghan". Ver Vaissière, 2010a, p. 221.

[94] Sinor, 1990a, p. 298.

[95] Widengreen, 1952, pp. 83-84. Já que Widengreen citou trechos de todas as fontes originais, elas não serão aqui referenciadas.

[96] Bosworth, 1994, p. 150. Ibn al-Athīr não incluiu o Dardistão ou o Cabulistão em sua lista, enquanto al-Tha'alabi identifica "Sind, o Zabulistão, o Tocaristão e outros".

[97] Sobre a questão de quem desempenhou o papel decisivo na queda dos heftalitas – o grão-cã turcomano ou Cosroes –, ver Howard-Johnston, 2010b, p. 47 e nota 41.

98 Thomson, 1999, p. 14, seções 72-73. De acordo com a tradição transmitida por al-Baladhuri, Ibn al-Faqih, Ibn Khurdadbih e Qodama, essa aliança foi feita com um grão-cã turcomano do Cáucaso, não na Ásia Central.

99 Sellwood; Whitting & Williams, 1985, pp. 143-144.

100 Marquart & de Groot, 1915, p. 257, nota 2.

101 Howard-Johnston, 2010b, p. 47.

102 Para datações, ver Macartney, 1944, p. 269, nota 3. Marquart & de Groot, 1915, p. 257, nota 2, sugeriu que isso se deu após a derrota dos heftalitas na Índia em 533, embora ela seja anterior ao que a maioria dos pesquisadores sugere.

103 Marquart & de Groot, 1915, p. 258.

104 Golden, 2006a, p. 21.

105 Citado em Nöldeke, 1879, pp. 167, 252.

106 *Idem*, p. 269.

107 Thomson, 1999, p. 15, seção 73. O reinado de Oromasdes começou em 30 de junho de 578. Ver Nöldeke, 1879, p. 269, nota 2.

108 Marquart, 1898, p. 65.

109 Nöldeke, 1893, p. 8. Sobre Bistam, cf. Mordtmann, 1869, p. 502 e ss.

110 Thomson, 1999, p. 45, seção 97. Nöldeke, 1893, p. 8, nota 6, considerou essa afirmação "deveras exagerada" [*gewiss übertrieben*].

111 Nöldeke, 1879, p. 486. Isso é confirmado numismaticamente. Ver Sellwood; Whitting & Williams, 1985, pp. 150-151.

112 Nöldeke, 1893, p. 8 e nota 7.

113 Marquart, 1901, p. 66, datou esses eventos pouco antes de 616/617, já que Sebeos alega que Simbácio faleceu no vigésimo oitavo ano de Cosroes.

114 Thomson, 1999, p. 48, seção 100.

115 *Idem*, pp. 50-51, seção 101.

116 Howard-Johnston, 2010b, p. 63.

117 Howard-Johnston e comentário a Thomson, 1999, vol. 2, p. 185.

118 Isso é atestado em fontes chinesas (de 593 a 596) e provavelmente se trata do mesmo magnânimo grão-cã chamado "Tuldich", mencionado em uma carta ao imperador romano Maurício, tal qual relata Teofilato Simocata, seção 7.8.9, *apud* Whitby & Whitby, 1986, p. 190. Sobre Tuldich, ver Haussig, 1953, p. 378 e nota 390. De acordo com Howard-Johnston (2010b, p. 60), ele foi instalado como vassalo da China pela Dinastia Suí em 597. Ver também Liu, 1958, pp. 57-58.

119 Ver comentário em Thomson, 1999, vol. 2, p. 186.

120 *Idem*, pp. 50-51, seção 102.

20

INFRAESTRUTURAS DE LEGITIMAÇÃO NA ÁSIA INTERIOR: OS PRIMEIROS IMPÉRIOS GOTURCOS

Michael R. Drompp

Tipicamente "resgatamos" os impérios da Antiguidade por meio de um exame do que deixaram para trás – dos vestígios físicos que vão do minúsculo ao grandioso, assim como dos vestígios literários que descrevem suas histórias, suas condições e suas ações. É por isso que pesquisadores estudam templos romanos, túmulos chineses e textos religiosos pérsicos. Se considerarmos os impérios antigos da Ásia Interior, no entanto, logo se evidencia que, no caso dessas entidades políticas, tais artefatos são bastante limitados. Durante a era da Antiguidade Tardia, a Ásia Interior foi dominada pelos goturcos (em chinês, *tūjué*), os quais estabeleceram duas entidades políticas poderosas: o Primeiro Império Goturco (552-630) e o Segundo Império Goturco (682-742) (Mapa 9).* Embora a arqueologia moderna tenha enriquecido significativamente nosso repositório de

* Sobre o emprego dos termos "goturco", "turcomano" e "túrquico", ver Nota da Tradução na página inicial do capítulo 2. (N. da T.)

vestígios físicos desse período,[1] eles são incomparáveis àqueles deixados pelos impérios vizinhos, erigidos pelos romanos, chineses ou persas. Aqui se faz particularmente evidente a ausência generalizada de vestígios urbanos grandes e imponentes que encontramos em demais impérios. Vestígios literários, igualmente, são muito escassos, criando dificuldades ainda maiores para o resgate dos impérios goturcos.

Muitas vezes, o resgate de impérios também envolve a criação de mapas históricos que se valem de restos para construir um tipo renovado de imagem, contendo representações de cidades, estradas e canais, assim como características geográficas como rios e montanhas. No caso dos impérios antigos da Ásia Interior, a relativa escassez de artefatos e textos vem sendo acentuada por mapas históricos que tendem a fazer com que esses impérios pareçam "vazios" em contraste com outros. Além dos marcadores de geografia física, os mapas dos primeiros impérios da Ásia Interior contêm pouco mais do que alguns pontos representando a suposta "Corte" de seus governantes, assim como cidades em regiões com populações assentadas (como a bacia do Tarim) que os impérios nômades haviam incorporado.[2] Mesmo para um observador casual, a relativa falta de vestígios arqueológicos, aliada aos mapas históricos "vazios" desenhados por pesquisadores, diferencia esses impérios da maioria dos outros; a imagem que surge é de uma aparente contradição: de um "império insubstancial".

Não restam dúvidas de que os impérios criados pelos povos pastoris da Ásia Interior diferiam significativamente da maioria dos outros impérios tradicionais. Isso se deve, em grande parte, às realidades geográficas e ambientais que competiram para moldar os modos de vida dos povos nômades da Ásia Interior. À primeira vista, uma de suas diferenças mais marcantes é a aparente falta de infraestrutura, principalmente se pensarmos a infraestrutura em termos de construção física de centros urbanos e conexões arteriais.

As imponentes infraestruturas físicas e literárias que encontramos no mundo mediterrâneo, na Pérsia e na China eram inadequadas para os impérios da Ásia Interior. Quem já viajou pela Mongólia, onde ainda há estradas escassas, entende que a própria estepe é uma ampla e vasta "rodovia".[3] Cavalos, camelos e bois eram os meios que ligavam um ponto a outro, e esses pontos não eram tipicamente caracterizados por estruturas permanentes. Os impérios da Ásia Interior mantinham redes de comércio, transporte e comunicação sem estradas, feitorias ou cidades. Cidades, estruturas defensivas e palácios constituíam alvos inflexíveis e vulneráveis. A população nômade, incluindo seus governantes, vivia em grande medida em habitações móveis que se adequavam ao ambiente e ao foco econômico da população no pastoreio, na caça e no comércio. Tais circunstâncias contribuíram para a impressão equivocada de que seus impérios, ainda que militarmente dinâmicos, seriam insignificativos na maioria dos demais aspectos.

Em vez de pedra, madeira ou tinta, os impérios da Ásia Interior tinham por base uma "infraestrutura biológica", cujos principais componentes eram plantas, animais e seres humanos. Entre as plantas, as mais importantes eram as gramíneas selvagens das quais os animais de rebanho se alimentavam; elas não exigiam um trato significativo por parte das pessoas. Os animais criados pelos nômades intra-asiáticos eram sobretudo ovelhas, cabras, gado, cavalos e camelos domesticados; eles exigiam trato humano em sua movimentação e na proteção dos rebanhos. Habitantes da Ásia Interior organizavam e empregavam seus animais em sistemas úteis: o rebanho e/ou a manada eram empregados para fins de nutrição (carne e produtos lácteos), assim como outras mercadorias cruciais (lã, peles e combustível); eram também empregados na caravana para comércio e comunicação, e na unidade militar para fins defensivos e ofensivos. A esse quadro podemos acrescentar a agricultura complementar,[4] a caça e a pesca, assim como a produção artesanal, particularmente o trabalho com couro, lã, peles, madeira, osso, pedra e metal, visando tanto ao uso doméstico quanto ao uso comercial.[5]

Em minhas considerações acerca do primeiro e do segundo impérios goturcos, não contemplarei as infraestruturas físicas e literárias típicas dos impérios sedentários. Tampouco considerarei em maiores detalhes o que chamei de "infraestruturas biológicas" pertencentes a ambos. Meu foco, antes, voltar-se-á ao que pode ser chamado de "infraestrutura de legitimação": os sistemas de ideologias, comportamentos e ações relacionados que caracterizaram os antigos impérios da Ásia Interior. Embora essa infraestrutura seja essencialmente invisível (podendo, porém, ser descrita), é mediante esse tipo de análise que os impérios das estepes podem ser vistos como impérios que comportaram maneiras comparáveis às dos impérios pautados em agricultura. Os impérios da Ásia Interior não produziram vestígios físicos e literários da mesma forma que os impérios com base agrícola, embora tenham compartilhado com eles uma infraestrutura semelhante de legitimação política, que, se examinada de perto, pode fornecer uma imagem mais completa e satisfatória dos impérios goturcos. A infraestrutura da ideologia imperial, em particular, revela sua sofisticação e sua complexidade, assim como sua proximidade com demais impérios.

Pesquisadores, apesar de ignorarem essa abordagem, mostraram-se mais intrigados com as ações do que com as ideologias; as análises históricas dos impérios da Ásia Interior tendem a enfatizar o uso de violência (real ou via ameaças) para a consolidação e a manutenção do poder. Isso ocorre principalmente porque as habilidades militares dos nômades eram realçadas por seus inimigos, que mantinham registros escritos mais completos e tendiam a tomar nota deles somente quando representavam uma ameaça. A ênfase na atividade militar da Ásia Interior levou observadores a supor que os modos de vida dos nômades permitiam-lhes certo grau de superioridade militar em relação aos povos sedentários. Entretanto, embora os povos nômades por vezes tenham desfrutado de poder militar superior, sua supremacia militar foi um tanto exagerada. Havia certas vantagens – como uma população em geral mais capaz de se mobilizar –, embora isso não garantisse a vitória. A China, por exemplo, não só foi capaz de repelir as incursões nômades em momentos diversos, como também expediu ataques contra Estados nomádicos.[6] Seu poderio militar era obviamente significativo; ele é importante, de fato, para todos os impérios tradicionais. Mas a compreensão do "quadro geral" desses impérios transcende uma simples consideração de seu poderio militar.

Além de obscurecer a realidade dos equilíbrios de poder militar, essa ênfase duradoura em sua força militar competiu para ofuscar outras estratégias que os impérios da Ásia Interior empregavam nos processos de formação e validação do Estado – estratégias responsáveis por criar uma infraestrutura de legitimidade política promotora de coesão. Para os impérios da Ásia Central, essas estratégias envolviam uma ideologia imperial de legitimação baseada na religião, a qual reforçava o posicionamento das elites dominantes; o emprego de símbolos produtivos e poderosos (culturalmente significativos) o qual projetava e, portanto, intensificava e sustentava tal legitimidade; a criação e a manutenção de redes políticas, diplomáticas e econômicas de natureza multipolar; além de colaborações produtivas com elites e especialistas, tanto nativos quanto estrangeiros, que promoveriam ambições e objetivos imperiais. Essas estratégias se caracterizavam por um alto grau de flexibilidade que permitiu aos regimes nômades se adaptarem às circunstâncias cambiáveis.

Na época do estabelecimento do Primeiro Império Goturco, já havia uma tradição histórica de organização imperial da Ásia Central. O Império Xiōngnú (cerca de 209 AEC a 155 EC) revelou, pela primeira vez, a viabilidade de um império centro-asiático baseado em modos de vida não significativamente distintos daqueles dos primeiros povos turcomanos. Após os xiōngnú, o Império Rourano (cerca de 400 a 552 EC) desenvolveu métodos de organização imperial convenientes a seu posicionamento geopolítico e a seus modos de vida pautados nas estepes – métodos que os turcomanos étnicos então desenvolveram e modificaram. Qualquer consideração acerca da infraestrutura de legitimação política dos impérios goturcos deve ter a ideologia imperial em seu cerne, pois as reivindicações religiosas de legitimidade política tinham grande importância; ademais, a autoridade religiosa e política dos governantes era promovida por meios simbólicos. Aqui, considerarei as fontes mais importantes para entendermos como a linhagem de governantes goturcos foi capaz de reivindicar ascendência e favores sobrenaturais. Elas englobam três mitos (preservados unicamente em fontes chinesas), assim como as criações literárias mais proeminentes dos goturcos que chegaram até nós: uma série de inscrições em pedra, a maioria delas datada do Segundo Império Goturco.

Esses três relatos do passado mítico dos goturcos são distintos, embora compartilhem alguns motivos comuns. Apesar de suas diferenças, cada qual dá mostras da tentativa da Família Real goturca de se vincular a forças numinosas e, assim, legitimar-se politicamente. O relato mais conhecido soa como uma nota familiar. De acordo com esse relato, em um passado remoto, os turcomanos foram atacados por um povo inimigo que os dizimou, com a exceção de um menino de dez anos; embora os invasores o tenham poupado, cortaram seus pés (junto com seus braços, em algumas versões) e o jogaram em um pântano. Ele foi salvo por uma loba que o alimentou com carne e então acasalou com ele. Embora tenha sido eventualmente morto pelo povo inimigo assim que descobriram haver sobrevivido, a loba prenhe escapou (em algumas versões por um voo mágico) e encontrou refúgio em uma grande caverna repleta de vegetação exuberante. Ali ela deu à luz dez filhos; os turcomanos sobreviveram como povo. Mais tarde, eles se submeteram aos rouranos e serviram a eles como ferreiros.[7]

Essa história remete à da fundação de Roma pelos gêmeos Rômulo e Remo. Um mito análogo é contado sobre o povo Wūsūn da Ásia Central por volta de 100 AEC,[8] situando essa história entre Roma e os goturcos, tanto temporal quanto geograficamente. Imagens relacionadas ao conto se encontram também em contextos sassânidas e sogdianos.[9] Em cada uma dessas versões, as semelhanças são gritantes demais para constituir uma coincidência. A história de uma criança (ou crianças) abandonada resgatada por uma loba, cujo ato de criação leva à constituição de um grande Estado, espalhou-se por grande parte da Eurásia.[10] Creio que os goturcos foram atraídos pelo conto, do qual se apropriaram e o qual modificaram para seus próprios propósitos, em função de sua capacidade de se identificar com sua cultura – uma cultura particularmente munida de crenças e práticas que podemos considerar xamânicas.[11]

A segunda lenda túrquica igualmente descreve um ancestral masculino dos goturcos como quem "nasceu de um lobo". Capaz de produzir chuva e vento, ele se casou com dois seres sobrenaturais: as filhas do Espírito do Verão e do Espírito do Inverno. Aqui, pode-se constatar, mais uma vez, a interseção do humano e do divino, além da habilidade xamânica de se comunicar com o reino espiritual. As uniões dos ancestrais túrquicos geraram quatro crianças, uma das quais acabou salvando os turcomanos, tornando-se seu líder.[12] A terceira história fornece mais um exemplo de interação humana com forças sobrenaturais. Nela, um ancestral masculino dos goturcos encontrou a filha de um espírito lacustre, que enviava um cervo branco todas as noites para buscá-lo; ao amanhecer, ele era enviado de volta para casa. A história é demasiado longa para ser relatada aqui e contém algumas contradições curiosas – mas é válido notarmos que se refere à caverna ancestral dos goturcos.[13]

Nas três lendas, os ancestrais (turcomanos) dos goturcos entram em contato íntimo com forças sobrenaturais. Em duas delas, ancestrais masculinos dos humanos acasalam com seres sobrenaturais femininos que, então, dão à luz crianças cujo papel é revitalizar o povo turcomano; na terceira, é implícito o acasalamento com um ser sobrenatural. Esse padrão coincide com o conceito fundamental da capacidade do xamã de interagir com o mundo espiritual para o benefício de sua comunidade. Em cada um desses contos, podemos encontrar vestígios de crenças e práticas xamânicas. Minha intenção não é a de sugerir que os grão-cãs goturcos e seus ancestrais seriam xamãs; contudo, eles podem ter se engajado em atividades muito semelhantes ao xamanismo. Por exemplo, o ritual túrquico de entronização de um novo soberano envolvia o estrangulamento ritual do novo grão-cã; isso aparentemente o colocava em um estado alterado de consciência[14] para que ele pudesse responder ao questionamento de quanto tempo reinaria.

Há ainda outros fatores a serem considerados em relação aos contos e à ideologia imperial goturca. Os mitos devem ter sido instrumentos importantes para conferir o carisma divino de soberania a uma dinastia goturca particular, a dos Ashina. Isso parece ter sido particularmente verdadeiro no caso do menino e da loba, que os goturcos comemoravam por meio de rituais religiosos e do emprego de cabeças de lobos de metal como ornamentos em seus mastros.[15] A linhagem governante Ashina manipulou essa narrativa para conferir aos dois membros míticos uma posição singular de legitimidade religiosa e política. É improvável que tais mitos de origem tenham posto os goturcos em posições de poder; antes, eles foram empregados (ou remodelados) durante ou após o estabelecimento do Primeiro Império para justificar seu poderio e legitimar o governo Ashina. Tal manobra foi crucial, já que sua liderança não era estável durante os anos iniciais do Primeiro Império; o fundador Bumïn Qaghan faleceu logo após sua rebelião contra os rouranos em 552. Ele foi sucedido por seu filho Qara Qaghan (r. 552-553) por um breve período de tempo. Apenas com a ascensão de outro filho de Bumïn, Muqan Qaghan (r. 553-572), um governo instalou-se no Primeiro Império Goturco.[16]

Na história da ascensão dos goturcos, portanto, não há contrapartida para os grandes fundadores imperiais da Ásia Central, como Modun dos Xiānbēi ou Chinggis dos mongóis. O que aparentemente ofereceu estabilidade e dinamismo para o início do Primeiro Império Goturco não foi um indivíduo, mas uma família carismática. A experiência túrquica não condiz exatamente com o conhecido tropo de líderes carismáticos que constituem projetos imperiais por meio de uma longa lista de realizações notáveis, para então transmitir seu carisma conquistado a duras penas (embora inconteste) a seus descendentes. Para os goturcos, o tempo era curto para investir Bumïn com esse carisma – dessa forma, empregaram-se mitologias com as quais tal carisma era atribuído à Dinastia Ashina de forma geral. Esses mitos eventualmente ajudariam a conservar o sistema imperial em face de transformações constantes na liderança. Um dos fatores curiosos sobre a versão túrquica do mito da loba é que o menino salvo pelo lobo não funda um Estado – uma situação bastante distinta dos análogos romanos e Wūsūn. Isso pode, de alguma forma, estar conectado à realidade histórica da biografia de Bumïn. Da mesma forma que o menino turcomano mítico sai de cena rapidamente, deixando o desenlace para a loba e sua progênie, Bumïn também o fez na narrativa histórica.

Bumïn era um líder engenhoso que se pôs a estabelecer as bases para seu reino bem antes de sua rebelião, travando vínculos comerciais e diplomáticos com a Dinastia Wèi Ocidental no Norte da China.[17] Sua morte prematura não parece ter interferido muito na formação do Primeiro Império Goturco. Talvez uma das características mais importantes dessa história seja que, desde os dias iniciais do Primeiro Império, havia um senso de liderança corporativa ou coletiva na dinastia imperial dos Ashina; desde o início, o irmão de Bumïn, Ištemi, desempenhava um papel político importante – contribuindo, portanto, para a coesão do Império, assim como para sua expansão. Embora seja difícil adquirirmos um senso preciso de poderes e responsabilidades nesse sistema de liderança corporativa, a divisão de poder era significativa, constituindo-se como algo passível de ser observado nos muitos "grão-cãs subordinados" ao longo da história dos goturcos.[18] Esse modelo destaca o papel corporativo da dinastia governante, bem como a importância dos laços pessoais e de reciprocidade.

A dinastia governante gozava, assim, de um tipo de "soberania coletiva"[19] em que a descendência e a genealogia valiam como "tecnologias de poder".[20] É notável não observarmos qualquer "*chányú* subordinado" entre os xiōngnú, ou um "grão-cã subordinado" entre os rouranos. A inovação dos goturcos – seu uso de múltiplos "grão-cãs subordinados" em sua estrutura política – sugere a importância de uma abordagem familiar e corporativa de governo, em vez de uma abordagem centrada no indivíduo – uma abordagem que pode ser tanto útil (na medida em que compartilha responsabilidades para governar um enorme território e uma população esparsa) quanto nociva (por lançar uma base para a rivalidade e a divisão política). Ela igualmente visava manter os poderosos Ashina politicamente satisfeitos – e, portanto, menos propensos a competir pelo poder em um sistema que tornava a sucessão prescrita de forma menos evidente do que em muitas outras estruturas monárquicas.[21]

Esse arranjo corporativo pode nos auxiliar no esclarecimento de descrições confusas da estrutura governante dos goturcos, tais quais as encontramos em diversas fontes. A flexibilidade por trás da abordagem túrquica a títulos – particularmente sua vontade de que o grão-cã supremo compartilhasse algum grau da dignidade do grão-canato – gerou confusão entre alguns observadores, que não entendiam quantos governantes e "reinos" se encontrariam dentro do Império Goturco, e qual seria de fato seu papel político. Também nos ajuda a ver por que a divisão do Primeiro Império em unidades políticas orientais e ocidentais concorrentes permanece, de muitas maneiras, obscura no que diz respeito às causas – e até mesmo à data – de sua ocorrência.[22] A divisão militar e administrativa inicial em duas metades (oriental e ocidental) decorre dos anos iniciais do Primeiro Império; a liderança das campanhas ocidentais e a administração dos territórios conquistados foram então confiadas ao irmão de Bumïn, Ištemi, que recebeu o título de grão-cã de acordo com várias fontes e, assim, pode ter sido o primeiro dos "grão-cãs subordinados" do Império.[23] Evidências disponíveis sugerem que essa foi uma manifestação da abordagem corporativa dos goturcos para governar um império grande e em constante expansão, no qual Ištemi seria um parceiro importante, embora ainda "secundário" em relação ao grão-cã supremo. Essa situação, porém, preparou terreno para uma ruptura política e uma rivalidade em que nenhum grão-cã, oriental ou ocidental, passou a aceitar a primazia do outro.

Muitos impérios foram construídos com base na noção de legitimidade familiar segundo a qual qualquer homem da linhagem imperial poderia ascender ao trono. Com os goturcos, essa abordagem organizacional parece ser particularmente acentuada, uma vez que a mitologia familiar substitui a mitologia do fundador – talvez pela mesma razão que Bumïn não teve uma longa carreira que pudesse ser celebrada em narrativas épicas. Essa afirmação é difícil de ser comprovada; não sabemos se os mitos foram desenvolvidos antes da rebelião de Bumïn ou em seguida, e certamente é verdade que os goturcos podem ter desenvolvido histórias inspiradoras sobre a ascensão de Bumïn ao poder que não chegaram até nós. Aspectos de uma fundação heroica do Primeiro Império Goturco, portanto, são de forma geral ausentes em fontes túrquicas e chinesas. Bumïn é uma personagem esboçada de forma incompleta, dada a rebelião e rapidamente retirada de cena. Embora os primeiros intérpretes da Inscrição Bugut, do século VI, tenham tentado encontrar ali um culto de "adoração a Bumïn" no texto sogdiano, isso foi refutado em uma nova tradução na qual Bumïn sequer é mencionado.[24] Há menções a ele nas inscrições em língua túrquica antiga do Segundo Império, datadas do século VIII; contudo, ele é rapidamente descartado para que o autor possa glorificar as conquistas dos governantes do Segundo Império.[25]

O Primeiro Império Goturco praticava um culto imperial centrado menos em um herói fundador e mais em uma loba numinosa e sua caverna ancestral; o Segundo Império passou a dar menos ênfase à loba e mais ao apoio da deidade celestial Tengri.[26] Ambos, porém, ressaltavam o apoio sobrenatural. Nas inscrições em língua túrquica antiga que datam do Segundo Império, utiliza-se uma linguagem que enfatiza o papel ativo do Céu. Bilge Qaghan (r. 716-734), por exemplo, é descrito como *tengriteg tengride bolmïš*, "semelhante ao Céu e feito pelo Céu" (ou "semelhante a Deus e feito por Deus"). Essa terminologia fornece um sentido vívido dos laços estreitos do grão-cã com o poder celestial.[27] Outras passagens deixam claro que foi Tengri que elevou o grão-cã ao seu trono e depositou o Estado em suas mãos.[28]

Essas inscrições de natureza propagandística não apenas afirmam os laços estreitos de Tengri com o grão-cã; elas igualmente oferecem relatos elogiosos das realizações dos governantes goturcos – particularmente suas proezas no campo de batalha – como evidência de favores celestiais. As inscrições visavam promover a legitimidade real, mostrando que o grão-cã era favorecido pelo Céu e, portanto, desfrutava de uma infinidade de vitórias. Há referências também a outros poderes sobrenaturais auxiliares, incluindo a deusa Umay e a "terra e águas sagradas" (*ïduq yer sub*). Devemos acrescentar aqui que o desenvolvimento e o emprego da escrita runiforme da língua túrquica antiga, usada para gravar as inscrições do Segundo Império Goturco e Uigur, ajudaram a criar uma identidade túrquica distinta para as estelas reais, fazendo-as transcender sua morfologia de influência chinesa.

A mitologia que emprega o simbolismo xamânico aliada a referências à deidade celestial Tengri era, evidentemente, ferramenta que visava fortalecer a legitimidade do governante goturco; alguns pesquisadores enxergam essa prática como equivalente a uma religião do Estado – um "Tengrismo" – na qual a família governante Ashina ganhava legitimidade através do apoio de Tengri.[29] O favor da divindade, nessa versão dos fatos, estaria ligado ao carisma dos governantes (*qut*),[30] de forma que a família Ashina teria um mandato divino para governar e, caso os goturcos obtivessem sucesso, teria sido em função de Tengri ter ordenado seu sucesso (embora as inscrições observem que o povo também deve apoiar o governante para que a vontade de Tengri seja cumprida). Segue-se daí que o Estado é concedido pelos Céus, e o grão-cã é uma espécie de cliente eleito pelos Céus para governar em seu nome, invocando seu poder. As regalias reais túrquicas, incluindo uma coroa de ouro recentemente descoberta,[31] simbolizavam e projetavam tal legitimidade real, assim como inscrições em pedra e complexos memoriais criados para as elites goturcas. Como observação lateral, embora haja evidências da influência budista na Corte do Primeiro Império Goturco, não é clara sua conexão com a Família Imperial (e o grau de patrocínio imperial de que desfrutava); a religião não parece ter sido difundida dentro do Império.[32]

Os governantes intra-asiáticos tinham numerosos colaboradores à disposição de seu empreendimento imperial.[33] Eles ganharam poder político, militar e econômico por meio da subordinação e da exploração de outras comunidades, muitas vezes cooptando suas elites aristocráticas. A violência e a intimidação foram cruciais para esse processo, assim como o potencial para grupos subordinados se beneficiarem política e/ou economicamente via colaborações. Portanto, as elites, frequentemente, colaboravam (algumas voluntariamente, outras sob coação) e, por vezes, selavam acordos por meio de matrimônio – outro tema importante na história dos impérios da Ásia Interior. Essa colaboração e esses vínculos conjugais ressaltam a importância das casas aristocráticas locais ou regionais da Ásia Interior nos impérios goturcos, cujos membros realizavam funções estatais diversas (tributação, compromissos militares etc.). Como David Sneath assinalou, tal prática não sugere a falta de poder do Estado, mas sim um poder estatal constituído em uma região específica.[34] Em outras palavras, um certo grau de descentralização era uma característica desse sistema, que funcionava não apenas por meio da abordagem corporativa do Império, mas também pela criação de laços entre a família governante e as elites regionais.[35] Os aristocratas locais mantiveram muito de seu poder enquanto apoiavam a família governante e ofereciam impostos e serviços,[36] enquanto os "grão-cãs subordinados" e demais elites advindas da família governante agiam em um nível mais alto de governança, como vice-reis regionais e cargos afins.

Por meio de tais acordos com as elites regionais, os impérios goturcos criaram uma estrutura de governo de criação e manutenção do controle sobre os povos subjugados, de forma a explorá-los para os propósitos da família governante e de seu império. Os homens da linhagem Ashina conservavam seu poder promovendo sua legitimidade político-religiosa mediante métodos diversos. O poderio militar foi um componente importante dessa estratégia, e uma ferramenta política valiosa usada quando os goturcos se valeram desse poder para influenciar eventos e resultados políticos no Norte da China durante a transição da Dinastia Suí (589-618) para a Táng (618-907).[37] Nômades não somente ameaçavam os vizinhos sedentários, como também lutavam em grande medida contra outros nômades; isso teve o efeito de dissipar qualquer "vantagem militar natural" que os modos de vida da Ásia Central porventura proporcionassem. Por vezes, os goturcos também precisavam reconquistar povos anteriormente subjugados. É importante notar também que eles não buscaram conquistar a China ou a Pérsia, embora fossem capazes de ameaçá-las (e efetivamente o fizeram). Antes, eles empregaram sua força militar para subjugar outros nômades da Ásia Interior, assim como reinos sedentários menores (como as cidades-Estados da bacia do Tarim) a fim de extrair recursos e cooperação de Estados e povos vizinhos. Somente a ameaça de intervenção militar seria capaz de manter as rotas comerciais abertas.

Para além do exercício dos poderes divino e militar – os quais exigiam a cooperação das elites aristocráticas regionais –, a prática da arte de governar intra-asiática também incluía uma diplomacia extensiva. Os rouranos enviaram emissários para a China, a Índia e demais regiões,[38] fornecendo um modelo emulado pelos goturcos ao se envolverem em intercâmbios diplomáticos com China, Coreia, Pérsia, Bizâncio e outros países. As listas de suprimentos recentemente descobertas em Gāochāng revelam essas medidas como um imposto sobre indivíduos sedentários que viviam ao longo das rotas comerciais, a fim de apoiar os enviados do Império Rourano e do Império Goturco.[39] Os goturcos também empregaram povos subjugados em cargos políticos de alto nível, os sogdianos em particular, que os serviram como conselheiros e emissários políticos.[40] Embora as evidências sejam escassas, é possível constatarmos a presença de vários outros especialistas – um ourives sogdiano, por exemplo[41] – empregados pelas elites turcas. Jonathan Skaff, em seu estudo sobre as relações da Ásia Interior com a China, descreveu esse sistema de diplomacia como um sistema de natureza altamente personalista, ligado ao Estado "patrimonial", na medida em que era realizado essencialmente entre dois governantes, não entre duas "identidades corporativas". Por esse motivo, laços conjugais constituíam um componente tão importante do sistema diplomático dos goturcos. Os laços conjugais com outras elites, tanto internas quanto externas, sustentavam e ampliavam o prestígio e a legitimidade dos governantes.[42]

Durante o período em questão, as elites intra-asiáticas buscaram vigorosamente estabelecer laços conjugais com outras potências. Governos chineses jogaram esse jogo com eficácia, muitas vezes concedendo ou recusando tais matrimônios por motivos diversos,[43] já que os casamentos imperiais funcionavam como "bens" de prestígio que simbolizavam poderio político e legitimidade. A rede de casamentos políticos durante a Era Goturca foi complexa e extensa. Alguns arranjos conjugais eram feitos entre pares – como os governantes da Ásia Interior e os governantes chineses. Outros eram desiguais – governantes da Ásia Interior, por exemplo, e famílias aristocráticas de povos subordinados, tanto nômades quanto sedentários. Tanto um quanto outro eram realizados como meio de garantir prestígio e legitimidade, relações pacíficas internacionais e inter-regionais que visavam auxiliar e promover meios comerciais, militares e/ou políticas de colaboração, cooperação etc.

O comércio, estando ligado às trocas diplomáticas, ajudava os governantes da Ásia Interior a aprimorar o *status* econômico de seu povo; ele reafirmava sua legitimidade e incentivava a lealdade. As relações diplomáticas envolviam regularmente a troca de presentes entre governantes, assim como oportunidades de comércio para emissários e suas comitivas, e inscrições erigidas pelos goturcos – incluindo a Inscrição Bugut do Primeiro Império e as Inscrições de Kül Tigin e Bilge Qaghan do Segundo Império – enfatizam a importância de um governante ser capaz de fornecer conforto material e apoio a seu povo, algo expresso como uma retórica de que deveria alimentá-lo e vesti-lo.[44] O comércio com outros povos da Ásia Interior incluía peles, ferro e outros bens, enquanto com os povos sedentários, em muitas ocasiões, envolvia itens de prestígio, como seda e produtos feitos de metais e pedras preciosas. Porém, havia exceções; por exemplo, Qapghan Qaghan (r. 691-716) exigia cereais e implementos agrícolas, assim como seda chinesa.[45] Os intra-asiáticos não somente negociavam na condição de intermediários, como também absorviam produtos que perfaziam essa rede comercial. Seu envolvimento colaborativo com as populações subjugadas foi crucial na prática do comércio, assim como na prática da diplomacia e da governança.

Outro instrumento de poder empregado pelos impérios goturcos foi a lei. Eles se valeram da lei imperial para justificar ações políticas – particularmente a sucessão – e, sobretudo, para exercer sua autoridade para tributar povos subjugados. Embora tenha sido usado o argumento de que nômades não poderiam ser tributados, ou que os esforços para tal taxação eram inúteis,[46] esse não é o caso; os nômades eram tributados, apesar de não estar claro o quão significativo para a economia da Ásia Interior era tal tributação. A menção a várias formas de taxação ou tributo, incluindo produtos locais (peles, animais etc.) assim como itens de comércio exterior (seda etc.), pode ser encontrada em várias fontes, tanto chinesas quanto túrquicas.[47] Outro imposto era cobrado na forma de trabalho humano, particularmente o serviço militar exigido pelo Império; o mesmo valia para homens, cavalos e suprimentos para emissários em viagem. Comunidades localizadas em rotas comerciais não eram apenas pontos úteis de abastecimento; elas constituíam símbolos do apoio do Império à atividade comercial. A tributação tinha, além de um valor econômico real dos objetos ou serviços liquidados, um valor político. Ela implicava – e reforçava – a subjugação, embora também tivesse o potencial de alienação caso os impostos fossem considerados onerosos. Talvez o valor simbólico da taxação fosse tão significativo quanto a riqueza real envolvida nessas transações.

Ao considerarmos as várias estratégias de formação e sustentação do Estado, tais quais foram empregadas pelos impérios goturcos, precisamos nos questionar acerca do papel da identidade e da etnia. Segundo as inscrições do Segundo Império, os goturcos claramente se viam como distintos de grupos nômades vizinhos (muitas vezes, seus subordinados), como os quirguizes e os uigures, e também de grupos mais claramente diferenciados (cultural e linguisticamente), como os chineses e os tibetanos. E, no entanto, as linhas não são tão claramente delimitadas. Fontes chinesas afirmam que o conselheiro imperial goturco Tonyuquq acentuou a importância de uma identidade turcomano distinta ao aconselhar Bilge Qaghan a não adotar práticas chinesas.[48] Mas as línguas dos goturcos, dos uigures e dos quirguizes eram essencialmente idênticas, e a colaboração e o casamento misto parecem ter sido coisas relativamente comuns para eles, principalmente no que diz respeito a seus líderes imperiais e locais.

Uma análise das estratégias para promover a sobrevivência dos impérios da Ásia Interior seria incompleta sem uma consideração dos desafios à sobrevivência imperial. Embora pareça claro que os primeiros governantes goturcos tenham entendido as estratégias que os auxiliaram a manter seu poder, elas nem sempre os preservaram ou a seus impérios. As forças centrífugas desafiaram seu domínio imperial. Já teci observações sobre a natureza da governança coletiva como uma fonte potencial de instabilidade política. Há também exemplos diversos de forças centrífugas que enfraqueceram ou subjugaram a estrutura imperial. O Primeiro Império Goturco desfez-se em virtude de tensões internas (entre outros fatores) – esses problemas foram explorados por Táng Tàizōng em 630.[49] No Segundo Império, Qapghan e Bilge – dois dos mais poderosos grão-cãs da época – foram assassinados, e o Império entrou em colapso logo em seguida.[50]

Forças centrífugas que competissem para enfraquecer o Império podiam assumir duas formas particulares. A primeira envolvia lutas políticas entre os membros da linhagem governante – e geralmente se relacionava a ambiguidades do processo sucessório. Embora a ideologia do carisma divino da família governante possa ter restringido a soberania a uma única família, ela não garantia a unidade no seio dessa família.[51] Isso se evidencia nas lutas pelo poder que às vezes ocorriam no interior da família governante, sobretudo após a morte de um governante. Joseph Fletcher descreve esse modelo de governo corporativo, no qual todos os homens da linhagem real eram elegíveis para a sucessão ao posto de grão-cã, como "o princípio da sucessão em que o membro masculino mais talentoso do clã real deveria herdar o trono, geralmente mediante assassinato e guerra".[52] No sistema goturco, qualquer homem adulto da casa imperial Ashina seria elegível, embora a posição de um indivíduo pudesse ser complicada por vários fatores, incluindo o *status* de sua mãe.[53] A sucessão nos impérios goturcos era eventualmente repleta de ambiguidade – daí o ensejo para a instabilidade política.

O segundo tipo de força centrífuga expressava-se por lutas políticas com elites de outros componentes do Império – elites que governavam povos subordinados em nome do grão-cã e podiam decidir que dado arranjo não era mais do seu agrado. A rebelião, é claro, instaurava uma crise no Império, sendo a maneira típica pela qual os impérios da Ásia Interior foram depostos (o Rourano pelo Goturco, o Goturco pelo Uigur). Povos subordinados reivindicavam maior poderio e/ou riqueza – e também desejavam, podemos supor, não ser dominados e explorados. Devemos também incluir nessa consideração a divisão do Primeiro Império Goturco em regiões orientais e ocidentais. Inicialmente, ela parece ter ocorrido para fins de eficácia na administração e na expansão (embora também tenha sido útil para satisfazer as ambições de homens importantes na família governante). Contudo, as duas metades do Império acabaram se tornando rivais, funcionando como Estados cindidos. Assim, era possível ao primeiro tipo de força centrífuga se metamorfosear no segundo.

Outras ameaças aos impérios da Ásia Interior vinham de fora, muitas vezes na forma de confronto militar ou em tentativas de forasteiros semearem dissensão política nos impérios goturcos – uma estratégia facilitada pela governança corporativa empregada pelos goturcos. Aqui, a China serve como o melhor exemplo, com os governos chineses buscando apoio dos rivais pelo poder dentro da linhagem real goturca ao mesmo tempo que lhes forneciam apoio. Ambos os lados podiam jogar esse jogo, no entanto; também os goturcos colocaram os reinos Wèi orientais e ocidentais uns contra os outros no Norte da China.[54] Havia ainda outras ameaças: desastres naturais podiam dizimar rebanhos e romper redes comerciais, com implicações óbvias.

Apesar dessas ameaças, as estratégias empregadas pelos primeiros povos goturcos provaram ser bem-sucedidas na manutenção de seus impérios. Mais importante é vermos como as primeiras elites imperiais goturcas exploraram os recursos humanos, animais, ambientais e culturais de maneira eficaz para criar e manter seu poder e suas estruturas políticas simultâneas. Elas desenvolveram um sistema imperial produtivo capaz de gerar riqueza, poderio militar e independência – isso tudo em graus variados, a depender da posição de cada um no interior do sistema. Esse sistema podia enfrentar uma porção de ameaças, tanto internas quanto externas, mas também combatê-las em muitos casos, devido, em grande medida, a uma infraestrutura política baseada em uma ideologia legitimadora. A ausência de poderosas estruturas, cidades imponentes e grandes realizações literárias não deve nos levar a imaginar que os impérios goturcos tenham sido "insubstanciais" ou "vazios". Eles foram eminentemente adequados ao ambiente em que existiram e às tecnologias então disponíveis.

Notas

1 Ver Stark, 2008, pp. 53-205.

2 Ver mapas relevantes, por exemplo, em Herrmann, 1966.

3 Di Cosmo, 2002, p. 13.

4 Ver *idem*, 1994, pp. 1.092-1.126.

5 Ver Ziniakov, 1988, pp. 84-100, assim como Potapov, 1964, p. 346.

6 Entre as mais conhecidas estão as campanhas de Hàn Wǔdì (r. 140-87 AEC) contra os xiōngnú e as campanhas de Táng contra os goturcos desempenhadas pelo imperador Tàizōng (r. 626-649) e seu filho Gāozōng (r. 649-684). Sobre as primeiras, ver Di Cosmo, 2002, pp. 236-252; sobre as últimas, ver Pan, 1997a, pp. 176-179, 190-197.

7 Sinor, 1982, pp. 223-226.

8 *Shǐjì*, seção 123.3168, *apud* Qiān, 1985. Ver também D. Sinor, 1982, pp. 237-240.

9 Azarpay, 1988, pp. 349-360; Marshak, 2002b, pp. 142-145; Brentjes, 1985, pp. 191-197.

10 Para mais acerca do significado dos lobos na Ásia Interior, ver Drompp, 2011, pp. 515-526.

11 Para uma discussão acerca dos motivos de contos e sua ligação com o xamanismo, ver Drompp, 2015, pp. 437-451. Xamanismo é um conceito complexo e contestado. Tentei vincular minha discussão aqui a uma abordagem relativamente direta, apresentada em Johansen, 1999, pp. 40-58.

12 Sinor, 1982, pp. 226-230.

13 *Idem*, pp. 230-231.

14 Waida, 1976, pp. 179-190.

15 *Zhōu Shū*, *apud* Défēn, 1983, vol. 50, pp. 909-910.

16 *Idem*, pp. 909-911; *Suí Shū*, *apud* Zheng, 1973, vol. 84, p. 1.864.

17 *Zhōu Shū*, *apud* Défēn, 1983, vol. 50, p. 908.

18 Ver Drompp, 1991, pp. 92-115, 349-352.

19 Sneath, 2007, p. 179.

20 *Idem*, pp. 202-204.

21 Ver Drompp, 1991. A abordagem singular túrquica do poder imperial mediante a criação de "grão-cãs subordinados" sugere os desafios da generalização nos esforços dos estudiosos para desenvolver modelos amplos da organização estrutural dos impérios nomádicos.

22 Ver Drompp, 1991, pp. 96-100, assim como W. Huan, 1982, pp. 124-154.

23 Tekin, 1968, pp. 232, 263; *Jiù Rángshū*, vol. 194b, p. 5.188; *Xīn Tángshū*, *apud* Xu, 1975, vol. 215b, pp. 6.060, 6.064; G. Moravcsik, 1983, vol. 2, p. 291. É curioso, especialmente devido a sua menção nas Inscrições de Orcom do século VIII, que Ištemi, um dos fundadores do Primeiro Império, raramente seja mencionado nas primeiras fontes chinesas sobre as décadas iniciais do Primeiro Império Goturco (em nenhuma ocasião, por exemplo, em *Zhōushū* e *Suíshū*, e apenas uma vez em *Jiù Tángshū*).

24 Para uma interpretação antiga, ver Kljaštornyj & Livšic, 1972, pp. 69-102. Para uma interpretação mais recente, ver a tradução de Yutaka Yoshida e Takao Moriyasu em Moriyasu & Ochir, 1999, pp. 123-124.

25 Tekin, 1968, p. 263.

26 *Idem*, pp. 261-281.

27 *Idem*, pp. 231, 243.

28 *Idem*, p. 267.

29 Ver Dallos, 2004, pp. 63-84.

30 Ver Mori, 1981, pp. 47-75.

31 Amartüvshin & Gerelbadrakh, 2009, pp. 343-347.

32 Gabain, 1954.

33 Skaff, 2012, pp. 11-15.

34 Sneath, 2007, p. 191.

35 Essa descentralização administrativa (mas sem análogos com os "grão-cãs subordinados" dos goturcos) encontra-se nos primeiros impérios das estepes, como o dos xiōngnú; ver B. K. Miller, 2014, pp. 1-43, assim como Di Cosmo, 2013, pp. 23-53.

36 Sneath, 2007, pp. 202-204, argumenta que a ordem aristocrática aumentou a clivagem entre Estados centralizados e decentralizados.

37 Drompp, 2007, pp. 183-202.

38 Xinjiang, 2007, pp. 4-14.

39 Yugui, 2012, pp. 1-40.

40 Ver *Suí Shū*, vol. 67, p. 1.582, *apud* Zheng, 1973; Stark, 2008, pp. 291-310, assim como Vaissière, 2002.

41 Yugui, 2012, pp. 26-29, 37.

42 Skaff, 2012, pp. 191-200, 203-224. Também foram significativos os arranjos

fictícios de parentesco, nos quais aliados aspirantes afirmavam ancestrais comuns e sobrenomes concedidos àquelas elites e àqueles aliados "absorvidos"; ver Skaff, 2012, pp. 224-237.

43 Pan, 1997b, pp. 95-131.

44 Tekin, 1968, pp. 267-268; Kljaštornyj & Livšic, 1972, p. 86; Moriyasu & Ochir, 1999, p. 124.

45 Pan, 1997a, pp. 267-269.

46 Barfield, 2001, p. 15.

47 Ver Di Cosmo, 1999b, pp. 24-26; assim como Drompp, 2005b, pp. 97-98.

48 *Jiù Tángshū*, vol. 194a, p. 5.174, *apud* Xu, 1975.

49 Pan, 1997a, pp. 176-179.

50 *Jiù Tángshū*, vol. 194a, pp. 5.173, 5.177, *apud* Xu, 1975.

51 Sneath, 2007, p. 61.

52 Fletcher, 1979-1980, p. 239. A ênfase de Fletcher na violência do papel de grão-cã supremo (ou "grande cã") é reflexo do foco acadêmico global na "identidade militar" da Ásia Central.

53 Drompp, 2005b, p. 98.

54 *Idem*, 2005a, p. 104.

21

NÔMADES APÁTRIDAS NA EURÁSIA CENTRAL

Peter B. Golden

Interações com a China – fossem elas militares, diplomáticas, culturais ou comerciais – foram um grande catalisador para a formação do Estados nas estepes da Eurásia Oriental. O caso, porém, foi muito diferente nas estepes ocidentais. Irã e Bizâncio raramente realizavam incursões militares adentro de fronteiras nômades a ponto de terem podido contribuir para a formação de Estados. Antes, quando Estados de fato surgiam nas estepes ocidentais, suas origens eram diferentes. Os Estados dos avares e goturcos foram trazidos do Leste, ao passo que o Estado cazar derivou do goturco, não sendo gerado por estímulos externos ou internos. Alguns Estados de raízes nomádicas, como os dos protobúlgaros dos Bálcãs e do Volga, formaram-se para além das estepes ocidentais como resultado de conquista territorial.

Vasilij Bartol'd (Wilhelm Barthold, falecido em 1930), um dos fundadores dos estudos centro-eurasiáticos, observou há muito que os nômades geralmente "não aspiram por unificação política", mas formam Estados unicamente quando "cãs", sob condições "favoráveis" e circunstâncias "excepcionais", são capazes de tomar o poder – frequentemente após uma luta prolongada. O cã reconcilia seus súditos à nova ordem por meio da redistribuição do espólio obtido em expedições predatórias, geralmente dirigidas contra vizinhos, sejam eles nômades ou sedentários. A guerra contínua e bem-sucedida, além da aquisição e da redistribuição do espólio assim adquirido eram fatores essenciais para a manutenção da autoridade do cã.[1] Bartol'd fazia referência, em partes, às observações de W. Radloff (1837-1918) acerca da vida cazaque no século XIX. Radloff concluiu que os poderosos da sociedade cazaque eram os *biys* (chefes de clãs, autoridades judiciais),[2] cuja autoridade se baseava na riqueza pessoal e/ou em posição hereditária. Dadas as circunstâncias favoráveis, um *biy* poderoso em meio a seus partidários poderia se tornar um cã – posto obtido mediante "usurpação" e mantido impositivamente na medida em que aqueles que o reconheciam pudessem derivar disso algum benefício.[3] A economia pastoral dos nômades não exigia uma autoridade suprema além dos chefes de clãs ou "grandes homens".[4] Não havia "necessidade de maquinário burocrático especializado ligado às atividades administrativo-distributivas".[5] Isso era tradicionalmente realizado sob clima de descontração, em "uma grande reunião ou um banquete".[6] Os convidados recebiam cargos de acordo com seu *status* (pessoal/de clã ou tribo), recebendo então uma *ülüš* ou "partilha" – a qual muitas vezes assumia a forma de um corte específico de um animal abatido.[7] A liderança nos níveis local e superior, decorrente de um clã "governante" ou da proeza militar de certa figura carismática, era frágil e frequentemente contestada por congêneres do governante, ou então chefes tribais que temiam um poder centralizado altivo.[8] No grão-canato goturco (552-630, 682-742/743 no Leste; 552-657/659, década de 690-766 no Oeste), segundo os anais oficiais da Dinastia Suí, os *Suíshū* (581-618, compostos em 636), rixas familiares, ocasionalmente encorajadas ou exploradas pela China, colocaram congêneres uns contra os outros por gerações.[9] Profunda desconfiança mútua era algo típico no seio da família estendida da dinastia governante, já que todos os membros do clã governante eram rivais potenciais pela supremacia. Embora a princípio, nas políticas imperiais túrquicas, linhas claras de sucessão avuncular (paterna), fraterna e lateral dentro do clã dominante fossem enunciadas como ideais, a transferência do *status* imperial raramente deixava de ser marcada por confrontos por poder na família. O vencedor seria julgado *ipso facto* como favorecido por Tengri, a divindade celestial suprema.[10] Essa brutal escola política muitas vezes produzia governantes deveras capazes, embora a sucessão ao poder quase invariavelmente envolvesse períodos de instabilidade, por vezes prolongados, até que o novo governante pudesse se estabelecer com firmeza. Conflitos internos e fragmentação eram comuns; grandes organizações políticas unificadas por toda a estepe, não.[11]

Além da rivalidade entre congêneres, cãs ou grão-cãs (*qağans*)[12] e demais líderes, os governantes podiam ser depostos em função de erros militares ou mesquinhez na redistribuição de seu espólio. Uma virada na sorte – ocorrida por meio de mudanças climáticas e/ou desastres naturais – seria igualmente vista como sinal de que dado governante havia perdido seu *qut* ("sua boa sorte dos céus"),[13] concedido por Tengri, legitimador de seu governo. O poder efetivo dos líderes das uniões tribais era tênue, instável e limitado.[14] Considerando que a liderança devia ser conquistada e que não havia nenhuma razão econômica convincente para uma liderança centralizada superior à do clã ou do chefe tribal, a situação padrão para os nômades da Eurásia Central era a de apátridas.[15] Uniões tribais da Eurásia Central eram frequentemente heterogêneas e plurilinguais. As elites dominantes não necessariamente falavam a mesma língua de algumas de suas tribos "confederadas".[16] "Tribo" e "clã" tornaram-se alvo de contestação na literatura antropológica.[17] Tribos nômades eram altamente fluidas, "dinâmicas", flexíveis (isto é, instáveis), adaptativas, além de altamente variáveis.[18] Entidades essencialmente políticas que traziam um nome comum (percebido como um etnônimo) expressavam seus vínculos políticos por meio do linguajar do parentesco – fosse ele real ou fictício.[19] Desse modo, podemos entender as tribos da Eurásia Central como "fenômenos secundários" que surgiram em resposta a causas externas, sobretudo Estados estrangeiros com os quais interagiam continuamente.[20] De sua parte, em meio àquele turbilhão de povos em suas fronteiras,[21] esses Estados precisavam lidar com alguma autoridade central e, portanto, frequentemente "criavam" ou "promoviam" tribos. As identificações das tribos não são algo fácil de pontuar. Como observou Denis Sinor, dos 59 povos da Ásia Interior às fronteiras Noroeste da China, mencionados em fontes chinesas no primeiro milênio EC, apenas sobre 18 havia dados sobre suas possíveis afiliações linguísticas. Destes, somente três podem ser identificados com algum grau de certeza – e talvez outros três com hipóteses bem fundamentadas.[22] Etnônimos e componentes etnolinguísticos associados, começando do mais fundamental – o nível de clã – até se tornarem politônimos – nomes imperiais ou termos genéricos como "túrquico" –, eram influenciados por fatores externos e internos, alterando-se com o tempo.[23] A coesão política, quando alcançada, baseava-se principalmente em empreendimentos militares/diplomáticos bem-sucedidos que asseguravam pastagens e acesso a bens do âmbito exterior. A soberania se sustentava por ideologias promovidas pelo clã "real", que enfatizava o carisma concedido pelos céus (*qut*). Linhagens "reais", como a linhagem túrquica Ashina, parecem ter desenvolvido "núcleos de tradição", transmitidos a seus Estados sucessores em graus variados.[24]

Um fator complicador na classificação dos povos das "zonas tribais" imperiais – as periferias dos Estados habitadas por tribos – é o fato de eles poderem fracionar.[25] No período pós-goturco, registra-se a união tribal dos oguzes[26] como consistindo de 22 a 24 subunidades, cada qual liderada por seu próprio chefe. Conflitos entre as tribos oguzes eram comuns.[27] Seu governante trazia o título *yabğu*,[28] um antigo título do alto escalão do grão-canato goturco, o qual havia perdido sua antiga representatividade no Império na época em que o aclamado "chefe supremo" dos oguzes passou a usá-lo. Estados sedentários vizinhos (alguns dos quais podiam ser impérios) intervieram, promoveram discórdias internas e se imiscuíram nas constantes lutas de poder entre rivais dentro das linhagens governantes de Estados nômades e formações "apátridas". Acerca das relações da China Hàn com o "Império" Xiōngnú (por volta do século III AEC até o século II EC) – e, subsequentemente, das Dinastias Suí e Táng com os turcomanos e algumas das tribos a elas subordinadas mais recalcitrantes –, há uma porção de relatos sobre a abordagem "dividir para conquistar". Além disso, a oferta e/ou a recusa de laços econômicos e, ocasionalmente, de diplomacia conjugal foram usadas como iscas para manter a disposição dos nômades mais receptiva à China.[29]

Formação de Estados é, em geral, um processo que evolui ao longo do tempo. Ele pode ser interrompido. Ele pode ser acelerado. Nem todas as entidades políticas logram se reverter em Estados. No nível mais básico, o estatuto de Estado pressupõe um território definido, geralmente com uma metrópole, uma liderança suprema centralizada (linhagem ou clã governante) apoiada por uma ideologia (muitas vezes combinada com um sistema religioso) que justifique seu governo; exige escritórios administrativos centralizados – mais seus oficiais – focados em realizar a gestão da política, incluindo, talvez, o mais importante: um monopólio dos meios de empregar a força (particularmente para evitar a fragmentação) e um sistema de tributação para subsidiar a entidade política. Em geral, está presente também alguma forma de memória institucional; alfabetização e manutenção de registros estão, também, eventualmente incluídas. Os nômades, ao buscarem novas opções de pastoreio a depender das ecologias locais, não produziram uma só forma de entidade política – e raramente atenderam aos critérios mencionados. De acordo com isso, variavam suas relações com vizinhos não nomádicos.[30]

O estatuto de Estado nomádico

Entre os nômades, algo semelhante a um Estado sempre existiu em estágio embrionário; eles se moviam ao longo de uma escala que variava de uniões tribais estruturalmente frouxas, às vezes acéfalas (isto é, contendo vários líderes de clãs, mas nenhum líder supremo),[31] chegando até a confederações semelhantes a Estados. Tratava-se de regimes com graus variados de organização hierárquica e administrativa, indo de uma organização mínima ao "Estado nômade" ou aos "impérios nômades" (exemplos destes são os dos goturcos, dos uigures e dos cazares).[32] A questão do que constitui precisamente um "Estado nômade" ou um "Império nômade", além das causas ou dos estágios de seu desenvolvimento, permanece em disputa. Eles já foram categorizados como "cacicados", "cacicados avançados", "cacicados supercomplexos", "pré-Estados", "Estados primitivos" e "xenocracias" (ou seja, entidades políticas nas quais as elites nômades e suas tribos principais governam povos subordinados).[33] Central para tais categorizações é a determinação do grau da autoridade política central exercida pelo "líder", além da extensão de seu aparato administrativo. Pesquisadores basearam a maioria de suas análises a respeito de "Estados/impérios nômades" nos reinos xiōngnú e mongóis, os quais, de acordo com escolas de pensamento diversas, atendiam ou não aos pré-requisitos estatutários para um Estado.[34] Thomas Barfield denominou a comunidade xiōngnú uma "confederação imperial", "a forma mais estável de Estado nômade" na Eurásia: "autocrática e propriamente estatal em suas relações exteriores, mas consultiva e federalmente estruturada de um ponto de vista interno".[35] Nessa perspectiva, a autoridade política centralizada como o *chányú* xiōngnú[36] surgiu de forma a conduzir as relações militares, diplomáticas e econômicas com a China.

Anatoly M. Khazanov e outros ressaltaram a militarização da sociedade nômade – onde todos os membros eram, em essência, guerreiros "profissionais" –, sua diferenciação social menos desenvolvida (apesar de seu extenso sistema de titulação) em comparação com a sociedade sedentária, além da soberania coletiva do clã real carismático, celestialmente ordenado. Ela buscava evitar as lutas potenciais pelo trono mediante elaborados sistemas de sucessão lateral, baseados no fator longevidade de dado membro da linhagem real. Devemos diferenciar "Estados nomádicos" de Estados fundados por nômades em reinos sedentários, onde os nômades se estabeleciam e, por vezes, eram integrados às populações locais numericamente superiores.[37] Independentemente da nomenclatura utilizada, os impérios nômades eram organizações políticas territorialmente extensas (muitas vezes exigindo uma divisão bipartida da autoridade administrativa), que subordinavam populações substanciais e mistas (nômades e sedentárias) que não faziam parte de seu núcleo original. Isso era feito por meio de um processo de assimilação de povos via conquista (superestratificação) e/ou cooptação – passando a exercer sobre eles funções alheadas a um poder de Estado, muitas vezes desproporcional.[38] Quando comparada a seus vizinhos imperiais, China, Irã (mais tarde, o Califado) e Bizâncio, a questão de seu estatuto ser ou não o de um "Estado" pode ser vista como problemática.

Quais circunstâncias desencadearam o estatuto de Estado nômade? Fatores externos? Uma reação à invasão de vizinhos imperiais? A necessidade de comercializar (ou pilhar) para adquirir certos bens ausentes na produção pastoril?[39] Conflitos internos?[40] Integração política consensual?[41] Uma combinação de todos esses fatores? Não necessariamente uma opção exclui a outra. A conquista de territórios sedentários e o assentamento da elite nômade e algumas tribos (o que não era a norma) inevitavelmente resultariam em um Estado – ou melhor, na atribuição de uma carapaça de instituições políticas nomádicas sobre as instituições estatais das regiões conquistadas. Tais conquistas nem sempre traziam resultados benéficos ao fado dos pastorialistas das bases, os quais muitas vezes se tornavam "súditos" descontentes e que, em certas ocasiões, se revoltavam.[42]

As múltiplas formas de interação com a China serviram de um catalisador da formação do Estado nômade nas estepes orientais. Nas estepes centrais (Transoxiana), ela se desenvolveu em ligação com a conquista de cidades-Estado em oásis economicamente importantes, as quais os nômades geralmente controlavam a distância – ocasionalmente "tomando emprestada" uma cidade importante para lhes servir de "capital", como ocorreu, por exemplo, em Sūyāb sob domínio dos goturcos ocidentais. Nos séculos X e XI, os nômades (os oguzes liderados pelos seljúcidas e os caracânidas) anexaram alas de edifícios estatais em ruínas (no Irã, no Iraque e na Síria governados pelos abássidas e a Transoxiana samânida, respectivamente) ao mundo sedentário. Todos os Estados nômades nas estepes ocidentais têm raízes no Oriente, seja como Estados de fugitivos nomádicos ou seus remanescentes (como os avares europeus), ou como resultado de conquistas nomádicas imperiais (como os goturcos ocidentais e os cazares, em 630/650-695/969, que derivaram deste último grupo). Os protobúlgaros do Volga, vassalos dos cazares, formaram um Estado como resposta ao enfraquecimento da Cazária, seu crescente papel no comércio internacional e domínio sobre os povos da floresta ou da estepe florestal.[43] O porquê de grupos nômades apátridas permanecerem nas estepes ocidentais, ricas como eram em pastagens, pode ter a ver com sua relativa segurança das incursões de seus vizinhos imperiais. Os bizantinos temiam se aventurar para além do Danúbio e nunca realizaram invasões através da Crimeia ou do Cáucaso. Os sassânidas ocasionalmente se aventuravam na região das estepes, apesar dos altos riscos envolvidos.[44]

O evento "fundacional" do nomadismo apátrida foi a conquista xiōngnú[45] sobre os dīnglíng, os dōnghú e demais povos nômades ao Norte, empreendida por Mòdùn (r. 209-174 AEC).[46] Essas conquistas e a subsequente guerra sino-xiōngnú eventualmente produziriam deslocamentos, levando os hunos ao Volga em 350 EC.[47] Menos de um século depois, Átila criou seu efêmero reino (434-453). Na Mongólia, os xiānbēi,[48] herdeiros dos dōnghú, eventualmente venceram os xiōngnú. Apesar de nunca terem formado um Estado, eles contribuíram para a criação de diversas pequenas nações sino-xiānbēi no Norte da China.[49] É entre uma dessas entidades políticas dos xiānbēi, a Qǐfú, que encontramos pela primeira vez, em 265, o título *qağan* (grão-cã),[50] que posteriormente suplantaria o *chányú* xiōngnú como o título imperial no mundo das estepes.

Um governante rourano/avar (do final do século IV até 552) de nome Shèlún[51] (r. 402-410) foi o primeiro a usá-lo como título imperial supremo no âmbito das estepes.[52]

Conflitos Rourano-Wèi do Norte (Tuòbá/Tabġač, 386-534) ocasionaram a migração das tribos ogures (Oğurs, On Oğurs, Šarı/Šara Oğurs) por volta de 463, como registrado por Prisco.[53] Os rouranos (e outros grupos não identificados) serviram aí de catalisadores; os sabires, de agentes imediatos. As tribos ogures faziam parte de uma "confederação" maior de nômades apátridas outrora conhecida como Dīnglíng (mais tarde: Dili, Tele, Chile e, eventualmente, Tiele). Todas essas eram versões do termo **tägräg*(?) – o qual foi interpretado como significando "carroça",[54] isto é, "povo das carroças".[55] Essa "confederação" tribal, ainda imprecisamente definida no século V, possuía agrupamentos que se estendiam das estepes orientais até as estepes ocidentais. De sua organização interna, pouco sabemos. O *Suíshū* comenta "não haver um governante entre eles" e que, após a divisão do grão-canato goturco em duas metades oriental e ocidental, eles passaram a "pertencer" a um ou a outro "separadamente".[56] Os ogures falavam uma forma de turco antigo ocidental[57] que, com o uso de numerais ou adjetivos diversos, formou os etnônimos de seus distintos agrupamentos: Onoğur ("dez ogures"), Šarağur ("ogures brancos"),[58] Utur Oğur/Otur Oğur ("trinta ogures" e variantes) e Qutur Oğur ("nove ogures").[59] Os ancestrais de ogures diversos devem ter se cindido em algum momento antes da migração observada por Prisco em 463. Em turco antigo oriental, o termo para *oğur* é "oğuz", estando sobretudo associado às confederações tribais Toquz Oğuz e Oğuz. O termo *oğur ~ oğuz* serviu como um dos marcadores desse grupo, o qual já começava a se dividir no século I AEC até o século I EC.[60] Curiosamente, os oguzes, dos quais procederam os seljúcidas e os otomanos, constituíam um agrupamento diferente – e também falavam um turco distinto dos demais idiomas turcomanos comuns derivados do túrquico antigo oriental.[61]

A transferência de *status* imperial

O povo Tiele desempenhou papéis ativos e muitas vezes disruptivos no grão-canato goturco oriental e ocidental. Sua história realça ainda outro tema: o da transferência ou da sucessão de certos nômades ao *status* imperial. Os goturcos subjugaram os rouranos em 552, absorvendo deles o grão-canato e muito de seu vocabulário e títulos imperiais. A reivindicação goturca da sucessão imperial aos rouranos consistiu em uma das razões pelas quais eles os perseguiram com tanto vigor, buscando dizimar ao menos seus elementos governantes entre 552 e 555. Ištämi, intitulado Sir Jabğu Qağan e irmão do fundador do Estado goturco, Bumïn, perseguiu-os até o Oeste. Seu filho se referia a eles como "nossos escravos".[62] O fato de os governantes avares europeus se autodenominarem grão-cãs significou para ele, sem dúvida, um motivo de irritação.

Quando os uigures tomaram o grão-canato em 744,[63] governando-o até 840, atestaram, nas inscrições de Terkhin (cerca de 753) e Tes (762), que não se tratava de uma transferência do Império para uma nova dinastia imperial, mas do retorno do domínio imperial aos seus titulares legítimos. Os grão-cãs uigures – eles alegaram – vinham mantendo o Estado (*el*) por 300 anos, movendo-se para dentro e para fora do núcleo da autoridade imperial durante todo esse período; dessa forma, seriam eles os verdadeiros grão-cãs.[64] Quando o grão-canato uigur foi deposto pelos quirguizes em 840, que preferiram permanecer em sua região nativa de Ienissei em vez de reinar na Mongólia,[65] os carlucos – que fugiram para a Transoxiana por volta de 745 após a tomada dos uigures, e até então eram liderados por um *yabğu* – reivindicaram o *status* de grão-cã – outra reivindicação de transferência de posto imperial. Esse ato foi legado aos caracânidas (992-1212), que possuíam raízes carlucas e encontraram nelas expressão no âmbito da governança: um domínio bipartido (entre grão-cãs orientais e ocidentais) e o uso de títulos associados aos grão-canatos túrquicos anteriores. Uma vez que se tornou muçulmana, no entanto, a dinastia passou a se apresentar em um contexto cultural que repercutia as concepções de passado persas e árabe-muçulmanas.[66]

Estados nomádicos e nômades apátridas no Ocidente

Do rescaldo da migração dos ogures para as estepes do Norte do Cáucaso e do Pôntico, uma série de povos nômades marca presença em fontes bizantinas. Nenhum deles formou Estados.[67] Para o historiador bizantino Agátias (falecido em 580), eles se apresentavam como uma variedade desconcertante de povos os quais tanto ele quanto demais autores bizantinos chamaram genericamente de "citas e hunos".[68] A etnografia bizantina se valeu do etnônimo classicizante/arcaizante "cita" de forma deliberada – para eles, esse termo denotava nômades carentes de cidades, ignorantes da agricultura e destituídos de leis ou sociedade organizada.[69] De particular importância foram os protobúlgaros (oriundos dos ogures e sabires), que conduziram os ogures para Oeste.

Protobúlgaros e outros ogures

A presença dos protobúlgaros é atestada pela primeira vez de forma fidedigna durante o reinado do imperador Zenão (474-491). Suas pastagens, que a princípio se centrariam nas estepes do Noroeste do Cáucaso, estenderam-se para o Oeste até o rio Bug e o rio Danúbio – este último, uma área de interesse estratégico vital para Constantinopla. Seu nome é por vezes associado ao dos onogures (*onoğundurs*, "as dez tribos"),[70] particularmente por historiadores bizantinos do século VIII ao século X, o que reflete diversas uniões políticas possíveis.[71] As relações dos protobúlgaros e demais ogures com Bizâncio foram marcadas por períodos de "aliança"/cooperação intercalados com incursões de pilhagem – um padrão comum também às relações sino-nomádicas. Os cutugures e os oturogures, cuja relação precisa com os protobúlgaros é ainda incerta, foram alvo de preocupações de Bizâncio por algum tempo.[72] Procópio[73] chama seus líderes de arcontes e, ocasionalmente, de reis, embora em parte alguma indique que teriam atuado funcionalmente como mais do que chefes tribais. Seu destino ilustra a política bizantina de "dividir para reinar", além do uso de representantes locais para manter a segurança em áreas fronteiriças com o território imperial. Quando em 558/559 os cutugures, a quem fizeram substanciais pagamentos em espécie, tornaram-se uma ameaça para Constantinopla, o imperador Justiniano (r. 527-565) envolveu-os, mediante manipulação, em um conflito com seus congêneres, os oturogures, desencadeando um massacre de ambos os lados. Em seguida, ele continuou a jogar um grupo contra o outro. Os cutugures sobreviventes parecem ter se juntado aos avares na década de 560 na Panônia, onde estes se refugiavam de avanços goturcos. Os oturogures tornaram-se súditos dos goturcos no final dos anos 570.[74]

Os sabires

Os sabires chegaram às estepes entre o Volga, o Cáspio e o Pôntico no início do século VI, e logo, em 515, estavam invadindo a Armênia e a Anatólia. Os bizantinos e os persas os disputavam como aliados, embora os sabires, liderados por chefes numerosos, fossem fundamentalmente inconstantes, mudando de lado de acordo com a oportunidade. As tentativas bizantinas de conquistar favores de chefes "hunos" diversos em uma base mais permanente (alguns dos quais podem ter sido dos povos sabir ou ogur), sobretudo por meio da conversão ao cristianismo, falharam em grande medida. A ausência de um governante único e absoluto que pudesse ter implementado uma política unificada nomádica em relação a Bizâncio e ao Irã frustrou quaisquer tentativas de obter controle sobre eles. Um grupo substancial de sabires hunos, liderado por sua rainha Boareks e um exército de 100 mil (sem dúvida, um número hiperbólico), tornou-se aliado de Justiniano em 528. O imperador despejou sobre a rainha Boareks uma quantidade extravagante de presentes e bens. Em troca, ela guerreou contra outros "hunos" (talvez também os sabires) que atormentavam Constantinopla.[75] Claramente, os sabires constituíam o poder regional nas estepes do Norte do Cáucaso, estendendo-se para a região pôntica até que os avares, e então os goturcos, subjugaram-nos no final dos anos 550-560.[76] Elementos importantes entre os sabires formaram um dos agrupamentos tribais que sustentaram o grão-canato cazar, uma ramificação do reino goturco-ocidental que se consolidou em meados de 630-650 (talvez somente na década de 670)[77] – tratava-se de um Estado de bases nomádicas implantado por conquistadores orientais.

Nas décadas de 560 e 570, o estabelecimento do domínio goturco entre as tribos nas estepes ocidentais da Eurásia introduziu a Constantinopla um novo Estado nômade, que se constituía como uma presença importante no comércio da Rota da Seda. Todavia, nas últimas décadas do século VI, o grã-canato goturco estava se dividindo nas metades oriental e ocidental (algo implícito em sua estrutura estatal desde sua fundação). Tal divisão tornou-se particularmente evidente durante o reinado do filho de Ištämi, Tardu (reinado por volta de 576 até 603).[78] Sua tentativa de assegurar o controle sobre todo o Império Goturco gerou tumulto, além de um levante das tribos dos tiele já propensas à revolta (provavelmente sob manipulação dos Suí), as quais puseram fim às ambições pan-túrquicas de Tardu. Conflitos com os tiele, entre outras tribos, persistiram.[79] Os goturcos, independentemente de seus problemas internos, prosseguiram sendo um império formidável. O irmão mais novo de Tardu, Toŋ Yabğu (r. 618/619[?]-630), aliado de Bizâncio em suas bem-sucedidas guerras contra os persas na Transcaucásia (627-628), subjugou os tiele temporariamente e fortaleceu o domínio goturco-ocidental na Transoxiana. Os conflitos internos em meio aos goturco-ocidentais se intensificaram, levando à sua divisão entre duas facções rivais coletivamente denominadas *On Oq* ("dez flechas/clãs") em meados de 635-650.[80] Por fim, os Estados goturcos orientais e ocidentais, minados por divisões internas como estavam, foram derrotados pela Dinastia Táng em 630 e 657/659, respectivamente.[81]

As revoltas dos tiele, aliadas à guerra civil em andamento no reino goturco, sem dúvida facilitaram o advento de uma entidade política protobúlgara (que se estendia do Danúbio ou Bug ao Don, com centro em Dnieper) e, a Leste, do Estado cazar (governado por um ramo dos Ashina) durante o mesmo período de meados de 630 a 650. O enfraquecimento da autoridade avar após o colapso da campanha perso-avar contra Constantinopla em 626 valeu, provavelmente, como mais um fator contribuinte. A diplomacia bizantina já era atuante. O grão-cã Qubrat do clã Dulo, o fundador do Estado protobúlgaro, aparentemente foi batizado em Constantinopla em meados de 619, supostamente em uma manobra preparatória de Heráclio contra os avares. Qubrat repeliu os soberanos avares por volta de 635.[82] Sua união tribal durou pouco, coincidindo com seu tempo de vida (ele provavelmente morreu por volta de 665, se não antes). Acredita-se que seu local de enterro seja Mala Pereščepyna, no *oblast* de Poltava, na Ucrânia.[83] Seus filhos, ignorando a advertência do pai de se manterem unidos, distanciaram-se, cada um na liderança de seu próprio núcleo tribal. Logo foram derrotados pelos cazares, que se tornaram senhores sobre as estepes do Norte do Cáucaso-Volga e a Leste do Pôntico. Um desses filhos, Asparukh, escapou dos cazares e atravessou os Bálcãs em 679, fundando o Estado protobúlgaro dos Bálcãs. Outros agrupamentos protobúlgaros, deslocando-se em seguida para a zona do Médio-Volga, criaram o Estado protobúlgaro do Volga. Outros ainda se refugiaram na Itália e na Panônia, ou permaneceram nas estepes pônticas como súditos dos cazares.[84] A ascensão e queda da *Magna Bulgaria* de Qubrat é exemplo de uma união tribal nômade que em pouco tempo se tornou um "cacicado supercomplexo", talvez até mesmo um "proto-Estado", para então se desfazer em uma reversão de uniões tribais. O agrupamento de Asparukh constitui uma exceção, já que assumiu uma estrutura de Estado bizantino já existente nos Bálcãs, governando uma população eslava sedentária em contato direto (e conflito) com Bizâncio – o que lhe serviu de estímulo suficiente para sua formação estatal. Da mesma feita, alguns agrupamentos protobúlgaros submetidos ao controle cazar, em uma série de migrações para a zona do Volga-Kama de meados do século VIII ao início do século X, estabeleceram um domínio estatal sobre os povos fino-úgricos da floresta e da zona das estepes florestais – grupos que continuaram como vassalos dos cazares até as primeiras décadas do século X. Entre eles, a formação do Estado se deu quando se tornaram peças importantes no comércio da zona florestal do Norte com países muçulmanos.[85]

Transtornos no centro nomádico da Eurásia Oriental, muitas vezes decorrentes da interação com a China, provocaram migrações para o Oeste. Os nômades que chegaram às fronteiras do Império Sassânida (como os hunos) invadiram, negociaram e ofereceram seus serviços militares; os poucos xás que tentaram invadir suas terras, por sua vez, foram destruídos. Aqueles que foram para as estepes do Cáspio-Pôntico travaram relações comerciais com Constantinopla, serviram como aliados e mercenários, para então invadir Bizâncio e o Oriente Próximo por intermédio do Cáucaso ou através do Danúbio. Até o final do século VI, época em que o Irã havia se tornado a potência militar dominante naquela região, Irã e Bizâncio muitas vezes dividiam as despesas de manutenção das fortalezas que guardavam as passagens do Cáucaso.[86] Igualmente, a fronteira do Danúbio era uma zona de perigo. Regularmente os bizantinos tentavam subornar potenciais invasores com "presentes" e postos militares, embora raramente se aventurassem através do Danúbio.[87] As poucas tentativas de Constantinopla (às vezes, por meios religiosos) de formar parcerias mais estáveis e receptivas, sob a liderança de "governantes" com quem poderia conduzir uma diplomacia mais segura, acabaram sendo malsucedidas. Na melhor das hipóteses, Bizâncio podia vigiá-las de seus postos avançados de escuta na Crimeia e tentar obter procurações mediante subornos, ou então promover conflitos entre os nômades. Faltava-lhe um catalisador interno ou externo que pudesse ter levado os nômades apátridas a formar seu Estado.

Durante a Antiguidade Tardia, a inexistência de ameaças diretas permitiu aos nômades das estepes ocidentais permanecerem apátridas. Essa situação persistiu até a era tribal posterior ao Império Cazar (cerca de 969-1220). Os pechenegues, os oguzes ocidentais e os cumano-quipechaques – todos eles invadiram, negociaram, fizeram e quebraram alianças com os Estados sedentários vizinhos – careciam de liderança centralizada e permaneceram apátridas.[88]

Notas

1 Bartol'd, 1963-1977, pp. 22-23; Fletcher, 1979-1980, pp. 237-238; 1986, pp. 28-32; Kradin, 2002, pp. 375-376.

2 Do túrquico antigo *beg/bäg*: "o cabeça de um clã ou tribo, um chefe subordinado" (Clauson, 1972, pp. 322-333), provavelmente derivado do chinês *bo*: Hán-tardio *pak*, chinês-médio pɐk, e chinês antigo *prâk* (Schuessler, 2009, p. 73 [2-38i]; Schuessler, 2007, p. 169 [entradas "elder, lord, clan head"]; *Beg* é um exemplo precoce de empréstimo de termos titulares por povos centro-eurasiáticos de seus vizinhos sedentários.

3 Radlov, 1893, pp. 67-74.

4 Kradin, 2005, pp. 151-153; 2004, p. 504.

5 *Idem*, 2002, p. 372.

6 Clauson, 1972, pp. 566-567.

7 *Idem*, p. 153; İnan, 1968.

8 Khazanov, 1984, pp. 167-169; Pohl, 1998, pp. 168-170; Kafesoğlu, 1987, p. 26.

9 M.-T. Liu, 1958, vol. 1, pp. 46-47.

10 Fletcher, 1979-1980, pp. 238-239; Fletcher, 1986, pp. 24-28; Barfield, 1989, pp. 134-138; Skaff, 2012, pp. 78-79.

11 Perdue, 2002, p. 373.

12 O termo cã (*khan*) é frequentemente usado, embora possa ter havido uma diferença mínima em *status* entre um *khan* e um *qağan*.

13 Clauson, 1972, p. 594; Golden, 1982, pp. 44-46.

14 Taskin, 1984, pp. 29-30.

15 Golden, 1991, pp. 135-136.

16 Johanson, 2006, p. 163.

17 Ver, por exemplo, Sneath, 2007; comparar com os comentários de Kradin & Skrynnikova, 2009, pp. 117-128.

18 Szuchman, 2009, pp. 4-5. Mobilidade e "a instabilidade permanente" do nomadismo pastoral criaram "uma organização social fluida" (Khazanov, 1984, p. 139).

19 Khazanov, 1984, pp. 138-144; Barfield, 1990, p. 165; Di Cosmo, 1999b, p. 18, nota 60; Christian, 1998, vol. 2, p. 58; Golden, 2008-2009, pp. 74-75.

20 Fried, 1967, pp. 168-170; 1975, pp. 10, 30, 49, 52; Kradin, 2007, p. 25. Para uma perspectiva ligeiramente distinta, ver Honeychurch, 2015.

21 Ferguson & Whitehead, 1992, pp. 12-15; Ferguson, 1999, pp. 418-419; Atwood, 2010.

22 Sinor, 2005, p. 5.

23 Janhunen, 1996, p. 25; Geary, 2002, p. 118; H. Ecsedy, 1972, p. 247; Pohl, 1991, pp. 39-49.

24 Golden, 1982, pp. 40-63; Golden, 2001, pp. 1-46. O conceito de *Traditionskern* [núcleo ou cerne tradicional] continua sendo um tópico de intenso debate entre historiadores do Ocidente medieval; ver Gillett, 2002.

25 "Zonas tribais" faz referência às tribos nas fronteiras de Estados, organizadas, por vezes, como uniões de tribos: Ferguson & Whitehead, 1992.

26 Sobre os Oğuz, ver Golden, 1992.

27 Sutūdah, 1962 [1340], p. 87; Minorsky, 1937, p. 101. Sobre os subgrupos Oğuz, ver Golden, 1992, pp. 207-208; Sümer, 1980, pp. 201-210.

28 Clauson, 1972, p. 873, possivelmente de origem chinesa [*xi hou*] (Schuessler, 2009, p. 355 [37-1q], pp. 146-147: entradas antigo chinês: *həpgo*, hàn tardio: *həpgo*, médio-chinês: *xjəpγəu*).

29 Yü, 1967, pp. 10-13, 36-43; Di Cosmo, 2002, pp. 193-196; Skaff, 2012, pp. 203-218.

30 Golden, 1992, p. 135; Paul, 2003, pp. 26-33; Scheidel, 2013, pp. 5-57; 2011a, pp. 111-120; Kradin, 2004, p. 372; Honeychurch, 2015, p. 12.

31 Confronte com os pečenegs e os cuman-qıpčaqs: Golden, 1992, pp. 264-282; Spinei, 2003, pp. 93-159, 217-301.

32 Khazanov, 1984, p. 172; Golden, 1991, p. 136.

33 Confronte com os estudos de Kradin, 2007, pp. 141-145; 2004, pp. 504, 513; 2007, pp. 27-32; 2011, pp. 77-96.

34 A literatura é demasiadamente extensa para ser citada aqui de forma integral. Ver as obras seminais de Di Cosmo, 2002, pp. 178-188; Kradin, 2001, pp. 30-64, além dos artigos em *Xiongnu Archaeology* (Brosseder & Miller, 2011) e Kradin, 2011, pp. 94-95. Di Cosmo, 2013, pp. 26-27, sugere uma elite em diferentes níveis. Honeychurch, 2015, p. 54, observa que "nenhum desses modelos descreve o governo Xiongnu tal qual um Estado". Sobre os mongóis, ver Trepavlov, 1993; Skrynnikova, 1997, pp. 48-49; Kradin & Skrynnikova, 2006, pp. 19-67.

35 Barfield, 1989, p. 8; 2001, pp. 10-41. Os "cacicados xenocráticos" e "supercomplexos" de Kradin são virtualmente idênticos à "confederação imperial" de Barfield (Kradin, 2011, pp. 86, 96).

36 Anteriormente o termo foi em geral transcrito como *shanyu* (chinês antigo: *dan wa*, Hàn tardio: *dźan wa*; ver Schuessler, 2009, pp. 255 [24-21az], p. 50 [1-23a]). Taskin, 1984, pp. 305-306, e seu artigo "O titulax šan'juj i kagan" (1986); Beckwith, 2009, p. 387, nota 7. Sua identificação com diversos títulos centro-eurasiáticos permanece aberta a discussão.

37 Khazanov, 2007; B. K. Miller, 2014.

38 Deér, 1938, pp. 10-16; Györffy, 1958; Paul, 2003, p. 29; Di Cosmo, 2011, p. 45; 2013, p. 28.

39 Khazanov, 1984, p. 151; 2007, p. 11; Honeychurch, 2015, pp. 51-74.

40 Di Cosmo, 2002, pp. 174-188; 2013, pp. 23-24.

41 Honeychurch, 2015, pp. 41-43.

42 Khazanov, 1984, pp. 228-233; Golden, 1991, p. 138; confronte a revolta dos membros da tribo dos oguzes sobre o sultão seljúcida Sanjar (r. 1118-1157) de 1153 a 1156, que de fato pôs fim a seu governo: Agadžanov, 1991; Başan, 2010, pp. 136-138.

43 O processo foi gradual, estendendo-se da metade do século VIII ao início do X: Zimonyi, 1990, pp. 82-83, 157, 175, 179-183.

44 Peroz (459-484) foi assassinado por um de seus aliados heftalitas: Daryaee, 2009b, pp. 24-25.

45 Chinês antigo: **hoŋ-nâ*: ver Atwood, 2012. As afiliações etnolinguísticas da núcleo xiōngnú continuam indeterminadas. Sem dúvida, sua confederação foi poliétnica e poliglota.

46 *Shǐjì, in*: Qiān, 1993, pp. 135-138; Di Cosmo, 2013, p. 30.

47 Vaissière, 2015a, pp. 175-192.

48 Kyčanov, 2010, pp. 68-73. Em língua xiānbēi = **Särbi, *Širvi.* Pulleybank, 1983, pp. 452-453. Talvez os termos tenham sido *Säbir/Sabir*: ver Pritsak, 1976, pp. 22, 30.

49 Barfield, 1989, pp. 97-118; Graff, 2002, pp. 54-75.

50 Liu, 1989, p. 98; Taskin, 1984, pp. 90, 335, nota 4. As origens desse título central permanecem controversas: confronte Vovin, 2007, pp. 177-187; 2011, p. 28.

51 Sobre a identidade etnolinguística dos rouranos, ver Vovin, 2011, pp. 27-36; Golden, 2013, pp. 43-66.

52 Taskin, 1984, p. 216.

53 Blockley, 1983 [vol. 1], 1983 [vol. 2]; aqui, vol. 2, pp. 344-345. Em um período anterior de sua história, eles foram vizinhos de tribos mongólicas a Leste (Schönig, 2005, pp. 132-135).

54 Hàn tardio: *thet lək*; médio-chinês: *thiet lək*, médio-chinês oriental: **thɛt-lək* (Schuessler, 2009, pp. 227 [20-09b], 110 [5-21f]); Pulleyblank, 1991, pp. 308, 184. M.-T. Liu, 1958, vol. 1, pp. 127-128; vol. 2, p. 491, nota 24; Fangyi, 2012; Pulleybank,

1983, pp. 448, 454-455. O etnômio "tiele" tornou-se particularmente associado ao seu ramo oriental, o dos toquz oğuz, entre os quais os uigures formavam um grupo dominante: Golden, 2012, pp. 159, 184.

55 Relatos chineses de Wèi do Norte igualmente os denominavam *gāochē*, "carroças altas", o que aparentemente era uma tradução do termo *dīnglíng*: ver Pulleybank, 1990.

56 *Suíshū*, *apud* Fangyi, 2012, pp. 104-108.

57 O termo *oğur* deriva de uma raiz que denota "parentesco": Golden, 2012, pp. 184-185.

58 Róna-Tas & Berta, 2011, vol. 1, pp. 19-20.

59 Qotur Oğur < Toqur Oğur: G. Moravcsík, 1958, vol. 1, pp. 171-172, 238-239; Németh, 1991, p. 132.

60 Róna-Tas & Berta, 2011, pp. 691-695, 1.112-1.115.

61 Al-Kāšγarī, 1982-1985, vol. 1, pp. 75-76.

62 Menandro Protetor, *História*, *apud* Blockley, 1985, pp. 44-47, 110-117, 174-175; Golden, 2013, pp. 61-65.

63 M.-T. Liu, 1958, vol. 1, pp. 179-180, 229-230, 260-261; Taşağıl, 1995-2004, vol. 3, pp. 53-59, 74-79, 82-83, 91-92.

64 Kljaštornyj, 2006, p. 157 (Tes, W, 7-8) e p. 135 (Terxin, E, 16, 18); Aydın, 2011, p. 33 (Tes, N, 1-2), pp. 42-43 (Terxin [Taryat], E, 1, 3); Kamalov, 2001, pp. 58-68. Os turcomanos/goturcos, antes de conquistarem os rouranos em 552, subjugaram os tiele/uigures que se preparavam para outra revolta contra os rouranos (M.-T. Liu, 1958, vol. 1, p. 7; Taşağıl, 1995-2004, vol. 1, p. 17). A rivalidade uigur-turcomana tinha raízes profundas.

65 Drompp, 1999.

66 Pritsak, 1951, pp. 270-300; Golden, 1982; 2015, pp. 503-555; Hunkan, 2007.

67 Os heftalitas ou "hunos brancos" (metade do século V até metade do século VI), o grupo dominante dos povos "hunos" ao Norte do Irã, como retratados por Procópio, 1.3.1-7, aparentemente constituíram uma exceção. Sobre os heftalitas, ver Vaissière, 2007b.

68 Keydell, 1967, p. 177.

69 Kaldellis, 2013, pp. 2, 9, 24.

70 J. Moravcsik, 1930; Róna-Tas, 2000. Ziemann, 2007, pp. 71-77, questiona tais ligações.

71 Golden, 1992, pp. 102-103. Pertusi, 1952, p. 85, comenta como os protobúlgaros originalmente se denominavam *onoğundur*. Eles também eram chamados genericamente de "hunos" pelos bizantinos.

72 Dimitrov, 2011, pp. 16-17; Beševliev, 2008, p. 43; Semënov, 2010, pp. 179-186. Para um panorama acerca dos dados esparsos acerca dos cutugures e oturogures, ver Artamonov, 2002, pp. 100-122; e Ziemann, 2007, pp. 95-103.

73 Seção 8.18.12-8.19.22, *apud* Dewing, 1962-1978; e Haury, 1962.

[74] Menandro Protetor, *História*, *apud* Blockley (trad. e ed.), 1985, pp. 170-179, 277-278, nota 235.

[75] De Boor, 1883-1885, vol. 1, p. 175; Dindorf, 1831, pp. 430-431.

[76] Menandro Protetor, *História*, *apud* Blockley (trad. e ed.), 1985, pp. 50-51, 162-163, 166-167, 198-199; ver também Golden, 1992, pp. 104-106; Artamonov, 2002, pp. 92-97.

[77] Novosel'cev, 1990, pp. 89-92.

[78] Menandro Protetor, *História*, *apud* Blockley (trad. e ed.), 1985, pp. 178-179; alguns pesquisadores sustentam que tal divisão se deu em 581/582; confrontar W. Huan, 1982, pp. 124-154; Stark, 2008, p. 17. Kljaštornyj & Savinov (2005, p. 97) situam o evento em cerca de 603, ao passo que Vaissière (2010c, pp. 272-274) argumenta em prol de uma datação em 610.

[79] Chavannes, 1941, pp. 2-3, 47-48, 51, 89, 242-243; M.-T. Liu, 1958, vol. 1, pp. 49-61, 107-108; Taşağıl, 1995-2004, vol. 1, pp. 164, 166; Yihong, 1997, p. 107.

[80] Kljaštornyj & Savinov, 2005, pp. 97-98; Dobrovits, 2004, pp. 101-109; Golden, 2012, pp. 166-170 (oq < oğ "grupo congênere").

[81] Chavannes, 1941, pp. 36-38, 267-268; Yihong, 1997, pp. 176-196.

[82] Fica pouco claro quando os protobúlgaros se tornaram subordinados ou tributários dos avares: se no final do século VI ou no início do VII. Ver Romašov, 1992-1994, pp. 230-231.

[83] Róna-Tas, 2000, pp. 1-22.

[84] Golden, 2012, pp. 244-247, 253; Romašov, 1992-1994, pp. 207-252; Ziemann, 2007, pp. 142-160; Beševliev, 2008, pp. 45-74.

[85] Zimonyi, 1990; Xuzin, 1997.

[86] Dignas & Winter, 2007, pp. 188-195.

[87] O imperador Maurício (582-602), bem-sucedido contra os avares e os eslavos para lá do Danúbio, foi subjugado após demandar que seu exército ali passasse o inverno (Teofanes, *Crônica*, *apud* Mango & Scott, 1997, vol. 1, pp. 282-290).

[88] Golden, 1991, pp. 132-157.

22

ASPECTOS DA REPRESENTAÇÃO DE ELITES ENTRE OS GOTURCOS DOS SÉCULOS VI E VII

Sören Stark[1]

Em um importante estudo de 2012, J. K. Skaff destacou o papel das relações entre patronos e clientes e da diplomacia das trocas ideológicas na Eurásia Oriental, em geral, e nas fronteiras entre a China e a Ásia Central, em particular.[2] Essa abordagem vai muito além do modelo convencional de conexões culturais pela Rota da Seda, uma vez que desvia o foco das sociedades mercantis e de oásis situadas entre impérios agrários, muitas vezes por uma perspectiva reduzida de Oriente-Ocidente/Ocidente-Oriente. Antes, ela presta a devida atenção em aspectos compartilhados como o de cultura política e competição inter-reinos ao longo de grandes regiões da Eurásia, incluindo as estepes. É a inclusão integral da sociopolítica do mundo das estepes na abordagem de Skaff que faz dela uma estrutura bastante útil para obtermos uma melhor compreensão do papel das elites goturcas como agentes de comunicação, transmissão e apropriação cultural. Isso transcende em muito seu papel de patronos de mercadores sogdianos, algo que se atribui a eles na narrativa convencional da Rota da Seda.

É evidente que, de modo geral, se reconhece que, com o estabelecimento do domínio goturco em meados do século VI EC sobre grandes porções da Eurásia Central, o intercâmbio político e econômico em todo o continente eurasiano se intensificou de forma notável. O que ainda é insuficientemente compreendido é como a participação dos goturcos nessa complexa rede de intercâmbios, além de sua competição com outros atores imperiais da época, impactou e moldou sua própria autorrepresentação. No centro da discussão estão, é claro, monumentos oficiais comprovadamente criados pelas elites imperiais goturcas. Tradicionalmente, nossa noção de representação das elites em ambientes goturcos é muito dominada por seus memoriais no vale de Orcom e em demais localidades na Mongólia Central, agora acompanhados pelas célebres inscrições rúnicas túrquicas. Entretanto, por datarem da primeira metade do século VIII EC, eles pertencem à fase mais recente do domínio goturco, devendo ser entendidos no contexto de um Estado deveras reduzida que enfrentava seu declínio.[3] Devemos ter cuidado para não projetar automaticamente todos os elementos dessa imagem nas primeiras décadas do domínio goturco na Eurásia Central, quando seu poder teve um alcance muito maior e suas elites competiram com uma gama mais ampla de atores imperiais a si contemporâneos. A discussão a seguir estará voltada, portanto, ao período anterior ao restabelecimento do domínio Ashina na Ásia Central, de aproximadamente meados do século VI ao século VII (Mapa 9).

Características “chinesas”

Como um ponto de partida esclarecedor para nossa discussão, tomemos o mui discutido memorial de Bugut na Mongólia Central. Apesar das tentativas recentes de atribuir outros monumentos ao período de unidade política inicial dos goturcos (até o ano de 581) – mais sobre esse tópico abaixo –, esse continua sendo o único monumento que indubitavelmente data desse período inicial. Esse sítio arqueológico foi apenas parcialmente escavado.[4] Hoje é mais conhecido por uma estela (Figura 22.1) contendo, além de uma inscrição não decifrada em escrita brami (ver mais adiante), uma inscrição sogdiana.[5] Essa inscrição sogdiana nos permite identificar o monumento Bugut como o memorial fúnebre do quarto grão-cã goturco, Tatpar, falecido em 581. Além disso, a estela de Bugut e sua configuração também nos fornecem um vislumbre das complexas apropriação e adaptação de símbolos de legitimidade pelas elites imperiais dos goturcos primevos. Alguns desses símbolos remontam a modelos "chineses": a própria estela de Bugut apresenta elementos iconográficos conhecidos das estelas funerárias, comemorativas e religiosas chinesas (incluindo formas budistas). Um desses elementos é a base de tartaruga (Figura 22.2) – a tartaruga sendo conhecida como um símbolo de longevidade nas estelas funerárias chinesas desde o final do Período Hàn Oriental.[6] Como as bases das tartarugas são raramente usadas em estelas budistas chinesas,[7] uma conexão com o budismo aqui parece bastante improvável. Outro elemento iconográfico de origem "chinesa", situado no topo da estela de Bugut, é um par de dragões entrelaçados.[8] Ademais, a decoração arquitetônica de Bugut tinha um forte tom chinês, como podemos constatar no fragmento de uma placa de terracota com uma face de demônio (Figura 22.3) e nos fragmentos de centenas de telhas ao estilo chinês.[9]

Figura 22.1 – Estela de Bugut, vista frontal.

Figura 22.2 – Estela de Bugut, base de tartaruga.

Assim, não restam dúvidas de que os primeiros grão-cãs goturcos, ao menos aqueles que governavam a ala oriental do Estado goturco, apropriaram-se de elementos chineses de representação de elites para propósitos representativos próprios, assim como as elites de outras – sobretudo orientais – entidades políticas de estepe anteriores e posteriores.[10] Podemos observar o mesmo fenômeno em dois outros monumentos da Mongólia Central, também considerados como datados da fase inicial do domínio goturco, ou seja, antes de 630: os memoriais em Idèr e em Boroo.[11]

Figura 22.3 – Fragmento de uma placa de terracota, Bugut.

O memorial em Idėr foi submetido a escavações de pequena escala em 1976 e 1982.[12] Sua planta (Figura 22.4)[13] traz semelhanças com a do memorial de Bugut: ambas se orientam, de forma aproximada, por um eixo Leste-Oeste e são encerradas por uma parede retangular baixa. As estruturas situadas no recinto de terra do memorial de Idėr não são inteiramente claras, devido ao caráter limitado da escavação e à qualidade de sua publicação. Menciona-se que, na metade ocidental da área cercada, um monte baixo de pedras irregulares pode ou não representar os restos de um recinto cercado por pedras, semelhante ao de Bugut. A pequena área escavada a Leste do recinto revela as ruínas de uma parede (de pedra?) que liga Leste a Oeste com uma pequena edificação de tijolos de barro, assim como postes diversos, interpretados por Sartkojauly como parte de uma "capela" ao modelo de um pavilhão. Os numerosos fragmentos de telhas de tipo chinês encontrados no local aparentemente advêm desse edifício.[14] A Leste da seção escavada e ainda no interior do muro da área cercada correm duas fileiras de *balbals* (estelas antropomórficas feitas de pedra), ladeando o eixo central da estrutura – elemento que não encontramos em Bugut. A descoberta arqueológica mais significativa da estação é uma base de tartaruga (Figura 22.5) que outrora carregou uma estela cujo paradeiro é desconhecido. Essa base de tartaruga – cuja cabeça está faltando – traz semelhanças estilísticas com a de Bugut, mas dificilmente constitui uma prova para uma datação anterior a 630 EC. Consequentemente, Voitov data o sítio arqueológico cautelosamente entre os "séculos VI a VII".[15] A descoberta de uma telha inscrita com várias letras rúnicas por uma equipe nipo-mongol em 1999 não nos permite estreitar mais essa datação. Hayashi Toshio identificou os caracteres como ll^2l^2k, interpretando-os como fragmento do título **Ellig Qaghan*, que muitas vezes (mas não unanimemente) se acredita estar por trás da tradução chinesa "*Yili kehan*", o título assumido por Bumïn assim que ascendeu ao posto supremo na primavera de 552. De sua leitura dos caracteres, Hayashi identificou Idėr como o memorial do fundador do grão-canato goturco.[16] Ainda que a linha de raciocínio de Hayashi esteja correta, sua conclusão indicaria somente que, em algum momento da primeira metade do século VIII – quase 200 anos após o reinado de Bumïn –, o memorial em Idėr passou a ser percebido pelos goturcos orientais tardios como um memorial de seu grão-cã fundador.

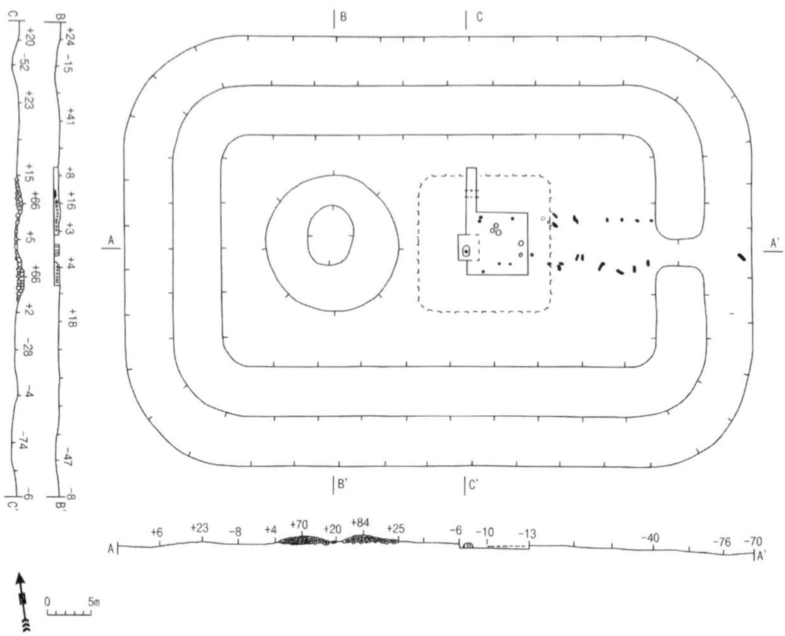

Figura 22.4 – Planta do memorial, Idėr.

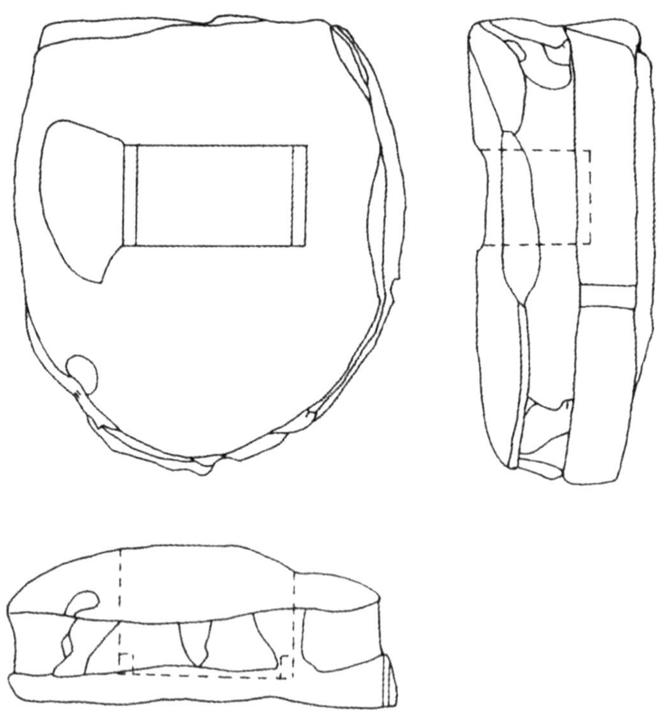

Figura 22.5 – Base de tartaruga, Idėr.

Igualmente incerta é a data de uma estela do sítio arqueológico de Boroo, descoberta em 1976 por G. Menes e agora disposta no Museu Histórico Nacional da Mongólia em Ulan Bator.[17] De acordo com Sartkojauly, ela estava situada em um complexo de memoriais semelhante aos de Bugut e Idėr (Figura 22.6).[18] Construída em granito e medindo 170 × 60 × 25 cm, essa estela supostamente carrega uma inscrição chinesa, disposta em 16 colunas verticais de 117 cm de comprimento, com caracteres de aproximadamente 15 cm de altura. As gravuras publicadas da estela, infelizmente, não são muito utilizáveis: aquela publicada por Sartkojauly está invertida e traz, na realidade, 19 colunas, ao passo que a publicada por Voitov traz apenas 15 colunas.[19] Nas fotografias publicadas por Sartkojauly (Figura 22.7), ao menos, é possível discernir 16 colunas; mas, em geral, a baixa qualidade das imagens não nos permite verificar a presença de quaisquer caracteres na estela.[20] Até onde sei, se de fato há ali uma inscrição chinesa, ela nunca foi lida.[21]

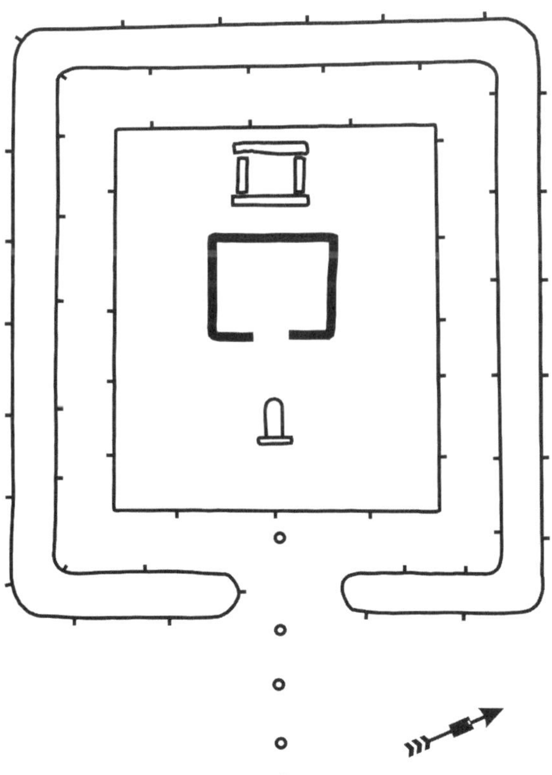

Figura 22.6 – Planta do memorial, Boroo.

Figura 22.7 – Estela, Boroo.

A estela está encimada por um par de dragões entrelaçados, bastante semelhantes aos de Bugut. No entanto, o topo da estela de Boroo também contém um desvio bastante interessante do "modelo padrão chinês" na medida em que preenche o espaço entre os dragões com a representação frontal de um rosto com um bigode enrolado – um detalhe deveras original, não encontrado em qualquer estela chinesa existente, até onde sei. Embora estelas budistas com topos de dragões da China naquele sítio tragam, em geral, uma pequena imagem de Buda ou uma tríade,[22] a face da estela de Boroo aponta para uma direção diferente: ela se assemelha fortemente a faces encontradas em estátuas de pedra túrquicas (Figura 22.8). Considerando que a datação da segunda metade do século VI e da primeira metade do século VII seja de fato correta, somos tentados a entender esse topo peculiar da estela de Boroo à luz dos relatos do *Běishǐ* e do *Suíshū* acerca da comemoração do membros das elites goturcas (*tujué*) falecidas, em sequência do enterro real: "Eles situam um marcador sobre o túmulo e constroem uma casa onde é pintado um retrato do falecido, assim como as cenas de lutas ocorridas em seu tempo de vida".[23] Ambos os aspectos – o retrato do falecido (imaginado pelos chineses como pinturas) e um registro das posturas heroicas do falecido em batalhas e combates – parecem estar encapsulados na estela de Boroo. O último aspecto estaria presente não na forma de imagens, mas como uma inscrição memorial.

Figura 22.8 – Detalhe de uma estatueta túrquica, Museu Taraz.

Elementos das regiões fronteiriças do Leste iraniano e/ou do Turquestão Oriental

Voltemos brevemente ao caso da estela de Bugut, já que ela nos esclarece melhor a complexidade da apropriação transcultural de símbolos de legitimidade em meio aos goturcos. Apesar de seu tom iconográfico distintamente chinês (um dragão no topo, uma base de tartaruga), a estela de Bugut não é simplesmente uma tentativa de copiar uma estela chinesa padrão para memoriais. De fato, ela apresenta uma alteração significativa do padrão, uma vez que o patrono responsável por sua execução optou por inscrever a estela não com uma inscrição chinesa regular, mas com uma inscrição sogdiana e outra em alfabeto brami.[24] Assim, observamos que os goturcos do final do século VI não eram copiadores servis dos modelos chineses de representação da elite, e de forma alguma se pautavam unicamente por influências chinesas. Antes, eles empregaram recursos para a representação de sua elite a partir de um escopo geográfico muito mais amplo.

Parece que essas características foram submetidas a uma seleção intencional, possivelmente como uma resposta a um público diverso de um ponto de vista cultural e linguístico. De fato, a inscrição sogdiana de Bugut foi prontamente justificada pela presença de escribas, administradores e diplomatas sogdianos nas cortes dos grão-cãs goturcos, e é frequentemente citada como evidência para a suposta função do sogdiano como língua franca por toda a Eurásia Central. Contudo, pode-se duvidar se tudo isso nos aproxima de uma compreensão adequada das intenções do(s) patrono(s) dessa estela. Tais explicações, por exemplo, ignoram tacitamente a existência de uma outra inscrição na mesma estela: aquela em escrita brami.[25] O mau estado de conservação dessa inscrição impediu qualquer leitura bem-sucedida até então; consequentemente, ainda não está claro em que idioma ela foi redigida, embora com frequência se afirme se tratar de um texto sânscrito. Uma das razões para tal é, provavelmente, que tal visão coincide com a leitura original de V. A. Livšic da inscrição de Bugut, segundo a qual o texto menciona a fundação de uma sanga budista.[26] Entrementes, porém, a maioria das referências ao budismo em Bugut foi deixada de lado com a leitura e a tradução revisadas de Yoshida e Moriyasu.[27]

Obviamente a escolha da escrita brami era importante para quem solicitou a inscrição. Portanto, temos que procurar outras possíveis razões pelas quais o(s) patrono(s) goturco(s) desejava(m) ter um texto em tal alfabeto na estela em questão. Antes de tudo, é importante notar que a estela de Bugut não é a única das estepes da Eurásia Central contendo uma inscrição em alfabeto brami. Há notícias de mais duas na Mongólia Central, no sítio arqueológico de Khüis-tolgoi. A composição espacial do sítio de Khüis-tolgoi, descoberto em 1975 pelo arqueólogo mongol D. Navaan, difere substancialmente das de Bugut, Idėr e Boroo, como foi mencionado anteriormente: em Khüis-tolgoi não há vestígios de uma parede de delimitação, telhas e *balbals*. Antes, Sartkojauly menciona um grande túmulo de 18 metros de diâmetro contendo fragmentos de um pedestal de pedra que, originalmente, talvez fizesse parte de um baú de pedra retangular.[28] Uma estela com caracteres brami foi encontrada a Leste do túmulo. O local exato de uma segunda estela, aparentemente também contendo uma inscrição brami mal preservada, não está detalhado em qualquer publicação a mim disponível. Devido ao seu mau estado de conservação, ambas as inscrições ainda não foram decifradas.[29] Assim, por enquanto, a data e a função do sítio Khüis-tolgoi permanecem amplamente desconhecidas.[30] No entanto, uma dica para a datação desse monumento deriva do formato de alguns dos caracteres brami, cuja paleografia está próxima à do alfabeto brami utilizado no Turquestão Oriental por volta de 600 EC.[31] O Turquestão Oriental não era, é claro, a única área na qual se utilizava a escrita brami, tampouco a única que estava sob influência dos goturcos do século VI ao VII ou em contato próximo com eles. Mais a Oeste e ao Sul, do início do Período Cuchana em diante, brami era "a escrita internacional", lida desde Samarcanda até Benares; todos os demais alfabetos tinham um caráter mais local.[32] Esse continuava sendo o caso no período imediatamente anterior e posterior à ascensão dos goturcos: variantes de brami eram empregadas para escrever uma grande variedade de idiomas.[33] Além disso, vale lembrar que a escrita brami foi amplamente utilizada junto da bactriana em selos pessoais e em moedas na Báctria/Tocaristão e nas fronteiras indo-iranianas.[34] Essa conexão pode parecer descabida – mas, curiosamente, a descoberta de um conjunto monumental em 2008 e 2009 por E. M. Baitenov no sítio arqueológico de Chagan-obo, nas montanhas Tarbagatai, ao Leste do Cazaquistão, aponta na mesma direção. Ele consiste em um vasto túmulo do qual uma extensa fileira de lajes verticais de pedra corre para o Leste por cerca de 1.270 metros. Em sua extremidade oriental, a fileira é atravessada por outra perpendicularmente orientada – que liga, embora não de forma muito exata, Norte-Sul – de lajes de pedra com cerca de 150 metros de comprimento. A cerca de 150 metros da extremidade Sul dessa linha perpendicular, foram observados diversos pequenos *kurgans* (túmulos) com anéis de pedra de cinco a sete metros de diâmetro. Particularmente interessantes são três inscrições em duas lajes de pedra nesse sítio. Duas inscrições – uma em brami e a outra, ao que parece, em bactriano – aparecem na primeira laje da fileira de *balbals* que segue para o Leste, próxima ao túmulo; outra – em brami – foi gravada em uma das lajes de pedra perto da interseção das fileiras de orientação Leste--Oeste e Norte-Sul, no setor Sul da linha Norte-Sul.[35] Embora essas novas inscrições de Chagan-obo – como as de Khüis-tolgoi – necessitem de um estudo mais aprofundado antes que possamos tirar quaisquer conclusões de natureza historiográfica a seu respeito, deve ficar claro a partir desta breve pesquisa que o emprego do brami em Bugut não consiste em um fenômeno isolado. Pode ter sido motivado pelo prestígio particular que essa escrita desfrutava em muitas das partes da Ásia Central Ocidental que eram governadas ou controladas pelos goturcos. Talvez devêssemos entender o emprego de sogdiano e brami em Bugut como uma estratégia utilizada para expressar a reivindicação dos goturcos ao *status* imperial. Não teria sido a primeira nem a última vez que essa foi uma razão importante por trás da autoria de inscrições multilíngues em todo o mundo antigo.

Figura 22.9 – Estátua, Xiăo Hóngnahăi.

É de esperar que as influências do Leste iraniano e/ou do Turquestão Oriental devem ter sido particularmente intensas em meio às elites dos goturco-ocidentais. Elas se fazem evidentes na grandiosa estátua do memorial em Xiǎo Hóngnahǎi (em Moñğulküre Awdanı) (Figura 22.9), situada na região alta de Ili, na atual Xīnjiāng, onde se vê uma inscrição sogdiana em sua parte inferior.[36] Embora essa inscrição ainda tenha sido insuficientemente estudada, ela indica que a estátua foi erigida em homenagem ao grão-cã Niri, cujo governo é aproximadamente de 588 a 598/599.[37] Assim, a estátua retrata o mesmo grão-cã e consiste em um importante testemunho da "iconografia principesca" em meio a elites imperiais dos goturco-ocidentais. Como a estátua demonstra, um elemento-chave dessa iconografia é o motivo do "banquete principesco" – um motivo amplamente conhecido desde a representação das elites de Sogdia e Tocaristão no Oeste, estendendo-se até o universo dos xiānbēi--sogdia no Norte chinês. Um traço distintivo desse motivo é a maneira requintada como o banqueteiro segura a base da taça, usando apenas dois ou três dedos (Figuras 22.10 e 22.11).[38] Esse mesmo gesto – embora executado de maneira um tanto desajeitada – é aplicado à estátua em Xiǎo Hóngnahǎi (Figura 22.12), o que sugere um empréstimo iconográfico da arte tocaristaniana, sogdiana ou sino-sogdiana contemporânea. Outro elemento na autorrepresentação do grão-cã goturco-ocidental, seu capacete emblemático, pode ter sido adotado também no Turquestão Oriental.[39]

Figura 22.10 – Tigela de prata, Tocaristão.

Figura 22.11 – Detalhe do sarcófago de Wirkak.

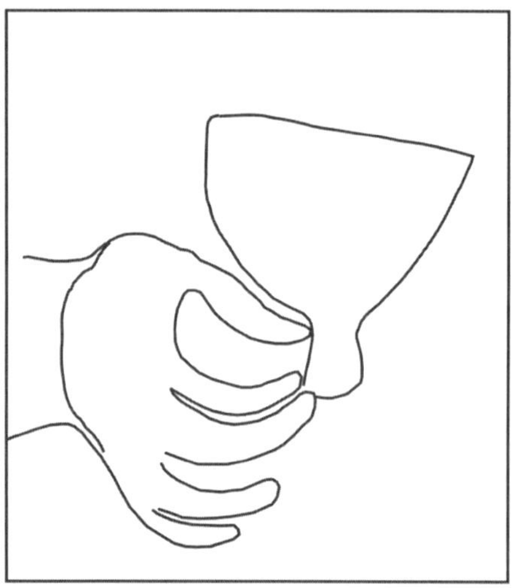

Figura 22.12 – Detalhe da estátua, Xiăo Hóngnahăi.

Mais informações sobre a autorrepresentação "real" dos grão-cãs goturco-ocidentais podem ser obtidas por meio de um interessante grupo de moedas de bronze que circulava localmente na região de Chāch.[40] Aparentemente, elas foram cunhadas em nome das elites imperiais goturco-ocidentais do início do século VII (cuja sede ocidental estava situada nos arredores, em um lugar chamado "Mil Primaveras"); contudo, por circularem apenas localmente, tudo o que revelam é como os goturco-ocidentais se apresentavam como governantes legítimos aos seus súditos do oásis de Chāch. Dado que discuti em maiores detalhes a respeito desse conjunto de moedas em um artigo recente,[41] será o bastante ressaltar aqui os motivos que conectam essas moedas com iconografias reais e divinas no Grande Irã: um *takht* (trono) com suportes zoomórficos,[42] um deusa alada semelhante à Nike helenística trazendo um diadema ou um anel de investidura ao governante (Figura 22.13), além de um altar de fogo (Figura 22.14).

Elementos "bizantinos"

A cunhagem de moedas de cobre goturco-ocidentais a partir de Chāch é importante por ainda outro motivo, à primeira vista um tanto surpreendente: o "empréstimo" de elementos iconográficos de Bizâncio. Um subgrupo inserido nesse *corpus* traz imitações evidentes do retrato de Justiniano I no anverso (Figura 22.15).[43] Como mostra A. Naymark, as moedas bizantinas eram um fenômeno raro na Grande Sogdia.[44] Assim, de que forma as elites goturco-ocidentais se familiarizaram com elas e qual era a lógica por trás do emprego da iconografia numismática bizantina na cunhagem local, sancionada pelos goturco-ocidentais? Bem se sabe que as *nomismata* bizantinas chegavam às cortes turco-ocidentais como presentes diplomáticos no contexto das alianças turco-bizantinas – primeiro nas décadas de 560 e 570, e então novamente na década de 620.[45] Pois bem, há ainda indícios de que essas *nomismata* – ou imitações delas – foram (re)empregadas pelos turco-ocidentais como presentes diplomáticos seus, e desse modo podem ter circulado até a atual Mongólia (ver indícios abaixo). Suporte para essa suposição pode ser encontrado no Documento de Otani nº 1.040.[46] Em seu verso é feita referência a cartas enviadas por dois funcionários goturco-ocidentais, um *shad* e um *tarqan* (respectivamente, de alto e médio escalão).[47] Ambas as cartas foram "acompanhadas por uma moeda de ouro", uma moeda "enviada pelo rei" (ou seja, o próprio grão-cã) e outra "enviada pela *qatun*" (ou seja, pela esposa do grão-cã). Muito provavelmente, essas "moedas de ouro" (*jīnqián*) eram autênticas *nomismata* bizantinas, fossem elas imitações ou bracteatas. Como observa Lin Yin, as *nomismata* e/ou suas imitações foram empregadas pelas elites imperiais goturcas para refletir o *status* hegemônico de sua política na

Eurásia Central.[48] Isso fornece uma chave para entendermos a imitação do retrato do imperador no anverso das moedas de cobre de Chāch: aparentemente, a iconografia imperial bizantina foi apropriada com o fim de sinalizar uma reivindicação de *status* "imperial" equivalente entre os mestres dos pequenos príncipes em Chāch.

Figura 22.13 – Moedas de cobre, Chāch.

Figura 22.14 – Moedas de cobre, Chāch.

Figura 22.15 – Moedas de cobre, Chāch.

Elementos "estrangeiros" em debate: a tumba em Shoroon Bumbagar

A maioria dos exemplos supramencionados permanece isolada, estando muito apartados uns dos outros geograficamente. Permitam-me, portanto, oferecer algumas novas evidências arqueológicas da Mongólia que esclarecem como esses diversos elementos foram combinados e atuaram para um único agrupamento da elite.

O leitor pode ter se questionado por que até agora uma categoria crucial de evidência arqueológica, tão comumente invocada em discussões sobre a representação da elite nômade, não foi mencionada: a dos mobiliários funerários.[49] A razão para tal é que as evidências dessa categoria nos séculos VI e VII ainda são extremamente escassas, e os poucos locais de sepultamento devidamente escavados e publicados que datam de antes do século VIII – localizados principalmente no Altai russo – não se relacionam diretamente com quaisquer "elites imperiais" e, portanto, possuem apenas um valor limitado para nossa discussão.[50]

Essa situação mudou no verão de 2011 com a escavação de um túmulo, no sítio arqueológico de Shoroon Bumbagar, por uma equipe mongol-cazaque.[51] A tumba ali encontrada trazia uma arquitetura tumular bem conhecida das tumbas da elite chinesa (Figura 22.16): ao Sul, há uma entrada por uma rampa com quatro saídas de ar verticais, terminando em dois nichos laterais e uma câmara funerária quadrada. À mesma tradição pertencem as cerca de cem estatuetas *míngqì* do inventário da tumba, além de murais de estilo táng que outrora majestosamente decoraram o interior da tumba.

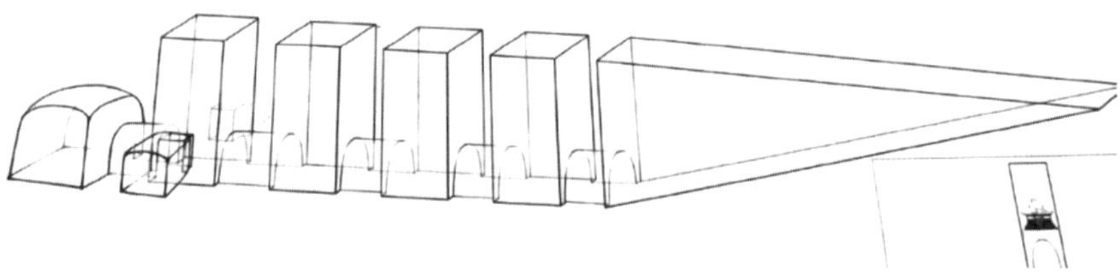

Figura 22.16 – Planta do túmulo, Shoroon Bumbagar.

Como aponta U. Azuma, a arquitetura e os murais da tumba de Shoroon Bumbagar estabelecem paralelos particularmente próximos com tumbas táng de meados de 670.[52] Essa datação é reforçada por outros paralelos, por exemplo, espécimes diversos de acessórios banhados a ouro de uma rédea de cavalo do túmulo (ou *kurgan*) nº 29 no cemitério Iustyd-2 II (no Altai russo), com datação de radiocarbono da segunda metade do século VII.[53] Uma datação de cerca de 670 para a tumba de Shoroon Bumbagar colocaria o complexo no período entre 646 e 682, quando as estepes da Mongólia Central faziam parte do sistema administrativo *jīmí* (em chinês, "sistema de freios") da Dinastia Táng, empregando oficialmente vários líderes regionais tiele como comandantes regionais e governadores.[54] Tal hipótese explicaria o que é essencialmente uma cópia exata de uma tumba de elite do período táng intermediário, inclusive de sua decoração. Suporte adicional para essa perspectiva advém de uma escavação funerária próxima em Shoroon-dov, onde, em 2009, uma tumba muito semelhante – embora sem pinturas murais – foi descoberta por uma equipe russo-mongólica.[55] Uma vez que a tumba de Shoroon-dov continha uma tábua funerária de tipo chinês (*mùzhìmíng*), sabemos que o dono da tumba era um líder local leal aos táng – um certo Púgù Yǐtū (falecido em 678), líder da tribo Pugu.[56] Possivelmente a tumba de Shoroon Bumbagar pertencia a outro membro da elite Pugu.

Outros elementos ligam o proprietário do túmulo diretamente às camadas da elite das estepes goturcas – entre eles se encontram, por exemplo, os restos de uma cremação, prática habitual de enterro para membros da alta aristocracia do mundo túrquico durante os séculos VI e VII.[57]

De particular interesse são as várias dezenas de moedas de ouro e bracteatas encontradas em associação com os resquícios dessa cremação – o mais vasto conjunto de tal material já encontrado nas estepes da Ásia Interior.[58] Antes da descoberta em Shoroon Bumbagar, apenas um exemplo de bracteatas de ouro baseadas em uma representação de uma moeda de imitação de Heráclio (ou outra bracteata) era conhecido na região, a partir do inventário de um cavaleiro enterrado em Uvgunt.[59] Um espécime de Shoroon Bumbagar é uma nomisma original de Heráclio/Heráclio Constantino.[60] Outros três são imitações de *nomismata* bizantinas (entre eles uma "imitação" de uma *nomismata* de Flávio Focas Augusto e outra de Heráclio/Heráclio Constantino).[61] Ao menos 12 espécimes são bracteatas de ouro baseadas em imitações de moedas bizantinas;[62] outros dez espécimes consistem em bracteatas de ouro baseadas nos reversos de dracmas sassânidas.[63]

Cinco espécimes de bracteatas e uma moeda de imitação consistem em elementos mais distantes ou praticamente independentes de protótipos bizantinos; eles parecem ter por base ou representar relações sogdianas ou bactrianas. No entanto, também eles trazem um caráter distintamente classicizante, o que os torna o grupo mais relevante para o contexto de nossa discussão, exigindo que lhe voltemos a atenção.

O grupo subdivide-se em dois tipos de bracteatas de ouro e uma moeda de imitação feita de ouro. O primeiro tipo de bracteata – representado por ao menos quatro espécimes –[64] traz um busto masculino barbudo de perfil com uma pseudolegenda (imitando a escrita latina) (Figura 22.17). O segundo tipo de bracteata – representado por um único espécime –[65] traz um busto em perfil de três quartos, o qual, em última análise, deriva de um protótipo de Anastácio ou Justiniano primitivo,[66] mas na ocasião carrega uma elaborada coroa alada (Figura 22.18). À esquerda do retrato surge uma cruz grega. Por fim, a moeda de imitação, também representada por um único espécime (Figura 22.19),[67] apresenta um busto semelhante no anverso, em perfil de três quartos – ele sugere ser também um protótipo distante de Anastácio ou Justiniano, dessa vez executado de forma mais elaborada e embelezado com detalhes adicionais, sendo acompanhado por uma pseudolenda latina. No reverso surge uma cruz em uma plataforma de quatro degraus, contendo estrelas e uma pseudolegenda. A figura do anverso usa um capacete emblemático, composto por um diadema perolado com cinco saliências pontiagudas e um capuz perolado acima, juntamente com dois pares de fitas flutuantes. Uma comparação próxima a esse acessório bastante incomum se encontra na representação de personagens "reais" em um ciclo narrativo de pinturas murais do século VI no Edifício Principal nº 2 no Templo 2 em Pendjikent (Figura 22.20).[68]

Figura 22.17 – Bracteata, Shoroon Bumbagar.

Figura 22.18 – Bracteata, Shoroon Bumbagar.

Em vista de nossa discussão, o que é mais notável sobre essa moeda de imitação singular e os dois tipos de bracteata é o emprego habilidoso de elementos que deviam ter-lhes conferido uma clara aparência romana – ao menos aos olhos de um observador nas estepes orientais. Isso foi alcançado por meios estilísticos (como o perfil de três quartos de alguns dos retratos) e pelo emprego de motivos específicos – por exemplo, o motivo do cavaleiro no retrato do anverso da moeda de imitação (originada do escudo do imperador em moedas bizantinas do século VI), a cruz erguida sobre um conjunto de degraus (revertendo, com a pseudolegenda, todo o reverso da moeda em uma imitação de uma nomisma reversa), ou a cruz ao lado no retrato na bracteata de tipo 2. O busto da figura masculina barbada de perfil (bracteata de tipo 1) também dá mostras de um talento decididamente clássico. Ele pode ser comparado a dois medalhões de prata (um deles dourado) encontrados em um estrato do início do século VIII escavado no Templo 2, em Pendjikent.[69] Semelhantes *tondi* (ou seja, motivos circulares) aparecem em utensílios metálicos dos séculos V, VI e VII do Tocaristão, do Império Sogdiana e das regiões fronteiriças indo-iranianas.[70]

Figura 22.19 – Imitação de moeda, Shoroon Bumbagar.

Para um observador nas estepes do interior da Ásia, todos esses retratos fantasiosos, com suas muitas adições e combinações, podem ter sido percebidos como imagens do César romano – mesmo que o retrato real fosse acompanhado por objetos de origem (supostamente) sogdiana como a coroa alada. Nas estepes, ao que parece, essa imagem sinalizava *status* social e político supremo, de quando os turco-ocidentais as utilizavam para sinalizar legitimação imperial em suas próprias transações diplomáticas. Ao mesmo tempo, no Oriente, as moedas romanas se tornaram um símbolo de opulência. Isso pode se relacionar ao conceito de quatro monarquias mundiais nos quatro cantos do mundo, com os reis de tesouros localizados no Ocidente.[71] Particularmente em contextos funerários, qualquer alusão a Roma tornou-se uma forma popular de ressaltar a riqueza e a prosperidade do falecido.

Figura 22.20 – Pintura mural de Pendjikent, Templo 2.

Tomados em conjunto, os elementos individuais do conjunto funerário de Shoroon Bumbagar nos oferecem percepções intrigantes sobre a sofisticação com a qual objetos, práticas e elementos iconográficos de um contexto cultural diversificado foram combinados e reinterpretados para representar a elite do século VII nas estepes da Ásia Interior.

Conclusão

Com a criação e a expansão de sua presença política, as elites goturcas prontamente adotaram uma variedade impressionante de elementos chineses, iranianos e até mesmo bizantinos para sua representação, criando, assim, seus próprios símbolos de poder de forma a expressar governo legítimo e *status* principesco. Decerto os detalhes envolvidos nesse processo ainda são pouco compreendidos, e muito reside, até então, no campo das conjecturas. Todavia, em linhas gerais, podemos discernir que tal apropriação jamais foi uma questão de cópia aleatória, mas, antes, de seleção deliberada de elementos e traços estrangeiros que ressoavam com noções, concepções e experiências enraizadas no próprio *Lebenswelt* da elite.

A variedade resultante dessas expressões pode ser entendida como uma resposta a uma considerável variedade etnocultural do público a que se dirigiam. A esse respeito, a situação nas cortes goturcas durante a segunda metade do século VI e início do século VII era bem diferente da encontrada na época de Bilge Qaghan e Kül Tegin, na segunda e na terceira décadas do século VIII. Essa é uma razão provável pela qual a representação da elite goturco-oriental tardia parece muito mais uniforme, muito mais focada em um diálogo com a cultura contemporânea da elite táng. É possível que exatamente essa crescente homogeneidade etnocultural dos súditos tenha exigido, para a representação da elite goturco-oriental tardia, a criação e o emprego das famosas inscrições rúnicas túrquicas que hoje são – equivocadamente – percebidas como emblemáticas do período da suserania turca nas estepes da Eurásia.

Notas

1 Gostaria de agradecer cordialmente a E. M. Baitenov, J. Bemmann, S. Heidemann, D. Maue, A. Naymark e N. Sims-Williams por me proverem com informações acerca de tópicos diversos. Todos os eventuais equívocos são meus. Agradecimento especial aos organizadores da conferência "Worlds in Motion" por suas vívidas discussões, das quais o presente artigo se beneficiou imensamente.

2 Skaff, 2012.

3 Stark, 2015, pp. 463-502; aqui, pp. 488-493.

4 A estação arqueológica foi descoberta em 1956 por Ts. Dorjsüren, que igualmente conduziu algumas escavações iniciais e limitadas no local (as quais nunca foram publicadas). Escavações algo mais substanciais e sistemáticas ocorreram em 1982, sendo mais tarde publicadas em formato parcial em trechos diversos de *Drevnetiurskii panteon i model' mirozdaniia [v kul'togo-pominal'nykh pamiatnikakh Mongolii VI-VIII vv.]* de Voitov, 1996, pp. 27-30, 33, *passim*. Ver também Moriyasu & Hayashi, 1999, p. 121; Stark, 2008, pp. 71-73.

5 Kljaštornyj & Livšic, 1972, pp. 69-102; Yoshida & Moriyasu, 1999, pp. 122-124.

6 Wong, 2004, p. 27; Paludan, 1991, p. 50. Para exemplos da época das Seis Dinastias, ver Dien, 2007, pp. 205-206.

7 Wong, 2004, p. 64.

8 A sugestão mais antiga de Kljaštornyj é a de interpretarmos os fragmentos restantes como a representação de um lobo e um menino, e, portanto, como uma referência ao célebre mito de origem túrquico (Kljaštornyj & Livšic, 1972, p. 96). Ela pode ser deixada de lado com segurança, já que o trabalho da equipe mongol-japonesa na estação revelou, em 1997, mais dois fragmentos que indicam se tratar da representação de duas criaturas semelhantes entrelaçadas (Moriyasu & Hayashi, 1999, p. 121, pl. 1ª-f). Voitov já sugeriu que duas bestas entrelaçadas no topo da estela seriam dragões (Voitov, 1996, p. 102). Minha própria inspeção da estela confirma que a interpretação de Voitov está correta (ver a fotografia em Stark, 2008, Figura 9).

9 Stark, 2008, pp. 71, 73, Figura 2d.

10 Para uma questão dos chamados elementos chineses da representação da elite entre os goturco-ocidentais, ver Stark, 2015, p. 481.

11 Joldasbekov & Sartkojauly, 2006, pp. 34-66; Tashio, 2005.

12 Hayashi, 2005, pp. 277-278.

13 A planta representada na Figura 22.4 combina elementos encontrados nas plantas em Voitov, 1996, e em Joldasbekov & Sartkojauly, 2006, assim como na descrição de Hayashi, 2005. Nenhuma delas é fidedigna.

14 Joldasbekov & Sartkojauly, 2006, p. 61.

15 Voitov, 1996, p. 28.

16 Hayashi, 2005, pp. 279-280.

17 Bazylkhan, 2010a, p. 11.

18 Sartkojauly, 2003, pp. 109-110; Joldasbekov & Sartkojauly, 2006, pp. 54-58.

19 Joldasbekov & Sartkojauly, 2006, Figura 17; Voitov, 1996, Figura 62.

20 Joldasbekov & Sartkojauly, 2006, Figuras 17-18.

21 Bazylkhan, 2010a, p. 11.

22 Wong, 2004, p. 63.

23 Yánshòu, 1974, pp. 99 [3288]. O capítulo em questão do *Suíshū* diz: "[Eles erguem] um poste de madeira para o túmulo e constroem uma casa na qual é pintado um retrato do falecido, bem como cenas das batalhas em que o falecido participou durante sua vida". Zhǐ, 1973, p. 84 [1864]. Ambas as traduções são do articulista.

24 M. R. Drompp enfatizou a importância dessas inscrições não chinesas na estela de Bugut em "The Lone Wolf in Inner Asia" (Drompp, 2011, p. 522).

25 Yoshida, 1999, p. 125.

26 Kljaštornyj & Livšic, 1972, pp. 78-79.

27 Yoshida & Moriyasu, 1999, pp. 122-124.

28 Joldasbekov & Sartkojauly, 2006, pp. 34-37.

29 Bazylkhan, 2010b, p. 71; Joldasbekov & Sartkojauly, 2006, pp. 36-37. Uma leitura está sendo preparada no momento por D. Maue, A. Vovin e E. de la Vaissière.

30 A tentativa recente de Ōsawa Takashi de identificar o patrono responsável pela construção de Khüis-tolgoi como Anluo/Umna Qaghan é inteiramente especulativa; ver Ōsawa, 2013, pp. 641-642.

[31] Essa informação foi gentilmente concedida por D. Maue.

[32] Falk, 2011, pp. 61-62.

[33] Rybatzki, 2011, pp. 217-221.

[34] Lerner & Sims-Williams, 2011, *passim*; Vondrovec, 2014, *passim*.

[35] Baitenov, 2012, pp. 48-51.

[36] Meicun, 2005, pp. 386-387; Ōsawa, 2006; Stark, 2008, pp. 74-75; 2009.

[37] Stark, 2016, p. 2.132. De acordo com Vaissière (2010a, pp. 221-222), Niri Qaghan morreu em 604. Isso se baseia na leitura hesitante (e não publicada) de N. Sims--Williams da inscrição, que menciona "um ano do rato" (604/605[?]) e – ao que parece – a morte do grão-cã e da *qatun* no final do texto. Nicholas Sims-Williams gentilmente me informa (por *e-mail*, em 2 de novembro de 2014): "O 'ano do rato' parece bem claro, embora haja espaço para dúvida quanto ao que aconteceu naquele ano". Uma data tão tardia para a morte de Niri entra em conflito com toda a informação disponível acerca de sua biografia, assim como do curso geral de eventos.

[38] Hayashi, 2006, pp. 245-259; Stark, 2015, p. 483.

[39] Stark, 2009, pp. 121-123.

[40] Babaiarov, 2007; Shagalov & Kuznetsov, 2006, pp. 60-106.

[41] Stark, 2015, pp. 483-487.

[42] Acerca de tronos (tanto para soberanos quanto para deidades) apoiados por animais esculpidos, geralmente na forma de prótomos, ver Belenitskii, 1961, pp. 14-28; Gall, 1971, pp. 207-235; Harper, 1979, pp. 49-64.

[43] Shagalov & Kuznetsov, 2006, pp. 63-66. Shagalov e Kuznetsov listam somente seis espécimes como pertencentes a esse subgrupo.

[44] Naymark, 2001, p. 129; 2003, pp. 181-182.

[45] Ver a "compra" diplomática de ferro – certamente com *nomismata* bizantinas – pela embaixada de Zemarco (Blockley, 1985, pp. 116-117). Pouco tempo depois, em 625, foi "a perspectiva de grandes presentes" – ao lado do prospecto do saque – que persuadiu os goturcos a reunir uma aliança com Heráclio (Dowsett, 1961, p. 87).

[46] On, 1979, p. 332.

[47] Boqin, 1994, p. 10.

[48] Ying, 2006.

[49] Notem que os memoriais aqui discutidos não são de fato memoriais fúnebres, embora tal suposição persista na literatura secundária – ver Stark, 2008, pp. 137-141.

[50] Kubarev, 2005; Stark, 2008, pp. 95-105.

[51] Ochir; Ėrdėnėbold; Kharzhaubai & Zhantegin, 2013; Ochir & Ėrdėnėbold, 2012.

[52] Ushio, 2013, p. 35.

[53] Kubarev, 2005, pp. 369-370.

[54] Pan, 2012, pp. 3-26.

55 Danilov *et al.*, 2010, pp. 254-257.

56 Xin, 2011.

57 Stark, 2008, pp. 100-102.

58 A mais extensa documentação que me foi disponibilizada é de Ochir; Ėrdėnėbold; Kharzhaubai & Zhantegin, 2013, contendo um breve catálogo de "moedas" nas páginas 183-196 (isto é, moedas, imitações e bracteatas, 38 espécimes ao todo). Contudo, ao menos três espécimes publicadas anteriormente em Ochir & Ėrdėnėbold, 2012, não constam nesse catálogo. Como Jan Bemmann gentilmente me informa, há outros espécimes não publicados dessa tumba.

59 Kljaštornyj; Savinov & Shkoda, 1990, pp. 5-16.

60 Ochir; Ėrdėnėbold; Kharzhaubai & Zhantegin, 2013, p. 189 (KhKhM2012.5.142). De acordo com Stefan Heidemann, essa moeda foi cunhada pela segunda *officina* (casa de moeda) em Constantinopla entre meados de 616 e meados de 625 (comunicação pessoal, 2 de junho de 2015). Com essa datação, ela poderia muito bem ter feito parte daqueles "presentes substanciais" que os goturcos receberam dos bizantinos durante sua aliança contra os sassânidas de 625 a 628 (ver nota 44 do presente capítulo). Mais tarde, ela foi transformada em uma joia, antes de ser finalmente depositada como parte de um inventário tumular na Mongólia Central.

61 Ochir; Ėrdėnėbold; Kharzhaubai & Zhantegin, 2013, pp. 189, 193 (KhKhM2012.5.144, KhKhM2012.5.240); Ochir & Ėrdėnėbold, 2012, p. 30, fileira inferior).

62 Ochir; Ėrdėnėbold; Kharzhaubai & Zhantegin, 2013, pp. 186-188, 190, 192-193 (KhKhM2012.5.126, KhKhM2012.5.131, KhKhM2012.5.126 (este deve ter sido um erro de publicação), KhKhM2012.5.133, KhKhM2012.5.120.136, KhKhM2012.5.141, KhKhM2012.5.148, KhKhM2012.5.153-154, KhKhM2012.5.236, KhKhM2012.5.270); Ochir & Ėrdėnėbold, 2012, p. 27, fileira superior.

63 Ochir; Ėrdėnėbold; Kharzhaubai & Zhantegin, 2013, pp. 183-184, 188, 190-191, 194 (KhKhM2012.5.119-121, KhKhM2012.5.128, KhKhM2012.5.134-135, KhKhM2012.5.143, KhKhM2012.5.146-147, KhKhM2012.5.152). Pelo menos KhKhM2012.5.121, KhKhM2012.5.128 e KhKhM2012.5.135 são baseadas em dracmas de Cosroes II (ano 30, casa de moedas de Furat-Meshan). Identificação por Stefan Heidemann (comunicação pessoal, 2 de junho de 2015).

64 *Idem*, pp. 184-186 (KhKhM2012.5.122-124, KhKhM2012.5.127).

65 *Idem*, pp. 191-192 (KhKhM2012.5.279).

66 Identificação feita por Aleksandr Naymark (comunicação pessoal, 31 de maio de 2015).

67 Ochir & Ėrdėnėbold, 2012, p. 30, fileira inferior.

68 Sobre a célebre cena de lamentação, ver Grenet & Marshak, 1998, pp. 5-18; Mode, 2019.

69 Raspopova, 1990, pp. 33-34.

70 Marshak, 1986, p. 75; Lerner & Sims-Williams, 2011, pp. 40-41; Laing, 1995, pp. 5, 10.

71 Ying, 2005, pp. 18-19.

23

TENDÊNCIAS DA DIPLOMACIA ROMANA COM O IRÃ E OS POVOS DA ESTEPE

Ekaterina Nechaeva

Na Antiguidade Tardia, um complexo sistema de diplomacia imperial romana tomou forma mediante a interação com o Irã Sassânida. Baseado em uma intrincada hierarquia de *status* e prestígio reivindicados, e emaranhado em atos protocolares, cerimoniais e simbólicos, tal modo de interação estabeleceu o padrão para a diplomacia internacional no nível mais alto.

O câmbio nas realidades geopolíticas trouxe para o jogo diplomático novos parceiros, e as novas circunstâncias obrigaram os diplomatas romanos a se mostrarem flexíveis, adotando novos regulamentos e ocasionalmente fazendo concessões ao passo que buscavam manter o *status* e o prestígio de Roma. O envolvimento dinâmico de novos grupos de "bárbaros" estrangeiros no sistema romano atesta seu sucesso. Diferentes povos do Norte da Europa instalados de frente para a fronteira do Reno e do Danúbio participaram da ordem romana por cinco séculos antes de emergirem, no curso do século V, como reinos "sucessores" não romanos, os quais simulavam Roma de várias maneiras. Surpreendentemente, os povos das estepes – primeiro os hunos, então os avares e os goturcos – também aceitaram os padrões diplomáticos estabelecidos, embora viessem de terras e culturas bastante apartadas. De pronto eles ingressaram no sistema de relações instituído entre Roma e Irã, provavelmente em função de sua experiência anterior com outras superpotências na esfera eurasiática. O crescente reconhecimento de sua influência em plena expansão no cenário internacional fez com que esses recém-chegados exigissem posições promissoras de prestígio na balança da diplomacia da Antiguidade Tardia.

O presente capítulo analisa diferentes aspectos das relações diplomáticas romanas com os hunos, os avares e os goturcos, e as compara com as interações de Roma para com os persas. Situar as políticas nômades entre essas duas grandes potências nos revela um quadro de câmbios intensos e influências mútuas, não unilaterais, na esfera da comunicação política. Isso revela como as novas potências advindas das regiões da estepe contribuíram para a formação de um paradigma renovado do diálogo diplomático imperial – um paradigma em que os antigos padrões geopolíticos de poder, autoridade e hierarquia se alteraram. Como este estudo pretende mostrar, as sociedades estepes dominaram, de forma bastante dinâmica, o linguajar simbólico da comunicação diplomática desenvolvida por Roma e pela Pérsia, adotando também seu sistema de valores políticos. Essa agenda imperial compartilhada, somada ao poderio militar e à adaptabilidade dos povos das estepes, gradualmente levou Roma a aceitar suas entidades políticas como parceiras a sua altura em relações diplomáticas.

Uma ordem bipolar

A negociação, o mais importante instrumento da diplomacia na Antiguidade Tardia, era concebida como um intercâmbio pessoal entre os governantes, embora raramente se realizasse em nível pessoal. Os próprios monarcas romanos e persas nunca estiveram face a face;[1] eram agentes imperiais que realizavam a maior parte da comunicação internacional. A principal razão para o desenvolvimento desse sistema multinível de relações indiretas consistia no fato de que os monarcas romanos e persas tinham de manter o *status* supremo e a paridade absoluta.[2] O distanciamento permitia aos governantes sustentar uma posição de domínio em seus respectivos âmbitos.[3]

Apesar de algumas oscilações ao longo de todo o período tardo--antigo, Roma e Pérsia reconheceram a magnitude uma da outra, ao mesmo tempo que mantiveram a devida distância. Governantes bárbaros menores, em contrapartida, eram tratados como subordinados. Sua posição era muitas vezes marcada pela concessão de insígnias e títulos específicos da ordem imperial.[4] Tais cerimônias enfatizavam a grandeza e a majestade imperial.

A organização indireta desse tipo de negociação internacional de alto nível ocasionou o desenvolvimento de uma antiga forma de diplomacia pendular. Negociações importantes eram divididas em "blocos",[5] consistindo em várias missões e encontros para discutir propostas e respostas. Formalmente, toda a comunicação entre diplomatas era levada a cabo em nome de seus governantes, os mesmos a quem os embaixadores deviam informar e consultar a cada etapa, praticamente. Esse método foi desenvolvido tanto por Roma quanto pela Pérsia,[6] sendo empregado regularmente por ambos os impérios.[7]

Assuntos diplomáticos de alto nível com grupos bárbaros diversos se organizaram de forma semelhante. Graças aos fragmentos de uma *História* de Prisco de Pânio, que participou em uma embaixada à Corte de Átila em meados do século V, sabemos que quase toda a comunicação romano--huna seguia o sistema de "blocos".[8] A missão de Maximinus e Prisco foi somente uma da longa série de embaixadas.[9] "Blocos" de embaixadas se deixam observar também nas relações romanas com os avares e com os goturcos no século VI.[10]

É notável que, em todos os casos de transações de embaixadas com os hunos descritos por Prisco, foram os hunos que iniciaram a comunicação, ao passo que os romanos reagiram em resposta. Diplomatas romanos buscaram de todas as maneiras evitar a requisição de negociações para não serem vistos como suplicantes.[11]

Os persas deviam ser da mesma opinião. Um antigo manual militar bizantino de Pseudo-Maurício (provavelmente datado do final do século VI ou do início do século VII)[12] chamado *Strategikon*, ao explicar como lidar com os persas, enfatiza que eles seriam "intratáveis nas negociações": "Eles não iniciarão qualquer proposta, mesmo que a considerem de vital importância; antes, aguardarão até que a proposta seja feita por seus oponentes".[13] Similarmente, o historiador do século VI Menandro Protetor menciona a relutância romana a iniciar uma proposta, mesmo quando ela era vital para atingir a paz.[14] Menandro também enfatiza que, em 573, tendo certeza de que obteria a paz, Cosroes II deu início a negociações, conscientemente assumindo o papel que, de um ponto de vista formal, era mais humilhante.[15] Aquilo que o manual militar de Maurício interpreta como "intratabilidade" provavelmente consistia em uma necessidade diplomática.

Deparamos aqui com uma colisão deveras intrigante: ambos os lados compartilhavam um mesmo código de comportamento diplomático que impediria o início de qualquer comunicação. Não sabemos como esse obstáculo foi superado.

A organização em "bloco" das embaixadas corresponde à estratificação das missões diplomáticas de acordo com *status* e poder.[16] O posto de embaixador era extremamente importante no processo diplomático.[17] O *status* de emissário correspondia ao *status* de seu homólogo. Tradicionalmente, nas negociações romanas, emissários do altos cargos – geralmente os *illūstre*, membros do mais alto escalão na ordem senatorial – eram reservados para estabelecer relações com a Pérsia.[18] Os bárbaros, em geral, em função de seu estatuto inferior, deveriam se contentar com figuras menos influentes.[19] Os hunos alteraram esse equilíbrio.

Reorientação de supremacia

Prisco nos informa sobre um conflito diplomático entre Constantinopla e Átila. Em certo ponto antes de 449, Teodósio despachou emissários ao rei Huno, embora eles não estivessem em um posto suficientemente elevado para servi-lo. Irritado com tal ato de menosprezo, Átila "ordenou que embaixadores viessem a ele – não homens ordinários, mas do mais alto escalão dos consulares".[20]

Tanto essa demanda quanto suas consequências ilustram como a presença huna alterou os paradigmas diplomáticos. Ignorando o pedido de Átila, Teodósio escolheu Maximinus, um *spectabilis* (o segundo posto mais alto da ordem senatorial e, portanto, um homem do segundo escalão), como emissário-chefe.[21] As cartas que trazia justificavam que, ainda assim, sua posição era bastante elevada,[22] embora a diferença de classificação fosse bastante evidente para Átila. Maximinus foi instruído a dizer a Átila que "não há necessidade de exigir que enviados do mais alto escalão vão até ele, pois este não foi o caso de seus ancestrais ou outros governantes da Cítia, de quando soldados e mensageiros comuns atuavam como embaixadores".[23] Sabemos – e certamente Átila sabia – que seu antepassado Rua recebeu um emissário que atuara como ex-cônsul[24] e que diplomatas *illūstre* se encontraram com os hunos em ao menos duas ocasiões anteriores.[25] Os romanos, por sua vez, invocaram a longeva norma diplomática: enviados desse alto escalão iriam unicamente para a Pérsia, ao passo que a comunicação com os bárbaros do Norte seria conduzida em um nível inferior. Algumas concessões provavelmente já haviam sido feitas por diplomatas romanos em resposta às ameaças de Rua na década de 430,[26] mas Átila se recusou a restabelecer tal norma.

Pode ter havido várias razões por trás do trato romano dos hunos como bárbaros do Norte de *status* inferior. Certamente ele servia como uma declaração política e um esforço para defender as práticas habituais da hierarquia de parceiros imperiais de Roma. Ao mesmo tempo, Constantinopla também decidiu alterar os métodos de lidar com os hunos, elaborando um plano para assassinar Átila.[27] Talvez por isso, temendo pela segurança de seus embaixadores de alto escalão, Teodósio decidiu não mais os enviar para Átila.[28] Por qualquer razão possível, a embaixada foi enviada sob circunstâncias deveras perigosas: os emissários ignoravam a existência da conspiração, embora Átila não a ignorasse. Isso sugere que Maximinus e Prisco eram menos "valiosos" para Teodósio do que Nomo, Anatólio e Senator, os três embaixadores preferidos por Átila para guiar suas negociações.[29]

A segurança dos embaixadores sempre foi importante, sobretudo quando viajavam longas distâncias sem qualquer garantia de imunidade diplomática.[30] Um emissário que viajou até Átila pouco antes da embaixada de Maximinus, embora "retivesse o título de embaixador, não estava confiante de chegar até os hunos por terra", preferindo fazer parte do caminho pelo mar.[31] O próprio Átila aludiu à questão da segurança quando, em 449, propôs se encontrar com os diplomatas romanos do mais alto escalão que já se encontravam em Sérdica "caso os romanos tivessem receio de enviá-los [até ele]".[32] Por um lado, sua oferta de viajar para encontrar os diplomatas deve ter sido um comprometimento nocivo para seu *status*. Por outro lado, ele propôs uma reunião em Sérdica, cidade que destruíra em 447; uma conferência naquela localidade certamente serviria como um lembrete do poder dos hunos e do perigo que representavam. Plenamente cientes desse estado de coisas, os romanos recusaram a oferta,[33] e, em seu lugar, a embaixada de Maximinus foi despachada para ir até Átila.

Átila exigiu delegação de seu nível, nomeando os emissários que desejava receber.[34] Todos deveriam ser *illūstre* (patrícios e ex-cônsules),[35] e dois deles deveriam ser Senator[36] e Anatólio,[37] já que haviam visitado hunos em embaixadas anteriores.[38] É provável que Átila preferisse negociar com homens já conhecidos, mas, na verdade, estava mais preocupado com a posição dos diplomatas do que com seus nomes. Anteriormente, somente governantes persas haviam feito objeções a enviados romanos não serem suficientemente altos em hierarquia.[39] Átila exigiu homens de posição consular, uma vez que uma delegação como aquela aumentaria seu *status*, transformando-o simbolicamente em um par do *Šâhanšâh* persa. Justamente por esse motivo os romanos tentaram oferecer resistência a tais exigências. Quando o plano para assassinar Átila fracassou, contudo, os embaixadores romanos pouco mais podiam fazer do que atender à exigência de Átila por embaixadores de alto escalão, os quais foram enviados de pronto "a fim de dissuadir Átila de sua ira e persuadi-lo a manter a paz nos termos acordados".[40] Em um número considerável de outros casos em que emissários do mais alto escalão foram enviados a territórios bárbaros, eles foram despachados para lidar com os hunos.[41] Isso provavelmente é reflexo do caráter de nossas fontes, assim como o *status* particularmente elevado dos hunos na hierarquia imperial de parceiros.

Felizmente para nós, esse conflito sobre as hierarquias dos embaixadores é descrito por Prisco, um autor não apenas atento aos detalhes, como também ciente de seu significado diplomático. O presente caso mostra como o rígido sistema diplomático romano (pautado em regras firmes e práticas longevas, de profundo significado simbólico) respondia à pressão com relutância, ajustando-se às novas circunstâncias internacionais. Notamos também a rapidez com que os hunos adotaram e então desafiaram regras havia muito estabelecidas enquanto ascendiam ao *status* mais elevado em um mundo outrora bilateral.

Protocolos mistos

A etapa final de um longo processo de negociação consistia na assinatura de um acordo. No diálogo diplomático de alto nível costumeiro entre romanos e persas, embaixadas plenipotenciárias eram enviadas para concluir os tais tratados.[42] Representantes de alto nível de ambos os lados então se reuniriam na fronteira de seus Estados, em um território neutro. Teria sido impossível garantir a igualdade de posições dos dois lados na Corte de um dos soberanos. O uso de embaixadores autorizados era, portanto, uma forma de evitar que os governantes se encontrassem pessoalmente, embora ele nunca tenha feito com que o poder decisório fosse atribuído aos diplomatas. O tratado em questão precisaria ser ratificado pelos governantes dos dois Estados, algo que faziam mediante a troca de correspondências.[43]

O tratado de paz com os hunos, possivelmente assinado em 434/435[44] em Margum, foi negociado por dois diplomatas romanos de alto escalão:[45] Plintha, que havia visitado os hunos anteriormente, e seu colega embaixador Epigenes. Conforme exigia o protocolo romano-persa, o local escolhido para o encontro, apesar de estar situado em território romano, ficava muito próximo da fronteira. O que difere nesse caso é que, enquanto embaixadores representavam o partido romano, os próprios governantes hunos concluíram o tratado pessoalmente. Prisco fala de "reis citas",[46] referindo-se a Átila e seu irmão Bleda.[47] Posteriormente, quando era o único governante, Átila mais uma vez concluiu um tratado em pessoa.[48]

A participação pessoal dos reis hunos na conclusão dos tratados marca outra mudança significativa. O protocolo romano previa uma comunicação de nível inferior, mas os diplomatas romanos se viram obrigados a seguir a etiqueta huna durante os encontros. Uma vez que os bárbaros permaneceram sobre seus cavalos durante o procedimento, os embaixadores imperiais, "atentos a sua própria dignidade, escolheram lidar com os citas da mesma maneira".[49] Essa concessão por parte dos romanos era inevitável, já que, estando cada gesto imbuído de interpretação simbólica, os romanos não podiam permitir que os hunos os subestimassem. Para o tratado de paz que se seguiu à embaixada composta por Maximinus e Prisco, Átila voltou a se encontrar com os embaixadores Anatólio e Nomus, em cuja presença insistira. Dessa vez, os diplomatas tiveram que entrar em território bárbaro onde o rei huno foi a seu encontro.[50]

A participação pessoal dos reis hunos nessas conferências, além da necessidade de se deslocarem até o local das reuniões, conotava um baixo *status* no sistema diplomático romano. Ademais, na prática romano-persa padrão, embaixadores não tinham o direito de assinar acordos. Fazê-lo era prerrogativa dos soberanos.[51] Mesmo assim, o fato de os acordos terem sido concluídos perto da fronteira, com a participação de diplomatas romanos de alto escalão, remete a protocolos romano-persas de alto nível. O procedimento de assinatura de tratados com os hunos revela, assim, uma mistura de protocolos desenvolvidos entre os persas e as tribos bárbaras inferiores. Essa colocação mista parece caracterizar a posição dos hunos na hierarquia imperial.

"Eles são seriamente prejudicados por quebras de contrato e deserções"

Dentre as questões frequentemente discutidas nos tratados, o tema da deserção, seja de indivíduos ou de grupos, foi um dos mais problemáticos.[52] Muitos tratados firmados com a Pérsia e com os bárbaros continham artigos sobre a rejeição de fugitivos.[53] Os acordos normalmente exigiam que ambos os lados se recusassem a proteger e conferir asilo aos que fossem considerados inimigos e traidores por seus parceiros diplomáticos. O tema dos "fugitivos" é particularmente notável nas negociações romanas com os hunos. A cada contato diplomático com os romanos, Átila exigia o retorno de seus fugitivos, embora os romanos afirmassem não estar em posse de qualquer um.[54] Em alguns casos, os indivíduos que desertaram para o lado romano foram nomeados.[55] Contudo, parece que em muitos outros casos (talvez na maioria deles) gerava-se conflito não no tocante a indivíduos, mas a grandes grupos (mais provavelmente, grupos tribais). Rua, o rei que precedeu Átila, fez guerra contra as tribos desertoras[56] exigindo que os romanos "entregassem todos os que fugiram para o seu lado".[57] Alguns casos que mencionam "a realeza cita"[58] são ambíguos, mas provavelmente se referem a rivais políticos[59] e líderes dos grupos tribais que alteraram suas alianças, unindo-se aos romanos contra os hunos.

A embaixada de Maximinus e Prisco levou consigo apenas 17 fugitivos.[60] Átila ficou furioso: "Havia muitos fugitivos de sua própria raça entre os romanos, de forma que ele ordenou aos secretários que lessem seus nomes, os quais haviam sido escritos em papiros".[61] É difícil imaginar que os secretários de Átila pudessem ler os nomes dos desertores individual-mente; mais plausível é que esses fossem os nomes dos líderes ou dos grupos tribais que tentaram fugir de seu império e se juntar aos romanos. Assim como Átila acusa os romanos de aceitarem seus "servos" fugitivos, o grão-cã dos goturcos, Tourxantos, culpa os romanos em 576 por assinarem um acordo com seus "escravos", os avares.[62] A condição de "fugitivo" dos avares era bem conhecida e foi devidamente explorada pelos diplomatas romanos. Em 565, uma embaixada avar chegou a Constantinopla reivindicando seus "presentes habituais", os quais costumavam receber de Justiniano. Justino II, que decidiu desfazer a aliança, recusou-se a enviar mais presentes, gerando, assim, um conflito. Segundo Menandro, entre esses presentes havia alguns cordões de ouro "que haviam sido feitos para confinar o que escapava" (*es to eirgein tōn apodidraskontōn*).[63] O texto sugere que esses cordões de ouro tinham um significado simbólico, enfatizando a posição dos avares como uma tribo "fugitiva" (em alusão à sua deserção do lado dos goturcos), submetida à nova aliança subjugadora com os romanos.[64] Justino II se valeu de um linguajar bastante ofensivo e humilhante em seu discurso. Nossas fontes preservaram-no, de forma que podemos ler esse conflito no contexto de uma noção retórica especial de *δουλεία* coletiva dos ávaros e sua condição de fugitivos.[65]

O problema das deserções e da mudança de alianças era frequente nas relações romano-persas, com os dois impérios muitas vezes culpando um ao outro por aceitar povos que consideravam subordinados seus.[66] A questão dos povos fugitivos continuou com o surgimento de povos das estepes. Os "impérios das estepes", compostos por diversos povos subjugados e dependentes, enfrentavam o mesmo problema. Também eles eram "seriamente prejudicados por quebras de contrato e deserções".[67]

"Eles são possuídos por um afã insaciável por riquezas"

O caráter hierárquico e simbólico da diplomacia romana oriental encontrou sua expressão mais plena na distribuição de presentes diplomáticos e insígnias de poder.[68] A natureza dos presentes era indicadora da atitude do Império em relação a seus destinatários. Para os governantes bárbaros, esses presentes demonstravam seu *status* na hierarquia imperial,[69] servindo também como instrumentos importantes para a manutenção de seu prestígio em meio a suas próprias populações. Prisco descreve como um equívoco na distribuição de presentes (feita de forma destoante da hierarquia dos chefes tribais), cometido por diplomatas romanos, causou um conflito que resultou no ingresso dos povos akatziri no Império de Átila.[70] Menandro traz um exemplo ainda mais eloquente. No curso de conversas durante um armistício em 568, o grão-cã avar, Baian, exigiu que os romanos lhe conferissem ao menos alguns presentes singelos, caso contrário ele estaria sendo "humilhado e desonrado perante as tribos que o seguem em aliança".[71]

Presentes romanos para os avares oferecem a melhor evidência desse tipo de diplomacia. Além dos cordões de ouro mencionados anteriormente, jogos de sofás estão listados entre os presentes conferidos em três ocasiões.[72] Teofilato Simocata registrou sofás de ouro como presentes enviados para o xá persa Cosroes II,[73] e Coripo descreve sofás de ouro entre as decorações de banquetes do palácio imperial em Constantinopla.[74] O grão-cã goturco sentava-se sobre um "sofá inteiro feito de ouro"[75] quando recebeu os emissários romanos; no dia seguinte, em uma habitação distinta, os embaixadores viram outro "sofá de ouro batido sustentado por quatro pavões de ouro".[76] Acerca da origem desses itens luxuosos, Teofilato comenta: os goturcos podiam produzir sofás dourados assim como demais itens de luxo, pois estavam recebendo um vasto tributo dos persas.[77] Um monge budista chinês, em viagem à Índia no século VI, visitou os heftalitas e descreveu a residência de seu governante. Na tenda de feltro real decorada com tapetes de lã, o rei sentava-se em um sofá de ouro sustentado por quatro fênix douradas.[78] Esses sofás, que não eram oriundos de tradições nômades, tinham um significado especial para o mundo das estepes como objetos de extremo luxo e prosperidade, muito provavelmente associados a Pérsia e Roma.[79]

Outros presentes aos avares – como roupas, ouro e prata, selas de gala, pratos de prata, um elefante e especiarias – parecem mais usuais para a diplomacia de alto nível.[80] Nessa listagem, apenas o elefante exigido pelo grão-cã como presente soa extravagante. Tratava-se do "mais belo" dos elefantes do imperador Maurício, mas eis que o governante avar não apreciou sua beleza e o devolveu.[81]

Infelizmente, sabemos muito pouco sobre presentes imperiais aos goturcos. A lista fornecida por João de Éfeso consiste em presentes típicos de Estados de alta hierarquia, ou seja, aqueles trocados entre soberanos[82] (ouro, prata, pérolas, vestes reais).[83] Quanto aos hunos, as fontes não mencionam quaisquer presentes de alta ordem. Os presentes sobre os quais somos informados são de nível inferior, e os diplomatas romanos os entregaram à viúva do irmão de Átila. A mulher, que governava uma aldeia, recebeu "três taças de prata, peles escarlate, pimenta da Índia e tâmaras e outras frutas secas que os bárbaros apreciam".[84] Os diplomatas romanos conferiram presentes de *status* apropriado a seus colegas hunos, incluindo roupas de seda e pedras preciosas ou pérolas.[85]

Parece que, na esfera da diplomacia de troca de presentes, os povos das estepes geralmente percebiam o paradigma romano-persa como uma medida padronizada de prestígio. Mais preciosos para os bárbaros eram os presentes que os igualavam simbolicamente em *status* ao imperador e ao Šâhanšâh.

Uma análise comparativa de diferentes aspectos da comunicação diplomática da Antiguidade Tardia demonstra que os povos das estepes aderiram com bastante rapidez e sucesso ao sistema desenvolvido para as interações de alto nível entre romanos e persas. É mais complexo reconstruirmos um quadro abrangente das relações do Império Romano com os impérios das estepes.

No entanto, possuímos informações significativas, sobretudo no caso dos hunos (graças ao texto de Prisco) para componentes tão importantes da diplomacia como princípios de negociação, posições e *status* de embaixadores, protocolos de elaboração de tratados, temas dos acordos, o problema de alianças políticas e deserções, além de práticas de doação de presentes.

Em seu diálogo diplomático com o Império Romano, os povos da estepe estavam bem cientes do sistema de alto nível das relações romano-persas e, sem dúvida, tinham interesse em adaptá-lo. Assim, as preferências dos nômades ao receberem presentes revelam sua vontade de simular as práticas prestigiosas das trocas de presentes imperiais, mas também a ambição de serem vistos como dignos delas. O processo de integração mediante interação não era unilateral; as unidades políticas nômades influenciaram a transformação da ordem mundial tradicional. Esses novos elementos acabaram desafiando as hierarquias estabelecidas. Em diferentes situações, aliados nômades exerciam pressão sobre os romanos, exigindo um tratamento superior àquele que os romanos estavam acostumados a conferir a bárbaros. O poderio nômade fez o Império Romano ceder aos poucos – embora não por completo.

O resultado imediato dessa mudança foi um ajuste considerável nos métodos de comunicação internacional. O protocolo da diplomacia de nível supremo, outrora reservado apenas às relações romano-persas, tornou-se menos exclusivo. O Império Romano adotou uma nova forma de práticas diplomáticas que misturava protocolos de alto e baixo nível em seu trato com os aliados da estepe.

Em uma escala mais ampla, o contato entre os mundos mediterrâneo, iraniano e das estepes alterou a antiga e duradoura estrutura de diálogo político internacional. Romanos e sassânidas defrontaram-se com novos povos que reivindicavam posição igualitária na hierarquia diplomática. Os problemas do século VII fizeram com que o Império Romano lhes cedesse ainda mais *status*.[86] Consequentemente, a estratégia e a diplomacia imperial tornaram-se mais flexíveis, permitindo aos bizantinos interagir com sucesso com seus parceiros e adversários nos séculos seguintes.

Notas

1 Exceções notáveis foram as cúpulas realizadas em condições de relativa paridade entre governantes romanos e chefes germânicos no terceiro quarto do século IV, ocasião em que líderes romanos participaram de campanhas militares. Ver Nechaeva, 2014, pp. 72-74, 77-78.

2 Todos os demais parceiros políticos se encontravam abaixo numa escala hierárquica. Ver, por exemplo, Lounghis, 2007, pp. 19-22; Schreiner, 1986, p. 65.

3 Sobre o simbolismo de aspectos diversos da relação Roma-Pérsia, ver Canepa, 2009.

4 Exceção aqui para a extrema humilhação da captura de Valeriano por Sapor I. Dodgeon & Lieu, 2002, pp. 57-65; Millar, 1982, p. 14; Frye, 1983, pp. 301, 297.

5 Nechaeva, 2014, pp. 80-81.

6 Fontes posteriores permitem a sugestão de que ele sobreviveu na tradição persa por bastante tempo: ver *Siyasat-nama* 21.2, *apud* al-Mulk, 1960.

7 Nechaeva, 2014, pp. 81-83.

8 Prisco, *Fragmentos*, seção 2; 9.1; 23.3. Prisco é citado em Blockley, 1983.

9 *Idem*, seções 11-14, sobretudo 11.2.260-263, 14.54-57, 15.2, 15.3.

10 Teofilato Simocata, seção 1.6.4; Menandro Protetor, seção 10.2.5, trad. p. 19. Menandro é citado em Brockley, 1985.

11 Em poucos episódios somos informados de caso em que os romanos iniciaram as negociações, e imperadores fingiram ignorância de tais iniciativas (ver, por exemplo, Sócrates de Constantinopla, *História eclesiástica*, seção 7.20, *apud* Périchon & Maraval, 2004-2007; Amiano Marcelino, *Res Gestae*, seção 17.5.12, *apud* Seyfarth, 1978; Clark & Rolfe, 1986). Ver Nechaeva, 2014, pp. 79-80, 85-86, nota 81.

12 Sobre a datação e a autoria, ver Shuvalov, 2002, pp. 71-87.

13 Maurício, *Strategikon*, 11.1.

14 Menandro Protetor, seção 18.1.

15 *Idem*, seção 18.1.11-13.

16 Nechaeva, 2014, pp. 88-93.

17 Lounghis, 1980, pp. 297, 266-271, para o significado do título de patrício; Mathisen, 1986, pp. 35-49; Mathisen, 2012.

18 Blockley, 1992, p. 153.

19 Löhren, 1894, p. 28.

20 Prisco, seção 11.1.14-18.

21 Blockley, 1992, p. 153.

22 Prisco, seção 11.2.9-10.

23 *Idem*, seção 11.2.14-18. Para o termo "Cítia" em Prisco, ver Nechaeva, 2012a, pp. 19-31.

24 *Idem*, seção 2. Martindale, 1980, pp. 892-893 [*sub voce*]. Fl. Plintha.

25 *Idem*, seção 2, 9.2, 9.3.

26 Como observado por Blockley: "A importância do negócio" e "a ameaça que o destinatário representava determinava o *status* do emissário principal": Blockley, 1992, p. 153. Prisco comenta esse temor em Prisco, seção 6.3.12-14.

27 Lee, 2009, pp. 1-4; Nechaeva, 2012b, pp. 183-202; aqui, pp. 197-198; Wirth, 1999, p. 80.

28 Thompson, 1948, p. 102.

29 Prisco, seção 13.1.12-14.

30 Becker, 2013, pp. 144-147; Nechaeva, 2012b, pp. 62-67.

31 Prisco, seção 9.2.

32 *Idem*, fr. 11.1.16-18.

33 *Idem*, seção 11.2.19-20.

34 *Idem*, seção 13.1.5, 13.1.12-14.

35 Blockley, 1992, p. 153; Mathisen, 1986, p. 40.

[36] Prisco, seção 9.2.

[37] *Idem*, seção 9.3.

[38] Mathisen, 1986, p. 40, nota 19.

[39] Amiano Marcelino, *Res gestae*, seção 17.5.15, *apud* Seyfarth, 1978; Clark & Rolfe, 1986; Eunapius, *Vitae Sophistarum*, seção 6.5.2-10, *apud* W. C. Wright, 1921; Blockley, 1992, pp. 21, 153; Nechaeva, 2012b, pp. 118, 123-124.

[40] Prisco, seção 15.3-4.

[41] Mathisen, 1986, pp. 40-41; Gillett, 2003, p. 234, nota 51; Nechaeva, 2012b, p. 120.

[42] Nechaeva, 2012b, pp. 93-96.

[43] Menandro provê um relato detalhado do tratado consumado entre Roma e Pérsia em 562 (Menandro Protetor, seção 6.1). Nechaeva, 2012b, pp. 112-116.

[44] Ou em 439: ver Thompson, 1948, p. 216.

[45] Talvez devamos chamá-los de plenipotenciários, por analogia com o protocolo romano-persa.

[46] Para o termo "basileus" em Prisco, ver Chrysos, 1978, pp. 58-59.

[47] Prisco, seção 2.24.

[48] *Idem*, seção 15.4.

[49] *Idem*, seção 2.25-27.

[50] *Idem*, seção 15.4.3-5.

[51] Ver também Lounghis, 1989, p. 147; 2005, p. 336; 1980, pp. 266-271, 316-317, 358, 443.

[52] A fonte da citação no subtítulo é o *Strategikon* de Maurício, seção 11.2. Exemplos de questões discutidas são pagamentos, problemas territoriais, condições comerciais etc. Ver Nechaeva, 2012b, pp. 110-112.

[53] Ver, por exemplo, Malchus, *Fragmenta* 2. A numeração dos fragmento segue o *FCH*. Ver também Procópio de Cesareia, seção 5.3, 3.16.

[54] Prisco, seções 9.1.1-5, 9.8-10, 9.3.8-9, 10.1-5.

[55] *Idem*, seção 2.29-32.

[56] *Idem*, seção 2.1-3.

[57] *Idem*, seção 2,6. Concordo com a interpretação de Maenchen-Helfen (1973, p. 90) e discordo da de Blockley (1983, pp. 379-380, nota 3), que identifica aqui não um caso "de tribos em fuga, mas de números substanciais de indivíduos em fuga em busca de cargos junto aos romanos". Blockley contraria o texto e a terminologia de Prisco.

[58] Prisco, seão 2.40-43, 9.3.35-38.

[59] Maas, 1995, p. 148.

[60] Prisco, seção 11.2.12-13: 57-58.

[61] *Idem*, seção 11.2.187-190.

[62] Menandro Protetor, seção 19.1.66.

63 *Idem*, seção 8.1-6. Sobre as variantes da tradução e da análise do fragmento, ver Nechaeva, 2011.

64 "Fugitivo" frequentemente implicava uma troca de lealdades (ver, por exemplo, Procópio, *Guerras*, seções 3.25.1-9, 2.3.32-33, 2.3.39, 2.3.47; Menandro Protetor, seção 12.6.27).

65 João de Éfeso, *Historia ecclesiastica*, seção 6.24; Flávio Crescônio Coripo, *In laudem Iustini Augusti minoris, libri IV*, seção 3.151-407.

66 Ver, por exemplo, João de Éfeso, *Historia ecclesiastica*, seção 6.11; Menandro Protetor, seção 6,1. Rotman, 2004, p. 73, interpreta mesmo o trecho sobre desertores/fugitivos no célebre tratado romano-persa de 561-562 (Menandro Protetor, seção 6.1.340-347) como uma seção sobre grandes grupos populacionais que "encontravam melhores condições de vida nos territórios do império antagônico", e não uma seção sobre desertores individuais. Ver também Nechaeva, 2016.

67 Uma boa recepção geraria mais fugas (Maurício, *Strategikon*, seção 11.2). Para recomendações de como recepcionar desertores: *Peri Strategeias* 41, *apud* Dennis, 1985.

68 A citação do subtítulo é de Maurício, *Strategikon*, seção 11.2.

69 Schmauder, 2002, vol. 1, p. 218.

70 Prisco, seção 11.2.246-250.

71 Menandro Protetor, seção 12.5.57-60.

72 *Idem*, seção 5.2.3-5, 8.1-6; Teofilato Simacata, seção 1.3.11-12.

73 Teofilato Simacata, seção 5.3.7. Sobre o significado e as circunstâncias de tais presentes, ver Nechaeva, 2016, p. 176.

74 Coripo, seção 3.215, *apud* Cameron, 1976.

75 Menandro Protetor, seção 10.3.53.

76 *Idem*, seção 10.3.58-59.

77 Teofilato Simacata, seção 3.6.11. Posteriormente esses objetos foram capturados pelos persas. A fonte de tal informação pode ter sido Menandro; ver Olajos, 1988, pp. 51-52.

78 Chavannes, 1903, p. 404. Ver também Pohl, 2001, p. 448.

79 Na tradição clássica, sofás feitos ou adornados com ouro e prata eram símbolos de riqueza. Creso tentou granjear favores do oráculo de Delfos oferecendo sacrifícios que incluíam "sofás cobertos de ouro e prata" (Heródoto, 1.50). Heródoto também menciona sofás de ouro e prata entre os tesouros de Xerxes (Heródoto, 9.82).

80 Para uma análise desses presentes em contexto: Nechaeva, 2016, pp. 182-183.

81 Teofilato Simacata, seção 1.3.8-10.

82 Sobre a classificação de presentes e o sistema de transação de presentes diplomáticos: Nechaeva, 2016, pp. 165-170; para uma análise desses presentes em contexto, *idem*, pp. 184-185.

83 Ver João de Éfeso, *Historia Ecclesiastica*, seção 6.23.

[84] Prisco, seção 11.2.308-311.

[85] *Idem*, seção 11.2.34.

[86] Isto é, o imperador Heráclio se dispôs a viajar para encontrar o grão-cã dos avares e dos cazares pessoalmente (Nicéforo, *Breviário*, seções 10, 12, *apud* Mango, 1990); *Crônica Pascoal*, seções 712-713, *apud* Whitby & Whitby, 1989; Teofanes, *Crônica*, seções 301-302, *apud* Mango & Scott, 1997.

24

O COLAPSO DE UM HÍBRIDO EURASIÁTICO: O CASO DE WÈI NO NORTE

Andrew Eisenberg

O regime de Wèi do Norte (386-534) foi estabelecido por meio de conquista na planície Norte e no Noroeste da China entre 386 e 499, após o colapso da Dinastia Jìn Ocidental da China unida por volta de oito décadas antes. Os wèi vieram das pastagens da Mongólia Interior nos séculos IV e V como uma confederação nômade de pleno direito dominada pela linhagem Tuòbá, formando-se através da incorporação de vários agrupamentos tribais subordinados. O nome dinástico Wèi foi formalmente proclamado em 398. Em uma série de conquistas que se estenderam dos anos 390 até 499, o regime se converteu em um império de conquista estável, governando a planície do Norte da China e estendendo-se pelo Sul do rio Huái e pelo Noroeste da China (o que compreende a maior parte da província moderna de Gānsù). O tamanho e a estabilidade desse regime marcaram sua distinção em relação a seus breves antecessores não chineses no Norte. O Sul da China, por sua vez, foi palco de uma série de cinco regimes governados por elites de etnia chinesa, com base na moderna cidade de Nánjīng, de 317 a 589. A região do rio Huái tornou-se uma importante zona de confronto entre o Wèi do Norte e seus concorrentes do Sul (Mapa 6).

No presente capítulo, mostro que Wèi do Norte se constituiu como um regime pioneiro de conquista de minorias étnicas. Valho-me do termo "minoria étnica", já que ele reflete o fato de que a ampla elite dominante de Wèi do Norte não se via como chinesa (mesmo quando, posteriormente, construiu estruturas administrativas imperiais ao estilo chinês) e era vista pela maioria da população chinesa como, de fato, etnicamente distinta. (O conceito de etnia está sendo utilizado aqui em um sentido prático, em oposição a um sentido teórico; as implicações teóricas do termo não são diretamente relevantes para esta discussão.)

Na medida em que o regime de Wèi do Norte expandiu suas conquistas e absorveu uma variedade mais ampla de povos, ele expandiu também sua gama de elites do poder imperial (as quais chamo de elites "altaicas"), compreendendo, sobretudo, uma variedade de subgrupos xiānbēi e elites de antigas tribos de fala túrquica. Os subgrupos xiānbēi falavam uma forma antiga de mongol e se espalharam desde a Manchúria até a porção superior da Planície do Norte da China em uma direção, e desde a Manchúria até a Mongólia, a Mongólia Interior e a Qīnghǎi na outra. Entre os subgrupos xiānbēi, estavam os tuòbá e muitas das tribos originalmente subordinadas em sua confederação inicial. As elites dos planaltos do Sudoeste de Gānsù (ancestrais dos grupos tibetanos modernos), apesar de não terem sido falantes das línguas altaicas, foram igualmente incluídas nessa categoria de elite imperial expandida.

No centro do poder imperial estava a linhagem imperial Tuòbá, além de linhagens reais colaterais ramificadas de descendentes de líderes anteriores da confederação Tuòbá e imperadores posteriores de Wèi do Norte. Ao longo do tempo, conforme as linhagens Tuòbá proliferaram, elas se dividiram, em relação ao monarca reinante, com base em parentes reais próximos e distantes – dado que traz implicações na política, cuja crescente rigidez se tornou manifesta a partir da década de 490. Ao redor das linhagens Tuòbá, estavam as linhagens Xiānbēi de descendentes dos grupos tribais que compunham a antiga confederação Tuòbá na Mongólia Interior. Os descendentes dos grupos xiānbēi conquistados possuíam *status* ligeiramente inferior, como no caso dos mùróng xiānbēi do Sul da Manchúria e da parte superior da Planície do Norte da China, além dos grupos xiānbēi do Corredor de Héxī. Esses dois últimos grupos, juntamente com as elites turcomanas de tribos conquistadas e elites conquistadas dos planaltos tibetanos do Sudoeste de Gānsù, foram incorporados a essa elite predominantemente "altaica" como generais ativos e membros da guarda palaciana que serviam ao trono em postos honoráveis. A política de poder continuou sendo exclusiva das linhagens Tuòbá e das primeiras linhas de sucessão das elites xiānbēi. Os chineses também faziam parte dessa elite de poder pautada em etnia na condição de clientes ou conselheiros do trono de Tuòbá e das altas elites de xiānbēi, ou então como administradores alfabetizados de rotina. Nos primeiros anos de Wèi do Norte, os administradores chineses provavelmente estavam focados em lidar com questões de rotina relativas às suas próprias zonas assentadas.

Todas as etnias até então pontuadas se diferenciaram por meio de marcadores culturais comuns hoje bem compreendidos. Uma língua altaica xiānbēi era falada pela elite conquistadora, mesmo após algumas reformas culturais significativas fomentadas pela Coroa na década de 490. Igualmente, os estilos de vestuário da Ásia Central, distintos do estilo de vestuário chinês, permaneceram os mesmos. A geografia de sua residência igualmente serviu de marcador para indicar provável identidade étnica: Píngchéng e seus arredores imediatos – capital de Wèi do Norte até 493 – consistia em uma zona residencial e de guarnição dos xiānbēi; em contrapartida, a zona agrícola produtiva ao Sul de Píngchéng provavelmente abrigava uma maioria chinesa. Historiadores concordam que as forças de cavalaria de Wèi do Norte e as unidades da guarda do palácio permaneceram como uma reserva altaica (sobretudo xiānbēi, com assistência turcomana). Até as reformas estruturais do imperador Xiàowéndì (r. 471-499) de 490 em diante, a Corte era estruturada com base em segregação racial. A "Corte interna" de Wèi do Norte é concebida por historiadores como um aparato de formulação de políticas dos tuòbá e dos xiānbēi distinto do aparato administrativo ao estilo chinês vigente e de seus funcionários. Daí meu uso da expressão "regime de conquista de minorias étnicas" para descrever Wèi do Norte.

Tendo definido os atores e o contexto, meu enfoque aqui residirá no colapso desse regime de Wèi do Norte, algo que se tornou manifesto em 528; exploro-o em termos das ramificações políticas da conversão do regime de uma confederação nômade a um império patrimonial plenamente desenvolvido. No lado asiático da porção de terras eurasiana, a experiência de Wèi do Norte forneceu o que pode ser considerado o primeiro experimento a longo prazo de transformação de uma confederação nômade centro-asiática em um império patrimonial relativamente estável e duradouro. Suas fases de desenvolvimento, passando de confederação nômade a uma "dinastia corporativa", e então a uma dinastia parcialmente "linear (ao estilo chinês)", podem ser consideradas paradigmáticas. A experiência de Wèi do Norte é também relevante para pensarmos o outro extremo do território eurasiano, na medida em que muitos dos regimes que se estabeleceram no antigo domínio do Império Romano do Ocidente manifestaram características associadas a dinastias estabelecidas por meio da conquista de minorias étnicas.[1] Concentrar-me-ei na crescente fragmentação da Corte de Wèi do Norte em facções após 500 – manifesta em termos de violência faccional *intratuòbá* e *intraxiānbēi* – como um fator significativo que precipitou o colapso desse regime. Um elemento importante em minha discussão será que Wèi do Norte, devido à sua herança política de confederação nômade, reteve um conceito ainda efetivo de descendência da linhagem Tuòbá e Xiānbēi como um fator determinante para o acesso à Corte e a participação em seus assuntos políticos e sociais. No contexto de um império patrimonial em desenvolvimento, essa foi uma forma diluída do fenômeno corporativo ou de "soberania coletiva" descrito por David Sneath como típico das entidades políticas das estepes túrquicas e pós-túrquicas.[2] Após as reformas estruturais de 490 realizadas por Xiàowéndì, o trono Tuòbá buscou expandir suas prerrogativas (em última análise, malogradas) mediante uma redução dessa herança de privilégios genealógicos associada às suas próprias linhas colaterais e às linhagens sucessórias da elite xiānbēi.

Sumário conceitual

Segundo o sistema weberiano, o conceito de "império patrimonial" refere-se a um regime político de conquista poliglota e multiétnico, com zonas fronteiriças de transição flutuantes e graus variados de controle político e militar advindos do centro imperial. Às vezes, essas zonas fronteiriças manifestavam suas próprias iniciativas políticas, militares e culturais semiautônomas.

Sua estrutura político-militar é patrimonial no sentido de que uma dinastia com base em uma Corte, da qual o monarca em exercício conta como a representação física da linha dinástica, governa o reino a partir de uma administração doméstica altamente abstrata e conceitual. Podemos ver essa Corte como a sala de estar expandida; o salão e a agência executiva doméstica do monarca, reunidos em uma só estrutura organizacional. O monarca é legitimado em termos tradicionais, como *pater familias* e patrono de seus clientes zelosamente filiais e leais – os súditos do reino. De modo geral, nos regimes patrimoniais estáveis, a população plebeia é estruturada como uma multidão de domicílios que funcionam como a unidade social fundamental daquela sociedade. Uma linhagem/organização aristocrática plenamente atuante, com um governo autônomo e uma unidade social militar, geralmente não seria tolerada, exceto em áreas de conquista da zona fronteiriça. Um modo de legitimação mais dramático, mas ainda relativamente tradicionalista (plenamente congruente com o modo *pater familias* de legitimação mais mundano), consistia em associar o monarca a um nascimento milagroso e/ou a divindades cósmicas, como Lǎozǐ deificado, budas, bodhisattvas renascidos, e assim por diante.[3]

Devido à base institucional do regime de uma só família dinástica, além de seu modo de legitimação tradicional ou semitradicional, toda a estrutura institucional e toda a ordem jurídica possuíam, igualmente, uma natureza patrimonial. A Corte Central consistia em uma arena multifuncional, de caráter político-administrativo, sociocultural e ritual-religioso. O aparato executivo hierárquico da Corte era simplesmente uma das facetas de uma entidade multifuncional. Como observarei mais adiante no presente capítulo, até mesmo essa estrutura administrativa funcional estava envolta em um elaborado sistema de classificação de hierarquias da Corte que transcendia a funcionalidade administrativa. As estruturas institucionais da Corte e o comportamento institucional dos cortesãos não eram correspondentes a uma burocracia governamental moderna. Quanto mais desenvolvida a Corte fosse como instituição, mais elaborada e complexa poderia ser sua hierarquia de classificação – algo próximo ao comportamento de classificação de *status* nas organizações militares modernas. Com o passar do tempo, uma das maiores conquistas das cortes clássicas com base na China (independentemente da etnia dominante de sua elite) foi racionalizar o sistema de classificação cortesão, criando correlações claras entre os elementos constitutivos desse sistema (onde havia uma multiplicidade de categorias civis e graus honoríficos para militares) e os títulos aristocráticos relevantes. Tenhamos em mente que muitas vezes havia mais titulares na Corte do que postos efetivos. De fato, o sistema de classificação funcionou como um elemento fundamental para a regulamentação do mundo das cortes, além de um garantidor de suas delimitações.[4] Em contraste com governos modernos relativamente funcionais, a Corte clássica com base na China passou a se preocupar intensamente em produzir estruturas hierárquicas barrocas e títulos supranumerários de mesmo peso que seriam relevantes para o funcionamento prático de sua equipe administrativa.[5] Em partes, os cargos supranumerários funcionavam como espaço de formação "estável" para jovens cortesãos empregáveis. Esses cargos e a consequente proliferação de postos hierárquicos (não limitados unicamente a candidaturas supranumerárias) também refletiam o enaltecimento do trono por meio de sua generosidade e de seu poder de elevar *status*. Em contrapartida, os detentores de cargos com a permissão de chegarem próximos ao trono (muitas vezes uma permissão particularmente jurídica) muitas vezes tratavam seus postos como herança familiar a ser herdada ou mesmo doada.[6] A Corte, enquanto isso, servia de exemplo à sociedade de um universo formalmente legal e hierarquicamente estruturado. Todas as dinastias com base na China se valeram de marcadores formais de *status* legal para estruturar a sociedade imperial. O rigor, o detalhe e a identidade específica dos marcadores de *status* variaram ao longo dos séculos, mas permaneceram uma marca registrada dos impérios pautados no modelo chinês. De fato, suspeito que isso tenha sido típico da maioria dos impérios pré-modernos, mesmo daqueles relativamente tardios. Lembremos, por exemplo, das distinções de *status* étnico-religioso no Império Otomano, sem mencionar seu elaborado aparato judicial.

A Corte, na condição de órgão administrativo/executivo ligado ao trono, tinha ramificações que se estendiam diretamente à administração provincial. Essa administração provincial não possuía autonomia jurisdicional; ela simplesmente servia ao aparato da Corte Central. Houve uma tendência geral nos tribunais com sede na China de construir cadeias de comando administrativo moderadamente fragmentadas e duplicativas. Isso ocorria, supostamente, de forma a garantir que nenhuma ameaça pudesse emergir da estrutura do poder executivo, minando, assim, o poder do trono. Um regime de conquista de minorias étnicas como Wèi do Norte, preocupado com o que Mark C. Elliott chamou de "soberania étnica" (parafrasearei esse termo como "suserania étnica"), tornaria essa estrutura de poder administrativo ainda mais complexa e intricada, criando na Corte estruturas de governo segregadas. A lógica por trás desse último caso residia no fato de que a preservação do poder do trono e de suas altas elites perante uma população chinesa muito maior e alfabetizada (portanto, administrativamente competente) exigia que várias formas de construção de identidade étnica e segregação do povo conquistador minoritário fossem politicamente conservadas.[7]

A Corte Central, contendo alguns milhares ou talvez até 20 mil indivíduos administrativa e politicamente ativos, conduzia sua ação política de maneira congruente com sua estrutura institucional um tanto fragmentada. A política de facções, muitas vezes encorajada e diretamente manipulada pelo trono numa estratégia de dividir para reinar, era o principal meio pelo qual agendas políticas ou agendas de poder pessoal poderiam ser avançadas. As facções nunca consistiram em entidades legais, mas unicamente em veículos práticos para conduzir a política a partir de uma estrutura executiva/administrativa de Corte. Durante os períodos de competição faccional, a Corte tornou-se uma arena dinâmica na qual o apoio de diferentes níveis da sociedade cortesã podia ser reunido por facções concorrentes. O historiador chinês Qián Mù observou que os imperadores auto-cráticos precisavam de forte apoio faccional na Corte a fim de serem autocráticos![8] A Corte, igualmente, podia se transformar em um palco de reuniões locais geridas pelo imperador. Em 494, quando Xiàowéndì voltou a Píngchéng para explicar a mudança da capital de Wèi do Norte para Luòyáng no ano anterior, ele abriu a Corte (itinerante, remota) para uma reunião da elite local xiānbēi. As figuras da elite xiānbēi foram encorajadas a expressar suas reservas sobre a agenda de Xiàowéndì, e ele respondeu às suas preocupações de forma direta e convincente. Isso também serviu como uma demonstração interessante de como a Dinastia Wèi do Norte ainda era, de certa forma, uma "dinastia corporativa", cuja dinâmica interna representava preocupação direta e legítima, além da linhagem real, de outras elites étnicas relacionadas.

Resumo da experiência do antigo reino de Wèi do Norte

A começar em 398 com a decisão de estabelecer uma capital urbana fixa em Píngchéng (atual Dàtóng), Wèi do Norte se valeu de uma combinação de técnicas bem conhecidas e instituições mais singularmente elaboradas para estabelecer um império patrimonial estável, dominado por uma minoria étnica. O regime fez uso dos então conhecidos modos de organização militar segregacionistas (com uma cavalaria majoritariamente altaica) e uma organização administrativa etnicamente fragmentada. As características estruturais singulares criadas pelos primeiros wèi do Norte tendiam a se concentrar na estabilização de uma sucessão imperial vertical, que ia do pai para um de seus filhos designados. Uma dessas medidas era o suicídio obrigatório da mãe biológica do filho mais velho (geralmente), o mesmo que, presumidamente, sucederia o pai. Contudo, com frequência a Dinastia Wèi do Norte designava uma imperatriz placebo, que nunca tinha qualquer relacionamento físico com o governante. As duas imperatrizes placebos mais célebres foram a viúva Chang (r. 452-460) sob Gāozōng Wénchéngdì (r. 452-465) e a imperatriz (viúva) Wénmíng (r. 456-490). Em 471, a Dinastia Wèi do Norte sob o comando Xiǎnzǔ (r. 465-476) criou o posto de "imperador aposentado" (*tàishàng huáng*) para garantir a inviolabilidade do padrão de sucessão vertical, uma questão que sorrateiramente atormentava o regime de 408, até que a possibilidade de "aposentadoria" fosse instituída em 471. No caso de Wèi do Norte, o "imperador aposentado" (Xiǎnzǔ) foi um adulto amadurecido que detinha poderes de formulação de políticas e residia em um palácio independente. O "imperador reinante" (Xiàowéndì), por sua vez, era um menor de idade que realizava rituais imperiais básicos e residia no complexo do palácio principal. Esse garoto foi submetido a um programa intensivo de treinamento prático. Xiǎnzǔ foi assassinado em 476, e o jovem Xiàowéndì permaneceu no trono sob a orientação de uma regência até 490, quando passou a governar plenamente em seu próprio nome.

A Dinastia Wèi do Norte também foi pioneira em seus esforços relativamente bem-sucedidos de neutralizar as capacidades político-militares independentes de grupos tribais que lhe foram aliados desde a época da anterior confederação da Mongólia Interior; assim, foi possível absorver antigas elites tribais em uma arena política patrimonial cada vez mais centrada na Corte. O legado tribal não foi destruído, mas simplesmente reconstruído e posto em posição subserviente às necessidades do trono. O primeiro regime igualmente construiu uma estrutura de Corte externa formal um tanto desarticulada, parcialmente em estilo chinês, que serviu de fachada para uma Corte interna etnicamente exclusiva dos xiānbēi, a qual deliberava acerca de todas as decisões políticas importantes.[9]

O governo direto de Xiàowéndì, 490-499

As mudanças mais revolucionárias ocorreram de 490 a 499 sob o governo direto de Xiàowéndì, que, em 471, como um menino de quatro anos, ascendeu ao trono no posto de imperador nominal, assumindo o governo direto e pleno em 490, aos 23 anos de idade. A remoção da capital de Píngchéng para Luòyáng em 493 foi fundamental ao esforço (em última análise malsucedido) de consumar a transformação do regime de uma "dinastia corporativa" para uma "dinastia linear". Em outras palavras, tratava-se do esforço para eliminar os privilégios arraigados das linhagens de descendência Tuòbá e Xiānbēi, abrindo, assim, espaço para o exercício mais expansivo do poder pelo trono. A justificativa para esse movimento já foi discutida extensivamente.[10] Na minha opinião, um fator crucial por trás da decisão sobre a localização em Luòyáng foi seu imenso prestígio legitimador como a capital das Dinastias Hàn Oriental e Jìn Ocidental no passado imperial anterior. Em 491, antes da mudança para Luòyáng, Xiàowéndì anunciou que os wèi do Norte eram herdeiros da tradição imperial de Jìn Ocidental, algo que representou uma alteração marcante da posição anterior da dinastia. Assim, de uma perspectiva de legitimação, a mudança para Luòyáng seria eminentemente razoável. O Jìn Ocidental foi a última dinastia unitária chinesa (isto é, não unificada) e entrou em colapso na guerra civil no início dos anos 300. Posteriormente, o reino não voltaria a ser reunificado até a unificação Suí de 589. Durante o chamado Período de Desunião, a aura distante de unidade e grandeza imperial do passado atraiu líderes políticos, independentemente de sua etnia. O monarca Wèi do Norte, Xiàowéndì, mostrou-se interessado em estabelecer as bases para a implementação de uma reunificação imperial. Em última análise, porém, seus sucessores políticos foram incapazes de efetivar tal objetivo.

Coincidentemente com a mudança revolucionária para Luòyáng, houve a reestruturação formal e massiva da Corte nos moldes de uma entidade de estilo chinês, semelhante às das dinastias chinesas do Sul, o que incluía o uso de um calendário ritual ao estilo chinês. Adotá-lo implicava que o tribunal não mais observaria os feriados tradicionais xiānbēi e os rituais da Corte. As reformas do calendário ritual tiveram implicações negativas diretas no tocante ao acesso a funções e privilégios da Corte, para agnatos reais mais distantes e linhagens da elite xiānbēi de nível inferior. A estrutura do tribunal interno formalmente segregada dos xiānbēi foi abolida, e uma estrutura administrativa de Corte unificada foi criada em seu lugar. Vendo-se encurraladas, as elites xiānbēi mostraram-se abaladas, sentindo-se violadas. Esses sentimentos se manifestaram em uma contrarrevolução em 496, que foi, no entanto, abortada. O objetivo de Xiàowéndì parece ter sido o de estabelecer as bases legitimadoras e administrativas para a futura conquista das dinastias chinesas do Sul. De uma perspectiva ideológica legitimadora (a qual creio ter sido a postura de Xiàowéndì), o governante de um império "Huáxià" potencialmente universal – um reino universal com estrutura sínica – não precisava ser chinês. Da mesma forma, os rituais confucionistas e relacionados de um império "Huáxià" não seriam exclusivamente chineses, mas antes articulariam uma cultura civilizacional e uma compreensão do cosmos universalizante, transcendente. O objetivo de Xiàowéndì não parece ter sido executar a "sinificação", mas sim a criação de um reino imperial universal mediante a incorporação de muitos povos e culturas distintos, unificados em seu topo por um imperador "Huáxià".[11] Luòyáng, a sede dos últimos grandes impérios continentais unitários (Hàn Oriental e Jìn Ocidental), seria a sede renovada de seu reino "Huáxià". Xiàowéndì desejava transcender as limitações de um mero regime de conquista da Ásia Interior.

Embora as reformas estruturais e rituais de Xiàowéndì tenham sido surpreendentes, sua abordagem perante a ação política da Corte continuou sendo relativamente tradicional. Com o passar do tempo, os wèi do Norte desenvolveram uma tradição de governo conciliário, pela qual se esperava que o trono consultasse a elite, tuòbá sênior e cortesãos xiānbēi, no tocante a questões políticas.

Xiàowéndì encorajou a formação de blocos funcionais, não competitivos e relativamente estáveis, de facções cortesãs, os quais abrangiam um misto de colaterais tuòbá e elites de poder xiānbēi, suplementado por um grupo chinês (e alfabetizado em chinês) de conselheiros políticos altamente qualificados e especializados nos rituais. Xiàowéndì valeu-se de seu carisma e de seu dinamismo pessoal para manter esses grupos no lugar, mantendo-os em suas devidas órbitas. Comparada a uma Corte chinesa, a Corte dos wèi do Norte era distinta – no sentido do que parece ter sido um forte senso de prerrogativa genealógica ao poder em meio a uma ampla faixa de agnatos reais colaterais, muitos deles bastante distantes do imperador reinante, e à ênfase sobre a participação agnática real na política cortesã como um todo. As linhas sucessórias não monárquicas da elite xiānbēi, igualmente, faziam reivindicações do tipo. O resultado cumulativo da tradição conciliar e das contínuas prerrogativas da linhagem Tuòbá/ Xiānbēi dotou as elites da Corte altaica de um senso de elegibilidade relativa à sua contribuição para a formulação de políticas imperiais.

O reinado de Shìzōng (r. 500-515)

Xiàowéndì faleceu em 499, e seu sucessor, Shìzōng, levou adiante – ou pelo menos manteve – a agenda de reestruturação de sua Corte, bem como sua visão geoestratégica focada na zona de fronteira Sul, desenvolvida como resultado da mudança para Luòyáng de 493. O novo imperador exibiu muita originalidade e uma franqueza fora do comum em sua atuação e na manipulação das relações de poder com a Corte, aproximando o comportamento faccional das cortes à conduta encontrada em cortes chinesas padrão. Estrutura e processo passaram, assim, a se tornar congruentes. Aquela cena faccional monocromática e tradicional de Wèi do Norte, de manipulação do poder pelos agnatos e a elite xiānbēi, foi exposta a toda uma matriz policromática de combinações faccionais efetivamente manipuladas pelo trono. Parentes matrilaterais e afins (outrora vistos com desconfiança), cortesãos chineses, uma gama de favoritos imperiais aleatórios, sem mencionar os habituais grupos agnáticos e xiānbēi – todos eles foram convidados a participar e competir entre si. Um caleidoscópio multicolorido de facções concorrentes, camarilhas e agrupamentos sociais individualizados salta das páginas dos mais sóbrios anais dinásticos.

Sob Shìzōng, pela primeira vez, mulheres designadas como imperatrizes de fato puderam dar à luz filhos reais. Além disso, essas mulheres não mais eram forçadas a cometer suicídio; elas atuavam como imperatrizes ao estilo chinês. Shìzōng não só tinha imperatrizes reais, como também utilizava ativamente seus parentes homens como líderes de facções na Corte e conselheiros políticos (no caso, existiam dois conjuntos de parentes, já que havia duas imperatrizes de cada vez).

A segunda imperatriz de Shìzōng, Sra. Gao, provavelmente de origem coreana, também era sua prima matrilateral. A extensão em que Shìzōng incorporou esses novos elementos de parentesco implicou um rompimento de limites. Desde o início de seu reinado, Shìzōng manipulou seus parentes, energicamente, uns contra os outros.

O formato de política faccional competitiva fomentada por Shìzōng era bastante diferente dos blocos de cortesãos impassíveis e de forma geral pouco competitivos que seu pai, Xiàowéndì, preferia manter e controlar por meio de seu magnetismo pessoal. Como explicar essa diferença espetacular no estilo de governar? Isso pode ter se dado pelo fato de Shìzōng sofrer de uma doença crônica.[12] Por quase todo o seu reinado, Shìzōng jamais deixou a região de Luòyáng (exceto por uma excursão à cidade de Yè na planície do Norte da China, perto da moderna Ānyáng). Ao que parece, por não ter o carisma pessoal de Xiàowéndì, ele compensou tal falta criando estratégias elaboradas de dividir para governar e de manipulação de facção de forma a manter sua Corte sob controle. Há aí mais uma questão relacionada – Xiàowéndì nunca se envolveu na triagem indiscriminada de seus agnatos como fizeram muitos de seus predecessores. Shìzōng, aos 16 anos, herdou um quadro completo de agnatos politicamente ambiciosos de todas as categorias, sobretudo no caso de seus tios.

Em 501, Shìzōng respondeu a tal situação atacando imediatamente e manipulando seus tios, cuja função foi integrada à construção de seu aparato faccional bizantino. Originalmente, Shìzōng tinha seis tios, um dos quais, porém, morreu em 499 aos 30 anos. Em 500, restavam cinco tios, dos quais apenas um sobreviveria após 508. Shìzōng não apenas manipulou seus tios uns contra os outros, como colocou todos os seus parentes afins contra os tios e uns contra os outros. Shìzōng mantinha registros cuidadosos de cada membro da Corte que manipulava. É possível que tenha sido um dos manipuladores políticos imperiais mais talentosos da história dos impérios sediados na China.

O reino de Sùzōng (r. 515-528, devido a um assassinato): um desfecho do drama

Em 515, aos cinco anos, Sùzōng ascendeu ao trono, e, dada sua idade, exigiu-se que um conselho de regentes fosse estabelecido para governar em seu nome. A regência conciliar parece ter sido estruturada com base na experiência adquirida em práticas anteriores. A imperatriz viúva Hú (mais tarde intitulada imperatriz viúva Líng, r. 515-528) foi uma concubina do falecido Shìzōng e a mãe biológica de Sùzōng. Sendo dotada de autoridade política significativa, ela atuou como uma agente política em pé de igualdade com os demais homens de elite tuòbá e xiānbēi. Como figura política, Hú funcionou como uma construtora de consenso legitimista e unificador para vários interesses tuòbá e da elite xiānbēi. Sob a autoridade formal de Hú operava uma porção de membros da alta nobreza tuòbá, colaterais tuòbá mais distantes e elites xiānbēi. O mais influente desses colaterais distantes tuòbá foi Yuán Chā (485-525), cunhado de Hú. Seguindo o modelo estabelecido por Shìzōng, a própria regência foi destroçada pela competição faccional, a qual a imperatriz viúva tentou manipular para manter um equilíbrio dinâmico que não ameaçasse a estabilidade do poder recém-estabelecida na Corte. Esse moderadamente pacífico ambiente faccional da Corte foi destruído em 520, por força do violento golpe de Yuán Chā. Como pontuado, Chā era de uma distante linha dinástica colateral à da Família Real. Até certo ponto, os alinhamentos políticos de tuòbá na Corte de Wèi do Norte pareciam ter se solidificado parcialmente em torno das linhas de descendência real, as quais também serviam como um meio de determinar até onde a carreira na Corte poderia avançar. Agnatos relativamente distantes nunca foram afastados da Corte, mas simplesmente relegados a carreiras menores. Ou seja, um senso de linhagem dinástica estruturou o comportamento da Corte de elite tuòbá e xiānbēi a um grau desconhecido no ambiente mais acessível da Corte chinesa. Essa rigidez foi igualmente reforçada pela legislação anterior de Xiàowéndì de 495 – uma legislação que determinava o *status* na Corte em uma chave "sinificante" –, a qual conferiu reconhecimento oficial limitado a tais assuntos. A biografia de Yuán Tiānmù (falecido em 530), neto de sexta geração de um governante da confederação pré-Dàowǔdì Tuòbá, observa: "Por ser um agnato distante, ele não nutria esperanças em uma carreira elevada e, portanto, ofereceu seu apoio a Ěrzhū Róng (493-530, um sátrapa sediado na moderna província de Shānxī)".[13] Um dos apoiadores faccionais mais próximos de Yuán Chā era seu primo Yuán Fǎsēng (as datas de sua vida são desconhecidas). Mais tarde, em 525, Yuán Fǎsēng desertou de um governo estratégico na planície ao Norte da China, sediada na antiga cidade de Péngchéng, mudando para o regime de Liáng. A Dinastia Liáng (502-550) foi a penúltima das cinco dinastias do Sul que fizeram de sua capital o que hoje é a moderna Nánjīng. Liáng nomeou sua capital Jiànkāng. Essa deserção prejudicou severamente o domínio faccional de Yuán Chā na Corte.[14] Quando anunciou sua transferência para o regime Liáng, Yuán Fǎsēng foi atacado (a princípio sem sucesso) pelas forças de Wèi do Norte. No curso dos eventos, ele capturou um membro da elite tuòbá, Yuán Xiànhé (falecido em 525). Xiànhé era descendente da linhagem do imperador Jǐngmù (vivendo de 428 a 452; seu posto era honorífico, de forma que nunca ascendeu ao trono). Especificamente, era filho de um dos tios de Xiǎnzǔ. Xiànhé foi repelido pelo comportamento de Fǎsēng e declarou: "Viemos da mesma fonte, embora de diferentes segmentos da linhagem [*bié pài*] [...]; somos nós os alicerces do clã real".[15]

Dada a percepção sutil de *status* de cada linha de descendência, a violência um tanto contida envolvida no golpe súbito de Yuán Chā em 520 parece ter valido como literalmente disruptiva, uma vez que se dirigia aos superiores na linhagem dinástica. Em parte, a violência contra outros agnatos em Wèi do Norte não era novidade. Ela poderia transbordar por todas as fronteiras no curso das disputas de sucessão imperial. Em termos de violência preventiva de imperadores em exercício, os imperadores de Wèi do Norte tendiam a eliminar seus irmãos e tios. O reinado de Shìzōng é um bom exemplo de foco antiavuncular. Contudo, esses mesmos imperadores foram bastante cautelosos em fazer movimentos preventivos contra agnados mais distantes. Esse tipo ramificado de violência seria simplesmente destrutivo demais para a estrutura de poder xiānbēi. Os agnatos da alta nobreza tuòbá só podiam ser agredidos pelo próprio trono e, em circunstâncias usuais, o trono necessitava dar bons motivos para fazê-lo.

A fragmentação da Corte de Wèi do Norte

O violento golpe de Yuán Chā em 520 o colocou em um posto dominante na Corte, até sua morte violenta em 525. O preço do domínio faccional de Chā sobre a Corte viria a ser uma fragmentação da complacência agnática dos tuòbá e uma divisão faccional incontida. Uma pergunta a ser feita é por que Yuán Chā foi capaz de tentar dar esse golpe. Presumo que houvesse, na Corte, uma profunda insatisfação com a política de cargos cortesãos, tensões associadas e originadas da política ritual crescentemente restritiva do trono em relação a agnatos distantes, além da irritação criada pela abertura da Corte, exacerbada como foi por ocorrências militares externas. No início de 519, um cortesão chinês, Zhāng Zhōngyù (datas de vida desconhecidas), propôs que toda a equipe militar fosse retirada dos "postos puros" (postos reservados à descendência de elites de alto *status*, ou de natureza literária/cultural, ou então que envolvessem serviço direto à pessoa do imperador). Essa política estava bastante alinhada à legislação de *status* anterior de Xiàowéndì de 495. Ela enfureceu a guarda palaciana, grande parte da qual provavelmente era xiānbēi e turcomana.[16]

Alega-se que cerca de mil guardas se revoltaram, danificando prédios do governo, incendiando a residência da família Zhāng, espancando e imolando o irmão de Zhāng Zhōngyù, além de terem espancado seu pai até a morte.[17] A Corte foi abalada pelo motim, mas imediatamente abriu mão de considerar tal proposta. Dado o grande número de participantes no motim, o tribunal só acusou e executou um pequeno número de indivíduos; o resto foi anistiado.

Desde a renovação da estrutura cortesã por Xiàowéndì no início dos anos 490 – que aboliu a antiga estrutura de segregação altaica e implementou uma estrutura relativamente integrada ao estilo chinês –, além de sua instituição de qualificações de pessoal com base em *status* (sobretudo) e em habilidade, a Corte de Wèi do Norte passou a sofrer problemas de pessoal relativos à implementação de procedimentos institucionais, para promoção e rebaixamento, e de políticas eficazes para a abertura de cargos de Corte para indivíduos mais jovens. Esse problema se complicou ainda mais pela expectativa de que os membros de linhagens de descendência real vigentes e ramificadas aguardassem por postos compatíveis com seu *status* linear – uma expectativa compartilhada por membros da linhagem de elite xiānbēi não ligada à realeza.[18] Os colaterais distantes tinham motivos para se preocupar. Rituais e regulamentos de classificação de *status* instaurados por Xiàowéndì e no início do governo regencial de Sùzōng tentaram limitar o acesso de tais grupos aos benefícios da Corte. O objetivo dessas iniciativas parece ter sido o de abrir espaço para nomeações políticas e de pretendentes ao trono. Em outras palavras, tratava-se de um jogo de poder político expresso em termos rituais.

Em 517, durante o início do governo Sùzōng, essas ações precipitaram uma série de manifestos (parcialmente bem-sucedidos) dirigidos ao trono, compostos de membros das linhas sucessórias afetadas. No curso de um desses manifestos, o autor Yuán Jì (465-528), pai de Yuán Chā, se opôs às restrições de contratação impostas aos jovens colaterais distantes, refletindo um receio generalizado levantado pelas medidas anteriormente mencionadas.[19] O regime regencial de Sùzōng retrocedeu parcialmente para dissipar tais receios. No entanto, apesar de sua tentativa de fazer justiça no contexto da consciência estrita do *status* cortesão, muito de acordo com a legislação anterior de Xiàowéndì, esse compromisso limitado também poderia reforçar o sentimento de frustração política em agnatos distantes mais ambiciosos como Yuán Tiānmù.

Esse grande problema de pessoal – como lidar com as elites consolidadas tuòbá e xiānbēi em todos os níveis da Corte, problema confrontado pela primeira vez por Xiàowéndì – parece nunca ter sido resolvido por completo. O motim de 519 foi uma expressão extremada do que parece ter sido uma frustração crescente em meio aos cortesãos xiānbēi. As unidades da guarda palaciana eram um meio importante pelo qual os jovens de elite tuòbá e xiānbēi de famílias de hierarquias variáveis iniciavam suas carreiras.[20] Nesse contexto, a proposta 519 de Zhāng Zhōngyù era inflamatória, ofensiva e politicamente obtusa.

Yuán Chā parece ter participado de uma onda de insatisfação na Corte em face da maneira como a regência de Hú lidava com o que se pode chamar de "diretrizes domésticas da Corte" – isso também envolveu uma boa dose de hesitação embaraçosa por parte da regência Hú em implementar medidas publicamente anunciadas. Notemos que Chā assumiu o comando das unidades da guarda palaciana aproximadamente três meses depois do motim em 519. Ele foi colocado na posição de garantidor de que seus homens tivessem suas demandas satisfeitas. No decurso do golpe (que evidentemente dependeu do comando da guarda palaciana pró-Chā), o tio de Sùzōng, Yi (487-520), foi executado, a imperatriz viúva Hú foi colocada em prisão domiciliar, e Sùzōng, aos dez anos de idade, passou a governar em seu próprio nome. Esse, porém, serviu como um governo de fachada para Chā e os principais eunucos atuantes na área interna do palácio, em estreita proximidade física com Sùzōng. Foi a execução de Yi, um alto nobre tuòbá, e, posteriormente, de alguns membros da elite tuòbá próximos a ele que abalou e dividiu a Corte. Consequentemente, Chā, um distante agnato que ascendeu a altos cargos, originalmente em função de seu casamento com a irmã mais nova de Hú, trazia nas mãos o sangue de alguns dos membros de elite da linhagem Tuòbá. O golpe de Chā contribuiu para alienar todo um segmento da Corte de Wèi do Norte.

Infelizmente para Yuán Chā, o período em que dominou a Corte de 520 a 525 foi marcado por uma série de tumultos e revoltas que eclodiram nas cidades-guarnição que se estendiam ao longo do perímetro Sul da Mongólia Interior – essa ficou conhecida como a revolta das Seis Guarnições, com início em 523. A violência tornou-se incontrolável, espalhando-se para o Sudeste até a planície do Norte da China e para o Sudoeste até o vale do rio Wèi. Ao mesmo tempo, a começar em 524, o regime de Liáng montou ofensivas bem-sucedidas contra os destacamentos de Wèi do Norte no rio Huái, enviando olheiros militares também ao Norte do Huái.

No contexto de múltiplas fontes de pressão política e militar, no quarto mês lunar de 525 a imperatriz viúva Hú encenou um contragolpe, trazendo de volta ao poder segmentos da linhagem outrora afastados por Chā, figura que logo foi executada. Toda uma frente contrária a Chā, cujo foco eram as principais linhagens de elite tuòbá, havia retornado ao poder. O mundo político da Corte de Wèi do Norte tornara-se cada vez mais volátil e propenso à violência faccional. De fato, a recuperação política de Hú não refletiu seu poder político pessoal, mas a alteração bombástica da elite tuòbá e xiānbēi, que passava a cortejar a "opinião pública" em uma busca desesperada por um centro político estável. A imperatriz viúva Hú foi simplesmente reconsiderada como um centro de legitimação viável em torno do qual tais facções de elite poderiam se unir.

O contragolpe não ocorreu em momento propício. A violência interna desencadeada pelas Seis Guarnições originais persistiu, assim como a ofensiva de Liáng no rio Huái. No final de 526, deu-se um grande revés, quando a principal fortificação de Wèi do Norte na margem Sul do rio Huái, Shòuchūn, foi subjugada por Liáng. Distraído pela violência crescente na planície do Norte da China e no vale do rio Wèi, o trono não pôde ou não quis fornecer tropas extras para o fronte do rio Huái.

No contexto desses golpes militares estratégicos, surgiu outra fenda faccional. Em 528, Sùzōng, o imperador nominal, tinha 18 anos e já estava plenamente maduro para os padrões da época; apesar disso, sua mãe e sua facção se recusaram a lhe ceder o poder.[21] No início de 528, *Zīzhì Tōngjiàn* alega que Sùzōng enviara uma mensagem secreta a Ěrzhū Róng (algo que ele contrariou logo em seguida) para que trouxesse suas forças para Luòyáng; eis o elemento potencializador que Sùzōng poderia usar para proclamar sua autoridade, removendo a camarilha de sua mãe do poder. Ěrzhū Róng era um sátrapa lealista e emergente, sediado na província central de Shānxī. O convite em questão era a desculpa legitimadora fundamental de que Ěrzhū Róng precisava para ocupar Luòyáng rapidamente, afirmando sua autoridade sátrapa sobre a Corte.[22] Imediatamente após Ěrzhū Róng ter iniciado a movimentação de tropas de Shānxī para Luòyáng, a facção da imperatriz viúva Hú envenenou Sùzōng, colocando uma série de imperadores infantis em seu lugar. Era evidente o caráter disfuncional da configuração faccional da Corte. Os emissários de Ěrzhū Róng na Corte então abordaram Yuán Ziyōu, filho do estimado irmão mais novo de Xiàowéndì, Xié, que concordou em ascender ao trono com o apoio de tropas guerreiras. Ele viria a se tornar o primeiro (e muito relutante) imperador fantoche de Ěrzhū, conhecido como Xiàozhuāngdì (r. 528-530).

No terceiro mês lunar de 528, Ěrzhū Róng, ao lado de seu novo imperador, cruzou as pontes sobre o rio Amarelo. Os generais baseados em Luòyáng e suas tropas abandonaram suas posições defensivas por simpatia pelo novo pretendente ao trono ou debandaram imediatamente para o lado de Ěrzhū Róng. Após um infame massacre da imperatriz viúva Hú e de cortesãos suspeitos em 528, na região exterior a Luòyáng, Ěrzhū Róng e o novo imperador, Xiàozhuāngdì (Zǐyóu), entraram na capital para assumir uma Corte subjugada, desmoralizada e profundamente dividida. O massacre contribuiu para criar mais promessas de vingança em meio à elite fragmentada dos xiānbēi, promessas que precisavam ser cumpridas. Assim chegam ao fim os wèi do Norte, na condição de uma dinastia de funcionamento independente, embora sua morte formal se arrastasse até o ano 550 no Leste (na planície do Norte da China) e até 557 no Oeste (no vale do rio Wèi) com advento de regimes fantoches regionais.

Conclusão

Em um império patrimonial, a Corte fornecia um mundo demarcado para o trabalho, a competição política e a socialização dos membros das famílias politicamente elitizadas e seus associados. Ao contrário de um governo moderno, o mundo cortesão não necessariamente nutria interesse em estabelecer densas redes de interação com a população ordinária fora da Corte, embora certamente existissem redes indiretas, geralmente por meio de vínculos entre patrões-clientes, orquestradas pela elite, além de redes de contato com as estruturas administrativas e militares formais da Corte. Uma política social doméstica, tal qual é entendida no sentido moderno, era estranha às funções da Corte pré-moderna. O direito da população à subsistência (geralmente de base agrária) foi amplamente reconhecido pela Corte por razões de poder ideológico e prático. Como resultado, as cortes muitas vezes mantinham celeiros de emergência e se engajavam em esforços fundamentais de combate à fome.

Na medida em que um império possuísse uma estrutura de dominação, a Corte passava a funcionar como centro da vida das elites afortunadas o suficiente para gozarem de *status* legalmente segregado de cortesãos imperiais, qualquer que fosse sua hierarquia. A Corte provia estrutura e legitimidade às suas vidas. Esse entendimento é ainda mais acentuado no caso de dinastias de conquista etnicamente distintas. Para suas elites, a Corte era sua Jerusalém em terra estrangeira. Em tais regimes, a percepção da necessidade de se opor a uma população ocupada resultou em certa rigidez embutida na estrutura cortesã, o que tornava os perigos da fragmentação faccional uma questão de grande receio.

A partir de 700 AEC, o trono chinês, devido ao seu desenvolvimento longo e contínuo por séculos, deixava de se delimitar pela presença obrigatória de famílias ou linhagens específicas. A competição militar do Período dos Estados Combatentes (aproximadamente 500-221 AEC), culminando no estabelecimento em 221 AEC do primeiro grande império do Leste Asiático, o Império Qin, destruiu boa parte da herança aristocrática prévia. É desnecessário dizer que os membros da elite cortesã não possuíam poder de voz legítimo para interferir nos assuntos de sucessão imperial vertical. Antes, imperadores chineses tinham de obter apoio na Corte para fins políticos e/ou táticos, e muitas vezes tentavam manipular os diversos líderes da Corte e os agrupamentos faccionais disponíveis. No entanto, o trono chinês não estava *a priori* comprometido em apoiar qualquer grupo cortesão específico; ele estava livre para escolhê-lo conforme as circunstâncias exigissem. Podemos caracterizá-lo como uma "dinastia linear", segura em suas próprias prerrogativas.

O trono de Wèi do Norte, como um regime de conquista de minoria étnica, jamais foi capaz de atingir um grau de liberdade análogo ao do trono chinês. Enquanto os wèi do Norte aderissem a uma forma de "suserania étnica" (parafraseando o termo de Mark Elliott), a ação do trono sempre seria significativamente limitada. Isso é mais evidente em relação à utilização de membros da Corte, em que, *de jure* ou *de facto*, a segregação étnica e as atribuições de cargos étnicos limitavam a capacidade do trono de moldar e estruturar sua equipe palaciana. O motim de 519 dos guardas altaicos em Luòyáng foi um exemplo dramático das limitações enfrentadas pelo trono nessa configuração de Corte. O trono teve que agir com muito cuidado em relação à forma como lidava com as elites étnicas consolidadas. Parecia haver uma necessidade maior de consenso da elite em tais regimes quando os comparamos a um regime chinês.

Ao discutir etnia, quero enfatizar que, como relativos estrangeiros em uma terra conquistada, o trono e as elites do poder cortesão percebiam sua própria sobrevivência política e seu domínio militar como dependentes da manutenção, em algum grau, de separação entre o exército conquistador e a população conquistada. Marcadores linguísticos diversos, assim como marcadores da cultura material de dada etnia, foram louvados e valorizados, e as instituições políticas logo passaram a se projetar para manter essa "suserania étnica". O aspecto que desejo enfatizar é que a política de poder conduziu o esforço para manter e definir a etnia, e não o contrário. Os governantes de Wèi do Norte que atacaram e rebaixaram grupos tribais afins – para não mencionarmos sua predisposição para assassinar agnatos próximos e até filhos, caso fossem percebidos como ameaças ao trono – nutririam pouca simpatia emocional por uma etnia, a menos que ela servisse a propósitos políticos relevantes. Consequentemente, a Corte de Wèi do Norte tinha restrições internas que limitavam o poder decisório do trono. Ao notarmos a retirada de Xiǎnzǔ do trono em 471 como um divisor de águas, podemos afirmar que o trono estava afirmando, de forma categórica, suas prerrogativas para determinar a sucessão vertical independentemente dos interesses colaterais dos tuòbá ou dos interesses de outros elementos da elite cortesã. Em outras áreas, porém, imperou certa rigidez estrutural, sobretudo no que diz respeito à política de funcionários palacianos. Nesse sentido, caracterizo o Wèi do Norte como um "regime corporativo". Um aspecto desse traço "corporativo" foi a necessidade de manter um grau de cortesia faccional normal e de respeito pelos interesses arraigados das diversas linhagens étnicas de elite. As reformas estruturais de Xiàowéndì iniciaram o processo que minou essa condescendência, e os modos de liberdade faccional permitidos na Corte de Shìzōng (r. 500-516) abriram possibilidades políticas sem precedentes. Os resultados desses desenvolvimentos foram o partidarismo destrutivo e a volatilidade política dos anos 520 (reinado de Sùzōng, 516-528) exacerbados por crises militares em vários frontes.

Notas

1 Para os propósitos do presente capítulo, não é crucial determinar se a etnogênese dos conquistadores "bárbaros" no domínio romano-ocidental começou durante as conquistas ou antes delas. Relevante aqui é o fato de que os meios utilizados por vários regimes de conquista para manter e preservar seu poder político e sua identidade étnica foram paralelos aos esforços empreendidos por Wèi do Norte.

Patrick Geary discute os esforços dos visigodos, dos vândalos e dos ostrogodos para manipular a lei, as crenças religiosas (arianismo), os estilos de vestimenta e as estruturas fictícias de parentesco a fim de criar e manter "duas comunidades, uma ortodoxa, romana e civil; a outra ariana, bárbaro e militar [muitas vezes com soldados de cavalaria] sob o comando unificado de um rei bárbaro". Esses desenvolvimentos não consistiam em movimentos culturais "naturais"; antes, foram empreendidos por autoridades políticas para reforçar seu domínio real. Ver Geary, 2002, pp. 114, 108-109.

2 Sneath, 2006, p. 7.

3 A mãe de Dàowǔdì (fundador de Wèi do Norte, r. 386-409) foi fecundada, após despertar de um sonho, por uma luz celestial. Ver *Wèishū*, seção 2.19, *apud* Shou,

1984. Suí Yángdì referia a si mesmo como um monarca *cakravartin*. A população às vezes se referia a ele como um *bodhisattva*. A família real Táng reivindicava descendência de Lǎozǐ, uma figura deificada naquele período. Ver Twitchett, 1979, pp. 76, 77, 218.

4 Bùkě, 2010, pp. 19-20, 22, 24-25.

5 *Idem*, pp. 225, 229.

6 *Idem*, pp. 310, 315, 322.

7 Elliott, 2001, pp. 2-8.

8 Bùkě, 2010, p. 347.

9 Kenichi, 2007, pp. 30-42, 94-95, 107, nota 20.

10 Ver Ping, 2006, pp. 28-31; e Kenichi, 2007, pp. 87-89, para uma revisão dos principais pesquisadores do Leste Asiático a esse respeito.

11 Ver Park, 2012, p. 23.

12 *Wèishū*, seção 91.1969, *apud* Shou, 1984.

13 *Idem*, seção 14.356, *apud* Shou, 1984.

14 *Idem*, seção 16.406, *apud* Shou, 1984.

15 *Idem*, seção 19.449, *apud* Shou, 1984.

16 Yǐliáng, 1997, p. 132.

17 *Wèishū*, seção 64.1432, *apud* Shou, 1984.

18 Yoshifumi, 2003, pp. 488-489.

19 *Wèishū*, seção 183.2763, *apud* Shou, 1984.

20 Bùkě, 1010, pp. 238-239, 244.

21 *Zīzhì Tōngjiàn*, seção 152.4736-4737, *apud* Guāng, 1956.

22 *Idem*, seção 152.4739, *apud* Guāng, 1956; Michio, 2004, p. 136.

25

ENTRELAÇAMENTO IDEOLÓGICO NA EURÁSIA ORIENTAL: REINADO SIMULTÂNEO E COMPETIÇÃO DINÁSTICA, 580-755[1]

Jonathan Karam Skaff

Quando o célebre imperador Tàizōng (r. 626-649), da Dinastia Táng, audaciosamente usurpou o trono em um golpe sangrento em 626, ele seguiu o precedente de assumir os títulos imperiais ortodoxos da China: "Filho do Céu" e "Imperador Augusto". Três anos mais tarde, após forças militares táng terem conquistado os goturcos orientais na Mongólia Interior, chefes tribais estrangeiros e oficiais táng juntaram-se no palácio imperial em Cháng'ān para uma demonstração de poder cuidadosamente coreografada de teatro político. Ali, os chefes tribais suplicaram ritualisticamente para que Tàizōng tomasse o novo título imperial "Grão-cã Celestial". "Grão-cã" era o título túrquico para monarcas. Em resposta a esse apelo, Tàizōng respondeu: "Sou o Filho do Céu do Grande Táng, e doravante também participarei dos assuntos do Grão-cã Celestial!". A multidão ali agrupada deu mostras de sua aprovação, saudando: "Vida longa!".[2] Assim, a correspondência de Tàizōng aos soberanos dos Estados do Norte e do Oeste passou a ser expedida com o selo de "Imperador Augusto, Grão-cã Celestial" em vez do ortodoxo "Imperador Augusto, Filho do Céu".[3]

O significado desse evento recebeu a atenção de muitos pesquisadores. "Grão-cã Celestial" (*tiān kèhán*) foi um título inovador que destoava da ortodoxia confucionista e túrquica, mas ainda assim deu conta de criar uma ponte entre duas culturas de forma notável. A apropriação de Tàizōng do título túrquico de grão-cã representou uma reivindicação de governo sobre a Ásia Central além da China, e implicitamente reconheceu a igualdade dos chineses hàn e demais etnias no Império.[4] Contudo, Tàizōng foi erroneamente creditado como o inventor, na Eurásia Oriental, desse tipo de reivindicação bilíngue ao poder, algo que foi cunhado "reinado simultâneo".[5] Embora "Grão-cã Celestial" tenha sido um título original, este ensaio mostrará que se trata unicamente de um exemplo de uma competição ideológica prolongada entre soberanos sediados na China da Dinastia Suí (581-618) e da Dinastia Táng (618-907), além do primeiro e do segundo impérios goturcos sediados na Mongólia (552-630, 680-742). Conforme seus Estados nascentes competiam militar e diplomaticamente pelo controle sobre a Mongólia Interior e demais partes da estepe centro-asiática, o combate de ideias envolvendo reinados simultâneos foi travado antes e depois do reino de Tàizōng.

Mais significativamente, este capítulo argumenta que a mudança de discurso fornece evidências vívidas de que os povos medievais chineses e túrquicos possuíam histórias emaranhadas, envolvendo séculos de contatos de alto nível nas cortes imperiais e contatos locais nas regiões fronteiriças.[6] Resultaram desses emaranhados sistemas ideológicos sobrepostos e mutuamente contestados. Convencionalmente, reconhece-se a ocorrência de emaranhados entre a China e a Ásia Central, sobretudo, durante o período de desunião chinesa após a queda da Dinastia Hàn (202 AEC-220 EC). Governantes de etnias diversas controlaram partes do Norte da China durante o período dos Dezesseis Reinos (317-386). Posteriormente, a influência da Ásia Central sobre o Norte da China foi cristalizada quando o Tabgach (Tuòbá), uma linhagem Särbi (Xiānbēi) com origens na Manchúria, conquistou reinos rivais estabelecendo a Dinastia Wèi do Norte (386-534). Após a queda de Wèi do Norte, os Estados sucessores governados por Särbi continuaram a controlar o Norte da China por mais meio século. Esse legado do domínio da Ásia Central é convencionalmente visto como a principal fonte de intercâmbios culturais que posteriormente influenciaram as Dinastias Suí e Táng, mas diminuíram assim que a classe dominante passou a assimilar as normas confucianas.[7] Em contraste, o presente capítulo argumenta que os emaranhados ideológicos persistiram após a unificação da China, uma vez que os imperadores Suí-Táng e os grão-cãs goturcos competiam política e militarmente pela lealdade de súditos vivendo nas fronteiras entre seus impérios. O declínio dessa rivalidade ideológica só se deu quando a rebelião de Ān Lùshān de 755 a 763 forçou os governantes Táng a se retirarem de grande parte da região fronteiriça da China com a Ásia Central para se concentrarem na consolidação interna (Mapa 4).

Para explorar a ascensão e a queda dessas trocas ideológicas, o capítulo compara variantes nos títulos de reinado dos monarcas das Dinastias Suí e Táng da China, de dinastias goturcas da Mongólia, além de guerreiros que habitavam as fronteiras entre as duas grandes potências. Argumentarei que (1) os títulos de reinado chineses e goturcos compartilhavam uma crença fundamental de que uma divindade celestial lhes conferia poder, e (2) ambos os lados emprestavam títulos um do outro para fazer reivindicações inovadoras de governo simultâneo. As fontes deste estudo são histórias medievais em língua chinesa nas quais esses títulos bilíngues foram preservados, com elementos túrquicos representados foneticamente em caracteres chineses. A fim de transmitir ao leitor a natureza bilíngue dos títulos, adoto a convenção de traduzir partes chinesas de títulos para o inglês, representar palavras túrquicas conhecidas foneticamente em transliteração túrquica e palavras não chinesas desconhecidas na tradução para a transliteração chinesa pīnyīn.[8]

Os sistemas ideológicos chinês e túrquico-mongol compartilham uma crença desde a Antiguidade de que uma divindade celestial se ocupava do governo temporal. A adoração do céu é geralmente associada à China, embora os povos túrquicos tivessem crenças religiosas semelhantes. O deus túrquico do céu chamava-se Tengri. Como vários pesquisadores apontam, as características de Tengri são paralelas às do deus confucionista do céu, Tiān.[9] Tengri era o deus mais poderoso e concedia *qut* ou "carisma sagrado" aos grão-cãs para governarem, algo semelhante ao Mandato Celestial chinês (*tiānmíng*), o qual designava a legitimidade de uma dinastia imperial para assumir o poder.[10] Da mesma forma que um imperador chinês era considerado o Filho do Céu, alguns grão-cãs goturcos afirmavam ser "Concebidos pelo Céu" (*Tengridä*).[11] As origens dessas crenças compartilhadas vão além do escopo do presente capítulo, embora vários estudiosos proeminentes tenham notado que os paralelos já aparecem na Antiguidade.[12] No caso de Tàizōng, seu título de "Grão-cã Celestial" chamou atenção para o fato de que as divindades celestiais chinesas e túrquicas – Tiān e Tengri, respectivamente – não eram deuses tribais ou culturais, mas designações distintas para a mesma divindade universal do Céu. Como mostrarei, houve predecessores para Tàizōng que fizeram ligação semelhante cinco décadas antes. Até reivindicações anteriores de realeza simultânea bilíngue aparentemente existiram, embora a história dessa prática não tenha sido estudada.[13]

O Primeiro Império Goturco e o Império Suí

A competição ideológica entre os regimes chineses e centro-asiáticos entrou em uma fase de intensificação com a ascensão do império goturco e do império Suí no final do século VI. Os turcomanos ou goturcos, tendo criado o maior e mais cosmopolita império das estepes até aquele ponto da história, inicialmente controlaram o Norte chinês politicamente dividido. As Dinastias Qí do Norte (550-577) e Zhōu do Norte (557-581) governadas por Särbi enviavam grandes quantias de pagamentos de tributos anuais aos goturcos.[14] O equilíbrio de poder entre a China e a Ásia Central começou a se alterar em consequência da unificação do Norte chinês sob o comando de Zhōu do Norte em 577, e da divisão do Império Goturco em duas metades belicosas, a oriental e a ocidental, em 582. Em 582, os suí, que usurparam o poder de Zhōu do Norte em 581, haviam estabelecido a posição mais forte na Eurásia Oriental, embora a Dinastia Chén (557-589) continuasse independente no Sul da China (Mapa 9).

Nas primeiras décadas da expansão imperial goturca, seus monarcas só são conhecidos por terem recebido títulos régios puramente túrquicos. Por exemplo, o fundador, Ashina Bumïn, reinou como Illig Qaghan (em chinês, *Yīlì kèhán*) ou "grão-cã possuidor do Estado" (r. 552-553).[15] Somente alguns anos após a divisão política entre os goturcos ocidentais e orientais que as fontes chinesas começaram a mostrar evidências de governantes goturcos com títulos de realeza simultânea. Ishbara Qaghan (r. 581-587, em chinês *shābōluó kèhán*) foi o primeiro governante goturco de quem se tem notícia a estabelecer uma reivindicação simultânea a tronos quando buscou estabelecer paz com o fundador Suí, Wéndì (r. 581-605). Na esperança de obter uma vantagem sobre seus inimigos goturcos ocidentais em 584, Ishbara Qaghan enviou uma carta que dava mostras de pleno conhecimento dos protocolos retóricos chineses. Ele endereçou sua correspondência ao "Imperador Augusto do Grande Suí" (*dà Suí huángdì*), um título que unicamente indicava o reconhecimento do domínio sobre a China. Ishbara Qaghan fez reivindicações mais amplas para si com um título que incluía uma parcela puramente turca, "Illig Kül Shad Bagha Ishbara Qaghan", mais uma parcela chinesa inteiramente única, combinando sincreticamente os ideais túrquicos e confucionistas de domínio mundial: "Nascido do Céu, Tudo abaixo dos Céus aos Grandes Turcomanos, Prudente Sábio, Filho do Céu".[16] Embora afirmações garantindo ter nascido no céu e ser sábio sejam elementos comuns aos detentores de títulos reais goturcos, Ishbara Qaghan estava se apropriando do título chinês de "Filho do Céu" para si mesmo, não para Suí Wéndì! Wéndì rebateu ideologicamente, emitindo um decreto do "Grande Suí Filho do Céu" o qual se dirigia a Ishbara Qaghan apenas por seu título real goturco, "Illig Kül Shad Bagha Ishbara Qaghan dos Grandes Turcomanos". Apesar disso, o título de Ishbara Qaghan marca a primeira afirmação conhecida de realeza bilíngue e bicultural simultânea na competição entre os goturcos e as dinastias sediadas na China.

As bases da reivindicação de Ishbara Qaghan ao governo simultâneo provavelmente foram lançadas muitas décadas antes da expansão imperial goturca e em suas relações com as dinastias chinesas do Norte. Ishbara Qaghan não conhecia o idioma chinês, de forma que provavelmente seus funcionários bilíngues e biculturais criaram seu título. Uma fonte potencial de conselheiros com as habilidades de letramento necessárias veio do último príncipe do Qí do Norte e de 1.500 membros de seu séquito, que debandaram para o lado goturco em 577 assim que Zhōu do Norte conquistou sua dinastia.[17]

Suí Wéndì foi o próximo governante conhecido da Eurásia Oriental a reter títulos que reconheciam a realeza simultânea. O aliado goturco, o suí Qimin Qaghan (r. 599-609), fugiu para a Mongólia Interior em busca de auxílio do povo Suí em 599. Como faria com um vassalo suí, Wéndì investiu-o com um epíteto honorífico túrquico aparentemente monolíngue e um título régio: "Yìlì Zhēndòu Qǐmín Qaghan" (doravante, Qimin Qaghan). A *História da Dinastia Suí* afirma que o título significa "sábio e forte" em idioma túrquico.[18] Alguns anos depois, Qimin Qaghan conseguiu tomar o controle sobre a Mongólia com o auxílio de Suí. À luz desses desenvolvimentos, não é de surpreender que, em um memorial do ano 600, Qimin Qaghan tenha se dirigido a Wéndì como "Sábio dos Grandes Suí, Bayan [?] Qaghan".[19] Novamente, a origem do título é um mistério. Ele poderia representar a reivindicação de Wéndì à realeza simultânea, ou Qimin Qaghan poderia ter escolhido o título para expressar sua aceitação de Wéndì como seu mestre. A pessoa ou as pessoas que criaram o título necessariamente eram biculturais e bem-educadas, já que o epíteto "sábio" (*shèngrén*) parece ter sido cuidadosamente escolhido para harmonizar com as tradições ideológicas túrquicas, confucianistas e budistas. *Shèngrén* é uma expressão chinesa comum, às vezes usada como um modo honorífico de se dirigir a um imperador, denotando uma pessoa que possui o nível mais alto de moralidade e sabedoria. O epíteto habilmente incorpora cada um dos traços seculares de realeza que mais foram valorizados nas tradições confucionistas e túrquicas: moralidade para os confucionistas e sabedoria para os turcomanos. Para os budistas, ele significava Buda ou bodhisattva, podendo, assim, estar relacionado à proeminência do budismo como uma ideologia legitimadora de Suí. Wéndì, por exemplo, igualmente usou o título "Bodhisattva Filho do Céu".[20] Outro elemento do epíteto, *báyán* (*mòyuán*), pode ser uma palavra ou um nome túrquico transliterado para o chinês, embora não haja consenso acerca de seu significado.[21] Finalmente, a asserção de que o imperador Wéndì e Qimin Qaghan eram grão-cãs não era incomum. As entidades políticas túrquicas normalmente tinham grão-cãs supremos e subordinados, e as inscrições do rio Orcom do Segundo Império Goturco descrevem os governantes do Táng e do Tibete (Tüpüt) como grão-cãs.[22] Qimin teria sido considerado o grão-cã júnior nesse arranjo político.

Chefes de guerra das regiões fronteiriças

As duas décadas seguintes testemunharam algumas oscilações abruptas de poder entre a China e a Mongólia Interior. Enquanto, na década de 610, a Dinastia Suí se desintegrou, durante a guerra civil que desencadeou a fundação da Dinastia Táng o poder goturco se intensificou. Os goturcos governaram diretamente 80 mil súditos chineses hàn e apoiaram uma Corte fantoche de Suí.[23] Durante esse período, os goturcos conferiram o título de grão-cã subordinado à maioria dos chefes militares chineses no Norte da China. No entanto, esses chefes militares simultaneamente mantiveram reivindicações de reinado ou de império ao estilo chinês. Um exemplo é de Liáng Shīdū, um célebre chefe militar que controlava as fronteiras do centro de Guānnèi (moderna província de Shǎnxī ao Norte) na década de 620.[24] Ele era um membro da elite local que havia servido no exército suí como comandante de guarnição, mas voltou para casa assim que a instabilidade política se intensificou. Quando salteadores assolaram sua área, ele formou um bando de dezenas de seguidores em segredo para atuar como uma força protetora local. Logo depois, Liáng se rebelou, matando o oficial suí local.[25]

Inicialmente, Liáng parecia estar operando, de um ponto de vista ideológico, por meio de uma visão de mundo confuciana ortodoxa. Ele se proclamou "Grande Conselheiro-Chefe" (*dà chéngxiàng*), que era o mesmo título que os fundadores das Dinastias Suí e Táng assumiram antes de usurpar o poder, quando atuavam como regentes de imperadores-meninos.[26] Quando seu sucesso militar lhe conferiu domínio regional, ele seguiu as prescrições rituais confucianas, como, por exemplo, proclamar-se "Imperador Augusto do Reino de Liáng", estabelecer um novo calendário e fazer sacrifícios ao céu na periferia a Sul.[27] Liáng também afirmou ter identificado um presságio – um sinal do favor do Céu para governar – quando conquistou um selo imperial logo depois de enterrar uma jade no chão.[28] Todos esses passos foram dados de acordo com a tradição, incluindo a escolha do nome de Liáng para seu reino, que não só combinava com seu sobrenome, mas também possuía um significado igualmente regional. Durante o período dos Dezesseis Reinos, cinco dinastias diferentes com o mesmo nome, fundadas por governantes de várias etnias, controlaram partes de Guānnèi.[29]

Além de seus esforços para se retratar como um digno governante confucionista, Liáng se mostrava igualmente disposto a assumir títulos de realeza simultânea. Ele se tornou um vassalo do governante goturco Shibi Qaghan (r. 610-619), que lhe conferiu os títulos bilíngues de "Magnânimo Bilge Qaghan" (*dàdū píqiè kèhàn*) e "Percipiente Filho do Céu" (*jiěshì tiānzǐ*).[30] Em 620, quando a posição de Liáng enfraqueceu, ele pediu ao irmão mais novo e sucessor de Shibi, Chuluo Qaghan (r. 619-620), que seguisse os passos dos governantes de Wèi do Norte invadindo e ocupando a China.[31] Provavelmente Liáng Shīdū foi um ex-comandante militar suí familiarizado com a política e os rituais confucionistas, que, porém, estava disposto a se subordinar a um grão-cã do Império Goturco e apoiar o domínio goturco sobre a China. Táng Tàizōng disse mais tarde que considerava Liáng "um habitante do Reino do Meio [*Zhōngguó rén*] que roubou meu território e cometeu atrocidades contra meu povo".[32] Tàizōng pode ter considerado que o comportamento político de Liáng era impróprio para um habitante da China (o Reino do Meio), mas ambos compartilhavam uma disposição cultural de adoção de títulos túrquicos.

Apesar dos muitos elementos desconhecidos sobre a autoria dos primeiros títulos simultâneos, parece correto dizer que, entre os anos 580 e 620, pessoas biculturais com compreensão significativa das tradições ideológicas túrquicas e confucianas estivessem vivendo nas fronteiras da China com a Ásia Central, ou então se movendo entre as cortes goturcas e de Zhōu do Norte, Qí do Norte e Suí. Funcionários a mando dos grão-cãs goturcos e soberanos do Norte da China sabiam manipular a retórica chinesa e túrquica a fim de obter vantagem diplomática, demonstrar subserviência ou, mais ousadamente, justificar o domínio simultâneo sobre o interior chinês e a Ásia Central. Seu entrelaçamento cultural, que podemos imaginar como uma urdidura túrquica e uma trama confuciana, proveu modelos potenciais para a criação supracitada de Tàizōng, em 630, do célebre título "Grão-cã Celestial".

Segundo Império Goturco e o Império Táng

Após conquistar os goturcos e assumir o título de "Grão-cã Celestial" em 630, Tàizōng e seu herdeiro Gāozōng (r. 649-683) continuaram a reinar sobre os goturcos até as rebeliões em 679 eclodirem, ao final do reinado de Gāozōng. A revolta goturca resultou na fundação do Segundo Império Goturco em 682, que migrou seu centro político da Mongólia Interior para a Mongólia em 690. Nesse meio-tempo, após dominar a Corte informalmente durante a década de 680, a imperatriz

Wǔ (Wǔ Hòu) estabeleceu um domínio feminino sem precedentes sobre a China, fundando a Dinastia Zhōu (690-705). Ao longo de seu reinado, seu maior rival entre os goturcos foi Qapaghan Qaghan (r. 691-716). De 694 a 702, ele realizou 16 incursões em seu território, incluindo os ataques mais incisivos e destrutivos desde os primeiros anos de Táng.[33] Qapaghan aparentemente se entretinha com a ideia de conquistar a China, já que, durante seu ataque mais incisivo em 698, se descreveu como alguém tentando restaurar a Dinastia Táng. Além dos conflitos militares, Qapaghan Qaghan e a imperatriz Wǔ estavam envolvidos em negociações acerca de relações matrimoniais, as quais acabaram se provando infrutíferas.[34] Dados seus confrontos militares e sua diplomacia conflituosa, não é de surpreender que os dois monarcas também pareçam ter se envolvido em disputas ideológicas.

No caso da imperatriz Wǔ, seu reinado informal na década de 680 e o subsequente estabelecimento da Dinastia Zhōu destacaram-se como um dos pontos altos de inovação ideológica e sincretismo na história imperial chinesa.[35] Ela se posicionou como soberana de um império multiétnico. Pouco antes de fundarem Zhōu em 690, os "chefes dos Quatro [povos] Bárbaros" eram alguns dos constituintes entre 60 mil súditos que requereram ritualisticamente a fundação de sua dinastia. Em sua cerimônia de ascensão, Wǔ recebeu um título parcialmente destoante da norma confuciana: "Sábia Divindade, Augusta Imperatriz" (*shèngshén huángdì*).[36] O epíteto "sábia" aludia a um dos elementos do título de Suí Wéndì mencionado anteriormente, e a um título que ela possuía enquanto ainda era imperatriz viúva, "Sábia Mãe" (*shèngmǔ*). Além das ressonâncias confucionistas, budistas e túrquicas de preocupação com os suí, ela pode ter se promovido a "sábia" em função das conotações taoístas do termo.[37] Mesmo que "Sábia Divindade" enfatizasse a sabedoria e a realeza sacra que os goturcos esperavam de seus governantes, na condição de um título chinês monolíngue ele recuava dos apelos diretos à lealdade túrquica representados pelo título bilíngue "Grão-cã Celestial".

Nos cinco anos seguintes, a Imperatriz Wǔ revisou seus títulos em ocasiões diversas, adicionando e subtraindo elementos budistas e confucianos até estabelecer-se como "Nomeada pelo Céu, Roda Dourada, Grande Sábia, Imperatriz Augusta" (*tiāncè jīnlún dàshèng huángdì*) no outono de 695.[38] O primeiro elemento, "Nomeada pelo Céu", fazia uma referência única ao mandato celestial, que também teria sido identificado pelos povos goturcos. A inclusão de "Roda Dourada" chama mais atenção como uma alusão ao ideal budista *Ćakravartin* – ou do rei que move a roda –, o qual implementa a lei budista na Terra.[39] Esse epíteto, ao tornar o budismo um componente importante de sua ideologia, reviveu uma prática de legitimação da Dinastia Suí e algumas dinastias nortistas anteriores de ascendência túrquico-mongol, embora representasse um rompimento com os táng. Além disso, o epíteto "Roda Dourada" também pode ter tido um fascínio especial para os povos túrquicos, já que o ouro é um símbolo da autoridade imperial na estepe.[40] Por fim, "Grande Sábia" constou, palavra por palavra, no título de Suí Wéndì, e representa esforços contínuos no sentido de se conectar às tradições budista, confuciana, taoísta e túrquica. Assim como seu primeiro título régio, esse título mais elaborado parece estar direcionado, sobretudo, a eleitorados internos em um império multiétnico, e teria apelado apenas indiretamente aos nômades goturcos. A ênfase na legitimidade doméstica não é de surpreender, dado que seu *status* de imperatriz a tornava politicamente vulnerável.

O rival da imperatriz na estepe, Qapaghan Qaghan, desenvolveu um título régio bilíngue e sincrético, algo que reflete a competição ideológica direta com a imperatriz Wǔ e a Dinastia Táng. O título – conhecido em função de uma carta que ele enviou à Corte Táng em 714, poucos anos antes de sua morte – é "Pai Superno, Harmonioso e Eternamente Puro do Consorte da Princesa Imperial [Táng]; Homem do Céu, Obtentor da Recompensa Cármica no Céu; Sábio no Céu, Qutlugh Grão-cã dos Turcomanos".[41] O título inclui referências familiares à sabedoria do grão-cã e à natureza celestial de seu governo, que teriam sido identificadas com as tradições túrquicas e confucianas. Por outro lado, o uso de "Homem do Céu" (em vez de "Filho do Céu", mais ortodoxo para o confucionismo) teria indignado ouvidos chineses. A primeira parte do título é singular para um título régio dentro das tradições túrquicas e confucianas. Ele inclui uma série de expressões chinesas felizes e bem selecionadas – "Supernal, Harmonioso e Eternamente Puro" –, seguidas por uma referência ao título que geralmente se confere aos esposos das princesas imperiais chinesas, *fùmǎ* ou "Consorte da Princesa Imperial".[42] Esse epíteto particular provavelmente alude ao noivado das princesas táng com o filho de Qapaghan Qaghan em 703, 711 e 713, mesmo que os casamentos nunca tenham sido consumados.[43] A indicação mais clara de que esse título foi parcialmente criado durante a competição ideológica com a imperatriz Wǔ está no emprego de um conceito budista, "recompensa cármica". Assim como as reivindicações da imperatriz Wǔ ao governo budista foram únicas no Período Táng, as escolhas de Qapaghan formam um exemplo único entre os goturcos. Embora não saibamos quem inventou tal título, essa pessoa ou essas pessoas estavam familiarizadas com as ideias religiosas e políticas confucianas, budistas e túrquicas.

O abrandamento da competição

Após o ousado sincretismo da imperatriz Wǔ e Qapaghan Qaghan, a inovação ideológica e a competição táng e goturca abrandaram no início do século VIII. Xuánzōng (r. 712-756) aparentemente reviveu a abordagem de seu bisavô Tàizōng da realeza simultânea, se tomarmos por base seu uso do título de "Grão-cã Celestial" na correspondência diplomática centro-asiática.[44] Enquanto isso, o sucessor de Qapaghan, Bilge Qaghan (r. 716-734), evitou a competição ideológica e as reivindicações diretas de domínio simultâneo sobre a China durante um período em que os ataques goturcos ao Norte da China haviam diminuído e a interação diplomática, aumentado.[45] As inscrições túrquicas em Orcom oriundas do reinado de Bilge promovem a ideia de que o Império Táng e o Segundo Império Goturco eram entidades distintas. Por um lado, Bilge recebeu o título monolíngue do reino goturco de "Semelhante ao Céu, Concebido pelo Céu, Sábio [Bilge] Grão-cã dos Turcomanos" (*Tängritäg, Tängridä bolmïsh Bilge Türük qaghan*).[46] Por outro lado, as inscrições referem-se aos imperadores táng como "grão-cãs de Tabgach". Tabgach era o nome da linhagem real Särbi que estabeleceu a Dinastia Wèi do Norte (386-534).[47] O uso contínuo de "Tabgach" para se referir aos imperadores táng pode ser anacronístico, ou talvez derive do reconhecimento de que a linhagem Táng era matrilinearmente Särbi, e que muitos särbi ou meio särbi continuavam a viver no Norte da China.[48] Referindo-se aos imperadores táng como grão-cãs Tabgach, eles reconheceram sua soberania sobre o Norte da China, mas não sobre a Mongólia.

Após a morte de Bilge Qaghan, as cortes Táng e do Império Goturco fortaleceram uma aliança envolvendo o comércio de seda chinesa por cavalos turcomanos. O poder goturco, porém, estava desmoronando.[49] O último grão-cã titular dos goturcos foi um soberano criança e debilitado (r. 735-741), cuja mãe servia de regente. O imperador táng Xuánzōng conferiu ao monarca infantil o título de vassalo do Grão-cã Celestial (Tengri) (chinês: *dēnglì kèhàn*) em 740. O título monolíngue representou uma tentativa de reforçar sua situação político-militar vulnerável com falsa glória. A fraqueza e a dependência de Tengri Qaghan em relação a Táng se confirmam por uma obsequiosa saudação de ano-novo de 741, na qual ele refere a si mesmo no modo tipicamente turco-mongol como o "escravo" do "Grão-cã Celestial [Tiān]" de Táng.[50] Meio ano depois, Tengri Qaghan foi assassinado, e a luta interna que se seguiu entre seus parentes levou à desintegração do Segundo Império Goturco.[51] Assim, por um breve período, houve dois grão-cãs na Eurásia Oriental que, embora distintos, se reconheciam mutuamente, com o bilíngue Grão-cã Celestial (Tiān) de Táng tendo conferido a si superioridade sobre o monolíngue Grão-cã Celestial (Tengri) dos goturcos. Em retrospecto, o título real de Grão-cã Tengri, que alardeava sua associação com o Céu, era particularmente inadequado. Sob sua supervisão, a dinastia goturca perdeu a reivindicação de longa data ao carisma sagrado dotado do Céu (*qut*) para governar a estepe mongol. Na sequência da guerra civil na estepe, o Império Uigur (744-840) eventualmente assumiu o controle da Mongólia. Quando Táng experimentou sua própria guerra civil com a rebelião de Ān Lùshān (755-763), os uigures despacharam tropas para auxiliá-los. Durante esse período, alguns uigures continuaram a se referir aos imperadores táng oralmente como "Grão-cã Celestial". Quando, por exemplo, um emissário táng visitou o acampamento uigur de Il Itmish Bilge Qaghan (r. 747-759) em 758, o grão-cã referiu-se a Táng Sùzōng (756-762) como "Grão-cã Celestial", ao passo que o emissário táng se referiu a Sùzōng como "Filho do Céu".[52] A Corte Táng passara a rejeitar a realeza simultânea associada ao título de "Grão-cã Celestial" aparentemente porque a turbulência e o poder reduzido do período pós-rebelião diminuíram suas ambições de controlar as estepes. Curiosamente, "Grão-cã Celestial" permaneceu vivo na língua falada entre os uigures.

Os últimos sinais de realeza simultânea de que temos conhecimento no período em questão se deram durante os reinados do imperador Táng Dàizōng (r. 762-779) e do uigur Bögü Qaghan (r. 759-779). Bögü era um monarca vigoroso que prestou assistência vital à supressão final da rebelião de Ān Lùshān pelos táng. Apesar de sua ajuda, as atitudes de Dàizōng perante ele eram, na melhor das hipóteses, ambivalentes e, na pior, hostis; isso porque Bögü havia permitido que suas tropas saqueassem Luòyáng como retribuição por seus serviços. Nas inscrições uigures, Bögü se denominava com um título que incluía o epíteto "Concebido pelo Céu". Em 763, Dàizōng recompensou Bögü por seu auxílio, conferindo-lhe um título que incluía o epíteto "Tengri Qaghan".[53] Embora esse fosse um sinal de favor extremo, também pode ter sido destinado a enviar uma mensagem sutil de que Tengri e Tiān eram deuses celestiais distintos, cada qual com suas próprias esferas de influência. O Filho do Céu governava o Reino do Meio, ao passo que Tengri Qaghan governava a Mongólia. Bögü Qaghan foi o último monarca uigur de que sabemos a receber o epíteto "Tengri".[54] Posteriormente, em 769, Dàizōng pode ter feito uma tentativa sutil de reivindicar mais autoridade sobre os uigures ao casar sua filha adotiva com Bögü. Dàizōng revestiu essa noiva de títulos simultâneos de princesa (em chinês: *gōngzhŭ*) e *qatun* (em túrquico: rainha).[55] O título de princesa lhe daria um *status* de subserviente ao imperador táng. *Qatun*, por sua vez, era uma posição de poderio potencial, sobretudo após a morte de seu marido. Mesmo assim, o contínuo enfraquecimento interno de Táng forçou os imperadores posteriores a absterem-se de expansão pela Ásia Central e a tratarem os uigures com deferência.

Em meados do século IX, a Corte Táng fez esforços ainda maiores para desencorajar o renascimento da ideologia do Grão-cã Celestial. O imperador Wŭzōng (r. 840-846) governou um império menos expansivo, adotando políticas xenófobas que representavam uma reversão da abertura inicial de Táng ao mundo exterior – incluindo uma tentativa fracassada de eliminar o budismo em 842.[56] Quando os quirguizes subjugaram o Império Uigur em 840, Wŭzōng recusou os pedidos dos uigures de se tornarem uma tribo vassala de Táng na fronteira, como fizeram os turcomanos dois séculos antes. Além disso, em correspondência com o grão-cã quirguiz, o imperador se referiu explicitamente a seu ancestral Tàizōng, e não a si mesmo, como o "Grão-cã Celestial". Wŭzōng também recusou o pedido do governante quirguiz de que lhe fosse conferido o título de "Tengri Qaghan".[57] O Império Táng tornara-se um império menos ambicioso, e Wŭzōng encorajava os quirguizes a fazer o mesmo. No entanto, o desejo do grão-cã quirguiz de obter o título de “Tengri Qaghan” demonstra seu prestígio contínuo na estepe da Mongólia. Embora toda uma era de realeza simultânea na Eurásia Oriental estivesse perdendo espaço, as reivindicações de Tàizōng de ser o Grão-cã Celestial permaneceram vivas na memória histórica da China e da Ásia Central. Em épocas posteriores, o célebre exemplo de Tàizōng inspiraria os governantes da Ásia Central das dinastias fronteiriças a assumir títulos semelhantes.

Conclusão

Este ensaio apresentou evidências de que o período de meados de 580 a 755 foi um ponto alto de competição ideológica e inovação na Eurásia Oriental. Ao mesmo tempo que os impérios nascentes dos goturcos e dos suí-táng competiam militar e diplomaticamente pelo controle da Mongólia Interior e de outras partes da estepe, eles também se envolveram em uma batalha de ideias. Antes e depois do reinado de Tàizōng, ambos os lados reivindicaram governos simultâneos e ordenados pelos céus sobre povos nômades e a população campesina.

O capítulo discutiu as quatro razões principais para esse emaranhado cultural. Primeira (e única dessas quatro convencionalmente pontuada): houve uma herança de domínio não hàn sobre o Norte da China nos dois séculos anteriores ao estabelecimento da Dinastia Suí. Os fundadores da Dinastia Suí e Tàng emergiram do grupo dirigente letrado e multicultural de Zhōu do Norte e deram continuidade a muitas de suas tradições.[58] Em segundo lugar, elites locais biculturais habitavam as fronteiras entre a China e a Ásia Interior havia gerações. O comportamento de Liáng Shīdū demonstra que os senhores da guerra do Norte da China podiam manipular símbolos culturais confucianistas e túrquicos com a mesma facilidade. Em terceiro lugar, elites circulavam do Norte da China à Ásia Central nos séculos VI e VIII, ao passo que homens letrados buscavam patronos, e/ou os derrotados nas lutas por poder buscavam refúgio. O príncipe da Dinastia Qí do Norte que debandou para o lado dos goturcos em 577 é um exemplo. Em quarto e último lugar, os impérios nascentes Suí-Tàng e o Goturco, do final do século VI a meados do século VIII, tinham uma necessidade crescente de ideologias que pudessem apelar para a variedade multicultural de pessoas vivendo sob sua autoridade. Soberanos munidos de profundas reservas simbólicas à sua disposição eram capazes de impressionar uma vasta gama de povos dentro e fora de seus reinos. Na segunda metade do século VIII, com a queda do Segundo Império Goturco e a perda de território táng na Ásia Central após a Rebelião Ān Lùshān, testemunhou-se a redução dos conflitos militares entre os Impérios Táng e Uigur. Uma era de rivalidade ideológica ininterrupta havia terminado.

Notas

1 Parte deste capítulo foi originalmente publicada em Skaff, 2012, capítulo 4. Ela foi reproduzida com a permissão da Oxford University Press.

2 *Zīzhì Tōngjiàn*, seção 193.6073, *apud* Guāng, 1956; *Táng Huìyāo*, seção 73.131.

3 *Zīzhì Tōngjiàn*, seção 193.6073, *apud* Guāng, 1956; *Táng Huìyāo*, seções 73.1312, 100.1796.

4 Pan, 1997a, pp. 179-180; Crossley, 1992, p. 1.473.

5 Para hipóteses de que Tàizōng foi único ou sem precedentes ao reivindicar domínio sobre a China e a estepe com seu título bilíngue, ver Pulleybank, 1976, p. 38; Pan, 1997a, p. 2; Wang, 2013, p. 36. Crossley define reinado simultâneo como "expressões imperiais em mais de um idioma... como expressão simultânea de intenções imperiais em múltiplos quadros culturais" para transmitir "a virtude do imperador". Crossley, 1999, pp. 11-12.

6 Skaff, 2012, pp. 3-4, nota 1.

7 Yīnkè, 2001, pp. 183-189. Ver também Barfield, 1989, p. 140; Chen, 1996, p. 380; Pan, 1997a, pp. 180-183; Twitchett, 1979, pp. 2-8; A. F. Wright, 1976.

8 Uma ressalva a este estudo é que o autor não é filólogo, lê chinês clássico, mas não túrquico. As traduções de títulos túrquicos a partir do chinês se baseiam sobretudo nos estudos filológicos bastante anteriores de Paul Pelliot e Mori Masao, citados nas notas 8 e 15. A contribuição acadêmica deste capítulo consiste em demonstrar as conexões históricas anteriormente não reconhecidas entre os títulos em questão.

9 Chen, 2002; Di Cosmo, 2002, pp. 171-172; Golden, 1982, p. 48. Sobre Tengri, ver Mori, 1981, pp. 72-74; e Golden, 1982, p. 45.

10 Mori, 1981, pp. 72-74; Golden, 1982, p. 45; Roux, 1959.

11 Golden, 1982; Mori, 1981.

12 Chen, 2002; Di Cosmo, 2002, pp. 171-172; Golden, 1982, p. 48.

13 Yihong Pan dá os exemplos dos governantes xiōngnú e tǔyùhún nas fronteiras Noroeste da China no século II AEC e no século V EC, respectivamente; ver Pan, 2013, p. 426.

14 *Zhōu Shū*, seção 50.911, *apud* Défēn, 1983; *Suí Shū*, seção 84.1864-1867, *apud* Zheng, 1973; Golden, 1992, pp. 131-132.

15 *Zhōu Shū*, seção 50.908-909; Drompp, 2005a, pp. 103-104.

16 A parcela túrquica do título foi transliterada para o chinês como *yīlì jùlù shè mòhé shǐbōluó kěhàn*. Ver *Zhōu Shū*, seção 50:909 (ver Défēn, 1983); *Suí Shū*, seção 84.1865, *apud* Zheng, 1973. A porção chinesa era *cóng tiānshēng dà Tūjué tiānxià xiánshèng tiānzǐ*. Ver *Suí Shū*, seção 84.1868; *Zhōu Shū*, seção 176.5475-5476; Mori, 1981, pp. 72-73; Pelliot, 1929, pp. 209-210. Minha tradução se baseia nas interpretações de Pelliot e Mori dos significados túrquicos originais de *cóngtiānshēng* e *xiánshèng*. Mori propõe "Ungido pelo Céu" como uma tradução alternativa para *xiánshèng*. Ver também Pan, 1997a, p. 103.

17 Sobre a falta de conhecido de Ishbara Qaghan do chinês, ver SS 84:1869. Após ser derrotado em batalha em 577, o último filho do imperador Qí do Norte a sobreviver e 1.500 de seus fugiram para o lado dos goturcos. Desse grupo, ao menos o príncipe e alguns membros de seu cortejo deviam ser alfabetizados. Ver *Zhōu Shū*, seção 173.5375; Eisenberg, 2008, p. 101.

18 SS 84.1870-1873; Pan, 1997a, pp. 104-107.

19 A expressão em chinês era *dà Suí shèngrén mòyuán kèhàn* (*Suí Shū*, seção 84.1873). O título é abreviado como *Suí shèngrén kèhàn* em *Zhōu Shū*, seção 179.5572. Sobre a incerteza acerca da transliteração de *mòyuán* como báyán, ver nota 20.

20 *Shèngrén* é igualmente usado como uma referência geral para o Buda, bodhisattvas, e outras entidades iluminadas do budismo. Zhufeng, 1990-1994, vol. 8, p. 664; A. F. Wright, 1957, p. 98.

21 Liu sugere que *mòyuán* pode ser vertido como *báyán*; ver M.-T. Liu, 1958, p. 60, nota 336. Luo Xin dá suporte à hipótese de Liu com outros exemplos de *mòyuán* em fontes chinesas, propondo o significado "próspero"; ver Xīn, 2009, pp. 123-127.

22 Drompp, 1991, pp. 92-115; Giraud, 1960, p. 70; Golden, 1982, p. 48.

23 *Suí Shū*, seção 84.1876; *Zhōu Shū*, seção 188.5878; *Jiù Tángshū*, seção 194a.5154, *Xīn Tángshū*, seção 215a.6029.

24 Informações sobre demais chefes militares das fronteiras que assumiram o título de grão-cã podem ser encontradas em Skaff, 2012, p. 118; Skaff, 2004, pp. 123-125.

25 *Jiù Tángshū*, seção 56.2280; *Xīn Tángshū*, seção 87.3730; *Zhōu Shū*, seção 183.5718-5724.

26 *Suí Shū*, seção 1.3; *Jiù Tángshū*, seção 1.4; *Xīn Tángshū*, seção 1.5.

27 A recém-estabelecida Dinastia Táng executou medidas parecidas. Ver Wechsler, 1985, pp. 55-77, 107-112, 211-223.

28 *Jiù Tángshū*, seção 56.2280; *Xīn Tángshū*, seção 87.3730; *Zhōu Shū*, seção 183.5718-5724.

29 Dien, 2001, p. 60.

30 *Jiù Tángshū*, seção 56.2280; *Xīn Tángshū*, seção 87.3730; *Zhōu Shū*, seção 183.5718-5724.

31 *Jiù Tángshū*, seção 56.2280; *Xīn Tángshū*, seção 87.3730; *Zhōu Shū*, seção 188.5895-5896.

32 *Zhōu Shū*, seção 192.6050.

33 Skaff, 2012, pp. 42-44.

34 *Idem*, pp. 221, 256-257.

35 Forte, 1988; Rothschild, 2015.

36 *Zhōu Shū*, seção 204.6467; Guisso, 1978, p. 68.

37 O fundado de Táng, Gāozŭ (r. 618-626), conferira o título de "Sábio" a Lăozĭ, o progenitor apoteotizado do taoísmo religioso, a quem o imperador reivindicava como um ancestral seu. A imperatriz Wŭ recebeu o epíteto de "Sábia Mãe" dois anos antes de usurpar o governo de seu filho, o imperador táng Ruìzōng (r. 684-690, 710-712). "Mãe Sábia" era um honorífico empregado por taoístas para se referirem à mãe de Lăozĭ. A alusão à mãe de Lăozĭ foi um meio pelo qual a imperatriz legitimou seu controle da Corte Táng na década de 680. Ver Rothschild, 2015, pp. 12-13, 169-176.

38 *Jiù Tángshū*, seção 6.124; *Xīn Tángshū*, seção 4.95; *Zhōu Shū*, seções 205.6492-6497, 6503; Guisso, 1978, p. 45.

39 Rothschild, 2015, pp. 219-221.

40 Allsen, 1997, pp. 60-64. A ligação da "Roda Dourada" à estepe pode ser ainda mais direta, já que, de acordo com Samuel N. C. Lieu, a formulação chinesa *jīnlún* é uma transliteração do túrquico *altunlug(k)*: "cheio de ouro" (comunicação pessoal, 23.8.2014).

41 O título era *qiánhé yŏngqīng tàifùmă, tiānshàng de guŏbǎo tiānnán, Tūjué shèngtiān gŭdúolù kèhàn*. Ver *Zhōu Shū*, seção 211.6699.

42 *Tài fùmă* aparentemente deriva do título conferido aos esposos de princesas imperiais, *fùmă dōuwèi*, o qual por vezes era abreviado para *fùmă*. Ver Hucker, 1985, p. 219; Zhufeng, 1990-1994, seção 12.1817; Rotours, 1974, p. 374. O prefixo *tài* pode fazer alusão à função de Qapaghan como pai dos consortes. Nos títulos oficiais da linhagem imperial, *tài* pode indicar uma posição superior em geração ou ordem de nascimento, como em *huáng tàihòu*, significando imperatriz viúva ou mãe do imperador reinante; ver Hucker, 1985, p. 478.

43 Skaff, 2012, p. 213.

44 Ver cartas à Corte Táng do grão-cã goturco, o *yabghu* (*yèhù*) do Tucaristão (*Tŭhuŏluó*), e do rei de Shāsh (Shíguó) datadas, respectivamente, dos anos 741, 727 e 741. Ver *Cèfŭ yuánguī*, seções 971.13b, 999.17b-18a; *Xīn Tángshū*, seção 221b.6246; Chavannes, 1941, pp. 142, 206-207.

45 Skaff, 2012, pp. 44-50, 221-222, 266-270.

46 Golden, 1992, p. 45; Mori, 1981, p. 73; Tekin, 1968, pp. 231, 261.

47 Drompp, 1991. Tekin traduz "Tabgach Qaghan" como "Imperador chinês". Tekin, 1968, pp. 237, 272.

48 Twitchett, 1979, pp. 3-4.

49 Skaff, 2012, pp. 266-270.

50 *Xīn Tángshū*, seção 215b.6056; *Cèfŭ yuánguī*, seção 971.13b; Mori, 1967, pp. 208-209.

51 *Zhōu Shū*, seção 214.6844.

52 *Jiù Tángshū*, seção 195.5205; *Xīn Tángshū*, seção 217a.6116; Mackerras, 1973, pp. 64-65.

[53] J. R. Hamilton, 1988, p. 139; Mackerras, 1973, pp. 24-36, 76-77, 188.

[54] É possível que tenha havido um terceiro Tengri Qaghan reinando de 805 a 808, mas as fontes Táng são confusas; Hamilton é incerto da transcrição devida do título chinês para o túrquico; ver J. R. Hamilton, 1988, pp. 140-141; Mackerras, 1973, pp. 187-190.

[55] *Xīn Tángshū*, seção 217a.6120; *Zhōu Shū*, seção 224.7208; Mackerras, 1973, p. 85, nota 129; Pan, 1997b, pp. 119, 131; Shounan, 1999, pp. 291, 297.

[56] Dalby, 1979, pp. 664-669.

[57] Drompp, 2005b, pp. 125-126, 140-141, 149-150, 288, 302.

[58] Ver referências na nota 7.

26

VASSALOS E LÍDERES NO NORDESTE EURASIÁTICO: DE MEADOS DO SÉCULO VII AO SÉCULO X

Naomi Standen[1]

Será que a política sempre deve consistir na busca pelo poder supremo? Fontes históricas, literatura teórica e algumas histórias de consolidações de Estados modernos concentram-se na competição pelo controle hierárquico centralizado e seu exercício. Esse fascínio pelo domínio, porém, nos desvia da questão da eficácia dos métodos no contexto de formas pré-modernas de comunicação, além das capacidades limitadas de exercer violência ou transmitir persuasão. O presente capítulo parte do extremo oposto, explorando ideias de vassalagem* praticada de forma voluntária por atores em posições de poderio político – os quais possuíam

* O termo utilizado pela autora é *followership*, e não as categorias mais comuns à Europa medieval, *vassalage* e *allegiance*. Entendamos essa vassalagem como uma instituição bastante particular da Eurásia entre os séculos VII e X, em que líderes de pequenos territórios pagavam tributos aos grão-cãs da região em troca de proteção. (N. da T.)

capacidades e qualificações para a liderança, mas perseguiam interesses que não os levavam a competir pela hegemonia. Argumento que, por todo o Nordeste da Eurásia, da Mongólia às planícies centrais do rio Amarelo, da bacia do Tarim ao Pacífico (Mapas 7 e 8), líderes subordinados adotaram um regime de vassalagem que lhes concedeu uma agência essencial para o surgimento e a manutenção de lideranças em níveis mais altos, para quem a autoridade – a percepção de que seriam aqueles a ser seguidos – foi uma recompensa maior que o poder.

Em vez de ver a política como um empurra-empurra em que o indivíduo mais forte emerge triunfante sobre uma série de rivais desiludidos, tomo emprestada a imagem de uma dança. Embora essa dança social possa trazer alguns tipos barulhentos e exibicionistas, o sucesso de uma dança como atividade social reside na disposição dos envolvidos em seguir certas regras básicas, cooperando para se manter fora do caminho um do outro, enquanto reconhecem os melhores dançarinos, para os quais a pista deve ser liberada de tempos em tempos. A dança política pré-moderna era hierárquica, e suas interações podiam ser brutais – porém, é insatisfatório vê-la simplesmente como uma competição desenfreada pela supremacia.

O problema do poder

As proposições clássicas sobre a história política derivaram predominantemente da experiência da Eurásia Ocidental e dizem respeito, sobretudo, à aplicação do poder coercitivo ou persuasivo[2] em trajetórias direcionadas ao Estado-nação moderno.[3] A fortuna crítica historiográfica eurófona que trata da política do Nordeste eurasiático seguiu tal trajetória, provendo-nos, em grande medida, de histórias de conquista, centralização, legitimação e consolidação de Estados. Nela, a norma consistia em Estados territoriais claramente identificados, em oposição um ao outro.[4]

Essas abordagens acadêmicas optam por ler as fontes primárias pelo que elas têm a oferecer sobre a centralização efetiva. Os textos centrais consistem em materiais históricos em chinês que enfatizam guerras de expansão e defesa, instituições e administração, além de sinais de legitimidade. Todos são registros ligados à pessoa e às ações do monarca, identificado ali com um aparato centralizado de poder capaz de resolver as coisas. No entanto, as narrativas dos eventos dos séculos VII a X, sobretudo nas fontes analísticas, mostram uma necessidade constante de respostas aos últimos malogros na tentativa, por parte de um ou de outro governante, de impor sua vontade. Assim, notamos a constante incapacidade de imperadores goturcos, táng e tibetanos de impedir a troca contínua de alianças por governantes dos oásis da bacia do Tarim; a busca da China Táng por métodos eficazes de governo de suas fronteiras e coleta de recursos no século VIII; a política regionalizada do século IX, da Ásia Central à costa do Pacífico, e a violência aniquiladora entre os grupos multiculturais no poder durante o século X (Figura 26.1). Nesses séculos, os funcionários locais reivindicados pelas administrações centrais, sejam turco-mongóis, siníticos, tibetanos ou outros, na verdade tanto podiam ser servidores de líderes regionais quanto servidores de cortes que monitoravam nossas fontes. Entidades políticas de todos os tipos – não apenas centralizadoras ou regionais, mas também as autônomas, competitivas, emergentes, imperiais, "tribais"[5] etc. – ganhavam e perdiam funcionários e distritos com uma frequência desconcertante. Se suas histórias forem mensuradas pelo desenvolvimento de autoridade centralizadora efetiva, elas são, majoritariamente, histórias de fracasso. Contudo, outras leituras são possíveis. Aqui, não se trata de uma política de governantes centralizadores, mas de relações entre líderes e vassalos em vários níveis, incluindo não apenas autoridades regionais e centrais, mas também líderes subordinados com seus próprios vassalos.[6]

Embora as fontes manuscritas da Europa medieval tenham dado devida atenção a questões políticas,[7] os materiais predominantemente impressos da Eurásia Oriental promoveram uma história econômica e social, de forma que os estudiosos dessa região mal começaram a pensar sobre como a política funcionava ali. Jonathan Skaff recentemente se pautou em Weber, sobretudo, para apresentar as relações políticas entre os líderes turco-mongóis e suí-táng como interações em um conjunto compartilhado de ideias e práticas[8] – esse aspecto de seu trabalho se alinha ao meu, que trata da questão da lealdade nas fronteiras Norte do século X. Skaff, no entanto, mantém o foco na competição entre "poderes"[9] explicitamente diferenciados que "implantaram elementos surpreendentemente semelhantes [...] para atingir a hegemonia", ao passo que estou em busca de um modelo para a política do Nordeste da Eurásia que não presuma a relevância das diferenças culturais ou a inevitabilidade (ou mesmo a necessidade) da política hierárquica. Minha abordagem, como um todo, se alinha essencialmente à historiografia atual sobre a política europeia medieval,[10] embora traga um ceticismo adicional acerca da suposta primazia, em tempos pré-modernos, à cultura e ao poder centralizador – um ceticismo estimulado pelos desafios de James Scott e David Sneath à centralidade do Estado na política.[11] Críticas feministas do poder hierárquico foram igualmente valiosas, sobretudo a de Mary Parker Follett.[12]

Tomando-as como pontos de partida, meu objetivo aqui é enfatizar que o papel dos vassalos na construção de unidades políticas vem sendo um tanto subestimado. Argumentarei que a política não era um jogo de soma zero, inevitavelmente focado em lutas intermináveis entre aqueles que ansiavam pela supremacia. Antes, sugiro que em todo o Nordeste da Eurásia e antes do século XI, governantes e formações políticas – para evitar o agoniante termo "Estado" – eram coconstituídos a partir de lealdades negociadas que tornavam os líderes subordinados, independentemente de sua base econômica ou orientação cultural, agentes na construção da autoridade de seu superior. Isso era algo que os líderes subordinados faziam a serviço de seus próprios interesses.[13] A ameaça de coerção violenta sempre existiu potencialmente, e, é evidente, governantes e líderes em todos os níveis muitas vezes buscavam legitimar seus postos por métodos persuasivos (como rituais e boa governança). Contudo, fundamentalmente a capacidade dos governantes para impor sua vontade dependia de manobras dos líderes de nível médio aos quais tanto a coerção quanto as atividades persuasivas eram particularmente destinadas. Uma vez que um governo por coerção é difícil de se sustentar a longo prazo, e a persuasão era vacilante em condições de comunicação pré-modernas, não havia, assim, "Estado" ou "império" duradouro além da disposição dos líderes de nível médio para sustentá-lo, permitindo-lhe existir e continuar sendo convincente. Meu objetivo é apresentar um modelo de política do Nordeste eurasiático tal qual um mundo conectado, e não uma coleção de Estados; é rebaixar o exercício do poder hierárquico de seu posto de proeminência no que diz respeito ao funcionamento das formações políticas; é destacar a agência de líderes subordinados na concessão de sua vassalagem.

<table>
<tr><th>Norte da península coreana</th><th>Ásia Interior</th><th>Ásia Central</th><th>Regiões limítrofes</th><th>Planícias centrais</th><th>Sul</th></tr>
<tr><td rowspan="9">Koguryŏ (37 AEC-668 EC)</td><td rowspan="2">Xiōngnú</td><td colspan="4">Antigo Hàn (ocidental) (202 AEC-9 EC)</td></tr>
<tr><td></td><td colspan="3">Xin (9-25 EC)</td></tr>
<tr><td rowspan="7">Xiānbēi
Primeiro Império Goturco (552-630)
Segundo Império Goturco (683-734)</td><td rowspan="6">OÁSIS DE TARIM
Tuyuhun (Séculos IV-VII)</td><td colspan="3">Hàn Tardio (oriental) (25-220)</td></tr>
<tr><td colspan="2">Wèi (220-265)</td><td>Shǔ (221-263)
Wǔ (222-280)</td></tr>
<tr><td rowspan="2">DEZESSEIS REINOS (304-439)</td><td colspan="2">Jìn Ocidental (265-316)</td></tr>
<tr><td></td><td>Jìn Oriental (317-420)</td></tr>
<tr><td colspan="2">DINASTIAS DO NORTE (386-589)
Wèi do Norte (386-535)
Wèi Oriental (534-550), Wèi Ocidental (535-556)
Qí do Norte (552-577)
Zhōu do Norte (557-581)</td><td>DINASTIAS DO SUL (420-589)</td></tr>
<tr><td colspan="3">Suí (581-618)</td></tr>
<tr><td rowspan="2">tibetanos (séculos VII a IX)</td><td colspan="3" rowspan="3">Táng (618-907)</td></tr>
<tr><td rowspan="3">Balhae (cerca de 698-926)</td><td rowspan="5">Uigures (744-840)
Liáo (907-1125)</td></tr>
<tr><td rowspan="5">Qocho (cerca de 850-1209)
Xia (cerca de 982-1227)</td></tr>
<tr><td rowspan="3">Liáo (907-1125)</td><td rowspan="2">CINCO DINASTIAS (907-960)
Liáng Tardio (907-923)
Táng Tardio (923-936)
Jìn Tardio (936-947)
Hàn Tardio (947-950)
Zhōu Tardio (951-960)</td><td rowspan="2">DEZ REINOS (907-979)</td></tr>
<tr><td rowspan="4">Guryŏ (918-1392)</td></tr>
<tr><td colspan="2">Sòng do Norte (960-1126)</td></tr>
<tr><td>Jìn (1115-1234)</td><td colspan="2">Jìn (1115-1234)</td><td>Sòng do Sul (1127-1276)</td></tr>
<tr><td>Mongóis</td><td colspan="4">Yuan (1260-1368)</td></tr>
</table>

Nota: Esta tabela não transmite adequadamente a fluidez das relações e o fluxo e refluxo das formações políticas em questão; ela deve ser tomada unicamente como um guia aproximado.

Figura 26.1 – Mapeamento da cronologia do Nordeste da Eurásia (© Naomi Standen, 2015).

A necessidade de liderança e o desejo de ser liderado

Costuma-se afirmar que as origens da política do Nordeste da Eurásia residem nas respostas humanas a circunstâncias ecológicas, mas na medida em que a compreensão dessas ecologias se intensifica, novas abordagens acerca da natureza da política da região podem ser elaboradas. Tem sido comum enfatizar uma distinção, *grosso modo* delimitada pela linha da Grande Muralha, entre a agricultura predominante nas latitudes médias temperadas (abrangendo a região do rio Amarelo e grande parte da Manchúria), e o pastoreio predominante nas latitudes médias secas[14] (que vão das montanhas ao Norte das planícies centrais e atravessam a Mongólia, incluindo a bacia do Tarim e o Tibete; ver Mapas 7 e 8). Pesquisadores atuais, no entanto, cada vez mais observam que as diferenças entre essas duas regiões são muito menores do que o contraste entre as latitudes médias como um todo – o que estou chamando aqui de Nordeste da Eurásia – e a zona subtropical que começa nos arredores do rio Huái. Mais importante, os especialistas observam a relevância da diversidade de microecologias em regiões maiores. O Nordeste da Eurásia é logo ampliado para abranger todos os vários e complexos espaços geográficos e culturais que vão desde a bacia do rio Amarelo até para lá do Orcom, e, a Oeste, até o Tarim. Simultaneamente, dá-se atenção também aos efeitos das condições altamente localizadas.

As microecologias do Nordeste da Eurásia abrangiam tudo que ligava o árido deserto de Gobi aos litorais afetados por monções da atual Liáoníng, e, entre eles, as pastagens equinas do planalto de Shānxī, os oásis ajardinados da bacia do Tarim e o vale do rio Amarelo – de fácil cultivo, situado em uma região propensa a inundações. A característica ecológica unificadora da região relacionava-se às chuvas, que, embora não fossem necessariamente pouco volumosas, eram bastante incertas, de modo que, na maioria das microecologias, uma das grandes preocupações consistia em obter acesso a água suficiente para prover a plantas e animais.[15] Assim, essas eram populações que, tanto agora quanto antes, lograram reduzir riscos de seu ambiente imprevisível – às vezes exacerbado pela política humana e pela guerra – diversificando suas atividades de subsistência em combinações mutáveis e variadas de criação de gado, cultivo de grãos irrigados ou dependentes de chuva, horticultura, caça, coleta, pesca,[16] produção artesanal e comércio. Um grupo pode se especializar em uma ou duas das atividades disponíveis, mas também se envolver em uma gama mais ampla de métodos de subsistência. Dentro dos limites locais, eles muitas vezes tinham certa flexibilidade sobre a atividade que focavam, ao passo que sua sobrevivência em anos assolados pelo clima ou pela guerra podia depender de seus empreendimentos menos centrais. Em 627, por exemplo, a neve matou um grande número de rebanhos dos turcomanos, de forma que o grão-cã convocou uma grande caçada como resposta.[17] Em 935, uma combinação de seca e demandas militares em Hébĕi criou refugiados que, podemos presumir, muito dependiam da coleta de alimentos que, em épocas de normalidade, teriam suplementado e não constituído suas dietas.[18]

Em tais circunstâncias de imprevisibilidade, transações comerciais eram particularmente importantes. Horticultores buscavam grãos, fazendeiros precisavam de couro, pescadores perseguiam metal, pastores desejavam seda, e todos queriam bens de importações vindos de todas as direções. Não é de surpreender que possamos retraçar uma densa rede de interações contínuas por milênios.[19] O que se tornou visível apenas nos tempos históricos foram as transações políticas, incluindo casamentos. As linhagens reais das Dinastias Suí e Táng descendiam das aristocracias multiculturais que contraíram numerosos casamentos entre si no período pós-Dinastia Hàn, e das linhagens reais igualmente entrelaçadas dos Impérios Goturco e Koguryŏ, entre outros. Como esperado, as convenções que regiam o funcionamento de suas relações políticas foram amplamente compartilhadas e compreendidas.

Meu foco principal, aqui, reside nos níveis de liderança que orientam as fontes textuais, embora essas sejam simplesmente as camadas superiores de um sistema que foi sendo construído do zero. Em maior grau do que na zona subtropical, a imprevisibilidade do abastecimento de água na enorme zona de latitudes médias criou um risco perene de perda de safra e morte de gado – ou apenas déficit de produção – com efeitos sobre aldeias agrícolas, acampamentos de pastoreio, caçadores, horticultores e, por extensão, sobre artesãos e comerciantes, risco que ia de rendas reduzidas até a mais completa ruína. Desafios ambientais em nível local exigiam liderança local – eles moldavam a descrição do cargo na medida em que recorriam a competências que transcendiam aquelas marciais ou ideológicas. No nível fundamental – das aldeias ou dos acampamentos individuais –, líderes eventualmente precisam organizar a migração para novas localidades, ataques a comunidades vizinhas, alterações no equilíbrio da atividade econômica ou redirecionamento para novos objetivos. A prosperidade também devia ser manuseada com cuidado. Excedentes na produção exigiam mercados, proteção contra roubo e violência e gestão de desigualdades.

Uma vez que vidas regularmente estavam em jogo, podemos supor que uma boa liderança era uma necessidade constante, embora nem sempre fosse atingida. Uma liderança efetiva exigia conhecimento e experiência, adaptabilidade, reações rápidas, tomada de decisão competente e sucesso no manejo das relações com outros grupos, indo desde encontros comerciais até militares. Seus líderes precisavam ser capazes de sustentar seus subordinados, administrar qualquer desafio que se apresentasse e manter a credibilidade em sua posição tanto interna quanto externamente. A liderança por meio de coerção era possível, embora fosse um trabalho árduo. Um exemplo é Zhū Wēn, que eventualmente viria a ser o fundador do Reino Liáng Tardio. A começar pela época em que ainda era um governador provincial, ele construiu seu regime por meio de guerras ininterruptas, sobretudo na província de Hénán. Seu assassinato não foi amplamente lamentado.[20] Geralmente, liderar consistia menos em um exercício de poder coercitivo do que a capacidade de agir de modo a mobilizar as capacidades coletivas de dado grupo.[21] O ato de liderar acarretava enorme responsabilidade, e de pronto pode ser visto como uma tarefa nada invejável.

Exemplos modernos reforçam a suposição lógica de que, nos níveis mais baixos da organização, grupos de produtores primários prefeririam seguir um líder que lhes desse o que precisassem e fosse eficaz na gestão dos riscos ambientais e de grupos vizinhos.[22] Antes do ano 1000, fragmentos de evidências disponíveis sugerem que, em todo o Nordeste da Eurásia, os líderes de aldeia ou acampamentos buscavam – ou se submetiam a ela – a subordinação de líderes mais poderosos de coletividades maiores, primeiro como unidades sociomilitares ou distritos administrativos, até chegarem ao nível mais alto: o de soberanos. Em 983, 70 aldeias sob o governo Sòng colocaram-se sob a jurisdição de Liáo, sendo acompanhadas por outras mil unidades familiares.[23] Nos séculos VIII e IX, os líderes Shātuó buscaram "proteção" de vizinhos (como táng e os tibetanos) contra outros vizinhos (os tuyuhun e os uigures), mas também tentaram exercer autoridade sobre outros povos, como os tangutes.[24] No caso do âmbito Suí-Táng-Goturco dos séculos de VI a VIII, o funcionamento cotidiano dessa política foi apresentado por Skaff em uma maravilhosa e densa descrição das relações patrão-cliente.[25]

Skaff apresenta um padrão weberiano familiar de relações hierárquicas segundo o qual se esperava que os superiores patrimoniais protegessem seus vassalos, fornecendo-lhes benefícios materiais, algo que podia variar da distribuição de riqueza pessoal por meio de festas, saques e roupas até os emolumentos e cargos privilegiados. Esperava-se que os vassalos empregassem suas habilidades em nome de seu superior, provessem contribuições econômicas e militares, além de atender aos desígnios de seu superior regularmente e mediante solicitação. Subalternos e superiores estavam ligados por relações pessoais de subordinação formal, enquadrados em um modelo de parentesco que muitas vezes produzia relações fictícias de parentesco àqueles sem vínculos genéticos ou conjugais. Os governantes turcomanos gozaram de períodos em que receberam volumosos pagamentos anuais por parte dos imperadores táng e, em alguns casos, submissão formal. Em 617, o fundador de Táng continuava sendo um mero rebelde contra a dinastia assentada ao trono. Ele se subordinou formalmente ao grão-cã turcomano, oferecendo qualquer riqueza móvel que pudesse adquirir em troca do controle inconteste de todos os súditos e terras adquiridas durante sua rebelião.[26] Por outro lado, por volta de 630, diversos turcomanos da linhagem governante tornaram-se subordinados do segundo imperador táng.[27] Uma vez que ele morreu em 649, os líderes locais do corredor de Gānsù e dos oásis de Tarim se submeteram a vários superiores turcomanos, tibetanos e chineses táng.[28] Nesses casos, a coerção não é aparente, mas havia uma preocupação por parte de líderes vassalos de encontrar superiores adequados a quem pudessem se submeter. O comportamento coercitivo de forma alguma está ausente nas fontes, mas a frequente repetição de padrões de subordinação voluntária aponta para uma sugestão subjacente de que no Nordeste da Eurásia os líderes não eram somente necessários, mas desejados, e que isso se aplicava a todos os níveis.[29]

A discussão de Skaff também mostra em detalhes incontroversos como os líderes de vários níveis nos Impérios Táng e Goturco – inclusive entre oficiais literatos da Corte de Táng –, e também em muitas das entidades políticas vizinhas, interagiram usando as mesmas práticas, independentemente da orientação cultural, das inclinações étnicas, da ideologia legitimadora ou retórica registrada. Essa observação compromete a distinção entre relações "internas" e "externas" e – embora o próprio Skaff não vá tão longe – põe sob escrutínio as concepções usuais das entidades políticas suí, táng e goturca. Como mostrei em relação às entidades políticas das Cinco Dinastias e de Liáo, relacionamentos desse tipo eram comuns também no século X;[30] argumentarei em outro lugar que esse era o padrão de interação política no Nordeste (mas não no Sudeste) da Eurásia, ao menos até a expansão mongol do século XIII.[31]

Os passos de dança compartilhados nessas relações entre patrono e cliente forneceram, assim, a estrutura com base na qual podemos classificar os *status* relativos e expressar as relações entre líderes e vassalos, imperadores e reis, governadores e outros.

É particularmente importante mantermos isso em mente ao considerarmos os níveis de liderança mais visíveis nas evidências escritas. Fontes oficiais giram em torno de uns poucos indivíduos que lutavam para governar. Encontramos também uma grande maioria que confiantemente optou pela liderança em detrimento dos benefícios um tanto questionáveis de estar no comando – essa maioria é bastante evidenciada nesses textos, mesmo que seja amplamente ignorada.[32] A vassalagem poderia ser escolhida por modéstia ou autopreservação, ou simplesmente por um desejo de evitar o risco enorme, a responsabilidade e o trabalho árduo inerentes a um soberano. Era fato também que lideranças de nível superior geralmente se restringiam a linhagens específicas, embora tais estipulações fossem superadas a cada mudança de dinastia mediante métodos e ideias projetadas para esse fim. Ainda assim, tentar substituir a família governante representava um empreendimento profundamente arriscado, e propostas deliberadas de governo eram um tanto raras. Certamente era mais importante que, para os vassalos, um relacionamento com um superior consistisse em uma forma razoavelmente acessível e pouco arriscada de adquirir um posto e benefícios em dada estrutura política.[33] Isso contrasta com a posição precária dos rebeldes que, não possuindo exatamente esse tipo de relacionamento, disputavam a soberania com base em sua própria autenticação e, portanto, só podiam antecipar uma consequência extremada: o poder supremo ou a morte. O desejo de ser liderado e, assim, ocupar uma posição política reconhecida – um lugar na pista de dança – contribuiu para que os líderes vassalos optassem por permanecer leais, auxiliando o soberano a confiar e contar com eles para cumprir o que porventura requeresse. A disposição dos vassalos para ser liderados era um componente formativo das estruturas sociopolíticas e, de fato, eventualmente desencadeava eventos históricos.

Um exemplo ilustrativo de que nem todos estariam buscando sempre maximizar sua riqueza e seu poder é o de Zhào Déjūn, que governou uma província próxima à atual Pequim entre 925 e 936. Ele era eficaz como líder e um vassalo confiável. Como governador, sobreviveu a duas sucessões ao trono contestadas e a uma rebelião. Uma vez que uniu um de seus filhos em matrimônio à família imperial, ele poderia ter usado sua posição para bancar o fazedor de reis. Em vez disso, dançou um sapateado silencioso, recusando-se a escolher um dos concorrentes. Sua presença foi discreta durante as sucessões e, uma vez enviado para subjugar a rebelião, evitou se comprometer; ele nem lutou contra o comandante rebelde nem se juntou a ele. O comandante rebelde voltou-se para o soberano Liáo Déguāng, a quem ofereceu, em troca do trono, sua submissão e os direitos sobre a região de Zhào. Em uma tentativa de recuperar seu posto, Zhào fez a opção drástica de tentar sobrepujar o comandante rebelde, prometendo a Déguāng que, caso colocasse Zhào no trono, este pagaria mais do que o oferecido pelo rebelde. Nada disso deu certo. Entretanto, o atraso de Zhào em tentar reivindicar o trono sugere que ele desejava preservar seu posto como líder vassalo sob qualquer superior que o aceitasse. Zhào se agarrou a sua condição de vassalo até que, em um ato de desespero, finalmente foi impelido a reivindicar um trono que não almejava.[34] É evidente que sempre tenha havido aqueles com ambições para o cargo mais alto, embora aqueles que o evitavam ativamente fossem, com certeza, a maioria.

Condicionalidade, escolha e autonomia

Grande parte da fortuna crítica clássica acerca de patronos e clientes pré-modernos concebe suas relações em termos do poder do superior sobre seus vassalos. Max Weber, por exemplo, debate a atuação dos vassalos com base em suas contribuições ao poder governante, observando uma "contínua luta do poder centralizado contra os vários poderes centrífugos locais";[35] ele menciona uma "comunidade consensual" na condição de auxílio para manter um príncipe em seu cargo.[36] Shmuel Eisenstadt e Luis Roniger atestam, como uma característica básica dessas relações, "um elemento muito forte de desigualdade e de diferenças de poder entre patronos e clientes".[37] Terry Johnson e Christopher Dandeker argumentam que "a escolha do cliente é uma dinâmica significativa dentro do sistema", mas seus efeitos residem "na inibição do advento de formas estáveis e herdadas de manutenção do poder", não envolvendo uma força criativa própria.[38] Pesquisadores lutando com os paradoxos[39] das relações patrão-cliente viram o patronato principalmente como uma estrutura de poder de controle do acesso a recursos escassos[40] ou de organização e declaração de domínio.[41] Embora houvesse limites declarados para o senhorio carolíngio, por exemplo,[42] a reivindicação do rei cristão à autoridade divina garantiu que as relações do tipo patrono-cliente fossem um tanto unilaterais.

Em contraste, as relações patrono-cliente no Nordeste da Eurásia pré-moderna, embora ainda construídas hierarquicamente, não só eram muito mais recíprocas, como também foram condicionadas a um nível fundamental, e a legitimidade da escolha por um patrono ou outro se sustentava pelos mesmos conceitos legitimadores de sua soberania.[43] Essas características afetaram o caráter da política na região e o modo como as entidades políticas tomaram forma. Skaff demonstra como as relações nos séculos que vão de VI a VIII estavam sujeitas a uma renegociação contínua, e contextualizei aqui diversas escolhas feitas por figuras do século X. Cada audiência, cada pagamento, cada solicitação ou cada evento externo manifestava a escolha – para ambos os lados – de manter a relação como estava, buscar melhores condições ou rejeitar sua contraparte em favor de outra. A fluidez de relações que daí resulta, com a marginalização das unidades políticas convencionais, foi fundamental para as relações políticas no Nordeste da Eurásia – apesar de não serem elementos significativos no modelo patrimonial weberiano.

O tipo de liderança desejado no Nordeste da Eurásia era explicitado como uma liderança efetiva, tal qual vemos nas reivindicações legitimadoras dos soberanos. As inscrições de Orcom elaboradas em prol do governante goturco Bilge Qaghan (716-734) incluem alegações, em nome de um governante anterior, de que o povo falhara em seguir seu conselho – "do grão-cã que o alimentou" – e, consequentemente, como fica implícito, "foi arruinado e destruído por completo". Mas, "uma vez que o Céu foi gracioso, e uma vez que fui agraciado com a boa fortuna, sucedi ao trono. [...] Reuni todas as pessoas pobres e destituídas. Tornei os pobres opulentos, e os poucos súditos, numerosos". Há também uma ênfase em ouro, prata, seda e artesãos sendo enviados pelos imperadores táng.[44] Uma multiplicidade de textos em chinês mensura um bom governo, rotineiramente, de acordo com a paz e a ordem, além da prosperidade do povo. "As províncias eram governadas de maneira pura e pacífica. [...] Quando os bárbaros iam ali para saquear, eles eram simplesmente rechaçados. [...] Quando as pessoas ordinárias enriqueciam demasiadamente, elas eram simplesmente taxadas."[45] A necessidade de salientar o sucesso dos governantes em suas tarefas designadas insinua as consequências do fracasso, seja ele efetivo ou previsto. Se fosse para os vassalos serem liderados, que fossem bem liderados; assim, os líderes tinham que ser dignos de seu posto superior de forma a reter seus vassalos. O registro histórico contém inúmeros exemplos de subordinados transferindo sua lealdade para novos superiores, em grande medida sem qualquer censura, o que mostra que a busca por um soberano melhor consistia em um comportamento normal e comumente aceito.[46] Enquanto isso, os subordinados permaneciam notavelmente relutantes em se estabelecer por conta própria.

Como mostrei em outro lugar, as ações inseridas nesse código foram pautadas e racionalizadas por ideias sobre lealdade expressas nas fontes de língua chinesa.[47] Tais ideias se encaixam perfeitamente na gramática e nos padrões das relações e negociações patrono-cliente, conforme descrito por Skaff, por mim e por outros, o que sugere que se tratava de conceitos amplamente compartilhados no Nordeste da Eurásia. Ideias de lealdade reforçavam o caráter personalizado, recíproco e condicional das relações políticas na região. Mais importante ainda, essas ideias não vinculavam o subordinado ao seu líder de forma permanente – e certamente não o vinculavam ao seu sucessor – em níveis moral, ideológico ou prático. Se outro líder oferecesse um acordo melhor, a troca de lealdade era legítima, e, apesar disso, os parceiros de dança não transitavam de lá para cá levianamente. No contexto sinítico, a permissão para escolher um novo superior se ligava ao conceito de Mandato do Céu. O mandato era concedido a um governante e sua linhagem com base na virtude que se julgava existente neles, podendo ser transferido para outro governante de linhagem diferente pela mesma razão. Os subordinados não eram obrigados a seguir um líder que consideravam destituído do mandato. A transferência de lealdade é, às vezes, alvo de críticas nos textos, da mesma forma que a lealdade obstinada é às vezes elogiada; de qualquer forma, elas [tanto uma quanto outra] eram exceções que provaram a regra.[48]

A capacidade de fazer uma escolha tinha uma base igualmente material. Funcionários pessoais próximos, incluindo guarda-costas, participavam das relações patrono-cliente como indivíduos e, portanto, dependiam inteiramente de seu patrono para obter um posto e prosperidade. O resultado é que havia poucos recursos independentes e menos opções em mãos. Mas muitos clientes eram eles próprios líderes, com seus próprios séquitos e recursos, o que lhes conferia certo grau de autonomia e, portanto, os colocava em pé de igualdade com seus superiores.[49] Ainda assim, os superiores ofereciam benefícios materiais, embora o mais importante para outro partido fosse a validação mediante cargos e títulos que legitimassem o controle dos recursos do subordinado, além de seu acesso a grupos de seguidores em potencial. Esses apoios à liderança são frequentemente associados a negociações com poderes externos,[50] embora no Nordeste da Eurásia eles fossem muitas vezes importantes, na mesma medida, para governadores, generais ou outros líderes ostensivamente "internos".

Vassalos desse tipo ofereciam a seus superiores as contribuições usuais – habilidades, recursos e consultas pessoais periódicas –, mas em uma escala que continha um significado político mais amplo. Como a autoridade dos governantes e líderes era sempre condicional, as declarações dos vassalos tinham a máxima importância para o superior, que, por sua vez, precisava de agentes para efetivar e ampliar seu poder, recursos para atingir seus objetivos e apoiar sua ordem constituída, além de fazer demonstrações regulares de que seria capaz de guiar as ações de elementos com poder de barganha. Em vez de os superiores controlarem o acesso aos recursos e desembolsarem parte deles para seus vassalos, muitas vezes eram os vassalos que controlavam recursos críticos – particularmente o acesso à renda das populações de regiões a si designadas, o controle de centros de produção como minas ou salinas, ou comando de forças militares. A capacidade do líder para agir muitas vezes dependia da agência de seus subordinados na posição de vassalos.[51]

Ān Lùshān é um bom exemplo de como isso funcionou bem, e como poderia dar errado. Na época em que iniciou sua famosa rebelião em

755, Ān havia atuado como um governador de província encarregado das porções Nordeste do Império Táng por mais de uma década, incumbido da administração de relações complicadas e por vezes turbulentas com líderes vizinhos.[52] A Corte conferiu a Ān Lùshān seus postos oficiais, os quais, porém, lhe deram tanto controle sobre recursos materiais e poderio militar que ele agiu, de fato, com autonomia considerável. Ele tinha um relacionamento pessoal íntimo com o imperador e sua concubina favorita, submetia os rendimentos dos súditos de sua região, guiava exércitos a serviço de seu superior e frequentava a Corte quando requisitado. Sua disposição para servir como um vassalo do imperador Xuánzōng manteve o poderio dos táng até as províncias Nordeste e, assim, definiu os moldes do Império. O fato de não só a escala, mas também a existência da entidade política táng depender das escolhas de seus vassalos foi atestado no momento em que Ān Lùshān se rebelou. Essa manobra transformou Ān em um concorrente do Império, e o Império lentamente desmoronou conforme governadores, generais e soberanos passaram a negociar novas vassalagens e soberanias. O meritório general táng Tián Chéngsì assumiu um importante distrito de Ān Lùshān, então uma província táng,[53] o qual se tornou um dos vários regimes autônomos na Região Nordeste.[54] Como retribuição à assistência militar do grão-cã uigur, os imperadores táng passaram a fazer pagamentos anuais disfarçados de aquisição de equinos, e só foram capazes de protestar quando soldados do poder superior se comportaram indevidamente na capital táng. O governador dos turcomanos Shatuo da província de Táng, sediado na moderna Urumqi, abandonou a Corte, "foi aliciado pelos tibetanos" na virada do século VIII para o IX[55] e parece ter liderado suas tropas a serviço deles por algum tempo.[56] Quando esses vassalos optaram por quem seguiriam, eles ajudaram a determinar a extensão e o progresso da guerra e as estruturas mutáveis das entidades políticas táng, uigures e tibetanas, tanto durante quando após o conflito.

A rebelião de Ān Lùshān serviu como um lembrete de que o desejo de ser guiado não era incondicional, e as escolhas acerca de quem seguir ilustram o papel fundamental desempenhado por candidatos alternativos ao cargo de superior. A rebelião foi um caso extremado, mas a presença de soberanos alternativos era igualmente essencial para o exercício cotidiano da condicionalidade nas relações patrão-cliente no Nordeste eurasiático. Tentativas por parte dos subordinados de renegociar relações seriam viáveis somente se caucionadas pela possibilidade real de que aqueles vassalos insatisfeitos com seu soberano seriam capazes de encontrar um novo. Onde dois ou mais líderes fossem percebidos como superiores efetivos, vassalos seriam capazes de exercer escolha e transferir sua aliança. Essas opções eram numerosas nos séculos VII e VIII, e incluíam os líderes dos turcomanos, os tuyuhun, os táng, os reinos Tarim, os reinos da península coreana incluindo Balhae e, próximo ao final desse período, o Tibete – portanto, incluídos aí estavam Ān Lùshān e seus sucessores, os governadores regionais do Império Táng tardio, os líderes dos uigures e outros. Nos séculos IX e X, o número de opções passou a diminuir, embora ainda incluísse sobreviventes da lista supracitada e um novo rebelde, Huáng Cháo, ao lado de líderes de Qocho, de Liáo, das Cinco Dinastias, Sóng, Xia, Koryŏ, além dos Dez Reinos do Sul subtropical. Nem todas as opções estavam disponíveis a todos os subordinados, mas, ainda assim, a presença de alternativas múltiplas para preencher o posto superior era o que provia aos vassalos verdadeiro poder de barganha.[57]

Caso os superiores temessem, em certas ocasiões, potenciais desafios da parte de seus subordinados, então um soberano dominante no topo de uma organização forte seria pouco afável perante seus vassalos; subordinados então poderiam transferir sua vassalagem de forma a tentar prever tal eventualidade.[58] Rebeliões do alto escalão, conspirações no seio da Corte e disputas faccionais são prontamente interpretadas como lutas pelo poder político, pelo cargo mais alto. Contudo, se o objetivo da maioria dos subordinados era o de ser deixada para cuidar de seus próprios assuntos, então uma motivação provável para resistir a um soberano ou eleger outro teria sido a de evitar que um poder centralizador enérgico se instalasse, independentemente das glórias que ele pudesse prometer. Um exemplo do século X veio após as mortes dos fundadores das Dinastias Liáo e Táng Tardia em 926. Seus sucessores, Déguāng e Lǐ Sìyuán, cujas reivindicações familiares não inviabilizavam o surgimento de competidores, foram essencialmente as escolhas populares das redes contemporâneas de líderes vassalos.[59] Déguǎng recebeu apoio de sua formidável mãe, mas foi igualmente visto como detentor da efetividade que o Império exigia. Lǐ Sìyuán possuía as conexões familiares certas, um registro militar razoável (embora não excepcional) e relativamente poucos recursos próprios, o que o tornou particularmente dependente do suporte de exércitos que o aclamaram, além de governadores que se ressentiam dos esforços do imperador anterior de restringir sua autoridade. Diferentemente de seus predecessores, nem Lǐ nem Déguǎng deram mostras de ambições excessivamente expansionistas. Déguǎng só enviou uma expedição para o Sul a fim de ajudar um cliente a defender sua autonomia,[60] e Lǐ Sìyuán não enviou quaisquer campanhas imperiais contra Déguǎng. Isso reduziu sua necessidade de arrecadações, tornando mais fácil para eles aceitar governos locais por parte de seus vassalos sem muita interferência. Ambos os governantes enfrentaram menos resistência interna do que seus predecessores. A vassalagem condicional podia criar um relacionamento mutuamente solidário entre vassalos e soberanos.

A coconstituição das formações políticas

O foco nos vassalos, e não nos soberanos, sugere algumas maneiras distintas de pensarmos a política do Nordeste da Eurásia nos séculos de VII a X. As relações patrono-cliente são uma abordagem produtiva para extrair evidências da interação política. No entanto, pode haver diferenças em alguns dos conceitos e suposições subjacentes às relações patrono-cliente weberianas e eurasiáticas. O primeiro contraste consiste na condicionalidade fundamental da liderança no Nordeste da Eurásia, a qual abrangia sociedades "sedentárias" e "nômades", e pode ser derivada de uma releitura moderna das condições ecológicas, da retórica e da ideologia legitimadoras de governantes de várias inclinações culturais, das teorias sobre a lealdade encontradas em textos chineses e também das ações dos atores históricos tais quais constam nas fontes. Essa natureza condicional da liderança leva ao segundo contraste: que os vassalos poderiam escolher seus líderes legitimamente[61] em contextos em que preenchessem um duplo requisito. O subordinado teria de ter acesso a recursos cobiçados por superiores potenciais, e tinha de identificar a disponibilidade de alternativas cabíveis para ocupar o cargo de superior: em suma, tinha de ter algo a oferecer e alguém convincente a quem pudesse recorrer. Esses superiores alternativos ocasionalmente seriam pretendentes ao mesmo posto, como Ān Lùshān e Táng Xuánzōng, mas principalmente ocupavam posições reconhecidas em alguma outra formação política – como os governantes do Tibete e os uigures nos séculos VIII e IX no Leste de Tarim, e os de Liáo e dos regimes das Cinco Dinastias no século X. A subordinação a um soberano alternativo podia ser resultado de resistência, mas geralmente surgia do interesse próprio.

Como resultado, uma agência histórica significativa foi investida naqueles seguidores que eram, eles próprios, líderes subordinados, não se restringindo apenas ao estrato superior de soberanos. Os vassalos levavam recursos materiais como bens financeiros e exércitos, mas também ofertas imateriais cruciais – como a credibilidade política derivada de atos públicos de subordinação e o cumprimento das tarefas a si confiadas. Particularmente em um contexto de comunicações pré-modernas a longa distância e de ambientes potencialmente conflituosos, foi o apoio condicional dos subordinados que tornou seus superiores aquilo que eram e os manteve em sua posição. A evidência sugere que os vassalos almejavam por um superior que lhes pudesse dar uma posição política legítima, de forma a se contentarem em extrair o que fosse possível de seu posto hierárquico inferior. Os subordinados poderiam se tornar descontentes com os superiores individuais, mas não com seu *status* de vassalos. A transferência para um novo superior geralmente não implicava a oposição ativa ao antigo, embora superiores abandonados pudessem tentar recuperar o acesso perdido aos seus recursos.

Tendo em vista seus próprios interesses, tanto subordinados quanto superiores buscavam uma constante renegociação de suas relações, e os passos de sua dança teciam complexas redes de alianças as quais produziram entidades políticas que costumamos conceber como impérios, Estados ou regimes regionais. A submissão formal do subordinado a seu superior poderia redesenhar o mapa da política à medida que os subordinados transferissem alguns ou todos os seus súditos e distritos para novos relacionamentos. Assim, quando os líderes turcomanos se submetiam, o Império Táng crescia, e vice-versa. Quando um governador oferecia sua lealdade a um imperador aspirante, outros contendores perdiam parte de sua credibilidade.[62] Em menor escala, o mesmo ocorria quando aldeias e acampamentos mudavam de jurisdição; a perda de um antigo líder significava o ganho de um novo líder. Essa análise sugere como as unidades políticas no Nordeste da Eurásia podiam alterar suas dimensões tão rapidamente, fosse aumentando-as ou diminuindo-as. Os líderes subordinados que desejassem continuar como tais se mostravam dispostos a seguir um superior capaz e disposto a assumir as responsabilidades do cargo sênior. O acréscimo dos recursos do vassalo aos cofres do superior conferia forma geográfica, demográfica e econômica à formação política desse superior. Em um contexto de numerosos superiores possíveis, porém, um líder ineficaz ou que ameaçasse se tornar excessivamente poderoso logo perderia seus vassalos para um ou outro alternativo. À medida que as lealdades convergiam para um líder eficaz como Táng Tàizōng – imperador Táng e grão-cã dos turcomanos –, as unidades políticas cresciam e se combinavam, e sua lealdade se dissipava (como em 842, com a queda do Império Tibetano,[63] ou em 947, com a queda da Dinastia Jìn Tardia).[64] Nesse momento, as unidades políticas encolhiam e se dividiam. Aparentemente, alguns governantes do Nordeste da Eurásia sentiam ter de continuar aumentando seu império a fim de atender às suas demandas como patronos, como Zhū Wén, da Dinastia Liáng Tardia. Muitos outros, porém, encontraram posições de equilíbrio em formações políticas de diferentes tamanhos, incluindo os governadores autônomos de Hébĕi dos séculos VIII e IX, os uigures Gaochang (Qocho) do século IX e o imperador Déguăng de Liáo.

A chave para o poder político nesse sistema não residia nos soberanos, mas naqueles que lhes permitiam governar. Líderes subordinados tanto possibilitavam quanto limitavam o poderio de seus superiores, e as engrenagens da vassalagem condicional (mas necessária) pode ter desencadeado certa tendência entre os atores políticos a eleger superiores de forma que contribuíssem para a ordem, não para a desordem. Essa disciplina de pista de dança pode sugerir que a existência de formações políticas era mais uma posição padronizada, e menos a luta contra o caos que se sugere frequentemente por relatos narrativos focados em fundadores de Estados e impérios, como apresentados em textos históricos sobreviventes e estudos modernos – neles, muitas vezes, a figura implicitamente heroica restabelece a ordem a partir do tumulto, muitas vezes coagindo os demais a realizar seus desígnios.[65] Se essa visão tão habitual não parece condizer com as evidências observadas da perspectiva de vassalos, isso não implica que a violência tenha sido de qualquer forma escassa, apenas que o uso do poder coercitivo ou mesmo persuasivo pelos governantes teve menor influência nas escolhas dos subordinados do que as fontes e muitas narrativas modernas fazem seus leitores crerem.

O argumento é que formações políticas não eram dadas; elas eram feitas e refeitas mediante a negociação de relacionamentos, e não o contrário.[66] Em certas ocasiões, isso aconteceu com frequência, como nos séculos de VIII a X, quando era praticamente um movimento contínuo. Nesses casos, as formações políticas tornaram-se mais um processo do que uma entidade, o que põe em questão o valor de postular análises políticas desses períodos sob o pressuposto de unidades implicitamente estáveis. Uma vez que não havia unidades reconhecíveis, o papel do "Estado" deve ser repensado; mesmo o enfoque nas fronteiras flutuantes pode não representar adequadamente a fluidez intrínseca das redes humanas que constituíam aquela dança política. A metáfora da dança abre a perspectiva de que a fluidez não tinha de ser inerentemente caótica ou instável. Antes, o movimento constante da rede política era somente o estado de coisas da época. Elas podem parecer caóticas, mas, mesmo no caos, ações repetidas geram padrões dos quais podem surgir formas identificáveis, ainda que em constante movimento. Vista de um ângulo superior, a dança dos vassalos e soberanos era dotada de uma estabilidade própria.

A abordagem que uso aqui chama atenção para formas negociadas e cooperativas de política, em vez de reproduzir o foco usual em líderes dominantes e na construção de hierarquias. Seu interessante reside em como os participantes se organizaram nessa hierarquia, em vez de serem compelidos a ela pelo elemento mais poderoso. Considerar a adesão ativa de subordinados dispostos a servir, e não apenas o poder de compulsão do superior, torna as relações políticas, em vez de coerções unidirecionais, transações em rede.

Notas

1 Por seus relevantes comentários, meus agradecimentos a Gwen Bennett, Hugh Clark, Sarah Colvin, Nicola Di Cosmo, Ruth Dunnell, Valerie Hansen, Sabine Lee, Conrad Leyser, Michael Maas, John Watts, Chris Wickham, Simon Yarrow, o Seminário da Baixa-Idade Média [Early Medieval Seminar], o Institute of Historical Research de Londres, além dos participantes originais da conferência.

2 O poder de persuasão é abertamente apresentado como um método a mais para tentar dobrar os outros à vontade de dado governante. Uma vez que o objetivo de tal persuasão é apoiar o exercício do poder centralizador, para todos os propósitos aqui

essa persuasão diferiria da coerção apenas em virtude de seu caráter não violento.

3 Compare com Weber, 1978; e Mann, 2012. André Holenstein critica a "armadilha weberiana" em sua introdução a *Empowering Interactions: Political Cultures and the Emergence of the State in Europe, 1300-1900* (*in*: Blockmans; Holenstein & Mathieu, 2009, p. 7). Michel Foucault discute a resistência em "Two Lectures" (1980, pp. 78-108).

4 Compare com Barfield, 1989; Gungwu, 2007. Pesquisadores chineses têm se focado em relações étnicas, empréstimos culturais e instituições; confronte Yīnkè, 1982; Shu, 1986. A história política em japonês diz respeito, em sua maioria, à história regional e às relações com a Corte. Confronte Michio, 1989, pp. 903-913; Masahiro, 1987.

5 Em geral, busco evitar esse termo intricado. Emprego-o aqui, com a devida cautela, no sentido comumente entendido de um agrupamento fluido, multicultural/multiétnico, que foi identificado como uma unidade política por aqueles com quem entrou em contato, mas carecia de instituições burocratizadas.

6 Compare com Innes, 2000; MacLean, 2003.

7 Contribuições importantes de uma ampla forturna crítica incluem, especialmente, S. Airlie, "Aristocracy"; J. L. Nelson, "Kingship and Royal Government"; e J. M. H. Smith, "Fines imperii: The Marches", todas em McKitterick, 1995, pp. 431-450, 381-430 e 169-189, respectivamente; S. Reynolds, 1994; J. M. H. Smith, 1992; Wickham, 2006; e, sobretudo, J. L. Nelson, 1992, pp. 41-74.

8 Skaff, 2012.

9 O uso de vocabulário relevador, evidentemente. Skaff, 2012, p. 4.

10 Na qual fui treinada. Ver referências nas notas 7 e 8.

11 J. C. Scott, 2009; Sneath, 2007.

12 Follett, 1942; Hartsock, 1996, p. 36; Arendt, 1970. Um guia útil é Allen, 2014.

13 Sugestivos aqui são, entre outros, Follett, 1949; Geertz, 1990, p. 62.

14 Às vezes, chamado de "semiárido". A terminologia para essas zonas varia; derivo a minha de Schultz, 2005, incluindo o mapa das pp. 8-9.

15 Mesmo as chuvas de monções não são totalmente confiáveis nessas regiões a Norte; elas não são quentes o ano todo para que possam ser consideradas subtropicais, podendo sofrer com secas (algo muito mais raro nas zonas a Sul) e exigindo, assim, irrigação. Schultz, 2005, pp. 104, 158.

16 Confronte Di Cosmo, 1994; Honeychurch & Amartüvshin, 2007.

17 *Zīzhì Tōngjiàn*, seção 192.6046, *apud* Guāng, 1956.

18 *Idem*, seção 279.9131; *Jiù Wǔdàishǐ*, seção 47.649, *apud* Juzheng, 1976.

19 Apesar de suas evidências fragmentárias, ver Frachetti; Benecke; Mar'yashev & Doumani, 2010, pp. 622-646.

20 Twitchett, 2009, pp. 45-61. Para o benefício dos não especialistas, farei, sempre que possível, referência a trabalhos secundários que contenham citações de fontes primárias.

21 Follett, 1949, p. 89.

22 Spencer, 1993, pp. 41-74.

23 Standen, 2007, p. 96.

24 *Idem*. "Resourcing War and Politics in the Late Tang: Notes on the Evolution of Early Shatuo Leadership". Artigo não publicado para o seminário "Military Culture in Imperial China". Canterbury University, Nova Zelândia, 2003.

25 Skaff, 2012.

26 *Idem*, p. 254.

27 *Idem*, p. 187.

28 Twitchett, 1979, vol. 3, pt. 1, pp. 279, 314.

29 Podemos ter um vislumbre de organização nos níveis mais baixos a partir do título túrquico *tudun* ou *todun*: Golden, 2006b, p. 55.

30 Standen, 2007.

31 *Idem*, no prelo.

32 Há uma pequena subseção sobre vassalagem na volumosa literatura sobre liderança empresarial. Itens úteis aqui são Carsten *et al.*, 2010; Uhl-Bien & Pillai, 2007.

33 Considere Butler, 1997, p. 20.

34 Essa não é a leitura padrão. Standen, 2011.

35 Weber, 1978, p. 1.055.

36 *Idem*, p. 1.020.

37 Eisenstadt & Roniger, 1984, p. 48.

38 Johnson & Dandeker, 1989, p. 224.

39 Eisenstadt & Roniger, 1984, p. 49.

40 Johnson & Dandeker, 1989, p. 225; McKitterick, 1995, vol. 2, p. 387; Rosenwein, 1999, pp. 215-216; Wickham, 2006, p. 175.

41 Weber, 1978, p. 1.013; McKitterick, 1995, vol. 2, pp. 443-445; J. L. Nelson, 1992, p. 56; B. H. Rosenwein, 1999, pp. 6-7.

42 McKitterick, 1995, vol. 2, pp. 425-426.

43 Tackett, 2014, pp. 88-91 (e também pp. 12, 55-61, 94-96), oferece um resumo claro das diferenças entre os aristocratas táng dos séculos VII/VIII e os da Europa medieval.

44 Tekin, 1968, p. 262.

45 Twitchett, 2009, vol. 3, parte 1, p. 375.

46 Há numerosos exemplos em Skaff, 2012; e Standen, 2007.

47 Sobre esse parágrafo, ver Standen, 2007, sobretudo capítulo 2.

48 Confronte Standen, 2007, sobretudo, pp. 172-181; Graff, 1995, pp. 1-17.

49 Sobre tipos de clientelismo ver Skaff, 2012, capítulo 3.

50 Para uma abordagem interessante a respeito, ver Sahlins, 2008, pp. 191-192 e referências; Helms, 1988, capítulo 4.

51 Exemplos incluem MacLean, 2003. Para um tratamento da teoria, ver Stollberg--Rillinger, 2009, p. 315.

52 Levy, 1960. Ver Twitchett, 2009, vol. 3, parte 1, pp. 428-463, para um relato contextualizado contendo outras referências.

53 *Jiù Tángshū*, seção 141.3837-3840, *apud* Xu, 1975; *Xīn Tángshū*, seção 210.5923--5926, *apud* Xu, 1975.

54 Twitchett, 2009, vol. 3, parte 1, p. 583; Peterson, 1966.

55 *Jiù Wǔdàishǐ*, seção 25.331, *apud* Juzheng, 1976.

56 *Xīn Wǔdàishǐ*, seção 218.6154-6155, *apud* Xiu, 1974.

57 As opções diminuíram a partir do século XI, acarretando ampla mudança política. Ver Standen, no prelo.

58 Essa ideia é generalizada, a partir de Sneath, 2007, para ser aplicada ao resto do Nordeste da Eurásia. Para um exemplo específico posterior, ver Di Cosmo, 2012.

59 Twichett, 2009a, vol.5, parte 1, pp. 72-82; vol. 6, pp. 68-70.

60 Essa é minha leitura da campanha de 936 em suporte a Shí Jìngtáng, que consequentemente fundou a Dinastia Jín Tardia (936-947). Considero a guerra entre Liáo-Jín Tardio de 943-947 uma guerra punitiva, não expansionista. Standen, 2005, pp. 127-174.

61 Esse é o tema de Standen, 2007.

62 Alguns governantes, como os imperadores táng, parecem ter desfrutado de um legado de credibilidade maior do que outros, embora a escassez de relatos alternativos exija cautela ao fazermos tais afirmações.

63 Beckwith, 1987, pp. 168-172.

64 Twitchett, 2009, vol. 5, parte 1, pp. 97-108.

65 Para uma abordagem alternativa, ver Di Cosmo, 2012, embora trate de um período bastante posterior.

66 Ver Follett, 1919.

POSFÁCIO

Averil Cameron

Os editores do presente volume estabeleceram um desafio: nada menos do que a promoção de uma nova categoria para a Antiguidade Tardia, a Antiguidade Tardia Eurasiática. Eles argumentam que a concepção de uma Antiguidade Tardia Eurasiática proporcionará a historiadores uma estrutura coerente para um panorama integrado de uma vasta região durante o período que vai, aproximadamente, do século III ao VII ou ao VIII EC. A região ou as regiões tratadas neste volume cobrem uma extensa faixa de território que liga Constantinopla, a Oeste, à China, a Leste, incluindo tanto o Irã quanto as estepes. O argumento é que as regiões continentais da Eurásia estavam, no período, sujeitas a forças que as uniam e, mesmo que a marcha dos eventos diferisse em suas variadas partes, havia uma "matriz oculta" de ligações que as conectava. Essa é uma perspectiva extremamente ousada, engenhosa e estimulante. Os editores nos convidam a visualizar uma grande extensão que temos em mãos como historiadores, de forma a deixarmos nossas zonas de conforto e, como é o caso de muitos de nós, contemplar um alcance geográfico muito além do alcance familiar (e já amplo) da Antiguidade Tardia, tal qual concebido desde a obra de Peter Brown *World of Late Antiquity*.[1] O volume reúne historiadores da China, das estepes, do Irã e de Bizâncio, e também abre a perspectiva de aplicar à Eurásia tardo-antiga algumas das abordagens sendo desenvolvidas para a história global. O presente posfácio só será capaz de representar algumas reações iniciais ao que certamente estimulará uma discussão viva e contínua, podendo, de fato, trazer uma mudança de paradigmas significativa.

Diversas contribuições lidam com o conceito de "Rota da Seda" (ou melhor, "Rotas"), cunhado no final do século XIX, o qual foi de fato um tema proeminente na historiografia anterior. Além disso, a Eurásia e as Rotas da Seda voltaram em grande medida a ser notícia. Subjacente ao estabelecimento, em 2014, de uma União Econômica Eurasiática entre Rússia, Cazaquistão, Bielorrússia, Quirguistão e Armênia – além de seu objetivo de cooperar com a iniciativa chinesa da Nova Rota da Seda – está a ideia de um espaço comum e uma esfera de influência eurasiáticos, de atuação econômica e potencialmente política, ou mesmo de uma Grande Eurásia. Declarações oficiais explicitamente evocam o conceito de transações comerciais e culturais ao longo da "Rota da Seda". Entretanto, essas suposições são questionadas em obras recentes, na medida em que se associam ao período englobado pelo conceito de "Antiguidade Tardia Eurasiática", e são igualmente refletidas no presente volume. Em vez de um comércio a longa distância ao longo de uma rota (ou rotas) claramente definida, tal como tantos estudos contemplaram, agora se argumenta que a maioria do comércio na Eurásia tardo-antiga foi local e em pequena escala.[2] Diplomacia, presentes, ideias e linguagens eram, em si, sujeitos a mudanças (como Matthew Canepa pontua, a própria seda podia ser usada como tributação, presente diplomático e moeda de troca, além de ser comercializada),[3] e as rotas ao longo das quais viajava eram múltiplas e frequentemente árduas. De fato, como mostram as contribuições de Peter Brown, Ekaterina Nechaeva e Matthew Canepa no presente volume, formas de diplomacia e estilos de soberania faziam parte daquilo a ser transmitido.

Apesar disso, o tema da "Rota" ou das "Rotas da Seda" ainda possui um forte fator de atração imaginativa, como argumentam aqui Peter Brown e Richard Lim. Ademais, a retomada atual da terminologia da Rota da Seda expressa uma atenção crescente por questões globais do mundo contemporâneo, questões também relacionadas ao que foi aqui levantado em relação à Antiguidade Tardia. O período tratado neste volume foi marcado por um alto grau de transformações militares e políticas, com ascensão e queda de dinastias e entidades políticas. Ele também vivenciou a expansão marcante de movimentos religiosos em novas e vastas regiões geográficas, não apenas o budismo e o islã, como também o maniqueísmo, o zoroastrismo e o cristianismo. Para o estudante da Antiguidade Tardia, as principais questões então evocadas dizem respeito à coerência eurasiana, à sua conectividade a longa distância, à descentralização de grandes impérios e à ascensão de demais Estados e sociedades.

Um tratamento recente e bastante distinto por Peter Frankopan a respeito das Rotas da Seda traz um escopo cronológico muito mais longo, traçando os temas de troca e conexão até os dias atuais, de forma a incluir as repúblicas modernas da União Econômica Eurasiática da contemporaneidade.[4] Frankopan está menos preocupado com os temas tradicionais da Rota da Seda do que com as mercadorias em que essa grande extensão territorial continua rica, além dos efeitos de longo alcance da avidez que grandes potências sucessivas mostram em adquiri-las. Essas mercadorias incluem seda, ouro e prata, peles, escravos e, nos tempos modernos, minerais, petróleo e gás – seu comércio ou suas transações deram origem a fluxos maciços de riqueza e grandes transformações políticas ao longo dos séculos. Tal qual o presente volume, o livro de Frankopan traz a atenção do leitor para o Leste, para além do Mediterrâneo e das narrativas eurocêntricas das historiografias ocidentais convencionais. Os editores do presente volume, por sua vez, insistem, em sua introdução, que a Antiguidade Tardia Eurasiática foi diferente e particular, um "espaço" de contatos e eventos específicos e contingentes em um período de tempo específico, com modelos múltiplos de conectividade.

A área geográfica em questão aqui encontra seus limites a Oeste no Império Romano do Oriente ou, como também é chamado, Bizâncio, indo até o Leste na China. Giusto Traina discute o que se sabia sobre a Ásia Central e o Cáucaso no Império Romano do Oriente durante a Antiguidade Tardia, enquanto Mark Whittow faz uma defesa vigorosa, com base em fontes gregas, da existência de uma política eurasiática por parte de Bizâncio na segunda metade do século VI e além; ele igualmente enfatiza a importância do auxílio recebido dos goturcos ocidentais na vitória de Heráclio sobre o Irã Sassânida em 628, e no colapso do

Império Sassânida que daí decorre. Mas, nas décadas seguintes, Bizâncio foi enfraquecida em função de uma perda territorial para os árabes, a qual eclipsou as ideias de uma tal política eurasiana. Além disso, como Scott Johnson descreve, foi a partir do Leste iraniano e das comunidades cristãs da Pérsia Sassânida, e não de Bizâncio, que o siríaco se espalhou tão espetacularmente para o Oriente como uma língua, uma escrita e um veículo linguístico de propagação do cristianismo, passando pela Pérsia Central, pela Sogdia e pelo Império Uigur, chegando à China já na década de 630.[5] Quanto às percepções chinesas sobre Bizâncio, enquanto os postos militares estabelecidos pela China mudavam a composição linguística e étnica em seus locais-chave de forma a auxiliar o domínio chinês sobre a região ocidental, seu nível de consciência de Bizâncio é menos claro.

Comércio e transações foram elementares para as formulações tradicionais da "Rota" ou das "Rotas da Seda", e as transações que certamente ocorriam ali poderiam incluir itens de prestígio e "exóticos", como Peter Brown argumenta de forma persuasiva; alguns deles eram particularmente cobiçados, como Joel Walker demonstra brilhantemente em seu estudo sobre o papel desempenhado pelas pérolas e o valor que lhes era atribuído. O comércio, contudo, era apenas uma das várias formas de circulação de mercadorias, e muitas vezes estava aliado a outros meios de contato ou propósitos de viagem. Quer fossem transacionados via presentes ou comércio, itens investidos de valor simbólico e de prestígio serviram como um importante veículo de conectividade, ligando comunidades díspares em uma rede compartilhada atuante naquela vasta região. Tais encontros inevitavelmente implicavam transmissão cultural, religiosa e linguística, e isso se deixa ver com maior clareza por meio do farto registro documental e das extraordinárias descobertas da geração passada. O presente volume testemunha a complexidade de tal transmissão, além dos múltiplos tipos de conectividade que ela aponta.

Trazer Bizâncio para a esfera eurasiana não é uma manobra isenta de problemas. Muito do movimento, da formação estatal e da interação aqui descritos teve pouco a ver com Bizâncio, e, de acordo com a perspectiva oriental, Constantinopla estava de fato muito longe. Assim como as moedas de prata persas, os *solidi* bizantinos encontrados mais a Leste provavelmente chegaram de forma indireta, por meio do comércio. Com o surgimento dos avares e goturcos aos seus portões no final do século VI, Bizâncio teve necessariamente que adaptar as suas políticas, como argumenta Michael Maas acerca do período-chave do século VII. O sucesso de Heráclio sobre os antigos inimigos de Roma, os sassânidas, alterou a natureza da interação iraniana com os povos da estepe, livrando Bizâncio de uma ameaça militar que remontava ao século III. Mas as conquistas árabes que vieram em seguida logo privaram Bizâncio de toda uma faixa de território ao redor do Mediterrâneo Oriental. Além da ameaça representada pelos árabes no Mediterrâneo e mesmo fora dos muros de Constantinopla, Bizâncio logo teve que lidar com os cazares e os búlgaros. Ela se envolveu em campanhas militares esporádicas contra os árabes na Anatólia obtendo algum sucesso, mas nesse período sua atenção foi forçosamente direcionada também para o Norte. No século VII, Bizâncio estava olhando para várias direções, não apenas para o Oriente. Ela não desistiu do Ocidente mesmo depois das muitas convulsões daquele período; uma consideração do Ocidente em relação à Antiguidade Tardia Eurasiática aqui proposta (ou em comparação com ela) seria um tema interessante a ser explorado.

Também vale lembrar que, mesmo que a propagação do cristianismo para Leste tenha ocorrido por causa da Igreja do Oriente e se dado em outras línguas que não o grego, só foi a partir do mundo romano/bizantino oriental no período após o Concílio de Calcedônia em 451 que esse ramo de cristianismo se desenvolveu. Ele o fez em grande parte nas condições do domínio romano oriental, que incluía a herança da literatura e da filosofia gregas nas quais se baseou posteriormente. Uma longa série de artigos de Fergus Millar chamou atenção para o poderoso impacto sobre a cultura intelectual siríaca do grego, a língua oficial do domínio romano/bizantino; dessa forma, pode se argumentar que o Império Romano do Oriente continuou a exercer influência no Oriente por meio de usuários siríacos, uma vez que o domínio romano nas províncias do Mediterrâneo Oriental chegou ao fim.[6] Em outra parte, Scott Johnson também defende uma "orientação ocidental" evidente nas obras dos sírios orientais do século IX Thomas de Marga e Isho'dnah de Basra, conforme voltam seus olhos para o passado cristão em Jerusalém, para os ascetas egípcios do deserto de Scetis e para os assentamentos monásticos no Sinai.[7] Não era o Império Bizantino que eles rememoravam, mas as localidades cristãs da Palestina e do Egito.[8] No entanto, foi o Império Romano do Oriente da Antiguidade

Tardia que permitiu e incentivou a cristianização dessas áreas, e foi ali que a Igreja Assíria do Oriente teve seu início.

Visto pela perspectiva da China e das regiões contempladas neste volume, o surgimento do islã no século VII, a grande questão enfrentada por muitos historiadores da Antiguidade Tardia hoje – e com ela os temas relacionados do monoteísmo e das três religiões abraâmicas[9] –, passa a aparecer sob uma luz diferente. A expansão do islã na maioria das regiões aqui abordadas ocorreu posteriormente, por meio de movimentos de populações e elites, e no contexto de um complexo quadro religioso que incluía o zoroastrismo e o maniqueísmo, em uma época em que este último aparentemente havia sido extinto no Império Bizantino.[10] Quanto à parte mais oriental da região que estamos discutindo, foi fundamental a vitória abássida sobre os táng na batalha de Talas em 751. Os uigures levaram para Turfã o islamismo e o uso de documentação em árabe após 803, e os caracânidas para Cotã na virada do milênio. Em períodos anteriores, porém, como mostra Max Deeg no caso da China, o grande evento histórico eurasiático foi a disseminação do budismo. O maniqueísmo, por sua vez, também continuou a se espalhar e florescer mais a Leste, e a Igreja "nestoriana" do Oriente continuou a avançar. Nem quando o islã avançou até Xīnjiāng isso foi resultado de um contexto monoteísta ou abraâmico preexistente, ou por causa dos mesmos fatores que auxiliaram em sua disseminação na Síria e no Mediterrâneo Oriental.

No caso do outro polo, a China, é surpreendente que seu impacto e o impacto de seus eventos políticos nas sociedades e nos povos mais a Oeste tenham sido diferentes. Vários capítulos deste volume tratam de processos de formação de identidade. No final dos séculos IV e V, as migrações hunas impactaram o Império Romano e fizeram com que demais grupos migrassem e se formassem; muitos fatores estão envolvidos nisso, assim como as questões mais amplas sobre migração e movimentos populacionais. Aqui, eles são discutidos por Ursula Brosseder, Michael Kulikowski, Walter Pohl e Patrick Geary. O caso do Wèi do Norte, discutido por Luo Xin, também nos mostra que a decisão do que era "chinês" não foi tão fácil. Além disso, a historiografia chinesa, seja do Período Táng ou do Hàn, ou mesmo de nossa época, teve e tem preocupações das quais o historiador precisa estar ciente. Nicola Di Cosmo escreve sobre as fronteiras físicas erguidas entre a China e os povos das estepes, seus propósitos e seus efeitos – por exemplo, a criação de uma elite fronteiriça. Em outra parte, ele se referiu a uma "fronteira" diferente, criada pela "narrativa-mestra" das relações entre a China e os "bárbaros" xiōngnú em sua fronteira Norte, tal qual formulada pelo historiador Sīmǎ Xiān, o "grande historiador" hàn.[11] Michael Kulikowski nos lembra que essa exata fronteira ideológica também existia a Oeste, como vemos nas concepções romanas e bizantinas dos hunos "bárbaros" e seus sucessores nômades. A aplicação do conceito de etnia ao caso da China e dos xiōngnú não é simples e pode, de fato, ser pouco proveitosa. No contexto da historiografia chinesa, "a história dos nômades surgiu, por assim dizer, por ser relevante à China",[12] e da mesma forma, Kulikowski nos lembra, os hunos, os avares e os goturcos até hoje são vistos pelo prisma de caracterizações romanas.

Com a nova perspectiva adotada neste volume, o conceito familiar de Antiguidade Tardia implode por completo. Dada sua amplitude, o estudo da Antiguidade Tardia tal como se desenvolveu a partir da década de 1970 foi basicamente enquadrado como um projeto mediterrâneo. De fato, nos últimos anos ele se expandiu de forma a incluir não apenas as origens, mas também os primeiros séculos do islã, movendo-se, assim, distintamente para o Leste. A "Antiguidade Tardia global" prevista pelo Projeto Mizan[13] abrange a Europa e o primeiro islã; pesquisadores do islã igualmente se mostram ávidos para situar seu surgimento em um contexto tardo-antigo,[14] abordagem que agora também pode ser estendida ao Irã Sassânida.[15] Algumas das contribuições mais recentes defendem uma Antiguidade Tardia que abarca os abássidas e se estende até o final do milênio.[16] Contudo, a Antiguidade Tardia contemplada neste volume é muito mais ampla geograficamente e, como sugere Richard Lim, levanta questões distintas. Trata se de uma nova Antiguidade Tardia Eurasiática, como almejam os editores, ou se trata de a concepção de Antiguidade Tardia que nos serviu tão bem por mais de 40 anos estar se dissolvendo em um tipo mais amplo de história global ou transnacional? Uma contribuição recente de Philip Rousseau também aponta para a expansão da "Antiguidade Tardia" de forma a cobrir, por um lado, todo o primeiro milênio (inclusive os abássidas em Bagdá), e, por outro, a era de Constantino VII Porfirogênito em Bizâncio.[17] Isso, porém, continua se concentrando sobretudo nas regiões geográficas que formaram o objeto de estudo original da "Antiguidade Tardia", sendo ainda menos expansivo do que a perspectiva do presente volume.

Em contrapartida, a nova concepção aqui trazida oferece a possibilidade estimulante de ampliarmos o escopo extremamente fértil sobre o período tardo-antigo que caracterizou a geração passada de historiadores, na medida em que abordou a totalidade da Eurásia. Não é de surpreender em tal conjuntura que colaboradores individuais tragam diferentes perspectivas e metodologias historiográficas, e os editores resistam expressamente ao desenvolvimento de uma narrativa abrangente ou grandiosa. Resta-nos considerar, porém, quão "amplamente" os historiadores da Antiguidade Tardia são capazes de pensar.

As demandas por perspectivas mais amplas são um problema atual na historiografia, e vale a pena considerar mais a fundo até que ponto o que se prevê aqui é capaz de se relacionar com o campo em ascensão da história global.[18] Termos como "global", "mundo", além do anacrônico "transnacional", não são neutros. Eles já reivindicam algo sobre seu tema. Dado que a área geográfica aqui tratada se define como Roma, China, Irã e as estepes da Eurásia, é evidente que ela não pode ser global no sentido moderno. Os modelos de história global ou "mundial" aplicam-se aqui, se é que se aplicam, apenas ao mundo tal qual era conhecido então e, desse modo, àquela parte delimitada pelos editores, cujo foco reside em interações, "histórias encadeadas" e conectividade. E, embora haja um elemento comparativo em algumas das abordagens adotadas pelos colaboradores (por exemplo, em relação aos sistemas de Roma, Pérsia Sassânida e China), ele não é comparativo no sentido em que a historiografia comparada geralmente se deixa entender. Tampouco devemos sair em busca da dificultosa análise econômica da história global, algo possibilitado nos períodos modernos. Antes, o tipo de historiografia apresentada neste volume traz outro elemento da história global em seu cerne – a saber, conectividade e conexões, reveladas nas múltiplas maneiras pelas quais povos e sociedades impactaram e influenciaram uns aos outros ao longo de um período cronológico em que se viu um nível particularmente alto de trânsitos e, portanto, de encontros e transformações. Temos, assim, menos uma teoria abrangente ou uma metanarrativa dessas interações e mais uma justaposição de possíveis casos e conexões em diferentes níveis, juntamente com uma combinação de macro e micro-histórias. A tentativa de unir, em uma só investigação, considerações sobre os tributários históricos ou impérios agrários (como Roma, o Irã Sassânida e a China)[19] com os agrupamentos itinerantes de povos nômades e "impérios nomádicos", além do rastreio de ligações culturais fluidas entre essas e muitas outras entidades em trânsito, não só requer uma visão ampla, mas também uma boa dose de empenho inovador e substancial no tratamento de detalhes. Os extraordinários arquivos de documentos em diferentes idiomas e alfabetos, alguns dos quais foram descobertos só muito recentemente, também requerem tipos de especialização particularmente incomuns e raros, os quais se refletem na montagem dos capítulos deste volume.

De forma geral, eis aqui uma história descentralizada, com múltiplas conexões e múltiplas influências. Ela nos aparta das narrativas eurocêntricas e triunfalistas. Teleologia não pode fazer parte dela. Neste estágio inicial, tudo o que podemos fazer é apreciar e confrontar as implicações de uma mudança tão drástica nas percepções da Antiguidade Tardia, muito mais ambiciosa e complexa, em sua concepção, do que a recente manobra dos estudiosos da Antiguidade Tardia para integrar o mundo do islã primitivo.[20] Isso também exige que reflitamos sobre as diferentes tradições historiográficas de cada pesquisador, com base em suas origens nacionais e disciplinares; exige que perguntemos de que maneira elas impactam nosso alvo mais amplo. Mais importante do que nunca é entendermos, e se necessário desconstruirmos, as narrativas e abordagens que prevalecem em nossas próprias tradições intelectuais, uma vez que nossas definições e percepções acerca de outros povos e sociedades não somente estão profundamente influenciadas por nossas próprias tradições e pressupostos, mas também por agendas intelectuais contemporâneas, interesses locais e imperativos políticos.[21] O fato de o atual movimento rumo à história global não ser novo, mesmo que suas metodologias sejam distintas, é algo que podemos constatar a partir da consideração das histórias universais passadas – seja do período helenístico, seja da maneira como foram adotadas na história eclesiástica cristã e, posteriormente, por historiadores escrevendo em árabe, como Almaçudi ou Ibne Caldune. Ao lado da história universal sempre estiveram o conceito de império universal e a aspiração ao domínio mundial (uma aspiração que, de acordo com Aziz al-Azmeh, o islã primitivo derivou do contexto tardo-antigo),[22] além de certa inclinação à teleologia. Tais perigos, diga-se de passagem, não estão ausentes do projeto altamente arriscado de escrevermos a história global na atualidade. O presente volume, por sua vez, concentra-se em conexões locais, fluidas e mutáveis do período da Antiguidade Tardia em si.

Muitos problemas, mas também muitas possibilidades intrigantes surgem a partir dos vários exemplos específicos aqui discutidos. Arqueólogos e outros profissionais estão deveras familiarizados com os problemas inerentes ao uso da cultura material para atestarmos a expansão dos povos ou marcarmos sua identidade; esse problema também é examinado no presente volume, sobretudo no capítulo de Ursula Brosseder. Ainda mais complexa é a questão de como as ideias (incluindo as religiosas) se espalham,[23] e aqui temos a imensa sorte de dispor de um rico registro documental, assim como evidências visuais, de sítios arqueológicos como Turfã e Dūnhuáng. Ao tratarmos de encontros e ligações – o assunto da história global ou então do tipo de "grande história" tratada neste volume –, temos de tratar da fala e (de forma surpreendentemente frequente) da escrita. Os assentamentos sogdianos aqui discutidos por Rong Xinjiang facilitaram tanto esse tipo de ligação quanto a disseminação do culto zoroastriano, e, embora os sogdianos fossem a maioria, seus assentamentos em si eram multiculturais, "uma confluência de diferentes culturas". Embora a evidência visual corrobore isso de forma impressionante, nunca é demais enfatizar o papel desempenhado pela língua, pela escrita e pelos materiais de escrita para que a conectividade nessa vasta região fosse viável.[24] A extensão das jornadas e o desempenho dos viajantes, a influência do deslocamento por espaços e da migração, a ideia de uma língua franca – todos são fatores cruciais e necessários para a disseminação de ideias e a promoção de integração. Mas eles também exigiam e incentivavam dada infraestrutura – redes, rotas e mercados. Não devemos separar o aspecto material, intelectual e emocional.

Desafiante é explicar como e até que ponto as ideias de fato se alastraram e que impacto mais amplo sua disseminação poderia ter tido. O processo se mostra mais facilmente em níveis pessoais e em objetos de uso geral, como foi observado de forma clara na recente exposição do Museu Britânico, "Egito: Fé após os Faraós".[25] Tal exposição anunciou uma transformação geral do pluralismo para o monoteísmo associado às "três religiões abraâmicas", mas de fato apresentou e reuniu uma abundância de objetos indicativos de uma imensa e vibrante mistura de religiões, práticas e culturas materiais. Assim como outros tipos de ideias, as ideias religiosas não necessariamente requeriam missões ou embaixadas ativas para se alastrar, embora, como no caso do cristianismo nestoriano em Xī'ān, elas também possam fazer parte da narrativa. Em seu argumento em prol de uma política consciente de Bizâncio para os povos da estepe, Mark Whittow refere-se de forma precisa às conexões como "uma história de imaginação e cultura". Como mostra Frantz Grenet em relação à tradição e à prática astrológica sassânida e à sua recepção em Sogdia e entre os uigures, nossos modelos de transmissão devem ser complexos.

A difusão de ideias e de religiões envolveu também Estados e formação de Estados, fronteiras ou falta de fronteiras, encontro entre estepe e povoados, entre grupos nômades e impérios estabelecidos. Dessa forma, Daniel Potts trata das fronteiras do Nordeste do Irã Sassânida, enquanto outros articulistas, como Andrew Eisenberg e Nicola Di Cosmo, discutem Wèi do Norte e os regimes e relações mutáveis nas regiões a Noroeste da China. A troca de presentes foi um meio pelo qual objetos materiais e associações imaginativas viajavam por toda a região, além de ter sido uma parte considerável das relações estatais, com um poderoso simbolismo compartilhado pelos vários formatos de moedas empregados e encontrados em sítios arqueológicos da Eurásia. O fato de a produção de imitações de moedas bizantinas ter sido considerada útil nos diz muito a respeito do peso ideológico e simbólico atribuído ao artigo genuíno. Presentes diplomáticos, porém, também pertenciam a uma rede mais ampla de tratados, tributos, cartas e transação de noivas, novamente em um nível que transcendia o pessoal e o local.

A presente história é menos sobre impérios e mais sobre encontros, apropriações e influências.[26] O termo "império", igualmente, precisa ser desaparelhado. Ele é usado com frequência, também no presente volume, em referência a grupos nômades, embora eles pareçam distintos dos impérios de Roma, Pérsia Sassânida e China, com seus sistemas administrativos e aparatos militares desenvolvidos. As competências dos "impérios" nomádicos[27] não eram as mesmas que as dos três grandes impérios territoriais, especialmente nos termos das características cruciais da China: a burocratização e a centralização. Os "impérios" nomádicos antes se qualificam como impérios de dominação, dependentes de conquista, tributo e pilhagem. Mas essa distinção é demasiado rígida, e os termos absolutos que ela sugere precisam ser qualificados; ela igualmente tende a tirar a ênfase de fatores contextuais. A estepe não era monolítica: os goturcos, por exemplo, herdaram um contexto profundamente arraigado na política do Norte da China, e possivelmente também relacionado ao emaranhado de eventos que se seguiram ao colapso de Wèi do Norte em 534 e à separação do Norte da China em dois regimes sucedâneos, como evidencia Di Cosmo neste volume; seu império trazia elementos semelhantes ao xiōngnú, embora também diferisse dele.

Apesar disso, os impérios das estepes exerceram um impacto importante na própria China. Isso torna ainda mais necessário que olhemos atentamente para a natureza das entidades políticas e dos Estados em termos de suas capacidades variáveis de interação e dos tipos de interação que possibilitaram, assim como para a natureza e os efeitos dos povos nomádicos por toda a Eurásia. Essas são questões levantadas direta ou indiretamente em várias contribuições a este volume, notadamente nas de Peter Golden, Nicola Di Cosmo, Michael Drompp e Andrew Eisenberg. Para Peter Golden, os nômades não eram apenas imperiais: eles também eram "apátridas". Ao mesmo tempo, falar de Estados, impérios e hierarquias não é a única forma de enquadrar tais questionamentos. O capítulo de Naomi Standen, que trata do Nordeste da Eurásia nos séculos de VII a X, convida-nos a considerar a liderança e as relações políticas de uma forma muito mais dinâmica, com relacionamentos e lealdades altamente fluidos, além de líderes e súditos em constante tensão. Usando uma metáfora primorosa, ela ilustra uma "dança" constante de renegociações, que se presta à análise em termos de relações em rede, não de relações unidirecionais de poder e subordinação – ou então da clássica metodologia comparativa que postula entidades claramente definidas (e idealmente estáveis) para fazer com que sua comparação funcione.

Por fim, qualquer consideração de deslocamentos e encontros levanta questões fundamentais e ainda altamente controversas sobre etnia e migração (que é, em si, uma palavra escorregadia). Diante das notórias dificuldades que o cercam, Walter Pohl oferece uma definição de etnia (de fato um "conceito carregado", mas difícil de evitar em um contexto em que abundam os "etnônimos") que contorna as questões familiares de origem, língua e ancestralidade cultural, e, dando espaço para a fluidez, a negociação e a escolha. Mais uma vez somos lembrados da importância da linguagem e da adoção de nomes, assim como de seu caráter perigosamente escorregadio. Michael Kulikowski discute a historiografia abundante e discordante sobre o tema da migração, além das questões a serem enfrentadas antes de o caso da Eurásia poder ser analisado de forma confiável. Patrick Geary aborda as possibilidades oferecidas por formas inovadoras de análise de DNA antigo, ressaltando os problemas que apresentam em nosso estado atual de conhecimento. Estamos em uma fase inicial: os conjuntos de dados ainda não são adequados, tampouco estão suficientemente ajustados; assim, vincular esse tipo de evidência com referências históricas tradicionais é, muitas vezes, extremamente dificultoso.

Isso considerado, como alguém ousaria postular algo como um espaço eurasiano coerente, ou um conjunto de características e práticas compartilhadas? Diplomacia, concessão de presentes e mercados são todos dados que vêm à mente, embora eles não sejam marcadores em si suficientes. Sören Stark toma como exemplo os goturcos do século VI e desloca a discussão para a composição e as atividades das elites. Jonathan Skaff argumenta a favor de semelhanças ideológicas (ou um "entrelaçamento ideológico") entre os imperadores suí e táng, e os goturcos da Eurásia Oriental e demais governantes do final dos séculos VI a VIII; tais semelhanças foram auxiliadas por uma crença compartilhada na legitimação dos governantes terrenos por uma divindade celestial,[28] e desafiam a visão tradicional chinesa de uma diferenciação substancial entre os chineses e seus vizinhos. Como aponta Skaff, a realeza ou o governo divinamente legitimado era de fato compartilhado de forma ampla por toda a Eurásia, assim como o eram as práticas e os rituais diplomáticos – apesar disso, podemos acrescentar que eles não se limitavam à Eurásia. Clientelismo e alianças consistiram em outro elemento compartilhado. Mas, como sugere Naomi Standen, não necessariamente eles conferiam legitimidade ou governança duradouras e, nessa arena competitiva, eram facilmente granjeados tanto por aspirantes ao trono quanto por governantes existentes.

Nunca é fácil pensar além do próprio campo ou se abrir a possibilidades novas e desconhecidas. Nenhum historiador é capaz de abarcar o mundo inteiro (apesar das reivindicações da "História Mundial"). Todos os historiadores têm de fazer suas escolhas e conceituar em seus campos escolhidos, e este volume nos apresenta uma visão abrangente e uma orientação renovada da investigação historiográfica. Algumas partes do que ele abrange foram bem estudadas, outras nem tanto. Tanto os modelos hegemônicos quanto os mais antigos da "Rota da Seda" são postos em questionamento. Em vez de uma teoria abrangente, o presente volume procura fornecer uma nova estrutura por meio da qual se pode localizar o tipo de história granular tornada possível pela combinação de abordagens variadas e especialidades distintas. Porém, ele faz mais do que isso. Ele desafia a nós, historiadores, a pensar de maneira diferente, a estender o conceito de Antiguidade Tardia em direções novas e surpreendentes e, acima de tudo, a aprender uns com os outros.

Notas

1 Brown, 1971.

2 Hansen, 2012. Isso não significa que o comércio era desimportante: Nicola Di Cosmo argumenta a respeito no presente volume no tocante à conquista hàn da região ocidental.

3 Ver também Brown, 2014.

4 Frankopan, 2015.

5 Kordosis, 2008, acredita que as embaixadas da Igreja do Oriente para a China saíram do seio do Império Bizantino, o que, porém, é ignorar os muitos outros meios (e meios mais prováveis) pelos quais o cristianismo siríaco-oriental chegou a Xī'ān: ver a resenha de Kordosis por S. N. C. Lieu em *Bulletin of the School of Oriental and African Studies*, 73, 2010, pp. 559-562.

6 Coletados em Millar, 2015; ver também Millar, 2013; 2006; e Johnson, 2015, pp. 1-122.

7 Johnson, 2016, pp. 115-123.

8 *Idem*, pp. 131-132.

9 Silverstein & Stroumsa, 2015.

10 Vaissière, 2008; e 2007a.

11 Di Cosmo, 2002, p. 315.

12 *Idem*, p. 316.

13 Disponível em <www.mizanproject.org>.

14 Para um comentário claro nessas linhas, ver Hoyland, 2012.

15 Rezakhani, 2016.

16 Fowden, 2014.

17 P. Rousseau ("Can 'Late Antiquity' Be Saved?") faz objeções ao eurocentrismo e à "usurpação das periferias", assim como o faz A. Kaldellis ("Late Antiquity Dissolves") de uma perspectiva diferente, ambos em um fórum sobre a Antiguidade Tardia e nas *Novas Ciências Humanas* <http://marginalia.lareviewofbooks.org/late-antiquity-and-the-new-humanities-an-open-forum/>.

18 A historiografia global já surtiu efeitos em relação ao Império Romano: ver Pitts & Versluys, 2015, que contém a bibliografia anterior. A primeira edição do *Journal of Global History* contém um editorial que expressa a necessidade de perspectivas mais amplas, diante de "uma enxurrada de monografias [historiográficas]" (*Journal of Global History*, 1.1, 2006, pp. 1-2), e de um "prolegômeno" que estabeleça definições e *desiderata*. O'Brien, 2006, pp. 3-39, argumenta que essa abordagem é de natureza interdisciplinar e busca metanarrativas "globais em seu escopo e universais em seu apelo" que cruzem "espaços amplos e populações mais numerosas". Duas publicações recentes pontuam, na mesma chave, os problemas e as possibilidades que surgem de tal abordagem: Conrad, 2016; e Bellich; Darwin; Frenz & Wickham, 2016.

19 A respeito do sistema fiscal e da monetização relativamente alta do antigo califado, ver o lançamento recente de Kennedy, 2015.

20 O que deveria implicar uma reconsideração correspondente da história intelectual do mundo islâmico medieval (ver König, 2015), que argumenta contra a antiga visão de que o mundo árabe-islâmico era desinteressado ou ignorante do desenvolvimento da Europa Ocidental.

21 O'Brien, 2006, pp. 35-36.

22 Al-Azmeh, 2015.

23 Para uma discussão da "história intelectual global", ver Moyn & Sartori, 2013.

24 O emprego linguístico e o multilinguismo são também tópicos atuais de importância para a pesquisa sobre o Mediterrâneo tardo-antigo; ver, por exemplo, Papaconstantinou, 2010; e compare com Mullen & James, 2012.

25 "Egypt: Faith after the Pharaohs". *British Museum*, 29/10/2015 a 7/2/2016 (Exposição de arte). O intervalo cronológico definido para o evento foi de 30 AEC a 1171 EC, embora o período-chave coberto tenha sido o da Antiguidade Tardia, incluindo a transição para o domínio islâmico. Um projeto de pesquisa do Museu Britânico atualmente em andamento, "Empires of Faith", também com foco na Antiguidade Tardia, mas com um alcance geográfico mais amplo, aborda por que e como novas imagens e iconografias religiosas surgiram em diferentes tradições religiosas na Ásia e na Europa no período de 200-800 EC.

26 Para estudos comparativos dos impérios, ver Scheidel, 2009; Morris & Scheidel, 2009. Uma abordagem mais ampla para fins de comparação se encontra em Wickham, 2006. A comparação entre Roma e a China Hàn tem uma história mais extensa; ver, por exemplo, Mann, 1986. Comparação cultural: Canepa, 2009; Bang & Kolodziejczyk, 2012. Ver também Bang & Bayly, 2011; Monson & Scheidel, 2015.

27 Ver Scheidel, 2011. Em resenha de *Universal Empire* de Bang & Kolodziejczyk, Peter Golden traz a objeção à ausência de "grandes impérios universais das estepes" (2014, pp. 74-79). Confronte com o artigo de Di Cosmo no presente volume.

28 Ver também sua obra *Sui-Tang China and Its Turko-Mongol Neighbors: Culture, Power and Connections, 580-800* (2012); as "uniformidades" compartilhadas incluem classificações por *status* e clientelismo pessoal, e, no caso da China e da Ásia Central, também redes patrimoniais e abordagens comuns à diplomacia de *soft power* e à tática bélica do *hard power*.

GLOSSÁRIO DE TERMOS CHINESES[1]

A
Āhán 阿含
Āmítuó(fó) 阿彌陀(佛)
Ān Lùshān 安祿山
Ān Shìgāo 安世高
Ānaguī 阿那瓌
Ānjiā 安伽
Ānluó 庵邏
Antigo (Qián) Liáng 前涼
Antigo (Qián) Qín 前秦
Antigo (Qián) Yàn 前燕
Antigo (Qián) Zhào 趙
Ānxi 安西
Āshǐnà Tǔmén 阿史那土門
Āshǐnà 阿史那
Āyù wáng jīng 阿育王經
Āyù wáng zhuàn 阿育王傳

B
Bā chǔ 巴楚
Báidēng 白登
Báimǎ sì 白馬寺
Balhae (Bóhǎi) 渤海
Běicháo Chūkǒu shuō 北朝出口說
Běicháo zhǔliú lù 北朝主流論
Beichao Zhǔliú 北朝主流
Běijīng 北京
Běizhōu 北周
bié pài 別派
Bilge Āshǐnà Mòjílián 阿史那默棘連
Bingzhou Xíngzhōu 邢州
Bìngzhōu 并州
bó (bèi) 伯
Bōxiān 播仙
bù 部

C
Cang Cí 倉慈
chányú 單于
Chén Yínkè 陳寅恪
chéng zhǔ 城主
chūjiā 出家
Chuluo Kèhàn 處羅可汗
Cidade de Yè / Yè Chéng 鄴城

Cinco Dinastias (Wǔdài) 五代
cóng tiānshēng dà Tūjué tiānxià xiánshèng tiānzǐ 從天生大突厥天下賢聖天子
Cónghuà 從化

D

dà chéngxiàng 大丞相
dà Suí huángdì 大隋皇帝
dà Suí shèngrén mòyuán kèhàn 大隋聖人莫緣可汗
dàdū píqiè kèhàn 大度毗伽可汗
Dài (reino) 代
Dàizhōu 代州
Dàizōng 代宗
dào 道
Dàodéjīng 道德經
Dàowǔ 道武
Dàowǔdì 道武帝
Dàoxuān 道宣
Datang qiúfǎ gāosēng zhuàn 大唐求法高僧傳
Datang xīyù jì 大唐西域記
Dàxià 大夏
Dàxiàng 大象
Déguāng (Liao Taizong) 德光
dēnglì kèhàn 登利可汗
Dez Reinos / Shíguó 十國
Di 狄
Diǎnhé (cidade) 典合
Dīnglíng 丁零
Dìngzhōu 定州
Dōnghàn 東漢
Dōnghú 東胡
Dūnhuáng 敦煌

E

Ěrzhū Róng 尔朱榮
Estado de Cao / Cáo Guó 曹国
Estado de Hé / Hé Guó 何国
Estado de Kāng / Kāng Guó 康国
Estado de Mǐ / Mǐ Guó 米国
Estado de Shǐ / Shǐ Guó 史國
Estado de Shi / Shígúo 石國

F

fǎnqiè 反切
Fǎxiǎn 法顯
fó 佛
Fóguó jì 佛國記
fùmǎ dōuwèi 駙馬都尉

G

Gānsù 甘肅
Gānzhōu 甘州
Gāochāng 高昌
Gāosēng zhuàn 高僧傳
Gāozōng Wénchéngdì 高宗文成帝
Gāozōng 高宗
Gāozǔ 高祖
géyì 格義
Goguryeo (termo coreano para "Gāojūlí") 高句麗
gōngdé 功德
gōngzhǔ 公主
Goryeo (termo coreano para "Gāolí") 高麗
Guānnèi 關內
guòsuǒ 過所

H

Hàn do Norte / Běi Hàn 北漢
Hàn Míngdì 漢明帝
Hàn Wǔdì 漢武帝
hàn xuèmǎ 汗血馬
Hàn 漢
Hànrén 漢人
Hé Dézhāng 何德章
Hé Fúdìyán 何伏帝延

Hénán 河南
Héng 恒
Héngdài 恒代
héqīn 和親
Hòu Liáng 後梁
Hòu Yàn 後燕
Hòu Zhào 後趙
Hòuhàn 後漢
Hú Bǎoguó 胡寶國
Hú Sānxǐng 胡三省
Huáng Cháo 黄巢
huáng tàihòu 皇太后
huángdì 皇帝
Huáxià 華夏
Hūhányé 呼韓邪
Huíhé 迴紇
Huíhú 回鶻
Huìlín 慧琳
Hui-yüan 慧遠

I

Imperatriz viúva Cháng 常
Imperatriz viúva Hú 胡
Imperatriz viúva Líng 靈

J

Jiāng Bóqín 姜伯勤
Jiāngsū 江蘇
Jiànkāng 建康
Jiāyè Móténg 迦葉摩騰
Jié (povo) 羯
jiè 戒
jiěshì tiānzǐ 解事天子
Jièzhōu 介州
jīmí 羁縻
Jìn Oriental 晉
Jīnchéng (cidade de Jīn) 金城
Jǐngmù (imperador) 景穆
jīnqián 金錢
Jiūmólúoshī 鳩摩羅什
Jiǔquán 酒泉
Jiǔzhōu 酒州
jué(zhě) 覺(者)
Jùshǐdé 据史德

K

Kāihuáng 開皇
Kāng Mèngxiáng 康孟詳
Kāng Sēnghuì 康僧會
Kāng Yàndiǎn 康艳典
Kēbǐnéng 軻比能
kěhàn 可汗
Kǒngwàng Shān 孔望山
Kucha (Guīzī) 龟兹

L

Lǎoshàng Chányú 老上單于
Lǎozǐ huàhú jīng 老子化胡經
Lǎozǐ 老子
Lǐ Sìyuán 李嗣源
Lǐ Táng 李唐
Lǐ Yánshòu 李延壽
Liáng do Norte / Běi Liáng 北涼
Liáng Guó 梁國
Liáng Shīdū 梁師都
Liáng Wǔdì 梁武帝
Liángzhōu 凉州
Liáo 遼
Liáoníng 遼寧
Lǐhuò lùn 理惑論
Línghú Défēn 令狐得分
Língzhōu 魏州
Liú Yuān 劉淵
Lǐuchéng 柳城
Lìuhúzhōu 六胡州
Lóngrùn 龙润
lǜ 律
lù 錄

Lúnyǔ 論語
Luòyáng jiālán jì 洛陽伽藍記
Luòyáng 洛陽
Lúshān 廬山

M
Mandato do Céu / Tiānmìng 天命
Mèngzǐ 孟子
Mílè 彌勒
míngqì 冥器 Modun / Màodūn 冒頓
Míngyuán 明元
Mongólia / Ménggǔ 蒙古
Móu Fāsōng 牟發松
Móuyǔ Kěhàn 牟羽可汗
Móuzǐ 牟子
Mùróng Xianbei 慕容
mùzhìmíng 墓誌銘

N
Nánběi Cháo 南北朝
Náncháohuà 南朝化
Nánhǎi jìguī nèifǎ zhuàn 南海寄歸內法傳

P
Péngchéng 彭城
Píngchéng 平城
Púgù Yǐtū 仆固乙突

Q
Qí do Norte / Běi Qí 北齊
qí 棨
Qiāng 羌
qiánhé yǒngqīng tàifùmǎ, tiānshàng de guǒbào tiānnán, Tūjué shèngtiān gǔdúolù kèhàn 乾和永清太駙馬、天上得果報天男、突厥聖天骨咄祿可汗
Qiánlíng 乾陵
Qiěmò 且末
Qǐfú 乞伏
Qǐmín kèhàn 啟民可汗
Qín 秦
Qocho / Gāochāng 高昌
Qú Wéntài 麴文泰

R
Rio Amarelo / Huáng Hé 黃河
Rio Huái / Huái Hé 淮河
Róurán 柔然
Ruìzōng 睿宗

S
sāngmén 桑門
Sānguó Zhì 三國志
Sānguó 三國
Sēnghuì 僧會
Shābōluó kèhàn 沙鉢羅可汗
Shànshàn 鄯善
Shānxī 山西
Shātuó 沙陀
shèng zhuǎnlún wáng 聖轉輪論王
shèngmǔ 聖母
shèngshén huángdì 聖神皇帝
Shí Dào'ān 道安
Shí Lē 石勒
Shí Rǎndiǎn 石染典
Shí Wànnián 石萬年
Shǐbì kèhàn 始畢可汗
shǐguǎn 史館
Shígúo 十國
Shǐjì 史記
Shījīng 詩經
Shǐjūn 史君
shímì 石蜜
Shìzōng 世宗
Shòuchūn 壽春
Shūjīng 書經

Sìfēn lǜ 四分律
Sìshí zhāng jīng 四十二章經
Sòng Yún 宋雲
Sòng 宋
Sòngshū 宋書
Sra. Gāo 高
Suí 隋
Sùzōng 肅宗

T

tàishàng huángdì 太上皇帝
tàishǒu 太守
Táng Gāozōng 唐高宗
Táng Tàizōng 唐太宗
Táng Xuánzōng 唐玄宗
Táng Zhǎngrú 唐長孺
Táng 唐
Tánshíhuái 檀石槐
Tèqín 特勤
Tián Chéngsì 田承嗣
tiān kèhàn 天可汗
Tián Yúqìng 田餘慶
Tiān 天
tiāncè jīnlún dàshèng huángdì 天冊金輪大聖皇帝
tiānmìng 天命
Tiānshuǐ 天水
tiānxià 天下
Tiānzhú 天竺
tiānzǐ 天子
Tiělè 鐵勒
Tóngzhōu 同州
Tǔfān (tibetanos) 吐蕃
Tǔhuǒluó 吐火羅
Tūjué 突厥
Tuòbá Guī 拓拔珪
Tuòbá Xiānbēi 拓跋鮮卑
Tuòbá 拓拔
tuóluóní 陀羅尼
Tǔyùhún 吐谷渾 Uigures / Huíhú 回鶻

W

Wáng Dǎo 王導
Wèi do Norte / Běi Wèi 北魏
Wèi Lüè 魏略
Wèi Oriental 东魏
Wèi Shū 魏書
Wei Xī (Xī Yán) 西魏
Wèi Zhōu 卫州
Wèi Zhōu 魏州
Wén Dì 文帝
Wǔ Dì 武帝
Wǔ Hòu 武后
wǔ hú 五胡
Wǔ Zétiān 武則天
Wǔ Zhào 武曌
Wūhuán 烏桓
Wūsūn 烏孫
Wūwán 烏丸
Wǔwēi 武威
Wǔzōng 武宗

X

Xī Xià 西夏 Xi (Western)
Xiǎn Zǔ 顯祖
Xiānbēi 鮮卑
Xiāng Zhōu 相州
Xiǎo Hóngnàhǎi 小洪纳海
Xiàowéndì 孝文帝
Xiàozhuāngdì 孝莊帝
Xié 勰
Xījīng Fù 西京賦
xīng hú 興胡
Xíng Zhōu 邢州
Xīnjiāng 新疆
Xiōngnú 匈奴
Xīyòu (yàbǔ) 翕候
Xīyù Zhuàn 西域傳
xuánxué 玄學
Xuánzàng 玄奘
Xuánzōng 玄宗

Y

Yān do Norte / Yan Běi Yān 北燕
Yān do Sul / Nán Yān 南燕
Yan Xī (Xī Yàn) 西燕
Yán Zhītuī 顏之推
yè hù 葉護
Yè 鄴
Yì Dū 益都
Yì Jìng 義靜
yǐ yí zhì yǐ 以夷治夷
Yì Zhōu 伊州
Yì 懌
yīlì jùlù shè mòhé shǐbōluó kěhàn 伊利俱盧設莫何始波羅可汗
Yīlì kěhàn 伊利可汗
Yìlì Zhēndòu Qǐmín kěhàn 意利珍豆啟民可汗
Yìndù 印度
Yíng Zhōu 营州
Yīnshān 陰山
Yīqièjīng Yīnyì 一切經音義
Yōng Zhōu 雍州
Yōuliú 優留
Yōuzhōu 幽州
Yú Hóng 虞弘
Yuán Chā 元叉
Yuán Fǎsēng 元法僧
Yuán Jì 元繼
Yuán Tiānmù 元天穆
Yuán Xiǎnhé 元顯和
Yuán Xié 元勰
Yuán Yì 元懌
Yuán Zhōu 原州
Yuán Zǐyōu 元子攸
Yuèzhī (Róuzhī) 月氏
Yùménguān 玉門關
Yúnzhōu 云州

Z

zá hú 雜胡
Zhái Suōmóhē 翟娑摩诃
Zhǎn Jì 展季
Zhāng Héng 張衡
Zhāng Qiān 張騫
Zhāng Zhǒngyú 張种瑀
Zhāngyè 张掖
Zhào Déjūn 趙德鈞
Zhāowǔ 昭武
Zhēnguān 貞觀
zhēnrén 真人
Zhī Chèn 支讖
Zhōnggǔ 中古
Zhōngguó rén 中國人
Zhōngguó 中國
Zhōngyuán (planícies centrais) 中原
Zhōu do Norte / Běi Zhōu 北周
Zhú Fǎhù 竺法護
Zhū Shìxíng 朱士行
Zhū Wēn 朱溫
Zhū Xī 朱熹
Zhuāngzi 莊子
Zǐguì mǔsǐ 子貴母死

Nota

1 Algumas leves inconsistências ocorrem neste glossário a fim de preservar o modo como os termos aparecem no texto.

BIBLIOGRAFIA

Referências a fontes primárias do cânone antigo e medieval

Abu Manṣur. ʿAbd-al-Malik al-Thaʿalibi, Ghurar akhbār mulūk al-fars (ver Zotenberg, 1900).

Agátias. *Histórias* (ver Frendo, 1975).

Al-Dīnawarī. *Kitāb al-Akhbār al-ṭiwāl* (ver Guirgass, 1888).

Al-Ṭabarī. *História* (ver Bosworth, 1999).

Amiano Marcelino. *Res gestae* (ver Seyfarth, 1978; e Clark & Rolfe, 1986).

Ān Lùshān Shǐjì. *Biografia de An Lu-shan* (ver Levy, 1960).

Ananias de Siracena. *Geografia* (ver Hewsen, 1992).

Anastásio, o Persa. *Miracula sancti Anastasiae Persae*, 3.1-415 (ver Flusin, 1992).

Arriano. *Indica* (ver Brunt, 1983).

Arriano. *Flavii Arriani quae existant Omnia* (ver Roos, 1967).

Bardesanes de Edessa. *Livro siríaco das leis dos países* (ver Drijvers, 1965).

Coripo. Corippus (*Flavius Cresconius*) (ver Cameron, 1976).

Cosmas Indicopleustes. *Topografia crista* (ver McCrindle, 1897; e Wolska-Conus, 1968).

Crônica Pascoal (ver Dindorf, 1832; Whitby & Whitby, 1989).

Cronógrafo de 354 (ver Mommsen, 1981).

Cuteberto. *Epistula de obitu Bedae.* (ver Colgrave & Mynors, 1969).

Dião Crisóstomo. *Discursos* (ver Cohoon & Crosby, 1940).

Eusébio. *Vida de Constantino* (ver Cameron & Hall, 1999).

Eunapius. *Vitae sophistarum* (ver Wright, 1921).

Fúguó jì (ver Legge, 1886).

Hànshū (ver Gu, 1962).
Heródoto. *Histórias* (ver Mensch, 2015).
Hòu Hànshū (ver Ye, 1965).
Ibn al-Balḵi. *The Fársnáma* (ver Le Strange & Nicholson, 1921).
Ioannis Malalas. *Chronographia*, (ver Dindorf, 1831).
Itinerarium Alexandri (ver Tabacco, 2000).
Jiù Rángshū (ver Xu, 1975).
Jiù Tángshū (ver Xu, 1975).
Jiù Wǔdàishǐ (ver Juzheng, 1976).
João de Éfeso. *Historia ecclesiastica* (ver Brooks, 1936).
Jordanes. *Gética* (ver Mierow, 1908).
Josué, o Estilita. *Crônica* (ver Schindel, 2004).
Liángshū (ver Silian, 1965).
Menandro, O Protetor. *Historia* (ver Blockley, 1985b).
Nicéforo. *Breviário* (ver Mango, 1990).
Pedro, o Patrício (ver Müller, 1878-1885).
Plínio, o Velho. *História Natural* (ver Bostock & Riley, 1885; Jones, 1975; e Rackham, 1942).
Pompônio Mela, *Corografia* (ver Romer, 1998).
Prisco. *Fragmentos* (ver Blockley, 1983).
Procópio. *Guerras* (ver Dewing, 1962-1978; Haury, 1962).
Šābuhr I. *Ka'ba-ye Zardošt* [*Inscrição no Cubo de Zoroastro*] (ver Huyse, 1999, 2 vols.).
Sānguózhì (ver Shòu, 1982).
Shǐjì (ver Qiān, 1985; e Qiān, 1993).
Siyasat-nama (ver al-Mulk, 1960).
Socrates de Constantinopla (Socrates Scholasticus). *História eclesiástica* (ver Périchon & Maraval, 2004-2007).
Sòngshū (ver Yuè, 1974).
Suí Shū (ver Zheng, 1973).
Táng Huìyāo (ver Pu, 1991).
Teofanes. *Crônica* (ver Mango & Scott, 1997).
Teofilato Simocata. *História* (ver Whitby & Whitby, 1988; e De Boor & Wirth, 1972).
Virgílio. *Eneida* (ver Mynors, 1972).
Wèilüè (ver Huan, 2004).
Wèishū (ver Shou, 1965, 1984).
Xīn Tángshū (ver Xu, 1975).
Xīn Wǔdàishǐ (ver Xiu, 1974).
Zacarias de Mitilene (ver Hamilton & Brooks, 1899).

Zhōu Shū (ver Défēn, 1983).
Zhūzǐ yùlùn (ver Jǐngdé, 1986).
Zīzhì Tōngjiàn (ver Guāng, 1956).

Referências bibliográficas

ABÓS, Á. L. *La historia que nos enseñaron (1937-1975)*. Madrid, Foca, 2003.

ABRAMSON, M. S. *Ethnic Identity in Tang China*. Philadelphia, University of Pennsylvania Press, 2007.

AGADŽANOV, S. G. *Gosudarstvo sel'džukidov i Srednjaja Azija v XI-XII vv.* Moskva, s/e, 1991.

AGATOVA, A. R.; NAZAROV, A. N.; NEPOP, R. K. & RODNIGHT, R. "Holocene Glacier Fluctuations and Climate Changes in the Southeastern Part of the Russian Altai (South Siberia) Based on a Radiocarbon Chronology". *Quaternary Science Reviews*, 43, 2012, pp. 74-93.

AGATOVA, A. R.; NEPOP, R. K. *et al.* "Glacier Dynamics, Palaeohydrological Changes and Seismicity in Southeastern Altai (Russia) and Their Influence on Human Occupation during the Last 3000 Years". *Quaternary International*, 324, 2014, pp. 6-19.

AL-AZMEH, A. *The Emergence of Islam in Late Antiquity*. Cambridge, Cambridge University Press, 2015.

AL-KĀŠΓARĪ, M. *Compendium of the Turkic Dialects (Dîwān Luγāt at-Turk)*. Ed. e trad. R. Dankoff e J. Kelly Duxbury. Cambridge, Harvard University Press, 1982-1985.

AL-MULK, N. *Siyasat-nama: Book of Government*. Trans. H. Darke. London, Routledge, 1960.

ALEXANDER, P. J. *The Oracle of Baalbek: The Tiburtine Sibyl in Greek Dress*. Washington, de Gruyter, 1967.

______. "The Diffusion of Byzantine Apocalypses in the Medieval West and the Beginnings of Joachimism". *In*: WILLIAMS, A. (ed.). *Prophecy and Millenarianism: Essays in Honour of Marjorie Reeves*. Harlow, Longman, 1980, pp. 55-106.

______. *The Byzantine Apocalyptic Tradition*. Ed. D. de F. Abrahamse. Berkeley, University of California Press, 1985.

ALI, D. *Courtly Culture and Political Life in Early Medieval India*. Cambridge, Cambridge University Press, 2004.

ALLEN, A. "Feminist Perspectives on Power". *Stanford Encyclopedia of Philosophy*. Summer 2014 edition. Ed. E. N. Zalta. Disponível em <http://plato.stanford.edu/archives/sum2014/entries/feminist-power/>.

ALLSEN, T. T. *Commodity and Exchange in the Mongol Empire: A Cultural History of Islamic Textiles*. Cambridge, Cambridge University Press, 1997.

ALRAM, M. *Nomina propria iranica in nummis: Materialgrundlagen zu den iranischen Personennamen auf antiken Münzen*. Wien, Österreichische Akademie der Wissenschaften, 1986.

______. "Alchon und Nēzak: Zur Geschichte der iranischen Hunnen in Mittelasien". *La Persia e l'Asia centrale da Alessandro al X secolo*. Roma, Accademia Nazionale dei Lincei, 1996 (Atti dei Convegni Lincei, 127).

______. "Coins and the Silk Road". *In*: JULIANO, A. L. & LERNER, J. A. (ed.). *Monks and Merchants: Silk Road Treasures from Northern China. Gansu and Ningxia, 4th-7th Century*. New York, Harry N. Abrams, 2001, pp. 271-291.

______. "A Rare Hunnish Coin Type". *Silk Road Art and Archaeology*, 2002, pp. 149-153.

______. "Hunnic Coinage". *Encyclopaedia Iranica on-line*, 2004. Disponível em <www.iranicaonline.org>.

______. "Ardashir's Eastern Campaign and the Numismatic Evidence". *Proceedings of the British Academy*, 133, 2007.

______. "Early Sasanian Coinage". *In*: CURTIS, V. S. & STEWART, S. (ed.). *The Sasanian Era: The Idea of Iran*, vol. 3. London, Bloomsbury, 2008, pp. 17-29.

ALRAM, M. & PFISTERER, M. "Alkhan and Hephthalite Coinage". *In*: ALRAM, M.; KLIMBURG-SALTER, D.; INABA, M. & PFISTERER, M. (ed.). *Coins, Art and Chronology*, vol. 2: *The First Millennium C.E. in the Indo-Iranian Borderlands*. Wien, Österreichische Akademie der Wissenschaften, 2010, pp. 13-38.

ALRAM, M. *et al.* "Die Antlitz des Fremden: Die Münzen der Hunnen und Westtürken in Zentralasien und Indien". Wien, 2013 (catálogo de exibição). Disponível em <http://pro.geo.univie.ac.at/projects/khm/>.

AL-SHAMLAN, S. M. *Pearling in the Arabian Gulf: A Kuwaiti Memoir*. Trad. P. Clark. London, London Center for Arabic Studies, 2000, pp. 125-131.

ALT, K. W. *et al.* "Lombards on the Move – An Integrative Study of the Migration Period Cemetery at Szólád, Hungary". *PLoS One*, 9.11, 2014, pp. 1-15.

AMARTÜVSHIN, C. & GERELBADRAKH, Z. "Bilgä Kaghan's Treasures". *In*: BEMMANN, J.; PARZINGER, H.; POHL, E. & TSEVEENDORZH, D. (ed.). *Current Archaeological Research in Mongolia: Papers from the First International Conference on "Archaeological Research in Mongolia" Held in Ulaanbaatar, August 19th-23rd, 2007*. Bonn, Rheinische Friedrich-Wilhelms-Universität Bonn, 2009, pp. 343-347.

ANDERSON, A. R. *Alexander's Gate, Gog and Magog, and the Inclosed Nations*. Cambridge, Medieval Academy of America, 1932.

ANKE, B. *Studien zur reiternomadischen Kultur des 4. bis 5. Jahrhunderts*. Weissbach, Beier und Beran, 1998 (Beiträge zur Ur- und Frühgeschichte Mitteleuropas, 8).

ANKLESARIA, T. D. (trad. e ed.). *Zand-Ākāsih: Iranian or Greater Bundahišn*. Bombay, Rahnumae Mazdayasnan Sabha, 1956.

ANTHONY, D. W. "Migration in Archaeology: The Baby and the Bathwater". *American Anthropologist*, 92, 1990, pp. 895-914.

APPADURAI, A. *The Social Life of Things: Commodities in Cultural Perspective.* Cambridge, Cambridge University Press, 1986.

ARENDT, H. *On Violence.* New York, Harcourt Brace Javanovich, 1970.

ARNAUD, P. "Introduction: La géographie romaine impériale, entre tradition et innovation". *In*: MORET, P.; CRUZ ANDREOTTI, G. & LE ROUX, P. (ed.). *La invención de una geografía de la Península Ibérica*, vol. 2. Malaga/Madrid, Cedma--Casa de Velázquez, 2007, pp. 13-46.

______. "Mapping the Edges of the Earth: Approaches and Cartographical Problems". *In*: PODOSSINOV, A. V. (ed.). *The Periphery of the Classical World in Ancient Geography and Cartography.* Leuven, Peeters Publishers, 2014, pp. 31-57.

ARRHENIUS, B. *Merovingian Garnet Jewelry: Emergence and Social Implications.* Stockholm, Almqvist & Wiksell International, 1985.

ARTAMONOV, M. I. *Istorija xazar.* 2. ed. St. Petersburg, s/e, 2002.

ARUṆACHĀLAM, S. *The History of the Pearl Fishery of the Tamil Coast.* Annamalai Nagar, Ananamalai University, 1952.

ATWOOD, C. P. "How the Mongols Got a Word for Tribe – and What It Means". *Menggu shi yanjiu/ Studia Historica Mongolica*, 10, 2010, pp. 63-89.

______. "Huns and Xiōngnú: New Thoughts on an Old Problem". *In*: BOECK, B. J. *et al.* (ed.). *Dubitando: Studies in History and Culture in Honor of Donald Ostrowski.* Bloomington, Slavica Publishers, 2012, pp. 27-52.

______. "Some Early Inner Asian Terms Related to the Imperial Family and the Comitatus". *Central Asiatic Journal*, 56, 2013, pp. 49-86.

______. "The Qai, the Khongai and the Names of the Xiongnu". *International Journal of Eurasian Studies*, 12, 2015, pp. 35-63.

AVGARYAN, G. V. (ed.). *Patmut'iwn Sebeosi.* Yerevan, s/e, 1979.

AYDIN, E. *Uygur Kağanlığı Yazıtları.* Konya, Kömen Publ., 2011.

AZARNOUCHE, S. (trad. e ed.). *Husraw ī Kawadān ud rēdag-ē: Khosrow fils de Kawād et un page. Texte Pehlevi édité et traduit.* Paris, Peeters, 2013.

AZARNOUCHE, S. & GRENET, F. "Where Are the Sogdian Magi?". *Bulletin of the Asia Institute*, 21, 2012 [2007], pp. 159-177.

______. "Thaumaturgie sogdienne: Nouvelle édition et commentaire du texte P.3". *Studia Iranica*, 39, 2010, pp. 27-77.

AZARPAY, G. "The Roman Twins in Near Eastern Art". *Iranica Antiqua*, 23, 1988, pp. 349-360.

______. "The Afrasiab Murals: A Pictorial Narrative Reconsidered". *The Silk Road*, 12, 2014, pp. 49-56.

BABAIAROV, G. *Drevnetiurkskie monety Chachskogo oazisa (VI-VIII vv. n. e.).* Tashkent, Natsionalnaia biblioteka Uzbekistana imeni Alishera Navoi, 2007.

BAILEY, H. W. "Iranian Studies". *Bulletin of the School of Oriental Studies*, 6.4, 1932.

______. "Hārahūṇa". *In*: SCHUBERT, J. & SCHNEIDER, U. (ed.). *Asiatica: Festschrift Friedrich Weller zum 65. Geburtstag gewidmet von seiner Freunden, Kollegen und Schülern*. Leipzig, Harrassowitz, 1954, pp. 13-19.

BAITENOV, E. M. "Rannesrednevekovye nadpisi v Tarbagatae (vostochnyi Kazakhstan)". *In*: TELEBAEV, G. T.; MUKHAMEDJANOVA, N. S. & ROGOJINSKI, A. E. (ed.). *Istoriko-kul'turnoe nasledie i sovremennaia kul'tura: Sbornik materialov mejdunarodnogo nauchno-prakticheskogo seminara "Istoriko--kul'turnoe nasledie i sovremennaia kul'tura"*. Almaty, s/e, 2012, pp. 48-51.

BÁLINT, C. *Die Archäologie der Steppe: Steppenvölker zwischen Volga und Donau vom 6. Bis zum 10. Jahrhundert*. Wien, Böhlau, 1989.

______. "Some Problems in Genetic Research on Hungarian Ethnogenesis". *Acta Archaeologica Academiae Scientiarum Hungaricae*, 61, 2010, pp. 283-294.

BALL, W. *Rome in the East: The Transformation of an Empire*. London, Routledge, 2000.

BALTY, J. "Mosaiques romaines, mosaiques sassanides: Jeux d'influences réciproques". *In*: WIESEHÖFER, J. & HUYSE, P. (ed.). *Ērān ud Anērān: Studien zu den Beziehungen zwischen dem Sasanidenreich und der Mittelmeerwelt*. Wiesbaden, Franz Steiner Verlag, 2006, pp. 29-43.

BANAJI, J. "Precious Metal Coinage and Monetary Expansion in Late Antiquity". *In*: DE ROMANIS, F. & SORDO, S. (ed.). *Dal "Denarius" al "Dinar": L'Oriente e la moneta romana*. Roma, Istituto Italiano di Numismatica, 2006, pp. 265-303.

BANG, P. F. & BAYLY, C. A. (ed.). *Tributary Empires in Global History, Cambridge Imperial and Post-colonial Studies*. Basingstoke, Palgrave Macmillan, 2011.

BANG, P. F. & KOLODZIEJCZYK, D. (ed.). *Universal Empire: A Comparative Approach to Imperial Culture and Representation in Eurasian History*. Cambridge, Cambridge University Press, 2012.

BANGHARD, K. "Kaurischnecke". *Reallexikon der germanischen Altertumskunde*, vol. 16. Berlin, De Gruyer, 2000, pp. 344-347.

BǍOGUÓ, H. "Guānyú nánchǎohuà wèntí". *Xūshì Zhījiàn*. Beijing, s/e, 2011.

BARBATI, C. "The Christian Sogdian Manuscript C5 as an Example of 'Translation Literature': Work in Progress". *In*: MACUCH, M.; WEBER, D. & DURKIN--MEISTERERNST, D. (ed.). *Ancient and Middle Iranian Studies: Proceedings of the 6th European Conference of Iranian Studies, Held in Vienna, 18-22 September, 2007*. Wiesbaden, Harrassowitz, 2010, pp. 1-10.

______. "Review of Sims-Williams Iranian Manuscripts, 2012". *Journal of the American Oriental Society*, 133, 2013, pp. 579-581.

______. "The Emergence of the Allographic Phenomenon within the Christian Sogdian Tradition". *In*: DEN HEIJER, J.; SCHMIDT, A. B. & PATARIDZE, T. (ed.). *Scripts beyond Borders: A Survey of Allographic Traditions in the Euro-Mediterranean World*. Louvain-la-Neuve, Peeters, 2014a, pp. 257-278.

BARBATI, C. "Notes on Christian Sogdian Terminology with Special Reference to the Sogdian Gospel Lectionary C5". *Nāme-ye Irān-e Bāstān*, 12, 2014b, pp. 105-120.

______. "Syriac into Middle Iranian: A Translation Studies Approach to Sogdian and Pahlavi Manuscripts within the Church of the East". *Open Linguistics*, 1, 2015, pp. 444-457.

______. *The Christian Sogdian Manuscript E5 in Context*. Wien, Österreichische Akademie der Wissenschaften, 2016.

BARFIELD, T. J. *Perilous Frontier: Nomadic Empires and China, 221 B.C.-A.D. 1757*. Oxford, Wiley-Blackwell, 1989; reimpr. 1992.

______. "Tribe and State Relations: The Inner Asian Perspective". *In*: KHOURY, P. S. & KOSTINER, J. (ed.). *Tribes and State Formation in the Middle East*. Berkeley, University of California Press, 1990, pp. 153-182.

______. "The Shadow Empires: Imperial State Formation along the Chinese-Nomad Frontier". *In*: ALCOCK, S. E. *et al.* (ed.). *Empires: Perspectives from Archaeology and History*. Cambridge, Cambridge University Press, 2001.

BARI, H. & LAM, D. *Pearls*. Milano, Skira Editore, 2009.

BARNEY, S. A.; LEWIS, W. J.; BEACH, J. A. & BERGHOF, O. (ed.). *The Etymologies of Isidore of Seville*. Cambridge, Cambridge University Press, 2006.

BARRETT, T. H. "Stūpa, Sūtra and Śarīra in China, c. 656-706 CE". *Buddhist Studies Review*, 18.1, 2001, pp. 1-64.

______. *The Woman Who Discovered Printing*. London, Yale University Press, 2008.

BARTOL'D, V. V. "Dvenadcat' lekcij po istorii tureckix narodov Srednej Azii". *In*: BREGEL', J. É. *et al.* (ed.). *Sočinenija* 5. Moskva, s/e, 1963-1977, pp. 17-192.

BAŞAN, A. *The Great Seljuqs*. London, Routledge, 2010.

BATTY, R. *Rome and the Nomads: The Pontic-Danubian Realm in Antiquity*. Oxford, Oxford University Press, 2007.

BAUM, W. & WINKLER, D. L. *The Church of the East: A Concise History*. London, Routledge, 2003.

BAUMER, C. *The History of Central Asia*, vol. 1: *The Age of the Steppe Warriors*; vol. 2: *The Age of the Silk Road*. London, I. B. Tauris & Company, 2012.

BAUMSTARK, A. *Geschichte der syrischen Literatur: Mit Ausschluss der christlich--palästinensischen Texte*. Bonn, A. Marcus und E. Webers Verlag, 1922.

BAYLY, C. "'Archaic' and 'Modern' Globalization in the Eurasian-African Arena". *In*: HOPKINS, A. G. (ed.). *Globalization in World History*. London, W. W. Norton & Company, 2002, pp. 47-93.

BAZYLKHAN, N. "Drevnetiurkskie pis'mennye pamiatniki v Mongolii: Problemy nauchnoi katalogizatsii i museifikatsii". *Uralo-altaiskie issledovaniia*, 2.3, 2010a.

______. "Unknown Stone Stelas from Mongolia with Brāhmī Inscription from Ancient India". *In*: DASH, P. L.; EREKESHEVA, L. G. & MISRA, N. (ed.). *India and Kazakhstan. Silk Road Synergy Continues*. New Delhi, Academic Excellence, 2010b.

BEAUCAMP, J. & ROBIN, C. "L'évêché nestorien de Mâshmâhîg dans l'archipel d'al-Bah˙rayn (Ve-IXe siècle)". *In*: POTTS, D. T. (ed.). *New Studies in the Archaeology and Early History of Bahrain*. Berlin, D. Reimer Verlag, 1983, pp. 171-203.

BECK, H. "Germanische Altertumskunde – Annäherung an eine schwierige Disziplin". *In*: BECK, H.; GEUENICH, D.; STEUER, H. & HAKELBERG, D. (ed.). *Zur Geschichte der Gleichung "germanisch-deutsch"*. Berlin, De Gruyter, 2004, pp. 629-648.

BECKER, A. *Les relations diplomatiques Romano-barbares en Occident au Ve siècle: Acteurs, fonctions, modalités*. Paris, De Boccard, 2013.

BECKWITH, C. I. *The Tibetan Empire in Central Asia: A History of the Struggle for Great Power among Tibetans, Turks, Arabs, and Chinese during the Early Middle Ages*. Princeton, Princeton University Press, 1987.

______. "The Impact of the Horse and Silk Trade on the Economies of Tang and Uighur: On the Importance of International Commerce in the Early Middle Ages". *Journal of the Economic and Social History of the Orient*, 34, 1991, pp. 183-198.

______. *Empires of the Silk Road: A History of Central Asia from the Bronze Age to the Present*. Princeton, Princeton University Press, 2009.

______. *Greek Buddha: Pyrrho's Encounter with Buddhism in Central Asia*. Princeton, Princeton University Press, 2015.

BEKKER, I. (ed.). *Georgius Cedrenos, Synopsis historion*, 2 vols. Bonn, Bonnae Impensis Ed. Weberi, 1838-1939.

BELENITSKII, A. M. "Zoomorfnye trony v izobrazitel'nom iskusstve Srednei Azii". *Izvestiia Akademii Nauk Tadjikskoi SSR, Otdeleniia Obshchestvennykh nauk*, 1, 1961, pp. 14-28.

BELLICH, J.; DARWIN, J.; FRENZ, M. & WICKHAM, C. (ed.). *The Prospect of Global History*. Oxford, Oxford University Press, 2016.

BEMMANN, J. & SCHAMUDER, M. (ed.). *Kulturwandel in Mitteleuropa. Langobarden – Awaren – Slawen, Akten der Internationalen Tagung in Bonn vom 25. bis 28. Februar 2008*. Bonn, Verlag der Österreichischen Akademie der Wissenschaften, 2008 (Kolloquien zur Vor- und Frühgeschichte, 11).

______. *Complexity of Interaction along the Eurasian Steppe Zone in the First Millennium CE*. Bonn, Rheinische Friedrich-Wilhelms-Universität Bonn, 2015.

BENJAMIN, C. *The Yuezhi: Origin, Migration and the Conquest of Northern Bactria*. Turnhout, Brepols, 2007.

BENTLEY, J. H. "Cross-Cultural Interaction and Periodization in World History". *American Historical Review*, 101.3, 1996, pp. 749-770.

BENVENISTE, É. *Mission Pelliot III: Textes sogdiens édités, traduits et commentés*. Paris, P. Geuthner, 1940.

______. *Études sogdiennes*. Wiesbaden, Harrassowitz, 1979.

BERLIN, I. *Vico and Herder*. London, Viking Adult, 1976.

BERNARD, P. "De l'Euphrate à la Chine avec la caravane de Maès Titianos (c. 100 ap. n.è.)". *Comptes rendus de l'Académie des Inscriptions*, ser. 3, 149, 2005, pp. 929-969.

BEŠEVLIEV, V. *Părvobălgarite: Istorija, bit i kultura*. Plovdiv, s/e, 2008.

BETTENSON, H. (trad.). *The City of God*. London, Penguim, 2003.

BIERBRAUER, V. *Ethnos und Mobilität im 5. Jahrhundert aus archäologischer Sicht: Vom Kaukasus bis nach Niederösterreich*. München, Bayerische Akademie der Wissenschaften, 2008.

BIN SERAY, H. M. "The Arabian Gulf in Syriac Sources". *In*: SMITH, R. R.; SMART, J. R. & PRIDHAM, B. R. (ed.). *New Arabian Studies*. Exeter, 1997, pp. 205-232.

BIRÓ, A. Z. *et al.* "A Y-Chromosomal Comparison of the Madjars (Kazakhstan) and the Magyars (Hungary)". *American Journal of Physical Anthropology*, 139, 2009, pp. 305-310.

BIVAR, A. D. H. "Hephthalites". *Encyclopaedia Iranica*, 12.2, 2003, pp. 198-201. Disponível em <www.iranicaonline.org/articles/hephthalites>. Atualizado em 22/3/2012.

BLADEL, K. von. "The Bactrian Background of the Barmakids". *In*: AKASOY, A.; BURNETT, C. & YOELI-TLALIM, R. (ed.). *Islam and Tibet: Interactions along the Musk Routes*. Farnham, Routledge, 2011, pp. 43-88.

BLOCKLEY, R. C. "Subsidies and Diplomacy: Rome and Persia in Late Antiquity". *Phoenix*, 39.1, 1985a, pp. 62-74.

______. *The History of Menander the Guardsman*. Liverpool, Liverpool University Press, 1985b.

______. *East Roman Foreign Policy: Formation and Conduct from Diocletian to Anastasius*. Leeds, Francis Cairns, 1992.

BLOCKLEY, R. C. (ed.). *The Fragmentary Classicising Historians of the Later Roman Empire: Eunapius, Olympiodorus, Priscus and Malchus*. Liverpool, Francis Cairns Publications, 1983.

BØE, S. *Gog and Magog: Ezekiel 38-39 as Pre-text for Revelation 19, 17-21 and 20,7-10*. Tübingen, Mohr Siebeck, 2001.

BÓNA, I. *Das Hunnenreich*. Budapest, Theiss, 1991.

BOODBERG, P. A. "Marginalia to the Histories of the Northern Dynasties I: Theophylactus Simocatta on China". *Harvard Journal of Asian Studies*, 3, 1938, pp. 223-253.

BOQIN, J. "Lùn Gāochāng Shén Tiān yǔ Dūnhuáng Xiānsì" [Sobre a ideia do Deus Celestial em templos Gāochāng e Zoroastristas em Dūnhuáng]. *Shìjiè zōngjiào yánjiū* [Estudos sobre religiões mundiais], 1, 1993, pp. 2-5.

______. *Dūnhuáng tǔlǔfān wénshū yǔ Sīchóu zhī lù* [Textos de Dūnhuáng e Turfã e a Rota da Seda]. Beijing, Wénwù chūbǎn shè, 1994.

______. "Anyang Beiqi shìguǎn chuàng huàxiàngshī de túxiàng kǎochá yǔ rúhuà sùtèrén de xiānjiào měishù" [Um estudo sobre alto-relevos nas plataformas de sarcófagos de Anyang ao Norte de Qi e sobre a arte zoroastriana dos sogdianas migrados para a

China]. *Yìshù shì yánjiū* [Estudos sobre a história da arte], 1. Guǎngzhōu, Sìchuān měishù chūbǎn shè, 1999, pp. 151-186.

BORBONE, P. G. "Syroturcica 1: The Önggüds and the Syriac Language". *In*: KIRAZ, G. A. *Malphono w-Rabo d-Malphone: Studies in Honor of Sebastian P. Brock*. Piscataway, Gorgias Pr. Llc, 2008, pp. 1-18.

BORCHARDT, F. *German Antiquity in Renaissance Myth*. Baltimore, The Johns Hopkins University Press, 1971.

BORGOLTE, M. "Migrationen als transkulturelle Verflechtungen im mittelalterlichen Europa: Ein neuer Pflug für alte Forschungsfelder". *Historische Zeitschrift*, 289, 2009, pp. 261-286.

______. "Mythos, Völkerwanderung: Migration oder Expansion bei den 'Ursprüngen Europas'". *Viator 41 Multilingual*, 2010, pp. 23-48.

BÖRM, H. *Prokop und die Perser: Untersuchungen zu den römisch-sasanidischen Kontakten in der ausgehenden Spätantike*. Stuttgart, Franz Steiner Verlag, 2007.

______. "'Es war allerdings nicht so, dass sie es im Sinne eines Tributes erhielten, wie viele meinten...': Anlässe und Funktion der persischen Geldforderungen an die Römer (3.bis 6. Jh.)". *Historia*, 57.3, 2008, pp. 327-346.

______. "Herrscher und Eliten in der Spätantike". *In*: BÖRM, H. & WIESEHÖFER, J. (ed.). *Commutatio et contentio: Studies in the Late Roman, Sasanian, and Early Islamic Near East in Memory of Zeev Rubin*. Düsseldorf, Wellem Verlag, 2010.

______. *Westrom von Honorius bis Justinian*. Stuttgart, Kohlhammer, 2013.

BORODOVSKIJ, A. P. "Prunkbestattungen von Kindern am Oberen Ob', Sibirien". *Eurasia Antiqua*, 7, 2001, pp. 569-584.

BOSTOCK, J. & RILEY, H. T. (trad. e ed.). *Pliny the Elder. The Natural History of Pliny*, vol. 2. London, Taylor and Francis, 1855.

BOSWORTH, C. E. *The History of the Saffarids of Sistan and the Maliks of Nimruz (247/861 to 949/1542-3)*. Costa Mesa, Mazda Publishers, 1994.

BOSWORTH, C. E. (trad. e ed.). *The History of al-Ṭabarī (Ta'rīkh al-rusul wa'l-mulūk)*. Albany, Suny Press, 1999.

BOUCHER, D. *The Bodhisattvas of the Forest and the Formation of the Mahāyāna: A Study and Translation of the Rāstrapālapariprcchā-sūtra*. Honolulu, University of Hawai'i Press, 2008.

BOWDEN, G. R. *et al.* "Excavating Past Population Structures by Surname-Based Sampling: The Genetic Legacy of the Vikings in Northwest England". *Molecular Biology and Evolution*, 25.2, 2008, pp. 301-309.

BOWEN, A. & GARNSEY, P. (trad. e ed.). *Lactantius: Divine Institutes*. Liverpool, Liverpool University Press, 2003.

BOWERSOCK, G. W. "Centrifugal Force in Late Antique Historiography: Moving to the Periphery". *In*: STRAW, C. E. & LIM, R. (ed.). *The Past before Us: The Challenge of Historiographies of Late Antiquity*. Turnhout, Brepols, 2004, pp. 19-23.

BOWERSOCK, G. W. "The East-West Orientation of Mediterranean Studies and the Meaning of North and South in Antiquity". *In*: HARRIS, W. V. (ed.). *Rethinking the Mediterranean*. Oxford, Oxford University Press, 2008, pp. 167-178.

______. *Empires in Collision in Late Antiquity*. Waltham, Brandeis University Press, 2012.

______. *Throne of Adulis: Red Sea Wars on the Eve of Islam*. Oxford, Oxford University Press, 2013.

BOYCE, M. *The Letter of Tansar*. Roma, Istituto Italiano per l'Africa e l'Oriente, 1968.

BRANNER, D. P. "The Suí-Táng Tradition of Fǎnqiè Phonology". *In*: AUROUX, S.; KOERNER, E. F. K.; NIEDEREHE, H.-J. & VERSTEEGH, K. (ed.). *History of the Language Sciences / Geschichte der Sprachwissenschaften / Histoires des sciences du langage*. Berlin, de Gruyter, 2000, vol. 1, pp. 36-46.

BRATHER, S. *Ethnische Interpretationen in der frühgeschichtlichen Archäologie: Geschichte, Grundlagen und Alternativen*. Berlin, de Gruyter, 2004.

BRENTJES, B. "Zur Kunst und Religion der Afshinen der Ustrushana". *In*: GNOLI, G. & LANCIOTTI, L. (ed.). *Orientalia Iosephi Tucci memoriae dicata*, vol. 1. Roma, Istituto italiano per il Medio ed Estremo Oriente, 1985, pp. 191-197.

BRIANT, P. *From Cyrus to Alexander: A History of the Persian Empire*. Trad. P. T. Daniels. Winona Lake, Eisenbrauns, 2002.

BROCK, S. P. "A Martyr at the Court under Vahran II: Candida". *Analecta Bollandiana*, 96, 1978, pp. 167-181.

______. "Some Early Witnesses to the East Syriac Liturgical Tradition". *Journal of Assyrian Academic Studies*, 18, 2004, pp. 9-45.

BROCK, S. P. (ed.). "A Syriac Life of John of Dailam". *Parole de l'Orient*, 10, 1981-1982, pp. 123-189.

BROCK, S. P. & SIMS-WILLIAMS, N. "An Early Fragment from the East Syriac Baptismal Service from Turfan". *Orientalia Christiana Periodica*, 77, 2011, pp. 81-92.

BRODERSEN, K. "Mapping Pliny's World: The Achievement of Solinus". *Bulletin of the Institute of Classical Studies*, 54, 2011, pp. 63-88.

BRODERSEN, K. (ed.). *Solinus: New Studies*. Heidelberg, Verlag Antike, 2014.

BROOKS, E. W. *Iohannis Ephesini, Historiae ecclesiasticae pars tertia*. Louvain, s/e, 1936.

BROSSEDER, U. "A Study on the Complexity and Dynamics of Interaction and Exchange in Late Iron Age Eurasia". *In*: BEMMANN, J. & SCHMAUDER, M. (ed.). *Complexity of Interaction along the Eurasian Steppe Zone in the First Millennnium CE*. Bonn, Universität Bonn, 2015, pp. 199-332.

BROSSEDER, U. & MILLER, B. K. (ed.). *Xiongnu Archaeology: Multidisciplinary Perspectives of the First Steppe Empire in Inner Asia*. Bonn, Rheinische Friedrich--Wilhelms-Universität Bonn, 2011 (Bonn Contributions to Asian Archaeology, 5).

BROWN, P. *The World of Late Antiquity: From Marcus Aurelius to Muhammad, AD 150-750*. London, W. W. Norton & Company, 1971.

BROWN, P. "The Silk Road in Late Antiquity". *In*: MAIR, V. H. & HICKMAN, J. (ed.). *Reconfiguring the Silk Road. New Research on East-West Exchange in Late Antiquity*. Philadelphia, University of Pennsylvania Press, 2014, pp. 15-22.

BROWNE, E. G. *An Abridged Translation of the History of Ṭabaristán. Compiled about A.H. 613 (A.D. 1216) by Muhammad b. al-H'asan b. Isfandiyár, Based on the India Office Ms. Compared with Two Mss. in the British Museum*. Leiden, Brill, 1905.

BRUNNER, C. "The Fable of the Babylonian Tree: Part I: Introduction". *Journal of Near Eastern Studies*, 39.3-4, 1980, pp. 291-302.

BRUNT, P. A. (trad. e ed.). *Anabasis of Alexander*, vol. 2, livros 5-7: *Indica*. Cambridge, Cambridge University Press, 1983.

BÙKĚ, Y. *Bófēng yǔ bógu – Qín Hàn Wèijīn Nánběicháo de zhèngzhì wénmíng*. Beijing, s/e, 2009.

______. *Zhōngguó gǔdài guān jiē zhìdù yǐn lùn*. Beijing, Běijīng dàxué chūbǎn shè, 2010.

______. "Lùn Běicháo wèijié tǐzhì biànqiān zhī quánmiàn Língxiàn Náncháo". *Wénshi*, 3, 2012, pp. 199-220.

BUNKER, E. C. "Gold in the Ancient Chinese World: A Cultural Puzzle". *Artibus Asiae*, 53.1-2, 1993, pp. 27-50.

BÜNTGEN, U. *et al*. "2500 Years of European Climate Variability and Human Susceptibility". *Science*, 331.6017, 2011, pp. 578-582.

______. "Cooling and Societal Change During the Late Antique Little Ice Age from 536 to around 660 AD". *Nature Geoscience*, 9.3, 2016, pp. 231-236. Disponível em <doi: 10.1038/NGEO2652>.

BURMEISTER, S. "Archaeology and Migration: Approaches to an Archaeological Proof of Migration". *Current Anthropology*, 41.4, 2000, pp. 539-567.

BURNETT, C. "Abū Ma'shar (AD 787-888) and His Major Texts on Astrology". *In*: GNOLI, G. & PANAINO, A. (ed.). *Kayd: Studies in History of Mathematics, Astronomy and Astrology in Memory of David Pingree*. Roma, Istituto Italiano per l'Africa e l'Oriente, 2009, pp. 17-29.

BUTLER, J. *The Psychic Life of Power: Theories in Subjection*. Stanford, Stanford University Press, 1997.

CALLU, J.-P. *Julius Valère: Roman d'Alexandre*. Turnhout, Brepols, 2009.

CAMERON, A. "Agathias on the Sassanians". *Dumbarton Oaks Papers*, 23-24, 1969-1970.

______. *Procopius and the Sixth Century*. London, Routledge, 1985; reimpr. 2016.

______. "Justin I and Justinian". *In*: CAMERON, A.; WARD-PERKINS, B. & WHITBY, M. *The Cambridge Ancient History*, vol. 14: *Late Antiquity: Empire and Successors, A.D. 425-600*. Cambridge, Cambridge University Press, 2000, pp. 63-85.

______. "The 'Long' Late Antiquity: A Late Twentieth-Century Model". *In*: WISEMAN, T. P. (ed.). *Classics in Progress: Essays on Ancient Greece and Rome*. Oxford, OUP/British Academy, 2002, pp. 165-191.

CAMERON, A. (trad. e ed.). *Flavius Cresconius. In laudem Iustini Augusti minoris, libri IV.* London, s/e, 1976.

CAMERON, A. & HALL, S. (trad. e ed.). *Eusebius. Life of Constantine.* Oxford, Oxford University Press, 1999.

CANEPA, M. P. *The Two Eyes of the Earth: Art and Ritual of Kingship between Rome and Sasanian Iran.* Berkeley, University of California Press, 2009.

______. "Distant Displays of Power: Understanding Cross-Cultural Interaction among the Elites of Rome, Sasanian Iran, and Sui-Tang China". *Ars Orientalis*, 38, 2010a, pp. 121-154.

______. "Theorizing Cross-Cultural Interaction among Ancient and Early Medieval Visual Cultures". *Ars Orientalis*, 38, 2010b, pp. 7-19.

______. "Technologies of Memory in Early Sasanian Iran: Achaemenid Sites and Sasanian Identity". *American Journal of Archaeology*, 114.4, 2010c, pp. 563-596.

______. "Building a New Vision of the Past in the Sasanian Empire: The Sanctuary of Lake Kayansih and the Great Fires of Iran". *Journal of Persianate Studies*, 5, 2013, pp. 69-94.

______. "Emperor". *In*: CHIN, C. M. & VIDAS, M. *Late Ancient Knowing: Explorations in Intellectual History.* Berkeley, University of California Press, 2015, pp. 155-174.

CAPELLI, C. *et al.* "A Y Chromosome Census of the British Isles". *Current Biology*, 13, 27/5/2003, pp. 979-984.

CARDONA, G. R. "L'India e la Cina secondo l'Ašxarhac'oyc". *Armeniaca: Mélanges d'études arméniennes.* Venice, Ville éditeur, 1969, pp. 83-97.

CAROLLA, P. (ed. e trad.). *Priscus Panita. Excerpta et Fragmenta.* Berlin, de Gruyter, 2008.

CARSTEN, M. *et al.* "Exploring Social Constructions of Followership: A Qualitative Study". *Leadership Quarterly*, 21, 2010, pp. 543-562.

CARTER, R. A. *Sea of Pearls: Seven Thousand Years of the Industry That Shaped the Gulf.* London, Arabian Publishing, 2012, pp. 3-10.

CASSON, L. *Ancient Trade and Society.* Detroit, Wayne State University Press, 1984.

CASSON, L. (trad. e ed.). *The Periplus Maris erythraei: Text with Introduction, Translation, and Commentary.* Princeton, Princeton University Press, 1989.

CERETI, C. "Xiiaona- and Xyōn in Zoroastrian texts". *In*: ALRAM, M.; KLIMBURG-SALTER, D.; INABA, M. & PFISTERER, M. (ed.). *Coins, Art and Chronology*, vol. 2: *The First Millennium C.E. in the Indo-Iranian Borderlands.* Wien, Österreichische Akademie der Wissenchaften, 2010.

CH'EN, K. "On Some Factors Responsible for the Antibuddhist Persecution under the Pei-Ch'ao". *Harvard Journal of Asiatic Studies*, 17.1-2, 1954, pp. 261-273.

______. *Buddhism in China: A Historical Survey.* Princeton, Princeton University Press, 1964.

CHABOT, J.-B. (ed.). *Synodicon Orientale*. Paris, Imprimerie nationale, 1902.

CHADWICK, H. M. *The Heroic Age*. Cambridge, Cambridge University Press, 1912.

CHAKRAVARTI, A. K. "Early Sino-Indian Maritime Trade and Fu-Nan". *In*: SIRCAR, D. C. (ed.). *Early Indian Trade and Industry*. Calcutta, University Of Calcutta, 1972, pp. 101-111.

CHANDRA, M. *Trade and Trade Routes in Ancient India*. New Delhi, Abhinav Publications, 1977.

CHAUDHURI, K. N. *Trade and Civilisation in the Indian Ocean*. Cambridge, Cambridge University Press, 1985.

CHAUMONT, M. L. "Apollodorus of Artimita". *Encyclopaedia Iranica*, 2.2, Costa Mesa, 1986, pp. 160-161. Disponível em <www.iranicaonline.org/articles/apollodorus-of-artimita-historian>. Atualizado em 5/8/2011.

CHAVANNES, È. "Voyage de Song Yun dans l'Udyāna et le Gandhāra". *Bulletin de l'École française d'Extrême-Orient*, 3.1, 1903, pp. 379-441.

______. *Documents sur les Tou-kiue (Turcs) occidenteaux*. Paris, T'uong Pao, 1904; reimpr. 1941.

CHEN, M.-L. "The Importation of Byzantine and Sasanian Glass into China During the Fourth to Sixth Centuries". *In*: HARRIS, A. (ed.). *Incipient Globalization? Long Distance Contacts in the Sixth Century*. Oxford, Oxford University Press, 2007, pp. 47-52.

CHEN, S. "Succession Struggle and the Ethnic Identity of the Tang Imperial House". *Journal of the Royal Asiatic Society*, 3rd ser., 6.3, 1996.

______. "Son of Heaven and Son of God: Interactions among Ancient Asiatic Cultures Regarding Sacral Kingship and Theophoric Names". *Journal of the Royal Asiatic Society*, 3rd ser., 12.3, 2002, pp. 307-311.

CHENG, B. "Fashioning a Political Body: The Tomb of a Rouran Princess". *Archives of Asian Art*, 57, 2007, pp. 23-49.

CHEUNG, M. P. Y. *An Anthology of Chinese Discourse on Translation*, vol. 1: *From Earliest Times to the Buddhist Project*. Manchester, Routledge, 2006.

CHIN, T. T. "Defamiliarizing the Foreigner: Sima Qian's Ethnography and Han-Xiongnu Marriage Diplomacy". *Harvard Journal of Asiatic Studies*, 70.2, 2010, pp. 311-354.

______. "The Invention of the Silk Road, 1877". *Critical Inquiry*, 40, 2013, pp. 194-219.

CHRISTIAN, D. "State Formation in the Inner Eurasian Steppes". *In*: CHRISTIAN, D. & BENJAMIN, C. (ed.). *Silk Road Studies*, vol. 2: *World of the Silk Road: Ancient and Modern*. Turnhout, Brepols, 1998, pp. 51-76.

______. "Silk Roads or Steppe Roads? The Silk Roads in World History". *Journal of World History*, 2, 2000, pp. 1-26.

CHRYSOS, E. "The Title of 'Basileus' in Early Byzantine International Relations". *Dumbarton Oaks Papers*, 32, 1978, pp. 29-75.

CHRYSOS, E. "Byzantine Diplomacy: Means and Ends". *In*: SHEPARD, J. & FRANKLIN, S. *Byzantine Diplomacy: Papers from the 24th Symposium of Byzantine Studies*. Aldershot, Routledge, 1992, pp. 25-39.

CIANGLINI, C. C. *Iranian Loanwords in Syriac*. Wiesbaden, Ludwig Reichert, 2008.

CLARK, C. U. & ROLFE, J. C. (trad. e ed.). *Ammiani Marcellini: Rerum gestarum libri qui supersunt*, 3 vols. Cambridge, Cambridge University Press, 1986.

CLÁUDIO MAMERTINO. *Panegyrici Latini* (ver Mynors, 1964).

CLAUSON, G. *An Etymological Dictionary of Pre-Thirteenth-Century Turkish*. Oxford, Oxford University Press, 1972, pp. 322-333.

CLAVIGERO, F. S. *The History of Mexico. Collected from Mexican Historians, from Manuscripts, and Ancient Paintings of the Indians. Trad. Charles Cullen*. London, W. Prichard, 1787.

COHEN, M. & GIÈS, J. (ed.). *Sérinde. Terre de Bouddha: Dix siècles d'art sur la Route de la Soie* (catálogo de exibição). Paris, 1995.

COHOON, J. W. & CROSBY, H. L. (trad. e ed.). *Dio Chrysostom. Discourses*. Cambridge, Cambridge University Press, 1940.

COLE, A. *Mothers and Sons in Chinese Buddhism*. Stanford, Stanford University Press, 1998.

COLGRAVE, B. & MYNORS, R. A. B. (ed.). *Bede's Eccesiastical History of the English Nation*. Oxford, Claredon Press, 1969.

COLLESS, B. E. *Wisdom of the Pearlers: An Anthology of Syriac Christian Mysticism*. Collegeville, Liturgical Press, 2008.

COMPARETI, M. "The So-Called Senmurv in Iranian Art: A Reconsideration of an Old Theory". *In*: BORBONE, P. G.; MENGOZZI, A. & TOSCO, M. (ed.). *Loquentes linguis: Studi linguistici e orientali in onore di Fabrizio A. Pennacchietti*. Wiesbaden, Harrassowitz Verlag, 2006a.

______. "The Role of the Sogdian Colonies in the Diffusion of the Pearl Roundels Pattern". *In*: COMPARETI, M.; RAFFETTA, P. & SCARCIA, G. (ed.). *Ērān ud Anērān: Studies Presented to Boris Il'ič Maršak on the Occasion of His 70th Birthday*. Venezia, Cafoscarina, 2006b, pp. 149-174.

______. *Samarcanda centro del mondo: Proposte di lettura del ciclo pittorico di Afrāsyāb*. Milano, Mimesis Edizione, 2009.

______. "Some Examples of Central Asian Decorative Elements in Ajanta and Bagh Indian Painting". *The Silk Road*, 12, 2014, pp. 39-49.

COMPARETI, M. & VAISSIÈRE, É. de la (ed.). *Royal Naurūz in Samarkand: Proceedings of the Conference Held in Venice on the Pre-Islamic Paintings at Afrasiab*. Pisa, Accademia editoriale, 2006.

CONRAD, S. *What Is Global History?*. Princeton, Princeton University Press, 2016.

COOK, E. R. "Megadroughts, Enso, and the Invasion of Late-Roman Europe by the Huns and Avars". *In*: HARRIS, W. V. (ed.). *The Ancient Mediterranean Environment between Science and History*. Leiden, Brill, 2013, pp. 89-102 (Columbia Studies in the Classical Tradition, 39).

COOLEY, A. E. (ed.). *Res Gestae Divi Augusti: Text, Translation, and Commentary*. Cambridge, Cambridge University Press, 2009.

COUMERT, M. *Origines des peuples: Les récits du Haut Moyen Âge occidental (550-850)*. Paris, Brepols, 2007.

COURCELLE, P. *Histoire littéraire des grandes invasions germaniques*. Paris, Hachette, 1948.

CRIBB, J. "The Kidarites, the Numismatic Evidence". *In*: ALRAM, M.; KLIMBURG-SALTER, D.; INABA, M. & PFISTERER, M. (ed.). *Coins, Art and Chronology*, vol. 2: *The First Millennium C.E. in the Indo-Iranian Borderlands*. Wien, Österreichische Akademie der Wissenchaften, 2010.

CRONE, P. *The Nativist Prophets of Early Islamic Iran*. New York, Cambridge University Press, 2012.

CROSSLEY, P. K. "Review Article: The Rulerships of China". *American Historical Review*, 97, 1992.

______. *A Translucent Mirror: History and Identity in Qing Imperial Ideology*. Berkeley, University of California Press, 1999.

CURTA, F. *The Making of the Slavs: History and Archaeology of the Lower Danube Region c. 500-700*. Cambridge, Cambridge University Press, 2001.

CURTIN, P. D. *Cross-Cultural Trade in World History*. Cambridge, Cambridge University Press, 1984.

CURTIS, V. "Royal and Religious Symbols on Early Sasanian Coins". *In*: KENNET, D. & LUFT, P. (ed.). *Current Research in Sasanian Archaeology, Art and History: Proceedings from a Conference Held at Durham University, November 3rd and 4th, 2001*. Oxford, Archaeopress, 2008, pp. 137-147.

CZEGLÉDY, K. "From East to West: The Age of Nomadic Migrations in Eurasia". Trad. P. B. Golden. *Archivum Eurasiae Medii Aevi*, 3, 1983, pp. 25-125.

DAFFINÀ, P. "La Persia sassanide secondole fonti cinese". *Rivista degli studi orientali*, 72, 1983, pp. 121-170.

DAHN, F. *Könige der Germanen*, 12 vols. Berlin, Breitkopf und Härtel, 1861-1908.

______. *Ein Kampf um Rom*. Leipzig, Breitkopf & Härtel Verlag, 1876.

______. *Urgeschichte der germanischen und romanischen Völker*, 4 vols. Berlin, G. Grote, 1881-1889.

DAIM, F. "Avars and Avar Archaeology: An Introduction". *In*: GOETZ, H. W.; JARNUT, J. & POHL, W. (ed.). *Regna and Gentes: The Relationship between Late Antique and Early Medieval Peoples and Kingdoms in the Transformation of the Roman World*. Leiden, Brill, 2003, pp. 463-570.

DALBY, M. T. "Court Politics in Late T'ang Times". *In*: TWITCHETT, D. C. (ed.). *The Cambridge History of China*, vol. 3: *Sui and T'ang China 589-906*, Part 1. Cambridge, Cambridge University Press, 1979, pp. 561-571.

DALLOS, E. "Shamanism or Monotheism? Religious Elements in the Orkhon Inscriptions". *Shaman*, 12.1-2, 2004, pp. 63-84.

DAN, A. "Maes Titianos (221-3)". *In*: GEHRKE, H.-J. (ed.). *Die Fragmente der Griechischen Historiker, Teil 5*. Leiden, Brill, 1954-1958.

DANILOV, S. V. *et al.* "Kurgan Shoroon Dov i ego mesto v obshchei sisteme arkheologicheskikh pamiatnikov Tiurkskoi epokhi Tsentral'noi Azii". *Drevnie kul'tury Mongolii i Baikal'skoi Sibiri*. Ulan-Ude, Izd-vo ZGU, 2010, pp. 254-257.

DARK, K. "Globalizing Late Antiquity: Models, Metaphors and the Realities of Long--Distance Trade and Diplomacy". *In*: HARRIS, A. (ed.). *Incipient Globalization? Long Distance Contacts in the Sixth Century*. Oxford, Oxford University Press, 2007, pp. 3-14.

DARYAEE, T. "Memory and History: The Construction of the Past in Late Antique Persia". *Name-ye Iran-e Bastan*, 1.2, 2001-2002.

______. "The Persian Gulf Trade in Late Antiquity". *Journal of World History*, 14, 2003, pp. 1-16.

______. "Sasanians and Their Ancestors". *In*: PANAINO, A. & PIRAS, A. (ed.). *Proceedings* of the 5th Conference of the Societas Iranologica Europaea Held in Ravenna, 6-11 October 2003, vol. 1. Milano, Mimesis, 2006, pp. 287-293.

______. "Imitatio Alexandri and Its Impact on Late Arsacid, Early Sasanian and Middle Persian Literature". *Electrum*, 12, 2007, pp. 89-94.

______. "The Persian Gulf in Late Antiquity: The Sasanian Era (200-700 C.E.)". *In*: POTTER, L. G. (ed.). *The Persian Gulf in History*. New York, Palgrave MacMillan, 2009a, pp. 57-70.

______. *Sasanian Persia: The Rise and Fall of an Empire*. London, I. B. Tauris, 2009b.

DARYAEE, T. (ed.). *Šahrestānīhā ī Ērānšahr: A Middle Persian Text on Late Antique Geography, Epic, and History*. Costa Mesa, Mazda Publishers, 2002.

______. *On the Explanation of Chess and Backgammon (Abar Wīzārišn ī Čatrang ud Nihišn Nēw-Ardaxšir)*. Beverly Hills, H&S Media, 2010.

DASXURANC'I, M. *The History of the Caucasian Albanians*. Trad. C. J. F. Dowsett. London, Oxford University Press, 1961 (London Oriental Series).

DAUGE, Y.-A. *Le Barbare: Recherches sur la conception romaine de la barbarie et de la civilisation*. Brussels, Latomus, 1981.

DAVIDSON, R. "Hidden Realms and Pure Abodes: Central Asian Buddhism as Frontier Religion in the Literature of India, Nepal, and Tibet". *Pacific World*, 3rd ser., 4 (Fall 2002), pp. 153-181.

DAVIS, N. Z. "Decentering History: Local Stories and Cultural Crossings in a Global World". *History and Theory*, 50.2, 2011, pp. 188-202.

DAVYDOVA, A. V. *Ivolginskii Arkheologicheskii kompleks*, vol. 2: *Ivolginskii mogil'nik, Arkheologicheskie pamiatniki Siunnu 2*. St. Petersburg, Fond AziatIKA, 1996.

DE BOOR, C. *Theophanis Chronographia*, 2 vols. Leipzig, B. G. Teubner, 1883-1885; reimpr. 1963.

DE BOOR, C. (ed.). *Excerpta de Legationibus Iussu Imperatoris Constantini Porphyrogeniti Confecta*. Berlin, Weidmann, 1903.

DE BOOR, C. & WIRTH, P. (ed.). *Theophylacti Simocattae Historiae*. Stuttgart, Teubner, 1972.

DE GOEJES, M. J. *et al. Annales quos scripsit Abu Djafar Mohammed ibn Djarir at-Tabari*. Leiden, Brill, 1879-1901.

DE GUIGNES, J. *Histoire générale*, 4 vols. Paris, Desaint & Saillant, 1756-1758.

DE MEYNARD, Ch. B. & DE CORTEILLE, A. P. de (trad. e ed.). *Abu'l-H'asan 'AliMas'ūdī, Moruj al-d_ahab*. Rev. C. Pellat, 7 vols. Beirut, s/e, 1966-1979.

DE RAUW, T. *Beyond Buddhist Apology: The Political Use of Buddhism by Emperor Wu of the Liang Dynasty (r. 502-549)*. Tese de doutorado. Ghent University, 2008. Disponível em <https://biblio.ugent.be/publication/516328>.

DEBIÉ, M. "Le Kebra Nagast: Une réponse apocryphe aux évènements de Najran?". *In*: BEAUCAMP, J.; BRIQUEL-CHATONNAT, F. & ROBIN, C. J. (ed.). *Juifs et chrétiens en Arabie aux ve et vi^{e} siècles: Regards croisés sur les sources*. Paris, Association des Amis du Centre d'histoire et civilisation de Byzance, 2010, pp. 255-278.

DEBIÉ, M. & TAYLOR, D. G. K. "Syriac and Syro-Arabic Historical Writing, c. 500--c. 1400". *In*: FOOT, S. & ROBINSON, C. (ed.). *The Oxford History of Historical Writing*, vol. 2: *400-1400*. Oxford, Oxford University Press, 2012, pp. 155-179.

DEEG, M. "Der religiöse 'Synkretismus', der chinesischen Kaiserin Wu Zetian – Versuch einer Staatsreligion?". *In*: SCHALK, P. (ed.). *Zwischen Säkularismus und Hierokratie. Studien zum Verhältnis von Religion und Staat in Süd- und Ostasien*. Uppsala, AAU, 2001, pp. 127-134.

______. "Laozi oder Buddha? Polemische Strategien um die 'Bekehrung der Barbaren durch Laozi' als Grundlagen des Konflikts zwischen Buddhisten und Daoisten im chinesischen Mittelalter". *Zeitschrift für Reilgionswissenschaft*, 11, 2003, pp. 209-234.

______. *Das Gaoseng-Faxian-Zhuan als religionsgeschichtliche Quelle: Der älteste Bericht eines chinesischen buddhistischen Pilgermönches über seine Reise nach Indien mit Übersetzung des Textes*. Wiesbaden, Harrassowitz, 2005 (Studies in Oriental Religions, 52).

______. "A Little-Noticed Buddhist Travelogue – Senghui's Xiyu-ji and Its Relation to the Luoyang-qielan-ji". *In*: KELLNER, B. *et al.* (ed.). *Pramānakīrtih: Papers Dedicated to Ernst Steinkellner on the Occasion of His 70th Birthday*. Wien, Arbeitskreis für tibetische und buddhistische Studien, 2007, pp. 63-84.

______. "Creating Religious Terminology – A Comparative Approach to Early Chinese Translations". *Early Chinese Buddhist Translations, special issue of Journal of the International Association of Buddhist Studies*, 31.1-2, 2008 [2010], pp. 83-118.

DEEG, M. "From the Iron-Wheel to Bodhisattvahood: Aśoka in Buddhist Culture and Memory". *In*: OLIVELLE, P. (ed.). *Aśoka in History and Historic Memory*. Delhi, Motilal Banarsidass, 2009, pp. 109-144.

______. "Aśoka – Model Ruler without Name?". *In*: OLIVELLE, P.; LEOSHKO, J. & PRABHA, R. H. (ed.). *Reimagining Aśoka – Memory and History*. Oxford, Oxford University Press, 2012, pp. 362-379.

______. "When Peregrinus Is Not Pilgrim: The Chinese "Pilgrims" Records – A Revision of Literary Genre and Its Context". *In*: CUEPPERS, C. & DEEG, M. (ed.). *Dharmayātra – Buddhist Pilgrimage in Time and Space*. Lumbini, Lumbini International Research Institute, 2014, pp. 65-95.

DEÉR, J. *Pogány magyarság: Keresztény magyarság*. Budapest, 1938.

DÉFĒN, L. *Zhōu Shū*. Beijing, s/e, 1983.

DEGUIGNES, J. *Histoire générale des Huns, des Turcs, des Mogols, et des autres Tartares occidentaux, etc. avant et depuis Jesus-Christ jusqu'à présent; précédée d'une introduction contenant des tables chronol. et historiques des princes qui ont regné dans l'Asie. Ouvrage tiré des livres chinois, et des manuscrits orientaux de la bibliotheque du roi. Suite des mémoires de l'académie royale des inscriptions et belles lettres*, 4 vols. Paris, Desaint & Saillant, 1756-1758.

DELEUZE, G. & GUATTARI, F. *Mille Plateaux*. Paris, Minuit (de), 1980.

DEMANGE, F. *Les Perses sassanides: Fastes d'un empire oublié (224-642)*. Paris, Editions Paris-Musées – Findakly, 2006.

DEMIDENKO, S. V. *Bronzovye kotly drevnikh plemen Nizhnego Povol'zhia i Iuzhnogo Priural'ia* (V. v. do. n.e.-III v. n.e.). Moskva, lKI, 2008.

DENNIS, G. T. (ed.). *Das Strategikon des Maurikios*. Wien, Verlag der Österreichischen Akademie der Wissenschaften, 1981 (Corpus Fontium Historiae Byzantinae, 17).

______. *Maurice's Strategikon: Handbook of Byzantine Military Strategy*. Philadelphia, University of Pennsylvania Press, 1984.

______. *Three Byzantine Military Treatises*. Washington, Dumbarton Oaks Research Library and Collection, 1985.

DER SARKISSIAN, C. *et al*. "Ancient Genomics". *Philosophical Transactions of the Royal Society*, 8/12/2014. Disponível em <doi: 10.1098/rstb.2013.0387>.

DEWING, H. B. (trad.). *Procopius. Works*. Cambridge, Cambridge University Press, 1914-1940; reimpr. 1962-1978.

DÉZHĀNG, H. "'Yīnshān Quèshuǎng zhī Sūjié'". *Wéijìng Nánběicháo Suítángshǐ Zīliào*, 12, 1993, pp. 102-116.

DI COSMO, N. "Ancient Inner Asian Nomads: Their Economic Basis and Its Significance in Chinese History". *Journal of Asian Studies*, 53.4, 1994, pp. 1.092-1.126.

______. "The Northern Frontier in Pre-Imperial China". *In*: LOEWE, M. & SHAUGHNESSY, E. L. (ed.). *The Cambridge History of Ancient China: From the*

Origins of Civilization to 221 BC. Cambridge, Cambridge University Press, 1999a, pp. 885-965.

DI COSMO, N. "State Formation and Periodization in Inner Asian History". *Journal of World History*, 10.1, 1999b, pp. 24-26.

______. "Ancient City-States of the Tarim Basin". *In*: HANSEN, M. H. (ed.). *A Comparative Study of Thirty City-State Cultures*. Copenhagen, Kgl. Danske Videnskabernes Selskab, 2000, pp. 393-407.

______. *Ancient China and Its Enemies: The Rise of Nomadic Power in East Asian History*. Cambridge, Cambridge University Press, 2002, pp. 127-158.

______. "Ethnogenesis, Coevolution and Political Morphology of the Earliest Steppe Empire: The Xiongnu Question Revisited". *In*: BROSSEDER, U. & MILLER, B. K. *Xiongnu Archaeology: Multidisciplinary Approaches to the First Steppe Empire in Inner Asia*. Bonn, Rheinische Friedrich-Wilhelms-Universität Bonn, 2011, pp. 35-48.

______. "From Alliance to Tutelage: A Historical Analysis of Manchu-Mongol Relations before the Qing Conquest". *Frontiers of History in China*, 7.2, 2012, pp. 175-197.

______. "Aristocratic Elites in the Xiongnu Empire as Seen from Historical and Archeological Evidence". *In*: PAUL, J. (ed.). *Nomad Aristocrats in a World of Empires*. Wiesbaden, Dr. Ludwig Reichert Verlag, 2013, pp. 23-53.

______. "China-Steppe Relations in Historical Perspective". *In*: BEMMANN, J. & SCHMAUDER, M. (ed.). *The Complexity of Interaction along the Eurasian Steppe Zone in the First Millennium CE*. Bonn, Rheinische Friedrich-Wilhelms-Universität Bonn, 2015, pp. 49-72.

DICKENS, M. "Multilingual Christian Manuscripts from Turfan". *Journal of the Canadian Society for Syriac Studies*, 9, 2009a, pp. 22-42.

______. "The Syriac Bible in Central Asia". *In*: HUNTER, E. C. D. *The Christian Heritage of Iraq: Collected Papers from the Christianity of Iraq: I-V Seminar Days*. Piscataway, Gorgias Pr. Llc, 2009b, pp. 92-120.

______. "The Importance of the Psalter at Turfan". *In*: TANG, L. & WINKLER, D. W. *From the Oxus River to the Chinese Shores: Studies on East Syriac Christianity in China and Central Asia*. Wien, LIT Verlag, 2013, pp. 357-378.

DICKENS, M. & SIMS-WILLIAMS, N. "Christian Calendrical Fragments from Turfan". *In*: BEN-DOV, J. *et al.* (ed.). *Living the Lunar Calendar*. Oxford, Oxbow Books, 2012, pp. 269-296.

DIEN, A. "Encounters with Nomads". *In*: JULIANO, A. L. & LERNER, J. A. (ed.). *Monks and Merchants: Silk Road Treasures from Northwest China*. New York, s/e, 2001, pp. 55-66.

______. *Six Dynasties Civilization*. New Haven, Yale University Press, 2007.

DIGNAS, B. & WINTER, E. *Rome and Persia in Late Antiquity*. Cambridge, Cambridge University Press, 2007.

DIMITROV, X. *Bŭlgarija i nomadite do načaloto na XI vek*. Plovdiv, s/e, 2011.

DINDORF, L. (trad. e ed.). *Ioannis Malalae Chronographia*. Bonn, Impensis Ed. Weberi, 1831 (Corpus scriptorum historiae Byzantinae, 15).

DINDORF, L. (ed.) *Chronicon Paschale*. Bonn, Impensis Ed. Weberi, 1832.

DOBROVITS, M. "A nyugati türkök tíz törzsének kialakulása". *Antik Tanulmányok*, 48, 2004, pp. 101-109.

______. "The Altaic World through Byzantine Eyes: Some Remarks on the Historical Circumstances of Zemarchus' Journey to the Türks (AD 569-570)". *Acta Orientalia*, 64.4, 2011, pp. 373-409.

DODGEON, M. H. & LIEU, S. N. C. *The Roman Eastern Frontier and the Persian Wars, AD 226-363: A Documentary History*. London, Routledge, 1991; reimpr. 2002.

DOMBART, B. & KALB, A. (trad. e ed.). *Aurelius Augustinus. De Civitate Dei*. Turnhout, Brepols, 1955 (Corpus Christianorum Series Latina, 4.)

DONKIN, R. A. *Beyond Price: Pearls and Pearl-Fishing, Origins to the Age of Discoveries*. Philadelphia, Amer Philosophical Society, 1998.

DONZEL, E. van & SCHMIDT, A. *Gog and Magog in Early Eastern Christian and Islamic Sources: Sallam's Quest for Alexander's Wall*. Leiden, Brill, 2010.

DOWSETT, C. J. F. (trad. e ed.). *The History of the Caucasian Albanians by Mōvsēs Dasxurançi*. London, Oxford University Press, 1961.

DRAUSCHKE, J. "Zur Herkunft und Vermittlung 'byzantinischer Importe' der Merowingerzeit in Nordwesteuropa". *Zwischen Spätantike und Frühmittelalter*. Berlin, 2008, pp. 367-423.

DRIJVERS, H. J. W. "Ammianus Marcellinus' Image of Sasanian Society". *In*: WIESEHÖFER, J. & HUYSE, P. (ed.). *Ērān ud Anērān: Studien zu den Beziehungen zwischen dem Sasanidenreich und der Mittelmeerwelt*. Wiesbaden, Franz Steiner Verlag, 2006, pp. 45-69.

DRIJVERS, H. J. W. (trad. e ed.). *The Book of the Law of Countries: Dialogue on Fate of Barsaiṣan of Edessa*. Assen, Gorgias Press, 1965.

DROMPP, M. R. "Supernumerary Sovereigns: Superfluity and Mutability in the Elite Power Structure of the Early Türks". *In*: SEAMAN, G. & MARKS, D. (ed.). *Rulers from the Steppe: State Formation on the Eurasian Periphery*. Los Angeles, Ethnorgraphics Press, 1991.

______. "Breaking the Orkhon Tradition: Kirghiz Adherence to the Yenisei Region after A.D. 840". *Journal of the American Oriental Society*, 119.3, 1999, pp. 390-403.

______. "Imperial State Formation in Inner Asia: The Early Turkic Empires (6th to 9th Centuries)". *Acta Orientalia Academiae Scientiarum Hungaricae*, 58.1, 2005a, pp. 101-111.

______. *Tang China and the Collapse of the Uighur Empire: A Documentary History*. Leiden, Brill, 2005b.

DROMPP, M. R. "Chinese 'Qaghans' Appointed by the Türks". *T'ang Studies*, 25, 2007, pp. 183-202.

______. "The Lone Wolf in Inner Asia". *Journal of the American Oriental Society*, 131.4, 2011, pp. 515-526.

______. "Strategies of Cohesion and Control in the Türk and Uyghur Empires". *In*: BEMMANN, J. & SCHMAUDER, M. (ed.). *Complexity of Interaction along the Eurasian Steppe Zone in the First Millennium CE*. Bonn, Rheinische Friedrich-Wilhelms-Universität, 2015, pp. 437-451.

DROUIN, E. "Mémoire sur les Huns ephthalites dans leurs rapports avec les rois perse sassanides". *Le Muséon*, 14, 1895.

DU PONTET, R. & HIRT, A. (ed.). *Iuli Caesaris commentariorum, Libri VII, De bello gallico*. Oxford, Oxford University Press, 1900.

DURKIN-MEISTERERNST, D. "The Pahlavi Psalter Fragment in Relation to Its Source". *Studies on the Inner Asian Languages*, 21, 2006, pp. 1-19.

EBREY, P. B. *The Cambridge Illustrated History of China*. Cambridge, Cambridge University Press, 1996.

ECCLES, L. & LIEU, S. N. C. "Stele on the Diffusion of the Luminous Religion of Da Qin (Rome) in the Middle Kingdom". Disponível em <www.mq.edu.au/research/research-centres,-groups-and-facilities/resilient-societies/centres/ancient-cultures-research-centre/research/research-projects/serica>. Atualizado em 6/12/2015.

ECSEDY, H. "Tribe and Tribal Society in the 6th Century Türk Empire". *Acta Orientalia Academiae Scientiarum Hungaricae*, 25, 1972, pp. 245-262.

______. "Tribe and Empire, Tribe and Society in the Türk Age". *Acta Orientalia Academiae Scientiarum Hungaricae*, 31.1, 1977, pp. 3-15.

EFFROS, B. *Uncovering the Germanic Past: Merovingian Archaeology in France 1830-1914*. Oxford, Oxford University Press, 2012.

EGYPT: Faith after the Pharaohs. *British Museum*, 29/10/2015 a 7/2/2016 (Exposição de arte).

EISENBERG, A. "Warfare and Political Stability in Medieval North Asian Regimes". *T'oung Pao*, 83, 1997, pp. 300-328.

______. *Kingship in Early Medieval China*. Leiden, Brill, 2008.

EISENSTADT, S. N. & RONIGER, L. *Patrons, Clients, and Friends: Interpersonal Relations and the Structure of Trust in Society*. Cambridge, Cambridge University Press, 1984.

ELLIOT, M. "Mànwén dàng'ān yǔ xīnqíngshǐ". *Gùgōng Xuéshū jìkàn*, 24.2, 2006, pp. 1-18.

ELLIOTT, M. C. *The Manchu Way: The Eight Banners and Ethnic Identity in Late Imperial China*. Stanford, Stanford University Press, 2001.

EL-TAYIB, A. "Pre-Islamic Poetry". *In*: BEESTON, A. F. L. *et al.* (ed.). *Arabic Literature to the End of the Umayyad Period*. Cambridge, Cambridge University Press, 1983, pp. 27-114.

EMMERICK, R. E. "Buddhism in Pre-Islamic Times", 2016. *Encyclopaedia Iranica*. Disponível em <www.iranicaonline.org/articles/buddhism-i>.

EMMETT, K. *et al.* "Parametric Inference Using Persistence Diagrams: A Case Study in Population Genetics". *Proceedings* of the 31st International Conference on Machine Learning, Beijing, China, 2014; *Journal of Machine Learning Research: Workshop and Conference Proceedings*, 32, 2014. Disponível em <arXiv:1406.4582 [q-bio.QM]>.

ENOKI, K. "On the Nationality of the Ephthalites". *Memoirs of the Research Department of the Toyo Bunko (The Oriental Library)*, 18, 1959, pp. 1-58.

ÉRDY, M. "Hun and Xiong-nu Type Cauldron Finds throughout Eurasia". *Eurasian Studies Yearbook*, 67, 1995, pp. 5-94.

ĖRĖGZĖN, G. (ed.). *Khünnügiĭn öv: Treasures of the Xiongnu*. Ulaanbaatar, 2011.

ERRINGTON, E. & CURTIS, S. V. *From Persepolis to Punjab: Exploring Ancient Iran, Afghanistan and Pakistan*. London, BMP, 2007, pp. 82-85.

ETSUKO, K. "The Ossuaries (Zoroastrian Bone-Receptacles) Unearthed in Chinese Turkestan". *Bulletin of the Society for Near Eastern Studies in Japan*, 40.1, 1997, pp. 73-89.

FALK, H. *Schrift im alten Indien: Ein Forschungsbericht mit Anmerkungen*. Tübingen, Gunter Narr Verlag, 1993 (ScriptOralia, 56).

______. "The Brāhmī Inscriptions". *In*: LERNER, J. A. & SIMS-WILLIAMS, N. (ed.). *Seals, Sealings and Tokens from Bactria to Gandhara (4th to 8th century CE)*. Wien, Verlag der Österreichischen Akademie der Wissenschaften, 2011.

FALLER, O. (ed.). *Ambrosius. De fide ad Gratianum Augustum*. Bonn, A. Marcus und E. Webers Verlag, 1962 (Corpus Scriptorum Ecclesiasticorum Latinorum, 78).

FANGYI, C. "The Research on the Identification between Tiele (鐵勒) and the Oγuric Tribes". *Archivum Eurasiae Medii Aevi*, 19, 2012, pp. 81-113.

FASŌNG, M. "Lùnlùn Tángdài de Nánchàohuà xíngxiàng". *Zhōngguóshǐ Yánjiū*, 2, 1996, pp. 51-64.

FERGUSON, R. B. "A Paradigm for the Study of War and Society". *In*: RAAFLAUB, K. & ROSENSTEIN, N. (ed.). *War and Society in the Ancient and Medieval Worlds*. Cambridge, Harvard University Press, 1999, pp. 389-437.

FERGUSON, R. B. & WHITEHEAD, N. L. "The Violent Edge of Empire". *War in the Tribal Zone*. Santa Fe, School of American Research Press, 1992, pp. 1-30.

FERRIS, I. M. *Enemies of Rome: Barbarians through Roman Eyes*. London, Sutton Publishing, 2000.

FEUCHTER, J. "Mittelalterliche Migrationen als Gegenstand der 'Genetic History'". *In*: GEHRKE, H.-J.; HOFMANN, K. P. & WIEDEMANN, F. (ed.). *Vom Wandern der Völker: Darstellungen und Erzählungen von Migrationen in den Altertumswissenschaften*. Berlin, Edition Topoi, 2017.

FIEY, J. M. "Topography of al-Mada'in". *Sumer*, 23, 1967, pp. 25-28.

FIEY, J. M. *Pour un Oriens Christianus Novus: Répertoire des diocèses syriaques orientaux et occidentaux*. Beirut, Ergon Verlag, 1993.

FIRESTEIN, S. *Ignorance: How It Drives Science*. New York, Oxford University Press, 2012.

FISHER, G. *Between Empires: Arabs, Romans, and Sasanians in Late Antiquity*. Oxford, Oxford University Press, 2011.

FLETCHER, J. "Turko-Mongolian Monarchic Tradition in the Ottoman Empire". *Harvard Ukrainian Studies*, 3-4.1, 1979-1980.

______. "The Mongols: Social and Ecological Perspectives". *Harvard Journal of Asiatic Studies*, 46.1, 1986, pp. 11-50.

FLUSIN, B. *Saint Anastase le Perse et l'histoire de la Palestine au début du VIIe siècle*. Paris, Éd. du CNRS, 1992.

FOLLETT, M. P. "Community Is a Process". *Philosophical Review*, 28, 1919, pp. 576-588.

______. "Power". *In*: METCALF, H. C. & URWICK, L. (ed.). *Dynamic Administration: The Collected Papers of Mary Parker Follett*. New York, Routledge, 1942, pp. 72-95.

______. "The Process of Control". *In*: URWICK, L. (ed.). *Freedom and Coordination: Lectures in Business Organization by Mary Parker Follett*. London, Routledge, 1949, pp. 77-89.

FOLTZ, R. *Religions of the Silk Road: Premodern Patterns of Globalization*. 2. ed. New York, Palgrave Macmillan, 2010.

FORTE, A. *Mingtang and Buddhist Utopias in the History of the Astronomical Clock: The Tower, Statue, and Armillary Sphere Constructed by Empress Wu*. Roma, Istituto italiano per il Medio ed Estremo, 1988.

______. *Political Propaganda and Ideology in China at the End of the Seventh Century: Inquiry into the Nature, Authors and Functions of the Tunhuang Document S.6502, Followed by an Annotated Translation*. 2. ed. Kyōto, Italian School of East Asian studies, 2005.

FOUCAULT, M. "Two Lectures". *Power/Knowledge: Selected Interviews and Other Writings, 1972-1977*, Ed. C. Gordon. New York, Vintage, 1980, pp. 78-108.

FOWDEN, G. *Empire to Commonwealth: The Consequences of Monotheism in Late Antiquity*. Princeton, Princeton University Press, 1993.

______. *Before and after Muhammad*. Princeton, Princeton University Press, 2014.

FRACHETTI, M. D. "Migration Concepts in Central Eurasian Archaeology". *Annual Review of Anthropology*, 40.1, 2011, pp. 195-212.

FRACHETTI, M. D.; BENECKE, N.; MAR'YASHEV, A. N. & DOUMANI, P. N. "Eurasian Pastoralists and Their Shifting Regional Interactions at the Steppe Margin: Settlement History at Mukri, Kazakhstan". *World Archaeology*, 42.4, 2010, pp. 622-646.

FRANKOPAN, P. *The Silk Roads: A New History of the World*. London, Vintage, 2015.

FREEDMAN, P. *Out of the East: Spices and the Medieval Imagination*. New Haven, Yale University Press, 2008.

FREEMAN, E. A. *Western Europe in the Fifth Century*. London, Macmillan, 1905.

FRENDO, J. D. (trad. e ed.). *Agathias. The Histories. Corpus Fontium Historiae Byzantinae IIA*. Berlin, de Gruyter, 1975.

FRIED, M. *The Evolution of Political Society*. New York, Random House, 1967.

______. *The Notion of Tribe*. Menlo Park, Cummings Publishing Company, 1975.

FRYE, R. N. *The History of Ancient Iran*. München, C. H. Beck, 1983.

FUCHS, W. "Zur technischen Organisation der Übersetzungen buddhistischer Schriften ins Chinesische". *Asia Major*, 6, 1930, pp. 84-103.

FUKU NO KENKYŪ. *Fuku no kenkyū yūrashia sōgen no saiki jūki, Yūrashia kōkogaku sensho*. Tōkyō, 2011.

GABAIN, A. von. "Buddhistische Türkenmission". *In*: SCHUBERT, J. & SCHNEIDER, U. (ed.). *Asiatica: Festschrift Friedrich Weller zum 65. Geburtstag gewidmet von seinen Freunden, Kollegen und Schülern*. Leipzig, Harrassowitz Verlag, 1954, pp. 151-173.

GALL, H. von. "Entwicklung und Gestalt des Thrones in vorislamischen Iran". *Archäologische Mitteilungen aus Iran*, 4, 1971, pp. 207-235.

GARDINER-GARDEN, J. R. "Greek Conceptions on Inner Asian Geography and Ethnography from Ephoros to Eratosthenes". *Papers on Inner Asia*, n. 9. Bloomington, 1987a.

______. "Herodotos' Contemporaries on Skythian Geography and Ethnography". *Papers on Inner Asia*, n. 10. Bloomington, 1987b.

GARSOÏAN, N. *The Epic Histories attributed to P'awstos Buzand (Buzandaran Patmut'iwnk')*. Cambridge, Harvard University Press, 1989.

GARSTAD, B. (ed.). *"Apocalypse" of Pseudo-Methodius: An Alexandrian World Chronicle*. Cambridge, Cambridge University Press, 2012.

GASPARINI, M. "A Mathematic Expression of Art: Sino-Iranian and Uighur Textile Interactions and the Turfan Textile Collection in Berlin". *Transcultural Studies*, 1, 2014, pp. 134-163.

GATIER, P.-L. "Des girafes pour l'Empereur". *Topoi*, 6, 1996, pp. 933-941.

GEARY, P. *The Myth of Nations: The Medieval Origins of Europe*. Princeton, Princeton University Press, 2002.

GEARY, P. J. & VEERAMAH, K. "Mapping European Population Movement through Genomic Research". *Medieval Worlds*, 4, 2016, pp. 65-78. Disponível em <doi: 10.1553/medievalworlds_no4_2016s65>.

GEERTZ, C. *Negara: The Theatre State in Nineteenth-Century Bali*. Princeton, Princeton University Press, 1990.

GĒNG'ǑU, T. *Dūnhuáng shèhuì jīngjì wénxiàn zhēnwěi shìlù* [Textos autênticos e anotados sobre a sociedade e a economia de Dūnhuáng]. Beijing, s/e, 1986.

GERNET, J. *Buddhism in Chinese Society: An Economic History from the Fifth to Tenth Centuries*. Trad. F. Verellen. New York, Columbia University Press, 1995.

GEUS, K. *Eratosthenes von Kyrene: Studien zur hellenistischen Kultur- und Wissenschaftsgeschichte*. München, C. H. Beck, 2002.

______. "Pappos aus Alexandria, Chorographia oikumenike". *In*: GEHRKE, H.-J. *Ananias. Die Fragmente der Griechischen Historiker, Teil. 5. Brill Online*. No prelo.

GHOSH, S. *Writing the Barbarian Past: Studies in Early Medieval Historical Narrative*. Leiden, Brill, 2016.

______. "Die 'Oikumene-Beschreibung' (Χωρογραφία οἰκουμενική) des Pappos von Alexandria und die armenische 'Welt-Schau' (Ašxarhac'oyc') des Movsēs von Chorene. Zur Rezeption des Ptolemaios im Griechischen und Armenischen". *In*: ROLLINGER, R. (ed.). *Die Sicht auf die Welt zwischen Ost und West (750 v. Chr. – 550 n. Chr.)*. Wiesbaden, Harrassowitz, 2017, pp. 81-93.

GIARDINA, A. "Roma e il Caucaso". *In*: CENTRO ITALIANO DI STUDI SULL'ALTO MEDIOEVO (ed.). *Il Caucaso: Cerniera fra culture dal Mediterraneo alla Persia*. Spoleto, Fondazione Cisam, 1996, pp. 85-141.

GIGNOUX, P. "Dirham I. in Pre-Islamic Persia". *Encyclopaedia Iranica*, 7, 1996.

GIGNOUX, P. & GYSELEN, R. *Sceaux sasanides de diverses collections privées*. Leuven, Peeters, 1982.

GILLETT, A. *Envoys and Political Communication in the Late Antique West, 411-533*. Cambridge, Cambridge University Press, 2003.

GILLETT, A. (ed.). *On Barbarian Identity: Critical Approaches to Ethnicity in the Early Middle Ages*. Turnhout, Brepols, 2002.

GIRAUD, R. *L'Empire des Turcs célestes: Les règnes d'Elterich, Qapghan et Bilgä (680-734)*. Paris, s/e, 1960.

GLACKEN, C. *Traces on the Rhodian Shore: Nature and Culture in Western Thought from Ancient Times to the Eighteenth Century*. Berkeley, University of California Press, 1967.

GNOLI, G. "A Sassanian iconography of the Dēn". *Bulletin of the Asia Institute*, 7, 1993, pp. 79-85.

______. "Farr(ah)". *In*: YARSHATER, E. *Encyclopædia Iranica*, vol. 9. New York, Bibliotheca Persica Press, 1999.

GNOLI, G. & PANAINO, A. (ed.). *Kayd: Studies in History of Mathematics, Astronomy and Astrology in Memory of David Pingree*. Roma, Istituto Italiano per l'Africa e l'Oriente, 2009.

GÖBL, R. *Sasanian Numismatics*. Würzburg, Klinkhardt & Biermann, 1971.

GOFFART, W. *Barbarians and Romans: The Techniques of Accommodation, A.D. 418--584*. Princeton, Princeton University Press, 1980.

GOFFART, W. "Great Invasions, Map Showing Origins Of". *In*: BLOCK, M. & NESS, I. (ed.). *The Encyclopedia of Global Human Migration*. London, Wiley-Blackwell, 2013.

GOLDEN, P. B. "Imperial Ideology and the Sources of Political Unity amongst the Pre-Činggisid Nomads of Western Eurasia". *Archivum Eurasiae Medii Aevi*, 2, 1982, pp. 37-76.

______. "The Scythians and Sarmatians". *In*: SINOR, D. (ed.). *The Cambridge History of Early Inner Asia*. Cambridge, Cambridge, 1990a, pp. 97-11.

______. "The Peoples of the South Russian Steppes". *In*: SINOR, D. (ed.). *The Cambridge History of Early Inner Asia*. Cambridge, Cambridge University Press, 1990b, pp. 256-284.

______. "The Qıpčaqs of Medieval Eurasia: An Example of Stateless Adaptation on the Steppes". *In*: SEAMAN, G. & MARKS, D. (ed.). *Rulers from the Steppes: State Formation on the Eurasian Periphery*. Los Angeles, Ethnorgraphics Press, 1991, pp. 132-157.

______. *An Introduction to the History of the Turkic Peoples: Ethnogenesis and State--Formation in Medieval and Early Modern Eurasia and the Middle East*. Wiesbaden, Harrassowitz, 1992.

______. *Ethnicity and State Formation in Pre-Činggisid Turkic Eurasia*. Bloomington, Department of Central Eurasian Studies, Indiana University, 2001, pp. 1-46 (The Central Eurasian Studies Lectures, 1).

______. "Turks and Iranians: An Historical Sketch". *In*: JOHANSON, L. & BULUT, C. (ed.). *Turkic-Iranian Contact Areas: Historical and Linguistic Aspects*. Wiesbaden, Harrassowitz, 2006a.

______. "The Türk Imperial Tradition in the Pre-Chinggisid Era". *In*: SNEATH, D. (ed.). *Imperial Statecraft: Political Forms and Techniques of Governance in Inner Asia: 6th-20th Centuries*. Cambridge, Cambridge University Press, 2006b, pp. 23-59.

______. "Ethnogenesis in the Tribal Zone: The Shaping of the Turks". *AEMAe*, 16, 2008-2009, pp. 73-112.

______. *Central Asia in World History*. Oxford, Oxford University Press, 2011.

______. "Oq and Ogur ~ Oğuz". *Turkic Languages*, 16, 2012, pp. 155-199.

______. "Some Notes on the Avars and Rouran". *In*: CURTA, F. & MALEON, B.-P. (ed.). *The Steppe Lands and the World beyond Them: Studies in Honor of Victor Spinei on His 70th Birthday*. Iaşi, Editura Universităţii Alexandru Ioan Cuza, 2013, pp. 43-66.

______. "Review of P. F. Bang and D. Kolodziejczyk, eds., Universal Empire". *Art History Bulletin Online Reviews*, 2014, pp. 74-79.

______. "The Turkic World in Mah'mūd al-Kāshgharī". *In*: BEMMANN, J. & SCHMAUDER, M. (ed.). *Complexity of Interaction along the Eurasian Steppe Zone in the First Millennium CE*. Bonn, Rheinische Friedrich-Wilhelms-Universität Bonn, 2015, pp. 503-555.

GOLDMAN, B. "Women's Robing in the Sasanian Era". *Iranica Antiqua*, 23, 1997, pp. 233-300.

GOOD, I. "On the Question of Silk in Pre-Han Eurasia". *Antiquity*, 69.266, 1995, pp. 959-968.

GORDON, C. D. *The Subsidization of Border Peoples as a Roman Policy in Imperial Defence*. Tese de doutorado. Michigan, University of Michigan, 1948.

GRAFF, D. "Meritorious Cannibal: Chang Hsün's Defense of Sui-yang (757) and the Exaltation of Loyalty in an Age of Rebellion". *Asia Major*, 8.1, 1995, pp. 1-17.

______. *Medieval Chinese Warfare, 300-900*. London, Routledge, 2002.

GRAFTON, A. *The Footnote*. Cambridge, Harvard University Press, 1999.

GRAHAM, M. W. *News and Frontier Consciousness in the Later Roman Empire*. Ann Arbor, University of Michigan Press, 2006.

GREATREX, G. *Rome and Persia at War, 502-532*. Leeds, Francis Cairns, 1998.

______. "Byzantium and the East in the Sixth Century". *In*: MAAS, M. (ed.). *The Cambridge Companion to the Age of Justinian*. Cambridge, Cambridge University Press, 2005, pp. 477-509.

GREATEX, G. & LIEU, S. N. C. *The Roman Eastern Frontier and the Persian Wars, pt. 2, AD 363-630*. London, Routledge, 2002.

GREEN, D. H. *Language and History in the Early Germanic World*. Cambridge, Cambridge University Press, 1998.

GRENET, F. "Les 'Huns' dans les documents sogdiens du mont Mugh". *In*: GIGNOUX, P. & FOUCHÉCOUR, C. H. de (ed.). *Études Iranoaryennes offertes à Gilbert Lazard*. Paris, Association pour l avancement des études iraniennes, 1989, pp. 165-184.

______. "Crise et sortie de crise en Bactriane-Sogdiane au IVe-Ve siècles: De l'héritage antique a l'adoption de modèles sassanides". *Accademia Nazionale dei Lincei. La Persia e l'Asia centrale da Alessandro al X secolo*. Roma, Accademia Nazionale dei Lincei, 1996 (Atti dei Convegni Lincei, 127).

______. "Regional Interaction in Central Asia and Northwest India in the Kidarite and Hephthalite Periods". *Proceedings of the British Academy*, 116, 2002.

______. *La Geste d'Ardashir fils de Pâbag, Kārnāmag ī Ardaxšēr ī Pābagān, traduit du pehlevi*. Die, Editions a Die, 2003a.

______. "L'Inde des astrologues sur une peinture sogdienne du VIIe siècle". *In*: CERETI, C. G.; MAGGI, M. & PROVASI, E. (ed.). *Religious Themes and Texts of Pre-Islamic Iran and Central Asia: Studies in Honour of Professor Gherardo Gnoli on the Occasion of His 65th birthday*. Wiesbaden, Dr Ludwig Reichert Verlag, 2003b, pp. 123-129.

______. "Découverte d'un relief sassanide dans le Norde de l'Afghanistan (note d'information)". *Comptes-rendus de l'Académie des inscriptions et belles lettres*, 49.1, 2005.

______. "Some Hitherto Unrecognized Mythological Figures on Sasanian Seals: Proposed Identifications". *In*: LUR'E, P. & TOKHTAS'EV, S. (ed.). *Sbornik k 90-letiju V.A. Livshitsa*. St. Petersburg, Nestor, 2013a, pp. 202-210.

GRENET, F. "Contribution à l'étude de la révolte de Muqanna (c. 775-780): Traces matérielles, traces hérésiographiques". *In*: AMIR-MOEZZI, M. A. (ed.). *Islam. Identité et altérité: Hommage au Père Guy Monnot*. Turnhout, Brepols, 2013b, pp. 247-261.

GRENET, F. & MARSHAK, B. I. "Le mythe de Nana dans l'art de la Sogdiane". *Arts Asiatiques*, 53, 1998, pp. 5-18.

GRENET, F. & PINAULT, G.-J. "Contacts des traditions astrologiques de l'Inde et de l'Iran d'après une peinture des collections de Turfan". *Comptes Rendus de l'Académie des Inscriptions et Belles-lettres*, 1997 [1999], pp. 1.003-1.063.

GRENET, F.; SIMS-WILLIAMS, N. & VAISSIEÈRE, É. de la. "The Sogdian Ancient Letter V". *Bulletin of the Asia Institute*, 12, 1998, pp. 91-104.

GROUSSET, R. *L'empire des steppes: Attila, Gengis-Khan, Tamerlan*. Paris, Payot, 1965.

GRÜLL, T. "Expositio totius mundi et gentium: A Peculiar Work on the Commerce of the Roman Empire from the Mid-Fourth Century – Compiled by a Syrian Textile Dealer?". *In*: CSABAI, Z. (ed.). *Studies in Economic and Social History of the Ancient Near East in Memory of Péter Vargyas*. Budapest, L'Harmattan, 2014, pp. 629-642.

GU, B. *Hànshū*. Bejing, Zhōnghuá Zìhăi, 1962.

GUĀNG, S. *Zīzhì Tōngjiàn*. Beijing, s/e, 1956 [1084].

GUIRGASS, V. (trad. e ed.). *Al-Dīnawarī, Kitāb al-Akhbār al-ṭiwāl*. Leiden, Brill, 1888.

GUISSO, R. W. L. *Wu Tse-t'ien and the Politics of Legitimation in T'ang China*. Bellingham, s/e, 1978.

______. "The Reigns of the Empress Wu, Chung-tsung and Jui-tsung (684-712)". *In*: TWITCHETT, D. C. (ed.). *The Cambridge History of China*, vol. 3: *Sui and T'ang China 589-906*, Part 1. Cambridge, Cambridge University Press, 1979, pp. 290-332.

GUMILEV, L. *Drevnyaya Rus' i Velikaya step'* [Os antigos Rus e a Grande Estepe]. Moskva, Ayris-press, 1989.

GUNGWU, W. *Divided China: Preparing for Reunification 883-947*. 2. ed. Singapore, World Scientific Publishing Company, 2007.

GUOCAN, C. "Táng Qiánlíng shíxiàng jíqí xiānmíng de yánjiū" [Um estudo sobre as estátuas Táng Qianling e suas inscrições]. *Wénwù jìkān*, 2, 1980, pp. 189-203.

GYÖRFFY, G. "A csatlakozott népek". *Századok*, 92, 1958, pp. 44-76.

GYSELEN, R. "Les sceaux des mages de l'Iran sassanide". *Au carrefour des religions: Mélanges offerts à Philippe Gignoux*. Bures-sur-Yvette, Peeters, 1995, pp. 121-150.

HAGE, W. "Das Christentum in der Turfan-Oase". *In*: HEISSIG, W. & KLIMKEIT, H. J. (ed.). *Synkretismus in den Religionen Zentralasiens*. Wiesbaden, Harrassowitz, 1987, pp. 46-57.

HALKIAS, G. T. "When the Greeks Converted the Buddha: Asymmetrical Transfers of Knowledge in Indo-Greek Cultures". *In*: WICK, P. & RABENS, V. (ed.). *Religions and Trade. Religious Formation, Transformation and Cross-Cultural Exchange between East and West*. Leiden, Brill, 2014, pp. 65-115.

HALKIAS, G. T. "The Self- Immolation of Kalanos and Other Luminous Encounters among Greeks and Indian Buddhist in the Hellenistic World". *Journal of the Oxford Center for Buddhist Studies*, 8, 2015, pp. 163-186.

HALL, E. *Inventing the Barbarian: Greek Self-Definition through Tragedy*. Oxford, Oxford University Press, 1989.

HALSALL, G. "Review Article: Movers and Shakers: The Barbarians and the Fall of Rome". *Early Medieval Europe*, 8.1, 1999, pp. 131-145.

______. *Barbarian Migrations and the Roman West, 376-568*. Cambridge, Cambridge University Press, 2007, pp. 1-35.

______. "Ethnicity and Early Medieval Cemeteries". *Arqueología y Territorio Medieval*, 18, 2011, pp. 15-27.

HAMILTON, F. J. & BROOKS, E. W. *The Syriac Chronicle Known as that of Zachariah of Mitylene*. London, 1899.

HAMILTON, J. R. *Les Ouïghours à l'époque des cinq dynasties*. Paris, s/e, 1988 [1955].

HANSEN, V. "How Business Was Conducted on the Chinese Silk Road during the Tang Dynasty, 618-907". *In*: GOETZMANN, W. & GEERT ROUWENHORST, K. (ed.). *Origins of Value: The Financial Innovations that Created Modern Capital Markets*. New York, Oxford University Press, 2005, pp. 43-64.

______. *The Silk Road: A New History*. New York, Oxford University Press, 2012.

______. *The Open Empire: A History of China to 1800*. 2. ed. New York, W. W. Norton & Company, 2015.

HARPER, P. O. *The Royal Hunter: Art of the Sasanian Empire*. New York, Asia Society, 1978.

______. "Thrones and Enthronement Scenes in Sasanian Art". *Iran*, 17, 1979, pp. 49-64.

______. *Silver Vessels of the Sasanian Period*, vol. 1: *Royal Imagery*. New York, Metropolitan Museum of Art/Princeton University Press, 1981.

HARRIS, A. "Britain and China at Opposite Ends of the World? Archaeological Methodology and Long-Distance Contacts in the Sixth Century". *Incipient Globalization? Long Distance Contacts in the Sixth Century*. Oxford, Oxford University Press, 2007, pp. 91-104.

HARRIS, A. (ed.). *Incipient Globalization? Long Distance Contacts in the Sixth Century*. Oxford, Oxford University Press, 2007, pp. 3-14.

HARTMAN, C. & DE BLASI, A. "The Growth of Historical Method in Tang China". *In*: FLOOR, S. & ROBINSON, C. (ed.). *The Oxford History of Historical Writing*, vol. 2: *400-1400*. Oxford, Oxford University Press, 2012, pp. 17-36.

HARTSOCK, N. C. M. "Community/Sexuality/Gender: Rethinking Power". *In*: DI STEFANO, C. & HIRSCHMANN, N. J. (ed.). *Revisioning the Political: Feminist Reconstructions of Traditional Concepts in Western Political Theory*. Boulder, Routledge, 1996, pp. 27-49.

HARUT'YUNYAN, B. *"Ašxarhac'oyc"'ev č'ors Hayk'eri xndirə* [*The Ašxarhac'oyc'* e o problema das quatro Armênias]. Erevan, s/e, 1997

HAURY, J. *Procopii Caesariensis opera omnia*, 4 vols. Leipzig, Teubner, 1962.

HAUSER, S. "Vēh Ardashīr and the Identification of the Ruins at Al-Madā'in". *In*: HAGEDORN, A. & SHALEM, A. *Facts and Artefacts: Art in the Islamic World, Festschrift for Jens Kröger on His 65th Birthday*. Leiden, Brill, 2007, pp. 461-488 (Islamic History and Civilization, 68).

HAUSSIG, H. W. "Theophylakts Exkurs über die skythischen Völker". *Byzantion*, 23, 1953, pp. 275-436.

______. *Die Geschichte Zentralasiens und der Seidenstraße in vorislamischer Zeit*. Darmstadt, Wissenschaftliche Buchgesellschaft (wbg), 1983.

HAYASHI, T. "Runic Inscription on a Roof Tile Found in Mongolia". *XIV. Türk Tarih Kongresi. Kongreye Sunulan Bildiriler, III. Cilt*. Ankara, s/e, 2005, pp. 276-284.

______. "Sogdian Influences Seen on Turkic Stone Statues Focusing on the Fingers Representations". *In*: COMPARETI, M.; RAFFETTA, P. & SCARCIA, G. (ed.). *Ērān ud Anērān: Studies Presented to Boris Il'ič Maršak on the Occasion of His 70th Birthday*. Venezia, Libreria Editrice Cafoscarina, 2006, pp. 245-259.

______. "Hunnic Cauldrons". *In*: FUKU NO KENKYU (ed.). *Fuku no kenkyū yūrashia sōgen no saiki jūki*. Tōkyō, 2011, pp. 341-382.

______. "Huns Were Xiongnu or Not? From the Viewpoint of Archaeological Material". *In*: CHOI, H. W. *et al.* (ed.). *Altay Communities: Migrations and Emergence of Nations*. Istanbul, Istanbul Esnaf ve Sanatkarlar Odalari Birligi, 2014, pp. 13-26.

HEATHER, P. "Disappearing and Reappearing Tribes". *In*: POHL, W. & REIMITZ, H. (ed.). *Strategies of Distinction: The Construction of Ethnic Communities, 300-800*. Leiden, Brill, 1998, pp. 95-116.

______. *The Fall of the Roman Empire: A New History of Rome and the Barbarians*. New York, Pan Books, 2005.

______. *Empires and Barbarians: Migration, Development, and the Birth of Europe*. London, Oxford University Press, 2009a.

______. "Why Did the Barbarian Cross the Rhine?". *Journal of Late Antiquity*, 2.1, 2009b, pp. 3-29.

______. "The Huns and Barbarian Europe". *In*: MAAS, M. (ed.). *The Cambridge Companion to the Age of Attila*. Cambridge, Cambridge University Press, 2015, pp. 209-229.

HEIRMAN, A. "Vinaya: From India to China". *In*: HEIRMAN, A. & BUMBACHER, S. P. (ed.). *The Spread of Buddhism*. Leiden, Brill, 2007, pp. 167-202 (Handbook of Oriental Studies, 8.16).

HEIRMAN, A. & TORCK, M. *A Pure Mind in a Clean Body: Bodily Care in the Buddhist Monasteries of Ancient India and China*. Ghent, Ginkgo Academia Press, 2012.

HELGASON, A. "Sequences from First Settlers Reveal Rapid Evolution in Icelandic mtDNA Pool". *PLoS Genetics*, 5.1, 2009. Disponível em <doi:10.1371/journal.pgen.1000343>.

HELGASON, A. *et al.* "mtDNA and the Islands of the North Atlantic, Estimating the Proportions of Norse and Gaelic Ancestry". *American Journal of Human Genetics*, 68, 2001, pp. 723-737.

HELMS, M. W. *Ulysses' Sail: An Ethnographic Odyssey of Power, Knowledge, and Geographical Distance*. Princeton, Princeton University Press, 1988.

______. *Craft and the Kingly Ideal: Art, Trade, and Power*. Austin, University of Texas Press, 1993.

HENNING, W. B. "Neue Materialien zur Geschichte des Manichäismus". *Zeitschrift Deutschen Morgenländigen Gesellschaft*, 90, 1936.

______. "The Date of the Sogdian Ancient Letters". *Bulletin of the School of Oriental and African Studies*, 12, 1948.

HENRY, R. (ed.). *Photius. Bibliothéque*. Paris, Les Belles Lettres, 1959-1991.

HERRMANN, A. *An Historical Atlas of China*. Chicago, Aldine Publishing Company, 1966.

HERZFELD, E. "Der Thron des Khosrô". *Jahrbuch der Preussischen Kunstsammlungen*, 41, 1920, pp. 1-24, 103-147.

HEWSEN, R. H. (trad. e ed.). *The Geography of Ananias of Širak (Ašxarhac'oyc'): The Long and the Short Recensions*. Introduction, Translation and Commentary. Wiesbaden, Reichert, 1992.

HILL, J. E. *The Peoples of the West from the Weilüe by Yu Huan*, 2004. Disponível em <https://depts.washington.edu/silkroad/texts/weilue/weilue.html>.

______. *Through the Jade Gate to Rome: A Study of the Silk Routes during the Later Han Dynasty, 1st to 2nd Centuries C.E.* Charleston, BookSurge Publishing, 2009.

HITCH, D. A. "Kushan Tarim Domination". *Central Asiatic Journal*, 32.3-4, 1988, pp. 182-185.

HOFFMANN, G. "Auszüge aus syrischen Akten persischer Märtyrer, übersetzt und durch Untersuchungen zur historischen Topographie erläutert". *Abhandlungen für die Kunde des Morgenlandes*, 7.3, 1880.

HOLCOMBE, C. "Re-Imagining China: The Chinese Identity Crisis at the Start of the Southern Dynasties Period". *Journal of the American Oriental Society*, 115.1, 1995, pp. 1-14.

______. "The Xianbei in Chinese History". *Early Medieval China*, 2013.19, 2013, pp. 1-38.

HOLENSTIEN, A. "Introduction". *In*: BLOCKMANS, W.; HOLENSTEIN, A. & MATHIEU, J. *Empowering Interactions: Political Cultures and the Emergence of the State in Europe, 1300-1900*. Aldershot, Routledge, 2009, pp. 1-31.

HÖLSCHER, T. (ed.). *Gegenwelten zu den Kulturen Griechenlands und Roms in der Antike*. Leipzig, de Gruyter, 2000.

HONEY, D. B. "Lineage as Legitimation in the Rise of Liu Yüan and Shih Le". *Journal of the American Oriental Society*, 1990a, pp. 616-621.

______. *The Rise of the Medieval Hsiung-nu: The Biography of Liu Yüan*. Bloomington, Indiana University Research Institute for Inner Asian Studies, 1990b (Papers on Inner Asia, 15).

______. "The Concept of Sovereignty among the Medieval Hsiung-nu". *In*: KELLNER--HEINKELE, B. (ed.). *Altaica Beroliniensa: The Concept of Sovereignty in the Altaic Word*. Wiesbaden, Harrossowitz Verlag, 1993, pp. 109-113.

HONEYCHURCH, W. *Inner Asia and the Spatial Politics of Empire*. New York, Springer, 2015, pp. 12-74.

HONEYCHURCH, W. & AMARTÜVSHIN, C. "Hinterlands, Urban Centers, and Mobile Settings. The 'New' Old World Archaeology from the Eurasian Steppe". *Asian Perspectives*, 46.1, 2007, pp. 36-64.

HONIGMANN, E. *Die Sieben Klimata und die ΠΟΛΕΙΣ ΕΠΙΣΗΜΟΙ: Eine Untersuchung zur Geschichte der Geographie und Astrologie in Altertum und Mittelalter*. Heidelberg, C. Winter Universitätsbuchhandlung, 1929.

HORDEN, P. "Mediterranean Plagues in the Age of Justinian". *In*: MAAS, M. (ed.). *Age of Justinian*. Cambridge, Cambridge University Press, 2005, pp. 134-160.

HOURANI, G. F. & CARSWELL, J. *Arab Seafaring in the Indian Ocean in Ancient and Early Medieval Times*. Princeton, Princeton University Press, 1995.

HOWARD-JOHNSTON, J. "The Siege of Constantinople in 626". *In*: MANGO, C.; DAGRON, G. & GREATREX, G. *Constantinople and its Hinterland: Papers from the Twenty-Seventh Spring Symposium on Byzantine Studies*. Oxford, April 1993. Aldershot, Routledge, 1995a, pp. 131-142.

______. "The Two Great Powers in Late Antiquity: A Comparison". *In*: CAMERON, A. (ed.). *The Byzantine and Early Islamic Near East*, vol. 3: *States, Resources and Armies*. Princeton, Princeton University Press, 1995b, pp. 157-226 (Studies in Late Antiquity and Early Islam, 1).

______. *Witnesses to a World Crisis: Historians and Histories of the Middle East in the Seventh Century*. Oxford, Oxford University Press, 2010a.

______. "The Sasanians' Strategic Dilemma". *In*: BÖRM, H. & WIESEHÖFER, J. (ed.). *Commutatio et contentio: Studies in the Late Roman, Sasanian, and Early Islamic Near East in Memory of Zeev Rubin*. Düsseldorf, Wellem Verlag, 2010b.

HOYLAND, R. "Islam as a Late Antique Religion". *In*: JOHNSON, S. F. (ed.). *The Oxford Handbook of Late Antiquity*. Oxford, Oxford University Press, 2012, pp. 1.053-1.177.

HUAIYU, C. *The Revival of Buddhist Monasticism in Medieval China*. New York, Peter Lang, 2007 (American University Studies, Ser. 8. Theology and Religion, 25).

HUAN, Y. "Wèilüè". *In:* HILL, J. E. (ed.). *The Peoples of the West from the Weilüe by Yu Huan: A Third-Century Chinese Account Composed between 239 and 265 CE.* Não publicado, 2004.

HUAN, W. "Apa Qaghan, Founder of the Western Turkish Khanate, the Splitting Up of the Turkish Khanate and the Formation of the Western Turkish Khanate". *Social Sciences in China*, 3.4, 1982, pp. 124-154.

HUCKER, C. *A Dictionary of Official Titles in Imperial China*. Stanford, Stanford University Press, 1985.

HUMBACH, H. *Kušān und Hephthaliten*. München, J. Kitzinger, 1961.

HUMBACH, H. & ICHAPORIA, P. (trad. e ed.). *Zamyād Yasht, Yasht 19 of the Younger Avesta*. Wiesbaden, Harrassowitz Verlag, 1998.

HUMPHRIES, M. "The Shapes and Shaping of the Late Antique World: Global and Local Perspectives". *In*: ROUSSEAU, P. (ed.). *A Companion to Late Antiquity*. Chichester, Wiley-Blackwell, 2009, pp. 97-109.

HUNKAN, O. S. *Türk Hakanlığı. Karahanlılar (766-1212)*. Istanbul, IQ Kültür Sanat Yayincilik, 2007, pp. 75-80.

HUNTER, E. C. D. "The Persian Contribution to Christianity in China: Reflections in the Xian Fu Syriac Inscriptions". *In*: WINKLER, D. W. & TANG, L. (ed.). *Hidden Treasures and Intercultural Encounters: Studies on East Syriac Christianity in China and Central Asia*. Wien, LIT Verlag, 2009, pp. 71-86.

______. "The Christian Library from Turfan: SyrHT 41-42-43, an Early Exemplar of the H˙ud_rā". *Hugoye*, 15, 2012, pp. 301-351.

______. "Traversing Time and Location: A Prayer-Amulet of Mar Tamsis from Turfan". *In*: TANG, L. & WINKLER, D. W. (ed.). *From the Oxus River to the Chinese Shores: Studies on East Syriac Christianity in China and Central Asia*. Wien, LIT Verlag, 2013, pp. 25-41.

HUNTER, E. C. D. & DICKENS, M. "Texte der Berliner Turfansammlung". *Verzeichnis der orientalischen Handschriften in Deutschland*, vol. 5.2. Wiesbaden, Steiner, 2014.

HUREAU, S. "Translation, Apocrypha, and the Emergence of the Buddhist Canon". *In*: LAGERWEY, J. & PENGZHI, L. (ed.). *Early Chinese Religion*, vol. 2: *The Period of Division (220-589)*. Leiden, Brill, 2010a, pp. 741-774 (Handbook of Oriental Studies, 21.2).

______. "Buddhist Rituals". *In*: LAGERWEY, J. & PENGZHI, L. (ed.). *Early Chinese Religion*, vol. 2: *The Period of Division (220-589)*. Leiden, Brill, 2010b, pp. 1.208-1.244 (Handbook of Oriental Studies, 21.2).

HUYGENS, R. C. (ed.). "Epistula de Hungariis: 'Un témoin de la crainte de l'an 1000: La lettre sur les Hongrois'". *Latomus*, 15, 1956, pp. 225-238.

HUYSE, P. (ed.). *Die dreisprachige Inschrift Šābuhrs I. an der Ka'ba-i Zardušt*, 2 vols. London, School of Oriental and African Studies, 1999.

HWUI-LI, S. *The Life of Hieuen-Tsiang.* Trad. S. Beal. London, Adamant Media Corporation, 1911.

IKEDA, O. "A Brief Illustrated Survey of Shazhou". *Studies in Asian History, Dedicated to Dr. Kazuo Enoki on His Sixtieth Birthday.* Tōkyō, s/e, 1975.

ILUK, J. "The Export of Gold from the Roman Empire to Barbarian Countries from the 4th to the 6th Centuries". *Münstersche Beiträge zur antiken Handlesgeschichte,* 4.1, 1985, pp. 79-102.

İNAN, A. "Orun ve Ülüş Meselesi". *Makaleler ve İncelemeler.* Ankara, Türk Tarih Kurumu Basımevi, 1968, pp. 241-254.

INGLEBERT, H. *Le monde, l'histoire: Essai sur les histoires universelles.* Paris, Presses universitaires de France (PUF), 2014.

INNES, M. *State and Society in the Early Middle Ages: The Middle Rhine Valley, 400--1000.* Cambridge, Cambridge University Press, 2000.

INOSTRANCEV, M. C. "Note sur un point de l'histoire ancienne du Khârezm". *Journal Asiatique,* 10th ser. 15, 1910.

INOSTRANTSEV, K. A. *Khunnu i Gunny (razbor teorii i prioskhozhdenii naroda khunnu kitaiskikh letopisei, o proiskhozhdenii evropeiskikh gunnov i o vzaimnykh otnosheniiakh etikh dvukh narodov).* 2. ed. Leningrad, Leningradskii institut zhivykh vostochnykh iazykov, 1926.

JACKSON, P. *The Mongols and the West.* Harlow, Routledge, 2005.

JACOBY, D. "Silk Economics and Cross-Cultural Artistic Interaction: Byzantium, the Muslim World, and the Christian West". *Dumbarton Oaks Papers,* 58, 2004, pp. 197-240.

JANHUNEN, J. *Manchuria: An Ethnic History.* Helsinki, The Finno-Ugrian Society, 1996.

JANOUSCH, A. "The Emperor as Bodhisattva: The Bodhisattva Ordination and Ritual Assemblies of Emperor Wu of the Liang Dynasty". *In*: McDERMOTT, J. P. (ed.). *State and Court Ritual in China.* Cambridge, Cambridge University Press, 1999, pp. 112-149.

JANSEN, T. *Höfische Öffentlichkeit im frühchinesischen Mittelalter: Debatten im Salon des Prinzen Xiao Ziliang.* Freiburg im Breisgau, Rombach Verlag, 2000.

______. "Der chinesische Kaiser Liang Wudi (reg. 502-549) und der Buddhismus". *In*: SCHALK, P. (ed.). *Zwischen Säkularismus und Hierokratie. Studien zum Verhältnis von Religion und Staat in Süd- und Ostasien.* Uppsala, 2001, pp. 89-118.

JANVIER, Y. *La géographie d'Orose.* Paris, Prix, 1982.

______. "Rome et l'Orient lointain: Le problème des Seres. Réexamen d'une question de géographie antique". *Ktema 9,* 1984, pp. 265-303.

JASPERS, K. *Origin and Goal of History.* London, Routledge, 1953.

JEROUSSALIMSKAJA, A. "Soieries sassanides". *Splendeur des sassanides: L'empire perse entre Rome et la Chine.* Brussels, Musées Royaux d'Art et d'Histoire, 1993, pp. 113-118.

JETTMAR, K. "Hunnen und Hsiung-nu – Ein archäologisches Problem". *Archiv für Völkerkunde*, 6-7, 1951-1952, pp. 166-180.

JIAN, L. (ed.). *The Glory of the Silk Road: Art from Ancient China*. Dayton, Dayton Art Institute, 2003.

JIAYAO, A. "When Glass Was Treasured in China". *In*: JULIANO, A. L. & LERNER, J. A. (ed.). *Nomads, Traders, and Holy Men*. Turnhout, Brepols, 2002, pp. 79-94 (Silk Road Studies, 7).

JǏNGDÉ, L. *Zhūzǐ yǔlùn*. Beijing, s/e, 1986.

JINHUA, C. "Some Aspects of the Buddhist Translation Procedure in Early Medieval China: With Special References to a Longstanding Misreading of a Keyword in the Earliest Extant Buddhist Catalogue in East Asia". *Journal Asiatique*, 293.2, 2005, pp. 603-662.

JOHANSEN, U. "Further Thoughts on the History of Shamanism". *Shaman*, 7.1, 1999, pp. 40-58.

JOHANSON, L. "On the Roles of Turkic in the Caucasus Area". *In*: MATOS, Y.; McMAHON, A. & VINCENT, N. (ed.). *Linguistic Areas. Convergence in Historical and Typological Perspective*. Houndsmill, Palgrave Macmillan, 2006, pp. 160-181.

JOHNSON, S. F. "Preface: On the Uniqueness of Late Antiquity". *The Oxford Handbook of Late Antiquity*. Oxford, Oxford University Press, 2012.

______. "The Social Presence of Greek in Eastern Christianity". *Languages and Cultures of Eastern Christianity: Greek*. Farnham, Routledge, 2015, pp. 1-122.

______. *Literary Territories: Cartographical Thinking in Late Antiquity*. Oxford, Oxford University Press, 2016.

______. "Silk Road Christians and the Translation of Culture in Tang China". *Studies in Church History*, 53, 2017, pp. 15-38.

JOHNSON, T. & DANDEKER, C. "Patronage: Relation and System". *In*: WALLACE-HADRILL, A. (ed.). *Patronage in Ancient Society*. London, Routledge, 1989, pp. 219-242.

JOHNSON, W. *The Tang Code*, vol. 1: *General Principles*. Princeton, Princeton University Press, 1979; vol. 2: *Specific Articles*. Princeton, Princeton University Press, 1997.

JOLDASBEKOV, M. & SARTKOJAULY, K. *Atlas Orkhonskikh pamiatnikov*. Astana, s/e, 2006, pp. 34-66.

JONES, A. *Early Arabic Poetry*, vol. 2: *Select Odes: Edition, Translation and Commentary*. Oxford, Oxford University Press, 1996, pp. 125-126.

JONES, H. L. (ed.). *The Geography of Strabo*, 8 vols. Cambridge, Cambridge University Press, 1932.

JONES, W. H. S. (trad. e ed.). *Pliny the Elder. The Natural History*. Cambridge, Cambridge University Press, 1975.

JONGEWARD, D. & CRIBB, J. *Kushan, Kushano-Sasanian and Kidarite Coins: A Catalogue of the Coins from the American Numismatic Society*. New York, American Numismatic Society, 2015.

JOUANNA, J. (ed. e trad.). *Hippocrate. Airs, eaux, lieux*, vol. 2.2. 2. ed. Paris, Les Belles Lettres, 2003.

JULIANO, A. L. & LERNER, J. A. "Cultural Crossroads: Central Asian and Chinese Entertainers on the Miho Funerary Couch". *Orientations*, Oct. 1997, pp. 72-78.

______. "The Miho Couch Revisited in Light of Recent Discoveries". *Orientations*, Oct. 2001, pp. 54-61.

JUZHENG, X. *Jiù Wǔdàishǐ*. Beijing, s/e, 1976.

KAFESOĞLU, İ. *Türk Bozkır Kültürü*. Ankara, Türk Kültürünü Araştırma Enstitüsü, 1987.

KALDELLIS, A. *Procopius of Caesarea: Tyranny, History, and Philosophy at the End of Antiquity*. Philadelphia, University of Pennsylvania Press, 2004.

______. *Ethnography after Antiquity: Foreign Lands and Peoples in Byzantine Literature*. Philadelphia, University of Pennsylvania Press, 2013, pp. 12-17.

KAMALOV, A. K. *Drevnie ujgury VIII-IX vv.* Almaty, Naš Mir, 2001.

KAPSTEIN, M. T. *The Tibetan Assimilation of Buddhism: Conversion, Contestation, and Memory*. Oxford, Oxford University Press, 2000.

______. "Introduction". *Buddhism between Tibet and China*. Boston, Wisdom Publications, 2009, pp. 1-18.

KARENTZSKY, P. E. "The Engraved Designs on the Late Sixth Century Sarcophagus of Li Ho". *Artibus Asiae*, 47.2, 1986, pp. 81-106.

KAZANSKI, M. "Les Goths et les Huns: À propos des relations entre barbares sedentaires et nomades". *Archéologie Médiévale*, 22, 1992, pp. 191-221.

KEENAN, J. P. *How Master Mou Removes Our Doubts: A Reader-Response Study and Translation of the Mou-tzu Li-huo lun*. Albany, State University of New York Press, 1994.

KELLY, C. *Attila the Hun: Barbarian Terror and the Fall of the Roman Empire*. London, The Bodley Head, 2008.

______. *The End of Empire: Attila the Hun and the Fall of Rome*. New York, W. W. Norton & Company, 2009.

KENICHI, M. *Hoku gi kozoku taisei Ron*. Sapporo, s/e, 2007.

KENK, R. *Das Gräberfeld der hunno-sarmatischen Zeit von Kokėl', Tuva, Süd-Sibirien: Unter Zugrundelegung der Fundvorlage von S. I. Vajnštejn und V. P. D'jakonova*. München, C. H. Beck, 1984 (Materialien zur Allgemeinen und Vergleichenden Archäologie, 25).

KENNEDY, H. "The Middle East in Islamic Late Antiquity". *In*: MONSON, A. & SCHEIDEL, W. (ed.). *Fiscal Regimes and the Political Economy of Premodern States*. Cambridge, Cambridge University Press, 2015, pp. 390-403.

KENNET, D. "The Decline of Eastern Arabia in the Sasanian Period". *Arabian Archaeology and Epigraphy*, 18, 2007, pp. 86-122.

KEYDELL, R. (trad. e ed.). *Agathias Myrinaei historiarum libri quinque*. Berlin, de Gruyter, 1967.

KHAZANOV, A. M. *Nomads and the Outside World, trad. J. Crookenden*. Cambridge, Cambridge University Press, 1984.

______. "Kočevye gosudarstva i gosudarstva kočevnikov: Tavtologija ili istorija?". *In*: EROFEEVA, I. V. & MASONOV, L. E. (ed.). *Fenomen kočevničestva v istorii Evrazii*. Almaty, s/e, 2007, pp. 9-16.

KIANI, M. Y. *Parthian Sites in Hyrcania: The Gurgan Plain*. Berlin, Reimer, 1982.

KIESCHNICK, J. *The Eminent Monk: Buddhist Ideals in Medieval Chinese Hagiography*. Honolulu, University of Hawai'i Press, 1997 (Studies in East Asian Buddhism, 10).

______. *The Impact of Buddhism on Chinese Material Culture*. Princeton, Princeton University Press, 2004.

______. "Buddhist Vegetarianism in China". *In*: STERCKX, R. (ed.). *Of Tripod and Palate: Food, Politics, and Religion in Traditional China*. New York, Palgrave Macmillan, 2006, pp. 187-212.

KIESCHNICK, J. & SHAHAR, M. *India in the Chinese Imagination: Myth, Religion and Thought*. Philadelphia, University of Pennsylvania Press, 2014.

KIM, H. J. *The Huns, Rome and the Birth of Europe*. Cambridge, Cambridge University Press, 2013.

KIM, K. *et al.* "A Western Eurasian Male Is Found in 2000-Year-Old Elite Xiongnu Cemetery in Northeast Mongolia". *American Journal of Physical Anthropology*, 142.3, 2010, pp. 429-440.

KINGSLEY, S. & DECKER, M. "New Rome, New Theories on Inter-Regional Exchange: An Introduction to the East Mediterranean Economy in Late Antiquity". *Economy and Exchange in the Eastern Mediterranean during Late Antiquity*. Oxford, Oxford University Press, 2001, pp. 1-27.

KIYOHIRO, I. *Tō no hoppō mondai to kokusai chitsujo* [Os problemas da fronteira Norte e a ordem internacional durante a Era Táng]. Tōkyō, Kyūko Shoin, 1998, pp. 26-46.

KLAPROTH, J. *Tableaux historiques de l'Asie, depuis la monarchie de Cyrus jusqu'à nos jours; accompagnés de recherches historiques et ethnographiques sur cette partie du monde*. Paris, Schubart éditeur, 1826.

KLJAŠTORNYJ, S. G. *Pamjatniki drevnetjurkskoj pis'mennosti i étnokul'turnaja istorija Central'noj Azii*. St. Petersburg, s/e, 2006.

KLJAŠTORNYJ, S. G. & LIVŠIC, V. A. "The Sogdian Inscription of Bugut Revised". *Acta Orientalia Academiae Scientiarum Hungaricae*, 26.1, 1972, pp. 69-102.

KLJAŠTORNYJ, S. G. & SAVINOV, D. G. *Stepnye imperii Drevnej Evrazii*. St. Petersburg, 2005.

KLJAŠTORNYJ, S. G. & SAVINOV, D. G. & SHKODA, V. G. "Zolotai bracteat iz Mongolii". *Mejdunarodnaia assotsiatsiia po izucheniiu kul'tur Tsentral'noi Azii, Informatsionnyi biulleten'*, 16, 1990, pp. 5-16.

KNOWLES, D. *Great Historical Enterprises*. London, Thomas Nelson and Sons, 1962.

KOBISCHANOV, Y. M. *Axum*. University Park, Pennsylvania State University Press, 1979.

KÖNIG, D. *Arabic-Islamic Views of the Latin West: Tracing the Emergence of Medieval Europe*. Oxford, Oxford University Press, 2015.

KORDOSIS, M. *T'ang China, The Nestorian Church and "Heretical" Byzantium*. Ioannina, s/e, 2008.

KOWALSKI, T. "Les Turcs dans le Šāh-nāme". *Rocznik Orientalistyczny*, 15, 1939-1949.

KRADIN, N. N. *Imperija Xunnu*. 2. ed. Moskva, s/e, 2001.

______. "Nomadism, Evolution and World-Systems: Pastoral Societies in Theories of Historical Development". *Journal of World-Systems Research*, 8.3, 2002, pp. 368-388.

______. "Nomadic Empires in Evolutionary Perspective". *In*: GRININ, L. E.; CARNEIRO, R. L.; BONDARENKO, D. M. & KRADIN, N. N. (ed.). *The Early State: Its Alternatives and Analogues. Korotayev.* Volgograd, Uchitel, 2004, pp. 501-524.

______. "From Tribal Confederation to Empire: The Evolution of the Rouran Society". *Acta Orientalia Academiae Scientiarum Hungaricae*, 8.2, 2005, pp. 149-169.

______. "Kočevniki v mirovom istoričeskom processe". *In*: EROFEEVA, I. V. & MASLANOVA, L. E. (ed.). *Fenomen kočevničestva v istorii Evrazii*. Almaty, s/e, 2007, pp. 17-43.

______. "Stateless Empire: The Structure of the Xiongnu Nomadic Super-Complex Chiefdom". *In*: BROSSEDER, U. & MILLER, B. K. *Xiongnu Archaeology: Multidisciplinary Approaches to the First Steppe Empire in Inner Asia*. Bonn, Rheinische Friedrich-Wilhelms-Universität Bonn, 2011, pp. 77-96.

KRADIN, N. N. & SKRYNNIKOVA, T. D. *Imperija Čingis-xana*. Moscow, s/e, 2006.

______. "'Stateless Head': Notes on Revisionism in the Studies of Nomadic Societies". *Ab Imperio*, 4, 2009, pp. 117-128.

KREBS, C. B. *A Most Dangerous Book: Tacitus' Germania from the Roman Empire to the Third Reich*. New York, W. W. Norton & Company, 2011.

KRÖGER, J. "Ctesiphon". *Encyclopaedia Iranica on-line*, 2011.

KRUSCH, B. *Fredegarii Chronicae*. Monumenta Germaniae Historica Scriptores rerum Merovingicarum 2. Hannover, Monumenta Germanicae Historica, 1888.

KUBAREV, G. V. *Kul'tura drevnikh tiurok Altaia (po materialam pogrebal'nikh pamiatnikov)*. Novosibirsk, In-t archeologii i ėtnografii So Ran, 2005.

______. "Uzdechnyi nabor v polikhromnom stile iz pamiatnika Arzhan-Burguzun (Iugo-Vostochnyi Altai)". *Torevtika v drevnikh i srednevekovykh kul'turakh Evrazii*. Barnaul, Azbuka, 2010.

KUHRT, A. *The Persian Empire: A Corpus of Sources from the Achaemenid Period.* London, Routledge, 2007.

KULIKOWSKI, M. "The Archaeology of War and the Fifth-Century Invasions". *In*: SARRANTIS, A. & CHRSTIE, N. (ed.). *War and Warfare in Late Antiquity*, 2 vols. Leiden, Brill, 2013, vol. 1, pp. 683-701.

KUZ'MIN, N. I. *Pogrebal'nye pamiatniki khunno-sian'biiskogo vremeni v stepiakh Srednego Eniseia: Tesinskaia kul'tura.* St. Petersburg, 2011.

KYČANOV, E. I. *Istorija prigraničnyx s Kitaem drevnix i srednevekovyx gosudarstv (ot gunnov do man'čžurov.* St. Petersburg, s/e, 2010.

LAING, E. J. "Recent Finds of Western-Related Glassware, Textiles, and Metalwork in Central Asia and China". *Bulletin of the Asia Institute*, 9, 1995.

LANDMAN, N. H. *et al.* (ed.). *Pearls: A Natural History.* New York, Harry N. Abrams, 2001.

LANGLOIS, V. *Collections des historiens anciens et modernes de l'Arménie.* Paris, Didot, 1869.

LAUFER, B. *Sino-Iranica: Chinese Contributions to the History of Civilization in Ancient Iran.* Chicago, Theclassics.Us, 1919.

LE COQ, A. von. *Die buddhistische Spätantike in Mittelasien.* Berlin, Dietrich Reimer, 1922-1933.

LE STRANGE, G. *The Lands of the Eastern Caliphate.* Cambridge, Cambridge University Press, 1905.

LE STRANGE, G. & NICHOLSON, R. A. *Ibn al-Balḵi. The Fársnáma.* London, GMS, 1921.

LECKER, M. "Pre-Islamic Arabia". *In*: ROBINSON, C. F. (ed.). *The New Cambridge History of Islam*, vol. 1: *The Formation of the Islamic World, Sixth to Eleventh Centuries.* Cambridge, Cambridge University Press, 2010, pp. 153-170.

LEE, A. D. *Information and Frontiers: Roman Foreign Relations in Late Antiquity.* Cambridge, Cambridge University Press, 1993.

______. "Abduction and Assassination: The Clandestine Face of Roman Diplomacy in Late Antiquity". *International History Review*, 31.1, 2009, pp. 1-23.

LEGGE, J. "A Record of Buddhist Kingdoms, Being an Account by the Chinese Monk Fa-Hien of His Travels in India and Ceylon (A.D. 399-414)". *Search of the Buddhist Books of Discipline.* Oxford, Hansebooks, 1886, p. 22.

LEI, Z. "Qū shì Gāochāng wángguó de 'chēngjiàqián'" ["Pesos e preços" do Estado de Kara-Khoja do Clã Qu]. *Wèi Jìn Nánběicháo Suí Táng shǐ zīliào* [Relatos históricos do Período Wèi-Jin, nas dinastias do Norte e do Sul, Suí e Táng], 4, 1982, pp. 17-24.

LENSKI, N. "Captivity among the Huns and Its Impact on the Fate of the Roman Empire". *In*: MAAS, M. (ed.). *The Cambridge Companion to the Age of Justinian.* Cambridge, Cambridge University Press, 2005, pp. 230-246.

LERNER, J. A. "Central Asians in Sixth-Century China: A Zoroastrian Funerary Rite". *Iranica Antiqua*, 30, 1995, pp. 179-190.

______. "Ptolemy and the Silk Road: From Baktra Basileion to Sera Metropolis". *East and West*, 48.1-2, 1998, pp. 9-25.

______. "Merchant Empire of the Sogdians". *In*: JULIANO, A. L. & LERNER, J. (ed.). *Monks and Merchants: Silk Road Treasures from Northwest China Gansu and Ningxia, 4th-7th Centuries*. New York, Harry N. Abrams, 2002, pp. 221-227.

LERNER, J. A. & SIMS-WILLIAMS, N. (ed.). *Seals, Sealings, and Tokens from Bactria to Gandhara (4th to 8th Century CE)*. Wien, Verlag der Österreichischen Akademie der Wissenschaften, 2011.

LESLIE, D. D. & GARDINER, K. H. J. *The Roman Empire in Chinese Sources*. Roma, Bardi Editore, 1996.

LESLIE, S. *et al.* "The Fine-Scale Genetic Structure of the British Population". *Nature*, 519, 19/3/2015, pp. 309-314.

LÉVY, E. "Naissance du concept de barbare". *Ktèma*, 9, 1984, pp. 5-14.

LEVY, H. S. (trad. e ed.). *Biography of An Lu-shan*. Berkeley, Literary Licensing, 1960.

LEWIS, M. E. *China between Empires: The Northern and Southern Dynasties*. Cambridge, Belknap Press, 2008.

______. *Harvard History of Imperial China*, 3 vols. Cambridge, Harvard University Press, 2008-2010.

______. *China's Cosmopolitan Empire: The Tang Dynasty*. Cambridge, Cambridge University Press, 2009.

LIEBERMANN, V. *Strange Parallels: Southeast Asia in Global Context, c. 800-1830*, vol. 2. Cambridge, Cambridge University Press, 2009, pp. 92-116.

LIEBESCHUETZ, J. H. W. G. "The Lower Danube Region under Pressure: From Valens to Heraclius". *In*: PULTER, A. G. *The Transition to Late Antiquity on the Danube and Beyond*, 2007, pp. 101-134.

LIEU, S. N. C. "Epigraphica Nestoriana Serica". *In*: SUNDERMANN, W.; HINTZE, A. & DE BLOIS, F. (ed.). *Exegisti Monumenta: Festschrift in Honour of Nicholas Sims-Williams*. Wiesbaden, Harrassowitz, 2009, pp. 227-246.

LINDSAY, W. M. (trad. e ed.). *Isidore. Isidori Hispalensis episcopi: Etymologiarum sive Originum*. Oxford, Oxford University Press, 1911.

LÍNG, P. "Zhōngguó Běifāng Wàncí Fúyán Jiù Yánjiū". *Jílín Dàxué Biānjiāng Kǎogǔ Yánjiū Zhōngxīn Xīliè Xuéshū Zhùzuò*. Beijing, s/e, 2015.

LÌQÍ, W. (ed.). *Yán Zhìtuī: Yánshī Jiǎxùn jíjiě*. Beijing, s/e, 1993.

LITVINSKY, B. A. "The Hephthalite Empire". *In*: LITVINSKY, B. A.; GUANG-DA, Z. & SHABANI SAMGHABADI, R. (ed.). *History of Civilizations of Central Asia*, vol. 3: *The Crossroads of Civilizations: A.D. 250-750*. Paris, Motilal Banarsidass, 1996, pp. 135-162.

LITVINSKY, B. A. (ed.). *History of Civilizations of Central Asia*. Paris, Unesco, 1992-2005.

LITVINSKY, B. A. & ZHANG, G.-D. "Historical Introduction". *In*: LITVINSKY, B. A.; ZHANG, G.-D. & SHABANI SAMGHABADI, R. (ed.). *History of the Civilizations of Central Asia*, vol. 3: *The Crossroads of Civilizations: A.D. 250 to 750*. Paris, Unesco Publishing, 1996, p. 19.

LIU, M.-T. *Die chinesischen Nachrichten zur Geschichte der Ost-Türken (T'u-Küe)*. Wiesbaden, Harrassowitz, 1958.

______. *Zhonggu beizu minghao yanjiu, Beida minzu shi wen ku, 1 hao*. Beijing, s/e, 2009, pp. 123-127.

LIU, S. "Ethnicity and the Suppression of Buddhism in Fifth-Century North China: The Background and Significance of the Gaiwu Rebellion". *Asia Major*, 2002, pp. 1-21.

LIU, X. *Silk and Religion*. Delhi, OUP India, 1996.

______. *The Silk Road in World History*. Cambridge, Cambridge University Press, 2010.

LIU, Y. "Zur Urheimat und Umsiedlung der Toba". *Central Asiatic Journal*, 33.1-2, 1989, pp. 86-107.

LIULEVICIUS, V. G. *War Land on the Eastern Front: Culture, National Identity, and German Occupation in World War I*. Cambridge, Cambridge University Press, 2000.

LOEWE, M. *Chinese Ideas of Life and Death, Faith, Myth and Reason in the Han Period (202 B.C.-A.D. 220)*. London, Routledge, 1982.

______. *Early Chinese Texts: A Bibliographical Guide*. Berkeley, University of California Press, 1993.

LÖHREN, A. *Beiträge zur Geschichte des gesandtschaftlichen Verkehrs im Mittelalter: Die Zeit vom vierten bis zum Ende des 9. Jh*. Heidelberg, Alfred Löhren, 1894.

LOPEZ, R. S. "Silk Industry in the Byzantine Empire". *Speculum*, 20, 1945, pp. 1-42.

LOUNGHIS, T. C. *Les ambassades byzantines en Occident depuis la fondation des états barbares jusqu'aux Croisades (407-1096)*. Athens, Typografia KM, 1980.

______. "Ambassadors, Embassies and Administrative Changes in the Eastern Roman Empire Prior to the Reconquista". *In*: CHRYSOS, E. & SCHWARCZ, A. (ed.). *Das Reich und die Barbaren*. Wien, Böhlau Verlag, 1989, pp. 43-153.

______. "Adaptability as Diplomatic Message". *Comunicare e significare nell'Alto Medioevo. Settimane di studio del Centro Italiano di studi sull'Alto Medioevo 52*. Spoleto, Fondazione Centro Italiano Studi sull'Alto Medio Evo, 2005, pp. 335-361.

______. "Byzantine Diplomacy". *In*: RUSSELL, N. (ed.). *Byzantine Diplomacy: A Seminar, trans. S. Lampakes*. Athens, s/e, 2007, pp. 15-82.

LOVEJOY, A. J. & BOAS, G. (ed.). *Primitivism and Related Ideas in Antiquity*. Baltimore, Johns Hopkins University Press, 1935, pp. 324-330.

LOZOFSKY, N. "Maps and Panegyrics: Roman Geo-Ethnographical Rhetoric in Late Antiquity and the Middle Ages". *In*: TALBERT, R. J. A. & UNGER, R. W. (ed.).

Cartography in Antiquity and the Middle Ages: Fresh Perspectives, New Methods. Leiden, Brill, 2008, pp. 169-188.

LUNT, H. "Common Slavic, Proto-Slavic, Pan-Slavic: What Are We Talking About?". *International Journal of Slavic Linguistics and Poetics*, 41, 1997, pp. 7-67.

LUO, F. L. "Sogdians in Northwest China". *In*: JULIANO, A. L. & LERNER, J. (ed.). *Monks and Merchants: Silk Road Treasures from Northwest China Gansu and Ningxia, 4th-7th Centuries*. New York, Harry N. Abrams, 2002, pp. 239-245.

LUTHER, A. *Die syrische Chronik des Josua Stylites*. Berlin, de Gruyter, 1997.

MAAS, M. "Fugitives and Ethnography in Priscus of Panium". *Byzantine and Modern Greek Studies*, 19, 1995, pp. 146-160.

______. "Barbarians in Late Antiquity: Problems and Approaches". *In*: JOHNSON, S. F. (ed.). *The Oxford Handbook of Late Antiquity*. Oxford, Oxford University Press, 2012, pp. 60-91.

______. "Reversals of Fortune: An Overview of the Age of Attila". *The Cambridge Companion to the Age of Attila*. Cambridge, Cambridge University Press, 2015.

______. "The Equality of Empires: Procopius on Adoption and Guardianship across Imperial Borders". *In*: KREINER, J. & REIMITZ, H. (ed.). *Motions of Late Antiquity: Essays on Religion, Politics, and Society in Honour of Peter Brown*. Turnhout, Brepols, 2016, pp. 134-142.

MACARTNEY, C. A. "On the Greek Sources for the History of the Turks in the Sixth Century". *Bulletin of the School of Oriental and African Studies*, 11, 1944.

MACDOUGALL, H. A. *Racial Myth in English History: Trojans, Teutons, and Anglo-Saxons*. New York, Harvest House, 1982.

MACKERRAS, C. *The Uighur Empire According to Tang Dynastic Histories: A Study in Sino-Uighur Relations, 744-840*. Columbia, University of South Carolina Press, 1973.

MACLEAN, S. *Kingship and Politics in the Late Ninth Century: Charles the Fat and the End of the Carolingian Empire*. Cambridge, Cambridge University Press, 2003.

MAENCHEN-HELFEN, O. "Huns and Hsiung-nu". *Byzantion*, 17, 1944.

______. *The World of the Huns: Studies in Their History and Culture*. Ed. M. Knight. Berkeley, University of California Press, 1973.

MAGDALINO, P. "The History of the Future and Its Uses: Prophecy, Policy and Propaganda". *In*: BEATON, R. & ROUECHÉ, C. (ed.). *The Making of Byzantine History: Studies Dedicated to Donald M. Nicol on His Seventieth Birthday*. Aldershot, Variorum, 1993, pp. 3-34.

MAGGI, M. "New Persian Glosses in East Syriac Texts of Eighth to Tenth Centuries". *In*: PAUL, L. (ed.). *Persian Origins: Early Judeo-Persian and the Emergence of New Persian*. Wiesbaden, Harrassowitz, 2003, pp. 111-145.

MAIR, V. H. "India and China: Observations on Cultural Borrowing". *Journal of the Asiatic Society* (Calcutta), 31.3-4, 1989, pp. 61-94.

MAIR, V. H. "What Is Geyi, After All?". *China Report*, 48, 2012, pp. 29-59.

MAIR, V. H. (ed.). *Contact and Exchange in the Ancient World*. Honolulu, University of Hawai'i Press, 2006.

MAIR, V. H. & MEI, T.-L. "The Sanskrit Origins of Recent Style Prosody". *Harvard Journal of Asiatic Studies*, 51.2, 1991, pp. 375-470.

MAIRS, R. "Translator, Traditor: The Interpreter as Traitor in Classical Tradition". *Greece & Rome*, 58, 2011, pp. 64-81.

MAKK, F. (trad. e ed.). *Theodore the Syncellus. Homily on the Siege of Constantinople, traduction et commentaire de l'homélie écrite probablement par Théodore le Syncelle sur le siège de Constantinople en 626*. Szeged, s/e, 1975.

MALEK, R. (ed.). *Jingjiao: The Church of the East in China and Central Asia*. Sankt Augustin, Nettetal, 2006 (Collectanea Serica).

MANGO, C. (ed.). *Nikephoros, Patriarch of Constinople, Short History*. Cambridge, Harvard University Press, 1990.

MANGO, C. & SCOTT, R. *The Chronicle of Theophanes Confessor: Byzantine and Near Eastern History, A.D. 284-813*. Oxford, Oxford University Press, 1997.

MANGO, M. M. "Byzantine Maritime Trade with the East (4th-7th Centuries)". *Aram*, 8, 1996, pp. 165-175.

______. "Byzantine Trade: Local, Regional, Interregional and International". *Byzantine Trade, 4th-12th Centuries*. Farnham, Routledge, 2009, pp. 3-14.

MANN, M. *The Sources of Social Power: A History of Power from the Beginning to A.D. 1760*, 4 vols. Cambridge, Cambridge University Press, 1986; reimpr. 2012, vol. 1, pp. 6-10.

MARCHAND, S. *German Orientalism in the Age of Empire: Religion, Race and Scholarship*. Cambridge, Cambridge University Press, 2009.

MARCONE, A. "A Long Late Antiquity? Considerations on a Controversial Periodization". *Journal of Late Antiquity*, 1.1, 2008, pp. 4-19.

MARQUART, J. "Historische Glossen zu den alttürkischen Inschriften". *Wiener Zeitschrift für die Kunde des Morgenlandes*, 12, 1898.

______. *Ērānšahr nach der Geographie des Ps. Moses Xorenac'i – mit historisch-kritischem Kommentar und historischen und topographischen Excursen*. Berlin, Weidmannische Buchhandlung, 1901.

______. "Über das Volkstum der Komanen". *In*: BANG, W. & MARQUART, J. (ed.). *Osttürkische Dialektstudien*. Berlin, Weidmannsche Buchhandlung, 1914.

______. *A Catalogue of the Provincial Capitals of Ērānshahr – Pahlavi Text, Version and Commentary*. Roma, Pontificio istituto biblico, 1931.

MARQUART, J. & de GROOT, J. J. M. "Das Reich Zābul und der Gott Žūn vom 6.-9. Jahrhundert". *In*: WEIL, G. (ed.). *Festschrift Eduard Sachau zum siebzigsten Geburtstage gewidmet von Freunden und Schülern*. Berlin, G. Reimer, 1915.

MARSHAK, B. I. *Silberschätze des Orients: Metallkunst des 3-13. Jahrhunderts und ihre Kontinuität.* Leipzig, E.A. Seemann, 1986.

______. "Le programme iconographique des peintures de la 'Salle des ambassadeurs' à Afrasiab (Samarkand)". *Arts Asiatiques*, 49, 1994, pp. 1-20.

______. "Sogdians in Their Homelands". *In*: JULIANO, A. L. & LERNER, J. (ed.). *Monks and Merchants: Silk Road Treasures from Northwest China Gansu and Ningxia, 4th-7th Centuries.* New York, Harry N. Abrams, 2002a, pp. 231-237.

______. *Legends, Tales, and Fables in the Art of Sogdiana.* New York, Bibliotheca Persica, 2002b.

MASAHARU, A. "The Transit Permit System of the Tang Empire and the Passage of Merchants". *Memoirs of the Research Department of the Toyo Bunko (the Oriental Library)*, 59, 2001, pp. 1-21.

MASAHIRO, T. "Tōchō no tai hanchin zeisaku ni tsuite – Kanan 'junchi' ka no burosesu" [Sobre a política Táng em relação a governadores regionais: o processo de "domesticação" de Hénán]. *Tōyōshi kenkyū*, 46.2, 1987, pp. 326-355.

MARTINDALE, J. R. (ed.). *The Prosopography of the Later Roman Empire*, vol. 2: *AD 395-527.* Cambridge, Cambridge University Press, 1980.

MATHISEN, R. W. "Patricians as Diplomats in Late Antiquity". *Byzantinische Zeitschrift*, 79, 1986, pp. 35-49.

______. "Patricii, Episcopi et Sapientes: Le choix des ambassadeurs pendant l'Antiquité Tardive dans l'Empire Romain et les royaumes barbares". *In*: BECKER, A. & DROCOURT, N. (ed.). *Ambassadeurs et ambassades au coeur des relations diplomatiques: Rome – Occident Médiéval – Byzance (VIIIe s. avant J.-C. – XIIe s. après J.-C.).* Metz, Centre de recherche universitaire Lorrain d'histoire, Université de Lorraine, 2012, pp. 227-238.

MATRENIN, S. S. "Pogrebal'nye kompleksy Bulan-Kobinskoi kul'tury Ongudaiskogo raiona Respubliki Altai". *Sokhranenie i izuchenie kul'turnogo naslediia Altaiskogo kraia*, 21, 2015, pp. 153-167.

MAYHOFF, C. *Natural History: C. Plini Secundi Naturalis historiae libri XXXVII.* Stuttgart, B.G. Teubner, 1967-1970.

MAYHOFF, C. (trad. e ed.). *Plini Secundi Naturalis historiae libri XXXVII.* Stuttgart, Nabu Press, 1967-1970.

MAZUMDAR, S. *Sugar and Society: Peasants, Technology, and the World Market.* Cambridge, Cambridge University Press, 2006.

MAZZARINO, S. "La 'democratizzazione della cultura' nel Basso Impero". *Antico, tardoantico ed èra costantiniana*, vol. 1. Bari, Edizioni Dedalo, 1974, pp. 74-98.

McCORMICK, M. *Origins of the European Economy: Communications and Commerce, AD 300-900.* Cambridge, Cambridge University Press, 2001, pp. 103-113.

McCORMICK, M. "Towards a Molecular History of the Justinianic Plague". *In*: LITTLE, L. K. (ed.). *Plague and the End of Antiquity: The Pandemic of 541-750*. Cambridge, Cambridge University Press, 2007, pp. 290-312.

McCORMICK, M. *et al.* "Climate Change During and after the Roman Empire: Reconstructing the Past from Scientific and Historical Evidence". *Journal of Interdisciplinary History*, 43.2, 2012, pp. 169-220.

McCRINDLE, J. W. (trad. e ed.). *Cosmas Indicopleustes – Christian Topography*. London, Hakluyt Society, 1897.

McEVOY, B. *et al.* "The Scale and Nature of Viking Settlement in Ireland from Y-Chromosome Admixture Analysis". *European Journal of Human Genetics*, 14, 2006, pp. 1.288-1.294.

McKITTERICK, R. (ed.). *New Cambridge Medieval History*, vol. 2: *C. 700-c. 900*. Cambridge, Cambridge University Press, 1995.

McLAUGHLIN, R. *Rome and the Distant East: Trade Routes to the Ancient Lands of Arabia, India and China*. London, Continuum, 2010.

MEICUN, L. "A Survey of the Turkic Cemetery in Little Khonakhai". *In*: VAISSIÈRE, É. de La & TROMBERT, É. (ed.). *Les Sogdiens en Chine*. Paris, Efeo, 2005.

MEIER, M. & PATZOLD, S. *August 410 – Ein Kampf um Rom*. Stuttgart, Klett-Cotta, 2010.

MELYUKOVA, A. I. & CROOKENDEN, J. "The Scythians and Sarmatians". *In*: SINOR, D. (ed.). *The Cambridge History of Early Inner Asia*. Cambridge, Cambridge University Press, 1990, pp. 97-117.

MENSCH, P. *Herodotus' Histories*. Indianapolis, Hackett Publishing Company, 2015.

MERKELBACH, R. & TRUMPFF, J. *Die Quellen des griechischen Alexanderromans*. München, C. H. Beck, 1977 (Zetemata Monographien zur klassischen Altertumswissenschaft, Heft 9).

MEYNARD, C. B. de. *Dictionnaire géographique, historique et littéraire de la Perse et des contrées adjacentes extrait du Mo'djem el-Bouldan de Yaqout, et complété à l'aide de documents arabes et persans pour la plupart inédits*. Paris, Jakut, 1861.

MEYNARD, C. B. de & COURTEILLE, A. P. de. *Maçoudi, Les prairies d'Or – texte et traduction*. Paris, Impr. Nationale, 1864.

MICHIO, T. "Guanyu Heshuo san fanzhen shuai de jicheng" [A sucessão para a liderança em três governos do Nordeste]. *In*: Di yi jie guoji Tangdai xueshu huiyi lunwenji bianji weiyuanhui (ed.). *Di yi jie guoji Tangdai xueshu huiyi lunwenji* [Anais da Primeira Conferência Internacional de Estudos Táng]. Taipei, s/e, 1989, pp. 903-913.

______. *Suítáng dìguó xìngchéng shǐlùn*. Shanghai, Shànghǎi gǔjí chūbǎn shè, 2004.

MIEROW, C. C. *The Origin and Deeds of the Goths*. Princeton, Princeton University Press, 1908.

MILLAR, F. "Emperors, Frontiers and Foreign Relations, 31 BC to AD 378". *Britannia*, 13.1, 1982, pp. 1-23.

MILLAR, F. *A Greek Roman Empire: Power and Belief under Theodosius II (408/450)*. Berkeley, University of California Press, 2006.

______. *Religion, Language and Community in the Roman Near East: Constantine to Muhammad*. Oxford, Oxford University Press, 2013.

______. *Empire, Church and Society in the Late Roman Near East: Greeks, Jews, Syrians and Saracens*. Leuven, Peeters uitgeverij, 2015.

MILLER, B. K. "Xiongnu 'Kings' and the Political Order of the Steppe Empire". *Journal of the Economic and Social History of the Orient*, 57.1, 2014, pp. 1-43.

MILLER, J. *The Spice Trade of the Roman Empire*. Oxford, Oxford University Press, 1969.

MINORSKY, V. *H'udūd al-'Ālam, "The Regions of the World": A Persian Geography, 372 A.H.-982 A.D.* Oxford, Luzac & Co, 1937; reimpr. 1971 (Gibb Memorial New Series 11).

MIYAKAWA, M. & KOLLAUTZ, A. "Ein Dokument zum Fernhandel zwischen Byzanz und China". *Byzantinische Zeitschrift*, 17, 1984, pp. 6-19.

MODE, M. "In the Heart of the City: On Sogdian Temples and Deities at Panjikent". *Journal of Inner and Central Asian Archaeology*, 8, 2019.

MOLLIER, C. *Buddhism and Taoism Face to Face. Scripture, Ritual and Iconographic Exchange in Medieval China*. Honolulu, University of Hawai'i Press, 2008.

MOLODIN, V. I. "Sopka 2, Grab 688 – Ein reiches hunnosarmatisches Männergrab in der sibirischen Waldsteppe". *In*: SIKIMIC SCHMID, B. & DELLA CASA, P. (ed.). *Trans Europam: Beiträge zur Bronze-und eisennzeit zwischen Atlantik und Altai. Festschrift für Margarita Primas*. Bonn, R. Habelt, 1995 (Antiquitas Reihe 3, Abhandlungen zur vor- und provinzialrömischen Archäologie und zur Geschichte des Altertums, 34).

MOMMSEN, T. (ed.). "Chronographus Anni CCCLIIII". *Monumenta Germaniae Historica, Auctorum Antiquissimorum, pt. 9, Chronica Minora Saec. 4-7*. Berlin, 1892; reimpr. München, 1981, vol. 1, pp. 13-148.

MONCHI-ZADEH, D. *Topographischhistorische Studien zum iranischen Nationalepos*. Wiesbaden, Harrassowitz, 1975.

MONSON, A. & SCHEIDEL, W. *Fiscal Regimes and the Political Economy of Premodern States*. Cambridge, Cambridge University Press, 2015.

MOORE, L. T. "A Y-Chromosome Signature of Hegemony in Gaelic Ireland". *American Journal of Human Genetics*, 78, 2006, pp. 334-338.

MORAVCSIK, G. *Byzantinoturcica*, vol. 2: *Sprachreste der Türkvölker in den byzantischen Quellen*. Leiden, Brill, 1958; reimpr. 1983.

MORAVCSIK, J. "Zur Geschichte der Onoguren". *Ungarische Jahrbücher*, 10, 1930, pp. 53-90.

MORDTMANN, A. "Hekatompylos: Ein Beitrag zur vergleichenden Geographie Persiens". *Sitzungsberichte der Königlichen Bayerischen Akademie der Wissenschaften*, 1, 1869, pp. 497-536.

MORGAN, D. "Edward Gibbon and the East". *Iran*, 33, 1995, pp. 85-92.

MORI, M. *Kodai Toruko minzoku shi kenkyu I*. Tōkyō, s/e, 1967.

______. "The T'u-chüeh Concept of Sovereign". *Acta Asiatica*, 41, 1981, pp. 47-75.

MORIYASU, T. & HAYASHI, T. "Site of Bugut". *In*: MORIYASU, T. & OCHIR, A. (ed.). *Provisional Report of Researches on Historical Sites and Inscriptions in Mongolia from 1996 to 1998*. Osaka, Society of Central Eurasia Studies, 1999.

MORIYASU, T. & OCHIR, A. (ed.). *Mongorukoku genson iseki, hibun chōsa kenkyū hōkoku*. Ōsaka, The Society of Central Eurasian Studies, 1999.

MORRIS, I. & SCHEIDEL, W. (ed.). *The Dynamics of Ancient Empires: State Power from Assyria to Byzantium*. Oxford, Oxford University Press, 2009.

MOSIG-WALBURG, K. "Das 'sasanidische Kronengesetz': Entstehung und Entwicklung eines modernen Konstrukts. Zugleich ein Beitrag zur Deutung des Reliefs Narses in Naqsh-i Rustam". *Klio*, 93.2, 2011, pp. 446-473.

MOYN, S. & SARTORI, A. (ed.). *Global Intellectual History*. New York, Columbia University Press, 2013.

MULLEN, A. & JAMES, P. (ed.). *Multilingualism in the Graeco-Roman Worlds*. Cambridge, Cambridge University Press, 2012.

MÜLLER, F. W. K. & LENTZ, W. (ed.). "Soghdische Texte II: Aus dem Nachlaß herausgegeben von Dr. W. Lentz in Berlin". *Sitzungsberichte der Preussischen Akademie der Wissenschaften, Philosophisch-Historische Klasse*, n. 21, 1934.

MÜLLER, K. (ed.). *Fragmenta historicorum graecorum*, 5 vols. Paris, Democlis Pygelensis, 1878-1885.

MUSCHE, B. *Vorderasiatischer Schmuck zur Zeit der Arsakiden und der Sasaniden*. Leiden, Brill, 1988.

MYGLAN, V.; OIDUPAA, O. C. & VAGANOV, E. A. "A 2367-Year Tree-Ring Chronology for the Altai-Sayan Region (Mongun-Taiga Mountain Massif)". *Archaeology, Ethnology & Anthropology of Eurasia*, 3, 2012, pp. 76-83.

MYNORS, R. A. B. (ed.). *Claudius Mamertinus. Panegyrici Latini. XII Panegyrici Latini*. Oxford, Oxford University Press, 1964.

______. *P. Vergili Maronis Opera*. Oxford, Oxford University Press, 1972.

NATTIER, J. A. *A Few Good Men: The Bodhisattva Path According to the Inquiry of Ugra (Ugraparipṛcchā)*. Honolulu, University of Hawai'i Press, 2003.

______. *A Guide to the Earliest Chinese Buddhist Translations: Texts from the Eastern Han and Three Kingdoms Periods*. Tōkyō, Soka University, 2008.

NAZAROV, A. N.; SOLOMINA, O. N. & MYGLAN, V. S. "Variations of the Tree Line and Glaciers in the Central and Eastern Altai Regions in the Holocene". *Doklady Earth Sciences*, 444.2, 2012, pp. 787-790.

NAYMARK, A. *Sogdiana, Its Christians and Byzantium: A Study of Artistic and Cultural Connections in Late Antiquity and Early Middle Ages*. Tese de doutorado. Indiana University, 2001.

NAYMARK, A. "Byzantine Influence on Sogdian Royal Iconography". XIII Congreso internacional de Numismática. Madrid, 15-19/9/2003.

NECHAEVA, E. N. "The 'Runaway' Avars and Late Antique Diplomacy". *In*: MATHISEN, R. & SHANZER, D. (ed.). *Romans, Barbarians, and the Transformation of the Roman World*. Farnham, Ashgate Publishing, 2011, pp. 175-181.

______. "Gli 'Sciti' delle grandi migrazioni". *In*: EBANISTA, C. & ROTILI, M. (ed.). *La trasformazione del mondo romano e le grandi migrazioni: Nuovi popoli dall'Europa settentrionale e centro-orientale alle coste del Mediterraneo*. Cimitile, 2012a, pp. 19-31.

______. "Les activités secrètes des ambassadeurs dans l'Antiquité Tardive". *In*: BECKER, A. & DROCOURT, N. (ed.). *Ambassadeurs et ambassades au coeur des relations diplomatiques: Rome – Occident Médiéval – Byzance (VIIIe s. avant J.-C.-XIIe s. après J.-C.)*. Metz, Centre de recherche universitaire Lorrain d'histoire, Université de Lorraine, 2012b, pp. 183-202.

______. *Embassies – Negotiations – Gifts: Systems of East Roman Diplomacy in Late Antiquity*. Stuttgart, Franz Steiner Verlag, 2014.

______. "Défection et trahison: Les transfuges entre la législation et la diplomatie de l'Antiquité Tardive". *In*: DROCOURT, N. & SCHNAKENBOURG, E. (ed.). *Actes* du Colloque Thémis en Diplomatie: L'argument juridique dans les relations internationales de l'antiquité tardive au XVIIIe siècle. Rennes, Presses universitaires de Rennes, 2016.

NEEDHAM, J. *Science and Civilisation in China*, vol. 1: *Introductory Orientations*. Cambridge, Cambridge University Press, 1954.

NEELIS, J. *Early Buddhist Transmission and Trade Networks: Mobility and Exchange within and beyond the Northwestern Borderlands of South Asia*. Leiden, Brill, 2011.

NELSON, J. L. *Charles the Bald*. Harlow, Routledge, 1992.

NELSON, M. R. *et al.* "The Population Reference Sample, Popres: A Resource for Population, Disease, and Pharmacological Genetics Research". *American Journal of Human Genetics*, 83.3, 2008, pp. 347-358. Disponível em <doi: 10.1016/j.ajhg.2008.08.005>.

NÉMETH, G. *A honfoglaló magyarság kialakulása*. 2. ed. Budapest, Hornyánszky Viktor R.-T. M. K. Udv. Könyvnyomda, 1991.

NICOLET, C. *Space, Geography, and Politics in the Early Roman Empire*. Ann Arbor, University of Michigan Press, 1991.

NICOLET, C. & GAUTIER DALCHÉ, P. "Les 'quatre sages' de Jules César et la 'mesure du monde' selon Julius Honorius: Réalité antique et tradition médiévale". *Journal des Savants*, 1986, pp. 157-218.

NÖLDEKE, T. *Geschichte der Perser und Araber zur Zeit der Sasaniden – aus der arabischen Chronik des Tabari übersetzt und mit ausführlichen Erläuterungen und Ergänzungen versehn*. Leiden, Brill, 1879.

NÖLDEKE, T. *Die von Guidi herausgegebene syrische Chronik*. Wien, Tempsky, 1893.

NOONAN, T. S. "Russia, the Near East, and the Steppe in the Early Medieval Period: An Examination of the Sasanian and Byzantine Finds from the Kama-Yraks Area". *Archivum Eurasiae Medii Aevi*, 2, 1982, pp. 269-302.

______. "Byzantium and the Khazars: A Special Relationship?". *In*: SHEPARD, J. & FRANKLIN, S. (ed.). *Byzantine Diplomacy*. Aldershot, Ashgate, 1992, pp. 109-132.

NOVEMBRE, J. *et al*. "Genes Mirror Geography within Europe". *Nature*, 456, 6/11/2008, pp. 98-101.

NOVOSEL'CEV, A. P. *Xazarskoe gosudarstvo i ego rol' v istorii Vostočnoj Evropy i Kavkaza*. Moskva, 1990.

O'BRIEN, P. "Introduction to Two Styles of Modern Global History: Connexions and Comparisons". *Journal of Global History* 1.1, 2006, pp. 3-39.

O'NEILL, J. P. & LAING, M. E. D. (ed.). *Along the Ancient Silk Routes: Central Asian Art from the West Berlin State Museums*. New York, Metropolitan Museum of Art, 1982.

OCHDIR, A. & ĖRDĖNĖBOLD, L. *Nüüdėlchdiin urlagiin galerei: Tusgai üzėsgėlėnd zorisulsan katalogi*. Ulaanbaatar, s/e, 2012.

OCHIR, A.; ĖRDĖNĖBOLD, L.; KHARZHAUBAI, S. & ZHANTEGIN, K. *Ėrtnii nüüdėlchdiin bunkhant bulshny, maltlaga sudalgaa*. Ulaanbaatar, s/e, 2013.

OGILVY, R. M. (ed. e trad.). *Livy. Ab urbe condita*, vol. 1, tomos 1-5. Oxford, Oxford University Press, 1974.

OIKONOMIDES, N. "Silk Trade and Production in Byzantium from the Sixth to the Ninth Century: The Seals of the Kommerkiarioi". *Dumbarton Oaks Papers*, 40, 1986, pp. 33-53.

OLAJOS, T. *Les sources de Théophylacte Simocatta historien*. Leiden, Brill, 1988.

ON, I. *Chūgoku kodai sekichō kenkyū*. Tōkyō, Tōyō bunka kenkyūjo, Tōkyō daigaku shuppankai, 1979.

ŐNNERFORS, A. (ed. e trad.). *Tacitus. Germania. De origine et situ Germanorum liber*, 2.1. Stuttgart, Teubner, 1983.

ORZECH, C. D.; SØRENSEN, H. H. & PAYNE, R. K. (ed.). *Esoteric Buddhism and the Tantras in East Asia*. Leiden, Brill, 2011 (Handbook of Oriental Studies, 4.2.).

ŌSAWA, T. "Aspects of the Relationship between the Ancient Türks and the Sogdians – Based on a Stone Statue with a Sogdian Inscription in Xinjiang". *In*: COMPARETI, M.; RAFFETTA, P. & SCARCIA, G. (ed.). *Ērān ud Anērān: Studies Presented to Boris Il'ič Maršak on the Occasion of His 70th Birthday*. Venezia, Libreria Editrice Cafoscarina, 2006, pp. 471-504.

______. "Historical Significance on the Coexistence of Languages, Cultures and Cult-Beliefs under the Early Old Turkic Kaghanate from the Ötükän Yïš to the Tianshan Regions". *In*: KURKCHI, A. (ed.). *L. N. Gumilev i ego vremia: Nasledie L. N. Gumileva i svremennaia evraziiskaia interpretatsia: Trudy IX Evraziiskogo foruma, posviashchennogo 100-letiiu so dnia rojdeniia L'va Nikolaevavicha Gumileva*. Moskva, s/e, 2013.

OVERLAET, B. (ed.). *Splendeur des Sassanides*. Brussels, Musées Royaux d'Art et d'Histoire, 1993.

OVERLAET, B.; DE JONGHE, D. & DAEMEN, S. "Pfister's Sasanian Cocks Tapestry Reconsidered: A Rediscovery at the Bibliotheca Apostolica Vaticana". *Iranica Antiqua*, 31, 1996, pp. 179-211.

PALMER, J. T. *The Apocalypse in the Early Middle Ages*. Cambridge, Cambridge University Press, 2014.

PÁLSON, G. *Anthropology and the New Genetics*. Cambridge, Cambridge University Press, 2007.

PALUDAN, A. *The Chinese Spirit Road: The Classical Tradition of Stone Tomb Statuary*. New Haven, Yale University Press, 1991.

PALUMBO, A. "Dharmaraksa and Kanthaka: White Horse Monasteries in Early Medieval China". *In*: VERARDI, G. & VITA, S. *Buddhist Asia 1 (Papers from the First Conference of Buddhist Studies Held in Naples in May 2001)*. Kyōto, Italian School of East Asian Studies, 2003, pp. 167-216.

PAN, Y. *Son of Heaven and Heavenly Qaghan: Sui-Tang China and Its Neighbors*. Bellingham, Western Washington University Center, 1997a.

______. "Marriage Alliances and Chinese Princesses in International Politics from Han through T'ang". *Asia Major*, 3rd ser., 10.1-2, 1997b, pp. 95-131.

______. "Integration of the Northern Frontiers in Tang China". *Chinese Historical Review*, 19.1, 2012, pp. 3-26.

______. "Review of Sui-Tang China and Its Turko-Mongol Neighbors: Culture, Power, and Connections, 580-800 by Jonathan Karam Skaff". *Harvard Journal of Asiatic Studies*, 73.2, 2013.

PANAINO, A. *Tištrya*, vol. 1: *The Avestan Hymn to Sirius*; vol. 2: *The Iranian Myth of the Star Sirius*. Roma, Istituto italiano per il Medio ed Estremo Oriente, 1990-1995.

______. "Astral Characters of Kingship in the Sasanian and Byzantine Worlds". Convegno internazionale, la Persia e Bisanzio: Roma, 14-18 ottobre 2002. *Atti* dei Convegni Lincei 201. Roma, Accademia nazionale dei Lincei, 2004a, pp. 555-594.

______. "Two Zoroastrian Nērangs and the Invocation to the Stars and the Planets". *In*: DARYAEE, T. & OMIDSALAR, M. (ed.). *The Spirit of Wisdom [Menog I Xrad]: Essays in Memory of Ahmad Tafazzoli*. Costa Mesa, Mazda Publishers, 2004b, pp. 196-218.

______. "Commerce and Conflicts of Religions in Sasanian Iran between Social Identity and Political Ideology". *In*: ROLLINGER, R. & ULF, C. (ed.). *Commerce and Monetary Systems in the Ancient World, Means of Transmission and Cultural Interaction*. Stuttgart, Franz Steiner Verlag, 2004c, pp. 385-401.

PANAINO, A. "Sasanian Astronomy and Astrology in the Contribution of David Pingree". *In*: GNOLI, G. & PANAINO, A. (ed.). *Kayd: Studies in History of Mathematics, Astronomy and Astrology in Memory of David Pingree*. Roma, Istituto Italiano per l'Africa e l'Oriente, 2009, pp. 73-103.

______. Sidera Vivens: Iranian Studies. *In*: GARIBOLDI, A.; OGNIGENE, P. & SADOVSKI, V. (ed.). *History of Ancient Astral Mythology, Astronomy and Astrology*. Milano, Mimesis Edizione, 2014.

______. "Cosmogony and Astrology". *In*: STAUSBERG, M. & VEVAINA, Y. S.-D. (ed.). *The Wiley Blackwell Companion to Zoroastrianism*. Chichester, Blackwell, 2015, pp. 235-257.

PAPACONSTANTINOU, A. *The Multilingual Experience in Egypt from the Ptolemies to the 'Abbasids*. Farnham, Routledge, 2010.

PARK, H. "From Barbarians to the Middle Kingdom: The Rise of the Title 'Emperor, Heavenly Qaghan' and Its Significance". *Journal of Central Eurasian Studies*, 3, 2012, pp. 23-68.

______. *Mapping the Chinese and Islamic Worlds*. New York, Cambridge University Press, 2013.

PARKER, G. *The Making of Roman India: Greek Culture in the Roman World*. Cambridge, Cambridge University Press, 2008.

______. *Global Crisis: War, Climate Change and Catastrophe in the Seventeenth Century*. New Haven, Yale University Press, 2013. Disponível em <http://yalepress.yale.edu/reviews.asp?isbn=9780300153231>.

PARLATO, S. "Successo euroasiatico dell'etnico 'Unni'". *In*: Accademia Naz. dei Lincei (ed.). *La Persia e l'Asia centrale da Alessandro al X secolo*. Roma, Accademia Naz. dei Lincei, 1996 (Atti dei Convegni Lincei, 127).

PAUL, J. "The State and the Military – A Nomadic Perspective". *In*: SCHNEIDER, I. (ed.). *Militär und Staatlichkeit. Beiträge des Kolloquiums am 29. und 30. 04. 2002*. Halle, Orientwissenschaftlichen Zentrum der Martin-Luther-Universität Halle--Wittenberg, 2003, pp. 25-68.

PAYNE, R. "Monks, Dinars and Date Palms: Hagiographical Production and the Expansion of Monastic Institutions in the Early Islamic Persian Gulf". *Arabian Archaeology and Epigraphy*, 22, 2011, pp. 97-111.

______. "Cosmology and the Expansion of the Iranian Empire, 503-628 CE". *Past and Present*, 220, 2013, pp. 1-31.

______. "The Reinvention of Iran: The Sasanian Empire and the Huns". *In*: MAAS, M. (ed.). *The Cambridge Companion to the Age of Attila*. Cambridge, Cambridge University Press, 2015a, pp. 282-299.

______. *A State of Mixture: Christians, Zoroastrians, and Iranian Political Culture in Late Antiquity*. Oakland, University of California Press, 2015b.

PAYNE, R. "The Making of Turan: The Fall and Transformation of the Iranian East in Late Antiquity". *Journal of Late Antiquity*, 9.1, 2016, pp. 4-41.

PECK, E. H. "The Representation of Costumes in the Reliefs of Taq-i-Bustan". *Artibus Asiae*, 31, 1969, pp. 101-146.

PEDERSON, N. *et al.* "Pluvials, Droughts, the Mongol Empire, and Modern Mongolia". *Proceedings of the National Academy of Sciences*, 111.12, 2014, pp. 4.375-4.379.

PELLIOT, P. "L'origine du nom de 'Chine'". *T'oung Pao*, 13, 1912, pp. 727-742.

______. "Le Cha-tcheou tou-tou-fou t'ou-king et la colonie sogdienne de la région du Lob Nor". *Journal Asiatique*, 11th ser., 7, 1916, pp. 111-123.

______. "Neuf notes sur des questions d'Asie Centrale". *T'oung Pao*, 26, 1929.

______. *L'inscription Nestorienne de Si-Ngan-Fou*. Ed. A. Forte. Paris/Kyōto, De Boccard, 1996.

PERDUE, P. C. "Fate and Fortune in Central Eurasian Warfare: Three Qing Emperors and Their Mongol Rivals". *In*: DI COSMO, N. (ed.). *Warfare in Inner Asian History (500-1800)*. Leiden, Brill, 2002, pp. 369-404.

PÉRICHON, P. & MARAVAL, P. (trad. e ed.). *Socrates Scholasticus. Historia ecclesiastica. Socrate de Constantinople, Histoire Ecclésiastique*, 7 vols. Paris, s/e, 2004-2007.

PERTUSI, A. (ed.). *De Thematibus Constantine Porphyrogenitus*. Città del Vaticano, Biblioteca apostolica vaticana, 1952.

PETERSON, C. A. *The Autonomy of the Northeastern Provinces in the Period Following the An Lu-shan Rebellion*. Ph.D. diss. University of Washington, 1966.

PFISTERER, M. *Hunnen in Indien: Die Münzen der Kidariten und Alchan aus dem Bernischen Historischen Museum und der Sammlung Jean-Pierre Righetti*. Wien, Verlag der Österreichischen Akademie der Wissenschaften, 2012.

PIACENTINI, V. F. "Ardashīr ī Pāpakān and the Wars against the Arabs: Working Hypothesis on the Sasanian Hold of the Gulf". *Proceedings of the Seminar for Arabian Studies*, 15, 1985, pp. 57-78.

PIGANIOL, A. *L'empire chrétien*. Paris, Presses Universitaires de France, 1947.

PIGULEVSKAÏA, N. V. "Economic Relations in Iran during the IV-VI Centuries A.D.". *Journal of the K. R. Cama Oriental Institute*, 38, 1956, pp. 60-81.

______. *Les villes de l'état iranien aux époques parthe et sassanide: Contribution à l'histoire sociale de la Basse Antiquité*. Paris, Mouton, 1963.

PINAULT, G.-J.; HUSHAN, Ch.; GAULIER, S. *et al. Sites divers de la regions de Koutcha: Épigraphie koutchéenne, Mission Paul Pelliot 8*. Paris, s/e, 1987.

PING, L. *Běicháo péidū yánjiū cúngǎo*. Beijing, Yìn shūguǎn, 2006.

PINGREE, D. "Astronomy and Astrology in India and Iran". *Isis*, 54, 1963, pp. 229-246.

PITTS, M. & VERSLUYS, M. J. (ed.). *Globalisation and the Roman World: World History, Connectivity and Material Culture*. Cambridge, Cambridge University Press, 2015.

POCOCK, J. G. A. *Barbarism and Religion*, 6 vols. Cambridge, Cambridge University Press, 1999-2015.

PODOSSINOV, A. V. "The Indians in Northern Europe? On the Ancient Roman Notion of the Configuration of Eurasia". *The Periphery of the Classical World in Ancient Geography and Cartography*. Leuven, Peeters Publishers, 2014, pp. 133-145.

POHL, W. "Conceptions of Ethnicity in Early Medieval Studies". *Archaeologia Polona*, 29, 1991, pp. 39-49.

______. "A Non-Roman Empire in Central Europe: The Avars". *In*: POHL, W. & REIMITZ, H. (ed.). *Strategies of Distinction: The Construction of Ethnic Communities, 300-800*. Leiden, Brill, 1998, pp. 571-596.

______. "The 'regia' and the 'hring' – Barbarian Places of Power". *In*: THEUWS, F.; JONG, M. de & RHIJN, C. van (ed.). *Topographies of Power in the Early Middle Ages*. Leiden, Brill, 2001, pp. 419-466 (The Transformation of the Roman World, 6).

______. *Die Völkerwanderung: Eroberung und Integration*. Stuttgart, Kohlhammer, 2002.

______. "Archaeology of Identity: Introduction". *In*: POHL, W. & MEHOFER, M. *Archaeology of Identity – Archäologie der Identität*. Wien, Verlag der Österreichischen Akademie der Wissenschaften, 2010, pp. 9-24.

______. "Introduction – Strategies of Identification: A Methodological Profile". *Strategies of Identification: Ethnicity and Religion in Early Medieval Europe*. Turnhout, Brepols, 2013a, pp. 1-64.

______. "Ritualized Encounters: Late Roman Diplomacy and the Barbarians, Fifth-Sixth Century". *In*: BEIHAMMER, A.; CONSTANTINOU, S. & PARANI, M. *Court Ceremonies and Rituals of Power in Byzantium and the Medieval Mediterranean: Comparative Perspectives*. Leiden, Brill, 2013b, pp. 67-86.

______. *Die Awaren: Ein Steppenvolk im Mitteleuropa, 567-822 n. Chr.* München, C. H. Beck, 1988; reimpr. 2015a.

______. "Huns, Avars, Hungarians – Comparative Perspectives Based on Written Evidence". *In*: BEMMANN, J. & SCHMAUDER, M. (ed.). *Complexity of Interaction along the Eurasian Steppe Zone in the First Millennnium CE*. Bonn, Universität Bonn, 2015b, pp. 693-702.

______. *The Avars*. Ithaca, Cornell University Press, 2018.

POHL, W. & HEYDEMANN, G. (ed.). *Post-Roman Transitions: Christian and Barbarian Identities in the Early Medieval West*. Turnhout, Brepols, 2013a

______. *Strategies of Identification: Ethnicity and Religion in Early Medieval Europe*. Turnhout, Brepols, 2013b.

POMPA, L. *Vico: A Study of the New Science*. 2. ed. Cambridge, Cambridge University Press, 1990.

POPE, P. & ACKERMANN, A. U. *A Survey of Persian Art: From Prehistoric Times to the Present*. Hong Kong, Sopa, 1981.

POTAPOV, L. P. "The Khakasy". *In*: LEVIN, M. G. & POTAPOV, L. P. *The Peoples of Siberia*. Ed. e trad. S. Dunn. Chicago, University of Chicago Press, 1964.

POTTS, D. T. "Ed Dur – The Danish Excavations". *Mesopotamia*, 24, 1989, pp. 13-27.

POULTER, A. G. "The Transition to Late Antiquity". *Proceedings of the British Academy*, 141, 2007, pp. 1-50.

POURSHARIATI, P. *The Decline and Fall of the Sasanian Empire: The Sasanian-Parthian Confederacy and the Arab Conquest of Iran*. London, I. B. Tauris, 2008.

POWER, T. *The Red Sea from Byzantium to the Caliphate, 500-1000*. Cairo, American University in Cairo Press, 2012.

PRIEN, R. *Archäologie und Migration: Vergleichende Studien zur archäologischen Nachweisbarkeit von Wanderungsbewegungen*. Bonn, R. Habelt, 2005 (Universitätsforschungen zur prähistorischen Archäologie, 120).

PRINGLE, H. *The Master Plan: Himmler's Scholars and the Holocaust*. New York, Hachette Books, 2006.

PRITSAK, O. "Von den Karluk zu den Karachaniden". *Zeitschrift der Deutschen Morgenländischen Gesellschaft*, 101, 1951, pp. 270-300.

______. "From the Säbirs to the Hungarians". *In*: KÁLDY-NAGY, G. (ed.). *Hungaro-Turcica: Studies in Honour of Julius Németh*. Budapest, Lorand Eötvös University, 1976, pp. 17-30.

PRONTERA, F. *Tabula Peutingeriana: Le antiche vie del mondo*. Firenze, Olschki, 2003.

PU, W. *Táng Huìyāo*. Ed. Chenshi Zhang. S/l, s/e, 1991.

PULLEYBANK, E. G. "A Sogdian Colony in Inner Mongolia". *T'oung Pao*, 41, 1952, pp. 317-356.

______. "The An Lu-shan Rebellion and the Origins of Chronic Militarism in Late T'ang China". *In*: PERRY, J. C. & SMITH, B. L. (ed.). *Essays on T'ang Society: The Interplay of Social, Political and Economic Forces*. Leiden, Brill, 1976, pp. 32-60.

______. "The Chinese and Their Neighbors in Prehistoric and Early Times". *In*: KEIGHTLEY, D. N. (ed.). *The Origins of Chinese Civilization*. Berkeley, University of California Press, 1983, pp. 411-466.

______. "The 'High Carts': A Turkish-Speaking People before the Türks". *Asia Major*, 3.1, 1990, pp. 21-26.

______. *Lexicon of Reconstructed Pronunciation in Early Middle Chinese, Late Middle Chinese, and Early Mandarin*. Vancouver, John Benjamins Publishing, 1991.

PURI, B. N. *Buddhism in Central Asia*. Delhi, Motilal Banarsidass, 1987.

PUSCHNER, U. "Germanenideologie und völkische Weltanschauung". *In*: BECK, H.; GEUENICH, D.; STEUER, H. & HAKELBERG, D. (ed.). *Zur Geschichte der Gleichung "germanisch-deutsch"*. Berlin, de Gruyter, 2004, pp. 103-129.

QIĀN, S. *Shǐjì*. Beijing, Zhōnghuá Shūjú Yoǔxìan Gōngsī, 1985.

QIĀN, S. *Records of the Grand Historian*, vol. 2: *Han Dynasty II*. 2. ed. rev. Trad. B. Watson. Hong Kong, Columbia University Press, 1993.

RACKHAM, H. (trad. e ed.). *Natural History*, vol. 2. Cambridge, Cambridge University Press, 1942.

RADLOV, V. V. *K voprosu ob ujgurax, supplement to Zapiski imperatorskoj akademii nauk 77.2*. St. Petersburg, 1893, pp. 1-130.

RAFFAELLI, E. *L'oroscopo del mondo: Il tema di nascita del mondo e del primo uomo secondo l'astrologia zoroastriana*. Milano, Mimesis edizione, 2001.

RALPH, P. & COOP, G. "The Geography of Recent Genetic Ancestry across Europe". *PLoS Biology*, 11.5, 2013. Disponível em <doi:10.1371/journal.pbi0.1001555>.

RANCE, P. "Writers: Late Empire". *In*: LE BOHEC, Y. *et al. The Encyclopedia of the Roman Army*. Chichester, Wiley-Blackwell, 2015, pp. 1-4.

______. *The Roman Art of War in Late Antiquity – The Strategikon of the Emperor Maurice: A Translation with Introduction and Commentary*. London, Routledge, 2017.

RAPIN, C. "L'incompréhensible Asie centrale de la carte de Ptolémée: Propositions pour un décodage". *In*: BOPEARACHCHI, O.; BROMBERG, C. A. & GRENET, F. *Alexander's Legacy in the East: Studies in Honor of Paul Bernard (1998/2001)*. Heidelberg, Bulletin of the Asia Institute, 2011, pp. 201-225.

RASCKE, M. G. "New Studies in Roman Commerce with the East". *In*: VITZTHUM, H. T. G. & HAASE, W. (ed.). *Aufstieg und Niedergang der römischen Welt*. Berlin, de Gruyter, 1978.

RASMUSSEN, M. D. *et al.* "Genome-Wide Inference of Ancestral Recombination Graphs". *PLoS Genetics*, 10.5, 2014, e1004342. Disponível em <doi:10.1371/journal.pgen.1004342>.

RASPOPOVA, V. I. "Problema kontinuiteta sogdiiskogo goroda". *Kratkie soobshcheniia Instituta Arkheologii*, 199, 1990.

RECK, C. "A Survey of the Christian Sogdian Fragments in Sogdian Script in the Berlin Turfan Collection". *In*: JULLIEN, C. (ed.). *Chrétiens en terre d'Iran*, vol. 2: *Controverses des chrétiens dans l'Iran sassanide*. Paris, Peeters, 2008, pp. 191-205.

REYNOLDS, L. D. (ed.). *Sallustius Crispi, Catilina; Iugurtha; Historiarum Fragmenta Selecta; Appendix Sallustiana*. Oxford, Clarendon Press, 1991.

REYNOLDS, S. *Fiefs and Vassals: The Medieval Evidence Reinterpreted*. Oxford, Oxford University Press, 1994.

REZAKHANI, K. *ReOrienting the Sasanians: East Iran in Late Antiquity*. Edinburgh, Edinburgh University Press, 2016.

RHIE, M. M. *Early Buddhist Art of China and Central Asia*, vol. 1: *Later Han, Three Kingdoms and Western Chin in China and Bactria to Shan-shan in Central Asia*. Leiden, Brill, 1999 (Handbook of Oriental Studies, 4.12.1).

RICCI, G. *Nomads in Late Antiquity: Gazing on Rome from the Steppe, Attila to Asparuch (370-688 C.E.)*. Tese de doutorado. Princeton, Princeton University, 2015.

RICHTHOFEN, F. *China: Ergebnisse eigener Reisen und darauf gegründeten Studien*. Berlin, D. Reimer, 1877.

RIZZI, E. *et al.* "Ancient DNA Studies: New Perspectives on Old Samples". *Genetics Selection Evolution*, 44.21, 2012. Disponível em <www.gsejournal.org/content/44/1/21>.

ROBERTO, U. (ed.). *Ioannis Antiocheni Fragmenta ex Historia chronica: Introduzione, edizione critica e traduzione*. Berlin, Walter de Gruyter, 2005.

ROMAŠOV, S. A. "Bolgarskie plemena Severnogo Pričernomor'ja v V-VII vv". *AEMAe*, 8, 1992-1994.

ROMER, F. E. (ed. e trad.). *Pomponius Mela's Description of the World*. Ann Arbor, University of Michigan Press, 1998.

ROMM, J. S. *The Edges of the Earth in Ancient Thought*. Princeton, Princeton University Press, 1992, pp. 37-41.

RÓNA-TAS, A. *Hungarians and Europe in the Early Middle Ages: An Introduction to Early Hungarian History*. Budapest, Central European University Press, 1999.

______. "Where Was Khuvrat's Bulgharia?". *Acta Orientalia Academiae Scientiarum Hungaricae*, 53.1, 2000, pp. 1-22.

RÓNA-TAS, A. & BERTA, Á. *West Old Turkic*, 2 vols. Wiesbaden, Harrassowitz, 2011.

RONGXI, L. *The Great Tang Dynasty Record of the Western Regions: Translated by the Tripitaka-Master Xuanzang under Imperial Order, Composed by Śramana Bianji of the Great Zhongchi Monastery*. Berkeley, BDK America, 1996.

RONGXI, L. (trad. e ed.). *Xuánzàng & Śramaṇa Bianji. Da Tang Xiyuji, The Great Tang Dynasty Record of the Western Regions*. Berkeley, BDK America, 1996.

ROOS, A. G. (ed.). *Arian. Flavii Arriani quae existant Omnia*, vol. 1: *Alexandri Anabasis*. München, Teubner, 1967.

ROSE, J. "Sasanian Splendor: The Appurtenances of Royalty". *In*: GORDON, S. (ed.). *Robes and Honor: The Medieval World of Investiture*. New York, Palgrave MacMillan, 2001.

ROSENBERG, N. A. & NORDBORG, M. "Genealogical Trees, Coalescent Theory and the Analysis of Genetic Polymorphisms". *Nature Reviews*, 3.5, May 2002, pp. 380-390.

ROSENWEIN, B. H. *Negotiating Space: Power, Restraint, and Privileges of Immunity in Early Medieval Europe*. Manchester, Cornell University Press, 1999.

ROTHSCHILD, N. H. *Emperor Wu Zhao and Her Pantheon of Devis, Divinities, and Dynastic Mothers*. New York, Columbia University Press, 2015.

ROTMAN, Y. *Les esclaves et l'esclavage: De la Méditerranée Antique à la Méditeranée Médiévale, VI-IX siècles*. Paris, Les Belles Lettres, 2004.

ROTOURS, R. de. *Le traité des fonctionnaires et traité de l'armée: Traduit de la nouvelle histoire des T'ang (Chap. XLVI-L)*. 2. ed. San Francisco, s/e, 1974.

ROUGÉ, J. (trad. e ed.). *Expositio totius mundi et gentium. Introduction, texte critique, traduction française, notes et commentaire par Jean Rougé*. Paris, Éditions du Cerf, 1966 (Coll. Sources chrétiennes, Textes orientaux, 124).

ROUSSEAU, A. "Le mot barbare dans le vocabulaire indoeuropéen". *Études inter--ethniques*, n. 10, 1995, pp. 15-26.

ROUX, J.-P. "L'origine céleste de la souveraineté dans les inscriptions paléo-turques de Mongolie et du Sibérie". *In*: International Congress for the History of Religions (ed.). *The Sacral Kingship*. Leiden, Brill, 1959, pp. 231-241.

______. *La religion des Turcs et des Mongols*. Paris, Payot, 1984.

RUBIN, Z. "The Mediterranean and the Dilemma of the Roman Empire in Late Antiquity". *Mediterranean Historical Review*, 1, 1986, pp. 13-62.

RUMMEL, P. von. *Habitus barbarus: Kleidung und Repräsentation spätantiker Eliten im 4. und 5. Jahrhundert*. Berlin, De Gruyter, 2007.

RYBATZKI, V. "Between East and West: Central Asian Writing Systems". *In*: ÖLMEZ, M. & YILDIRIM, F. (ed.). *Orta Asya'dan Anadolu'ya Alfabeler. 29-30 Mayıs 2007, Eskişehir*. Istanbul, Eren Yayincilik, 2011, pp. 217-221.

SABBAH, G. "Ammianus Marcellinus". *In*: MARACASO, G. (ed.). *Greek and Roman Historiography in Late Antiquity: Fourth to Sixth Century A.D.* Leiden, Brill, 2003, pp. 43-84.

SACHAU, E. (ed.). *Syrischer Rechtbücher*, vol. 3: *Corpus iuris des persischen Erzbischofs Jesubocht: Erbrecht oder Canones des persischen Erzbischofs Simeon; Eherecht des Patriarchen Mār Abhā*. Berlin, Georg Reimer, 1914.

SAHLINS, M. "The Stranger-King, or Elementary Forms of the Politics of Life". *Indonesia and the Malay World*, 36.105, 2008, pp. 177-199.

SALEH, A. el-A. "Al-Madā'in and Its Surrounding Area in Arabic Literary Sources". *Mesopotamia*, 3-4, 1968-1969, pp. 417-439.

SALOMON, R. *Indian Epigraphy: A Guide to the Study of Inscriptions in Sanskrit, Prakrit, and the Other Indo-Aryan Languages*. New York, Oxford University Press, 1998.

______. "An Unwieldy Canon: Observations on Some Distinctive Features of Canon Formation". *In*: DEEG, M.; FREIBERGER, O. & KLEINE, C. (ed.). *Kanonisierung und Kanonbildung in der asiatischen Religionsgeschichte*. Wien, Verlag der österreichischen Akademie der Wissenschaften, 2011, pp. 161-207.

SALZMAN, M. R. *On Roman Time: The Codex-Calendar of 354 and the Rhythms of Urban Life in Late Antiquity*. Berkeley, University of California Press, 1990.

SARANTIS, A. *Justinian's Balkan Wars: Campaigning, Diplomacy and Development in Illyricum, Thrace and the Northern World, A.D. 527-565*. Prenton, Francis Cairns, 2016, pp. 1-19, 320-323.

SARTKOJAULY, Q. *Orkhon muralary*. Astana, s/e, 2003.

SAUER, E. W.; REKAVANDI, H. O.; WILKINSON, T. J. & NOKANDEH, J. *Persia's Imperial Power in Late Antiquity: Sasanian Frontier Walls, Forts and Landscapes of Northern Iran*. Oxford, Oxford University Press, 2013.

SCAGLIA, G. "Central Asians on a Northern Ch'i Gate Shrine". *Artibus Asiae*, 21, 1958, pp. 9-28.

SCHAFER, E. H. *The Golden Peaches of Samarkand: A Study of T'ang Exotics*. Berkeley, University of California Press, 1963.

SHAGALOV, V. D. & KUZNETSOV, A. V. *Katalog Monet Chacha III-VIII vv.* Tashkent, Fan, 2006.

SHAW, B. "'Eaters of Flesh, Drinkers of Milk': The Ancient Mediterranean Ideology of the Pastoral Nomad". *Ancient Society*, 13-14, 1982-1983, pp. 5-31.

SCHEIDEL, W. "The Xiongnu and the Comparative Study of Empire". *In*: BROSSEDER, U. & MILLER, B. K. (ed.). *Xiongnu Archaeology*. Bonn, Vor- und Frühgeschichtliche Archäologie Rheinische Friedrich-Wilhelms-Universität Bonn, 2011a, pp. 111-120 (Bonn Contributions to Asian Archaeology, 5).

______. "The Xiongnu and the Comparative Study of Empire", 2011b. Disponível em <http://ssrn.com/abstract=1663558>.

______. "Studying the State". *In*: BANG, P. F. & SCHEIDEL, W. (ed.). *The Oxford Handbook of the State in the Ancient Near East and the Mediterranean*. Oxford, Oxford University Press, 2013, pp. 5-57.

SCHEIDEL, W. (ed.). *Rome and China: Comparative Perspectives on Ancient World Empires*. Oxford, Oxford University Press, 2009.

SCHER, A. & DIB, P. *Histoire Nestorienne (Chronique de Séert)*. Paris, Firmin-Didot, 1910-1919.

SCHINDEL, N. "Adhuc sub iudice lis est? Zur Datierung der kushanosasanidischen Münzen". *Numismatische Zeitschrift*, 113-114, 2005.

______. "The 3rd-Century 'Marw Shah' Bronze Coins Reconsidered". *In*: BÖRM, H. & WIESEHÖFER, J. (ed.). *Commutatio et Contentio: Studies in the Late Roman, Sasanian, and Early Islamic Near East, in memory of Zeev Rubin*. Düsseldorf, Wellem Verlag, 2010.

SCHINDEL, N. (trad. e ed.). *Nummorum Sasanidarum Paris-Berlin-Wien*, vol. 3.1: *Shapur II.-Kawad I./2. Regierung*. Wien, Austrian Academy of Sciences Press, 2004.

SCHLÜTZ, F. & LEHMKUHL, F. "Climatic Change in the Russian Altai, Southern Siberia, Based on Palynological and Geomorphological Results, with Implications for Climatic Teleconnections and Human History since the Middle Holocene". *Vegetation History and Archaeobotany*, 16.2-3, 2007, pp. 101-118.

SCHMAUDER, M. "Huns, Avars, Hungarians – Reflections on the Interaction between Steppe Empires in Southeast Europe and the Late Roman to Early Byzantine Empires". *In*: BEMMANN, J. & SCHAMUDER, M. *Oberschichtgräber und Verwahrfunde in Südosteuropa im 4. und 5. Jh.: Zum Verhältnis zwischen dem spätantiken Reich und der barbarischen Oberschicht aufgrund der archäologischen Quellen*, 2 vols. București, Editura Academiei Române, 2002.

SCHMAUDER, M. *Die Hunnen: Ein Reitervolk in Europa*. Darmstadt, Primus Verlag, 2009.

SCHMAUDER, M. (ed.). *Complexity of Interaction along the Eurasian Steppe Zone in the First Millennnium CE*. Bonn, Universität Bonn, 2015, pp. 671-692 (Bonn Contributions to Asian Archaeology, 7).

SCHMIDT, L. *Die Ostgermanen*. München, C. H. Beck, 1940.

______. *Die Westgermanen*. München, C. H. Beck, 1941.

SCHMITT, R. "Isidoros of Charax". *Encyclopaedia Iranica*, 14.2. Costa Mesa, 2007, pp. 125-127. Disponível em <www.iranicaonline.org/articles/isidorus-of-charax>. Atualizado em 5/3/2012.

SCHMITZ, G. "Zur Enstehungsgeschichte der Monumenta Germaniae Historica". *In*: BECK, H.; GEUENICH, D.; STEUER, H. & HAKELBERG, D. (ed.). *Zur Geschichte der Gleichung "germanisch-deutsch"*. Berlin, de Gruyter, 2004, pp. 503-523.

SCHNEIDER, R. M. *Bunte Barbaren: Orientalstatuen aus farbigem Marmor in der römischen Repräsentationskunst*. Worms, Wernersche Verlagsgesellschaft, 1986.

SCHÖNIG, C. "Türkisch-mongolische Sprachbeziehungen – Versuch einer Zwischenbilanz". *Ural-Altaische Jahrbücher*, 19 n.f., 2005, pp. 131-166.

SCHOPEN, G. "The Phrase 'sa pṛthivīpradeśaś caityabhūto bhavet' in the Vajracchedikā: Notes on the Cult of the Book in Mahāyāna". *Indo-Iranian Journal*, 17, 1975, pp. 147-181.

SCHUESSLER, A. *ABC Etymological Dictionary of Old Chinese*. Honolulu, University of Hawai'i Press, 2007.

______. *Minimal Old Chinese and Later Han Chinese*. Honolulu, University of Hawai'i Press, 2009.

SCHREIBER, G. "The History of the Former Yen Dynasty (285-370), Part I". *Monumenta Serica*, 1949, pp. 374-480.

______. "The History of the Former Yen Dynasty (285-370), Part II". *Monumenta Serica*, 1956, pp. 1-141.

SCHREINER, P. *Byzanz*. München, de Gruyter Oldenbourg, 1986.

SCHULTZ, J. *The Ecozones of the World: The Ecological Divisions of the Geosphere*. 2. ed., trans. B. Ahnert. Berlin, Springer Science & Business Media, 2005.

SCHWARTZ, M. "Sogdian Fragments of the Book of Psalms". *Altorientalische Forschungen*, 1, 1974, pp. 257-261.

SCOTT, D. A. "The Iranian Face of Buddhism". *East and West*, 40.1-4, 1990, pp. 43-77.

SCOTT, J. C. *The Art of Not Being Governed: An Anarchist History of Upland Southeast Asia*. New Haven, Yale University Press, 2009

SEIPEL, W. *Weihrauch und Seide: Alte Kulturen an der Seidenstrasse*. Milano, Skira, 1996.

SELDESLACHTS, E. "Greece, the Final Frontier? The Westward Spread of Buddhism". *In*: HEIRMAN, A. & BUMBACHER, S. P. (ed.). *The Spread of Buddhism*. Leiden, Brill, 2007, pp. 131-166.

SELLS, M. "'Along the Edge of Mirage': The Mufad˙d˙dalīyah of al-Mukhabbal as-Sa'dī, an Interpretation". *In*: MIR, M. (ed.). *Literary Heritage of Classical Islam: Arabic and Islamic Studies in Honor of James A. Bellamy*. Princeton, Darwin Press, 1993, pp. 118-136.

SELLWOOD, D.; WHITTING, P. & WILLIAMS, R. *An Introduction to Sasanian Coins*. London, Spink, 1985.

SEMËNOV, I. G. "Étničeskaja karta deržavy Kubrata". *AEMAe*, 17, 2010, pp. 179-186.

SEN, T. *Buddhism, Diplomacy and Trade: The Realignment of Sni-Indian Relations, 600-1400*. Honolulu, University of Hawai'i Press, 2003.

______. "The Travel Records of the Chinese Pilgrims Faxian, Xuanzang and Yijing: Sources for Cross-Cultural Encounters between Ancient China and Ancient India". *Education about Asia*, 11.3, 2006, pp. 24-33.

______. *Buddhism through Asia: Networks of Material, Intellectual and Cultural Exchange*. Singapore, Iseas-Yusof Ishak Institute, 2014a.

______. "Buddhism and Maritime Crossings". *In*: WONG, D. & HELDT, G. (ed.). *China and Beyond in the Mediaeval Period: Cultural Crossings and Inter-Regional Connections*. Amherst, Cambria Press, 2014b, pp. 39-62.

ŠEVČENKO, N. P. "Wild Animals in the Byzantine Park". *In*: LITTLEWOOD, A. R.; MAGUIRE, H. & WOLSCHKE-BULMAHN, J. *Byzantine Garden Culture*. Washington, D.C., Dumbarton Oaks, 2002, pp. 69-86.

SEYFARTH, W. (ed.). *Ammianus Marcellinus. Rerum gestarum libri qui supersunt*. Leipzig, 1978.

SHAKED, S. *Dualism in Transformation: Varieties of Religion in Sasanian Iran*. London, School of Oriental and African Studies, University of London, 1994.

SHǍNXĪ SHĚNG KǍOGǓ YÁN JIÙ YUÀN [Instituto Provincial de Arqueologia de Shānxī]. "Xī'ān fāxiàn de Běizhōu Ān Jiā mù" [Descoberta da Tumba em Zhōu do Norte em Xī'ān]. *Wénwù jìkān* [Relíquias culturais], 1, 2001, pp. 4-26.

SHǍNXĪ SHĚNG KǍOGǓ YÁN JIÙ YUÀN HÉ TÀIYUÁN SHÌ JĪN YUÁN WÉNHUÀ LǙYÓU ZHŌNGXĪN [Instituto Provincial de Arqueologia de Shānxī e Centro de Turismo Cultural da Cidade de Tàiyuán Jìnyuán]. "Tàiyuán Suídài Yǔhóng mù qīnglǐ jiǎnbào" [Boletim sobre a clareira da Tumba de Tàiyuán Yǔhóng da Dinastia Suí]. *Wénwù jìkān* [Relíquias culturais], 1, 2001, pp. 27-52.

SHARF, R. H. "The Scripture in Forty-Two Sections' (*Sìshí'èr zhāngjīng*)". *In*: LOPEZ, D. (ed.). *Religions of China in Practice*. Princeton, Princeton University Press, 1996, pp. 360-371.

______. *Coming to Terms with Chinese Buddhism: A Reading of the Treasure Store Treatise*. Honolulu, University of Hawai'i Press, 2002 (Studies in East Asian Buddhism, 14).

SHAW, B. "Fear and Loathing: The Nomad Menace and Roman Africa". *Roman Africa/L'Afrique romaine* (Revue de l'Université d'Ottawa). Ed. Colin M. Wells, 52, 1982, pp. 25-46.

SHAW, B. "'Eaters of Flesh, Drinkers of Milk': The Ancient Mediterranean Ideology of the Pastoral Nomad". *Ancient Society*, 13-14, 1982-1983, pp. 5-31.

SHENKAR, M. *Intangible Spirits and Graven Images: The Iconography of Deities in the Pre-Islamic Iranian World*. Leiden, Brill, 2014 (Magical and Religious Literature of Late Antiquity, 4).

SHEPARD, J. (ed.). *The Expansion of the Orthodox World*. Aldershot, Variorum, 2007.

SHIPPEY, T. A. "Germanen, Deutsche und Teutonen in der englischsprachigen Geistesgeschichte". *In*: BECK, H.; GEUENICH, D.; STEUER, H. & HAKELBERG, D. (ed.). *Zur Geschichte der Gleichung "germanisch-deutsch"*. Berlin, de Gruyter, 2004, pp. 325-340.

SHÒU, C. *Sānguózhì*. Beijing, 1982.

SHOUNAN, W. *Tangdai renwu yu zhengzhi*. Taibei, s/e, 1999.

SHU, C. *Qidan zhengzhi gao* [Um esboço da história política de Kitan]. Beijing, s/e, 1986.

SHUVALOV, P. V. "Urbikiĭ i 'Strategikon' Psevdo-Mavrikiia (part 1)". *Vizantiĭskiĭ vremennik*, 86, 2002, pp. 71-87.

SIEGMUND, F. *Alemannen und Franken*. Berlin, de Gruyter, 2000.

SILIAN, Y. *Liángshū*. Taipei, s/e, 1965.

SILVERSTEIN, A. J. & STROUMSA, G. G. (ed.). *The Oxford Handbook of the Abrahamic Religions*. Oxford, Oxford University Press, 2015.

SIMPSON, S. J. "Sasanian Beads: The Evidence of Art, Texts, and Archaeology". *In*: GLOVER, I. C.; BROCK, H. H. & HENDERSON, J. (ed.). *Ornaments from the Past: Bead Studies after Beck: A Book on Glass and Semiprecious Stone Beads in History and Archaeology for Archaeologists, Jewellery Historians, and Collectors*. London, Bead Study Trust, 2003, pp. 59-78.

SIMS-WILLIAMS, N. "Sogdian and Turkish Christians in the Turfan and Tun-Huang Manuscripts". *In*: CADONNA, A. (ed.). *Turfan and Tun-Huang, the Texts: Encounter of Civilizations on the Silk Route*. Firenze, Olschiki Editore, 1992, pp. 43-61.

______. "A Sogdian Version of the 'Gloria in excelsis Deo'". *In*: GYSELEN, R. *Au carrefour des religions: Mélanges offerts à Philippe Gignoux; textes réunis*. Bures-sur--Yvette, Peeters, 1995, pp. 257-262 (Res orientales, 7).

______. "The Sogdian Merchants in China and India". *In*: CADONNA, A. & LANCIOTTI, L. (ed.). *Cina e Iran da Alessandro Magno alla Dinastia Tang*. Firenze, Leo S. Olschki Editore, 1996, pp. 45-67.

______. "Christian Literature in Middle Iranian Languages". *In*: EMMERICK, R. E. & MACUCH, M. (ed.). *The Literature of Pre-Islamic Iran: Companion Volume 1 to a History of Persian Literature*. London, I. B. Tauris, 1999, pp. 266-287.

______. "The Sogdian Ancient Letter II". *In*: SCHMIDT, M. G. & BISANG, W. (ed.). *Philologica et Linguistica: Historia, Pluralitas, Universitas. Festschrift für Helmut*

Humbach zum 80. Geburtstag am 4. Dezember 2001. Trier, Wissenschaftlicher Verlag Trier, 2001, pp. 267-280.

SIMS-WILLIAMS, N. "The Sasanians in the East: A Bactrian Archive from Northern Afghanistan". *In*: CURTIS, V. S. & STEWART, S. (ed.). *The Sasanian Era*. London, Bloosmbury, 2008.

______. *Bactrian Personal Names*. Wien, Österreichische Akademie der Wissenschaften, 2010.

______. "Iranian Manuscripts in Syriac Script in the Berlin Turfan Collection". Stuttgart, Steiner, 2012 (Verzeichnis der orientalischen Handschriften in Deutschland, 18.4).

SIMS-WILLIAMS, N. (ed.). *The Life of Serapion and Other Christian Sogdian Texts from the Manuscripts E25 and E26*. Turnhout, Brepols, 2015, pp. 57-103 (Berliner Turfantexte, 35).

SIMS-WILLIAMS, N. (trad. e ed.). *The Christian Sogdian Manuscript C2*. Berlin, Akademie Verlag, 1985 (Schriften zur Geschichte und Kultur des alten Orients, 12).

______. *Biblical and Other Christian Sogdian Texts from the Turfan Collection*. Turnhout, Brepols, 2014 (Berliner Turfantexte, 32).

SINOR, D. "The Legendary Origins of the Türks". *In*: ŽYGAS, E. V. & VOORHEIS, P. (ed.). *Folklorica: Festschrift for Felix J. Oinas*. Bloomington, Research Institute for Inner Asian Studies, 1982.

______. "The Establishment and Dissolution of the Türk Empire". *The Cambridge History of Early Inner Asia*. Cambridge, Cambridge University Press, 1990a, pp. 285-316.

______. "The Hun Period". *The Cambridge History of Early Inner Asia*. Cambridge, Cambridge University Press, 1990b, pp. 177-205.

______. "Reflections on the History and Historiography of the Nomads Empires of Central Eurasia". *Acta Orientalia Academiae Scientiarum Hungaricae*, 58, 2005, pp. 3-14.

SKAFF, J. K. "The Sogdian Trade Diaspora in East Turkestan during the Seventh and Eighth Centuries". *Journal of Economic and Social History of the Orient*, 46, 2003, pp. 475-524.

______. "Survival in the Frontier Zone: Comparative Perspectives on Identity and Political Allegiance in China's Inner Asian Borderlands during the Sui-Tang Dynastic Transition (617-630)". *Journal of World History*, 15.2, 2004.

______. "Documenting Sogdian Society at Turfan in the Seventh and Eighth Centuries: Tang Dynasty Census Records a Window on Cultural Distinction and Change". *In*: VAISSIÈRE, É. de la & TROMBERT, É. (ed.). *Les Sogdiens en Chine*. Paris, Efeo, 2005, pp. 311-341.

______. "Tang Military Culture and Its Inner Asian Influences". *In*: DI COSMO, N. (ed.). *Military Culture in Imperial China*. Cambridge, Cambridge University Press, 2009, pp. 165-191.

SKAFF, J. K. *Sui-Tang China and Its Turko-Mongol Neighbors: Culture, Power and Connections, 580-800*. Cambridge, Cambridge University Press, 2012.

SKJAERVØ, P. O. "Case in Inscriptional Middle Persian, Inscriptional Parthian, and the Pahlavi Psalter". *Studia Iranica*, 12, 1983, pp. 151-181.

SKRYNNIKOVA, T. D. *Xarizma i vlast' v époxu Čingis-xana*. Moskva, s/e, 1997.

SMITH, J. M. H. *Province and Empire: Brittany and the Carolingians*. Cambridge, Cambridge University Press, 1992.

SMITH, J. Z. *Map Is Not Territory: Studies in the History of Religions*. Leiden, Brill, 1978.

SNEATH, D. *The Headless State: Aristocratic Orders, Kinship Society, and Misrepresentations of Nomadic Inner Asia*. New York, Columbia University Press, 2007.

SNEATH, D. (ed.). *Imperial Statecraft: Political Forms and Techniques of Governance in Inner Asia, Sixth-Twentieth Centuries*. Bellingham, Western Washington University Press, 2006.

SOPER, A. C. "Literary Evidence for Early Buddhist Art in China". *Artibus Asiae Supplentum*, 19. Ascona, 1959.

SPENCER, C. "Human Agency, Biased Transmission, and the Cultural Evolution of Chiefly Authority". *Journal of Anthropological Archaeology*, 12, 1993, pp. 41-74.

SPIER, J. *Picturing the Bible: The Earliest Christian Art*. Fort Worth, Kimbell Art Museum/Yale University Press, 2007.

SPINEI, V. *The Great Migrations in the East and South East of Europe from the Ninth to the Thirteenth Century*. Cluj-Napoca, Hakkert, 2003, pp. 93-159.

SRIVASTAVA, B. *Trade and Commerce of Ancient India*. Varanasi, Chowkhamba Sanskrit Series, 1968.

STANDEN, N. "What Nomads Want: Raids, Invasions, and the Laio Conquest of 947". *In*: AMITAI, R. & BIRAN, M. (ed.). *Mongols, Turks and Others: Eurasian Nomads and the Sedentary World*. Leiden, Brill, 2005, pp. 129-174.

______. *Unbounded Loyalty: Frontier Crossings in Liao China*. Honolulu, The University of Hawai'i Press, 2007.

______. "Who Wants to Be an Emperor? Zhao Dejun, Youzhou and the Liao". *In*: LORGE, P. (ed.). *The Five Dynasties and Ten Kingdoms*. Hong Kong, Chinese University of Hong Kong Press, 2011, pp. 15-46.

______. "Continental Asia and Subtropical China". *In*: KEFADAR, C. (ed.). *A History of the World*, vol. 2: *Multiple Medieval Worlds, 600-1350*. Cambridge, Cambridge University Press, no prelo.

STARK, S. *Die Alttürkenzeit in Mittel- und Zentralasien: Archäologische und historische Studien*. Wiesbaden, L. Reichert Verlag, 2008.

______. "Some Remarks on the Headgear of the Royal Türks". *Journal of Inner Asian Art and Archaeology*, 4, 2009, pp. 119-133.

STARK, S. "Luxurious Necessities: Some Observations on Foreign Commodities and Nomadic Polities in 6th to 9th Century Central Asia". *In*: BEMMANN, J. & SCHMAUDER, M. (ed.). *Complexity of Interaction along the Eurasian Steppe Zone in the First Millennium AD*. Bonn, Vor- und Frühgeschichtliche Archäologie Rheinische Friedrich-Wilhelms-Universität Bonn, 2015, pp. 463-502 (Bonn Contributions to Asian Archeology, 7).

______. "Türk Khaganate". *In*: MACKENZIE, J. M.; DALZIEL, N.; CHARNEY, M. W. & DOUMANIS, N. (ed.). *The Encyclopedia of Empire*. Malden, Wiley-Blackwell, 2016, pp. 2.127-2.142.

SHOU, W. *Wèishū*. Taipei, s/e, 1965; reimpr. Beijing, s/e, 1984.

STEIN, A. *Ancient Khotan*. Oxford, Claredon Press, 1907.

______. *On Central Asian Trails*. Chicago, Pantheon Books, 1964.

STERN, B. *et al.* "From Susa to Anuradhapura: Reconstructing Aspects of Trade and Exchange in Bitumen-Coated Ceramic Vessels between Iran and Sri Lanka from the Third to the Ninth Century A.D.". *Archaeometry*, 50, 2008, pp. 409-428.

STERNBACH, L. *Analecta Avarica*. Kracow, Acad. Litterarum, 1900.

STEWART, A. *Attalos, Athens and the Akropolis*. Cambridge, Cambridge University Press, 2004.

STOLLBERG-RILLINGER, B. "The Impact of Communication Theory on the Analysis of the Early Modern Statebuilding Process". *In*: BLOCKMANS, W.; HOLENSTEIN, A. & MATHIEU, J. *Empowering Interactions: Political Cultures and the Emergence of the State in Europe, 1300-1900*. Aldershot, Routledge, 2009, pp. 313-318.

STRACK, E. "Introduction". *In*: SOUTHGATE, P. C. & LUCAS, J. (ed.). *The Pearl Oyster*. Amsterdam, 2008, pp. 1-35.

STRONG, J. S. *The Legend of King Aśoka: A Study and Translation of the Aśokāvadāna*. Princeton, Princeton University Press, 1983.

______. *Relics of the Buddha*. Princeton, Princeton University Press, 2004.

STÜCKELBERGER, A. & GRASSHOFF, G. *Klaudios Ptolemaios: Handbuch der Geographie. Griechisch-Deutsch*, vols. 1-2. Basel, de Gruyter, 2006.

SULLIVAN, D. "Byzantine Military Manuals: Prescriptions, Practice, Pedagogy". *In*: STEPHENSON, P. (ed.). *The World of Byzantium*. London, Routledge, 2010, pp. 149-161.

SÜMER, F. *Oğuzlar (Türkmenler): Tarihleri-Boy Teşkilâtı-Destanları*. 3. ed. Istanbul, Ankara Üniversitesi Basımevi, 1980.

SUTŪDAH, M. (ed.). *Hudūd al-'Ālam min al-Mašriq ilā al-Maġrib*. Tehran, Chapkhānah Dānishgāh Ṭahrān, 1962 [1340].

SZAIVERT, W. "Die Münzprägung des Sāsānidenkönigs Pērōz". *Litterae Numismaticae Vindobonenses*, 3, 1987, pp. 157-168.

SZUCHMAN, J. "Integrating Approaches to Nomads, Tribes and the State in the Ancient Near East". *In*: SZUCHMAN, J. (ed.). *Nomads, Tribes, and the State in the Ancient Near East: Cross-Disciplinary Perspectives*. Chicago, Chicago University Press, 2009, pp. 1-13.

TABACCO, R. *Itinerarium Alexandri*. Turin, Olschki, 2000.

TACKETT, N. *The Destruction of the Medieval Chinese Aristocracy*. Cambridge, Cambridge University Press, 2014.

TALBERT, R. J. A. *Rome's World: The Peutinger Map Reconsidered*. Cambridge, Cambridge University Press, 2010.

TANG, L. *East Syriac Christianity in Mongol-Yuan China*. Wiesbaden, Harrossowitz, 2011 (Orientalia Biblica et Christiana, 18).

TANG, L. & WINKLER, D. W. (ed.). *From the Oxus River to the Chinese Shores: Studies on East Syriac Christianity in China and Central Asia*. Wien, LIT Verlag, 2013.

______. *Winds of Jingjiao: Studies on Syriac Christianity in China and Central Asia*. Wien, LIT Verlag, 2016.

TAŞAĞIL, A. *Gök-Türkler*. Ankara, Türk Tarih Kurumu, 1995-2004.

TASHIO, H. "Runic Inscription on a Roof Tile Found in Mongolia". *XIV. Türk Tarih Kongresi: Kongreye Sunulan Bildiriler, III. Cilt*. Ankara, Türk Tarih Kurumu Yayınları, 2005, pp. 276-284.

TASKIN, V. S. *Materialy po istorii drevnix kočevyx narodov gruppy dunxu*. Moskva, s/e, 1984.

______. "O titulax šan'juj i kagan". *Mongolica*. Moskva, 1986, pp. 213-218.

TCHOU, K. *China and the Humanities: At the Crossroads of the Human and the Humane*. Champaign, Common Ground Publishing, 2013.

TEKIN, T. *A Grammar of Orkhon Turkic*. Bloomington, Routledge, 1968.

TĒR-MKRTČ'EAN, G. & MALXASEAN, S. *Łazar of P'arp, Patmut'iwn Hayoc'*. Tiflis, Mnac'akan Martiroseanc', 1904; reimpr. 1986.

THACKERAY, H. St. J. & MARCUS, R. (trad. e ed.). *Josephus, Jewish Antiquities*. Cambridge, Harvard University Press, 1998.

THAPAR, R. *Aśoka and the Decline of the Mauryas; with New Afterword, Bibliography and Index*. Delhi, Motilal Banarsidass, 1998.

THIERRY, F. "Sur les monnaies sassanides trouvées en Chine". *In*: GYSELEN, R. (ed.). *Circulation des monnaies, des marchandises, et des biens*. Bures-sur-Yvette, Groupe d'études pour la civilisation du Moyent-Orient, 1993, pp. 89-139.

THIERRY, F. & MORRISSON, C. "La pénétration des monnaies byzantines en Chine". *Revue numismatique*, 36, 1994, pp. 109-145.

THOMAS, M. G. *et al.* "Evidence of an Apartheid-Like Social Structure in Early Anglo--Saxon England". *Proceedings of the Royal Society*, B 273, 2006, pp. 2.651-2.657.

THOMPSON, E. A. *A History of Attila and the Huns*. Oxford, Claredon Press, 1948.

THOMSON, R. W. *Moses Khorenats'i, History of the Armenians: Commentary on the Literary Sources*. Cambridge, Cambridge University Press, 1978.

______. *Ełishē, History of Vardan and the Armenian War*. Cambridge, Cambridge University Press, 1982.

______. *The Armenian History Attributed to Sebeos*. Liverpool, Liverpool University Press, 1999.

THOMSON, R. W. (trad. e ed.). *The History of Lazar P'arpec'i*. Atlanta, Peeters, 1991.

THOMSON, R. W. & HOWARD-JOHNSTON, J. *The Armenian History Attributed to Sebeos*. Liverpool, Liverpool University Press, 1999.

THURN, J. *Ioannis Malalae Chronographia*. Berlin, de Gruyter, 2000.

TIĀNSHUǏ SHÌ BÓWÙGUǍN. "Tiānshuǐ shì fāxiàn Suí Táng píngfēng shíguān chuàng mù" [Tumbas na plataforma do sarcófago de pedra protegido de Suí e Táng, descobertas em Tiānshuǐ]. *Kǎogǔ* [Arqueologia], 1, 1992, pp. 46-54.

TISHKIN, A. A. "Bulan-kobinskaia kul'tura Altaia: kratkaia istoriia izucheniia". *Kul'tura kak sistema v istoricheskom kontekste: Opyt Zapadno-Sibirskikh arkheologoètnograficheskikh soveshchanii materialy 15 Mezhdunarodnoi Zapadno--Sibirskoi arkheologo-ètnograficheskoi konferentsii*. Tomsk, 2010, pp. 294-297.

TISHKIN, A. A.; MATRENIN, S. S. & SHMIDT, A. S. "Stepushka-I – Pamiatnik kochevnikov Altaia Sianbiisko-zhuzhanskogo vremeni". *In*: BOTALOV, S. G. (ed.). *Gunnskii forum: Problemy proizkhozhdeniia i identifikatsii kul'tury evraziiskikh gunnov. Sbornik nauchnykh trudov*. Cheliabinsk, Rifei, 2013, pp. 258-279.

TOMBER, R. *Indo-Roman Trade: From Pots to Pepper*. London, Duckworth, 2008.

TOMKA, P. "Zwischen Hsiung-nu und Hunnen aus archäologischer Sicht". *Hunnen zwischen Asien und Europa: Aktuelle Forschungen zur Archäologie und Kultur der Hunnen*. Langenweissbach, Beier & Beran, 2008, pp. 91-100 (Beiträge zur Ur- und Frühgeschichte Mitteleuropas, 50).

TÖRBAT, Ts.; AMARTÜVSHIN, Ch. & ERDENEBAT, U. *Egiin Golyn sav nutag dakh' arkheologiin dursgaluud (Khürliin üees Mongolyn üe)*. Ulaanbaatar, Mongolian Institute of Archaeology, 2003.

TRAINA, G. "De Synésios à Priscus: Aperçus sur la connaissance de la 'barbarie' hunnique (fin de IVe-milieu du Ve siècle)". *In*: VALLET, F. & KAZANSKI, M. (ed.). *L'armée Romaine et les Barbares du IIIe au VIIe siècle*. Saint-Germain-en-Laye, Musée des antiquités nationales, 1993, pp. 285-290.

______. "Le gentes d'Oriente tra identità e integrazione". *Antiquité Tardive*, 9, 2001, pp. 71-80.

______. "Mapping the New Empire: A Geographical Look at the Fourth Century". *In*: DIJKSTRA, R.; VAN POPPEL, S. & SLOOTJES, D. (ed.). *East and West in the Roman Empire of the Fourth Century: An End to Unity?*. Leiden, Brill, 2015, pp. 49-62.

TRAINA, G. "La découverte de l'Araxe". *In*: DAN, A. & LEBRETON, S. (ed.). *Du Bosphore à l'Euphrate: Les fleuves anatoliens*. Paris, Parution, 2018.

TREADGOLD, W. *The Early Byzantine Historians*. Basingstoke, Palgrave MacMillan, 2007.

TREMBLAY, X. *Pour une histoire de la Sérinde: Le manichéisme parmi les peuples et les religions de l'Asie Centrale d'après les sources primaires*. Wien, Verlag der Österreichischen Akademie der Wissenschaften, 2001.

______. "Ostiran vs. Westiran: Ein oder zwei Iran vor der islamischen Eroberung?". *In*: EICHNER, H.; FRAGNER, B. G.; SADOVKSI, V. & SCHMITT, R. (ed.). *Iranistik in Europa – gestern, heute, morgen*. Wien, Verlag der Österreichischen Akademie der Wissenschaften, 2006.

______. "The Spread of Buddhism in Serindia – Buddhism among Iranians, Tocharians and Turks before the 13th Century". *In*: HEIRMAN, A. & BUMBACHER, S. P. (ed.). *The Spread of Buddhism*. Leiden, Brill, 2007, pp. 75-129 (Handbook of Oriental Studies, 8.16).

TREPAVLOV, V. V. *Gosudarstvennyj stroj Mongol'skoj imperii*. Moskva, s/e, 1993.

TRIGGER, B. G. *A History of Archaeological Thought*. 2. ed. Cambridge, Cambridge University Press, 2007.

TROMBLEY, F. R. & WATT, J. W. *The Chronicle of Pseudo-Joshua the Stylite*. Liverpool, Liverpool University Press, 2000.

TSAI, K. *Lives of the Nuns: Biographies of Chinese Buddhist Nuns from the Fourth to Sixth Centuries: A Translation of the Pi-ch'iu-ni chuan*. Honolulu, University of Hawai'i Press, 2004.

TWITCHETT, D. C. "The T'ang Market System". *Asia Major n.s.*, 11.12, 1966, pp. 208-248.

______. "Merchant, Trade and Government in the Late Tang". *Asia Major n.s.*, 14, 1968, pp. 63-93.

______. *Financial History under the T'ang Dynasty*. Cambridge, Cambridge University Press, 1970.

TWITCHETT, D. C. (ed.). *Cambridge History of China*. Cambridge, Cambridge University Press, 1979; reimpr. 2009.

UHL-BIEN, M. & PILLAI, R. "The Romance of Leadership and the Social Construction of Followership". *In*: PILLAI, R.; BLIGH, M. C. & UHL-BIEN, M. (ed.). *Follower--Centered Perspectives on Leadership: A Tribute to the Memory of James R. Meindl*. Greenwich, Information Age Publishing, 2007, pp. 187-209.

UNVALA, J. M. "Draxt-i-Ashurik". *Bulletin of the School of Oriental and African Studies*, 2.4, 1923, pp. 637-678.

USHIO, A. "Mongoru sōgen no tokketsu orān – heremu hekiga bo". *Tokushima daigaku sōgō ningen gakubu ningen shakai bunka kenkyū*, 21, 2013.

VADETSKAIA, E. B. *Tashtykskaia epokha v drevnei istorii Sibiri*. St. Petersburg, Aising Publ., 1999.

VAI, S.; GHIROTTO, S.; PILLI, E. *et al.* "Genealogical Relationships between Early Medieval and Modern Inhabitants of Piedmont". *PLoS One*, 10.1, 2015. Disponivel em <doi:10.1371/journal.pone.0116801>.

VAISSIÈRE, È. de la. "Les marchands d'Asie central dans l'empire khazar". *In*: KAZANSKY, M.; NERCESSIAN, A. & ZUCKERMAN, C. (ed.). *Les centres proto-urbains russes entre Scandinavia, Byzance et Orient*. Paris, Bouchet/Chastel, 2000, pp. 367-378.

______. *Histoire des marchands sogdiens*. Paris, Institut des Hautes Études Chinoises (Ihec), 2002.

______. *Soghdian Traders: A History*. Leiden, Brill, 2005a.

______. "Huns et Xiongnu". *Central Asiatic Journal*, 49, 2005b, pp. 3-26.

______. "Xiōngnú". *Encyclopaedia Iranica*. Disponível em <www.iranicaonline.org/articles/xiongnu>. Atualizado em 2006.

______. *Samarcande et Samarra: Elites de l'Asie centrale dans l'empire abbaside*. Leuven, Peeters, 2007a.

______. "Is There a 'Nationality of the Hephthalites'?". *Bulletin of the Asia Institute*, 17, 2007b, pp. 119-132.

______. "The Triple System of Orography in Ptolemy's Xinjiang". *In*: SUNDERMANN, W.; HINTZE, A. & DE BLOIS, F. (ed.). *Exegisti monumenta: Festschrift in Honour of Nicholas Sims-Williams*. Wiesbaden, Harrassowitz, 2009, pp. 527-536.

______. "Maurice et le Qaghan: À propos de la digression de Théophylacte Simocatta sur les Turcs". *Revue des études byzantines*, 60, 2010a, pp. 219-224.

______. "De Bactres à Balkh par le Nowbahâr". *Journal Asiatique*, 298, 2010b, pp. 517-533.

______. "Oncles et frères: Les qaghans Ashinas et le vocabulaire turc de la parenté". *Turcica*, 42, 2010c, pp. 267-277.

______. "Central Asia and the Silk Road". *In*: JOHNSON, S. F. (ed.). *Oxford Handbook of Late Antiquity*. New York, Oxford University Press, 2012, pp. 142-169.

______. "The Steppe World and the Rise of the Huns". *In*: MAAS, M. (ed.). *The Cambridge Companion to the Age of Attila*. New York, Cambridge University Press, 2015a, pp. 175-192.

______. "Theophylact's Turkish Exkurs Revisited". *In*: SCHILTZ, V. (ed.). *De Samarcande à Istanbul: Étapes orientales. Hommages à Pierre Chuvin – II*. Paris, CNRS Editions, 2015b, pp. 91-102.

VASSIÈRE, É. de la (ed.). *Islamisation de l'Asie centrale: Processus locaux d'acculturation du VIIe au XIe siècle*. Paris, Peeters, 2008.

VAISSIÈRE, É. de la & COMPARETI, M. (ed.). *Royal Nowruz in Samarkand: Proceedings of the Conference Held in Venice on the Pre-Islamic paintings at Afrasiab*. Roma, Accademia editoriale, 2006.

VAZIRI, M. *Buddhism in Iran: An Anthropological Approach to Traces and Influences.* New York, Palgrave MacMillan, 2012.

VEERAMAH, K. R. *et al.* "Genetic Variation in the Sorbs of Eastern Germany in the Context of Broader European Genetic Diversity". *European Journal of Human Genetics*, 2011, pp. 1-7.

VERGIN, W. *Das Imperium Romanum und seine Gegenwelten: Die geographischethnographische Exkurse in den "Res Gestae" des Ammianus Marcellinus.* Berlin, de Gruyter, 2013.

VOITOV, V. E. *Drevnetiurskii panteon i model' mirozdaniia [v kul'togo-pominal'nykh pamiatnikakh Mongolii VI-VIII vv.].* Moksva, s/e, 1996.

VONDROVEC, K. "Die anonymen Clanchefs: Der Beginn der Alchon-Prägung". *Numismatische Zeitschrift*, 113-114, 2005.

______. *Coinage of the Iranian Huns and Their Successors from Bactria to Gandhara (4th to 8th century CE)*, 2 vols. Wien, Verlag der Österreichischen Akademie der Wissenschaften, 2014.

VOVIN, A. "Once Again on the Etymology of the Title qaγan". *Studia Etymologica Cracoviensia*, 12, 2007, pp. 177-187.

______. "Once Again on the Ruan-ruan Language". *In*: ÖLMEZ, M. *et al.* (ed.). *Ötüken'den İstanbul'a Türkçenin 1290 Yılı (720-2010).* Istanbul, 2011, pp. 27-36.

WAIDA, M. "Notes on Sacred Kingship in Central Asia". *Numen*, 23.3, 1976, pp. 179-190.

WALKER, J. "From Nisibis to Xi'an: The Church of the East across Sasanian Persia". *In*: JOHNSON, S. F. (ed.). *The Oxford Handbook of Late Antiquity.* Oxford, Oxford University Press, 2012, pp. 994-1.052.

______. "Perle". *Reallexikon für Antike und Christentum*, Band 27. Stuttgart, Hiersemann Verlag, 2016, pp. 147-178.

WANG, Z. *Tang China in Multi-Polar Asia: A History of Diplomacy and War.* Honolulu, Hawai'i University Press, 2013.

WARD-PERKINS, B. "Specialisation, Trade, and Prosperity: An Overview of the Economy of the Late Antique Eastern Mediterranean". *In*: KINGSLEY, S. & DECKER, M. (ed.). *Economy and Exchange in the Eastern Mediterranean during Late Antiquity.* Oxford, Oxford University Press, 2001, pp. 167-178.

______. *The Fall of Rome and the End of Civilization.* Oxford, Oxford University Press, 2005.

WARMINGTON, B. H. "Ammianus Marcellinus and the Lies of Metrodorus". *Classical Quarterly*, 3, 1981.

WARMINGTON, E. *The Commerce between the Roman Empire and India.* Cambridge, Cambridge University Press, 1928.

WATSON, W. "Iran and China". *In*: YASHATER, E. (ed.). *The Cambridge History of Iran*, vol. 3, pt. 1. Cambridge, Cambridge University Press, 1983, p. 550.

WEALE, M. E. *et al.* "Y Chromosome Evidence for Anglo-Saxon Mass Migration". *Molecular Biology and Evolution*, 19.7, 2002, pp. 1.008-1.021.

WEBER, M. *Economy and Society: An Outline of Interpretive Sociology*. Berkeley, University of California Press, 1978.

WECHSLER, H. J. *Offerings of Jade and Silk: Ritual and Symbol in the Legitimation of the T'ang Dynasty*. New Haven, Yale University Press, 1985.

WEIDNER, E. "Barbaros". *Glotta*, 4, 1913, pp. 303-304.

WEINSTEIN, S. *Buddhism under the T'ang*. Cambridge, Cambridge University Press, 1987.

WENSKUS, R. *Stammesbildung und Verfassung: Das Werden der frühmittelalterlichen gentes*. Köln, Böhlau Verlag, 1961.

WERNER, J. *Beiträge zur Archäologie des Attila-Reiches*. München, C. H. Beck, 1956 (Abhandlungen Bayerische Akademie der Wissenschaften, Philosophisch--Historische Klasse, 38).

WHEATLEY, P. "Satyanṛta in Suvarṇadvipa: From Reciprocity to Redistribution in Ancient Southeast Asia". *In*: SABLOFF, J. A. & LAMBERG-KARLOVSKY, C. C. (ed.). *Ancient Civilization and Trade*. Albuquerque, University of New Mexico Press, 1975, pp. 227-283.

WHEELER, M. *Rome beyond the Imperial Frontiers*. London, G. Bell and Sons, 1954.

WHITBY, M. *The Emperor Maurice and His Historian: Theophylact Simocatta on Persian and Balkan Warfare*. Oxford, Clarendon Press, 1988.

______. "The Balkans and Greece, 420-602". *In*: CAMERON, A.; WARD-PERKINS, B. & WHITBY, M. (ed.). *Cambridge Ancient History*, vol. 14: *Late Antiquity. Empire and Successors, A.D. 425-600*. Cambridge, Cambridge University Press, 2000, pp. 701-721.

______. "Review of 'The Two Eyes of the Earth: Art and Ritual of Kingship between Roman and Sasanian Iran', by Matthew P. Canepa". *Byzantinische Zeitschrift*, 103.1, 2010, pp. 202-205.

WHITBY, M. & WHITBY, M. *The History of Theophylact Simocatta: An English Translation with Introduction and Notes*. Oxford, Oxford University Press, 1988.

______. *Augustine. Chronicon Paschale 284-628 AD*. Liverpool, Liverpool University Press, 1989.

WHITEHOUSE, D. & WILLIAMSON, A. "Sasanian Maritime Trade". *Iran*, 11, 1973, pp. 29-49.

WHITFIELD, R. *The Art of Central Asia*. Tōkyō, Kodansha International, 1982-1985.

WHITTAKER, C. R. *Rome and Its Frontiers: The Dynamics of Empire*. London, Routledge, 2004.

WHITTOW, M. *The Making of Byzantium, 600-1025*. Berkeley, University of California Press, 1996.

WICKHAM, C. *Framing the Early Middle Ages: Europe and the Mediterranean, 400-800*. Oxford, Oxford University Press, 2006.

______. *Sleepwalking into a New World: The Emergence of the Italian City Communes in the Twelfth Century*. Princeton, Princeton University Press, 2015.

WIDENGREEN, G. "Xosrau Anōšurvān, les Hephtalites et les peuples turcs (Études préliminaires des sources)". *Orientalia Suecana*, 1, 1952.

WIESEHÖFER, J. "Ardašīr I. History". *Encyclopaedia Iranica*, 2, 1987, pp. 371-376.

______. "The Late Sasanian Near East". *In*: ROBINSON, C. F. (ed.). *The New Cambridge History of Islam*, vol. 1: *The Formation of the Islamic World, Sixth to Eleventh Centuries*. Cambridge, Cambridge University Press, 2010, pp. 98-152.

WILKES, J. J. "The Danubian and Balkan Provinces". *In*: BOWMAN, A. K.; CHAMPLIN, E. & LINTOTT, A. (ed.). *The Cambridge Ancient History*, vol. 10: *The Augustan Empire, 43 B.C.-A.D. 69*. Cambridge, Cambridge University Press, 1996, pp. 545-585; reimpr. *in*: BOWMAN, A. K.; GAMSEY, P. & RATHBONE, D. *The Cambridge Ancient History*, vol. 11: *The High Empire, A.D. 70-192*. Cambridge, Cambridge University Press, 2000, pp. 577-603.

WILLIAMSON, A. "Persian Gulf Commerce in the Sassanian Period and the First Two Centuries of Islam". *Bastan Chenasi wa Honar-e Iran*, 9-10, 1972, pp. 97-109.

WILMSHURST, D. *The Martyred Church: A History of the Church of the East*. London, East & West Publishing, 2011.

WILSON, N. G. (ed.). *Herodotus, Herodoti Historiae*. Oxford, Oxford University Press, 2015.

WINKLER, D. W. & TANG, L. (ed.). *Hidden Treasures and Intercultural Encounters: Studies on East Syriac Christianity in China and Central Asia*. Wien, LIT Verlag, 2009.

WINNEY, B. *et al*. "People of the British Isles: Preliminary Analysis of Genotypes and Surnames in a UK-Control Population". *European Journal of Human Genetics*, 20, 2012, pp. 203-210.

WIRTH, G. *Attila: Das Hunnenreich und Europa*. Stuttgart, W. Kohlhammer GmbH, 1999.

WOLSKA-CONUS, W. (ed.). *Cosmas Indicopleustes. Topographie chrétienne*. Paris, Cerf, 1968 (Sources chrétiennes, 141.)

WONG, D. C. *Chinese Steles: Pre-Buddhist and Buddhist Use of a Symbolic Form*. Honolulu, University of Hawai'i Press, 2004.

WOOD, I. *The Modern Origins of the Early Middle Ages*. Oxford, Oxford University Press, 2013a.

______. *The Chronicle of Seert: Christian Historical Imagination in Late Antique Iraq*. Oxford, Oxford University Press, 2013b.

WRIGHT, A. *The Sui Dynasty: The Unification of China, A.D. 581-617*. New York, Knopf, 1978.

WRIGHT, A. F. "Fo-t'u-têng: A Biography". *Harvard Journal of Asiatic Studies*, 11.3-4, 1948, pp. 321-371.

WRIGHT, A. F. "The Formation of Sui Ideology, 581-604". *In*: FAIRBANK, J. K. (ed.). *Chinese Thought and Institutions*. Chicago, s/e, 1957, pp. 71-104.

______. "T'ang T'ai-tsung: The Man and the Persona". *In*: PERRY, J. C. & SMITH, B. L. (ed.). *Essays on T'ang Society: The Interplay of Social, Political and Economic Forces*. Leiden, Brill, 1976, pp. 17-31.

WRIGHT, D. C. "The Hsiung-nu-Hun Equation Revisited". *Eurasian Studies Yearbook*, 69, 1997, p. 84.

WRIGHT, W. *The Chronicle of Joshua the Stylite, Composed in Syriac A.D. 507 – with a Translation into English and Notes*. Amsterdam, Hansebooks, 1968.

WRIGHT, W. C. *Philostratus, Lives of Sophists; Eunapius, Lives of Philosophers*. Cambridge, Loeb Classical Library, 1921.

WU, H. "Buddhist Elements in Early Chinese Art (2nd and 3rd Centuries A.D.)". *Artibus Asiae*, 47.3-4, 1986.

WU, J. & CHIA, L. *Spreading Buddha's Word in East Asia: The Formation and Transformation of the Chinese Buddhist Canon*. New York, Columbia University Press, 2015.

XIÀ MÍNGCÁI. "Yīdù Běiqí shíshī mù xiànkè huàxiàng" [Baixos-relevos dos mausoléus de pedra de Yidu de Qi do Norte]. *Wénwù Jikān*, 10, 1985, pp. 49-54.

______. "Qīngzhōu Fǔ jiā Běiqí huàxiàng shì bùyì" [Adendo sobre os altos-relevos em pedra da família Qīngzhōu Fǔ de Qi do Norte]. *Wénwù Jikān*, 10, 2001, pp. 49-54.

XIANLIN, Ji. *Dàtáng xīyù jì jiāozhù* [Relatos anotados da Grande Dinastia Táng acerca de regiões ocidentais]. Beijing, Zhōnghuá shūjú, 1985.

XIǍOYÁN, Z. "Lüèlùn Róurán yǔ Zhōngyuán zhèngquán de guānxì" [Sobre a relação entre os Rouran e os regimes nas planícies centrais]. *Yāntái Dàxué Xuébào*, 22.1, 2009, pp. 106-114.

XĪN, L. "Zhongguó bèizú míng hào yánjiū" [Pesquisa do nome de grupos étnicos chineses]. *Běidà mínzú shǐ wén kù*, 1 hào. Beijing, s/e, 2009.

______. "Monguguo chu de Tangdai Pugu Yitu muzhi". *In*: SHAOLI, L. & HUIMIN, Z. (ed.). *Zhongyuan yu wai qingzhu Zhang Guangda jiaoshou bashi song shou yantao hui lunwen ji*. Taibei, s/e, 2011.

XINJIANG, R. "Xiānjiào chūchuán Zhōngguó Zhōngguó kǎo" [Estudo sobre os primeiros anos da disseminação do zoroastrianismo na China]. *Guóxué yánjiū*, 3. Beijing, s/e, 1995.

______. "The Migration and Settlements of the Sogdians in the Northern Dynasties, Sui, and Tang". *China Archaeology and Art Digest*, 4, 2002a, pp. 117-163.

______. "Bosi yu Zhōngguó: liǎng zhǒng wénhuà zài Tángcháo de jiāoróng" [Pérsia e China: a fusão de duas culturas durante a Dinastia Táng]. *In*: DONG, L. (ed.). *Zhōngguó xuéshù*, vol. 4. Beijing, Shāngwù yìn shūguǎn, 2002b, pp. 61-64.

______. "Sābǎo yǔ sābù: Běicháo Suí Táng húrén jùluò shǒulǐng wèntí de zhēnglùn yǔ biàn xī" [Sābǎo e sābù: o debate e a análise da questão dos líderes de assentamentos tribausi durante o período das Dinastias do Norte Suí e Táng]. *In*: YILIANG, Y. (ed.). *Yìlàng xué zài Zhōngguó lùnwén jí*, vol. 3. Beijing, s/e, 2003a, pp. 128-143.

XINJIANG, R. "The Illustrative Sequence on An Jia's Screen: A Depiction of the Daily Life of a Sābǎo". *Orientations*, Feb. 2003b, pp. 32-35.

_______. "Kānshì Gāochāng Wángguó yǔ Róurán, Xīyà dì guānxi". *Lìshǐ yánjiū*, 2, 2007, pp. 4-14.

XINRU, L. *Ancient India and Ancient China: Trade and Religious Exchanges, AD 1-600*. Delhi, OUP India, 1988.

_______. *Silk and Religion: An Exploration of Material Life and the Thought of People, AD 600-1200*. Delhi, OUP India, 1996.

XINRU, L. & SCHAVANAKFER, L. N. *Connections across Eurasia: Transportation, Communications and Cultural Exchange on the Silk Roads*. New York, McGraw-Hill Education, 2007.

XIU, O. *Xīn Wǔdàishǐ*. Beijing, s/e, 1974.

_______. *Xīn Tángshū*. Beijing, s/e, 1975.

XU, L. *Xīn Tángshū*. Beijing, s/e, 1975.

XUDONG, H. "The Buddhist Pantheon". *In*: LAGERWEY, J. & LÜ, P. *Early Chinese Religion. Part Two: The Period of Division (220-589 AD)*. Leiden, Brill, 2010, pp. 1.095-1.168.

XU-SHAN, Z. "The Name of China and Its Geography in Cosmas Indicopleustes". *Byzantion*, 74, 2004, pp. 452-462.

XUZIN, F. Š. *Volžskaja Bulgarija v domongol'skoe vremja (X-načalo XIII vekov)*. Kazan', s/e, 1997.

YANG, B. "Horses, Silver, and Cowries: Yunnan in Global Perspective". *Journal of World History*, 15.3, 2004, pp. 281-322.

YÁNSHÒU, L. (ed.). *Běishǐ*. Beijing, s/e, 1974.

YASHATER, E. (ed.). *The Cambridge History of Iran*, vol. 3.1: *The Seleucid, Parthian and Sasanian Periods*. Cambridge, Cambridge University Press, 1983.

YE, F. *Hòu Hànshū*. Beijing, s/e, 1965.

YÌ, Z. *Nián'èrshí Zhájì*. Beijing, s/e, 1984a.

_______. *Nián'èrshí Zhájì xiǎozhèng*. Edição crítica de Wáng Shuming. Beijing, 1984b.

YIFA. *The Origins of Buddhist Monastic Codes in China: An Annotated Translation and Study of the Chanyuan qinggui*. Honolulu, University of Hawai'i Press, 2002, pp. 3-28.

YIHONG, P. *Son of Heaven and Heavenly Qaghan: Sui-Tang China and Its Neighbors*. Bellingham, Western Washington University, 1997.

YǏLIÁNG, Z. *Wèi jìn nánběicháo shǐ lùn jí*. Beijing, Běijīng dàxué chūbǎn shè, 1997.

YING, L. "Sogdians and Imitations of Byzantine Gold Coin Unearthed in the Heartland of China". *Transoxiana: Ērān und Anērān, Webfestschrift Marshak*, 2003a. Disponível em <http://www.transoxiana.org/Eran/Articles/lin_ying.html>.

YING, L. "The Gold Coins of Kaghan: Western Turks and the Eastwards Diffusion of Solidus". *Transoxiana*, 6, Jul. 2003b. Disponível em <www.transoxiana.org/0106/index06.html>.

______. "Solidi in China and Monetary Culture along the Silk Road". *The Silk Road*, 3.2, 2005.

______. "From Portraiture of Power to the Gold Coin of Kaghan: Western Türks and the Eastward Diffusion of Nomismata". *In*: ROMANIS, F. de & SORDA, S. (ed.). *Dal Denarius al Dinar: L'Oriente e la moneta romana. Atti dell'incontro di studio (Roma 16-18 settembre 2004)*. Roma, Istituto Italiano di Numismatica, 2006, pp. 239-263.

YĪNKÈ, C. *Tángdài zhèngzhìshǐ shūlùngǎo*. Shanghai, s/e, 1956.

______. *Suí Táng zhìdú yuányuán lùelùngǎo*. Beijing, s/e, 1963.

______. "Lítáng shìzú zhī tuīcè hòují". *Jīnmíngguān cōnggào èrbiān*. Shanghai, s/e, 1980a.

______. "Lùn Dōngjīn wángdǎo zhī gōngyè". *Jīnmíngguān cōnggǎo chūbiān*. Shanghai, s/e, 1980b, pp. 48-68.

______. *Tangdai zhengzhi shi shulun gao* [Um esboço da história política narrativa de Táng]. Shanghai, s/e, 1982.

______. *Suí-Táng zhìdú yuányuán lùnlùn gǎo – Tángdài zhèngzhì shǐ shùlùn gǎo*. Beijing, Shànghǎi Chūbǎn, 2001.

YOSHIDA, Y. "Records on the Sogdian Language, Part 2". *Bulletin of the Society for Near Eastern Studies in Japan*, 31.2, 1989, pp. 168-171.

______. "Brāhmī Part of the Bugut Inscription". *In*: MORIYASU, T. & OCHIR, A. (ed.). *Provisional Report of Researches on Historical Sites and Inscriptions in Mongolia from 1996 to 1998*. Osaka, Society of Central Eurasia Studies, 1999, p. 125.

______. "Translation of the Contract for the Purchase of a Slave Girl Found at Turfan and Dated 639". *T'oung Pao*, 89.1-3, 2003, pp. 159-161.

YOSHIDA, Y.; MORIYASHU, T. & XINJIANG MUSEUM. "Sogdian Contract for the Purchase of a Slave Girl from the Era of the Kara-Khoja State of the Qu Clan". *Nairiku ajia gengo no kenkyū* [Estudos de línguas asiáticas continentais], 4, 1988, pp. 1-50.

YOSHIDA, Y. & MORIYASU, T. "Bugut Inscription". *In*: MORIYASU, T. & OCHIR, A. (ed.). *Provisional Report of Researches on Historical Sites and Inscriptions in Mongolia from 1996 to 1998*. Osaka, Society of Central Eurasia Studies, 1999, pp. 122-124.

YOSHIFUMI, K. *Gi Shin Nambokucho Kanryosei Kenkyu*. Tōkyō, Dì 1 bǎn, 2003.

YOUNG, G. *Rome's Eastern Trade: International Trade and Imperial Policy, 31 BC-AD 305*. London, Routledge, 2001, pp. 201-212.

YÜ, Y.-S. *Trade and Expansion in Han China*. Berkeley, University of California Press, 1967.

YUÈ, S. (ed.). *Sòngshū*. Beijing, 1974.

YUGUI, W. *Tūjué hàn guó yǔ Suí Táng guān xì shǐ yán jiū* [O grão-canato túrquico e a história das relações Suí e Táng]. Beijing, China Social Sciences Publishing community, 1998.

______. "Turks in the Gaochang Provisioning Texts". *In*: LUO, X. & COVEY, R. (ed.). *Chinese Scholars on Inner Asia*. Bloomington, Sinor Research Institute of Inner Asian Studies, 2012, pp. 1-40.

YÚQÌNG, T. *Dōng Jīng ménfǎ zhèngzhì*. Beijing, 2005.

______. *Tuòbá Shítán*. Beijing, 2011.

ZAKARIAN, L. (ed.). *Armenian Miniatures from the Matenadaran Collection*. Yerevan, Nairi, 2009.

ZASECKLAJA, I. P. & BOKOVENKO, N. A. "The Origin of the Hunnish Cauldrons in East-Europe". *In*: GENITO, B. (ed.). *The Archaeology of the Steppes: Methods and Strategies*. Papers from the International Symposium Held in Naples, 9-12 November 1992. Napoli, Università degli Studi di Napoli L'Orientale, 1994, pp. 701-724 (Series minor Istituto universitario orientale, Dipartimento di studi asiatici, 44).

ZENRYŪ, T. *A History of Early Chinese Buddhism: From Its Introduction to the Death of Hui-yüan*. Trad. Leon Hurvitz. Tōkyō, Kodansha International, 1985.

ZHĀNGRÚ, Táng. *Wéijīng Nánběicháo Suí Táng Shǐ Sānlùn*. Wuhan, s/e, 1992.

ZHENG, Wèi. *Suí Shū*. Beijing, Ráo zhōu lù rúxué, 1973.

ZHENPING, W. *Ambassadors from the Land of Immortals: China-Japan Relations in the Han-Tang Period*. Honolulu, University of Hawai'i Press, 2005.

ZHǏ, W. (ed.). *Suíshū*. Beijing, s/e, 1973.

ZHŌNGGUÓ DŪNHUÁNG TǓLǓFĀN XUÉHUÌ (ed.). *Tǔlǔfān chūtǔ wénshū* [Documentos escavados em Turfã], 10 vols. Beijing, Zhōnghuá shūjú, 1981-1991.

ZHUFENG, L. (ed.). *Hanyu da cidian*, 12 vols. Shanghai, s/e, 1990-1994.

ZIEMANN, D. *Vom Wandervolk zur Grossmacht: Die Entstehung Bulgariens im frühen Mittelalter (7.-9. Jh)*. Köln, Schulthess Verlag, 2007.

ZIMONYI, I. *The Origins of the Volga Bulghars*. Szeged, s/e, 1990.

ZINIAKOV, N. M. "Ferrous Metallurgy and Blacksmith Production of the Altay Turks in the Sixth to Tenth Centuries A.D.". *Arctic Anthropology*, 25.2, 1988, pp. 84-100.

ZOTENBERG, H. (trad. e ed.). *Abu Manṣur ʿAbd-al-Malik al-Thaʿalibi, Ghurar akhbār mulūk al-fars*. Paris, s/e, 1900.

ZÜRCHER, E. *The Buddhist Conquest of China: The Spread and Adaptation of Buddhism in Early Medieval China*. Leiden, Brill, 1959; reimpr. 1972 (Sinica Leidensia, 11).

______. "The Yüeh-chih and Kaniṣka in Chinese Sources". *In*: BASHAM, A. L. (ed.). *Papers on the Date of Kaniṣka*. Leiden, Brill, 1968.

______. "Buddhist Influence on Early Taoism: A Survey of Scriptural Evidence". *T'oung Pao*, 66, 1980, pp. 84-147.

______. "Prince Moonlight: Messianism and Eschatology in Early Medieval Chinese Buddhism". *T'oung Pao*, 68, 1982, pp. 1-75.

ÍNDICE REMISSIVO

C

D

F

G

H

I

K

L

W

X

Y

Z

Título	Impérios e trocas na Antiguidade Tardia Eurasiática: Roma, China, Irã e a estepe por volta de 250-750
Org.	Nicola di Cosmo e Michael Maas
Tradução	Felipe Vale da Silva
Coordenador editorial	Ricardo Lima
Secretário gráfico	Ednilson Tristão
Preparação dos originais	Lúcia Helena Lahoz Morelli
Revisão	Vinícius E. Russi
Editoração eletrônica	José Severino Ribeiro
Assessoria de projeto gráfico (capa e miolo)	Adriana Garcia
Formato	16 x 23 cm
Papel	Avena 80g/m² (miolo) Cartão supremo 250 g/m² (capa)
Tipologia	Garamond Premier Pro e Minion Pro
Número de páginas	696

ESTA OBRA FOI IMPRESSA NA GRÁFICA CS
PARA A EDITORA DA UNICAMP EM DEZEMBRO DE 2023.